LE DROIT DE LA PREUVE DANS L'ESPACE OHADA

Collection « Études africaines »

dirigée par Denis Pryen et son équipe

Forte de plus de mille titres publiés à ce jour, la collection « Études africaines » fait peau neuve. Elle présentera toujours les essais généraux qui ont fait son succès, mais se déclinera désormais également par séries thématiques : droit, économie, politique, sociologie, etc.

Dernières parutions

Michael AKINPELU, *La langue française au Nigéria. La difficile intégration,* 2020.

Mohamed HARAKAT, *La nouvelle diplomatie économique en Afrique. Paradigmes et modèles*, 2020

Olo SIB PALÉ, *Au cœur d'une administration douanière africaine. Douane en action*, 2020.

Jean KOUFAN MENKÉNÉ, René BIDIAS, *La diplomatie camerounaise au service du nouvel ordre économique international. 1960-1981*, 2020.

Chrysostome CIJIKA KAYOMBO, *Histoire de la pédagogie. Lumière sur la pédagogie traditionnelle africaine*, 2020.

Olo Sib PALE, *Au cœur d'une administration douanière africaine*, 2020.

Thalès DJIMRASSEM et Reoular NDIGMBAYEL, *Pour une éducation à la paix et au développement au Tchad,* 2020.

Firmin Marius Olivaint NYAMA (coord.), *La violence au Gabon*, 2020.

Jose Do NASCIMENTO, *La pensée politique de Cheikh Anta Diop,* 2020.

Giscard Kevin DESSINGA, *Démocraties au four et au moulin, Alternance et conflits électoraux,* 2020

Roger NDONA KAYAMBA, *La production agricole dans la Province du Kwilu (RDC)*, 2020.

Julien Coomlan Hounkpè

LE DROIT DE LA PREUVE DANS L'ESPACE OHADA

L'Harmattan

5-7, rue de l'École-Polytechnique – 75005 Paris

www.editions-harmattan.fr

ISBN : 978-2-343-21139-8
EAN : 9782343211398

Dédicaces

En mémoire de
Mon père Lucien Hounkpe
Ma mère Béatrice Tchibozo

A mon épouse Augustine Kpehounton Bada
pour son assistance intellectuelle et affective

Abréviations et Sigles

AAHJF	:	Association africaine des hautes juridictions francophones
Art.	:	Article
AU	:	Acte uniforme
AUA	:	Acte uniforme relatif au droit de l'arbitrage
AUOHC	:	Acte uniforme portant organisation et harmonisation des comptabilités des entreprises
AUDCG	:	Acte uniforme relatif au droit commercial général
AUDCIF		Acte uniforme relatif au droit comptable et à l'information financière
AUPC	:	Acte uniforme portant organisation des procédures collectives d'apurement du passif
AUVE	:	Acte uniforme portant organisation des procédures simplifiées de recouvrement et des voies d'exécution
AUSCGIE	:	Acte uniforme relatif au droit des sociétés commerciales et du groupement d'intérêt économique
AUS		Acte uniforme portant organisation des sûretés
AUSCoop	:	Acte uniforme realtif au droit des sociétés coopératives
C. Cass.	:	Cour de cassation (France)
C.c.Q.	:	Code civil du Québec
C.civ.	:	Code civil français
Cass. civ.	:	Cour de cassation française, chambre civile
Cass. com.	:	Cour de cassation française, chambre commerciale
CCJA	:	Cour commune de justice et d'arbitrage
CEDEAO	:	Communauté économique des États de l'Afrique de l'Ouest
CNUDCI	:	Commission des Nations Unies pour le droit commercial international
COCC	:	Code des obligations civiles et commerciales
C.com	:	Code de commerce français

CEDH	:	Convention Européenne de Sauvegarde des Droits de l'Homme et des Libertés Fondamentales
CPC	:	Code de procédure civile (français)
CA	:	Cour d'appel
CEDH	:	Cour européenne des Droits de l'Homme
D	:	Dalloz
Dir.	:	Direction (sous la direction de)
Ed.	:	Editions
Ibid.	:	Ibidem
Id.	:	Idem
JCP	:	Jurisclasseur périodique
JOF	:	Journal officiel français
L.G.D.J.	:	Librairie générale de droit et de jurisprudence
N°	:	Numéro
Obs.	:	Observations
OHADA	:	Organisation pour l'harmonisation en Afrique du droit des affaires
Op. cit.	:	Opere citato (ouvrage précité)
p.	:	Page
PEDC	:	Principes européens du droit des contrats
pp.	:	Pages
PU	:	Principes UNIDROIT
PUF	:	Presses universitaires de France
RBSJA	:	Revue Béninoise de sciences Juridiques et Administratives
R.D.A.I.	:	Revue de droit des affaires internationales
R.I.D.C.	:	Revue internationale de droit comparé
RDC	:	Revue des contrats
Réf.	:	Références
RTDCiv.	:	Revue trimestrielle de droit civil
RTDCom.	:	Revue trimestrielle de droit commercial
SA	:	Société anonyme
SARL	:	Société à responsabilité limitée
TUDO	:	Texte Uniforme sur le Droit des Obligations (Projet OHADA)
UNIDROIT	:	Institut international pour l'unification du droit privé

Sommaire

INTRODUCTION GENERALE

1. *« La preuve est la rançon des droits que l'on demande à la justice de consacrer »*[1]. Cette formule de Jhering souligne l'importance de la preuve dans la réalisation du droit. Si le plaideur ne prouve pas le fait matériel ou l'acte juridique auquel se trouve liée l'application de la règle légale qu'il invoque, son droit est dépourvu de valeur. On comprend dès lors que certains ouvrages de référence en droit privé appréhendent la preuve comme un préalable à la réalisation des droits subjectifs[2]. En raison de son intérêt pratique, la preuve occupe une place fondamentale dans tout système juridique.

2. Si des particularismes historiques et culturels expliquent la diversité des droits de la preuve au sein des Etats[3], la mondialisation du droit a rendu nécessaire la création de standards[4] et plusieurs initiatives sont prises pour harmoniser les règles de preuve[5]. Dans l'espace

---

[1] R. V. IHERING, *Esprit du droit romain*, traduction française O. Meulnaere, A. de Marescq Ainé, Paris 1853, réimpression 1969, tome IV, p. 200.

[2] En ce sens not. E. BONNIER, *Traité théorique et pratique des preuves en droit civil et en droit criminel*, Paris, Auguste Durand, 1843, p. 3; C. AUBRY et C. RAU, *Cours de droit civil français*, 5ème éd. par BARTIN, t. XII, 1922 ; M. PLANIOL par G. RIPERT et J. BOULANGER, *Traité de droit civil, Introduction générale, Tome I*, LGDJ, Paris, 1956, n° 710, p. 308; J. CARBONNIER, *Droit civil*, 1ère édition Quadrige, PUF, Paris, 2004, pp. 330-351; F. TERRE, *Introduction générale au droit*, 9ème éd., DALLOZ, Paris, 2009, pp. 459-546. Cette logique d'articulation de la preuve à la réalisation des droits subjectifs a été systématisée par H. MOTULSKY, *Principes d'une réalisation méthodique du droit privé*, Sirey, 1948 préf. P. ROUBIER, rééd. Dalloz, 2002, n° 115 et s.

[3] Sur ce point, on peut consulter utilement L. CADIET, « Observations sur l'internationalisation du droit de la preuve », in *Stuti di diritito processuale civile in onore di Giuseppe Tarzia*, t. I, Milano, Giuffrè, 2005, p. 313; X. LAGARDE, « D'une vérité à l'autre. Brèves réflexions sur les différentes cultures de la preuve », Gaz. Pal., n° 203, 2010, p. 6.

[4] L'uniformisation, l'harmonisation, ou la convergence des droits en général est considérée comme une conséquence de la mondialisation du droit. Voir M. DELMAS-MARTY « La mondialisation du droit : chances et risques », D. 1999, p. 43 cité par K. DOGUE, *Jalons pour un cadre de référence OHADA en droit des contrats*, Thèse de doctorat, Université de Montréal, Canada, 2013, p. 1 note 3.

[5] Il en est ainsi dans l'Union européenne avec le *Projet de Code judiciaire européen* élaboré sous la direction du Professeur Marcel STORME (1994), au Canada avec la *Loi uniforme sur la preuve électronique* (1997), aux Etats Unis avec les *Federal Rules of Evidence* (1975), et en Amérique Latine avec le *Codigo tipo ibero-americano* (1988). Sur le plan international, les *Principes de procédure civile transnationale* élaborés par l'American Law Institute et Unidroit (2004), les *Règles de preuves pour l'arbitrage commercial* adoptées par l'International Bar Association (1999), etc. Enfin, il existe des conventions internationales en matière de droit judiciaire qui tentent de surmonter la territorialité des règles de preuve : la *Convention de La Haye du 18 Mars 1970 sur l'obtention des preuves à l'étranger en matière civile ou commerciale;* le *Règlement CE n° 1206/2001 du 28 mai 2001 relatif à la coopération entre les juridictions des Etats membres dans le domaine de l'obtention des preuves en matière civile ou commerciale*. Pour les détails, Cf. *Infra* note n° 97 et s.

OHADA[6], en revanche, la question de l'élaboration d'un droit uniforme de la preuve est discutée. Alors que le législateur a choisi d'étendre le domaine d'harmonisation au droit de la preuve[7], une partie de la doctrine soutient que cette matière devrait être totalement exclue du champ de l'unification. Selon les professeurs Pougoue et Kalieu Elongo[8], il faut craindre une « démesure matérielle » avec l'intégration du droit de la preuve. « *Si l'Organisation s'avisait de légiférer en matière de droit*

---

[6] En acronyme, Organisation pour l'Harmonisation en Afrique du Droit des Affaires, l'OHADA est créée par le Traité relatif à l'harmonisation du droit des affaires en Afrique signé le 17 octobre 1993 à Port Louis (Île Maurice) et entré en vigueur en 1995. Le Traité fut révisé à Québec le 17 octobre 2008 pour pouvoir atteindre les objectifs de l'OHADA qui se retrouvent dans l'objet du Traité, notamment à son article 1er qui consiste à *« l'harmonisation du droit des affaires dans les Etats Parties par l'élaboration de règles communes, simples, modernes et adaptées à la situation de leur économie »*. L'OHADA regroupe actuellement dix-sept (17) États : Bénin, Burkina-Faso, Cameroun, Congo Brazzaville, R. D. Congo, Côte-d'Ivoire, Gabon, Guinée Bissau, Guinée Equatoriale, Mali, Niger, République Centrafricaine, Sénégal, Tchad, Togo, Union des Comores. Sur le plan institutionnel l'OHADA comprend un Conseil des Ministres de Finances et de la Justice qui sert d'organe législatif; un Secrétariat Permanent qui fait office d'exécutif; une École Régionale Supérieure de la Magistrature (ERSUMA) en charge de la formation des juristes et autres acteurs de l'application du droit OHADA; une Cour Commune de Justice et d'Arbitrage (CCJA) chargée de prolonger l'œuvre du législateur OHADA par une unification jurisprudentielle. À ces organes, s'ajoute, depuis la révision du Traité fondateur en 2008, une Conférence des Chefs d'État et de Gouvernement prévue par l'article 27.1 du nouveau Traité OHADA. L'Organisation atteint matériellement ses objectifs par la production et l'adoption de textes qualifiés d'Actes uniformes. Il existe actuellement neuf Actes uniformes ayant valeur supranationale c'est-à-dire faisant partie directement du droit positif des États membres pour toutes les matières qu'elles régissent. Pour la genèse de l'OHADA, K. MBAYE, «L'histoire et les objectifs de l'OHADA », *Petites affiches, n° 20 Spécial*, 13 oct. 2004, pp. 4-7. Consulter www.ohada.org ou www.ohada.com pour des détails sur l'OHADA.

[7] Cette extension du champ de compétence de l'OHADA s'est faite conformément à l'article 2 du Traité de l'OHADA. En effet, usant de son pouvoir d'inclure dans le champ du droit des affaires toute matière qu'il déciderait à l'unanimité, le Conseil des Ministres, organe législatif de l'OHADA, a clairement et formellement inclus le droit de la preuve au nombre des matières à harmoniser. C'est la réunion du Conseil des Ministres tenue à Bangui (Centrafrique) en mars 2001 qui a procédé à l'extension. Elle fut incorporée dans la décision n° 002/2001/CM du 3 mars 2001 relative au programme d'harmonisation du droit des affaires en Afrique qui dispose formellement:

« Sont incluses dans le domaine du droit des affaires, les matières ci-après énumérées : le droit de la concurrence, le droit bancaire, le droit de la propriété intellectuelle, le droit des sociétés coopératives et mutualistes, le droit des contrats, le droit de la preuve » [nous avons souligné]. Six années plus tard, à sa réunion tenue à Niamey au Niger les 26 et 27 juillet 2007, le Conseil des Ministres de l'OHADA a décidé que le droit de la preuve soit uniformisé avec le droit des contrats, fusionnant ainsi les Projets d'Actes uniformes relatifs au droit des contrats et au droit de la preuve.

[8] P. G. POUGOUÉ et Y. KALIEU ELONGO, *Introduction critique à l'OHADA*, Presses Universitaires d'Afrique, Yaoundé, Cameroun, 2008, spéc. n° 77 et s.

général de la preuve, elle ne pourrait le faire que de façon irrégulière... »[9], affirme Philippe Tiger. Pour les Forces Vives de l'OHADA[10], il faut éviter « *les approches trop globalisantes qui participent à la fois de la théorie générale et du droit spécial de type droit des contrats ou droit de la preuve* »[11]. Comme pour entériner ces critiques, le Conseil des Ministres de l'OHADA a retiré le droit de la preuve du domaine d'harmonisation du droit des affaires en Afrique[12]. Le débat scientifique sur l'opportunité, la méthode et le contenu d'un droit uniforme de la preuve n'est pas tranché pour autant[13], et la publication du « Projet de texte uniforme portant droit général des obligations dans l'espace OHADA »[14] a relancé la réflexion[15]. C'est dans ce contexte que la

[9] Ph. TIGER, « *Droit de la preuve dans l'espace OHADA : Introduction générale* », OHADATA D-11-09, p. 4 disponible en ligne sur www.ohada.com. Dernière consultation le 06 octobre 2015.

[10] Sous forme de tradition actuellement, chaque Conseil des Ministres est précédé d'une Réunion des Forces Vives de l'OHADA qui réunit les commissions nationales OHADA, les experts et partenaires techniques de l'OHADA ainsi que les représentants des institutions de l'Organisation. Cette réunion se prononce sur les sujets à l'ordre du jour du Conseil des Ministres en même temps qu'elle définit sur la base de rapports d'experts les orientations à suggérer au Conseil des Ministres subséquent.

[11] Réunion des forces vives de l'OHADA tenue du 08 au 10 novembre 2007 à Douala (Cameroun), Voir le communiqué de presse diffusé à l'issue de cette manifestation sur le site www.ohada.com

[12] L'article 1er du Règlement n° 01/2012/CM portant modification du règlement n° 01/2010/CM du 15 décembre 2010 relatif au programme d'harmonisation du droit des affaires en Afrique dispose :

« Sont retirées du domaine d'harmonisation du droit des affaires, les matières ci-après : le droit bancaire, le droit de la concurrence, le droit de la propriété intellectuelle, le droit des sociétés civiles, le droit de la preuve » [nous avons souligné].

[13] En témoigne le colloque tenu le 25 juin 2015 au Cameroun dans le cadre du DIU Juriste OHADA lancé par les Universités Paris 2 et Paris 13. Axé sur l'harmonisation du droit des contrats en Afrique, il a été l'occasion d'esquisser, par une démarche inductive et à partir des Actes uniformes existants, un droit commun de la preuve qui n'aurait pas à chercher sa source d'inspiration ailleurs que dans l'arsenal normatif existant de l'OHADA. Pour les Actes du Colloque, *Petites Affiches N° 192 du 25 septembre 2015.*

[14] La Fondation pour le Droit Continental, avec l'assentiment du Secrétariat Permanent de l'OHADA, a confié à trois professeurs (J. ISSA-SAYEGH, P. G. POUGOUE et F. M. SAWADOGO) la mission de concevoir un projet de texte en matière d'obligations, de preuve et de prescription, laquelle a abouti par la remise d'un « projet de texte uniforme portant droit général des obligations dans l'espace OHADA » fin 2015. Le projet de réforme et son rapport de présentation sont accessibles sur le site www.fondation-droitcontiental.org/. Dernière consultation le 31 juin 2016.

[15] L'objectif du colloque co-organisé par l'ERSUMA de l'OHADA et le DIU Juriste OHADA Paris 2 - Paris 13, à Porto Novo au Bénin le 11 juillet 2016, est d'engager le débat scientifique sur les principes directeurs du texte proposé, les innovations majeures qu'il apporterait et sur sa faisabilité. Publié dans la lettre d'information du 22/05/2016 à 20h30 sur www.ohada.com

présente étude se propose d'apporter une contribution pour l'harmonisation du droit de la preuve dans les États membres de l'espace OHADA.

3. Trouvant son étymologie dans le mot latin *probare*[16], la preuve n'est pas un concept simple à cerner. « *Le mot preuve, lorsqu'il est employé à propos d'un procès, recouvre au moins trois objets* » [17]. D'abord, le terme renvoie parfois à une *opération*, celle consistant « à faire la preuve ». Ensuite, la preuve est un *moyen*, celui qu'une partie au procès met en œuvre lorsqu'elle « apporte la preuve ». Enfin, la preuve désigne un *résultat*, celui qui est atteint lorsque le juge a décidé qu'un fait est prouvé, que « la preuve est faite ». Si les deux premières acceptions révèlent l'ambivalence du terme de la preuve dans le vocabulaire juridique[18], la dernière acception ne correspond pas au sens commun attribué à la preuve dans le langage courant[19].

4. Cette richesse sémantique du vocable rend sa définition d'autant plus difficile qu'il n'existe pas une définition légale de la preuve en justice. A l'instar du législateur français, les législateurs des États francophones d'Afrique n'ont pas défini le concept. En France, les articles 1315-1369 du Code civil, considérés comme le siège de la matière, ne permettent pas de retenir une définition de la preuve. La réforme française du droit des obligations intervenue en 2016[20] ne précise nulle part à quoi renvoie ce mot pourtant très usité. Certaines législations comme celles du Bénin et de la Côte d'Ivoire ont reçu, au plan interne, ces dispositions dans

---

[16] L'étymologie du mot n'est pas d'un grand secours. Le verbe prouver vient du latin *probare* qui signifie approuver, tandis que *probatio* se rattache à *probus* qui signifie être bon, honnête. Cette orientation sur la nature de la preuve reste cependant obscure. Les termes allemand « beweis » (apparenté au terme français avis, avisé) et anglais « evidence » ne sont pas plus instructifs.

[17] E. VERGES, G. VIAL, O. LECLERC, *Droit de la preuve*, Collection Thémis PUF, Paris, 2015, p. 5

[18] G. CORNU (dir.), *Vocabulaire juridique*, éd. Association Henri Capitant, PUF, Paris, 2011, p. 792.

[19] Le Grand Robert de la langue française, Paris, 2ᵉ éd., 9 vol., vol. VII, p. 755.

[20] L'Ordonnance n° 2016-131 du 10 février 2016 portant réforme du droit des contrats, du régime général des obligations et de la preuve des obligations est entrée en vigueur le 1er octobre 2016. Disponible sur www.legifrance.gouv.fr. ; v. JORF n° 0035 du 11 février 2016 texte n° 26. Selon le Rapport de présentation, la réforme vise à « clarifier et simplifier l'ensemble des règles applicables à la preuve des obligations ». Pour détails, G. CHANTEPIE, M. LATINA *La réforme du droit des obligations. Commentaire théorique et pratique dans l'ordre du Code civil*, Hors Collection Dalloz, Paris, 24 juin 2016, 1104 p.

leur état classique[21]. D'autres législations comme celles du Sénégal et du Mali qui ont réformé le droit des obligations n'ont pas fourni une définition légale. A l'instar de son homologue français, le législateur sénégalais n'a pas défini la notion de preuve dans les articles 9 à 38 du Code des obligations civiles et commerciales (COCC) issu de la loi du 10 juillet 1963, complété à plusieurs reprises depuis cette date. Le législateur malien emprunte la même démarche et ne définit pas la notion de preuve dans les articles 262 à 304 de la Loi du 29 août 1987 fixant le régime général des obligations.

5. Face à l'inexistence d'une définition légale de la preuve, il convient de recourir à la doctrine pour cerner davantage cette notion. On constate, dans la littérature juridique, une assez grande diversité des définitions proposées. Schématiquement, elles oscillent entre deux pôles : vérité et conviction. Pour certains auteurs, la preuve en justice désigne les opérations menées à l'occasion d'un procès pour déterminer la vérité des faits disputés par les parties. Ainsi, pour Domat, « *on appelle preuve en justice, les manières réglées par les lois pour découvrir et pour établir avec certitude la vérité d'un fait contesté* »[22]. D'autres auteurs définissent la preuve en justice comme les opérations qui permettent d'emporter la conviction du juge sur les faits disputés par les parties. Planiol retient qu'« *on appelle preuve, les divers procédés employés pour convaincre le juge* »[23].

6. Entre ces deux positions, plusieurs définitions combinent à la fois la détermination de la vérité et l'établissement de la conviction des juges. Ainsi, Aubry et Rau affirment : « *La preuve judiciaire, qui, comme toute preuve historique, ne peut conduire à une certitude absolue, a pour objet de convaincre le juge, en cette qualité, de la vérité des faits sur*

---

[21] De nombreuses parties du Code civil des Français issu de la loi du 30 ventôse an XII, devenu par la suite Code Napoléon furent transmises aux législations des Etats francophones d'Afrique, par le biais de la succession de législations consécutive à la succession d'Etats. V. *L'influence internationale du droit français*, in La documentation française, 2001; P. LAMPUE, « L'influence du droit français et du droit coutumier sur les lois civiles africaines », in *Dynamiques et finalités des Droits africains*, G. CONAC (dir.), Economica, 1980, p. 14 et s. Pour le cas du Bénin, N. A. GBAGUIDI, « Droit applicable et application du droit en République du Bénin », *Bulletin de Droit et d'Information de la Cour Suprême*, n° 001, 1997, p. 12 et s. Concernant le Burkina Faso, v. Pierre L. D. YOUGBARE, *Codes et lois du Burkina Faso. Tome I. Code civil*, Université de Ouagadougou, 2003, et, pour ce qui est du Cameroun, Maître Pierre BOUBOU, *Code civil*, Éditions Avenir, Douala, 2006.

[22] J. DOMAT, *Les lois civiles dans leur ordre naturel,* Veuve Cavelier, Paris, 1771, *Première partie, L. II, VI, p. 137 et 141.*

[23] M. PLANIOL, *Traité élémentaire de droit civil*, 9ème éd., Libr. Gen. De Paris, t. 2, 1923, n° 2

lesquels elle porte. Le but en est atteint dès qu'il existe pour le juge, soit d'après les données de l'expérience ou les règles de la logique, soit d'après les dispositions de la loi, des éléments de conviction suffisants pour faire tenir ces faits comme certains »[24].

7. Ces définitions mixtes reflètent en réalité le fait que les deux aspects (vérité et conviction) sont l'un et l'autre liés à la preuve en justice. D'une part, sous un angle prescriptif, on peut dire que le but du procès est de trancher les litiges par l'application des règles de droit à des faits vrais. La découverte de la vérité apparaît ainsi comme la dimension téléologique de la preuve, ce vers quoi elle doit tendre. D'autre part, sous un angle descriptif, il est également exact que la preuve se réalise concrètement dans le procès par des opérations qui aboutissent à forger chez le juge une conviction. Qu'il soit convaincu que le fait disputé est établi ou qu'il ne le soit pas, dans les deux cas il en tirera des conséquences, en décidant que le fait discuté est prouvé ou ne l'est pas. Ainsi, la vérité constitue l'horizon de la preuve en justice et la conviction du juge en est le moyen concret.

8. A des titres différents, vérité et conviction ont donc leur place dans la preuve en justice. C'est pourquoi dans le cadre de cette étude, la preuve en justice désigne les opérations et moyens visant à emporter la conviction du juge sur l'exactitude ou l'inexactitude d'une affirmation de fait dans une procédure juridictionnelle.

9. La preuve en justice présente un caractère particulier par rapport à la preuve rapportée dans d'autres contextes. C'est à propos de la différence entre la preuve en justice et la preuve en science et en histoire que ce débat est vif[25]. L'argument mis en avant pour reconnaitre à la preuve en justice un caractère singulier est que celle-ci est soumise à un ensemble de règles qui la contraignent fortement. Ces règles découlent plus largement des procédures suivies devant les tribunaux. En effet, les règles de procédure limitent dans le temps la recherche des faits, qui ne peut pas se poursuivre indéfiniment comme dans l'activité scientifique. Par ailleurs, le juge ne peut prendre en compte des éléments de preuve qui n'auraient pas été régulièrement versés aux débats. De telles limitations ne s'imposent pas, par exemple, à l'historien. Enfin, la science est tournée

---

[24] C. AUBRY et C. RAU, *Cours de droit civil français*, 5ème éd. par BARTIN, t. XII, 1922, p. 63.

[25] Sur le sujet, G. DALBIGNAT-DEHARO, *Vérité scientifique et vérité judiciaire en droit privé*, thèse, Paris I, dir. L. CADIET, 2002. Voir déjà, P. FORIERS, « Considérations sur la preuve judiciaire », in Ch. PERELMAN et P. FORIERS (dir.), *La preuve en droit*, Bruylant, Bruxelles, 1981, pp. 315-329.

vers la découverte de la vérité, alors que le procès poursuit des finalités multiples, la découverte de la vérité des faits contestés par les parties étant parfois contrariée par les objectifs de sécurité juridique, de respect de la paix des familles ou de la vie privée, etc.

10. La sociologie retient que, par-delà la conviction du juge, c'est l'adhésion de la collectivité que la preuve a pour but d'obtenir. En effet, la fonction de la preuve avant d'être juridique est d'ordre social comme en attestent les précieuses réflexions de Xavier Lagarde[26]. Déjà Henri Lévy-Bruhl écrivait que «*toute preuve, en dehors même de sa fonction d'ordre intellectuel, qui est généralement la seule à laquelle on songe, a une fonction sociale qui consiste à faire accepter la thèse que l'on soutient (...). Prouver c'est faire approuver. Une proposition prouvée est une proposition admise, acceptée, faisant désormais, au moins pour un temps, partie des vérités officielles* »[27]. La fonction de persuasion – du juge et indirectement de la collectivité – exercée par la preuve implique que celle-ci soit étroitement liée aux croyances et aux représentations collectives qui prédominent dans les sociétés où elle s'exerce.

11. Au plan philosophique, la preuve serait « *une opération discursive permettant de lever un doute de façon indubitable et universelle* »[28]. Autrement dit, la caractéristique essentielle de la vérité établie par la preuve, c'est cette certitude absolue à laquelle ni le probable, ni le vraisemblable ne peuvent prétendre. Pour André Lalande[29], l'idée de preuve appartient au même ordre de notions logiques que celles de doute, de réfutation, de certitude. Ce qu'il importe de souligner, c'est la fragilité de la preuve philosophique. C'est le fait que d'une certaine manière, en philosophie, la preuve reste toujours très incertaine, comme dans son rapport avec l'établissement d'une vérité engendrant une croyance ou une conviction.

---

[26] L'auteur propose une réflexion critique des solutions jurisprudentielles et doctrinales relatives au droit de la preuve. Pour fonder son analyse, cet auteur envisage la question de la preuve au regard de la légitimité de la décision juridictionnelle. En abandonnant toute référence à l'idée de vérité, il appréhende le droit de la preuve comme un moyen pour le juge de justifier sa décision. Une telle approche s'explique par l'aspect sociologique sous l'angle duquel cette étude envisage le droit de la preuve. X. LAGARDE, *Réflexion critique sur le droit de la preuve*, L.G.D.J., Paris, 1994, pp. 14 et s.

[27] H. LÉVY-BRUHL, *La preuve judiciaire. Étude de sociologie juridique*, Librairie Marcel Rivière, Paris, 1964, p. 22.

[28] A. JACOB (dir.), *Encyclopédie philosophique universelle*, article « Preuve », PUF, Paris, 1978.

[29] A. LALANDE, *Vocabulaire technique et critique de la philosophie*, PUF, Paris, 2013, p. 823

12. Les règles de droit qui portent sur la preuve en justice forment le droit de la preuve. Dès lors, la connaissance de la preuve en justice passe exclusivement par la connaissance des règles que le droit positif y consacre, qu'elles soient d'origine textuelle ou jurisprudentielle. Selon les systèmes juridiques, ces règles diffèrent profondément, tant dans leur teneur que par la diversité des matières qu'elles abordent. Le droit détermine parfois les modes de preuve recevables; ailleurs, il se borne à fixer à quelles conditions les preuves sont recevables dans un procès. Des règles précisent parfois les contraintes logiques qui s'imposent au juge lorsqu'il apprécie les preuves ou elles lui indiquent le degré de conviction qu'il doit atteindre pour pouvoir décider qu'un fait est prouvé, quand ailleurs elles ne donnent au juge aucune indication à ce sujet.

13. Dans la plupart des pays de tradition romano-germanique, les règles de preuve ne figurent pas dans des textes autonomes portant spécifiquement sur la preuve. Elles s'intègrent dans des codes (ou lois) consacrés à la procédure civile ou pénale. Plus rarement, certaines règles de preuve ne sont pas codifiées dans les Codes de procédure, comme l'illustre le droit français qui comporte aussi des règles de preuve dans le Code civil. Dans les États de *common law*, le droit de la preuve résulte en grande partie des décisions de justice. Ces précédents ont façonné le droit de la preuve anglais et des pays qui en ont subi l'influence. Le droit écrit y occupe cependant une place non négligeable[30].

14. Au sein de la tradition civiliste française, le droit de la preuve civile est disséminé dans le Code civil et le Code de procédure civile. La distribution de la matière entre ces deux codes ne suit pas une clé de répartition dont la logique est évidente[31]. Les règles relatives à la

---

[30] En droit anglais, de nombreux textes encadrent la preuve en matière civile (Civil Evidence Act 1995, Civil Procedure Rules) et pénale (Police and Criminal Evidence Act 1984, Criminal Justice Act 1988, Criminal Justice and Public Order Act 1994, Criminal Justice Act 2003).

[31] On trouve l'explication de cette situation chez plusieurs auteurs, qui décrivent comment le Code civil a reproduit un plan imaginé par Pothier (E. BONNIER, *Traité théorique et pratique des preuves en droit civil et en droit criminel*, 2e éd., Auguste Durand, 1852, p. 3-4, « Si les preuves se trouvent en grande partie traitées dans le Code civil, qui devrait être une loi toute substantive, toute de fond, cela ne tient pas à un système bien arrêté de la part du législateur, mais à une imitation aveugle de Pothier, qui, traitant spécialement des obligations, avait dû examiner en terminant comment on les constate »). Certains ont vu dans cette organisation un « vice de méthode » et n'ont pas hésité à parler, à propos des règles du Code civil, d'une « théorie des preuves» qui domine l'ensemble du droit privé (M. PLANIOL par G. RIPERT et J. BOULANGER, *Traité de droit civil*, t. 1, LGDJ, 1956, n° 710, « La théorie des preuves se trouve, de la sorte, dominer l'ensemble du droit privé. Le Code n'a cependant formulé de principes généraux que pour la preuve des obligations. En pure logique, il y a là un vice de méthode évident, dont la responsabilité doit être imputée à Pothier »). Dans ce sens également,

preuve se situent, en effet, depuis l'origine du Code civil, dans un chapitre VI intitulé « La preuve des obligations et de celle des paiements » et placé en toute fin du titre relatif aux contrats et aux obligations conventionnelles. A côté de ce « droit commun de la preuve », des règles particulières de preuve existent et concernent non seulement d'autres matières du Code civil lui-même (la filiation, les régimes matrimoniaux, la possession, l'hypothèque, etc.), mais également diverses branches du droit - dont le droit commercial. Quant au Code de procédure civile, il traite de la preuve en deux endroits : aux articles 9-11, il a posé des principes directeurs du procès; au titre VII du livre 1er, il organise en détail l'administration judiciaire de la preuve (art. 132 à 322).

15. Par un travail d'interprétation de ces textes, la doctrine civiliste a dégagé les thèmes fondateurs de la théorie de la preuve. Ces thèmes correspondent aux questions essentielles auxquelles le droit de la preuve doit apporter des réponses. Ces questions ne sont pas recensées de façon systématique et consensuelle par la doctrine. Ainsi, la structure et la teneur de cette théorie varient selon les approches. La première approche procède d'une assimilation de la théorie de la preuve à l'étude comparée des « systèmes » de preuve libre et légale. Une partie de la doctrine[32] postule ainsi que le droit de la preuve civile est partagé entre la preuve légale et la preuve libre. Ces deux grands régimes de preuve s'opposent autour de trois règles. Lorsque la preuve est légale, les modes de preuve admissibles sont limités, ils sont hiérarchisés, et le juge est lié par les preuves produites devant lui. A l'inverse, lorsque la preuve est libre, elle peut se faire par tout moyen, les preuves ne sont pas hiérarchisées et le juge n'est pas lié par les preuves produites devant lui. On considère classiquement que le système de la preuve légale s'applique aux actes juridiques alors que celui de la preuve libre s'étend au domaine des faits

(F. TERRE, *Introduction générale au droit*, 9ème éd., DALLOZ, Paris, 2009, p. 466 : « Le Code civil n'a pas consacré de développements autonomes à la preuve. Par une méthode défectueuse et critiquée, les règles relatives à la matière, prévues aux articles 1315 à 1369, sont insérées dans la partie du Code relative au droit des obligations, alors même que, par nature, les règles probatoires ont un caractère général. C'est pourquoi le droit positif, notamment la jurisprudence, redressant l'erreur méthodologique du codificateur, accorde une portée générale à ces textes qui sont, en apparence, spéciaux. Ce travail d'interprétation, qui a permis de dégager des règles générales, explique le fait que le législateur n'ait pas, malgré l'erreur initiale, procédé à une refonte d'ensemble de ces textes »).

[32] Par exemple, G. MARTY et P. RAYNAUD, *Droit civil. Introduction général à l'étude du droit*, Paris, Sirey, t. 1, 2ème éd., 1972, n° 225. MAZEAUD Henri, Léon et Jean, *Leçons de droit civil – Tome premier, Premier volume : Introduction à l'étude du droit*, 12ème éd. par F. CHABAS, Montchrestien, Paris, 2000, p. 550.

juridiques. Toutefois, cet exposé présente deux défauts majeurs. D'une part, les systèmes de preuve ne constituent qu'une partie de la théorie générale de la preuve. Leur analyse permet de résoudre deux questions (la recevabilité des preuves et leur force probante) mais elle ignore les autres (l'objet, la charge, la licéité, etc.). D'autre part, la preuve légale et la preuve libre s'entrecroisent en droit positif. Si la preuve légale prévaut pour les actes juridiques de droit civil, elle ne s'impose pas en droit commercial. De plus, s'agissant de l'appréciation des preuves, l'application du système des preuves légales ou des preuves libres ne dépend pas de la distinction entre les actes et les faits juridiques. En droit positif, aucun système de preuve ne regroupe ces trois règles sans connaître d'exception. Par conséquent, l'étude des systèmes de preuve (légale et libre) ne permet pas de décrire avec rigueur le droit positif de la preuve dans son ensemble et dans sa complexité[33].

16. La seconde approche est inspirée par l'organisation des règles de preuve dans le Code civil. Dans sa rédaction de 1804, le Code civil traite essentiellement de deux questions : la charge de la preuve et les moyens de preuve. Cette présentation sommaire a inspiré Jean Carbonnier[34], suivant une tradition exégétique. Dans le prolongement de cette présentation, une partie de la doctrine civiliste a adopté une présentation tripartite. Par exemple, Moustapha Mekki évoque « la trilogie traditionnelle entre l'objet de la preuve, la charge de la preuve et les modes de preuve»[35]. Cette trilogie est partagée au sein de la doctrine par des éléments de contenu distincts. C'est ainsi que le professeur Emmanuel Jeuland dissocie la charge de la preuve, l'admissibilité des preuves et l'administration de la preuve[36]. D'autres mettent en évidence l'objet de la preuve, la recherche et la production des preuves et enfin l'efficacité des preuves[37]. Une dernière présentation consiste à diviser le droit de la preuve en « quatre ordres de questions »[38] : objet de la preuve, charge de la preuve, modes de preuve, et administration de la preuve.

---

[33] Sur l'ensemble de la question, E. VERGES, G. VIALS, O. LECLERC, *op. cit.*, pp. 35-36.

[34] J. CARBONNIER, *Droit civil. Introduction*, Paris, PUF, coll. Quadrige », n° 175.

[35] M. MEKKI, *Réflexions sur le risque de la preuve en droit des contrats*, *RDC 2008*, n° 3, p. 522 et s.

[36] E. JEULAND, « Preuve judiciaire et culture française », *Droit et culture*, p. 522 et s.

[37] J. GHESTIN et G. GOUBEAUX, *Traité de droit civil, introduction générale*, LGDJ, Paris 1994 n° 567

[38] F. TERRE, *Introduction générale au droit*, op. cit. n° 567. L'auteur a développé les trois premières questions, et renvoyé la dernière à un manuel de procédure civile.

17. Dans le cadre de cette étude, la division en quatre thématiques parait s'imposer parce que l'on souhaite élaborer un droit de la preuve qui regroupe l'ensemble des règles de preuve, qui intègre la dimension procédurale de la matière, de même que son évolution jurisprudentielle qui s'est développée en marge des Codes. Renouvelant la présentation classique, il sera adopté une *summa divisio* entre la théorie générale de la preuve et les modes de preuve[39].

18. Le droit de la preuve procède d'une histoire[40] liée à celle de la justice. Dans les sociétés anciennes, prospérait une justice sacrée dans laquelle le juge se faisait l'interprète de la divinité auprès du peuple. Les modes de preuve nommées ordalies[41] présentaient un caractère irrationnel et religieux : épreuves de l'eau[42] ou du feu[43], serment[44], duel judiciaire[45], etc.[46]. Dans l'Antiquité, par contre, les modes surnaturels de

---

[39] Sur cette division, E. VERGES, « Eléments pour un renouvellement de la théorie de la preuve en droit privé », *in Mélanges J.-H. Robert*, LexisNexis, 2012, p. 853.

[40] Pour l'historiographie sur la preuve en justice, V. les quatre volumes des *Recueils de la Société Jean Bodin pour l'histoire comparative des institutions* publiés à Bruxelles aux Editions de la Librairie Encyclopédique sous le titre *La Preuve*. 1ère partie : Antiquité (1965); 2ème partie : Moyen Age et Temps modernes (1965); 3ème partie : Civilisations archaïques, asiatiques et islamiques (1963); 4ème partie : Période contemporaine (1963).

[41] Pour une étude, D. DEROUSSIN, F. GARNIER (dir.), « L'ordalie : modalités et rationalités d'une épreuve judiciaire», in *Passé et présent du droit, n° 3*, Paris, éd. Le manuscrit, 2008.

[42] Par ex, l'Assyrien subit l'épreuve du fleuve Euphrate : le juge lui donne raison s'il parvient à le traverser sans se noyer. Variante en Europe : une partie était jetée pieds et poings liés à l'eau (elle était reconnue coupable si elle ne surnageait pas) ou devait plonger la main dans une eau bouillante sans se brûler. Variante en Afrique : chez les Baoulé, les épouses du défunt entraient toutes nues dans une rivière à contre-courant, écartaient les cuisses et déposaient devant elles une calebasse. Si celle-ci passait entre leurs cuisses, c'est la preuve qu'elles étaient coupables de la mort du défunt.

[43] Les ordalies du feu (celle-ci consistant à tenir dans la main un fer rouge sans se brûler) sont dites unilatérales par opposition au duel ou au jugement de croix (imposant aux deux parties de rester les bras en croix jusqu'à ce que l'une d'elle baisse les bras de fatigue) qui sont bilatérales.

[44] Exode 22, 9 : « Si quelqu'un confie à la garde d'un autre un âne, un taureau, une tête de petit bétail, ou tout autre animal, et que la bête crève, se brise un membre ou est enlevée sans témoin, un serment par Yahvé décidera entre les deux parties si le gardien a porté la main sur le bien de l'autre ou non ». Le parjure s'exposait à un châtiment divin. Le Code civil a conservé la preuve par serment (art. 1358 et s.) qui est devenu, dans les sociétés laïcisées, une simple affirmation solennelle.

[45] Dans la Grèce antique, le plus fameux des duels judiciaires opposa Pâris à Ménélas pour la conquête d'Helène, Homère, *Iliade, Chant III*, v. 85 : « Ménelas, favori d'Arès, et lui, Pâris, combattront seul à seul entre les deux armées; ils auront pour enjeu Hélène et tous ses biens. Le meilleur, le vainqueur, aura le droit de prendre et d'emmener chez lui la femme et ses biens. Et tous, nous conclurons un pacte d'amitié ». Ce n'est pas ce qui s'est passé; Pâris, protégé par Aphrodite, a fui le combat, et la guerre de Troie s'est déchaînée.

[46] Pour d'autres illustrations, V. l'étude historique menée par la Société Jean Bodin, *La preuve, op. cit.*

preuve n'avaient vocation à s'appliquer qu'à défaut de preuve rationnelle. De fait, l'écrit existait déjà dans l'ancien Empire égyptien, et le chirographe, écrit de la main de celui qui s'obligeait ou disposait, apparaissait en Grèce. A partir du XIIIème siècle, les romanistes développaient un système de preuves rationnelles dont l'autorité est savamment graduée. Désormais, la preuve d'un acte juridique, par exemple un contrat, ne se déduit plus seulement de la preuve d'un fait. Le serment et les ordalies, pourtant très utilisés, n'y ont aucune place. Le professeur Jean-Philippe Lévy souligne fort bien que « *l'adoption du régime des preuves romain est donc une vraie révolution et le départ d'un nouvel essor du droit* »[47] parce que le régime des preuves fut régi par le droit. Au XIVème siècle, l'écrit a acquis une primauté sur la preuve orale auparavant prééminente : « *lettres passent témoins* », selon l'adage. Les codifications du début du XIXème siècle consacrèrent la distinction entre la preuve civile et la preuve pénale. Alors que la première restait soumise à un régime de preuve légale, la seconde fut marquée par la liberté de la preuve et l'intime conviction. Cette situation a perduré jusqu'à l'époque contemporaine où le système de preuve légale s'est considérablement affaibli. La liberté de la preuve est désormais au cœur du droit de la preuve aussi bien dans les Etats de droit civil que ceux de *common law* : les dispositions relatives à la preuve légale constituent des exceptions.

19. Au XXème siècle, la preuve est marquée par l'émergence des droits fondamentaux toujours plus présents dans le débat judiciaire. Outre le fait qu'il existe un droit au procès équitable au sein duquel la preuve occupe une place importante, il émerge surtout avec force l'idée d'un « droit à la preuve ». A ce mouvement de fondamentalisation du droit de la preuve, s'ajoute la problématique des progrès scientifiques et technologiques permettant de se rapprocher de l'idéal d'une vérité absolue[48].

20. Ces considérations générales sur la preuve devront être rapprochées de son contexte d'insertion et particulièrement de l'OHADA qui est une organisation d'intégration juridique régionale[49]. Le seul

---

[47] J-Ph. LEVI, *La hiérarchie des preuves dans le droit savant du Moyen-âge. Depuis la renaissance du droit romain jusqu'à la fin du XIVème siècle*, Paris, Sirey, 1939, p. 164.

[48] Cf. *Revue de Droit Henri Capitant N°6 du 30 juin 2013 : « La preuve », coord. Ph. DELEBECQUE et M. MEKKI.* Disponible en ligne sur www.henricapitantlawreview.fr consulté le 2 mars 2016.

[49] L'OHADA est une organisation d'intégration juridique et non une organisation d'intégration économique. En ce sens, E. VIGNON, « Peut-on qualifier le droit OHADA de droit communautaire ? », OHADATA D-10-51. Voir aussi S. DOUMBE BILE, « A propos de la

procédé retenu par l'OHADA pour élaborer ses normes est l'uniformisation. Le domaine fixé par le Traité constitutif de l'OHADA concerne « le droit des affaires »[50] qui, par principe, est un droit spécial. Toutefois, certaines de ces composantes sont de droit civil, même si l'essentiel du *corpus juris* organise effectivement le droit commercial. Au regard du rapprochement entre ces deux branches du droit, le législateur africain construit un droit des affaires *sui generis*[51].

21. Dans ce *corpus juris*[52], les composantes de droit civil sont diversement enchâssées. Elles peuvent être directement incorporées dans tel Acte uniforme dédié comme en matière de sûretés. On en trouve également disséminées dans diverses dispositions d'Actes uniformes, qui transcrivent purement des notions de droit civil[53]. Elles se manifestent, enfin, par renvois aux législations nationales des États parties[54]. En effet, le caractère spécial du droit matériel OHADA oblige à compléter ses dispositions par le recours aux droits nationaux.

---

nature de l'OHADA », *Mélanges en l'honneur du Professeur Madjid Benchikh*, éd. Pedone, Paris, 2011, pp. 423 et s. Pour une lecture publiciste, J. AIVO, « La condition du droit régional », contribution au colloque sur : *Juge, justice et l'intégration par le droit : expériences comparées Union européenne et droit africain de l'OHADA*, organisé par le CREDIJ, le 20 janvier 2014 à l'Université d'Abomey Calavi, Bénin (inédit).

[50] La notion ne fait pas toujours l'unanimité quant à sa définition et son contenu. Selon certains auteurs, le droit des affaires est en réalité le « droit des activités économiques », J. PAILLUSSEAU, « L'influence de la mondialisation sur le droit des activités économiques », Ohadata D-08-07

[51] Sur ce point, J. DIFFO TCHUENKAM, « La distinction droit civil – droit commercial à l'épreuve du droit OHADA : une perspective de droit matériel uniforme », *Revue de droit uniforme 2009*, pp. 57-89.

[52] Jusqu'ici, neuf actes uniformes ont déjà été adoptés et portent sur diverses matières : droit commercial général, droit des sociétés commerciales et du groupement d'intérêt économique, droit des sûretés, organisation des procédures simplifiées de recouvrement et des voies d'exécution, organisation des procédures collectives d'apurement du passif, droit de l'arbitrage, organisation et harmonisation des comptabilités des entreprises, contrats de transport de marchandises par route, droit des sociétés coopératives, et médiation. Pour plus de détails, P.G. POUGOUE (dir.), *Encyclopédie du droit OHADA*, Lamy, 2011, spécialement l'entrée « Actes uniformes », pp. 19-172.

[53] Les renvois à des concepts nationaux sont implicites quand le droit uniforme évoque la solidarité (article 270 AUSC), la prescription (articles 18 et 274 à 282 AUDCG), la compensation (article 109 AUVE), le dol (article 25 AUT) etc. qu'il ne fait que nommer sans les définir.

[54] Les renvois sont explicites lorsqu'il est fait mention du droit commun de la vente pour la vente commerciale ou celle du fonds de commerce (articles 237 et 137 AUDCG), du droit foncier national pour la réglementation des terres (article 253 AUVE), du droit du travail (article 226), des règles nationales de droit international privé (article 172 AUDCG), etc.

22. Un particularisme de ce contexte provient de la locution « *espace OHADA* » contenue dans l'énoncé du sujet. Doit-on désigner par ce terme l'espace géographique couvert par les États parties ou l'espace juridique constitué par l'Organisation ? Cette locution entretient une certaine ambiguïté, surtout en raison de la cohabitation des droits communautaires[55]. Face à la question, le professeur Joseph Djogbenou propose de distinguer le droit OHADA et « *le droit de l'espace OHADA, regardé au plan géographique et regroupant des normes concurrentielles à celles de l'OHADA : règles nationales, communautaires, internationales, etc.* »[56]. Sous cet éclairage, la locution « espace OHADA » renvoie à l'espace géographique couvert par les États parties, et non exclusivement l'espace juridique constitué par l'Organisation. Une confusion de cette locution serait préjudiciable pour la compréhension des développements suivants qui portent sur les droits nationaux, le droit OHADA et les autres législations communautaires.

23. Comment élaborer un droit de la preuve dans l'espace OHADA ? Cette question invite à s'interroger sur la justification et, en

---

[55] Au sein de l'espace OHADA cohabitent deux organisations sous-régionales d'intégration économique : la CEMAC (Communauté économique et monétaire des Etats de l'Afrique centrale) pour les pays d'Afrique centrale et l'UEMOA (Union économique et monétaire ouest africaine) pour les pays d'Afrique de l'Ouest. Contrairement à l'OHADA qui n'est qu'une organisation d'intégration juridique, l'UEMOA et la CEMAC sont des organisations d'intégration économique; c'est ainsi que le droit n'est qu'un instrument dont elles se servent pour atteindre cette intégration. La CEMAC et l'UEMOA ne sont pas les seules organisations d'intégration économique visibles dans l'espace OHADA. D'autres existent, notamment la CEDEAO (Communauté Economique des Etats de l'Afrique de l'Ouest) et la CEEAC (Communauté Economique des Etats de l'Afrique Centrale). Contrairement à la CEDEAO et la CEEAC, tous leurs Etats-membres sont également signataires du Traité de l'OHADA. Au sein de l'espace OHADA, l'on retrouve également des organisations internationales ayant pour mission de développer un pan du droit, à peu près à l'image du droit OHADA, sauf que la compétence matérielle de cette dernière est plus vaste et porte sur le droit des affaires. Il s'agit par exemple de la CIMA (Conférence Interafricaine des Marchés de l'Assurance), de la CIPRES (Conférence Interafricaine de la Prévoyance Sociale) ou de l'OAPI (Organisation Africaine de la Propriété Intellectuelle). Directement ou indirectement, le droit de toutes ces organisations influence le droit OHADA, et vice versa. Sur ce point, W. TADJUDJE, *Contribution à l'élaboration d'un droit de l'économie sociale et solidaire*, thèse de doctorat, Université de Luxembourg, 2013, p. 2 et ss.

[56] J. DJOGBENOU, « La réception de l'affacturage en droit OHADA des contrats », in *Actes du colloque de Libreville sur les pratiques contractuelles d'affaires et les processus d'harmonisation dans les espaces régionaux*, Publication de l'ERSUMA, 2012, p 100, Note n° 111.

particulier, la pertinence d'une intégration du droit de la preuve dans l'espace OHADA. Il est possible de vérifier la nécessité d'une telle entreprise. Le droit des affaires étant par essence un droit d'exception, il faudra, en effet, rechercher si le détour vers le droit commun, qui demeure perfectible en matière de preuve, n'est pas source d'insécurité juridique. Il serait également intéressant de rechercher la mesure d'une intégration éventuelle du droit de la preuve dans l'espace OHADA. Faut-il, en effet, construire un droit de la preuve autonome par un procédé souple d'harmonisation, ou envisager une uniformisation législative à l'égard du droit des contrats et de la preuve ? Aussi peut-on considérer que si l'harmonisation du droit de la preuve est nécessaire, elle ne devrait pour autant être directe, la démarche devant appeler une certaine prudence.

24. La question peut se poser quant au besoin d'élaborer un droit de la preuve dans le contexte OHADA. D'abord, les États membres de l'OHADA conservent un droit de la preuve toujours hérité du colonisateur et éparpillé dans des sources diverses. En droit privé interne, aucun des État parties de l'OHADA n'a, en accédant à l'indépendance, abrogé le droit d'origine européenne qui y était antérieurement en vigueur[57]. Ainsi, le droit commun de la preuve découle du Code civil français de 1958 pour la plupart des États francophones[58]; du Code civil portugais de 1966 pour la Guinée Bissau[59]; du Code civil espagnol de 1889 concernant la Guinée équatoriale[60]; mais aussi de la tradition belge[61] pour la République Démocratique du Congo, et d'un mélange de *common law*[62] et de droit français pour le Cameroun. On constate une

[57] A propos de l'état de la législation applicable lors de l'indépendance des Etats colonisés par la France, voir l'*Encyclopédie juridique de l'Afrique*, tome 7, par G. MEISONNIER et J. C. GAUTRON, NEA, 1982, p. 103 et s.

[58] Majoritairement, c'est le Code civil français dans sa version de 1958 qui continue de régir les questions de preuve dans les droits nationaux. Le Code sénégalais des obligations civiles et commerciales, le Code civil de Guinée Conakry, et la Loi malienne sur le régime général des obligations se sont inspirés des dispositions du Code civil français sur la preuve des obligations.

[59] Réf. Decreto Lei n° 47.344 de 25 Novembre de 1966 aprova o Codigo Civil. Pour une étude spécifique, J. L. DE FREITAS, « La preuve en droit portugais » in J. L. DE FREITAS (dir.), *Le droit de la preuve dans l'Union Européenne*, Kluwer Law international, 2004, pp 349-379.

[60] Réf. Codigo Civil aprobado por el Real Decreto de 24 julio de 1889. Pour une étude spécifique, M. S. DOMINGUEZ, « La preuve dans le procès civil espagnol » in J. L. DE FREITAS (dir.), *Le droit de la preuve dans l'Union Européenne*, Kluwer Law international, 2004, pp. 381-406

[61] Decret belge du 30/071888 relatif aux contrats ou obligations conventionnelles (*B.O.*, 1888, p. 109).

[62] *Evidence Ordinance (Cap 62 of the Laws of Nigeria 1958)* est le texte applicable en matière de preuve au Cameroun anglophone. Notez qu'il s'agit d'un texte de procédure civile.

certaine homogénéité du droit applicable à la preuve dans les États de l'OHADA puisque tous ont gardé la base du Code Napoléon, mais il existe des divergences[63]. Actuellement, c'est le droit commun de chacun des États parties qui est appliqué, ce qui pose le problème de la diversité des sources de la preuve pouvant engendrer des conflits de lois entre plusieurs États ayant également vocation à fournir les règles de preuve applicables à un litige[64]. Aux normes internes, se superposent des normes communautaires concurrentes[65], en droit des affaires certes, mais aussi dans de nombreux autres domaines tels que le droit des assurances, le droit bancaire, le droit économique, d'une manière générale. En droit OHADA, par exemple, il y a des règles spéciales de preuve qui découlent des Actes uniformes et qui, conformément à l'article 10 du Traité de l'OHADA[66] font partie intégrante des droits nationaux. La combinaison des règles de preuve des droits nationaux et du droit OHADA se fait en dehors des règles de droit international privé[67].

25. Un facteur de complexité vient du positionnement de la question de la preuve au regard de son actualité liée à l'évolution technologique. La célèbre formule de Portalis[68] est aujourd'hui mise à mal

[63] Il en est ainsi du caractère non obligatoire de l'écrit lorsque la valeur ou le montant du contrat est inférieur au taux fixé par le législateur pour se préconstituer une preuve écrite. Ce taux est de 20.000 francs CFA au Sénégal (article 14 du Code des obligations civiles et commerciales), 50.000 francs CFA au Mali (article 267 du Régime général des obligations), 7.500 francs guinéens pour la Guinée Conakry (article 804 du Code civil).

[64] Voir E. FONGARO, *La loi applicable à la preuve en droit international privé*, Paris, LGDJ, 2004, préf. B. BEIGNIER et J. FOYER. Une solution française traditionnelle veut que les questions d'objet et de charge soient rattachées à la loi du fond, et que l'admissibilité des modes de preuves soit régie par la loi du for. Dans l'espace OHADA, le droit international privé est lacunaire. En ce sens, G. NGOUMTSA ANOU, *Droit OHADA et conflits de lois*, LGDJ, 2013, pp. 1 s.

[65] Voir à ce sujet, D. SOSSA, « Les concurrences de compétence entre les hautes juridictions communautaires de l'Afrique de l'Ouest et du Centre : réalités et approches de solutions », in *Mélanges en l'honneur de Paul Gérard POUGOUE*, Editions Wolters Kluwer et CREDIJ, 2014, p. 696.

[66] Article 10 du Traité « *Les Actes uniformes sont directement applicables et obligatoires dans les Etats Parties nonobstant toute disposition contraire de droit interne, antérieure ou postérieure* ».

[67] En matière de preuve, il n'existe pas de règle opérant un renvoi général au droit national parce que la matière ne fait pas partie des matières uniformisées par le Traité OHADA. Voir à ce sujet Barthélémy COUSIN, « La preuve internationale », Colloque de Paris sur le droit de la preuve dans l'espace OHADA, RDAI/IBLJ, N° 3, 2011, spéc. p. 279 et 280.

[68] S'exprimant sur l'importance de la preuve écrite, Portalis avait souligné que « l'écriture est chez toutes les nations policées, la preuve naturelle des contrats », in *Le discours et le code. Portalis, deux siècles après le Code Napoléon*, Paris, Litec, 2004, p. XLIV. Aujourd'hui, le support contractuel « *n'est plus le papier, reconnu et apprécié de longue date comme un*

par l'avènement du numérique. En raison de *« l'influence des moyens électroniques sur le droit des contrats »* selon Joseph Fometeu[69], il faudra considérer une évolution inéluctable de la situation actuelle prenant en compte la preuve électronique. Certes, afin de remédier aux carences du droit positif en la matière, des initiatives nationales et communautaires ont été prises[70]. Or, la prolifération des législations applicables à la preuve électronique pourrait être contre-productive, si celles-ci ne font pas l'objet d'une articulation appropriée entre elles[71].

26. Ensuite, le droit de la preuve fait l'objet d'une scission binaire : les règles de preuves sont prévues tout à la fois dans le Code civil et dans le Code de procédure civile. Comme en France, les questions d'admission des preuves touchent le fond du droit tandis que celles d'administration des preuves relèvent de la procédure. Cette dualité des sources se retrouve dans les droits nationaux des États de l'OHADA, produits du moule colonial européen, mais les règles varient suivant

---

support stable et durable, mais des imprévisibles octets nettement plus sujets à caution et intelligibles seulement par le truchement d'un appareil » » in E. MONTERO, « L'avant-projet d'Acte uniforme sur le droit des contrats : l'adéquation aux contrats électroniques », *Actes du Colloque sur l'harmonisation du droit OHADA des contrats – Ouagadougou 2007*, Rev. dr. unif. 2008, p. 208.

[69] J. FOMETEU, « L'influence des moyens électroniques sur le droit des contrats », Communication présentée au colloque sur « *Les pratiques contractuelles d'affaires et les processus d'harmonisation dans les espaces régionaux* », Actes du colloque de Libreville organisé par l'ERSUMA du 26 au 28 Octobre 2011, Publication de l'ERSUMA, p. 214.

[70] Les différentes législations communautaires (OHADA : Acte uniforme du 17 avril 1997 relatif au droit commercial général, tel que révisé le 15 décembre 2010, v. déjà Acte uniforme relatifs aux contrats de transport par route, art. 2 (c); UEMOA : Règlement n° 15/2002/CM/UEMOA du 19 septembre 2002 relatif aux systèmes de paiement; CEMAC : Règlement n° 02/CM/CEMAC du 04 avril 2004 relatif aux systèmes, moyens et incidents de paiement; CEDEAO : Acte Additionnel A/SA.SA2/01/10 du 16 février 2010 portant transactions électroniques dans l'espace de la CEDEAO) et nationales (Sénégal : Loi n° 2008-08 du 25 janvier 2008 portant sur les transactions électroniques; Burkina Faso : Loi n° 045-2009/AN du 10 novembre 2009 portant réglementation des services et des transactions électroniques; Cameroun : Loi n° 2010/21 du 21 décembre 2010 régissant le commerce électronique; Bénin : Loi 2017-20 portant Code du numérique) ont admis l'écrit électronique.

[71] A l'exemple de l'article 79, al. 2 de l'AUDCG qui restreint le champ d'application des « procédures électroniques » en indiquant expressément : « *Toutefois, les dispositions du [Livre V] ne s'appliquent pas aux échanges ou transactions électroniques qui font l'objet de législations particulières* ». Cette disposition a été insérée dans le texte à la demande de la BCEAO, dans le cadre des Concertations avec l'OHADA sur l'autonomie et la spécificité du droit bancaire et des systèmes de paiement par rapport aux Actes Uniformes (cf. Réunion Plénière des Commissions Nationales-OHADA, Dakar, 12-20 mai 2010). Les auteurs des autres textes (nationaux, CEDEAO, etc.) n'ont pas eu à cœur d'assurer cette articulation.

les générations de Codes de procédure[72]. La répartition des règles entre les deux Codes suscite de nombreuses critiques doctrinales qui soulignent le manque de clarté du critère retenu[73], les répétitions[74] et les défauts de coordination[75], voire la contradiction même[76]. Cette confusion héritée du droit français pourrait être éliminée en clarifiant les relations entre le Code civil et le Code de procédure civile dans les États de l'espace OHADA.

27. En outre, le droit civil de la preuve n'est pas guidé par un esprit de système. Chaque mode de preuve possède sa force probante. Cette force ne dépend pas de l'objet de la preuve, acte ou fait juridique. La liberté de la preuve concerne la production, mais pas l'appréciation des preuves. En droit des contrats, par exemple, le principe de base est celui de la preuve légale symbolisé par l'article 1341 du Code civil[77]. Ce système, simple en apparence, connaît de nombreuses exceptions, mais également de multiples nuances dans son application. Il en est ainsi de la

---

[72] En considérant l'espace OHADA, on pourrait retenir trois générations de codes de procédure civile. La première génération est constituée par les législations héritées, en la forme, de la colonisation, à la suite de la succession de législations consécutive à la succession d'Etats : telle est la situation actuelle du Tchad, de la Côte d'Ivoire, de la Guinée Bissau, de la Guinée Equatoriale. La deuxième génération est constituée des Codes adoptées par certains Etats après les indépendances, dans une période de temps longtemps se situant entre 1960-1990 : c'est le cas du Code sénégalais de procédure civile, du Code togolais et du Code gabonais. La troisième génération de Code de procédure est inaugurée par le Mali, en 1999, et assure une consécration législative du droit processuel : c'est le cas du Code burkinabé, du Code béninois, et du Code nigérien adopté en 2015. Pour la typologie originelle, J. DJOGBENOU (Dir.), *Code de procédure civile, commerciale, sociale, administrative, et des comptes : commenté et annoté*, CREDIJ, Cotonou, 2014, p. 19. La typologie initialement retenue par l'auteur a été réaménagée en tenant compte de l'espace OHADA et des dernières réformes intervenues dans certains Etats membres.

[73] Sur les raisons de cette situation, v. *supra* note n° 35.

[74] Ainsi, les principes relatifs à la charge de la preuve figurent dans les deux codes (art. 1315 c. civ; art. 9 c. pr. civ), sans que l'on puisse dire quelle est une règle de fond ou de procédure.

[75] Certains modes de preuve sont envisagés dans le Code civil (preuve littérale, aveu) alors que d'autres figurent dans le Code procédure civile (expertise) et d'autres encore sont dans les deux Codes (serment).

[76] Les règles relatives au désaveu d'écriture figurent à la fois dans le Code civil et dans le Code de procédure civile (art. 1323 et 1324 c. civ; art. 287 s. c. pr. civ). Dès lors, il est délicat de trancher la question de savoir si le régime du désaveu d'écriture est composé de règles de fond ou de forme.

[77] « *Il doit être passé acte devant notaires ou sous signatures privées de toutes choses excédant la somme ou la valeur de cinq mille francs, même pour dépôts volontaires, et il n'est reçu aucune preuve par témoins contre et outre le contenu aux actes, encore qu'il s'agisse d'une somme ou valeur moindre (...)* ». Ce formalisme est repris en héritage par les Etats francophones de l'espace OHADA. Dans le même sens, l'on peut relever l'article 14 du Code des obligations civiles et commerciales du Sénégal, l'article 804 du Code civil guinéen, l'article 267 du Régime général des obligations du Mali.

liberté de la preuve en matière commerciale[78], du commencement de preuve par écrit (art. 1347 c. civ.), de l'impossibilité matérielle ou morale (art. 1348 c. civ.), du caractère non obligatoire de l'écrit lorsque la valeur ou le montant du contrat est inférieur au taux fixé par le législateur pour se préconstituer une preuve écrite. La jurisprudence française[79], récente et abondante, montre qu'en réalité, la preuve du contrat est au cœur d'une imbrication entre preuve libre et preuve légale. Cette foison de jurisprudence sur la preuve montre la persistance des difficultés probatoires nées du système complexe instauré par le Code civil en 1804 et peu réformé depuis en Afrique. La cohérence peut être trouvée dans l'organisation du droit de la preuve autour de principes généraux.

28. Par ailleurs, l'anachronisme de la preuve mérite discussion. La modernisation a, de longues dates, déserté les droits probatoires nationaux ayant conservé à ce jour des règles pour la plupart obsolètes et inadaptées. Les modes de preuve se sont considérablement développés et modernisés, les règles de preuve ont connu une croissance exponentielle, des grands principes ont structuré progressivement la matière. Or, si l'on entre dans le détail des instruments juridiques africains, on s'aperçoit que les standards communs aux grandes réformes du Code civil y sont absents. D'abord, la théorie de la preuve résulte, non pas du Code civil, mais de l'accumulation des travaux doctrinaux depuis deux siècles[80]. Pourtant, le résultat de cet effort théorique et conceptuel ne se retrouve pas dans le droit positif africain. Aussi, depuis 1804, la jurisprudence a considérablement fait évoluer les structures générales du droit de la preuve[81]. Des principes essentiels comme le droit à la preuve

---

[78] L'article 5 de l'AUDCG, adopté le 15 décembre 2010, dispose que « Les actes de commerce se prouvent par tous moyens même par voie électronique à l'égard des commerçants ».

[79] Voir *Rapport annuel 2012. La preuve dans la jurisprudence de la Cour de cassation*, coord. J.-F. CESARO, spéc. 170. Disponible sur www.courdecassation.fr Dernière consultation le 26 Avril 2016.

[80] E. VERGES, « La réforme du droit de la preuve civile : enjeux et écueils d'une occasion à ne pas manquer », Recueil Dalloz 2014, Chroniques p. 617.

[81] Par exemple, l'arrêt rendu le 5 avril 2012 par la première chambre civile consacre le principe du droit à la preuve (Civ. 1re, 5 avr. 2012, n° 11-14.177, D. 2012. 1596 , note G. Lardeux , 2826, obs. J.-D. BRETZNER, 2013. 269, obs. N. FRICERO, et 457, obs. E. Dreyer ; RTD civ. 2012. 506, obs. J. Hauser), que la doctrine avait dégagé depuis la fin des années 70 (C. Marraud, Le droit à la preuve. La production forcée des preuves en justice, JCP 1973. I. 2572 ; G. Goubeaux, « Le droit à la preuve », *in* La preuve en droit, Etudes publiées par C. Perelman et P. Foriers, Bruylant, Bruxelles, 1981, p. 277 s.; A. Bergeaud, *Le droit à la preuve*, LGDJ, 2010.). Parallèlement, dans un esprit d'équilibre, la Cour de cassation a développé les applications du principe de licéité des preuves, comme l'illustre la montée en puissance du droit au respect de la vie privée depuis l'arrêt *Nikon* (Soc. 2 oct. 2001, n° 99-42.942, D. 2001. 3148, note P.-Y. Gautier, 3286, entretien P. Langlois, et 2002. 2296, obs. C. Caron ; Dr. soc. 2001.

ou la loyauté de la preuve ont été consacrés. Ainsi, le droit de la preuve est aujourd'hui largement dominé par des principes jurisprudentiels, qui devraient trouver leur place dans les textes africains. Par ailleurs, les grandes controverses du droit de la preuve animent les débats doctrinaux depuis plusieurs décennies, sans avoir reçu de réponse jurisprudentielle claire en Afrique. Il en est ainsi de la distinction entre charge de la preuve et risque de la preuve[82]. Globalement dans l'espace OHADA, la valeur des normes probatoires doit être repensée dans le contexte de la justice rationnelle contemporaine.

29. Depuis 1971, le législateur français a entrepris une réforme d'ensemble du droit judiciaire privé[83]. Fondée notamment sur l'idée que la justice est un service public, cette réforme conduit à donner au juge un rôle accru qui contraste avec l'effacement qui le caractérisait[84]. Les initiatives qu'il peut prendre permettent de faciliter l'administration de la preuve en justice. Ainsi, une partie peut obtenir la production forcée d'une pièce ou d'un document détenu par l'adversaire ou par un tiers. Il est aussi possible d'obtenir, avant un procès qui n'est qu'éventuel, une mesure d'instruction. L'intime conviction du juge devient essentielle. Pour que ces initiatives du juge puissent se développer sans entraves, les règles procédurales - autrefois rigides - se sont considérablement

---

915, note J.-E. Ray, et 2002. 84, étude A. Mole ; RTD civ. 2002. 72, obs. J. Hauser). La Cour de cassation française a également apporté des innovations sur la question de la force probante de certains modes de preuve. Ainsi, l'expertise privée produite par une partie a-t-elle désormais valeur de demi-preuve, au sens où le juge ne peut se fonder sur ce mode de preuve que s'il est corroboré par d'autres éléments (Cass., ch. mixte, 28 sept. 2012, n° 11-18.710, D. 2012. 2317 , 2013. 269, obs. N. Fricero, et 2802, obs. J.-D. Bretzner ; RTD civ. 2012. 769, obs. R. Perrot).

[82] La théorie du risque de la preuve connaît un fort succès en doctrine (Depuis R. LEGEAIS, *Les règles de preuve en droit civil - permanences et transformations*, thèse, Poitiers, LGDJ, 1955 ; jusqu'à M. MEKKI, « Le risque de la preuve », *in* D. Cohen (dir.), *Droit et économie du procès civil*, LGDJ, 2010, p. 195.), mais elle est ignorée par la Cour de cassation française.

[83] Voir L. CADIET, G. CANIVET, *De la commémoration d'un code à l'autre : 200 ans de procédure civile en France (1806-1976-2006)*. Lexis Nexis, Paris, 2006, 383 pages. Voir déjà, H. MOTULSKY, « Prolégomènes pour un futur Code de procédure civile : la consécration des principes directeurs du procès civil par le décret du 9 septembre 1971», Dalloz–Sirey, 1972, Chronique XVII, p. 91-102

[84] *« Les temps ont changé et l'état d'esprit bien plus, sans doute, que les textes. Et nous ne croyons plus que la neutralité – qui reste l'essence du phénomène juridictionnel – impose qu'un juge soit, en quelque sorte, retiré sur la hauteur tandis que l'on se bat dans la plaine. S'il fallait hasarder une comparaison sportive, on ne compte plus les points, comme l'arbitre au tennis du haut de sa chaise : on est sur le terrain, avec les joueurs, comme dans une compétition de football ou de rugby. Arbitre, mais dans la mêlée »*, Ph. THERY, « L'administration de la preuve en droit judiciaire privé français : évolution et tendances » in *Revue juridique et politique : indépendance et coopération*, « La preuve devant le juge », XVIIème Congrès de l'IDEF, Bruxelles – Luxembourg, 31 Sept. – 6 Oct. 1984.

assouplies. Cette évolution dans l'administration judiciaire de la preuve n'est pas identique dans tous les États de l'espace OHADA[85].

30. Enfin, les normes probatoires ne sont pas toujours adaptées aux réalités sociales, culturelles et économiques africaines. En Afrique, « *la fixation des engagements par écrit relève plutôt du domaine exceptionnel* »[86]. Si la rigueur du magistrat français n'est pas appropriée pour des peuples attachés à l'oralité, la liberté de prouver n'est pas toujours indiquée quand il y a un rapport de force déséquilibré. C'est pour cette raison que le législateur sénégalais impose la preuve testimoniale pour les contrats écrits dont l'une des parties est analphabète[87]. C'est également pour cette raison qu'une partie de la doctrine revendique la prise en compte du droit précolonial[88] attaché aux solennités. Le traitement de la preuve dans l'espace OHADA comporte, de ce fait, plusieurs omissions et imperfections au regard des « réalités africaines »[89]. La preuve nécessite donc des aménagements pour tenir compte du contexte africain qui est empreint d'un réel particularisme oscillant entre le droit précolonial[90] et l'environnement sociologique[91].

31. D'ores et déjà, il convient de rappeler que le droit de la preuve ne se confond pas aux modalités d'application particulière qu'en organisent les droits spéciaux, dont le droit des affaires. Or, l'emboitement gigogne du droit commun et du droit spécial de la preuve dans l'espace OHADA est critiquable au regard de la sécurité juridique.

---

[85] Dans certains États, la situation est toujours celle d'un corps de règles procédurales éclatées, parfois inextricables, reposant sur l'application à titre de raison écrite d'un Code de procédure civile français datant lui-même de 1958. Dans d'autres États, en revanche, les codes de procédure de dernière génération se sont inspirés de la modernisation de la procédure civile entamée en France depuis 1971.

[86] J. DJOGBENOU, « La cause dans les contrats conclus sur le fondement des Actes uniformes de l'OHADA » *Revue Penant n° 867*, avril-juin 2009, p. 20

[87] L'article 20 du COCC intitulé « Actes des illéttrés » dispose que « la partie illlétrée doit se faire assister de deux témoins lettrés qui certifient dans l'écrit son identité et sa présence : ils attestent en outre que la nature et les effets de l'acte lui ont été précisés ».

[88] F. ONANA ETOUNDI, « Formalisme et preuve des obligations contractuelles dans l'avant-projet d'Acte uniforme OHADA sur le droit des contrats », *RDU 2008* 1 / 2 p. 356

[89] La notion de « réalités africaines » est polysémique. Pour une analyse développée de cette notion, K. DOGUE, *thèse précitée*, pp. 194-204

[90] « La réalité africaine étant l'analphabétisme et l'oralité, la formule la mieux adaptée pour la sécurité des transactions dans l'espace OHADA serait-elle un droit des contrats soumis aux exigences particulières de preuve ou impliquant la liberté probatoire ? » F. ONANA ETOUNDI, idem

[91] Faut-il « libérer les moyens et modes de preuve des acteurs de l'informel comme c'est le cas du statut d'entreprenant qui peut servir de véhicule juridique pour le commerçant de l'informel ? » K. DOGUE, *thèse précitée*, p. 216.

Actuellement, chaque État dispose de son propre Code civil. A cet égard pourtant, il y a lieu de s'interroger sur la pérennité de la cohérence de l'héritage civiliste dans l'espace OHADA : si les Codes civils y sont restés globalement stables jusqu'à ce jour[92], on conviendrait qu'il y aurait quelque imprévision, de la part du législateur OHADA, à abandonner pour l'avenir, à la créativité juridique de chaque État partie, la détermination de son système probatoire propre. Des évolutions divergentes pourraient compliquer le rôle du juge suprême, celui de la Cour Commune de Justice et d'Arbitrage qui coiffe déjà *« une architecture judiciaire plurale »* pour emprunter les mots du professeur Djogbenou[93].

32. En faisant un parallèle avec les droits étrangers, il ressort que l'avantage de développer un droit uniforme de la preuve est de plus en plus souligné. Alors que le rapprochement des règles de preuve est en cours d'élaboration en Europe[94], il est déjà une réalité en Amérique du

---

[92] A la différence du Sénégal (1963), du Mali (1987) et de la Guinée-Conakry (1983), la plupart des pays concernés n'ont pas revu leur droit des obligations depuis plus de cinquante (50) ans.

[93] J. DJOGBENOU, « A la recherche des principes directeurs spécifiques au procès devant la CCJA », Penant N° 890 Janvier Mars 2015, p. 14

[94] Dans l'Union européenne, la volonté de rapprochement, voire d'unification des procédures civiles au sein de l'Europe est expressément formulée à l'article 65 sous c du Traité de l'Union européenne, introduit par le Traité d'Amsterdam entré en vigueur le 1er mai 1999. Déjà en 1990, la Commission des Communautés européenne a chargé un groupe d'experts, réunis dès 1987 par le Pr Marcel Storme, de rédiger un Code judiciaire européen. Le rapport du *Working Group for the approximation of the civil procedural law in Europe*, connu sous le nom de la *Storme Commission*, paru en 1994, est essentiel dans le débat sur l'unification du droit de la preuve. Le rapport Storme souligne la nécessité d'un rapprochement des droits procéduraux, afin de favoriser le libre fonctionnement du marché intérieur, mais en même temps les difficultés et les limites de l'exercice. Le procédé juridique préconisé est celui de la directive. Voir M. STORME (éd), *Rapprochement du droit judiciaire de l'Union européenne – Approximation of Judiciary Law in the European Union*, Dordrecht, Martinus Nijhoff, 1994.

Nord[95] et en Amérique latine[96]. En matière internationale, des efforts sont faits pour faciliter la preuve dans les litiges internationaux[97]. En complément du droit positif harmonisé, des normes de droit mou émanent d'organes de réflexion académiques[98] ou professionnels[99]. Elles sont proposées aux États comme des « code-modèles » qu'ils peuvent adopter. Les règles de preuve proposées concilient, de manière plus ou moins

---

[95] Aux Etats Unis, les solutions dégagées par les tribunaux ont été codifiées. Après plusieurs tentatives, qui ont connu un succès mitigé (The Model Code of Evidence, 1942; The uniform Rules of Evidence, 1953), les *Federal Rules of Evidence* ont été adoptées en 1975. Ces règles sont applicables devant les juridictions fédérales. Elles ont été en partie reprises par les différents Etats pour leurs juridictions. Au Canada, un projet de loi uniforme sur la preuve a été élaboré en août 1995 par la Conférence pour l'Harmonisation des Lois au Canada. Cette formule a été adoptée à l'effet d'éviter une disparité de solutions au sein de la fédération, en offrant un moule juridique commun pour la résolution de tous litiges concernant ce type de preuve. En effet, malgré l'existence de la loi du Canada sur la preuve de 1986, les Etats fédérés disposaient de textes spécifiques régissant la matière, ce qui révélait des résultats souvent différents au sein de la même entité étatique. La loi uniforme sur la preuve électronique a été finalement adoptée en 1997, et se compose de neuf articles. Voir à ce propos : A. OUATTARA, *La preuve électronique,* op. cit. p. 194 s.

[96] En Amérique latine, un code modèle fut instauré sous forme de *Codigo tipo ibero-americano* (1988). Bien qu'il ait été dépourvu de force obligatoire, le texte sert de modèle pour les réformes du droit de la procédure en Amérique latine. Voir à ce propos: E. VESCOVI, *El codigo procesal civil modelo para Iberoamerica. Historia, antecedentes, exposicion de motivos, texto del Anteproyecto*, Ed. Preparanda, Montevideo, 1988.

[97] Il a ainsi été adopté la Convention de La Haye sur la preuve, du 18 mars 1970, visant l'obtention des preuves à l'étranger en matière civile ou commerciale. Est instituée dans chaque État signataire une autorité centrale chargée de la réception des commissions rogatoires émanant des autres États parties à la Convention; la transmission se fait en général par voie diplomatique ou consulaire. Dans le champ d'intégration économique et juridique régionale que constitue l'Union européenne, il convient de mentionner le Règlement CE n° 1206/2001 du 28 mai 2001 en matière d'obtention de preuve. Voir à ce propos : B. ANCEL, « Le transfert international des informations nécessaires à l'administration du droit privé », in *L'internationalisation du droit, Mélanges Yvon Loussouarn*, 1993, Dalloz, p. 1.

[98] Les Principes ALI-Unidroit de procédure civile transnationale (2004). Ces Principes, de nature incitative ou « soft law », sont laissés à la libre adoption des États qui peuvent également, s'ils le souhaitent, transposer en droit interne les Rules (règles) plus détaillées que l'American Law Institute a également adoptées. Des États souhaitant adopter ou réformer leur code de procédure civile se sont montrés intéressés par ces Principes qui cherchent à trouver des solutions de compromis entre traditions de droit civil et Common Law (par ex. le Mexique, le Vietnam, des pays d'Afrique de l'Ouest). Voir à ce propos : F. FERRAND, *Les principes ALI-Unidroit de procédure civile transnationale : vers une harmonisation mondiale de la procédure civile*, Gaz. Pal. 27-28 mai 2005, p. 9.

[99] Les Règles de preuves pour l'arbitrage commercial international adoptées par *l'International Bar Association* (1999). Voir à ce propos : S. H. ELSING and J. M. TOWNSEND, « Bridging the Common Law – Civil Law Divide in Arbitration », Arbitration International, vol. 18, n° 1, 2002, p. 59-65

équilibrée, le droit de la preuve des systèmes romano-germaniques et de common law.

33. En Afrique, l'avant-projet d'Acte uniforme OHADA sur le droit des contrats[100] sur lequel devrait se greffer le « droit de la preuve » conformément à la décision du législateur, est abandonné au profit de l'harmonisation des contrats spécifiques d'affaires[101]. Il existe également un avant-projet concurrent élaboré avec le soutien de la Fondation du Droit Continental par les professeurs Pougoué, Sawadogo et Issa-Sayegh : « Projet de texte uniforme relatif au droit général des obligations dans l'espace OHADA ». Cet avant-projet qui contient un chapitre sur la preuve des obligations a récemment fait l'objet d'une remise officielle aux instances de l'OHADA[102], mais il ne figure nulle part à l'agenda officiel du législateur communautaire. Dans ces conditions et face aux atermoiements de l'Organisation dans son œuvre législative, il faut penser opérer un changement de paradigme pour que l'unification du droit de la preuve ne demeure l'Arlésienne du droit des affaires, une « *œuvre mal définie et jamais achevée* »[103].

34. De ce qui précède, il apparaît important de réfléchir sur la construction d'un droit de la preuve, d'autant que dans le contexte qui est celui des États membres de l'OHADA, il importe de disposer *« de règles communes, simples, modernes et adaptées à la situation de leurs économies…»* (Traité de l'OHADA, art. 1er). Le sujet de thèse vise à ressortir les insuffisances des normes probatoires en vigueur, et permet

---

[100] L'avant-projet d'Acte uniforme proposé par le Pr Marcel FONTAINE et qui reprenait les principes Unidroit en matière de contrat a été rejeté pour diverses raisons. V. Actes du Colloque de Ouagadougou sur l'harmonisation du droit OHADA des contrats, 2007, publié à la *Revue de droit uniforme / Uniform Law Review*, numéro spécial, 2008-1/2, vol. 13, p. 455 et s. Texte disponible sur le site www.unidroit.org/french/legalcooperation/ohada.html. Dernière consultation le 20 décembre 2014.

[101] Le Conseil des Ministres de l'OHADA au cours de sa réunion tenue à Cotonou en juin 2012 a décidé d'abandonner l'idée d'une théorie générale des contrats en droit OHADA, au profit de l'harmonisation des contrats spéciaux que sont l'affacturage, le crédit-bail, les BOT, la joint-venture, la concession, la franchise, etc. qui font actuellement l'objet d'étude. V. pour des détails, http://www.ohada.com/content/newsletters/1770/termes-de-references.pdf.

[102] Voir http :// ww.fondation-droitcontiental.org/avant-projet-droit-des-obligations-OHADA-texte-final-150605.pdf pour le texte de l'avant-projet et son rapport de présentation par les rédacteurs. Pour des commentaires, C. GRIMALDI « Projet de texte uniforme portant droit général des obligations » — D. 2016. 648 — 17 mars 2016; J. KEHL, « Droit uniforme OHADA : entre consolidation et nouvelle avancée sur le droit des obligations », Semaine Juridique Edition Générale N° 4, 25 jan. 2016, p. 163.

[103] L'expression est du professeur J. ISSA-SAYEGH, « Quelques aspects techniques de l'intégration juridique : l'exemple des actes uniformes de l'OHADA», RDU, UNIDROIT 1999-1, p.5 et s.

d'entrevoir les réformes nécessaires pour l'amélioration des solutions positives. A cet égard, l'étude s'est donné pour objet d'analyser s'il était possible de dégager au regard de la sécurité juridique des activités économiques dans l'espace OHADA, une cohérence d'ensemble en matière de preuve.

35. Ainsi présentée, cette étude revêt un double intérêt. Au plan théorique, elle permet de présenter une vision d'ensemble du droit de la preuve. C'est une étude transversale qui dépasse la distinction entre les règles de droit substantiel et les règles de droit procédural. Elle se démarque des travaux antérieurs qui ont traité les grandes questions composant la matière (l'objet, la charge, les modes, l'administration), sans envisager le droit de la preuve d'une façon globale et unifiée. Cette présentation du droit de la preuve repose sur une théorie classique entièrement construite autour de la preuve des obligations, mais qui ne permette pas d'identifier le droit de la preuve comme une discipline juridique à part entière. En revanche, la construction d'un droit de la preuve autonome est le fil d'Ariane de l'étude en même temps qu'elle essaie de tracer d'autres sillons que les auteurs contemporains ont contribué à ouvrir pour la modernisation de la théorie de la preuve.

36. En droit comparé, un certain nombre de travaux doctrinaux s'efforcent d'organiser les règles de preuves en système et de proposer une lecture englobante de la matière. Au-delà de quelques précédents[104], les travaux en ce sens prennent aujourd'hui de l'ampleur en France[105]. Si les études qui ont abordé l'élaboration des règles de preuve transnationales sont nombreuses[106], la doctrine du droit de la preuve est

[104] R. LEGEAIS, *Les règles de preuve en droit civil - permanences et transformations*, thèse, Poitiers, LGDJ, 1955 ; Ch. PERELMAN et P. FORIERS (dir.), *La preuve en droit*, Bruxelles, Bruylant, coll. « Travaux du Centre national de recherches de logique », 1981; X. LAGARDE, *Réflexion critique sur le droit de la preuve*, LGDJ, 1994 ; Dossier « La preuve », Droits n° 23, 1996.

[105] E. VERGES, « Eléments pour un renouvellement de la théorie de la preuve en droit privé », *in* Mélanges J.-H. Robert, LexisNexis, 2012 p. 853; F. GIRARD, *Essai sur la preuve dans son environnement culturel*, Aix-en-Provence, PUAM, 2013; E. VERGES, « La réforme du droit de la preuve civile : enjeux et écueils d'une occasion à ne pas manquer », Recueil Dalloz 2014, *(Chr.)* p. 617; M. MEKKI, « Charge de la preuve et présomptions légales. L'art de clarifier sans innover », *Droit et Patrimoine*, Septembre 2015, n° 250, p. 36 et s.; G. LARDEUX, Commentaire du titre IV bis nouveau du livre III du Code civil intitulé « De la preuve des obligations » ou l'art de ne pas réformer, Recueil Dalloz 2016 p. 850.

[106] Ph. FOUCHARD, *Vers un Procès Civil Universel ? Les Règles Transnationales de Procédure Civile de l'American Law Institute,* éd. Panthéon-Assas, Paris, 2001 ; F. FERRAND, « Vers des règles transnationales de procédure civile ? Le projet de l'American Institute et d'UNIDROIT », *Droit et procédures*, n° 1, 2002, p. 4-13 ; L. CADIET, « La preuve » in F.

moins visible en droit communautaire[107]. En Afrique, grâce aux travaux du Doyen Melone[108], l'on sait que le droit des obligations est en retard d'une réforme, qu'il est inadapté, mais surtout que « *dans la perspective d'une modernisation du droit des contrats en Afrique, l'on puisse repenser le système de preuve en enlevant à l'écrit le rôle prépondérant qu'il joue dans la preuve des obligations* »[109]. Les critiques émises par les auteurs africanistes comme Decottignies[110] et Blanc-Jouvan[111] qui ont analysé le droit des obligations à la fin des années 1970, sont globalement valables pour la preuve des obligations. Ces griefs ont été toutefois confirmés et nuancés dans des contributions récentes sur la preuve judiciaire en Afrique. A côté des études menées au plan national dont celles de Michel Adjaka en droit béninois[112], de Koffi Etienne Alla en droit ivoirien[113], quelques chercheurs ont examiné les insuffisances du droit de la preuve à l'échelle régionale. Dans sa thèse de doctorat, par

---

FERRAND (dir.), La procédure civile mondiale modélisée, Paris, Editions juridiques et techniques, 2004, p. 119-138 ; F. FERRAND et T. MOUSSA, « Le projet de l'American Law Institute et d'UNIDROIT de Principes et Règles de procédure civile transnationale : vers une procédure civile mondiale modélisée ? », in La procédure dans tous ses états. Mélanges Jean Buffet, Paris, Ed. Petites Affiches, 2004, p. 199-228.

[107] La recherche a porté sur la bibliothèque nationale de France (site Internet http://www.bnf), ainsi que sur l'ensemble des bibliothèques universitaires de France (site Internet http://www.sudoc.abes.fr/) et, plus précisément, sur la bibliothèque universitaire Cujas (site Internet http://www.biu-cujas.univ-paris1.fr) : M. FARTUNOVA, *La preuve dans le droit de l'Union européenne*, Edition Bruylant, 2013; J. M. L. DE FREITAS (dir.), *Le droit de la preuve dans l'Union Européenne*, Kluwer Law International, La Haye, 2004; J. SPENCER, « The concept of european evidence, ERA-forum, 2003, n° 2, pp. 29-38.

[108] S. MELONE, « Les résistances du droit traditionnel au droit moderne des obligations », Actes du Colloque de Dakar, 5-9 juillet 1977, *Revue Sénégalaise de Droit* (1977), p. 45

[109] S. MELONE, *op. cit.,*

[110] Le Doyen Decottignies affirmait que « [l]a modernisation du droit africain [des obligations] passe alors par la modification, la réforme ou mieux la refonte de ce que le passé a légué à l'Afrique pour l'adapter aux besoins réels du continent », v. R. DECOTTIGNIES, « Les résistances du droit africain à la modernisation en matière d'obligations », Actes du Colloque de Dakar, 5-9 juillet 1977, op. cit. p.59

[111] Le professeur X. Blanc-Jouvan, relevait fort à propos qu'il était «*de l'intérêt général d'élaborer un sorte de droit commun des contrats pour éviter les difficultés pratiques nées de la diversité des législations en même temps que de permettre l'émergence d'une véritable science juridique* », in X. BLANC-JOUVAN, Actes du Colloque de Dakar, 5-9 juillet 1977, op. cit., p. 21

[112] M. ADJAKA, *La preuve en matière foncière coutumière devant les juridictions béninoises*, Mémoire de fin de formation, Ecole Nationale d'Administration et de Magistrature (ENAM), 2003 - 2005.

[113] E. K. ALLA, « La preuve de la loi étrangère en droit ivoirien », in Revue de l'ERSUMA : Droit des affaires – Pratique Professionnelle N° 6 – Janvier 2016

exemple, le professeur Aboudramane Ouattara[114] a examiné le sujet de la preuve électronique à travers une approche comparative (Europe, Canada, Afrique) en proposant des « remèdes aux imperfections » de cette preuve notamment dans les pays africains. Certains chercheurs ont étudié l'écrit sous forme électronique avec un ancrage en droit communautaire, à l'aune de la dématérialisation tous azimuts qui permet d'observer les efforts entrepris dans certaines législations. M. Mocktar Adamou[115] observe que le droit communautaire UEMOA et les différentes législations nationales ont admis l'écrit électronique, mais qu'en définitive l'écrit électronique pourra n'être qu'une preuve imparfaite à force probante relative. Madame la Professeure Justine Diffo-Tchunkam[116] quant à elle, fait le point sur la dématérialisation amorcée par le législateur OHADA à travers la réforme de l'Acte Uniforme relatif au Droit Commercial Général et relève les défis d'une cyber législation communautaire. D'autres chercheurs ont traité partiellement le sujet en adoptant une approche transversale qui campe la recherche sur le droit des contrats en Afrique. C'est le cas de MM. Ngueken Keugong[117], Achille Ngwanza[118], Karel Doguè[119] et Félix Onana Etoundi[120]. A la suite de ces travaux, MM. Pierre Emmanuel Audit, Alain Ghozi, et Cyril Grimaldi esquissent un droit commun des contrats et de la preuve à partir des Actes uniformes existants[121]. Dans une étude récente fondée sur une telle approche, M. Félix Onana Etoundi

---

[114] A. OUATTARA, *La preuve électronique. Études de droit comparé Afrique, Europe, Canada,* Presses Universitaires d'Aix-Marseille, Centre de Droit Économique, 2011. Soutenue en 2003 (Université d'Abidjan-Cocodi, Côte d'Ivoire), la thèse offre une vision actuelle de la preuve en présentant d'une part les risques d'erreurs et de fraude de l'utilisation de l'outil électronique, et d'autre part les remèdes aux imperfections de la preuve électronique avec des exemples étrangers à l'appui.

[115] M. ADAMOU, « La valeur de l'écrit électronique dans l'espace UEMOA », PENANT n° 877 Octobre/Décembre 2011, page 502.

[116] J. DIFFO TCHUNKAM « La dématérialisation au service de l'attractivité économique du droit OHADA : Enjeux économiques et défis sécuritaires », in *Mélanges en l'honneur de Paul Gérard POUGOUE*, éd. Wolters Kluwers & CREDIJ, 2014, pp 225-244.

[117] N. W. KEUGONG *Le droit commun des contrats face à l'émergence des droits communautaires africains*, thèse Université de Dschang, 2009.

[118] A. NGWANZA, *La favor contractus dans les Principes Unidroit et l'avant projet d'Acte uniforme sur le droit des contrats en OHADA*, thèse de doctorat, Université Paris sud 11, 2011.

[119] K. DOGUE, *Jalons pour un cadre de référence en droit des contrats OHADA*, thèse de doctorat, Université Montréal, 2013.

[120] F. ONANA ETOUNDI, « Les principes d'Unidroit et la sécurité juridique des transactions commerciales dans l'avant-projet d'Acte uniforme OHADA sur le droit des contrats », RDU 2005, p. 683 ; « Formalisme et preuve des obligations contractuelles dans l'avant-projet d'Acte uniforme OHADA sur le droit des contrats», RDU 2008-1/2, p. 355.

[121] P. E. AUDI, A. GHOZI et C. GRIMALDI, «Esquisse d'un droit commun des contrats à partir des Actes uniformes existants » *Petites affiches*, 25 septembre 2015 n° 192, p. 49

propose les linéaments d'une théorie générale des obligations déduite de la conceptualisation des contrats commerciaux du droit OHADA[122]. Les interventions doctrinales sur le droit positif de la preuve dans l'espace OHADA ont des objets variés (la preuve notariée[123], la preuve internationale[124], la preuve de la créance[125], l'impossibilité de prouver par écrit[126]) et aboutissent quasiment aux mêmes conclusions de réforme.

37. Seulement, les propositions faites par les différentes contributions pour corriger les insuffisances des règles de preuves et asseoir une construction propre à assurer la réalisation des droits subjectifs paraissent marginales et ne révèlent pas une logique d'ensemble. On s'attarde ainsi sur des morceaux du droit de la preuve plutôt que sur l'ensemble de la matière, sur des principes plutôt que sur l'organisation générale. Aucun effort de systématisation n'est réalisé pour proposer une vision théorique de la matière, c'est-à-dire une organisation structurée et cohérente des règles de preuve. Malgré l'importance de la preuve en droit, la recherche n'a pas encore envisagé l'élaboration d'un droit de la preuve autonome dans l'espace OHADA.

38. Au plan pratique, la contribution pourrait permettre au législateur d'identifier les possibilités d'intégration du droit de la preuve dans l'espace OHADA. Elle devrait *in fine* constituer un cadre commun de référence à proposer aux Etats membres de l'OHADA qui pourraient s'en inspirer à des degrés divers pour moderniser leur législation interne, et aux organismes régionaux d'intégration économique pour élaborer des règlements généraux. L'approche comparatiste qui est adoptée permettra en filigrane de mesurer le niveau du droit à un procès équitable au sein de chaque Etat, dans la mesure où le « droit à la preuve » en constitue un indicateur majeur[127]. Enfin, le droit de la preuve entretient des rapports

---

[122] F. ONANA ETOUNDI, « Les linéaments d'une théorie générale des obligations nées des contrats commerciaux du droit OHADA », in *L'Obligation. Etudes offertes au Professeur Paul Gérard Pougoué.*, Editions Harmattan Cameroun - Aproda, Yaoundé, 2015, pp. 749-767.

[123] A. HARISSOU, « La preuve notariée dans l'espace OHADA», Actes du colloque international sur le droit de la preuve dans l'espace OHADA, *Revue de Droit Uniforme Africain*, N° 5 Juin 2010, p.36.

[124] B. COUSIN, « La preuve internationale », Colloque sur le droit de la preuve dans l'espace OHADA, RDAI/IBLJ, N° 3, 2011.

[125] F. ONANA ETOUNDI « La preuve de la créance », Actes du colloque international sur le droit de la preuve dans l'espace OHADA, *Revue de Droit Uniforme Africain*, N° 5 Juin 2010, p. 33.

[126] A. A. DIOUF, « Etude critique de l'impossibilité morale dans la preuve des actes juridiques en Afrique noire francophone », in *Revue de droit sénégalais*, n° 11-2013, p. 155

[127] La Cour européenne des droits de l'homme a rattaché explicitement le droit à la preuve au droit à un procès équitable (CEDH, 10 oct. 2006, *L. L. c. France, Req. n° 7508/02, Par. 40;*

subtils avec l'économie, de sorte que cette étude pourrait trouver des applications dans ce qu'il est convenu d'appeler l'économie de la preuve[128].

39. Approfondissant les questions que pose l'harmonisation du droit de la preuve dans l'espace OHADA, l'étude se base sur un simple constat. L'élaboration d'un droit uniforme de la preuve est théoriquement envisageable, et l'on pourrait encore justifier de sa réalisation sous l'égide de l'OHADA. En ce qui concerne la crainte de démesure matérielle, il est possible d'argumenter en sens contraire. Tout ceci appelle d'emblée une réflexion sur le domaine matériel, la technique d'harmonisation et le contenu substantiel du futur droit de la preuve.

40. Pour ce qui est du domaine matériel, il faudra particulièrement vérifier à cet égard si la nature juridique des règles en cause est un obstacle dirimant. Certes, une partie de la législation OHADA en vigueur est applicable au droit civil sans que cela ne constitue une « hérésie juridique » d'après le professeur Dorothé Sossa[129], mais le législateur OHADA a déjà refréné sa « démangeaison civiliste »[130] qui le pousse à investir le droit commun. Il serait donc hâtif de tirer des conclusions péremptoires en ce qui concerne le droit de la preuve. Les professeurs Pougoué et Kalieu Elongo relèvent, en effet, des difficultés à déterminer le contenu ou le domaine exact du droit de la preuve[131]. L'ambiguïté de la nature juridique des règles de preuve[132] semble être un

---

CEDH, N. N. et T. A *c. Belgique, 13 mai 2008, Requête n° 65017/01, Par. 43).* Par ailleurs, le droit à un procès équitable est contenu dans les instruments internationaux ratifiés par les Etats africains.

[128] R. A. POSNER, « An Economic Approach to the Law of Evidence », *Stan. L.. R, vol. 51*, 1998, p. 1477

[129] L'auteur affirme que « *l'expérience prouve à suffisance l'efficacité tant au plan normatif qu'à celui de la réalisation au plan juridictionnel des Actes uniformes transversaux (droit des sûretés, procédures simplifiées de recouvrement des créances, droit de l'arbitrage déjà intervenus* » in D. C. SOSSA, « Le champ d'application de l'avant-projet d'Acte uniforme OHADA sur le droit des contrats : contrats en général / contrats commerciaux / contrats de consommation », *RDU 2008-1/2*, p. 345

[130] Ph. TIGER, « *Introduction au droit de la preuve dans l'espace OHADA* », OHADATA D-11-09 p. 13

[131] P. G. POUGOUÉ et Y. KALIEU *ELONGO, op. cit.* n° 77 et s.

[132] Une réflexion sur la nature juridique de la preuve pose tout de suite le problème de savoir s'il s'agit d'une figure de droit matériel, intimement liée à la texture du droit par le biais des faits, d'une figure de droit procédurale, intéressant uniquement le juge et n'ayant aucune valeur autonome en dehors du procès, ou enfin, d'une figure charnière située entre le droit matériel et le droit de la procédure. Dans le premier cas, les règles de preuve relèveront du droit civil, tandis que, dans le deuxième, elles seront toutes logiquement placées parmi les règles de la procédure civile.

obstacle à la conception unitaire du droit de la preuve. Ce point de vue n'est pourtant pas le seul que l'on puisse adopter selon M. Vergès[133]. Pour cet auteur, la difficulté n'existe que si l'on regarde la matière sous le prisme réducteur des branches du droit. La question de l'existence du droit de la preuve et celle de la nature juridique des règles de preuve peuvent être distinguées. L'unité du concept de preuve, la finalité de la recherche de la vérité judiciaire et de la conviction des juges, l'utilité pratique du regroupement des règles de preuve concourent à identifier le droit de la preuve comme une discipline scientifique du droit[134]. Par ailleurs, la doctrine[135] et la jurisprudence[136], appelant de leurs vœux l'élaboration d'un droit de la preuve autonome, s'accordent pour faire application de ces règles à toute preuve, et pas seulement à la preuve des obligations nées d'un contrat. Le législateur pourrait prendre modèle sur d'autres systèmes juridiques appartenant à la même famille juridique. Que l'on songe au Code civil québécois au sein duquel il existe un Livre septième entièrement consacré au droit de la preuve (C. civ. québécois, art. 2803 à 2874). Enfin, l'on devrait envisager l'expansion de l'OHADA aux systèmes africains de *Common law* en raison de la vocation panafricaine de l'Organisation[137], et anticiper sur l'unicité du droit de la preuve qui

---

[133] E. VERGES, « Eléments pour un renouvellement de la théorie de la preuve en droit privé », in *Mélanges J-H Robert*, Lexisnexis 2012, p. 853.

[134] Une discipline juridique est une construction doctrinale avant tout. L'unité conceptuelle, la finalité, l'utilité pratique sont autant de motifs pour identifier une discipline juridique à part entière. Cette conception s'intègre dans un mouvement plus vaste, qui consiste à bâtir l'organisation des règles de droit autour d'objets, comme en témoigne le mouvement contemporain de codification ou encore l'émergence de disciplines juridiques nouvelles (Par exemple, le droit de l'Internet, le droit de l'environnement, le droit de la consommation, etc).

[135] La doctrine du droit de la preuve est émergente : une chronique régulière (Panorama « Droit de la preuve » au Recueil Dalloz, par Ph. DELEBEQUE J-D. BRETZNER, Th. VASSEUR, I. GELBARD-LE DAUPHIN, I. DARRET-COURGEON, A. AYNES), un important fascicule (F. FERRAND, V° « Preuve » Rep. Proc. civ. Dalloz) et deux ouvrages (A. AYNES, X. VUITTON, *Droit de la preuve. Principes et mise en œuvre processuelle*, Paris, Lexis-Nexis, 2013 ; E. VERGES, G. VIAL, O. LECLERC, *Droit de la preuve*, Collection Thémis PUF, Paris, 2015).

[136] Le fait que la Cour de cassation ait consacré à la preuve son rapport annuel 2012, en traitant ensemble de la preuve civile, pénale et commerciale est signe d'un intérêt renouvelé pour une théorie générale de la preuve (Rapport Cour de cassation 2012, *La preuve*, coord. J. F. CESARO) disponible sur www.courdecassation.fr .

[137] L'article 53 alinéa premier du Traité constitutif de l'OHADA énonce « *L'OHADA est ouvert à l'adhésion de tout Etat membre de l'OUA et non signataire du traité. Il est également ouvert à l'adhésion de tout autre Etat non membre de l'OUA...* » Si cette adhésion ne pose pas de sérieux problèmes aux Etats de tradition civiliste, il en est autrement pour les pays du common law. L'adhésion de plusieurs Etats de système common law à l'OHADA lui donnerait le statut d'organisation pluri juridique.

caractérise justement ces systèmes. Dans de nombreux Etats, le droit de la preuve est une discipline juridique à part entière[138].

41. Il importe de rappeler qu'il y a bientôt deux décennies[139], c'est le législateur OHADA lui-même qui soulignait la nécessité d'un droit de la preuve autonome en décidant : « Sont incluses dans les domaines du droit des affaires, les matières ci-après énumérées : le droit de la concurrence, le droit bancaire, le droit de la propriété intellectuelle, le droit des sociétés coopératives et mutualistes, le droit des contrats, le droit de la preuve » [nous avons souligné]. Ceci étant, un droit de la preuve autonome par rapport au droit des contrats ne serait-elle pas une démarche trop ambitieuse, et pour éviter une agression de l'héritage civiliste français dans l'espace OHADA, ne faudrait-il pas procéder à une harmonisation conjointe avec le droit des obligations contractuelles. Même dans cette alternative qui est celle finalement retenue par l'OHADA après abandon du projet initial portant sur un droit de la preuve autonome, la présente étude ouvrirait d'autres perspectives en s'inspirant de nouvelles approches législatives en droit des obligations.

42. S'agissant de la technique d'élaboration, la question est de savoir s'il faut ici procéder par voie d'uniformisation législative ou s'il convient d'envisager des procédés plus souples d'intégration juridique. Jusque-là, le procédé utilisé pour uniformiser le droit des affaires est l'adoption d'actes uniformes dont les dispositions sont directement applicables dans les États membres de l'OHADA. La question de l'opportunité de l'uniformisation du droit par rapport à d'autres modes d'intégration est d'actualité, puisque l'efficacité de cette formule est de

[138] Le droit de la preuve se partage, dans les pays de tradition napoléonienne, entre la loi civile et la loi de procédure civile et ce, de par la distinction opérée entre un droit matériel de la preuve (elle-même une figure de droit matériel) et un droit formel de la preuve (concernant son administration dans la procédure). Au contraire, dans les systèmes d'inspiration germanique de même que dans les droits de *common law*, toute règle de preuve est une règle de procédure. Contrairement à la France et aux autres pays du continent, l'Angleterre n'a ni codifié ses règles, ni distingué le droit de la preuve dans les matières pénale, administrative, commerciale et civile. Le régime de preuve est unique, bien qu'il existe des dérogations spécifiques à certains secteurs du droit et que l'application des règles soit parfois différente selon qu'il s'agit d'un procès civil ou criminel. Cette unicité du droit de la preuve caractérise les systèmes de *common law*.

[139] Cf. Décision n° 002/2001/CM du 3 mars 2001 relative au programme d'harmonisation du droit des affaires en Afrique.

plus en plus remise en cause[140]. Les professeurs Paul Gérard Pougoué[141] et Alain Kenmogne Simo[142] proposent d'explorer des procédés plus souples d'intégration juridique. Dans leur rapport de présentation du Projet d'harmonisation du droit des obligations dans l'espace OHADA, les rédacteurs affirment que « *si le procédé de l'Acte uniforme est délicat, le projet peut prendre la forme d'une loi-type à proposer aux État de l'OHADA (...)*»[143]. *Quid* de la technique d'harmonisation du droit de la preuve ?

43. En ce qui concerne le contenu substantiel, il conduit à s'interroger sur les grands principes contemporains et les règles techniques pertinentes qui doivent former l'architecture du droit de la preuve dans l'espace OHADA. Comment adapter les normes probatoires à l'évolution des mœurs, des technologies et des pratiques ? En raison de sa dispersion, le droit de la preuve devrait reposer sur des fondements théoriques solides. Une partie de la doctrine[144] propose, à cet effet, des

---

[140] J. FOMETEU, « Le clair-obscur de la répartition des compétences entre la cour commune de justice et d'arbitrage de l'OHADA et les juridictions nationales de cassation », in Akam Akam (A) (Dir.), *Les mutations juridiques dans le système OHADA*, l'Harmattan, 2009, pp. 37-70 cité par Willy Tadjudje qui observe que le procédé de l'uniformisation connaît des critiques à cause de la phagocytose par la CCJA de presque toutes les compétences des juridictions nationales en matière de droit des affaires.

[141] Pour P. G. POUGOUE « *le modèle OHADA est spécifique et original. Mais il est loin de répondre aux promesses des fleurs. Peut-être comporte-t-il un brin de rêve. Il faut, pour le faire rayonner avec éclat, en corriger les aspérités : contenir la compréhension du droit des affaires dans des limites strictes et raisonnables, renforcer le dialogue entre la CCJA et les juridictions suprêmes nationales, enrichir le fonds civiliste du droit OHADA par des apports mesurés du droit comparé, retenir à côté de l'uniformisation d'autres procédés plus souples d'intégration juridique, telles que les directives et les lois types, etc » [nous avons souligné]* in « Présentation générale du système OHADA », in Akam Akam (A) (Dir.), *Les mutations juridiques dans le système OHADA*, l'Harmattan, 2009, pp. 11-19.

[142] « *Il est peut-être temps pour le législateur OHADA d'envisager plusieurs niveaux d'harmonisation avec des domaines dans lesquels il se contenterait de recommandations, de directives ou de lois-cadres (...), des domaines dans lesquels il pourrait y avoir des actes uniformes mais avec exclusion expresse de la compétence de la C.C.J.A. et des domaines où il y aurait des actes uniformes avec compétence de la CCJA* » (Voir Compte-rendu du séminaire du 17 décembre 2012, animé par le Pr Alain Kenmogne Simo à l'Université du Luxembourg, à propos du droit des contrats dans l'espace OHADA (publié à la newsletter de l'OHADA le 19/02/2013), cité par W. TADJUDJE, *thèse préc* .p. 19 .

[143] P-G POUGOUE, M. SAWADOGO, I. SAYEGH, « Rapport de présentation du Projet de texte uniforme portant droit général des obligations dans l'espace OHADA » p.7.

[144] La doctrine du droit de la preuve est émergente : une chronique régulière (Panorama « Droit de la preuve » au Recueil Dalloz, par Ph. DELEBEQUE J-D. BRETZNER, Th. VASSEUR, I. GELBARD-LE DAUPHIN, I. DARRET-COURGEON, A. AYNES); un important fascicule (F. FERRAND, V° « Preuve » Rep. Proc. civ. Dalloz); deux ouvrages (A. AYNES, X. VUITTON, *Droit de la preuve. Principes et mise en œuvre processuelle*, Paris, Lexis-Nexis,

éléments pour le renouvellement de la théorie de la preuve en droit privé. Il s'agit d'un bon prisme d'analyse. L'objectif est de regrouper l'ensemble des règles de preuve, d'intégrer la dimension procédurale de la matière, et de capter son évolution jurisprudentielle. Le traitement pertinent de la question exige de proposer un contenu nouveau issu des évolutions du droit probatoire et adapté au contexte africain.

44. L'objet de la présente thèse est restreint à l'étude de la preuve en matière civile et commerciale, notamment les règles qui gouvernent la manière de rechercher, de produire et d'apprécier les preuves à l'occasion d'une action en justice. Les questions de preuve qui se posent en dehors de ces situations contentieuses ne sont pas explorées dans cette thèse à cause de l'infinie diversité de la dimension extrajudiciaire[145]. Le droit des personnes et de la famille est régi par un système de preuves particulières qui sortent du cadre de l'étude : état civil, domicile, mariage, filiation, adoption, etc. De même sont exclues d'importantes matières soumises à des dispositions spéciales : servitudes, régimes matrimoniaux, libéralités.

45. *La poule prend des bouchées à la mesure de son bec*[146]. Il faut donc savoir raison garder. Le but de l'étude n'est pas de (re)construire tout le droit de la preuve dans l'espace l'OHADA. Plus modeste, l'ambition de l'auteur n'est pas d'élaborer un Acte uniforme encore moins une Loi-type. Cette entreprise serait impossible dans le cadre de la présente étude parce qu'elle relève d'une œuvre législative[147]. Dans le sillage des travaux de Karel Dogue[148], l'étude envisage de poser les jalons d'un « cadre de référence OHADA » en droit de la preuve.

46. Pour ce qui concerne les instruments d'analyse, il convient de remarquer qu'au regard de la nature complexe du sujet, la présente étude combinera plusieurs méthodes. L'approche comparatiste sera adoptée en raison de « *la prise en compte du droit comparé dans l'œuvre*

2013 ; E. VERGES, G. VIAL, O. LECLERC, *Droit de la preuve*, Collection Thémis PUF, Paris, 2015).

145 Sur l'appréhension exceptionnelle de la preuve extrajudiciaire par le droit, V. J. CARBONNIER, *Droit civil. Introduction,* op. cit., n° 174, p. 347

146 Proverbe africain appelant à la modestie, V. M. CABAKULU, *Maxi Proverbes Africains*, Marabout, 2003, p. 364.

147 Paraphrase de K. DOGUE, (*thèse précitée), p. 16*

148 Dans une thèse magistrale, Karel DOGUE a traité partiellement le sujet en adoptant une approche transversale qui campe la recherche sur le droit des contrats. Il sera abondamment cité dans la présente étude.

d'unification d'OHADA »[149]. Ainsi, par le biais du droit comparé, le contenu des règles probatoires étrangères sera rapproché du droit positif pour faire ressortir l'intérêt de particulariser, ou le cas échéant, les avantages qu'il y aurait à retenir tel principe plutôt que tel autre. Pour des raisons historiques, le droit français de la preuve sera principalement invoqué, notamment l'ordonnance n° 2016-131 du 10 février 2016 et les différents projets de réforme du droit des obligations qui ont été proposés en France[150], dans le but de comparer les approches législatives. Toutefois, référence sera faite de temps en temps au droit de la preuve d'autres systèmes juridiques[151], aux projets savants européen et internationaux, lorsque cela sera nécessaire pour enrichir la réflexion et proposer des pistes en vue de rendre pertinente la réforme projetée.

47. L'approche analytique est la seconde méthode à adopter parce qu'elle permettra un décryptage des dispositions législatives dans leurs moindres détails. La doctrine produite à partir des législations étudiées permettra d'apprécier la matière dans son contenu. La recherche sera nourrie par la production du juge judiciaire, à savoir la jurisprudence africaine et celle étrangère pour révéler la pratique du droit positif dans ses insuffisances et ses vertus. Il sera notamment fait recours à la théorie du droit[152], à la philosophie du droit[153], à la sociologie du droit[154], à

---

[149] F. M. SAWADOGO, « *La prise en compte du droit comparé dans l'œuvre d'unification d'OHADA » RDIDC 2008-2/3, 307.* Egalement, M. DELMAS MARTY « Le *rôle du droit comparé dans l'émergence d'un droit commun »* — D. 2001. 1326 - 26 avril 2001.

[150] En France, le droit de la preuve n'a pas été oublié par les réformateurs, puisque cinq projets de réforme relatifs aux obligations intègrent des dispositions sur la preuve civile. Dans l'ordre chronologique : 2005, projet «Catala», Avant-projet de réforme du droit des obligations (preuve rédigée par P. Stoffel-Munck) ; 2009, projet «Terré 1», Pour une réforme du droit des contrats (preuve rédigée par V. Magnier) ; 2011, projet «Chancellerie», Projet de réforme du régime des obligations et des quasi-contrats; 2013, projet «Terré 3», Pour une réforme du régime général des obligations (preuve rédigée par P. Simler) ; 2013, projet d'ordonnance «Chancellerie », Avant-projet de réforme du droit des obligations. Issue d'une combinaison des propositions des différents groupes de travail, la réforme a pour principal objectif de toiletter les dispositions du code civil relatives à la preuve. Il vise à supprimer les articles inutiles ou datés, à remplacer des expressions anciennes par d'autres plus modernes, à gommer certaines imperfections marginales.

[151] Des pays qui s'étaient autrefois grandement inspirés du Code Napoléon ont réformé leur propre code civil, en s'affranchissant du modèle français, trop ancien pour demeurer source d'inspiration, comme le Portugal, les Pays-Bas, le Québec, l'Allemagne ou l'Espagne.

[152] Pour les outils d'analyse Voir J. L. BERGEL, *Méthodologie juridique*, PUF, 1ère éd. 2001

[153] Pour les outils d'analyse Voir B. OPPETIT, *Philosophie du droit*, Précis Dalloz, 1999.

[154] Pour les outils d'analyse Voir J. CARBONNIER, *Flexible droit, pour une sociologie du droit sans rigueur*, LGDJ, 9ème éd. 1998.

l'économie du droit[155]. Le professeur Abdoullah Cissé affirme à bon escient que « *l'approche plurale aide à décrypter les multiples facettes du droit africain* »[156].

48. Le sujet peut être développé suivant diverses orientations. Concrètement, il peut être envisagé l'intégration du droit de la preuve en mettant le curseur de l'analyse sur les référents formels et les référents juridiques d'harmonisation. De même, on pourrait s'appuyer sur la nécessité d'un droit uniforme de la preuve avant d'envisager sa méthode d'élaboration et son contenu substantiel. Cependant, ces différentes démarches ne seront pas retenues dans le cadre de la présente étude. La première subdivision, séduisante de prime abord, paraît inopérante car l'élaboration du droit de la preuve ne peut se faire sans justifier de son opportunité dans l'espace OHADA. La seconde subdivision ne sera pas non plus utilisée car, même si elle a le mérite de la simplicité, elle présente l'inconvénient du plan en trois parties.

49. Pour l'élaboration d'un droit de la preuve, l'efficacité de l'analyse est tributaire de la détermination des vrais enjeux de la question. Il semble pertinent de saisir l'état du droit sur le sujet pour connaitre les raisons qui justifient l'harmonisation. En raison de la dispersion des règles classiques, il va falloir rechercher les spécificités de chaque système probatoire national, et démêler l'écheveau des normes communautaires applicables à la preuve. De manière générale, la preuve suscite un certain nombre de questions relatives à la charge de la preuve, aux modes de preuve et à l'administration de la preuve. Le législateur africain, dont l'œuvre a été complétée par celle du juge, a progressivement donné des réponses à ces questions en fonction des domaines dans lesquels il est intervenu. L'étude du droit et de la jurisprudence tend à montrer qu'il existe une pluralité de solutions en matière de preuve qui sont spécifiques aux domaines, et que ces solutions reflètent les insuffisances des règles de preuve autant dans une dimension normative que dans une dimension contentieuse. Au regard de la pluralité et de l'inadaptation des normes probatoires, on a pu noter qu'une harmonisation est nécessaire.

50. Toutefois, parce qu'il participe à la fois de la théorie générale et du droit spécial, le droit de la preuve se prête mal à une uniformisation. On s'est aperçu, au regard de ce qui précède, que

---

[155] Pour les outils d'analyse, Voir E. MACKAAY et S. ROUSSEAU, *Analyse économique du droit*, Dalloz, Les Editions Themis, 2ème éd. 2008.

[156] A. CISSE, » Pour une approche plurale du droit africain », in *Mélanges en l'honneur de Paul Gérard POUGOUE*, Editions Wolters Kluwer et CREDIJ, 2014, p. 2.

l'harmonisation du droit de la preuve dans l'espace OHADA pose à la fois un problème de méthode et de contenu. A cet égard, aussi nécessaire que parait le droit uniforme de la preuve, son élaboration dans le cadre de l'OHADA devrait reposer sur une démarche prudente. Sur le fond, il apparaîtrait impossible de retenir les principes et règles techniques classiques pour les choix à opérer en matière de preuve. La seule lecture du Code civil ne permet plus de donner une vision claire et précise de l'état du droit de la preuve qui, devenu en grande partie prétorien, a changé depuis 1804, la jurisprudence ayant tenu compte de l'évolution des mœurs, des technologies et des pratiques. Plus que bicentenaire, la théorie de la preuve est ancrée dans la doctrine civiliste française et elle semble immuable dans l'espace OHADA. Qu'il s'agisse de la modernisation de la procédure civile, de la création de principes contemporains par la jurisprudence, l'évolution du droit de la preuve devrait conduire à réviser la théorie de la preuve en tenant compte de l'apparition des nouvelles règles. Il est donc utile de s'orienter vers la méthode technique et le contenu substantiel appropriés pour réaliser l'harmonisation du droit de la preuve dans l'espace OHADA.

C'est pourquoi, la présente étude s'articulera autour de deux axes :

Première Partie : Une harmonisation nécessaire du droit de la preuve

Deuxième partie : Une harmonisation spécifique du droit de la preuve

PREMIERE PARTIE :
UNE HARMONISATION NECESSAIRE DU DROIT DE LA PREUVE

51. Le droit OHADA consacre l'hégémonie du droit des affaires sur le droit interne des États membres. Le professeur Pougoué[157] explique toutefois que, malgré la hiérarchie de l'ordre juridique OHADA, ce dernier aura souvent besoin de l'ordre interne pour s'appliquer. Il s'établit donc nécessairement entre les deux ordres juridiques un rapport de complémentarité. D'abord, le champ matériel du droit OHADA est le droit des affaires; par rapport au droit interne, il apparait comme un droit spécial alors que ce dernier est le droit commun. Dès lors, l'application du droit OHADA est subordonnée au respect du droit commun des biens, des actes et faits juridiques, de procédure civile, etc. Ensuite, souvent la complémentarité est sollicitée par l'ordre juridique OHADA lui-même. Il en est ainsi chaque fois que celui-ci utilise des concepts, des notions ou des règles provenant de l'ordre juridique interne. Enfin, parfois l'ordre juridique OHADA renvoie explicitement à l'ordre juridique interne. La question de la complémentarité met en exergue l'importance d'une concertation entretenue entre l'ordre juridique OHADA et l'ordre juridique interne.

52. « *Le droit des affaires n'est pas spécifique ou sui generis dans tous les champs du droit. Dans bien de domaines, il obéit aux règles du droit commun ou à la théorie générale du droit. Il en est ainsi, notamment, du droit des personnes, du droit des biens, du droit des actes (donc des contrats) et des faits juridiques* »[158]. Le caractère inachevé du droit matériel OHADA oblige à compléter ses dispositions par le recours aux droits nationaux. Le droit des affaires étant par essence un droit d'exception, l'extrapolation devrait être permise lorsque la cohérence des règles impose un détour vers le droit commun. Les limites inhérentes au caractère spécial du droit des affaires affectent aussi le domaine de la preuve. Il faut retenir que le droit OHADA n'a pas unifié les règles de preuve et qu'il ne comporte pas de renvoi exprès aux règles nationales. Néanmoins, le droit OHADA présuppose l'existence de certains concepts à vocation probatoire alors même qu'il ne les définit pas. Par exemple, l'hypothèque conventionnelle doit résulter d'un acte authentique mais la notion d'acte authentique n'est

---

157 Pour ces développements, P.G. POUGOUE, « Théorie Juridique et droit OHADA », *Revue de l'ERSUMA Numéro spécial* - Novembre/Décembre 2011, p. 10. Version électronique disponible sur http://revue.ersuma.org. Dernière consultation le 02 juin 2016.

158 J. ISSA-SAYEGH, P. G. POUGOUE « L'OHADA : défis, problèmes et tentatives de solutions », RDU 2008-1/2, p. 470.

pas définie[159]. Le législateur OHADA a tiré toutes les conséquences du principe de consensualisme en consacrant le principe de la liberté de preuve[160], mais c'est le droit commun des contrats et de la vente des États parties qui permettra de déterminer les conditions de validité et de recevabilité des preuves écrites (actes authentiques, actes sous seing privé). En définitive, la catégorie spéciale de la preuve commerciale n'a de sens qu'en réflexion de la théorie générale. Cette dialectique entre le droit spécial et le droit commun qui s'étiole impose une approche intégrative, car toute attitude contraire serait source d'insécurité juridique. On aurait alors un régime juridique à deux vitesses, la modernité entre commerçants et la vétuste pour les actes mixtes.

53. Dans ses notes conclusives au colloque international de Paris sur le droit de la preuve dans l'espace OHADA, Achille Ngwanza affirme : « *Parler du droit de la preuve dans l'espace OHADA, c'est mettre la sécurité juridique africaine à l'épreuve, c'est-à-dire évaluer sa pertinence au regard des besoins des justiciables, et mesurer in fine son exportabilité* »[161]. L'auteur confirme ainsi que pour traiter du sujet de la prévisibilité normative en OHADA, il n'y a pas meilleur concept que la preuve. L'un des enjeux de l'harmonisation du droit des affaires dans les États Parties étant « l'élaboration et l'adoption des règles communes simples, modernes et adaptées à leurs économies… » (Art. 1er Traité OHADA), il importe de rechercher et d'évaluer les entraves qui ébranlent l'assise de ce choix dans le domaine de la preuve.

54. Dans cette partie, il sera démontré que la nécessité de l'harmonisation du droit de la preuve dans l'espace OHADA procède de la pluralité des normes probatoires, d'une part **(Titre premier)**, et de l'inadaptation des nomes probatoires applicables dans les États membres, d'autre part **(Titre second)**.

---

159 AUS, art. 205

160 AUDCG *art. 240 in fine.* Appliquant cette absence de formalisme affirmée par l'Acte uniforme, les juridictions nationales relèvent que « la preuve d'une vente commerciale résulte suffisamment de bons de commandes clairs, précis et sans équivoque et de l'aveu du vendeur qui n'a pas livré les marchandises » (cf. CA Douala, Arrêt n° 95 du 26 mars 2004, Ohadata J-06-181)

161 A. NGWANZA, « La preuve à l'épreuve. Notes conclusives du Colloque sur le droit de la preuve dans l'espace OHADA », *RDAI/IBLJ, N° 3*, 2011, spéc. p. 294.

TITRE PREMIER :

LA PLURALITE DES NORMES PROBATOIRES

55. Le droit positif dans les États francophones de l'OHADA se compose de la législation d'origine coloniale issue du droit français introduit en 1830 au Sénégal et étendue aux colonies par les décrets d'introduction, et de la législation nationale qui s'est développée depuis l'indépendance. Il en est particulièrement ainsi de toute l'ancienne Afrique Occidentale Française (AOF)[162] et de l'Afrique Equatoriale Française (AEF)[163]. De même, aucun des États non francophones n'a, en accédant à l'indépendance, abrogé le droit d'origine européenne qui y était antérieurement en vigueur. Les États membres de l'OHADA conservent ainsi un droit de la preuve toujours hérité du colonisateur et éparpillé dans des sources diverses, de droit substantiel et de droit processuel.

56. Au demeurant, l'espace OHADA est marqué par une juxtaposition de plusieurs ordres normatifs. Le professeur Joseph Djogbenou note qu'il s'agit *« d'un contexte communautaire fait de législations diversifiées et variées. Aux normes internes, se superposent, de florissantes règles communautaires, en droit des affaires certes, mais aussi dans de nombreux autres domaines tels que le droit des assurances, le droit bancaire, le droit économique d'une manière générale »*[164]. En raison de son contexte d'insertion, la preuve fait l'objet de cette diversité normative décrite par l'auteur.

57. La question probatoire nécessite que dans un premier temps soit décrit le cadre juridique existant, ce qui conduira

---

[162] Le Dahomey, la Haute Volta, la Côte d'Ivoire, le Togo, le Niger, le Sénégal, la Guinée et la Mauritanie.

[163] Cameroun, Gabon, Tchad, Congo-Brazzaville, République Centrafricaine.

[164] J. DJOGBENOU, « A la recherche des principes directeurs spécifiques au procès devant la Cour Commune de Justice et d'Arbitrage (CCJA) », *Revue Penant n° 890*, janvier-février 2015, p. 12, note n° 39.

inéluctablement à aborder le choix entre les systèmes de preuve. En conséquence, la démonstration de la nécessité de l'harmonisation du droit de la preuve passe par l'examen du cadre normatif complexe d'une part, (**Chapitre premier**) et du système probatoire mixte, d'autre part (**Chapitre second**).

CHAPITRE PREMIER :

UN CADRE NORMATIF COMPLEXE

58. La profusion actuelle d'organisations régionales à vocation juridique et économique transforme le droit en une termitière normative. Dans l'espace OHADA, la preuve n'échappe pas à ce phénomène d'amoncellement de règles, qui oblige le praticien à manier des règles d'origine diverse, c'est-à-dire provenant de plusieurs sources. Alors, pour constater la complexité du cadre normatif de la preuve dans l'espace OHADA, il y a lieu de faire un état des lieux des normes probatoires applicables en dressant une cartographie de la preuve dans les États membres de l'OHADA. Malgré l'appartenance de la quasi-totalité des États de l'OHADA à la tradition romano-germanique, il faut se méfier des similitudes qui, quelquefois, ne sont que des faux-semblants. Il importe alors d'aller au-delà des apparences pour saisir les nuances inhérentes à chaque ordre juridique.

59. La complexité du cadre normatif est telle que la matière résiste à celui qui tente de l'appréhender dans sa globalité. Un auteur soutient que dans l'espace OHADA les règles probatoires, qu'elles soient substantielles ou procédurales, peuvent facilement émaner de trois législateurs. « *Dans l'hypothèse d'un contentieux commercial relatif à des actes électroniques, par exemple, l'affaire sera tranchée par application des règles relevant de trois ordres juridiques. La charge de la preuve sera déterminée par les lois internes, l'Acte uniforme sur le droit commercial général (AUDCG) fixant la liberté des moyens de preuve, tandis que le régime des paiements électroniques est du ressort des textes CEMAC ou UEMOA selon le lieu d'exécution du contrat* »[165].

60. A première vue, la complexité du cadre normatif probatoire dans l'espace OHADA provient de deux facteurs principaux. La multiplicité des sources de preuve produit un enchevêtrement de

[165] A. NGWANZA, « La preuve à l'épreuve. Notes conclusives du Colloque sur le droit de la preuve dans l'espace OHADA », RDAI/IBLJ, N° 3, 2011, spéc. p. 294.

normes préjudiciable à la lisibilité de la preuve (*Section I*). Cette complexité du cadre est accrue par une concurrence des sources de la preuve qui fait le nid des conflits de lois (*Section II*).

Section I. La multiplicité des sources de la preuve

61. Il est aisé d'affirmer que les règles probatoires émanent de plusieurs législateurs dans l'espace OHADA. On constate un éclatement des sources du droit de la preuve. Outre les droits nationaux (*Paragraphe I*), les droits communautaires (*Paragraphe II*) sont autant de sources formelles du droit de la preuve.

Paragraphe I. Le foisonnement des sources nationales

62. Au sein des États, les règles de droit en vigueur portant sur la preuve en justice ne sont pas regroupées dans un texte unique. Le droit commun de la preuve doit être recherché dans l'héritage colonial civiliste (A) et dans les législations postcoloniales (B).

A. L'héritage colonial civiliste

63. La physionomie du droit de la preuve résulte d'une multitude d'influences. Appelé à se prononcer sur l'état des lieux des législations d'antan, l'éminent juriste africain Kéba Mbaye a pu affirmer que « *le droit se présente dans les quatorze (14) pays africains de la zone franc en habit d'arlequin fait de pièces et de morceaux* »[166]. Cette affirmation demeure vraie dans le domaine probatoire.

64. La preuve étant également discutée en matière de procédure, le droit de la preuve hérité du législateur colonial est écartelé entre le Code civil (**1**) et le Code de procédure civile (**2**).

1. Le Code civil

65. C'est le Code civil français de 1958 qui continue de régir les questions de preuve dans la plupart des droits nationaux[167]. La raison

[166] K. MBAYE, *Introduction au séminaire international sur l'harmonisation du droit des affaires dans la zone franc*, Abidjan, Côte d'Ivoire, 19-20 avril 1993, Inédit.

[167] En effet, le Bénin, le Burkina Faso, la Côte d'Ivoire, le Mali, le Niger, le Togo et le Cameroun ont des règles quasi-homogènes issues du Code civil français de 1958. Le droit de la preuve applicable dans ces États provient soit directement du Code civil français (en effet, le Bénin, le Burkina Faso, la Côte d'Ivoire, le Mali, le Niger, le Togo et le Cameroun ont des règles quasi-homogènes issues du Code civil français de 1958), soit des codes civils

essentielle tient en des considérations historiques. En effet, anciennes colonies françaises pour la plupart, les pays membres de l'OHADA ont un droit largement influencé par le droit français. Les lacunes devant les tribunaux sont comblées par le juge au regard de la jurisprudence et du droit français. « *Cette situation a donné naissance non point, malheureusement, à une sorte de droit prétorien solidement établi, mais à un amas de décisions jurisprudentielles fragmentaires, instables et souvent contradictoires* »[168].

66. Pour le doyen Kéba Mbaye[169], le Code Napoléon[170] a eu un destin prestigieux en Afrique. Introduit très tôt au Sénégal où la France s'est établie, puis étendu par étapes dans les autres colonies françaises, il a traversé une partie de l'histoire du droit africain qu'il a influencée considérablement par sa qualité législative exceptionnelle. Importé en Afrique, le Code civil sera imposé par le colonisateur comme l'ont été certaines pratiques, coutumes et mœurs de ce dernier. L'application en Afrique des lois et décrets adoptés en France était gouvernée par le principe de la « spécialité législative »[171]. Selon ce principe, les textes métropolitains n'étaient pas applicables *ipso facto* dans les colonies dès leur entrée en vigueur; ils devraient y être introduits par une disposition spéciale prise à cet effet. Sur la base de ce principe, le Code civil a été rendu applicable dans presque toutes les colonies de l'Afrique occidentale française et de l'Afrique équatoriale

---

propres à ces États mais essentiellement inspirés de leur homologue français (c'est le cas de la Côte d'Ivoire, de la Guinée, du Sénégal, du Comores qui ont adopté leurs propres codes civils).

[168] B. SOL, D. HARANGER, *Recueil général et méthodique de la législation et de la règlementation des colonies françaises*, Première partie, tome 1er, Société d'Editions géographiques, maritimes et coloniales, Paris, 1930, « Note préliminaire », p. 493 cité par J. DJOGBENOU (Dir.), *Code de procédure civile, commerciale, sociale, administrative, et des comptes annoté et commenté*, CREDIJ, Cotonou, 2012, Présentation générale p. 17

[169] K. MBAYE, « Le destin du Code civil en Afrique », dans *Le Code civil 1804-2004, Livre du bicentenaire* (Paris), 2004, p. 515-537.

[170] Promulgué le 20 mars 1804 (30 Ventôse an XII) par Napoléon BONAPARTE, il reprenait une bonne partie de la coutume de Paris et comprenait à l'origine 2281 articles.

[171] En vertu de ce principe, les lois ne sont applicables aux territoires d'outre-mer que si elles ont été faites précisément en vue de les régir, à moins d'être introduites spécialement et rendues applicables par une disposition contenue dans la loi elle-même ou dans un autre texte spécifique et postérieur. « *En réalité, le principe de l'assimilation législative n'a jamais prospéré dans les rapports coloniaux franco-africains. On a plutôt assisté au triomphe de la règle de la spécialité législative* », Dorothé C. SOSSA, *Introduction à l'étude du droit*, éd. TUNDE, Cotonou, p. 40, n° 45, cité par J. DJOGBENOU (Dir.), *ibid*

française par des décrets dont le dernier en date est du 16 décembre 1896.

67. A la fin de la colonisation, les nouveaux États africains ont retrouvé, en même temps que leur souveraineté, leurs pouvoirs constitutionnels et législatifs, dans tous les domaines. Plusieurs possibilités s'offraient à eux. La plus radicale consistait à faire table rase de toute la législation coloniale jugée inadaptée aux réalités africaines. La plus prudente indiquait, devant la fragilité des régimes et institutions en place, de conserver le *statu quo*. La plus sage consistait à envisager le compromis déjà initié et réalisé pendant la période coloniale.

68. Beaucoup de nouveaux États se sont engagés dans cette dernière voie[172]. C'est incontestablement une solution de sagesse qui a, en même temps, assuré la survie du Code civil. Il a survécu à l'autonomie interne accordée par la loi-cadre de 1956 et les indépendances. Mais l'œuvre de codification envisagée après l'autonomie interne et les indépendances n'a pas eu partout la même portée. Certains États ont voulu chercher le juste équilibre entre le droit écrit et le droit coutumier; d'autres ont fait la balance vers le droit du Code civil. Par principe, les règles contenues dans le Code civil de 1958 régissent les situations juridiques en cours lors de son entrée en vigueur. Ces règles s'appliquent notamment à l'exercice des droits et à l'exécution des obligations, à leur transmission, à leur mutation, à leur extinction, et à leur preuve.

69. Si le droit commun de la preuve découle du Code civil français de 1958 pour la plupart des États francophones, il découle du Code civil portugais de 1966 pour ce qui est de la Guinée Bissau (*Decreto Lei n° 47.344 de 25 Novembre de 1966 – aprova o Codigo Civil*), du Code civil espagnol de 1889 concernant la Guinée équatoriale (*Codigo Civil aprobado por el Real Decreto de 24 julio de 1889*); mais aussi de la tradition belge pour la République Démocratique du Congo (Décret belge du 30 juillet 1888 relatif aux contrats ou obligations conventionnelles) et d'un mélange de common law et de droit civil pour le Cameroun.

---

[172] Pour K. MBAYE, il suffit de lire les nouvelles constitutions adoptées après les indépendances pour s'en convaincre. Dans chacune d'elles on trouve à la fin du texte, cette formule : « Les lois et règlements en vigueur restent en vigueur jusqu'à leur abrogation » in K. MBAYE, *ibid.*

2. Le Code de procédure civile

70. Pour les États d'inspiration et de tradition française, le procès qui n'implique pas l'Etat est conduit au moyen d'une procédure par essence civile[173]. Le code de procédure civile est celui de 1810, sous les différentes réformes rendues applicables aux colonies ou territoires, avant 1959, année d'accession de certains territoires au statut d'Etat membre de la communauté française. En effet, la colonisation française, en application du principe de la spécialité législative, a introduit de manière partielle et éparse, le Code de procédure civile. C'est la génération des codes africains hérités de la colonisation, à la suite de législations consécutives à la succession d'État.

71. Dans leur note préliminaire au Code de procédure civile introductive applicable aux colonies, MM. Sol et Haranger affirment que « *le règlement de la procédure civile aux colonies est une des matières des plus confuses – on peut même dire la plus confuse – de la législation coloniale. La nécessité de tenir compte à la fois des besoins des justiciables, de la configuration des divers territoires, des mœurs particulières des habitants, des particularités de l'organisation judiciaire, etc., a non seulement eu pour résultat de provoquer une grande diversité des règles de procédure suivant les pays d'outre-mer, mais encore a poussé le législateur à rester dans un vague prudent, dans la crainte d'édicter des règles inapplicables ou contradictoires avec des contingences locales* »[174].

---

[173] Joseph DJOGBENOU, « La réforme de la procédure civile, commerciale, administrative, sociale et des comptes du Bénin : une légistique impossible ? » in *Mélanges en l'honneur de Paul Gérard POUGOUE*, Wolters Kluwer et les Editions du CREDIJ, avril 2014, pp. 245-268. Pour l'auteur, cela résulte des acquis historiques discutables. Le premier est relatif à l'origine de la codification de la procédure. Il faut en effet remonter à l'ancien droit français, notamment aux ordonnances de Colbert qui fut contrôleur général des finances sous Louis XIV pour retrouver l'ancêtre du Code de procédure civile : il s'agit de l'ordonnance civile touchant la réformation de la justice. Lorsqu'il a fallu assurer la protection des droits et la sanction de l'obligation contenue dans le Code civil promulgué en 1804, on s'est inspiré de l'ordonnance de Colbert pour édicter un « Code de procédure civile ». Le second acquis historique réside dans l'antériorité du Code civil (1804) et de procédure civile (1806) au Code du commerce promulgué en 1807. La procédure civile ayant précédé à la codification commerciale, elle en a présidé le procès.

[174] B. SOL, D. HARANGER, *Recueil général et méthodique de la législation et de la réglementation des colonies françaises*, Première partie, tome 1er, Société d'Editions géographiques, maritimes et coloniales, Paris, 1930, « Note préliminaire », p. 493 cité par J. DJOGBENOU (Dir.), *Code de procédure civile, commerciale, sociale, administrative, et des comptes annoté et commenté*, CREDIJ, Cotonou, 2012, Présentation générale p. 17

72. Dans certains pays de l'espace OHADA, la situation est toujours celle d'un corps de règles procédurales éclatées, parfois inextricables, reposant sur l'application à titre de raison écrite d'un Code de procédure civile français datant lui-même de 1958, tel qu'il fut rendu applicable en Afrique Occidentale Française par l'article 23 du décret du 22 juillet 1939. Ces textes coloniaux organisaient les procédures devant les cours et tribunaux et les procédures diverses. Mais depuis l'avènement de l'Organisation pour l'Harmonisation du Droit des Affaires en Afrique (OHADA), plusieurs dispositions ont été abrogées. Toutefois, demeurent applicables dans certains États les dispositions du Code de procédure civile relatives aux citations (assignations), aux audiences et la comparution des parties, aux jugements, aux enquêtes et expertises, les voies de recours, les exceptions et l'exécution de certaines décisions, notamment en matière foncière.

73. Enfin, il faudra mentionner le système bijuridique du Cameroun où coexistent les régimes de la *common law* et du *civil law*[175]. D'une part, on assiste à un effacement des règles de fond de la *common law* du fait même de l'application directe des Actes uniformes[176]. D'autre part, les Actes uniformes doivent y être appliqués par les juridictions relevant de la *common law*, encore que l'organisation judiciaire du Cameroun soit unique. Au Cameroun anglophone, la procédure civile relève exclusivement du droit anglais. « *The rules applicable in the English speaking provinces of Cameroun are received English civil procedure rules* » note Emmanuel Ekome[177] qui cite les textes applicables : « *In Anglophone Cameroun, the applicable procedural law are the Evidence Ordinance, Cap 62, the Southern Camerounian Hign Court Law 1955, the Magistrate's Court (Southern Camerounian) Law, the Federal Supreme Court Rules, and specific civil procedure rule is the Supreme Court (Civil Procedure) Rules 1948, which is a Nigerian legislation* »[178]. De ce droit judiciaire

[175] Pour une analyse du *bijuridisme* au Cameroun, E. N. NGWAFOR, « Cameroun : The law accross the bridge : Twenty Years (1972-1992) of confusion », *1995 26 R.G.D. 66-77.*

[176] F. T. KOLLOKO, « Droit et pratique de la Common Law à l'épreuve du droit OHADA », *Recueil Penant n° 856 (2006)*, pp. 346-348

[177] E. EKOME, « Landmark developments in commercial law practice in Anglophone Cameroun », in Juridis Periodique Numéro 52, Décembre 2002, Presses Universitaires d'Afrique, p.81. "Le droit applicable dans les provinces Anglophones du Cameroun provident d'un heritage des règles de procedure civile anglaise. [Notre Traduction]

[178] E. EKOME, *ibid.* "Au Cameroun *Anglophone, les textes de procedure générale en vigueur sont : Evidence Ordinance, Cap 62, the Southern Camerounian Hign Court Law*

privé, seule l'ordonnance sur la preuve (*Evidence Ordinance, Cap 62)* rentre dans le champ de l'étude.

74. Outre la législation héritée de la colonisation, certaines législations postcoloniales sont également des sources de preuve.

B. Les législations postcoloniales

75. Les législations postcoloniales présentent leurs spécificités, mais ils restent fondamentalement dans la ligne de la tradition française. Une étude pénétrante du professeur Boye[179] démontre l'influence considérable du Code civil sur les nouvelles législations

76. Il faut distinguer ici les normes probatoires substantielles (1), et les normes probatoires procédurales (2).

1. Les normes probatoires substantielles

77. Les normes probatoires substantielles sont composées de la législation sur le droit des obligations, et celle plus récente sur les transactions électroniques.

a. La législation sur les obligations

77. En vérité, très peu de pays se sont dotés d'une nouvelle législation sur les contrats ou les obligations. On citera au Sénégal, le Code des obligations civiles et commerciales (i), en Guinée-Conakry le Code civil de 1983 (ii) et au Mali la loi du 29 août 1987 fixant régime général des obligations (iii).

i) Le Code des obligations civiles et commerciales du Sénégal

78. Il faut signaler le rôle de pionnier qu'a joué le Sénégal en la matière dès 1963 avec l'adoption d'un Code des obligations civiles et commerciales (COCC). Il s'agit de la loi n° 63-62 du 10 juillet 1963 relative à la partie générale du Code des obligations civiles et commerciales et la loi n° 66-70 du 13 juillet 1966 constituant la partie

1955, the Magistrate's Court (Southern Camerounian) Law, the Federal Supreme Court Rules; et un texte de procedure spéciale : the Supreme Court (Civil Procedure) Rules 1948, qui est une législation nigériane". [Notre Traduction].

179 A. K. BOYE, *Encyclopédie juridique de l'Afrique*, « Droit des contrats et de la responsabilité », t IX, pp. 307 et s.

du Code des obligations civiles et commerciales relative aux contrats spéciaux, toutes deux entrées en vigueur le 1er janvier 1967.

79. Les règles du Code civil ont été reprises et réaménagées par le législateur sénégalais dans le nouveau Code des obligations civiles et commerciales. Le Code comprend plus de huit cent (800) articles et est subdivisé en quatre parties ayant fait l'objet d'une loi distincte. Par le biais de la loi n° 98-21 du 26 Mars 1998, une réforme du COCC a été opérée pour une mise en conformité de ce dernier avec le droit OHADA.

80. Le nouveau Code des obligations civiles et commerciales du Sénégal a traité la preuve des obligations en 29 articles (articles 9 à 38) organisés en trois sections dans le deuxième chapitre du titre préliminaire : La charge de la preuve – Les moyens de preuve – Les conventions sur la preuve.

ii) Le Code civil de la Guinée

81. Le premier code civil guinéen de 1961 et sa modification de 1983 ont été publiés pendant la première République de la Guinée sous le régime de feu Sékou Touré, alors que le Code civil de 1996 a été publié pendant la deuxième République sous le régime de feu Lansana Conté.

82. Le Code civil guinéen commence par des dispositions préliminaires relatives à « la théorie générale de la loi » au nombre de 12 articles. Ensuite, quatre livres se suivent : le premier est consacré aux personnes; le deuxième aux successions et aux donations; le troisième aux biens et le quatrième aux différentes manières d'acquérir la propriété. Enfin, une disposition générale relative à l'abrogation des dispositions contraires à celles du Code civil guinéen le clôt (*art. 1189*).

83. Le législateur guinéen a traité la preuve des obligations en 35 articles (articles 801 à 336) organisés en cinq sections dans le septième chapitre du titre premier, livre IV : L'écrit – Le témoignage – Les présomptions – L'aveu – Le serment judiciaire.

iii) Loi fixant le régime général des obligations du Mali

84. Le Mali s'est lui aussi inspiré du Code des obligations civiles et commerciales (COCC) par une Loi n° 87-31/AN-RM du 29 aout 1987 portant régime général des obligations.

85. En un chapitre composé de quatre-vingt-dix (90) articles (art. 20 à 109), la loi malienne portant régime général des obligations a posé les règles relatives aux obligations contractuelles. Ces différentes règles qui, comme celles résultant du Code des obligations civiles et commerciales de la République du Sénégal, ont été fortement inspirées par les dispositions du Code civil français relatives au contrat.

86. Le titre cinquième (art. 262 - art. 304) de la Loi n° 87-31/AN-RM du 29 aout 1987 fixant le régime général des obligations est dédié à la preuve des obligations et comprend deux chapitres : La charge de la preuve - Les modes de preuve.

b. La législation sur les transactions électroniques

87. Pour combler l'absence de codification uniforme du commerce en ligne dans l'espace OHADA, des initiatives nationales de cyber-législation apparaissent.

i) Loi n° 2008-08 du 25 janvier 2008 portant sur les transactions électroniques au Sénégal[180]

88. L'objet de la loi vise à assurer la sécurité et le cadre juridique nécessaires à l'émergence d'un commerce électronique fiable au Sénégal. Elle adopte une approche neutre face à la technologie en appuyant les transactions électroniques et en précisant les exigences en matière de preuve et de signature.

89. Par ailleurs, afin d'éliminer les contraintes juridiques qui bloquent le recours aux transactions électroniques, la loi sénégalaise consacre l'équivalence entre dossiers électroniques et documents papiers. Enfin, elle consacre notamment dans un double souci d'efficacité et de sécurité, l'écrit électronique comme équivalent du support papier à plusieurs niveaux : obligations conventionnelles en général, contrats en général, preuve, signature, facturation.

[180] Pour ces développements, A. CISSE, *Introduction au droit du cyberespace*, Université Gaston Berger de Saint Louis (Sénégal), année académique 2010-2011, Cours en ligne disponible à http://cyberdroit.ugb.sn/moodle/.

ii) Loi n° 045-2009/AN du 10 novembre 2009 portant réglementation des services et des transactions électroniques au Burkina Faso[181]

90. Le texte burkinabè se caractérise par une approche développée et détaillée réglant toutes les questions en rapport avec le commerce électronique, y compris celles d'ordre technique. Ainsi, en 113 articles regroupés autour de quatre livres, titres et chapitres, le texte aborde l'essentiel des questions relatives au commerce électronique. En effet, la loi burkinabè s'applique aux messages électroniques, aux contrats électroniques, aux transactions électroniques, aux signatures électroniques et numériques, aux certificats électroniques et numériques, aux autorités d'accréditation et de contrôle, aux organes de certification et d'enregistrement.

91. La loi reprend en substance les principes qui se dégagent des autres législations, comme l'équivalence fonctionnelle entre, d'une part le document et la signature électroniques, d'autre part le document et la signature de l'écrit classique. Toutefois, l'approche burkinabè semble se singulariser par la volonté de régler de façon précise le maximum de questions, notamment celles d'ordre technique, en avançant dans la loi des éléments liés à l'état actuel de la technologie, comme l'usage des notions de clé publique et de clé privée ou la réglementation tatillonne de l'accréditation et de la certification.

92. Au regard du nombre et de la variété des questions traitées, le texte burkinabè se rapproche de la loi-code que du texte ponctuel destiné à résoudre une question précise.

---

[181] Pour ces développements, voir la communication du Pr F. M. SAWADOGO lors d'une conférence de haut niveau organisée par la Conférence des Nations Unies sur le commerce électronique et le développement, Tunis du 19-21 juin 2003, sur le thème « *Stratégies de commerce électronique pour le développement : promouvoir un dialogue international* », disponible sur http://www.unctad.org

iii) Loi n° 2010/21 du 21 décembre 2010 régissant le commerce électronique au Cameroun[182]

93. Avant la loi n° 2010/021 du 21 décembre 2010, la valeur probatoire de l'écrit électronique était relativement limitée au Cameroun. Cela rendait extrêmement malaisée la preuve des transactions électroniques. Le législateur camerounais a plus ou moins comblé cette attente. En effet, plutôt que de modifier la teneur des articles 1317 et suivants du code civil relatifs à la preuve littérale, il évoque les règles de preuve dans la disposition consacrant la validité de l'écrit électronique exigé pour la validité de l'acte juridique. De même, les dispositions de l'article 13 alinéa 2 relatif à la mention manuscrite et au domaine d'admissibilité des actes sous-seing privés et l'article 14 traitant de la conservation de l'écrit électronique, sont manifestement des règles de preuve.

94. La validité de la forme électronique, lorsque l'écrit est exigé pour la validité du contrat, est affirmée par l'article 13 alinéa 1er de la loi LCEC. Aux termes de cette disposition, « *lorsqu'un écrit est exigé pour la validité d'un acte juridique, il peut être établi et conservé sous la forme électronique* ». Le texte précise que cet écrit doit néanmoins être établi dans les conditions prévues par les articles 1317 et suivants du code civil relatifs à la preuve.

95. Dans le même ordre d'idée, l'article 13 alinéa 2 prévoit quelques exceptions à la validité de l'écrit électronique, lorsque l'écrit est exigé *ad validitatem*. Cette exception concerne les actes sous-seing privés relatifs aux sûretés personnelles ou réelles, de nature civile ou commerciale et les actes sous-seing privé relatifs au droit de la famille et des successions.

96. Enfin, la théorie de l'équivalence fonctionnelle voit sa portée relativement restreinte dans le domaine des actes électroniques pouvant servir de preuve. S'agissant de l'exclusion des actes authentiques électroniques, elle peut être déduite d'un certain faisceau d'indices. Ainsi, l'article 3 (1) de la LCEC semble exclure

---

[182] Pour ces développements, J. DIFFO TCHUNKAM « La dématérialisation au service de l'attractivité économique du droit OHADA : Enjeux économiques et défis sécuritaires », in *Mélanges en l'honneur de Paul Gérard POUGOUE,* éd. Wolters Kluwers & CREDIJ, p. 225-224.

expressément les actes notariés qui constituent l'archétype des actes authentiques.

iv) Loi n° 2013-546 du 30 juillet 2013 relative aux transactions électroniques en Côte d'Ivoire

97. Le texte vise à assurer la sécurité et le cadre juridique nécessaires à l'émergence d'un commerce électronique fiable en Côte d'Ivoire. Il adopte une approche neutre face à la technologie en appuyant les transactions électroniques et en précisant les exigences en matière de preuve et de signature. Aussi, afin d'éliminer les contraintes juridiques qui bloquent le recours aux transactions électroniques, la loi consacre l'équivalence entre dossiers électroniques et documents papiers.

2. Les normes probatoires procédurales

98. En Afrique, la succession législative consécutive à la succession d'État a maintenu le Code de procédure civile dans sa forme initiale, en dépit des réformes qui sont intervenus dans certains États. La deuxième génération de codes de procédure est constituée des codes adoptés après les indépendances, dans une période de temps se situant entre 1960-1990. Telle est la situation du Togo (Décret n° 82-50 du 15 mars 1982 portant Code de procédure civile), du Gabon (Ordonnance n° 1/77 PR du 2 février 1977), et du Sénégal (Décret n° 64-572 du 30 juillet 1964 portant Code de procédure civile, modifié à plusieurs reprises, notamment par décret n° 92-1745 du 22 décembre 1992). Telle est également la situation en Guinée Bissau (*Decreto-Lei nº 44.129/1961 de 28 Dezembro - aprova o Código de Processo Civil modifiée par Decreto-Lei nº 44.129/1961 de 11 Maio*), en Guinée Equatoriale (*Ley de Enjuiciamiento Civil* datant de 1888) et au Congo Démocratique (Décret du 7 mars 1960 portant Code de procédure civile dans sa teneur modifiée en 1987).

99. La troisième génération de Code de procédure assure une consécration législative du droit processuel. Telle est la situation du Mali qui choisit d'adopter en 1999 un « Code de procédure civile, commerciale et sociale » (Décret n° 99-254/P-RM du 15 septembre

1999)[183], du Burkina Faso (Loi n° 99-022/an du 18 mai 1999 portant Code de procédure civile et son décret de promulgation n° 99-244/PRES du 9 juillet 1999) et du Niger qui adopta son Code de procédure en 2015[184]. Ce sont des codes non exclusifs de procédure civile mais de droit processuel qui gouvernent l'ensemble des procédures quelque soient les juridictions.

100. Ainsi, en matière de procédure civile, le paysage juridique a changé dans certains Etats de l'espace OHADA. S'inscrivant dans cette dynamique, le législateur béninois a adopté la loi n° 2008-07 portant code de procédure civile, commerciale, sociale, administrative et des comptes. Délaissant l'approche historique, la nouvelle codification adopte une « *approche pragmatique* » selon les termes du professeur Joseph Djogbenou[185]. Avec le vote de cette loi, le législateur béninois a instauré une réforme d'envergure, qui a mis fin à l'application du code de procédure civile français, hérité de la colonisation en raison de la continuité législative.

101. Sur le fond, le Code béninois de procédure, à l'instar de tous les autres codes de sa génération, se sont inspirés de la modernisation de la procédure civile entamée en France depuis 1971. En matière de preuve, ce sont les dispositions françaises qui ont été reprises, parfois sans aucun aménagement. Par exemple, le législateur français (art. 9 à 11 du Code de procédure civile) a érigé la preuve en

---

[183] Le code de procédure civile au Mali est constitué de 755 articles répartis en 18 titres. Les dispositions sur la preuve se retrouvent dans les articles 8 à 11 du Code de procédure civile malien.

[184] Au Niger, le projet de loi portant code de procédure civile, un document volumineux de plus de 600 pages qui reprend les dispositions de divers textes épars dont certains datent du début du 19ème siècle, a été adopté le 04 Avril 2015 par l'Assemblée nationale.

[185] V. J. DJOGBENOU, « La réforme de la procédure civile, commerciale, administrative, sociale et des comptes du Bénin : une légistique impossible ? » in *De l'esprit du droit africain : Mélanges en l'honneur de Paul Gérard POUGOUE* » Wolters Kluwer et les Editions du CREDIJ, avril 2014, pp. 245-268. Pour l'auteur, la raison pourrait être recherchée, d'une part, dans le fait que le droit civil n'a plus la splendeur d'antan et se trouve confinée dans un espace résiduel. En effet, le droit civil devient, progressivement un droit d'exception alors que le droit commercial, dit des affaires tend à conquérir le statut de droit commun. Par ailleurs, s'étant inspirés de l'expérience suisse sur la codification du droit civil qui éclate ceux-ci en Code des obligations civiles et commerciales et en Code des personnes et de la famille, ces Etats ont gardé la même démarche dans les législations postérieures à ce choix. Le droit social, avec le Code du travail et la sécurité sociale, s'est également détaché du droit civil et la procédure qui le porte méritait, à cet égard, une identification explicite. La raison de ce choix réside, d'autre part, dans la recherche de l'application cohérente ainsi que dans l'utilisation pratique du Code.

principes directeurs du procès, approche reprise par nombre de ses homologues de l'espace OHADA.

102. Aux normes internes, se superposent des normes communautaires, en droit des affaires certes, mais aussi en droit économique d'une manière générale.

Paragraphe II. La diversité des sources communautaires[186]

103. L'espace OHADA est marqué par une juxtaposition de plusieurs ordres normatifs. La preuve n'échappe pas à cette pluralité de normes provenant de sources communautaires diverses.

104. C'est donc tout naturellement que l'on est amené à approcher la preuve dans le droit des affaires de l'OHADA (A) et dans le droit des organisations régionales d'intégration (B).

A. Le droit des affaires de l'OHADA[187]

105. Le Traité de l'OHADA constitutionalise trois types d'actes : les actes uniformes pris pour l'adoption des règles communes, les règlements et décisions pris pour l'application du traité (*art. 4 et 5 du Traité OHADA*).

106. La preuve ne fait pas partie des matières uniformisées par le droit OHADA. Toutefois, des règles de preuve sont présentes dans certains domaines unifiés. Dans l'espace OHADA, en effet, il existe des règles de preuve découlant des Actes uniformes et qui, du fait de la spécialité du droit OHADA, font partie intégrante des droits nationaux.

107. L'examen des règles particulières de preuve se fera dans les Actes uniformes révisés (1), et dans les Actes uniformes non révisés (2).

---

[186] Sans revenir sur la distinction entre système de droit « communautaire » et « régional ».

[187] Pour ces développements, P.G. POUGOUE (dir.) « Actes Uniformes » in *Encyclopédie du droit OHADA*, Lamy Editions, décembre 2011, pp 19-173.

1. Les Actes Uniformes révisés

a) Acte uniforme du 17 avril 1997 portant organisation des sûretés, tel que révisé le 15 décembre 2010

108. La révision de l'Acte uniforme portant organisation des sûretés a été adoptée par le législateur communautaire en 2010 à Lomé au Togo. L'objectif principal de la réforme est de favoriser l'accès au crédit à un moindre coût pour les consommateurs et surtout les entreprises de l'espace OHADA[188].

109. Dans la réforme, une modification substantielle a été apportée aux dispositions antérieures sur les sûretés personnelles. L'exigence de la mention manuscrite[189] apparaît dans la législation OHADA sur les sûretés, aussi bien celle de 1997 que celle de 2010. Mais, si initialement elle était considérée comme un élément de formation du contrat de cautionnement, elle est désormais considérée uniquement comme une règle de preuve du cautionnement.

110. La réforme de l'AUS est marquée par un recul du formalisme en ce qui concerne le cautionnement à travers l'assouplissement de son régime. De même, l'exigence de la mention manuscrite de la caution sur l'étendue maximale de son engagement (en toutes lettres et en chiffres) n'était pas toujours respectée en pratique, ce qui constituait une incertitude car le législateur n'avait pas précisé s'il s'agissait d'une condition de validité de l'acte ou d'une simple règle de preuve. Dès lors, la sécurité juridique des parties imposait que la réforme prenne position sur cette question de manière pragmatique et au regard du contexte local.

---

188 Sur la réforme, L. B. YONDO, *Enjeux économiques de la réforme de l'Acte uniforme OHADA portant organisation des sûretés : un atout pour faciliter l'accès au crédit*, in « Bientôt un droit des sûretés dans l'OHADA », Droit et patrimoine, n° 197, novembre 2010, p. 45 et suiv.

189 J. ISSA-SAYEGH, « La certification des actes des personnes qui ne peuvent ou ne savent signer (Droit sénégalais) », Communication faite au Congrès des Barreaux Francophones tenu à Dakar en avril 1990, in *Le Barreau de France, n° 270*, p. 18. Egalement, Y. R. KALIEU, « La mention manuscrite dans le cautionnement OHADA », disponible sur www.ohada.com Ohadata D-03-02.

111. Dans son commentaire de l'AUS[190], le Professeur Issa Sayegh explique que c'est pour éviter l'important contentieux[191] qui s'élevait autrefois sur l'existence ou la qualification du cautionnement (surtout dans les pays où l'illettrisme et l'ignorance sont répandus), que l'article 14 de l'AUS impose, à peine de nullité, un minimum de formalisme qui s'applique au cautionnement conventionnel, légal et judiciaire.

112. Des formalités spéciales sont prévues pour s'assurer de la réalité et de la validité de l'engagement d'une caution illettrée, c'est-à-dire qui ne sait ou ne peut écrire. Cette disposition est empruntée aux articles 20 et 22 du Code sénégalais des obligations civiles et commerciales. Il s'ensuit que :

- la présence et la participation de deux témoins certificateurs est nécessaire à la rédaction de l'acte de cautionnement ;
- les témoins certificateurs doivent certifier, dans l'acte de cautionnement, l'identité et la présence de la caution illettrée, et que la nature et les effets de cet acte lui ont été précisés ;
- la présence et la participation des témoins certificateurs dispensent la caution des formalités prévues par l'alinéa 2 de l'article 4.

---

[190] Code vert, Traité et Actes Uniformes OHADA, Editions Juriscorpe 2012, p. 847

[191] Le cautionnement devant être convenu à peine de nullité, de façon expresse entre la caution et le créancier, les prétentions du demandeur sont mal fondées dès lors qu'aucune preuve du contrat de cautionnement n'est rapportée (*TPI de Gagnoa, jugement n° 79 du 04 juin 2003, O. c/ V., Le Juris Ohada, n° 3/2004, juillet-octobre 2004, p. 41, Ohada.com/Ohadata J-04-338*). Le cautionnement ne se présumant pas, il y a lieu de réformer le jugement querellé, dès lors que le créancier n'a pas apporté la preuve que le gérant s'est porté caution solidaire de la société débitrice (*Cour d'Appel d'Abidjan, arrêt n° 550 du 27 mai 2005, NOVAPLAST CI c/ BIAO-CI, Ohada.com/Ohadata J-09-196*). Au sens de l'article 4 de l'AUS, le cautionnement ne se présume pas, quelle que soit la nature de l'obligation garantie. A peine de nullité, il doit être convenu de façon expresse entre la caution et le créancier, et découler d'un acte écrit signé par la caution (*TGI de Ouagadougou, jugement n° 424/2005 du 05 mai 2006, BALLY Baba Saïd c/. BOA ; Ohada.com/Ohada J-09-19*). Un acte portant obligation de rembourser une somme déterminée en lieu et place du débiteur initial mais qui n'est pas signé des parties et ne porte pas la mention écrite de la main de celui qui s'engage à la somme maximale en toutes lettres et en chiffres ne constitue pas un acte de cautionnement au sens des articles 3 et 4 de l'AUS et doit être annulé (*TGI du Mfoundi, jugement n° 404/CIV du 28 mars 2005, Pitambert Ladharam Asnani Contre Mme Epane Mboumdja Julienne, Ohada.com/Ohadata J-08-112*), etc.

113. En revanche, la réforme de l'AUS a abrogé l'ancien article 49 de l'Acte uniforme sur les sûretés qui était un excellent exemple d'uniformisation partielle. Son alinéa 2 disposait qu'en matière de gage : « *...l'écrit n'est pas nécessaire dans les cas où la loi nationale de chaque Etat partie admet la liberté de preuve en raison du montant de l'obligation* ». Or, il se trouve que le montant prévu pour l'écrit préconstitué est variable : au Sénégal par exemple, il est fixé à 20 000 FCFA (art. 14 COCC) contrairement aux 50 000 fcfa requis au Mali (art. 267 Régime général des obligations). En raison de ces divergences, le caractère formel ou consensuel de la preuve d'un contrat est tributaire de la loi réputée applicable par le for.

b) Acte uniforme du 17 avril 1997 relatif au droit commercial général, tel que révisé le 15 décembre 2010

114. Le 15 décembre 2010 à Lomé au Togo, un nouvel Acte uniforme relatif au droit commercial général a été adopté par le Conseil des ministres de l'OHADA. Sur un plan général, le nouveau texte vise à moderniser le droit commercial applicable dans les États parties et en adapter le contenu aux évolutions juridiques et économiques observées depuis l'adoption de l'Acte uniforme en 1997. Sur un plan spécifique, la réforme du 15 décembre 2010 poursuit trois objectifs majeurs. Il s'agit d'abord d'améliorer le statut des acteurs et favoriser l'information des partenaires du commerce. Il s'agit ensuite d'adapter le texte OHADA aux nouvelles pratiques commerciales apparues depuis son adoption. Le troisième objectif consiste à prendre en compte la pratique et le droit international des affaires dans une optique de modernisation du droit de la vente commerciale.

115. Le libéralisme sur le terrain de la forme a conduit à réitérer le principe de la liberté probatoire. Cela a été fait à l'article 5 alinéa 1 de l'AUDCG aux termes duquel : « *les actes de commerce se prouvent par tous les moyens même par voie électronique à l'égard des commerçants* ». D'autres dispositions l'ont réitérée : article 144 concernant la preuve du mandat des intermédiaires de commerce ; article 65 concernant la preuve des actes de commerce impliquant l'entreprenant ; article 240 s'agissant de la vente commerciale.

116. Dire que les actes de commerce se prouvent par tous les moyens à l'égard des commerçants ou des entreprenants, signifie que les opérations commerciales auxquelles ces derniers prennent part et les obligations qui en découlent s'établissent par l'un ou l'autre des procédés de preuve que la science du droit a systématisé : écrit, témoignage, présomptions, aveu, serment. Il n'existe donc pas, comme c'est le cas en droit civil, un système préconstitué ou une hiérarchisation des preuves. En conséquence, chaque hypothèse de preuve devrait pouvoir théoriquement entrer en concurrence avec une autre. Au juge reviendrait le loisir d'apprécier les suites à réserver à chaque élément probatoire versé aux débats[192].

117. Dire que les actes de commerce se prouvent par tout moyen à l'égard des commerçants ou des entreprenants, signifie *a contrario*, que lorsque les deux parties aux prises n'ont plus ces qualités, la règle n'a plus nécessairement vocation à jouer dans tous les sens. Effectivement, dans l'éventualité où l'obligation de prouver incombe au non-commerçant, ce dernier aura le choix de tout moyen de preuve à l'égard du commerçant. En revanche, le professionnel obligé d'établir une allégation à l'encontre du non-commerçant n'aura guère de choix : les règles de preuve du droit civil s'imposeront à lui. Le bénéfice de la faveur de la liberté de la preuve ne pourra être envisagé que si le professionnel détient un commencement de preuve par écrit, puisque l'article 5 alinéa 2 retient désormais que : « *Tout commencement de preuve par écrit autorise le commerçant à prouver par tous les moyens contre un non-commerçant* ».

118. Le principe du consensualisme signifie que, sauf exception expresse, un contrat se forme par le seul échange des consentements (*solo consensus*) sans qu'aucune forme particulière ne soit nécessaire[193]. Il en est ainsi du contrat de vente commerciale en droit OHADA. En effet, aux termes de l'article 240 de l'AUDCG, il n'est soumis à aucune condition de forme. Il peut, suivant la volonté des parties, être écrit ou verbal. Le législateur OHADA a tiré toutes les

---

[192] CCJA, arrêt n° 053/2005, 15 déc. 2005, Société Côte d'Ivoire céréales c/ Société Shanny consulting, in *Les grandes décisions de la Cour commune de justice et d'arbitrage de l'OHADA*, *op. cit.*, p. 69 et s., obs. Ndjandeu Mouthieu M. A.; CCJA, arrêt n° 024/2006, 16 nov. 2006, Samaïla Dan Moussa, Ali Maré c/ Hamidou Abdou dit « Crise », obs. Foné Mdontsa A. M. in *Les grandes décisions de la Cour commune de justice et d'arbitrage de l'OHADA*, *op. cit.*, p. 153 et s.; n° 008/2003, 24 avril 2003, Aly Karaki c. Hani Mehzer, Rec. CCJA, n° 1, janv.-juin 2003, p. 29 et s. ; implicitement : CCJA, arrêt n° 003/2004, 8 janv. 2004, Soc. Innovest Industrie Congo SA c. Soc Man Faitai, Rec. CCJA, n° 3, janv-juin 2002, p. 11 et s.; CCJA, arrêt n° 010/2002, 21 mars 2002, Soc. Négoce Ivoire c. Soc. GNAB, Rec. CCJA spécial, janv. 2003, p. 23 et 24).

[193] M. F. MAGNAN, *Droit des obligations, Contrats et engagement unilatéral*, 2ème éd. mise à jour, Thémis droit, PUF, 2010, p. 215.

conséquences du principe de consensualisme en consacrant le principe de la liberté de preuve (*art. 240 in fine*). Ce principe ne peut cependant jouer que lorsque le contrat a été conclu verbalement. S'il a été conclu par écrit, sa preuve ne peut être rapportée que par écrit. Le législateur OHADA n'ayant pas encore adopté un Acte uniforme sur la preuve des contrats, c'est le droit commun des contrats et de la vente des États parties qui permettra de déterminer les conditions de validité et de recevabilité des preuves écrites (actes authentiques, actes sous seing privé).

119. En matière de preuve, le législateur a procédé à un élargissement des modes de preuve en généralisant la preuve électronique, mais seulement lorsqu'il s'agit pour un commerçant ou un non-commerçant de prouver contre un commerçant et en admettant les livres de commerce et les états financiers comme mode de preuve sans aucune restriction. Le législateur a également recherché un équilibre dans l'administration de la preuve à l'égard du commerçant. Ainsi, dès lors que le commerçant détient un écrit émanant d'un non-commerçant rendant vraisemblable l'obligation alléguée, il est autorisé à prouver par tous moyens contre ce dernier *(art. 5 al. 2*).

120. Avant toute chose, ce texte réaffirme le principe de la liberté de la preuve en matière commerciale. Ce principe signifie d'abord qu'entre commerçants et à l'égard des commerçants, la preuve d'un acte juridique n'est pas subordonnée à un écrit ou à un commencement de preuve par écrit ; cela signifie ensuite qu'au cas où un écrit est dressé, la preuve est recevable par tous moyens contre et outre le contenu de cet écrit[194]. Le législateur réaménage et atténue la rigueur de la liberté de la preuve en permettant aux commerçants de prouver par tous moyens contre un non-commerçant, chaque fois qu'ils disposent d'un commencement de preuve par écrit. Il s'agit d'une

---

194 CA Lomé n° 97/05 le 23 juin 2005 : en application du principe de la liberté, les témoignages doivent être acceptés comme faisant foi ; voy. également CA Abidjan, n° 222 du 28 février 2003 ohada.com/Ohadata J-03-243.
CA Lomé n° 44/07 du 3 juillet 2007 : Ohada.com/Ohada J-10-161 : le juge ne peut faire fi du contenu de l'arrêté de compte ni de la réalité du solde qui y est inscrit. En clair, l'arrêté de compte peut constituer un moyen, de preuve même s'il est établi sur le papier en-tête du créancier. Ce détail ne remet pas en cause son authenticité.
CCJA n° 053/2005 du 15 décembre 2005, www.juriscorp.org : en matière de preuve des actes de commerce à l'égard des commerçants, les dispositions de l'article 1326 du code civil doivent s'effacer devant celles de l'article 5 de l'AUDCG.

extension du bénéfice de la liberté de preuve au commerçant qui veut prouver contre un non-commerçant.

121. La réforme opérée dans le droit commercial général de l'OHADA va au-delà de la reconsidération de la qualité des acteurs de l'entreprise pour amorcer la dématérialisation progressive des opérations économiques. La réglementation de l'utilisation des procédures électroniques concerne entre autres les services électroniques fournis par les greffes (*article 93*) selon les modalités qui tiennent compte du déploiement progressif de l'informatisation, la gestion des flux électroniques vers les greffiers (*article 94*), l'emploi de la signature électronique qualifiée pour garantir l'origine et l'intégrité des dossiers individuels et de tout document ou information échangés entre les Registres et les Fichiers (*article 95*), ainsi que les questions relatives à la diffusions des déclarations inscrites dans les Fichiers (*article 96*). Elle tend, de ce fait, à prendre en charge les questions concernant les principes généraux de l'utilisation des procédures électroniques et la validité des documents et signature électronique, l'utilisation et la conservation des documents électroniques, la diffusion et la conservation des documents électroniques, la diffusion des informations des registres sous forme électronique.

122. Aussi, le principe de la tenue des registres en mode papier ou électronique est posé à l'article 80, alinéa 2. Le cadre institutionnel qui prévoit la mise en place d'un Comité de Coordination Technique est défini à l'article 81 dudit Acte. L'AUDCG pose un certain nombre de principes qui servent de base à l'utilisation des procédures électroniques. L'essentiel du principe de la dématérialisation des formalités et des procédures est contenu par l'article 79 alinéa 1er qui énonce que : « *les dispositions du présent Livre s'appliquent aux formalités ou demandes prévues par le présent Acte uniforme ou par toute autre réglementation. Ces demandes ou formalités peuvent être effectuées par voie électronique dès lors qu'elles peuvent être transmises et reçues par cette voie par leurs destinataires* ». Pour la validité des documents et des signatures électroniques, il faudra noter qu'ils sont reconnus et produisent les mêmes effets que les documents papier et la signature manuscrite. Le principe ainsi posé ne limite pas le procédé d'une signature électronique qualifiée dont l'usage reste possible en vertu de l'article 82, alinéa 1er de l'AUDCG.

123. En ce qui concerne les conditions de reconnaissance du certificat électronique employé comme support de la signature électronique qualifiée, les mentions minimales qu'il doit comporter sont précisées à l'article 84[195]. Toutefois, tenant compte de la diversité de la réglementation des États parties, il est fait renvoi à ces sources pour les questions relatives aux contraintes techniques appliquées aux composantes de la signature électronique pour que celle-ci soit réputée qualifiée. De la sorte, les critères de définition risquent de varier d'un État partie à un autre. Ce qui contrarie l'ambition harmonisatrice poursuivie par l'OHADA.

c) Acte uniforme du 17 avril 1997 relatif au droit des sociétés commerciales et du groupement d'intérêt économique, tel que révisé le 30 janvier 2014

124. Malgré les grandes avancées dans la modernisation, l'Acte uniforme du 17 avril 1997 relatif au droit des sociétés commerciales et du groupement d'intérêt économique recelait encore des insuffisances. En effet, certaines questions actuelles du droit moderne des sociétés commerciales ont été éludées par le législateur OHADA. D'où la réforme du 30 janvier 2014.

125. La société est avant tout un contrat. Pour que le contrat de société soit valable, des conditions de fond et de forme doivent être remplies. S'agissant du fond, on distingue les conditions communes à tous les contrats[196] et les conditions spécifiques au contrat de société (présence des associés, apports, participation aux résultats de l'exploitation, *affectio societatis*). En ce qui concerne la forme, on distingue deux phases lors de la constitution de la société : la phase antérieure à la signature des statuts; et la phase postérieure à la signature des statuts.

126. Pendant la phase de constitution de la société, le rôle des fondateurs consiste entre autres à rédiger les statuts qui doivent être établis par écrit, soit par acte notarié, soit par acte sous seing privé (*art.*

---

[195] Ces mentions minimales mais obligatoires, concernent le nom du titulaire du certificat, la clé cryptographique publique du titulaire, la période de validité du certificat, un numéro de série unique et la signature électronique du prestataire de services de certification électronique.

[196] Le contrat de société est soumis, comme tout contrat, aux quatre conditions de validité prévues par l'article 1108 du Code civil (consentement des parties à l'acte c'est-à-dire les futurs associés, la capacité juridique des associés, un objet et une cause licite).

1834, Code civil). A défaut d'écrit, l'article 115 AUS dispose que la société ne peut pas être immatriculée. Il s'agit alors d'une « société créée de fait » qui n'a pas de personnalité juridique. Les statuts désignent l'acte qui matérialise le contrat de société et qui en précise les caractéristiques ainsi que les règles de fonctionnement. Le contrat de société est conclu le jour de la signature des statuts qui marque l'échange des consentements entre les associés.

127. Pour que les statuts aient autorité à l'égard des tiers (banquiers, clients, fournisseurs) susceptibles d'entrer en relation avec la société, les associés doivent procéder aux formalités de publicité. L'avis de création de la société doit être signé par le notaire qui a reçu le contrat de société ou par les fondateurs. Selon l'article 257 AUSCGIE, sont habilités à recevoir les annonces légales le journal officiel, les journaux habilités à cet effet par les autorités compétentes, les quotidiens nationaux d'information générale paraissant depuis plus de 6 mois et justifiant d'une diffusion à l'échelle nationale.

128. Les parts sociales ne peuvent pas être représentées par des valeurs mobilières ; donc leur transmission n'est pas libre. En effet, la cession de parts sociales est une cession de créance particulière dérogeant au droit commun parce qu'il est exigé qu'elle soit constatée par écrit[197].

2. Les Actes Uniformes non révisés

a) Acte uniforme du 11 mars 1999 relatif au droit de l'arbitrage

129. Au regard de la preuve, l'étude de l'AUA se fera à travers la convention d'arbitrage. Par définition, la convention d'arbitrage est le contrat par lequel les parties soumettent à l'arbitrage le différend qui les oppose ou pourrait les opposer. On comprend que la convention d'arbitrage peut être conclue après ou avant la naissance du différend. Dans le premier cas, elle est appelée compromis; dans le second cas, elle est appelée clause compromissoire.

130. L'article 3 de l'Acte uniforme relatif à l'arbitrage dispose que la convention d'arbitrage doit être faite par écrit, ou par tout autre moyen permettant d'en administrer la preuve, notamment la

---

[197] Art. 275 - La cession des parts sociales doit être constatée par écrit. (SNC).
Art. 297 - La cession des parts sociales doit être constatée par écrit (SCS).
Art. 317 – La cession des parts sociales entre vifs doit être constatée par écrit (SARL).

référence faite au document le stipulant. Les règlements d'arbitrage sont dans la même logique. Le principe est donc celui du consensualisme, bien qu'il s'agisse d'un consensualisme atténué.

131. Les rédacteurs de l'Acte uniforme relatif au droit de l'arbitrage ont certainement été bien instruits des difficultés rencontrées en droit comparé, et en particulier en droit français, au sujet de la forme de la convention de l'arbitrage. La solution est peu pratique, même si elle est considérablement assouplie par la possibilité de présenter une convention d'arbitrage par référence.

132. Dans la logique du principe de l'autonomie de la volonté qu'il magnifie, le législateur africain a préféré le consensualisme au sujet de la forme de la convention d'arbitrage. Il faut regretter que le système d'arbitrage autonome de la CCJA ne prévoie pas expressément cette solution. Aucune forme particulière n'est donc exigée pour la convention d'arbitrage, qu'il s'agisse d'un compromis ou d'une clause compromissoire. Encore faut-il faire une précision : le législateur africain ne répugne pas l'écrit ; il prévoit seulement qu'un autre moyen permettant d'administrer la preuve de la convention d'arbitrage peut être utilisé. Dans cette voie, le législateur cite la référence à un document contenant la convention d'arbitrage. Il s'agit de ce qu'on appelle « clause d'arbitrage par référence »[198].

133. Lorsque l'écrit est utilisé pour la constatation de la convention d'arbitrage, il s'agit d'un écrit sans conditions particulières. Il est certain qu'il peut s'agir d'une stipulation contenue dans le contrat principal; il peut s'agir aussi d'un document distinct. La seconde certitude est qu'on ne s'intéresse pas aux mentions de l'écrit en termes de contenu minimum : il suffit que la lecture de l'écrit révèle l'existence d'une commune volonté des parties de recourir à l'arbitrage. La seule réserve est relative à l'effort à fournir pour éviter des clauses pathologiques, lesquelles rendent parfois impossible la mise en œuvre de l'arbitrage.

134. Il faut à présent voir si on peut passer verbalement une convention d'arbitrage. Une telle convention résultera, par exemple, d'un échange verbal directe ou par téléphone entre les parties. En vérité, à partir du moment où l'Acte uniforme relatif au droit de l'arbitrage vise l'écrit ou tout autre moyen permettant de faire la preuve, la convention arbitrale peut être verbale. Si par la suite le texte mentionne : « la

---

[198] V. B. OPPETTIT, « La clause arbitrale par référence », *Rev. arb.*, 1990, p. 551.

référence faite à un document la contenant », il prend la précaution de faire précéder l'indication de l'adverbe « notamment », qui ouvre ici une énumération non limitative. On pourrait donc penser, par exemple, à une bande magnétique servant de preuve de la convention d'arbitrage.

135. On retrouve dans l'Acte uniforme relatif au droit de l'arbitrage des dispositions sur l'office du juge dans l'article 14 : « *les arbitres peuvent inviter les parties à leur fournir les explications de fait, et* à *leur présenter, par tout moyen légalement admissible, les preuves qu'ils estiment nécessaires à la solution du litige [...] sauf convention contraire, les arbitres disposent du pouvoir de trancher tout incident de vérification d'écriture ou de faux* ». L'alinéa 7 de cet article organise l'assistance du juge étatique dans la production de preuve car l'arbitre ne dispose pas de pouvoir d'injonction pour obliger un tiers à l'arbitrage de produire des pièces. Cet article consacré à la procédure arbitrale est tout à fait suffisant pour régler la procédure arbitrale sans avoir recours aux lois étatiques.

136. Des règles particulières de preuve découlent également de l'AUCTMR.

b) Acte uniforme du 22 mars 2003 relatif aux contrats de transport de marchandises par route

137. L'Acte uniforme relatif aux contrats de transport de marchandises par route (AUCTMR) est adopté le 22 mars 2003. Depuis cette date, le droit OHADA s'est ainsi enrichi de nouvelles dispositions spéciales destinées à régir les relations contractuelles dans le cadre du transport. Il aborde en effet plusieurs situations contractuelles, même s'il ne s'attarde que sur le contrat de transport routier unimodal de marchandises. Cependant, l'AUTCMR ne s'applique pas à tous les contrats de transport routiers de marchandises conclus ou réalisés dans l'espace OHADA. Il définit trois critères qui permettent de restreindre son champ d'application. Il s'agit des critères temporel, territorial, et matériel.

138. L'AUTCMR a pris en compte l'écrit électronique dans son article 2 (c). Celui-ci définit l'écrit électronique comme « *une suite de lettres, de caractères, de chiffres ou de tous autres signes ou symboles dotés d'une signification intelligible, mis sur papier ou sur un support faisant appel aux technologies de l'information* ».

139. Aux termes de l'article 3 de l'AUTCMR, le contrat de transport routier de marchandises existe dès que le donneur d'ordre et le transporteur sont d'accord pour le déplacement d'une marchandise moyennant un prix convenu. Ainsi, le contrat de transport est un contrat consensuel. Sa formation se caractérise par l'absence de formalisme et le rôle probatoire de la lettre de voiture.

140. L'AUTCMR affirme le caractère consensuel du contrat de transport à l'article 3 en ces termes : « *Le contrat de transport de marchandise existe dès que le donneur d'ordre et le transporteur sont d'accord pour le déplacement d'une marchandise moyennant un prix convenu* ». Le contrat de transport de marchandise est juridiquement formé dès l'instant où les parties tombent d'accord sur les conditions du transport, en général, et sur leurs obligations essentielles en particulier. Il importe que les parties, et notamment l'expéditeur et le transporteur, donnent leur consentement pour que le contrat de transport soit formé. Ce consentement doit véritablement marquer la volonté des parties de conclure le contrat.

141. Il résulte du caractère consensuel du contrat de transport de marchandise par route que celui-ci existe par lui-même, indépendamment de l'écrit qui le matérialise. C'est d'ailleurs ce que confirme l'article 4, alinéa 4 de l'AUTCMR quand il pose en règle que : « *l'absence ou l'irrégularité de la lettre de voiture (...) de même que la perte de la lettre de voiture n'affecte ni l'existence, ni la validité du contrat de transport* ». Autrement dit, l'établissement de la lettre de voiture ne constitue pas une condition d'existence ou de validité du contrat de transport. Elle constitue un simple instrument de preuve dudit contrat qui peut, d'ailleurs, être prouvé par tous moyens. Ainsi, la lettre de voiture n'est pas établie par les parties *ad validitatem* mais *ad probationem.* C'est ce que confirme l'article 5 al. 2 de l'AUTCMR en ces termes : « *La lettre de voiture fait foi, jusqu'à preuve du contraire, des conditions du contrat de transport et de la prise en charge de la marchandise par le transporteur* » A défaut de réserves lors de la prise en charge, le transporteur est réputé avoir pris les marchandises telles que décrites dans la lettre de voiture[199].

---

[199] Pour une étude spécifique, A. OUATTARA « Une innovation technologique dans l'espace OHADA: la lettre de voiture électronique en matière de contrats de transport de marchandises par route » in *Revue internationale de droit comparé.* Vol. 60 N°1, 2008. pp. 61-85.

142. Des règles de preuve émanent également du droit des organisations régionales d'intégration.

B. Le droit des organisations régionales d'intégration

143. L'appartenance des États aux groupements d'intégration régionale dont les fonctions et les activités se chevauchent quand elles ne se contredisent pas, suggère d'investir la réflexion sur la preuve au regard des différents schémas d'intégration, à savoir les législations économiques (1) et les législations sectorielles (2).

1. Les législations économiques

144. La CEMAC (Communauté économique et monétaire des États de l'Afrique centrale) pour les pays d'Afrique centrale, l'UEMOA (Union économique et monétaire ouest africaine) pour les Etats d'Afrique de l'Ouest, et la CEDEAO (Communauté Economique des États de l'Afrique de l'Ouest) ont pris des initiatives pour adapter leurs législations à la preuve électronique.

a) Le Règlement n° 15/2002/CM/UEMOA du 19 septembre 2002 relatif aux systèmes de paiement dans l'UEMOA

145. Huit (08) Etats ouest africains[200] ont institué le 19 septembre 2002, un dispositif juridique s'attachant à la sécurisation des paiements électroniques par la reconnaissance dans la zone UEMOA de la preuve électronique relativement à tous les instruments et procédés de paiement électronique. Il s'agit en l'occurrence du Règlement n° 15/2002/CM/UEMOA relatif aux systèmes de paiements dans les États membres de l'Union économique et monétaire ouest africaine (UEMOA)[201]. Le titre I de la deuxième partie, composée des articles 17 à 30, est expressément intitulé « De la preuve électronique ».

146. La preuve informatique est introduite en ce qui concerne les moyens de paiement. Le Règlement de l'UEMOA consacre deux sortes d'écrit, à savoir l'écrit sur support papier et l'écrit sous forme

[200] Il s'agit du Bénin, du Burkina Faso, de la Côte d'Ivoire, de la Guinée Bissau, du Mali, du Niger, du Sénégal, du Togo.

[201] Pour mémoire, le droit des instruments de paiement (chèques, carte de paiement, lettre de change, billet à ordre) dans l'UEMOA a fait l'objet de plusieurs convention signées à Genève et reprises pour l'essentiel par un décret-loi français de 1935 introduit dans la plupart des colonies de l'Afrique Occidentale Française.

électronique c'est-à-dire figurant sur un écran d'ordinateur. Aux termes des dispositions de l'article 18 du Règlement UEMOA : « *la preuve littérale ou preuve par écrit résulte d'une suite de lettres, de caractères, de chiffres ou de tous autres signes ou symboles dotés d'une signification intelligible, quels que soient le support et les modalités de transmission* ». Selon le professeur Aboudramane Ouattara, cette définition est inspirée directement de la loi française n° 2000-230 du 13 mars 2000 portant adaptation du droit de la preuve aux technologies de l'information et relative à la signature électronique, et présente l'avantage d'inclure tous les modes et supports d'expression de la pensée, y compris virtuels[202].

147. L'article 19 du Règlement UEMOA dispose que « *L'écrit sous forme électronique est admis en preuve au même titre que l'écrit sur support papier et a la même force probante que celui-ci, sous réserve que puisse être dûment identifiée la personne dont il émane et qu'il soit établi et conservé dans des conditions de nature à en garantir l'intégrité* ». Pour assurer l'identification de l'auteur de l'écrit, le législateur communautaire a admis la signature électronique au même titre que la signature manuscrite.

148. Force est de constater le caractère parcellaire ou sectoriel du domaine desdites dispositions qui ne sont applicables qu'à certains participants déterminés et à certaines opérations données, en l'occurrence les transactions bancaires et financières et les systèmes de paiement[203].

b) L'Acte Additionnel A/SA.SA2/01/10 du 16 février 2010 portant transactions électroniques dans l'espace de la CEDEAO

149. Dans la zone CEDEAO, l'Acte additionnel portant sur les transactions électroniques dans l'espace de la CEDEAO a été adopté en mars 2010, à l'occasion de la trente-cinquième (35ème) session de la Conférence des Chefs d'État et de Gouvernement de l'Organisation. Ce texte régional vise à créer un cadre harmonisé pour la réglementation

[202] A. OUATTARA, *La preuve électronique, Études de droit comparé Afrique, Europe, Canada,* volume 2, Presses Universitaires d'Aix-Marseille PUAM, Centre de Droit Économique, 2011, pp 1416-142

[203] M. ADAMOU, « La valeur de l'écrit électronique dans l'espace UEMOA », PENANT n° 877 Octobre/Décembre 2011, page 502. V. Ohadata n° D-12-81 p. 1

des transactions électroniques dans l'espace CEDEAO et s'applique à toute transaction, de quelque nature que ce soit, prenant la forme d'un message électronique

150. Au fond, l'Acte additionnel CEDEAO reprend largement la législation de l'UEMOA[204]. Les articles 33, 36, et 38 de l'Acte additionnel CEDEAO sont ainsi libellés :

- « Article 33 (*Ecrit sous forme électronique admis en preuve*) : l'écrit sous forme électronique est admis en preuve au même titre que l'écrit sur support papier et a la même force probante que celui-ci, à condition que puisse être dûment identifiée la personne dont il émane et qu'il soit établi et conservé dans des conditions de nature à en garantir l'intégrité ».

- « Article 36 (*Force probante d'un acte passé par voie électronique*) :

1. La copie ou toute autre reproduction d'actes passés par voie électronique a la même force probante que l'acte lui-même lorsqu'elle est certifiée conforme par des organismes agréés par une autorité étatique.

2. La certification donne lieu, le cas échéant, à la délivrance d'un certificat de conformité. »

- Article 38 (*Conditions d'admission de la signature électronique)* : Une signature électronique créée par un dispositif sécurisé que le signataire peut garder sous son contrôle exclusif et qui repose sur un certificat numérique est admise comme signature au même titre que la signature manuscrite.

- Les activités d'enregistrement, d'archivage, d'authentification et de certification sont réglementées par des textes spécifiques appropriés »

[204] Sur les législations UEMOA-CEDEAO, M. NGOM « Concurrence des droits communautaires UEMOA/CEDEAO », in *Actes du colloque tenu à Cotonou sur le thème : « De la concurrence à la cohabitation des droits communautaires»,* 24-26 janvier 2011, Publications *ERSUMA,* pp. 34-41.

c) Le Règlement n° 02/CM/CEMAC du 04 avril 2004 relatif aux systèmes, moyens et incidents de paiement

151. La Communauté Economique des États de l'Afrique Centrale (CEMAC) a également pris le Règlement n° 02/CM/CEMAC du 04 avril 2004 relatif aux systèmes, moyens et incidents de paiement. Le contenu est identique à celui de son homologue de l'UEMOA auquel l'auteur renvoie.

2. Les législations sectorielles

152. La CIMA (Conférence Interafricaine des Marchés de l'Assurance), et l'OAPI (Organisation Africaine de la Propriété Intellectuelle) ont élaboré des règles particulières de preuve dans leurs législations sectorielles.

a) Le Code des Assurances des États membres de la Conférence Interafricaine des Marchés d'Assurance (CIMA)

153. Le Traité instituant une organisation intégrée de l'industrie des assurances est signé le 10 juillet 1992 à Yaoundé[205]. Le traité CIMA proprement dit contient les règles d'organisation de la Conférence Interafricaine des Marchés d'Assurances (68 articles) et deux Annexes : le premier portant code des assurances des États membres de la CIMA (547 articles), et le second portant statut et missions des directions nationales des assurances (3 articles).

154. Depuis la loi française du 3 juillet 1930, la matière d'assurance n'avait pratiquement pas été modifiée. Le Code CIMA la rénove à propos du contrat d'assurance et des assurances obligatoires. Le livre I du Code CIMA est consacré au *contrat d'assurance*[206]. Par définition, le contrat d'assurance est une convention par laquelle, moyennant paiement d'une prime ou cotisation, une personne appelée souscripteur, obtient d'une autre appelée assureur, le paiement à soi-

[205] Par le Bénin, le Burkina Faso, le Cameroun, la Centrafrique, le Congo, la Cote d'Ivoire, le Gabon, le Mali, le Niger, le Sénégal, le Tchad, le Togo, les Comores.

[206] P.G. POUGOUE, « La notion de contrat d'assurance dans le Code CIMA », *L'assureur africain*, n° 23, p. 2

même ou à un tiers, d'une certaine prestation si se réalise un événement prévu au contrat appelé risque.[207]

155. A l'instar de la loi de 1930, le Code CIMA prévoit dans son article 7 que « *le contrat d'assurance est rédigé par écrit….* ». Tout en posant le principe de l'exigence d'un écrit comme mode de preuve du contrat d'assurance, le Code CIMA, dans son article 7, prend soin de préciser les formes que doit revêtir l'écrit : celle d'une police d'assurance, celle d'une note de couverture ou celle d'un avenant.

156. Mais au-delà de la forme que doit revêtir l'écrit, l'on doit au préalable s'interroger sur la portée de l'exigence de l'écrit en tant que mode de preuve du contrat d'assurance.

i) Portée de l'exigence d'un écrit

157. Il faut toujours avoir à l'esprit que le contrat d'assurance, en tant que contrat consensuel, est parfait dès la réunion du consentement des parties. Par conséquent, un écrit ne peut être qu'un acte probatoire et non une condition de validité de ce contrat. Une interrogation subsiste toutefois quant aux dispositions de l'article 7 du Code CIMA. En consacrant l'exigence de prouver le contrat d'assurance par écrit, l'article 7 prohibe-t-il les autres modes de preuve telle que la preuve par témoignages ou par présomptions ? En d'autres termes, l'article 7 déroge-t-il aux règles de preuve du droit commun, les articles 1341 et suivants du Code civil ?

158. La réponse à cette question revêt une importance certaine. S'il était impossible de prouver le contrat d'assurance autrement que par écrit, il faudra conclure que l'écrit est une condition de validité du contrat lequel sera alors analysé comme un contrat solennel. Une telle solution détruit la nature consensuelle du contrat d'assurance. L'on doit reconnaitre que l'article 7 du Code CIMA présente des lacunes sur cette question. Une distinction s'impose, par conséquent, quant à la preuve du contrat d'assurance entre les parties et les tiers. L'article 7 du Code CIMA aurait dû prévoir qu'entre les parties, la preuve du contrat d'assurance et ses modifications ne doit se faire que par écrit, et qu'il ne doit être reçu aucune preuve par témoignages ou par présomptions contre et outre le contenu de l'acte. Par contre, à l'égard des tiers, la preuve par tous moyens du contrat

---

[207] Cf. A-M. H. ASSI-ESSO, J. ISSA-SAYEGH, J. LOHOUES-OBLE, *Droit des Assurances*, Bruylant, Bruxelles, 2002, p. 165.

d'assurance doit être autorisée. A cette fin, une valeur probante doit être accordée aux nouveaux moyens de preuve que constituent les copies photographiques, les microphotographies magnétiques, électroniques et optiques.

ii. Formes de l'écrit

159. Selon les dispositions de l'article 7 du Code CIMA, l'écrit qui constate le contrat d'assurance peut être une police d'assurance, ou même avant la délivrance de la police, une note de couverture. Par la suite, toute modification ou addition au contrat d'assurance initial doit être constatée dans un écrit appelé avenant.

160. Contrairement à la loi de 1930, le Code CIMA ne comporte pas la précision relative au caractère notarié ou sous seing privé que doit revêtir le contrat d'assurance. Cette omission peut s'expliquer par le fait que dans la pratique les contrats d'assurance ne sont pas rédigés par acte notarié. C'est probablement la raison pour laquelle le Code CIMA se contente dans son article 7 de préciser les trois formes que peut revêtir le contrat d'assurance.

Police d'assurance

161. La police d'assurance est la preuve de l'existence du contrat d'assurance qui lie l'assureur au souscripteur. C'est pourquoi le contenu et la forme de la police d'assurance sont expressément déterminés par la loi[208].

Note de couverture

162. La note de couverture ne nécessite pas de forme particulière. Elle peut prendre la forme d'une lettre ou d'un télégramme. Elle n'a pas besoin de contenir les mentions légales exigées pour les polices d'assurance. La note de couverture est un document sommaire qui indique les éléments essentiels du contrat d'assurance en voie de conclusion, notamment la nature de l'assurance, la date de prise d'effet et la durée.

---

[208] L'article 8 du Code CIMA contient l'énumération des différentes mentions qui doivent figurer dans la police d'assurance sans toutefois préciser la sanction en cas d'inexistence. La première prescription légale relative à la forme de la police d'assurance concerne la langue de rédaction. Selon les dispositions de l'article 7, alinéa 1er du Code CIMA, le contrat d'assurance est rédigé par écrit dans la ou les langues officielles de l'Etat membre du Traité CIMA pour les contrats souscrits dans l'un de ces Etats. Cette langue officielle est en principe le français.

L'avenant

163. L'avenant est un document rédigé postérieurement à la police d'assurance et ayant pour objet la constatation de toute addition ou modification au contrat d'assurance initiale. Contrairement à la note de couverture qui n'est signée que par le seul assureur, l'avenant est le résultat d'un accord de volonté. Il doit comporter la signature des parties. Cette solution consacrée par l'article 7, alinéa 2 du Code CIMA s'explique par le fait que l'avenant est la preuve d'un nouvel accord de volontés des parties sur un ou plusieurs points particuliers. L'avenant doit par conséquent être soumis aux mêmes règles que la police elle-même.

b) Le Code de propriété intellectuelle des États membres de l'Organisation Africaine de la Propriété Intellectuelle (OAPI)

164. L'Organisation Africaine de la Propriété Intellectuelle est une organisation internationale créée par les États, qui collaborent pour la promotion de la propriété intellectuelle. En passant de l'Accord de Libreville du 13 septembre 1962 à l'Accord de Bangui du 2 mars 1977, puis au nouvel Accord du 24 février 1999, il n'y a pas eu rupture car les principes de construction du régime régional de protection sont restés les mêmes : législation uniforme, création d'un office commun, centralisation des procédures.

165. L'Accord de Bangui institue une administration et une législation unique de la propriété intellectuelle portée par le texte de l'Accord lui-même (37 articles), et dix annexes sur les différentes matières qu'il régit. L'Accord proprement dit et les Annexes constituent le Code de propriété intellectuelle des États membres de l'OAPI[209].

166. L'Accord de Bangui réserve la compétence juridictionnelle en matière de propriété industrielle aux tribunaux civils et parfois répressifs lorsqu'il existe une infraction. La protection des droits est caractérisée par deux actions principales : l'action en

---

[209] Ce code régit : les brevets d'invention (annexe I), les modèles d'utilité (annexe II), les marques de produits ou de services (annexe III), les dessins et modèles industriels (annexe IV), les noms commerciaux (annexe V), les indications géographiques (annexe VI), la propriété littéraire et artistique (annexe VII), la protection contre la concurrence déloyale (VIII), les schémas de configuration (topographie) des circuits intégrés (annexe IX) , la protection des obtentions végétales (X).

contrefaçon et l'action en concurrence déloyale. L'action en contrefaçon peut être précédée de saisie-contrefaçon, qui peut être une saisie descriptive ou une saisie réelle avec obligation de poursuite.

167. En réalité, la preuve est l'élément majeur pour l'établissement de l'atteinte aux droits de la propriété intellectuelle. La saisie-contrefaçon est un mode de preuve de la contrefaçon et, plus généralement, de toute atteinte à un droit de propriété intellectuelle. Cette procédure permet, sur autorisation d'un juge, au titulaire du droit de propriété intellectuelle de faire constater par un huissier de justice (dans certains cas par un commissaire de police ou un juge d'instance) une contrefaçon. La saisie-contrefaçon est l'un des moyens les plus utilisés pour se procurer la preuve de l'existence et de l'ampleur d'une contrefaçon de droits de propriété intellectuelle. La saisie-contrefaçon est possible pour tous les droits de propriété intellectuelle. Pourtant, elle ne fait pas l'objet d'un seul et même régime unifié. Le Code OAPI de propriété intellectuelle renferme, relativement à chacun des droits de propriété intellectuelle, un article spécifiquement dédié à la saisie-contrefaçon[210].

168. L'ordonnance est rendue sur simple requête et sur la présentation du brevet (*Annexe 2, Article 47 al. 2*). Aux fins de la procédure civile concernant l'atteinte aux droits du titulaire visés à l'article premier, si l'objet du brevet est un procédé d'obtention d'un produit, les autorités judiciaires sont habilitées à ordonner au défendeur de prouver que le procédé utilisé pour obtenir un produit identique est différent du procédé breveté dans deux situations ci-après :

- le produit obtenu par le procédé est nouveau ;
- le titulaire du brevet n'a pas pu, en dépit d'efforts raisonnables, déterminer quel procédé a été en fait utilisé *(Annexe I, Article 66 Charge de la preuve).*

169. Pour le modèle d'utilité, l'ordonnance est rendue sur simple requête et sur la présentation du certificat d'enregistrement du modèle utilisé et production de la preuve de non déchéance (*Annexe II, Article 47 al. 2*). En ce qui concerne les marques de produits ou de services, l'ordonnance est rendue sur simple requête et sur justification de l'enregistrement de la marque et production de la preuve de non

[210] Cf. Annexe I, art. 64 (Brevet d'invention) - Annexe II, art. 47 (Modèles d'utilité) - Annexe III, art. 48 (Marques de produits ou de services) – Article IV, art. 31 (Dessins et modèles industriels) -

déchéance (*Annexe III, art. 48 al. 2*). Pour les dessins et modèles industriels, l'ordonnance est rendue sur simple requête et sur présentation d'une attestation de publicité délivrée par l'organisation et production de la preuve de non radiation ou de non déchéance (*Annexe IV, art. 31*). S'agissant des obtentions végétales, l'ordonnance est rendue sur simple requête et sur présentation du certificat d'obtention végétale et de la preuve de non annulation et de non déchéance (*Annexe X, art. 44 al. 2*). En propriété littéraire et artistique, l'Accord a prévu une présomption de la qualité d'auteur (Annexe XII). La qualité d'auteur appartient à celui ou ceux sous le nom de qui l'œuvre est divulguée. Cette présomption peut être évoquée par tous les autres auteurs dont le nom a été porté à la connaissance du public d'une manière quelconque. Elle peut être combattue par tout moyen. La preuve de la qualité d'auteur est libre, les juges peuvent tenir compte de toute présomption.

170. La saisie-contrefaçon est une mesure provisoire, non contradictoire, qui permet au titulaire du droit d'auteur de prouver avec célérité l'atteinte qu'il subit mais également de limiter ou d'empêcher une violation. L'on en déduit que cette institution, symbole de la force attachée aux droits de propriété intellectuelle, présente une double nature : probatoire, tout d'abord, puisqu'il s'agit de se pré-constituer une preuve en vue de l'instance au fond; coercitive, ensuite, puisque le titulaire souhaite faire cesser la distribution illicite des produits.

171. En matière de droit d'auteurs, la saisie des exemplaires constituant la reproduction illicite d'une œuvre est spécialement envisagée par l'article 62 de l'annexe VII Accord Révisé de Bangui. La preuve de la contrefaçon est évidemment libre et le demandeur peut user de tous les moyens de preuve propres à emporter la conviction du juge pourvu bien sûr qu'ils soient loyaux. Un simple constat d'huissier peut-être du nombre.

172. Le tribunal ayant compétence pour connaître des actions engagées sur le plan civil a autorité en vertu des Annexes du Code OAPI, sous réserve des dispositions pertinentes des codes nationaux de procédure civile et pénale[211]. D'où la nécessité d'uniformiser les modes

---

[211] Voir par exemple, E. MONTCHO AGBASSA, « Le rôle du juge judiciaire dans la lutte contre la contrefaçon dans l'espace OAPI » in *Revue béninoise des sciences juridiques et administrative (RBSJA)* N° 29, 2013, p. 49. Egalement, EDOU EDOU P., *Avant propos à l'OAPI. Le contentieux de la propriété intellectuelle dans l'espace OAPI. Guide du magistrat et des auxilliaires*, Imprimerie du Soleil Levant, Yaoundé, 2009.

de preuve de la violation des droits de propriété industrielle. En France, par ailleurs, les modes de preuve des contrefaçons des droits de propriétés intellectuelle et industrielle ont été étendus par la loi du 26 février 2014.

173. Dans l'espace OHADA, la complexité du cadre normatif est exacerbée par la concurrence des sources de la preuve.

Section II. La concurrence des sources de la preuve

174. Au-delà de l'enchevêtrement des normes, l'hétérogénéité de la preuve dans l'espace OHADA est accrue par les risques de conflits de lois en matière de preuve. Il s'agit ici de l'hypothèse d'un conflit entre plusieurs États ayant également vocation à fournir les règles de preuve applicables à un litige. « *Dans la logique de la doctrine moniste des pays de l'espace OHADA, les normes OHADA font bien partie intégrante de l'ordre juridique applicable sur le territoire national; mais, tout en déployant cet effet, elles conservent leur nature propre et leur autonomie comme norme de l'ordre. L'on perçoit du coup les possibilités de conflit entre les deux ordres juridiques : problèmes de hiérarchie, problème de constitutionnalité, problèmes de complémentarité* »[212].

175. En réalité, l'analyse des règles de preuve révèle une imbrication entre le droit OHADA et les droits nationaux des États parties (*Paragraphe I*). Cette combinaison des règles n'encourage pas l'application du droit international privé dans le domaine de la preuve (*Paragraphe II*).

Paragraphe I.

L'imbrication des règles communautaires et nationales

176. L'étude des différentes règles en matière de preuve fait ressortir la diversité des sources applicables dans ce domaine. En dépit de la combinaison des droits nationaux et du droit OHADA *(A)*, il est loisible de relever un droit international privé lacunaire *(B)*.

---

[212] P.G. POUGOUE, « Doctrine OHADA et Théorie juridique », *op. cit*, p. 11

A. La combinaison des droits nationaux et du droit OHADA

177. A la première analyse, l'ordre juridique OHADA se présente comme un corps de règles complet et autonome à l'égard des ordres juridiques nationaux des États-parties. Cette perception de l'ordre juridique OHADA est en réalité incomplète. Le droit commun ne comporte pas toujours une réglementation complète des faits et rapports juridiques qu'il appréhende. A propos de ces situations juridiques, il y a lacune du droit OHADA. De même, l'ordre communautaire OHADA ne fournit pas à l'interprète un ensemble de concepts et règles autonomes susceptibles d'en permettre une interprétation affranchie de tout recours au droit national d'un État partie. Or les droits nationaux sont naturellement divergents d'un État à un autre, ce qui suscite un conflit de lois.

178. Le droit OHADA contient de nombreuses règles nécessaires à la preuve d'actes courants de la vie des affaires. Il n'est, cependant, pas exhaustif et s'appuie sur les droits nationaux puisque la preuve ne fait pas partie du processus d'uniformisation. Il contient également des dispositions relatives à l'administration judiciaire de la preuve, notamment en ce qui concerne l'office du juge. Sur ce dernier point, on retrouve dans l'Acte uniforme relatif au droit de l'arbitrage des dispositions sur l'office du juge dans l'article 14 : « *les arbitres peuvent inviter les parties à leur fournir les explications de fait, et à leur présenter, par tout moyen légalement admissible, les preuves qu'ils estiment nécessaires à la solution du litige (...) sauf convention contraire, les arbitres disposent du pouvoir de trancher tout incident de vérification d'écriture ou de faux* ». L'alinéa 7 de cet article organise l'assistance du juge étatique dans la production de preuve car l'arbitre ne dispose pas de pouvoir d'injonction pour obliger un tiers à l'arbitrage de produire des pièces. Cet article consacré à la procédure arbitrale est tout à fait suffisant pour régler la procédure arbitrale sans avoir recours aux lois étatiques.

179. Il faut rappeler que le droit OHADA n'a pas vocation à unifier les règles de preuve et qu'il ne comporte pas de renvoi exprès aux règles nationales. Néanmoins, le droit OHADA pré-suppose l'existence de certains concepts à vocation probatoire alors même qu'il ne les définit pas. Par exemple, l'hypothèque conventionnelle doit résulter d'un acte authentique (AUS art. 205) mais la notion d'acte authentique n'est pas définie. Aussi, le législateur OHADA a tiré toutes les conséquences du principe de consensualisme en consacrant le principe de la liberté de preuve (AUDCG art. 240), mais c'est le droit commun des contrats et de la vente des États parties qui permettra de déterminer les conditions de validité et de recevabilité des preuves écrites.

180. Il est communément accepté que le droit OHADA soit un droit matériel qui fournit directement des solutions applicables sans passer par un mécanisme du type conflit de lois. Néanmoins, l'absence d'uniformisation sur le plan judiciaire fait automatiquement naître des situations du type conflictuel dès lors qu'un litige met en jeu, par exemple, des intérêts dans différents États de l'espace OHADA.

181. Le droit OHADA n'ayant pas vocation à unifier les règles de preuve, il ne donne aucune définition de l'acte authentique, mais pas davantage de l'acte sous seing privé, ni des modes de preuves admissibles de tels actes. C'est la raison pour laquelle il est nécessaire de se référer aux droits nationaux. Il y a donc une combinaison des règles en matière de preuve entre les droits internes des États parties et le droit OHADA. Cependant, ce renvoi aux règles de preuve des droits nationaux est explicite dans les Actes uniformes.

182. Dans l'espace OHADA, les règles en matière de preuve sont issues à la fois du droit communautaire et des droits nationaux des États parties. Cette situation et le peu de règles de droit international dans cet espace laissent penser qu'en la matière, l'OHADA est autosuffisant sur le plan normatif. Or, la diversité des sources est génératrice de conflit, si bien qu'une harmonisation est nécessaire.

183. De façon générale, les législations nationales non contraires ou même compatibles aux dispositions des actes uniformes restent en vigueur. Quel désordre et quelle insécurité juridique, si ces renvois au droit interne ne sont pas suivis d'effets ou sont pris au mépris de la lettre ou de l'esprit du législateur OHADA. C'est malheureusement ce que l'on constate souvent.

184. L'imbrication des règles communautaires et nationales procède également d'un droit international privé lacunaire dans l'espace OHADA.

B. Un droit international privé lacunaire

185. Les questions soulevées par les lacunes qui ressortent de la combinaison des droits nationaux et du droit OHADA soulignent à quel point le droit OHADA ne peut s'auto-suffire. Comparé aux ordres juridiques étatiques, l'ordre juridique OHADA ne présente qu'un aspect sectoriel et parcellaire; il ne régit qu'un secteur limité de la vie des affaires. De plus, dans des domaines réservés à sa compétence, cet ordre juridique ne fournit pas toujours une réglementation complète. Il faut donc suppléer à ces lacunes par des règles de droit commun issues des différents droits nationaux. Le risque de conflit, supprimé par l'harmonisation du droit des affaires, ressurgit alors.

186. Or, il existe peu de règles de droit international privé dans le droit OHADA. En matière de preuve, il n'existe donc pas de règle opérant un renvoi général au droit national parce que la matière ne fait pas partie des matières uniformisées par le Traité. Il existe une série de renvois au cas par cas. La combinaison des règles de preuve des droits nationaux et du droit OHADA se fait en dehors de règles de droit international privé.

187. A propos de la preuve, les solutions du droit international privé sont loin d'être unifiées d'un système à l'autre. Au moins deux grandes écoles constituent un clivage autour duquel s'organisent les systèmes nationaux. La première, essentiellement anglo-saxonne, soumet la preuve aux règles de droit du for. Ainsi le juge applique-t-il aux procès internationaux les règles qui lui sont familiers pour les procès internes. La seconde école, civiliste, fait relever les questions relatives à la preuve de la loi qui régit au fond l'acte ou le fait juridique concerné.

188. En matière contractuelle, la Convention de Rome du 19 juin 1980, dont le champ d'application est universel, a établi un compromis. En principe, la preuve et la procédure sont exclues de son champ matériel (article 1.2, h). Une réserve cependant est faite en faveur de l'article 14, intitulé "preuve", qui dispose que « la loi régissant le contrat en vertu de la présente convention s'applique dans la mesure où, en matière d'obligations contractuelles, elle établit des présomptions légales ou répartit la charge de la preuve ».

189. Malgré une construction formelle donnant l'impression que la loi substantielle n'a qu'un rôle résiduel, les dispositions de grand intérêt pratique, celles qui font qu'un contractant gagne ou perd son procès, relèvent de la loi du contrat. Or, si dans certains systèmes procéduraux, on connait la règle que la preuve incombe au demandeur au procès à la suite de l'adage latin *"actori incumbit probatio",* la règle est différente dans le droit substantiel. Le Code civil français, par exemple, qui compte plus de cinquante articles consacrés à la preuve (articles 1315 à 1369), répartit la charge de la preuve, non pas selon la position procédurale du plaideur, mais en fonction de la qualité de créancier ou de débiteur de l'obligation litigieuse.

190. La mise en œuvre de ce texte conduit quelquefois, en présence de demandes reconventionnelles croisées, à un double débouté. De même, les présomptions du droit français, qui ont pour effet de renverser la charge de la preuve, ne sont pas admises universellement. Ainsi, la règle de présomption ne parait pas admissible aux juristes de *Common law* qui n'acceptent pas d'aller au-delà de ce qui est mentionné dans un acte. Ce qui explique le recours à des actes longs et détaillés.

191. Le second paragraphe de l'article 14 stipule en effet que « *les actes juridiques peuvent être prouvés par tout mode de preuve admis soit par la loi du for, soit par l'une des lois visées à l'article 9, selon laquelle l'acte est valable quant à la forme...* ». L'article 9, auquel il est fait référence, valide les actes qui satisfont aux conditions de forme établies par toute une série de lois : celle qui régit le contrat au fond, celle du pays où le contrat a été conclu, celles des pays où se trouvent les contractants s'ils ne se sont pas rencontrés pour la conclusion dans un même pays.

192. La Convention de Rome a ainsi pris le parti d'un grand libéralisme au détriment de la protection que des modes de preuve particuliers peuvent assurer à des personnes jugées dignes d'intérêt. Sans se prononcer sur ce grief, on peut constater que des règles énoncées par les dispositions du droit civil sur la nécessité de l'écrit, la formalité du double original ou des mentions particulières sont susceptibles d'être tenues en échec par des législations inattendues.

193. De nouveau, une règle unificatrice serait utile. Elle devrait être le reflet procédural de l'absence de formalisme contractuel consacré par la Convention de Vienne sur la vente internationale. Néanmoins, ainsi que les derniers mots de l'article 14 en font la réserve, il y a lieu de prendre en considération les traditions nationales et de prévoir que la liberté ne s'exerce que « pour autant que la preuve puisse être administrée selon ce mode devant le tribunal saisi » (article 14, *in fine).*

194. Outre les questions relatives à la charge de la preuve, aux présomptions et aux modes de preuve, le problème de la preuve dans le procès international ouvre un champ d'étude immense : l'obtention des preuves, régie par la Convention de la Haye du 18 mars 1970 et par le Règlement (CE) n° 1206/2001 du 28 mai 2001, sont des exemples d'unification réussies.

195. Les juges étatiques devront se conformer aux conventions internationales existantes. Le futur droit OHADA de la preuve jouera un rôle subsidiaire notamment pour combler des lacunes ou énoncer une "*ratio scripta*". Son existence sera d'un grand secours pour les arbitres, par exemple. Le désir des arbitres comme des parties étant d'éviter de recourir à des lois étatiques, censées favoriser I'un au détriment de l'autre, des règles uniformes sont les bienvenues. Elles pourraient concerner la charge de la preuve, le régime des présomptions, les modes de preuve, les modes d'administration de la preuve.

196. De ce qui précède, des conflits de lois tenant à l'imbrication des droits nationaux et du droit OHADA demeurent, et en l'absence de règles communautaires de conflit spécialement élaborées à cette fin, c'est en principe aux règles nationales de conflit qu'il faut se référer pour déterminer le droit matériel national applicable. Cette combinaison de règles ne facilite guère la mise en œuvre de la preuve internationale.

Paragraphe II.

La mise en œuvre de la preuve internationale

197. L'expression « preuve internationale » renvoie à deux situations distinctes : soit il existe un conflit entre plusieurs États ayant également vocation à fournir les règles de preuve applicables à un litige, soit il existe un élément de preuve qui est situé en dehors de l'Etat où le litige est porté, auquel cas il s'agit d'aller le recueillir à l'étranger. Cette question de la collecte de preuve à l'étranger ne sera pas traitée ici.

198. La combinaison des sources de la preuve (communautaires, nationales ou traditionnelles) mène au constat qu'il existe très peu de droit international privé dans l'espace OHADA. Il se pose donc des problèmes de mise en œuvre de la preuve internationale à travers la difficile application des règles de conflit (A) et le problème de l'application des règles nationales divergentes (B).

A. La difficile application des règles de conflit

199. Le droit uniforme ne peut réellement s'affranchir de tout recours au droit international privé que s'il est autonome à l'égard de toute source extérieure, à la fois du point de vue de son contenu matériel et de sa mise en œuvre. La question se pose alors de savoir s'il est possible d'arriver à une interprétation entièrement autonome du droit OHADA pour en combler les lacunes et en clarifier les termes.

200. A titre d'illustration, l'article 49 ancien de l'Acte uniforme sur les sûretés prévoyait un écrit pour les contrats de gage « *si la loi nationale de chaque Etat admet la liberté de la preuve en raison du montant de l'obligation* ». Il faut en déduire que si un tel contrat est conclu entre deux personnes situées dans deux pays différents et si les lois de ces deux pays ont prévu qu'en dessous d'un certain montant, l'écrit n'est pas obligatoire, la preuve du cautionnement sera libre.

201. Que se passera-t-il si le montant prévu par chacune de ces lois diffère ? C'est le cas du Sénégal et du Mali. L'article 267 du Code des obligations malien dispose qu'il « *doit être passé devant notaire ou sous signatures privées de toutes conventions dont l'objet excède 50 000 CFA (...)* » alors que le Code des obligations du Sénégal retient lui un montant de 20 000 CFA. Dans ce cas, si le gage porte sur une créance de 15 000 FCFA, l'écrit ne sera pas obligatoire mais s'il porte sur une créance de 25 000 FCFA, il faudra un écrit. Au lieu d'opérer un renvoi direct en indiquant par exemple à l'article 49 : « *sauf si la loi nationale du lieu de conclusion de l'acte admet la liberté de la preuve* », le législateur communautaire a procédé à son abrogation.

202. On constate donc que la réglementation matérielle uniforme OHADA comporte des lacunes et ne peut manquer de susciter des problèmes d'interprétation. A moins de vouloir vider l'uniformisation de toute substance, il faudrait, dans toute la mesure du possible, clarifier les ambiguïtés du droit OHADA et en combler les lacunes par une interprétation autonome de ses dispositions. Le caractère opportun de cette méthode ne doit cependant pas faire oublier qu'en pratique, sa réalisation s'avère impossible ou limitée dans certains cas. Le recours au droit national pour compléter le droit uniforme est alors inévitable. Et parce que ce droit étatique peut varier d'un système juridique à un autre, il en résulte une situation de conflit de lois qui amène à rechercher le droit national apte à compléter le droit unifié.

B. L'application des règles nationales divergentes

203. La détermination du droit national complémentaire apte à combler les lacunes du droit OHADA se réalise suivant divers procédés. Le procédé varie selon que le droit communautaire comporte des indications à cette fin ou au contraire passe sous silence la question du droit national applicable. Dans le premier cas, il faut s'en tenir aux indications du législateur communautaire qui forment tantôt de véritables règles de conflit de lois, tantôt de simples règles de « signalisation ». En l'absence de ces indications, il paraît nécessaire d'avoir recours aux règles de conflit nationales du juge saisi, sauf dans l'hypothèse où la CCJA est saisie à titre principal du litige. La recherche du droit applicable sera alors casuistique, sans qu'il soit possible de formuler des directives générales de solution[213].

204. L'enjeu est moindre pour la charge de la preuve dans la mesure où la plupart des pays retiennent la *règle actori incumbit probatio*. Par contre, le problème de l'application de l'article 20 du Code des obligations civiles et commerciales du Sénégal illustre la nécessité d'une uniformisation. Cet article dispose que pour tout acte : « *la partie illettrée doit se faire assister de deux témoins lettrés qui certifient dans l'écrit son identité et sa présence : ils attestent en outre que la nature et les effets de l'acte lui ont été précisés* ». Cette disposition ne se retrouve pas dans les droits nationaux des autres pays de l'OHADA.

205. Que se passe-t-il lorsqu'une personne de nationalité sénégalaise illettrée conclue un contrat de gage par témoins certificateurs pour une personne résidant dans un autre pays (et pour un montant supérieur à 20.000 FCFA) ? Selon l'article 49 ancien de l'Acte uniforme sur les sûretés, le contrat de gage doit être constaté dans un acte écrit à peine d'inopposabilité, dès lors l'acte passé par une personne illettrée avec des témoins certificateurs est-il recevable ?

206. Cette illustration démontre que des conflits peuvent surgir malgré l'harmonisation du droit des affaires dans l'espace

[213] G. N. ANOU, *Droit OHADA et conflits de lois*, Thèse de doctorat, Université Jean Moulin Lyon 3, Canada, 2013, p. 151

OHADA et l'existence de quelques règles de conflits. On pourrait relever que le droit de la preuve étant issu du droit civil français pour la grande majorité des pays de l'OHADA, les conflits sont donc mineurs et limités. Cependant, il est nécessaire de définir quelles règles pourraient prévenir les conflits de lois en matière de preuve qui, bien que mineurs aujourd'hui, pourraient apparaître avec l'entrée de nouveaux pays qui ne seraient pas de tradition civiliste dans l'OHADA, ou avec des changements de législation interne dans certains pays.

207. Pour Gérard Anou[214], les raisons de cette insuffisance normative sont diverses. Ou bien elle est accidentelle, et il s'agit alors d'une omission de la question par le législateur communautaire; ou la carence a été perçue et admise. Dans ce dernier cas, il se peut que les Etats-parties n'aient pas pu parvenir à un accord quant au principe même d'élaborer une règle matérielle commune sur le point en cause, ou quant au contenu matériel à donner à une telle règle. Il se peut aussi que la volonté d'uniformiser se soit heurtée, sur le point donné, à l'existence de particularismes juridiques nationaux qu'il est impossible ou inopportun de réduire à l'uniformité. Le besoin de respecter les identités nationales à travers le droit national conduit alors à laisser des marges nationales d'appréciation et à confier au droit national la réglementation de certains aspects des questions visées par le droit uniforme. Le caractère lacunaire du droit commun est alors volontaire.

208. Ainsi, certains conflits de lois demeurent et ne peuvent être réglés que par le recours aux règles nationales de conflit de lois ou par l'élaboration des règles communautaires de conflit de lois. « *Il faut dire que l'une des premières attentes des investisseurs nationaux comme étrangers est bien une grande prévisibilité de la loi applicable au fond des litiges; dans un espace judiciaire intégré comme l'OHADA, il est hautement sécurisant que les règles de conflits en vigueur dans les États membres désignent la même loi nationale quel que soit le pays dans lequel l'action est introduite* »[215].

---

[214] G. N. ANOU, *thèse préc.* p. 32

[215] Rapport de présentation du Projet OHADA portant droit général des obligations, *précité*, p. 6

CHAPITRE SECOND :
UN SYSTÈME PROBATOIRE MIXTE

209. Diverses peuvent être les finalités du droit de la preuve. Elément de la prétention et de la prévision des parties, la preuve constitue tout d'abord un instrument privilégié de la sécurité juridique, dont la vocation protectrice a été affirmée à plusieurs reprises tant par la doctrine[216] que par la jurisprudence[217]. Mais la preuve peut aussi viser d'autres objectifs. Ainsi est-elle souvent considérée comme un moyen permettant d'accéder à la manifestation de la vérité judiciaire.

210. Un choix s'impose alors au législateur désireux d'organiser un régime probatoire. En effet, si le système de la preuve légale[218] tend à assurer la sécurité juridique des parties, le système de la preuve libre[219], à l'inverse, permet de découvrir plus facilement la vérité d'une situation litigieuse. Ainsi, selon la finalité à laquelle il attachera le plus d'importance, le législateur devra opter pour l'un ou l'autre

---

[216] Ph. THERY, « *Les finalités du droit de la preuve en droit privé* », Revue Droits n° 23, 1996, p. 42.

[217] Cass. 1re civ., 20 juin 1987: Bull. civ. I, n° 210 –Cass. 1re civ., 15 Novembre 1989: Bull. Civ. I, n° 348.

[218] Le système de la preuve légale bride étroitement la liberté du juge. Dans cette optique, la loi énonce la liste des procédés de preuve qui peuvent être produits dans un procès civil, fixe les conditions de leur admissibilité, et détermine impérativement leur force probante. La plupart du temps, les conditions d'admissibilité d'un mode de preuve seront élaborées en fonction du droit à établir. Certes, la preuve permettra de démontrer l'existence du droit, mais dépendante tant de la politique juridique souhaitée par le législateur que de son désir de justice et d'équité, elle relèvera aussi du fond du droit.

[219] Le système de la preuve libre a vocation à favoriser la manifestation de la vérité. Toutefois, comme l'a brillamment mis en lumière Bartin dans ses annotations du traité d'Aubry et Rau (BARTIN notes sous AUBRY et RAU Droit civil français, t. 12, 5e éd. 1922, § 749, note 10 bis), la vérité judiciaire se singularise par son caractère contingent : elle n'est jamais que "*relative*" et "*subjective*" (H. MOTULSKY, *Principes d'une réalisation méthodique du droit privé*, Librairie du recueil Sirey, 1948, p. 136, n° 123). Il s'ensuit que le critère de la vérité judiciaire, loin de correspondre à l'idéal de vérité tel que le conçoit le langage commun, semble davantage répondre à l'idée de vraisemblance, notion dont le juge devra apprécier le sérieux.

système. L'expression « systèmes de preuve », souvent utilisé pour désigner ces régimes, tient au fait qu'ils apparaissent comme des systèmes organisés de règles de droit.

211. Le droit français, dès 1804, a adopté un système mixte. Si en certaines matières l'admissibilité et la force probante des modes de preuve ont été fixées par la loi, un domaine assez large a été abandonné au régime de la liberté de la preuve. Cependant, la situation a considérablement évolué depuis la réforme du droit des obligations intervenue en 2016. L'article 1358 de l'ordonnance n° 2016-131 du 10 février 2016 pose désormais le principe de liberté de la preuve. Ce principe n'était pas affirmé de façon aussi limpide dans le Code civil, mais se déduisait de la confrontation des dispositions des articles 1341 et 1348. Le principe est désormais posé, et concerne autant les faits juridiques que les actes juridiques, en dehors des exceptions légales. *« Le recul de la preuve légale est généralisé en Europe et de nombreuses législations affirment la libre appréciation des preuves par le juge (...) La liberté de la preuve est aujourd'hui au cœur du droit de la preuve dans les pays de droit civil et dans les pays de common law »*[220].

212. En revanche, dans la plupart des États membres de l'espace OHADA, le droit positif mélange confusément la question de l'admissibilité de la preuve en matière civile et commerciale. De fait, deux grandes tendances s'opposent quant au système probatoire. La liberté de la preuve est largement admise, mais l'inclination libérale des normes probatoires n'est pas totale. Le système probatoire est donc mixte à l'instar du droit français d'avant la réforme du Code civil. En effet, le système probatoire africain est partagé entre l'admission de la preuve libre (Section I) et l'attachement à la preuve légale (Section II).

Section I. L'admission de la preuve libre

213. La liberté de la preuve s'entend de la liberté dans la recherche et la production des preuves. Ce principe s'exprime également à travers d'autres formules : la preuve par « tous moyens » utilisé indifféremment au pluriel ou au singulier (« tout moyen ») ou encore la possibilité d'établir un fait par « tout mode de preuve ».

---

[220] E. VERGES, G. VIAL, O. LECLERC, *Droit de la preuve*, Collection Thémis PUF, Paris, 2015, p. 70, n° 71. Pour les auteurs, ce basculement traduit la confiance faite au juge pour qu'il apprécie de manière rationnelle les preuves qui lui sont soumises.

214. Le traitement de la preuve par le Code civil et par l'Acte Uniforme sur le Droit Commercial Général (AUDCG) présente un point commun. En effet, chacun de ces textes reconnait un domaine à la liberté de la preuve. Ceci étant, il n'y a pas en cette matière, identité des domaines présentés comme légalement ouverts à la liberté. Si l'AUDCG, en son article 5, prévoit qu'à l'égard des commerçants, les actes de commerce se prouvent par tous moyens, le Code civil retient lui une approche inverse, puisqu'il ne fait pas directement référence à la liberté de la preuve en son article 1341.

215. Alors que le droit commercial considère que la preuve de l'obligation contractuelle est libre, à la condition que les parties aient la qualité de commerçant et que l'acte soit un acte de commerce, le droit civil se base sur la considération du montant de l'obligation contractuelle pour déterminer le domaine de la preuve littérale. Cette approche duale de la preuve des obligations contractuelles puise sa légitimité dans les exigences propres au droit civil et au droit commercial. Selon la finalité du droit de la preuve, la règle de preuve peut être fondamentalement différente.

216. Ce constat conduit à appréhender dans un premier temps la liberté probatoire en matière commerciale (Paragraphe I), avant de s'intéresser à la liberté probatoire en matière civile (Paragraphe II).

Paragraphe I. La liberté probatoire en matière commerciale

217. L'institution d'un régime des preuves légales dans le Code civil n'a pas d'influence en droit commercial, dominé par le principe de liberté de la preuve. En matière commerciale, la preuve par tous moyens concerne donc les actes juridiques, comme les faits et les situations juridiques. Au vu des exigences de rapidité, de simplicité et d'adaptabilité attachées à l'activité commerciale, l'approche commerciale de la preuve se doit d'être moins formaliste que l'approche civiliste. Historiquement[221], il est permis d'observer que c'est dans

[221] Dès l'antiquité, le droit commercial se distingua du droit civil bien que ce soit l'écrit que l'on adopta alors pour simplifier les relations commerciales. Mais le droit commercial l'abandonna rapidement au profit de la parole du commerçant. Au moyen-âge, avec le développement des foires, on recourt essentiellement aux témoignages, aux serments tout en sachant que les documents avec sceau de la foire font preuve pleine et entière. Si la liberté de la preuve en matière commerciale prévalait déjà devant la première juridiction consulaire, elle a dû longtemps se contenter d'être tout au plus un usage puisque l'ordonnance de Moulins, pas plus d'ailleurs que l'ordonnance d'avril 1667, imposant la rédaction d'un écrit

l'esprit du commerce qu'il faut rechercher la genèse de la liberté de la preuve en matière commerciale. Le principe de la liberté de la preuve présente deux aspects complémentaires en matière commerciale. D'une part, il s'agit de la liberté d'établir par tous moyens l'existence d'un acte juridique. D'autre part, il s'agit de la liberté de prouver par tous moyens, contre et outre un autre écrit[222]. En revanche, l'application générale de la liberté de la preuve en matière commerciale se limite à la production des preuves[223].

218. Le domaine de l'article 5 AUDCG présente une complexité en raison du caractère hybride de certaines opérations. A cet égard, il va falloir d'abord examiner la preuve des actes de commerce (A), avant de s'intéresser à la preuve spécifique des actes mixtes (B).

A. La preuve des actes de commerce

219. L'AUDCG n'est guère dissert sur la preuve en matière commerciale. La seule disposition d'ordre général est l'article 5 qui dispose :

---

au-dessus d'un seuil de 100 livres, ne prévoyait une dérogation pour les commerçants. Et pourtant, les juridictions consulaires ont connu un certain succès qui s'explique par leur gratuité mais surtout par la possibilité qu'elles offraient aux justiciables d'utiliser des modes de preuve correspondant aux besoins des commerçants. On y admettait certes l'écrit, mais lorsqu'il faisait naître une difficulté, on devait suspendre le procès et attendre que les juridictions civiles ou pénales se prononcent. Cette difficulté propulsa la preuve par témoins au rang de preuve par excellence. Puis, sous l'impulsion de Colbert, mettant en œuvre la vision législative de Louis XIV, nombre d'ordonnances furent promulguées de 1661 à 1685 dont l'Ordonnance du commerce en date de mars 1673. Appelée le Code marchand puis le Code Savary du nom d'un marchand parisien, auteur d'un traité de pratique commerciale «Le parfait négociant» (1675), cette ordonnance avait pour objet de régulariser et d'unifier l'ensemble des lois et usages qui régissent le commerce. Elle inspira les rédacteurs du Code de commerce de 1807 qui perpétuèrent la tradition de liberté de la preuve en matière commerciale, poursuivie notamment par la loi du 12 juillet 1980.

[222] Cette dérogation à l'article 1341 C. civ. permet à un commerçant de prouver par témoin qu'un véhicule a été acheté à crédit, alors que le bon de commande mentionne une vente « au comptant » (Cass. civ. 1ère, 8 janv. 2009, n° 08-10.664 .

[223] Cela signifie que le juge commercial est lié par les éléments de preuve lorsque leur force probante est définie par la loi. Par exemple, bien que conclu entre commerçants, un acte authentique fait foi jusqu'à inscription de faux de l'existence de faits matériels que le notaire a énoncés, comme s'étant déroulés en sa présence (Cass. com. 17 sept. 2003, n° 01-12-919). A cet égard, la liberté de produire ne se confond pas avec la liberté d'apprécier.

« Les actes de commerce peuvent se prouver par tous moyens même par voie électronique à l'égard des commerçants.

Tout commencement de preuve par écrit autorise le commerçant à prouver par tous moyens contre un non-commerçant.

Les livres de commerce tenus en application des dispositions du présent Acte uniforme sont admis par le juge pour constituer une preuve dans les conditions prévues ci-dessus.

Les livres de commerce et les états financiers de synthèse constituent des moyens de preuve.

Dans le cours d'une contestation, la présentation des livres de commerce et des états financiers de synthèse peut être ordonnée par le juge, même d'office, à l'effet d'en extraire ce qui concerne le litige ».

220. Dans l'espace OHADA, la liberté de la preuve des actes de commerce est ainsi encadrée (1). Elle est aussi maitrisée puisque les commerçants doivent tenir compte des documents comptables, qui, le cas échéant, peuvent faire preuve (2).

1. Une liberté encadrée

221. La liberté s'applique lorsque deux conditions cumulent : un acte de commerce, conclu entre commerçants. Pour une partie de la doctrine africaine[224], il n'est pas exact de soutenir sans réserve que les actes de commerce s'établissent par tous moyens à l'égard d'un commerçant dans l'éventualité où ceux-ci sont sans rapport avec l'activité professionnelle de ce dernier. Effectivement, la théorie de l'accessoire commercial enseigne que seules appartiennent à la catégorie qu'elle vise les opérations conduites par le commerçant pour les besoins de son commerce. Dans les cas où des opérations auraient été passées dans le cadre de sa vie « civile » par un commerçant, il faudrait s'en tenir aux principes civilistes. Tel est le cas d'une vente immobilière – qui demeure un acte civil même si elle est conclue entre

[224] Voir P.G. POUGOUE (dir.) « Actes Uniformes » in *Encyclopédie du droit OHADA*, Lamy Editions, décembre 2011, pp 19-173.

commerçants – et dont la preuve doit être rapportée conformément aux règles du droit civil. Il devrait en être ainsi lorsqu'un professionnel vend à son collègue un lopin de terre lui appartenant. La preuve de cette transaction ne devrait pas se faire par tous les moyens dans les États où la preuve de l'existence des transactions immobilières s'administre par un écrit authentique. Ici, l'acte notarié devrait avoir une valeur probante supérieure à celle des autres procédés de preuve et ne pas entrer en concurrence avec eux. Seul le succès d'une action en inscription de faux serait susceptible de compromettre cette hiérarchie.

222. Ensuite, il peut paraître paradoxal de soutenir la thèse de la liberté probatoire entre commerçants ou entre entreprenants dans un contexte où les transactions devraient laisser des traces écrites. L'exigence se trouve notamment aux articles 13 à 15 et 31 à 33 de l'AUDCG, et à l'article 19 de l'Acte uniforme portant organisation et harmonisation des comptabilités des entreprises. Ces textes enjoignent au commerçant de tenir un journal, un livre d'inventaire lesquels sont côtés et paraphés par un juge déterminé. De tous les entreprenants, ils exigent l'établissement au jour le jour d'un « livre chronologique ». De ceux des entreprenants exerçant des activités de vente de marchandises, d'objets, de fourniture de denrées ou de logements, ils imposent, par année, l'établissement d'un registre récapitulatif. Ces documents viennent eux-mêmes s'ajouter aux factures dont on sait qu'elles doivent être dressées lorsque l'opération constatée est importante par son montant, puis aux « livres auxiliaires » qui, selon les termes de l'article 19 précité, facilitent l'élaboration du journal et du grand livre. Une telle exigence se trouve encore à l'article 5 alinéa 3 de l'AUDCG qui indiquent que dans le cours d'une contestation, la représentation de ces livres peut être ordonnée d'office par des magistrats ; à l'article 24 de l'Acte uniforme portant organisation et harmonisation des comptabilités des entreprises lorsqu'il préconise que les livres comptables ou les documents en tenant lieu soient conservés pendant dix ans.

223. Pour prouver par tous moyens en matière commerciale, il faut que l'acte soit un acte de commerce, que son auteur soit commerçant et ait agi dans l'exercice de son commerce. La qualification de commerçant est donc incontournable dans l'optique de l'application de la liberté de la preuve[225]. Cette dernière impose la réunion de critères

[225] C. GIVERDON, Le droit commercial, droit des commerçants, JCP 1949,1; 770.

énoncés à l'article 3 de l'AUDCG. Ce texte renvoie tout d'abord à l'exercice d'actes de commerce, ce qui souligne l'interaction entre la qualification de l'acte et celle de son auteur. Il faut ensuite que l'acte de commerce soit exécuté en son nom et pour son compte par le commerçant. En effet, celui qui accomplit des actes de commerce pour un tiers n'est pas pour autant commerçant. En revanche, celui au nom duquel et pour lequel il exécute l'obligation est commerçant dès lors que les autres critères sont réunis[226]. Enfin, pour être commerçant, l'auteur des actes de commerce doit faire de l'exercice de ceux-ci une profession habituelle[227], « c'est-à-dire en faire une occupation sérieuse, continue, de nature à produire des bénéfices el à permettre de subvenir aux besoins de l'existence »[228].

224. La qualification de profession implique également la répétition[229]. L'habitude[230] est en principe issue de la répétition des actes[231]. La profession habituelle serait une profession installée dans le temps[232], mais elle serait moins caractérisée par la répétition d'actes de commerce que par le temps consacré à l'activité[233]. Pour certains auteurs, le critère de l'habitude qui se caractérise par la réunion d'un élément matériel, la réalisation d'actes de commerce, et un élément intentionnel[234] ne serait que redondant[235]. Pour d'autres, la profession

---

[226] Y. GUYON, op. cit., n° 67, p. 62.

[227] Ch. LYON-CAEN, L'exercice par un salarié d'une activité indépendante à titre accessoire, Dr. soc. 1965, 564.

[228] J. MESTRE et M.-E. PANCRAZI, *op. cit*, n°211, p. 172.

[229] P. DIDIER, « Remarques pour servir à une définition du droit commercial », D.1962, p. 221 et spéc. 222 pour qui la grande faiblesse de la théorie objective est de ne pas avoir compris qu'une variation dans le nombre des contrats avait une incidence directe sur leur qualification.

[230] E-H. PERREAU, Du rôle de l'habitude dans la formation du droit privé : Rev. trim. dr. civ. 1911, p. 229 ; F. POLLAUD-DULIAN, L'habitude en droit des affaires, Mélanges A. Sayag, Litec, 1997. p. 349.

[231] F. DEKEUWER-DÉFOSSEZ et É. BLARY-CLÉMENT, op. cit., n° 41, p. 49.

[232] Ainsi, celui qui exerce un grand nombre d'actes de commerce pendant un court laps de temps ne pourrait se voir opposer la liberté de la preuve. A l'inverse, celui qui exécute peu d'actes mais qui le fait régulièrement serait commerçant. En ce sens, CE 2 juin 1993, Dr. fisc. 1993 concl. O.FOUQUET.

[233] F. GORÉ, Cours de droit commercial, 1972-1973, p. 70.

[234] F. POLLAUD-DULIAN, *préc.* p. 351 : «il faut un comportement durable et une répétition d'actes, mais aussi une volonté» ; Y. GUYON, op. cit., p.63 et 64, n° 71.

[235] J. VALLASAN, op. cit., n°32; Th. DUBAELE, Rép. com. Dalloz, Commerçants, 2004, n° 50, p. 9 ; F. GORÉ, op. cit., p.70.

ajouterait à l'habitude[236] en ce qu'elle est la source de revenus et implique le caractère lucratif qui manque à la seule habitude[237]. Mais le ratio durée de travail/source régulière de revenus n'est pas des plus objectifs. D'ailleurs, la loi ne fait pas référence au «principal» mais à «l'habitude»[238]. Là encore, l'utilité du critère est discutable. Une personne peut fort bien réaliser un grand nombre d'actes de commerce dans un délai très court. Il y a alors répétition mais non habitude.

2. Une liberté maitrisée

225. La qualification de commerçant entraîne la soumission à certaines obligations dont l'établissement de documents comptables ou la délivrance de factures. Bien que la fonction première de ces obligations ne soit pas probatoire, elles permettent en certaines circonstances de faire la preuve des actes de commerce. Il s'établit une liaison naturelle entre la qualification de commerçant et l'utilisation aux fins de preuve de ces écrits spéciaux[239] dont la tenue est obligatoire pour les personnes relevant de cette qualification.

226. Ainsi, la rigueur exigée dans la tenue des documents comptables (a) rend possible l'utilisation judiciaire de ces documents aux fins d'établir la preuve des actes de commerces (b).

a) La tenue des documents comptables

227. Cette obligation de tenir des documents comptables ou livres de commerce[240] est une obligation professionnelle qui fut imposée aux commerçants par l'AUDCG. Elle a été une reprise à l'identique du Code de commerce français[241] et comprend la tenue des

---

[236] J.VALLASAN, op. cit., n° 32, p. 5.

[237] A. JAUFFRET, obs. in Rev. trim. dr. com.1977, p. 1973, qui consent que « L'habitude est souvent constatée, mais la difficulté est de savoir s'il y a profession ». La profession aurait donc une dimension supplémentaire.

[238] Ceci sans doute car en exigeant qu'une activité requiert le principal du temps de l'intéressé pour être professionnelle, cela induit qu'une même personne ne peut exercer qu'une seule profession à la fois. En ce sens, L. CASAUX, *La pluri-activité*, L.G.D.J., 1993, tome 231, p. 43.

[239] Voir J. DEVÈZE, *Contribution à l'étude de ta charge de la preuve,* thèse 1980, SRT, n° 326, p. 438 à 441.

[240] J. DEVÈZE, *th. préc.*, p.440. «Les livres de commerce sont des écrits spéciaux non signés qui peuvent être invoqués non seulement contre celui qui les a tenus mais également contre d'autres commerçants, par exception au principe selon lequel nul ne peut se constituer un titre à lui-même ».

[241] Loi n°83-353 du 30 avril 1983, *JO* 3 mai 1983 ; décret du 29 novembre 1983, *JO* 1er déc.1983.

livres mais également les comptes annuels. L'utilisation de ces documents aux fins de preuve se fait dans le respect des exigences de rapidité et de simplicité propres à l'activité commerciale puisqu'elle ne fait peser aucune contrainte supplémentaire sur les commerçants. L'article 19 de l'Acte uniforme relatif au droit comptable et à l'information financière (AUDCIF) imposant aux commerçants de tenir une comptabilité, il n'y a pas création de document aux seules fins probatoires.

228. La question est alors celle de la force probante de la comptabilité. Le législateur, dans un souci de simplification, a supprimé l'obligation de faire figurer chaque écriture élémentaire sur le livre-journal et chaque élément du patrimoine sur le livre-inventaire. Désormais, les reports au journal général peuvent se faire mensuellement[242], ce qui a pour conséquence de ne plus garantir la chronologie des opérations et leur irréversibilité[243]. L'intégration de l'informatique dans le domaine comptable n'est prévue qu'à titre dérogatoire. Ce n'est qu'une possibilité liée au respect d'un certain formalisme puisque les supports informatiques utilisés doivent être « identifiés, numérotés et datés dès leur établissement par des moyens offrant toute garantie en matière de preuve ». En d'autres termes, si l'Acte uniforme organise un véritable droit d'accès au moyen d'exécution du traitement informatique, il assure la primauté de la comptabilité écrite sur la comptabilité informatique. Ainsi, un commerçant qui utilise une comptabilité informatique ne peut voir ses prétentions reconnues en justice si la comptabilité ne possède pas de supports écrits[244]. Il est vrai que l'OHADA ne définit pas les moyens de preuve qui peuvent garantir la fiabilité des comptabilités informatiques. De fait, la manière la plus pratique et la plus sûre de respecter actuellement l'obligation de tenue du livre-journal demeure la transcription des totalisations des écritures mensuelles sur un livre côté et paraphé.

b) L'utilisation judiciaire des livres comptables

229. L'article 68 de l'Acte uniforme relatif au droit comptable et à l'information financière (AUDCIF) dispose que « la comptabilité

---

[242] Dans la pratique, le journal général est utilisé comme une suite de reports mensuels que les entreprises n'enregistrent qu'une seule fois *par* an au moment de la clôture des comptes.

[243] Il est aisé d'établir des compensations modifiant les montants initiaux tout en obtenant un montant global identique.

[244] Paris, 28 juin 1988, *Gaz. Pal.* 1988, 2e sem., p. 14, obs. J-P. MARCH.

régulièrement tenue peut-être admise en justice pour faire preuve entre commerçants pour faits de commerce ou autres »[245]. On perçoit dans la rédaction de cet article que le principe en droit commercial est celui de la liberté de la preuve. Cette preuve par les livres comptables est une opportunité qui s'offre au juge. Celui-ci peut tout à fait les utiliser ou les rejeter même si ces derniers sont tenus régulièrement[246]. En effet, ces livres ne sont que des outils potentiels de preuve et ne s'imposent en aucun cas au juge.

230. En principe, un commerçant ne peut se prévaloir de sa comptabilité que si elle est régulièrement tenue[247], ce qu'il appartient au juge d'apprécier[248]. Le juge peut prendre en considération les livres que le commerçant a tenu de son propre fait[249]. Ceci étant, même tenus irrégulièrement, les livres de commerce sont parfois retenus à titre indicatif et le juge peut trouver dans la concordance de leurs énonciations avec d'autres pièces justificatives des présomptions de nature à emporter sa conviction[250]. Mais, à vrai dire, ce n'est pas tant l'appréciation de la comptabilité que sa production qui se révèle délicate.

---

[245] Voir M.-E. PANCRAZI et J. MESTRE, op. cil, n° 241, p. 198 : qui estiment que cette disposition peut «peut paraître extraordinaire : en principe, nul ne doit se créer un titre à lui-même. Mais la règle s'explique en raison des prescriptions strictes sur la tenue des livres de commerce, en raison aussi des principes de la comptabilité qui rendent très difficile une falsification des comptes. Le législateur a donc admis qu'on pouvait présumer l'exactitude des livres de commerce et autoriser le commerçant à se servir de ses livres pour faire preuve en sa faveur »,

[246] Cass. com., 18 mars 1969, D.1969, 514 ; Cass. corn., 27 avril 1993, Contrats, *conc.*, *Consomm.* août septembre 1993, n° 147.

[247] Pour le rejet de comptabilités irrégulières : Cass. req., 3 janv. 1860, S. 1860, S. 1860, 1, 380; DP 1860, 1, 22; Cass. soc., 13 nov. 1958, Bull. civ. IV, n° 186 ; sur l'exigence d'une comptabilité régulière : Cass. corn., 17 mars 1981, Bull. civ. IV, n" 149 ; 27 avril 1993, Contrats, consom. 1993, comm. 147.

[248] Le juge est souverain en la matière : Cass. com., 18 mars 1969, *Bull. civ.* IV, n° 103 ; *JCP* G. IV, 117; M.-E. PANCRAZI et J. MESTRE, *op. cit.,* n° 241, p. 198 ; P. COURTIN-VINCENT, *th. préc.*, n°69, p. 79 ; D. LEGEAIS, op. cit,, n° 111, p. 54.

[249] Cass. req., 4 mai 1873, S. 1873,1,360.

[250] R. JAPIOT, *La preuve par les livres de commerce irréguliers*, Rev, trim. dr. civ. 1923, 5 ; G. RIPERT et R. ROBLOT, op. cit., n° 317, p. 252 : « la jurisprudence a fait bon marché de la règle légale. Comme, en matière commerciale, la preuve des actes juridiques peut être faite même par de simples présomptions de fait, les mentions de documents irrégulièrement tenus peuvent être relevées utilement par les juges»; Cass. civ., 23 juillet 1873, D. 1874.1.102; Cass. req., 5 janvier 1910, DP 1910 .1.1968 ; Cass. req., 7 novembre 1923, DP 1924.1.2; Cass. civ., 17 mars 1938, DP 1938.1.115.

231. A la différence de la production, la communication est susceptible de porter sur l'ensemble des documents comptables du commerçant[251]. De fait, elle conduit à dévoiler la situation comptable de l'entreprise. La gravité de la procédure explique qu'elle soit limitée puisqu'elle ne peut être ordonnée que dans les affaires de succession, communauté, partage de société, redressement ou liquidation judiciaire. Cet encadrement du recours à la communication n'est pas récent et se justifie par une exigence de discrétion qui, selon Demolombe, permettait de ménager le crédit des commerçants et de ne pas livrer au public le secret de leurs affaires[252]. Cela ne peut toutefois être invoqué pour faire échec au pouvoir du juge d'ordonner les productions utiles[253]. Le juge dispose, en ce domaine, d'un pouvoir discrétionnaire pour ordonner la communication des pièces[254]. Ceci étant, le secret bancaire peut constituer un empêchement légitime[255], ce qui dans le droit de la preuve est un obstacle conséquent. En effet, les comptes bancaires des parties au paiement représentent une source d'informations précieuses dans l'établissement de l'existence de transactions monétaires.

232. Les documents nécessaires au débiteur pour prouver qu'il a bien exécuté son obligation contractuelle sont parfois entre les mains de tiers. Dans l'espace OHADA, la production des livres est régie par le droit commun, c'est-à-dire par le Code de procédure civile. Le juge peut être saisi sans forme particulière étant entendu qu'il ne peut se saisir d'office et qu'il n'est pas tenu de faire droit à cette demande. Si le juge a, de par les dispositions du Code de procédure civile et du

---

[251] Cass. req., 8 nov. 1892, *DP* 1893, 1,33, S. 1893, 1, 248 ; Cass. req., 16 mai 1899, DP 1899, 1, 399.

[252] Ch. DEMOLOMBE, Cours de Code Napoléon, Traité des contrats ou des obligations conventionnelles en général: Paris, A. LAHURE, Imprimeur- Éditeur, tome 29, n° 600, p.520

[253] Cass. 2ème civ., 6mai 1999, *Bull. civ.* II, n" 81 ; D. affaires 1999, 1080. obs. V. A.-R.

[254] Cass. com., 15 mars 1955, *Bull.. civ.* III, n° 101.

[255] TGI Compiègne 3 nov. 1988 et TGI Bordeaux 19 juin 1990 Somm. 31, obs. VASSEUR; Cass. com, 28 fév. 2006, n°04-17.545; Cass. com., 25 février 2003, note M. GUILÉ; B. MOREAU, *Secret bancaire et communication de pièces.* Gaz. Pal. 2004, pp. 19-20; G. LEGRAND, *Le secret bancaire et la théorie de la relativité, Etat des lieux à l'usage des banquiers et de leurs clients,* JCP & 2005, n° 26, p. 1105 ; Th. BONNEAU, *Le secret bancaire constitue un «empêchement légitime»,* Banque et droit, 2003, n° 86, p. 5; J. HAUSER, *Rev. trim. dr. civ. 2003,* n° 3, p. 477-478, note Cass. com 25 fév. 2003 ; Cass. com, 25 janv. 2005, obs. D. LEGEAIS, *Rev. trim. dr. corn.* 2005, p. 395-396 ; *Rev. trim. dr. civ.* 2005, p. 384, obs. J. MESTRE et B. FACES ; D. CHEMLA et E. BOURETZ, *Référé probatoire et secret bancaire, Etal de la jurisprudence récente.* Rev. droit bancaire et financier 2004, p. 205.

Code civil, la possibilité d'enjoindre aux tiers de lui fournir les documents comptables nécessaires à la solution du litige, il ne peut y être contraint. De surcroît, les tiers sont en droit d'invoquer un empêchement légitime reposant bien souvent sur le secret bancaire.

B. La preuve des actes mixtes

233. L'acte mixte est un acte qui prend la caractéristique d'être commercial pour l'une des parties et civil pour l'autre[256]. Libérer la preuve des actes mixtes revient à considérer que les exigences de simplicité et de qualité, caractéristique du droit commercial, l'emportent sur la sécurité et la fiabilité qu'apporte la preuve littérale, preuve parfaite en matière civile. Pour régler cette difficulté, la jurisprudence a adopté ce que Madame la professeure Dekeuwer-Défossez désigne sous le terme de « théorie distributive »[257]. Le principe de la distributivité est simple : les règles du droit civil sont applicables à l'égard de celui pour qui l'acte a un caractère civil ; celles du droit commercial le sont contre celui pour qui l'acte est un acte de commerce.

234. Le système probatoire africain conserve cette dualité de sorte que dans les actes mixtes, la liberté de la preuve demeure le principe (1) et la preuve littérale, l'exception (2).

1. Une preuve libre

235. Alors que la juridiction devant laquelle est discutée l'exécution de l'obligation contractuelle n'a aucune incidence sur les règles de preuve applicables[258], la divergence des approches civilistes et commerciales pose la question de la coordination des règles de preuve applicables dans le cadre des actes mixtes. L'approche distributive implique qu'il faut s'intéresser tout autant à celui qui, en vertu de l'article 1315 du Code civil, a la charge de la preuve qu'à celui qui a la qualité de défendeur[259]. Il convient également de déterminer la

[256] S. GUINCHARD, *Lexique des termes juridiques*, 22ème éd. PUF, Paris, 2015, p. 15.

[257] F. DEKEUWER-DEFOSSEZ et E. BLARY-CLEMENT, *Droit commercial, Activités commerciales, commerçant, fonds de commerce, concurrence consommation*, Montchrestien, 9ème éd., 2007, n°135 et s. p. 99 et s.

[258] J.HAMEL, A. JAUFFRET et G. LAGARDE, *Traité de droit commercial*, Librairie Dalloz, 1966, n° 1213 bis. p. 299 ; E. THALLER, *Traité élémentaire de droit commercial à l'exclusion du droit maritime*, Rousseau, 7ème éd. 1925, par J. PERCEROU, n° 40.

[259] Voir notamment Ch. AUBRY et Ch. RAU, *Cours de droit civil français*, t. IV, par E. BARTIN, *Obligations en général. Diverses espèces d'obligations, Contrat en général*, Editions techniques, 6ème *éd.*, 1942, § 749, p. 81 ; É. BONNIER, *Traité théorique et*

nature de l'acte litigieux[260]. Concrètement, le débiteur commerçant et pour qui l'acte est commercial, qui veut prouver l'exécution d'une obligation contractuelle à l'égard d'un créancier non-commerçant, se doit de le faire dans le respect des dispositions du Code civil[261] et non en vertu du principe dégagé par l'article 5 de l'AUDCG. En outre, la jurisprudence considère que les règles de preuve du droit civil ne s'appliquent pas lorsque le défendeur est commerçant et a procédé aux opérations litigieuses dans l'intérêt de son commerce[262]. La première chambre civile de la Cour de cassation française l'a d'ailleurs rappelé, au visa de l'article 1341 du code civil, en jugeant que *«dans un acte mixte, les règles de preuve du droit civil s'appliquent envers la partie pour laquelle il est de caractère civil »*[263]. A l'inverse, le non-commerçant peut user de tout moyen de preuve contre un commerçant[264], ce qui n'exclut pas évidemment la production d'un écrit.

236. Si celui qui doit rapporter la preuve de l'exécution de l'obligation en supporte le risque, il apparaît en raison de la différence des systèmes probatoires en cause que le risque qui pèse sur le commerçant est plus conséquent, puisque lui seul peut être soumis à l'exigence d'une preuve littérale préconstituée. L'exigence d'une preuve littérale s'est d'ailleurs accrue depuis la loi française du 12 juillet 1980, l'adjonction législative de la qualité de commerçant comme condition de libération de la preuve ayant renforcé l'importance de la qualité de

---

pratique des preuves en droit civil et en droit criminel, II, E. PLON, 5ème éd., II, 1888, p. 20 et s. ; R. DEMOGUE, *Les notions fondamentales du droit privé,* 1911, éd. La mémoire du droit, 2001, p. 542 ; J. THÉVENET, *Essai d'une théorie de [a charge de la preuve en droit civil,* thèse. Lyon, 1921 ; J-A.V1LLEGAS-LOPEZ, *Étude pour une théorie de la charge de la preuve en droit civil,* thèse, Paris 1951. R. LEGEAIS, *Les règles de preuve en droit civil, Permanences et transformations,* thèse, Poitiers, 1954, p. 101 : « La signification de ce texte, les auteurs l'ont bien vu, mais peut-être mal dégagé, est de réaliser une imputation du risque de preuve.» ; J.-L, MOURALIS, *op. cit.,* n° 955, p. 109 : « cette disposition envisage la charge de la production de preuves, en établissant un ordre chronologique dans l'administration de la preuve ».

[260] J. HAMEL. A. JAUFFRET, G. LAGARDE, *op. cit.,* n° 1213 bis, p. 299 : «le défendeur pour lequel l'acte est civil puise dans sa qualité de défendeur, combinée avec la nature civile de l'acte à son égard, le droit d'écarter la preuve testimoniale par application du code civil ».

[261] Cass. com., 19 janvier 1993,0.1993, Inf. Rap. 36

[262] Cass. com., 12 cet. 1982, *Bull. civ.* IV, n°313; Rev. *trim.dr. com.* 1984.324,

[263] Cass. 1ère civ., 2 mai 2001, A. LIENHARD , obs. D. 2001, n° 24, A.J, 1951 ; Defrénois, 2001, 1057. obs. R. LIBCHABER ; Rev. trim. dr. com., 2001, 867, obs. B. SAINTOURENS.

[264] Cass. 1ère civ., 6 mars 1974, *Bull civ.* I, n°80 ; Cass.com., 12 oct. 1982, *op. cit.*

l'auteur[265]. On pouvait jusqu'alors considérer que l'acte était plus important que son auteur, voire que la qualité de celui-ci était insignifiante quant aux règles de preuve[266]. Mais la loi française du 12 juillet 1980 a introduit un autre rapport entre l'acte et son auteur puisque l'acte commercial peut être prouvé librement à la condition qu'il ait été fait par un commerçant dans le cadre de l'exercice de sa profession habituelle[267]. Si l'incidence de la loi est résiduelle sur le principe en la matière, elle crée toutefois une catégorie d'actes susceptibles de renforcer les situations dans lesquelles l'exceptionnel pré-constitution de la preuve peut trouver application. Elle initie un renforcement causal entre la nature de l'acte à prouver et la qualité de son auteur qui tend à établir un lien entre la nature de l'activité professionnelle et la règle de preuve à rapporter[268]. C'est pourquoi, la modification législative a pu être perçue comme un renforcement de la dualité probatoire[269] par l'intégration des actes de commerce isolés dans le giron des actes mixtes. Elle ne semble toutefois pouvoir à elle seule remettre en cause le principe de la liberté de la preuve. La fixation réglementaire d'un taux au-delà duquel l'écrit est nécessaire laisse d'ailleurs entrevoir que la distinction peut devenir plus apparente que réelle. Il n'empêche que l'insertion de la qualité de commerçant comme condition d'application de la liberté de la preuve peut surprendre en raison du regain formaliste qu'elle engendre dans le cadre de l'exécution des obligations contractuelles.

2. Une preuve littérale

237. La jonction des approches civilistes et commerciales se traduit par une exigence de l'écrit limitée au seul commerçant et aux

[265] Y.CHARTIER, *art. préc.*, n°12, p. 99.

[266] Dès lors que la nature commerciale du paiement était établie, la preuve en était libre.

[267] Cass. 1 ère civ., 21 fév. 1984 : Bull. civ. I, n°66 ; Paris, 24 oct. 1986 : D.1987. Somm. 443, obs. L.AYNÈS; Cass. com., 21 juillet 1988, Rev. trim. dr. com. 1989. 60, obs. J. DERRUPPÉ ; JCPE., 1989. 11.15519, note Ph. DELEBECQUE ; Cass. com., 21 juin 1994 : Bull. civ. IV, n°232 ; D. 1994.IR,. 216 ; Cass. 1er civ., 8 fév. 2000, Bull. civ. I, n°35 ; D. 2000. JU- 135, obs. A. DALEAU ; Rev. trim. dr. com. 2000. 327, obs. J. DERRUPPE et 704, obs. B. BOULOC, obs. in Rev. trim. dr. com. 2000, p. 704, n°1.

[268] L.GRYNBAUM, op. cit.,p.5 qui énonce que «désormais, afin d'être soumis au régime de la liberté de la preuve, il faut cumulativement, être commerçant et accomplir un acte pour les besoins de son commerce. »

[269] J-P. MARTY, *art. préc.*, p.690 énonce que la dualité reste le principe sans que son fondement ait été sérieusement discuté, et qu'ait été envisagé ce qui est en cause, c'est -à-dire si les Français ont atteint un niveau suffisant pour unifier le régime de preuve des actes juridiques.

obligations dont le montant est supérieur au seuil fixé conformément à l'article 1341 du Code civil. Mais si la détermination légale du mode de preuve se présente alors comme une exception, la protection accordée à l'écrit produit par le commerçant diffère de celle accordée dans le cadre d'une application des dispositions civilistes.

238. Le système distributif peut apparaître raisonnable dans la mesure où c'est uniquement en ce qui concerne les actes les plus importants que les commerçants, lorsqu'ils traitent avec des non-commerçants, doivent se ménager une preuve par écrit[270]. Il semble qu'est révolu le temps d'un droit civil « *qui a pris son ascendant sur le commerce, en lui communiquant sa chaîne logique, sa méthode, ses cadres de démonstration* »[271]. L'obligation de produire une preuve littérale représente néanmoins une contrainte difficilement conciliable avec les exigences du commerce. Ce système a toutefois l'avantage de maintenir la distinction entre l'approche civiliste et l'approche commerciale de la preuve.

239. Cette application résiduelle de l'obligation de pré-constitution dans le cadre des actes mixtes, est ignorée par une partie de la doctrine. Ainsi, le Professeur Lagarde énonce que dans les actions en paiement « *on sait que le défendeur, s'il oppose au demandeur l'extinction de sa créance, doit rapporter la preuve de cette allégation au moyen d'une preuve préconstituée* »[272]. La généralisation de l'obligation de pré-constitution d'une preuve littérale est excessive notamment dans les actes mixtes. Elle n'a de réalité que pour le paiement d'une obligation d'une valeur supérieure à celle fixée par décret et uniquement lorsque le commerçant ne peut bénéficier des articles 1347 et 1348 du Code civil, ou se prévaloir de stipulations conventionnelles visant un autre mode de preuve ou un régime de preuve plus libéral. Certes, la loi française du 12 juillet 1980 a pu involontairement soumettre le paiement de certaines obligations aux

---

[270] J.-B. BLAISE, op. cit., n° 254, p. 133 ; L. GRYNBAUM, op.cit., n"17, p. 5, qui estime que la réforme opérée par la loi du 12 juillet 1980 n'est pas nécessairement défavorable aux commerçants, car l'essentiel des transactions du commerce quotidien échappe à la nécessité de préconstituer une preuve.

[271] E. THALLER, « De l'attraction exercée par le code civil et ses méthodes sur le droit commercial », *Livre du centenaire du code civil*, Dalloz, 2004, p. 226. L'auteur estime de plus que cette soumission au droit civil a donné plus de sécurité aux relations d'affaires et a mis davantage les procès à l'abri de l'arbitraire.

[272] X.LAGARDE, *th. préc*, p.307.

dispositions du Code civil mais cette évolution n'a pas modifié le caractère exceptionnel du recours imposé à la preuve littérale du paiement dans le cadre des actes mixtes. Cette thèse a toutefois le mérite de souligner l'interprétation faite de l'application des articles 1341 et suivants du Code civil aux obligations. L'exigence d'un écrit est réservée de manière pragmatique aux paiements les plus importants et peut être écartée en présence d'un commencement de preuve par écrit. Quant aux impossibilités visées à l'article 1348 du Code civil, elles rendent nécessaire une analyse des faits. Quel était le contexte ? Quelle était la situation des parties ? Ne pas le reconnaître, c'est faire entrer la preuve des actes mixtes dans une logique juridique hostile à toute réalité factuelle.

240. Mais il est également inexact d'affirmer que les commerçants sont en mesure de rapporter librement la preuve des actes mixtes. Roblot affirmait pourtant que, dans le cadre de ses relations avec ses clients, le commerçant est dans l'impossibilité morale de respecter la preuve littérale[273]. Il s'appuyait sur une jurisprudence contestée de la chambre des requêtes pour voir dans le cas d'un commerçant devant faire la preuve contre un civil une impossibilité morale de préconstituer[274]. Tous les commerçants ne sont pas dans l'impossibilité de rapporter par écrit la preuve de l'exécution d'une obligation. Mais, on admet « *qu'il y ait une répugnance de la part du juge à repousser une demande que le plaideur offre de justifier par divers moyens probants du point de vue logique, mais qui ne satisfont pas exactement à une réglementation légale plus ou moins arbitraire* »[275].

241. La difficulté rencontrée par le commerçant, face à l'exigence probatoire à laquelle il est parfois soumis, a été atténuée par l'évolution de la preuve littérale. L'adoption de la preuve et de la signature électroniques pourrait permettre aux commerçants de rapporter une preuve parfaite par des instruments qui, jusqu'alors, n'avaient trouvé grâce qu'auprès de certaines juridictions[276]. Cette

[273] G. RIPERT par R. ROBLOT, Traité élémentaire de droit commercial, t.l, L.G.D.J., Sème éd., 1963, n° 345 ; contra, J. DÊRRUPPÉ, obs. in Rev. trim. dr. coin. 1977, p. 711.
[274] Cass. req., 4 juillet 1935, D. 1935.490.
[275] R. LEGEAIS, *th. préc.*, p.124-125.
[276] Cass. corn.. 2 déc.1997, D. affaires 1998, n°102, p.149 ; JCP E 1998, n° 5, p. 178. note Th. BONNEAU ; D.1998, p. 192, note D. MARTIN; JCP G 1998, II, 10097, note L.GRYNBAUM ; même auteur, Rép. corn. Dalloz, V° Preuve, 2002, n° 69, p.12 : « le nouvel article 1316 du code civil permet une importante clarification du droit de la preuve

possibilité offerte aux commerçants est importante eu égard notamment aux litiges relatifs à l'utilisation des nouveaux instruments de paiement et de la monnaie électronique. En outre, les exigences posées pour la validité de l'écrit et de la signature électroniques sont remplies de manière relativement fréquente par nombre de commerçants pour sécuriser les paiements. Ceci s'explique par le fait que la maîtrise technique et le coût financier de ces procédés de preuve ne sont pas aussi contraignants pour les commerçants. Cette supériorité technique et économique est un avantage certain dans la quête de la preuve littérale du paiement de l'obligation monétaire.

242. La difficulté rencontrée par le commerçant quant au respect de l'exigence probatoire est également atténuée par le sort des livres de commerce[277]. Bien plus qu'un mode de preuve, les livres de commerce représentent pour un commerçant un outil indispensable à la bonne marche de son activité. Cette considération lui est propre, puisque les non-commerçants ne tiennent pas de tels livres n'y étant pas obligés par la loi. Néanmoins, l'obligation de tenir ces livres qui est faite au commerçant existe tant envers les autres commerçants, qu'envers les non-commerçants. Puisqu'ils proviennent du commerçant, l'on pourrait être tenté de justifier l'irrecevabilité de la preuve par livres de commerce contre un non-commerçant par la règle selon laquelle, il n'est pas possible de se créer des preuves à soi-même[278]. Certains y voient plutôt une mesure de faveur ou de protection des parties non-commerçantes[279]. Il serait ainsi inéquitable qu'un commerçant se serve de ses livres comme moyens de preuve contre quelqu'un qui ne dispose

---

et une extension considérable du nombre des supports susceptibles de constituer une preuve par écrit ».

[277] En ce sens, J. HÉMARD, « La preuve en Europe occidentale continentale aux XIXe et XXe siècles », n°31, p. 36 in Recueils de la Société Jean BODIN pour l'histoire comparative des institutions, XIX, La preuve, 4ème partie, période contemporaine, Ed. de la librairie encyclopédique, Bruxelles, 1963; L. MONBRUN, *Le paiement en droit civil*, thèse, Nancy H, 2005, p. 272, n° 551.

[278] H. HOVASSE et D. MARTIN, Rép. corn. Dallât, Preuve, 1974, n° 109, p. 9 ; adde, Ch. DEMOLOMBE, *Cours de Code Napoléon, Traité des contrats ou des obligations conventionnelles en général,* Paris, A. LAHURE. Imprimeur- Éditeur, 1881, t. XXIX, n° 604, p. 526 ; Cass. civ., 20 févr. 1905, DP 1905, 1, 304 ; pour une étude plus large du principe selon lequel « nul ne peut se constituer de preuve à soi-même » : C. MOULY-GUILLEMAUD, La sentence « nul ne peut se constituer de preuve à soi-même » ou le droit de la preuve à l'épreuve de l'unilatéralisme, Rev. trim. dr. civ. 2007, p. 253.

[279] L. GRYNBAUM, op. cit. p. 20

pas de ces instruments probatoires[280]. Pourtant, c'est la loi qui impose aux commerçants de tenir, avec exactitude et fidélité, ces livres. Il ne s'agit pas pour les commerçants «d'une simple faculté privée, mais un devoir, on pourrait dire oublié ! »[281]. Les livres de commerce sont d'ailleurs utilisés sans restriction dans certains domaines, sans que cela n'entraîne de difficulté particulière.

243. La possible utilisation des livres serait soumise en fait, à une double condition : d'une part, les parties doivent toutes avoir la qualité de commerçant et d'autre part, les actes concernés doivent être des actes de commerce[282]. Ce sont les dispositions de l'article 5 de l'AUDCG qui déterminent le sort de ces éléments de preuve, lorsque l'une des parties est non-commerçante. La jurisprudence fait, quant à elle, de l'impossible utilisation des livres de commerce contre une personne n'ayant pas la qualité de commerçant[283], le principe. Mais l'indisponibilité du titre à l'égard d'une partie non-commerçante ne doit pas faire oublier que la règle n'est pas d'ordre public et que les parties

---

[280] J.-L. MOURALIS, *op. cit,* n° 545, p. 63 ; G. RIPERT et R. ROBLOT, *Traité de droit commercial,* par L. VOGEL, *op. cit.* , n° 316, p. 252; Ch. DEMOLOMBE, *op. cit.,* n° 605, p. 528 ; B. STARCK, H. ROLAND. L. BOYER. *Introduction au droit, 5ème* éd., LITEC, 2000, n° 1606, p. 598 ; pour une interdiction générale pour un commerçant d'utiliser ces livres contre un particulier : Ch. AUBRY- Ch. RAU, *Cours de droit civil français,* t. XII, par P. ESMEIN, Librairie technique, 6ème éd., 1958, t. XII, § 757, note 4 ; Ch. BEUDANT et R. LEREBOURS- PIGEONNIERE, *Cours de droit civil français,* t. 9 par R. PERROT, Librairie A. Rousseau, 2ème éd., 1953, n° 1235, p. 321, note 4.

[281] C. DEMOLOMBE, *op. cit.* p. 518.

[282] La Cour de cassation énonça ainsi le principe selon lequel « si les livres régulièrement tenus d un commerçant peuvent faire preuve en justice en son profit, ce n'est qu'autant qu'il invoque contre un commerçant et pour faits de commerce » : Cass. civ., 21 oct. 1890, DP.

[283] Cass. civ., 21 oct. 1890 *préc.* ; Cass. civ., 10 mai 1892, DP 1893.1.486,5. 1892.1.577; Cass. civ 20 fev. 1905, DP 1905,1,304; Cass. req., 30 déc. 1907, DP 1908,1,148 ; Cass. req., 9 nov. 1887, DP 1888.1.167 ; comp, Ch. DEMOLOMBE, op. cit., n° 605 et s., p. 528 et s., « qu'il n'y a aucune distinction à faire entre le cas où le différend, qui s'élève, porte sur une convention civile à l'égard de la partie non-commerçante, et le cas où il porte sur une convention, qui constituerait, également, pour chacune des parties, un acte de commerce : 1° En effet, le principe que nul ne peut se faire un titre à soi-même, et que l'article 1329 consacre, est indépendant de la nature du fait qui est à prouver, 2° L'individu, non-commerçant, lors même qu'il fait accidentellement un acte de commerce, ne devient pas, pour cela, commerçant ; et il n'a pas plus, pour cet acte commercial que pour ses actes civils, des livres, qu'il puisse opposer à sa partie adverse, commerçante»; L. LAROMBIÈRE, Théorie et pratique des obligations, t. IV, art. 1329, A. DURAND, 1857, n° 6; J.-M. PARDESSUS, Cours de droit commercial, t. II, 3ème éd., NEVE, 1825, p.257.

peuvent renoncer, de manière expresse ou tacite, au bénéfice de cette disposition. En outre, cette nature privatiste prive également le non-commerçant de la faculté d'invoquer la violation de ces dispositions légales pour la première fois devant la Cour de cassation[284]. En effet, le fait de ne pas soulever devant les juges du fond cet argument s'apparente à une renonciation tacite[285]. Les parties peuvent également recourir au droit commun pour que ce mode de preuve retrouve un rôle probatoire actif. Les présomptions, commencement de preuve par écrit et autres impossibilités[286] qui forment pour partie le droit commun de la preuve du paiement des obligations contractuelles recouvrent leur domaine dès que la loi n'écarte pas une telle hypothèse[287]. Aussi, un commerçant rapportant la preuve qu'il n'a pu se réserver une preuve écrite, en raison de relations amicales ou familiales, peut librement produire ses livres de commerce à titre de preuve[288]. Il en ira de même pour un commerçant présentant un commencement de preuve par écrit conforme à l'article 1347 du code civil. Les livres de commerce valent en effet complément de preuve par écrit[289].

244. En dehors de la matière commerciale, la liberté probatoire existe aussi en matière civile.

Paragraphe 2. La liberté probatoire en matière civile

245. La liberté de la preuve a longtemps vu son importance minimisée par la doctrine civiliste, qui se livrait à une analyse

---

[284] Cass. 3ème civ., 10 mai 1968, Bull civ. III, n° 202.

[285] J- L. MOURALIS, op. cit., n° 549, p. 63. Renonciation que les juges ont pu retenir dès lors que le non-commerçant n'avait pas contesté la production par son adversaire de ses livres de commerce : CA Douai, 1ère ch. civ., 30 mars 1992, Juris-Data n" 040537 ou en raison de sa participation à la désignation des experts chargés d'examiner la comptabilité du commerçant : Cass. req., 30 avril 1900, DP 1901.1.357 ou bien encore s'il a accepté de s'en remettre aux livres de son adversaire commerçant ce qui s'apparente ici plus à une renonciation expresse : Cass. req., 20 mars 1876,5. 1876. 1. 419.

[286] CA Nancy, 9 oct. 1959, D. 1960. 90 ; Cass. civ., 8 janvier !969, Bull. civ. III, n° 23 ; Cass. civ., 6 déc. 1972,1, n° 279 en raison d'un lien de parenté créancier/ débiteur ; pour une impossibilité matérielle: Cass. soc., 7 janv. 1963, Bull. civ. IV, n° 380; Cass. corn,, 12 oct. 1982, Butt. civ. IV, n° 312 ; JCPG., 1983, IV, 5.

[287] Voir en ce sens, J.-L. MOURALIS, op.cit., n° 553 et 554, pp. 63 et 64.

[288] Cass. com., 12 oct. 1982, *op. cit.*

[289] Cass. civ. 17 mars 1938, D. 1938, 1,115, note P. MIMIN, «*si les livres d'un commerçant ne peuvent constituer une preuve complète à son profit lorsqu'ils sont irrégulièrement tenus, le juge peut cependant les consulter à titre de renseignement et y puiser des présomptions de nature à déterminer son appréciation* ».

exégetique du Code civil. Raymond Legeais a décrit ce phénomène de marginalisation[290], et son évolution progressive dans le droit français à partir de la première moitié du XXème siècle[291]. C'est une évolution de la jurisprudence qui a inversé la situation. Le principe de liberté en droit civil repose aujourd'hui sur la distinction des actes juridiques et des faits juridiques. Cet état d'esprit influence l'approche contemporaine du principe dans les États membres de l'OHADA.

246. L'analyse du principe en droit positif incline à présenter le domaine de la liberté de la preuve (A), avant d'appréhender les conditions de la libération de la preuve (B).

A. Le domaine de la liberté de preuve

247. Si le domaine de la liberté de la preuve n'est pas explicite dans le Code Napoléon, la distinction résulte tout de même de l'article 1348[292]. Cette disposition prévoit que la prohibition de la preuve par témoin reçoit exception lorsque l'obligation est née d'un quasi-contrat, d'un délit ou d'un quasi-délit. Par conséquent, elle dissocie deux catégories de sources de l'obligation : les conventions et les autres sources. Cette dichotomie va lentement évoluer vers la *summa divisio* entre les actes juridiques et les faits juridiques, mais elle ne s'est construite que progressivement en jurisprudence.

248. En définitive, la distinction entre les actes juridiques et les faits juridiques – admise communément par la doctrine contemporaine – n'a été consacrée que tardivement en droit de la

---

[290] L'auteur écrit dans sa thèse : « *Pour avoir porté leur attention presque exclusivement sur les aspects de légalité du droit de la preuve, les civilistes ont négligé d'analyser la signification véritable de la liberté en matière de preuve. Cette carence [...] ne se justifie plus à une époque où la catégorie des litiges soumis à la liberté s'est singulièrement gonflée, où l'on peut faire de cette liberté, le principe* » in R. LEGEAIS, *Les règles de preuve en droit civil. Permanences et transformations*, Paris, LGDI, 1955, p. 133 cité par E. VERGES, G. VIALS, O. LECLERC, *op. cit*, p. 272.

[291] Selon lui, ce changement est dû à deux facteurs. D'un côté, la jurisprudence s'est libérée peu à peu de l'emprise du Code civil sur les régimes de preuves. D'un autre côté, le contentieux civil a connu une évolution marquée par la multiplication des demandes en divorce ou des actions en responsabilité. Dans ces domaines, la préconstitution de la preuve est impossible. Les plaideurs ont développé de nouvelles techniques probatoires, ouvrant ainsi le champ à une diversification des modes de preuve admis en justice. V. R. LEGEAIS, *op. cit*, p. 111 et s.

[292] C. civ., art. 1348, al. 1er : «Les règles ci-dessus reçoivent encore exception lorsque l'obligation est née d'un quasi-contrat, d'un délit ou d'un quasi-délit»

preuve. Deux décisions[293] montrent que les chambres civiles de la Cour de cassation française se sont progressivement rangées à la conception doctrinale moderne du fait juridique, c'est-à-dire le fait qui produit des effets de droit en dehors de toute manifestation de volonté. Par la suite, cette évolution va se confirmer, la Cour affirmant de façon générale que « la preuve d'un fait juridique peut être rapportée par tous moyens »[294].

249. Le principe qui consiste à distinguer selon que la preuve a pour objet un fait ou un acte juridique s'énonce également d'une interprétation *a contrario* de l'article 1341 du Code civil[295], dont le premier alinéa exige un écrit pour la preuve des actes juridiques, traditionnellement définis comme les manifestations de volonté émises en vue de produire des effets de droit. Ce dont il suit que la preuve des faits juridiques, englobant tout événement, volontaire ou non, auquel le droit attache des effets de droit, est libre et peut être rapportée par tous moyens[296].

250. Manifestant une certaine méfiance à l'égard des juges, les rédacteurs du Code civil ont cru nécessaire de déterminer les conditions de recevabilité ainsi que la force probante des procédés de preuve limitativement énumérés par la loi. Toutefois, conscient de la difficulté d'établir l'existence de certains faits par écrit, le législateur de 1804 a pris soin de ne pas étendre outre mesure le domaine du statut de la légalité. Ainsi, la preuve des faits juridiques est-elle soumise au système de la liberté de la preuve.

---

[293] En 1991, la première chambre civile de la Cour de cassation affirme pour la première fois que « le paiement de l'indu, simple fait juridique, peut, s'agissant d'un quasi-contrat, être prouvé par tous moyens » (Cass. civ. 1, 29 janv. 1991, n° 87-18.26. Quelques années plus tard, la troisième chambre civile lui emboite le pas en jugeant que l' « *achèvement* » au sens du Code de l'urbanisme est un « simple fait juridique » qui peut être établi par tous moyens.

[294] Cass. civ. 2, 7 novembre 2013, n° 12-25.334 ; avec une certaine inconstance toutefois à propos du paiement, qualifié simplement de « fait », Cass. civ. 1, 6 juill. 2004, n° 01-14.618 ; Cass. com. 3 mai 2012, n° 11-10.505.

[295] Cette disposition est lui-même issue du fameux article 54 de l'Ordonnance de Moulins de 1566: «*Pour obvier à multiplication de faits que l'on a vus ci-devant estre mis en jugement, sujets à preuve de témoins et reproche d'iceux, dont adviennent plusieurs inconvénients et involutions de procès, nous avons ordonné et ordonnons que dorénavant, de toutes choses excédant la somme de valeur de cent livres pour une fois payer, seront passées contrats par devant notaires et témoins; par lesquels contrats seulement sera faite et reçue toute preuve desdites matières*». Cf. *Recueil général des anciennes lois françaises, depuis l'an 420 jusqu'à la Révolution de 1789*, t. 14 p. 203 ;

[296] Pour la preuve d'un abus, qualifié de «fait juridique », Civ. 1re, 15 janv. 2015: no 13-28.531

251. Cependant, il importe de souligner qu'en marge des cas traditionnellement soumis au système de la preuve libre, le champ d'appréciation du juge, en matière d'admissibilité des modes de preuve, a connu ces dernières années une extension remarquable. En effet, par des interprétations très libérales des articles 1347 et 1348 du code civil, qui portent exception aux dispositions de l'article 1341, les magistrats ont grandement contribué à multiplier les hypothèses de recevabilité des modes imparfaits de preuve. Ainsi, une décision récente de la première chambre civile de la Cour de cassation française a consacré la liberté de la preuve de la propriété, que ce soit en matière mobilière ou immobilière, sur le fondement de l'article 544 du code civil[297].

252. La liberté de la preuve rayonne en droit civil sous l'effet combiné de la jurisprudence et des textes. La liberté de la preuve pénètre, dans une certaine mesure, le domaine des actes juridiques[298]. En matière contractuelle, la preuve par témoins ou par présomption est recevable pour interpréter le contenu d'un acte obscur[299]. Par ailleurs, l'exécution de l'obligation contractuelle est conçue comme un fait juridique par la Cour de cassation française[300]. De façon plus générale, la haute juridiction tend à considérer, dans ses derniers arrêts rendus sur cette question, que le paiement est un fait, dont la preuve peut être établie par tout moyen[301]. En dernier lieu, la Cour de cassation française étend la liberté de la preuve à une troisième catégorie d'objets, qui ne constituent ni des faits juridiques, ni des actes juridiques, mais que certains auteurs désignent sous l'expression de « situation juridiques »[302].

253. Dans l'espace OHADA, la *summa divisio* ne surprend guère en raison de l'héritage civiliste. Le principe est clairement repris par les articles 13 et 14 du Code sénégalais des obligations civiles et commerciales, le premier[303] de ces textes assurant la liberté probatoire

---

[297] Cass. 1re civ. 11 janvier 2000 : D. 2001, p. 890, note Anne Donnier.

[298] Tel est le cas lorsqu'il s'agit d'établir l'intention libérale du défunt exprimée dans un testament révoqué. La nullité de l'acte n'interdit pas au juge de le retenir à titre d'élément de preuve (Cass. civ. 19 mars 2004, n° 1314.139)

[299] Cass. civ. 3, 14 nov. 1973, n° 72.10.738

[300] Dès lors, un médecin peut prouver par tous moyens qu'il a exécuté son obligation d'information à l'égard de son patient (Cass. civ. 1, 4 jan. 2005, n° 02.11.339).

[301] Cass. civ. 1, 6 juill. 2004, n° 01.14.618

[302] F. TERRE, *Introduction au droit*, Dalloz, Paris, 2012, n° 569 cité par E. VERGES G. VIAL, O. LECLERC, *Droit de la preuve*, Collection Thémis PUF, Paris, 2015, p. 275

[303] Art. 13 COCC : « Tous ces moyens peuvent être utilisés pour la preuve des **faits juridiques**. La preuve est libre en matière commerciale pour les **actes juridiques** ».

des faits juridiques, le second[304] reprenant en substance l'actuel article 1341 du Code civil actuellement en vigueur dans certains États de l'espace OHADA. L'article 13 du COCC dispose en effet : « Tous ces moyens peuvent être utilisés pour la preuve des *faits juridiques* ».

B. Les conditions de libération de la preuve

254. Dans le Code Napoléon, les conséquences de la distinction posée entre la preuve d'un acte et celle d'un fait juridique sont toujours les mêmes : celle-ci est libre (art. 1359); celle-là exige en principe un écrit (art. 1360). Ce principe souffre néanmoins une série d'exceptions, ici rappelées par les articles 1360 à 1363.

255. La première tient à ce que l'on pourrait désigner d'un mot comme le «montant» de l'acte, étant précisé que cette somme est fixée à 5 000 francs dans le Code civil de 1804, et de montant variable dans les codifications africaines[305]. L'application de ce seuil est précisée par l'article 1361: d'une part, *«celui dont la créance excède le seuil visé à l'article précédent ne peut pas être dispensé de la preuve par écrit en restreignant sa demande» (art. 1361, al. 1er) »,* ce qui résulte d'ores et déjà de l'article 1343 du code civil, d'autre part, *«il en est de même de celui dont la demande, même inférieure à ce montant, porte sur le solde ou sur une partie d'une créance supérieure à ce montant»* (art. 1361, al. 2), ce que prévoit également aujourd'hui l'article 1344 du code civil. L'actuel article 1342 du Code civil ajoute que l'exigence d'un écrit pour la preuve d'un acte « s'applique au cas où l'action contient, outre la demande du capital, une demande d'intérêts qui, réunis au capital, excèdent» le seuil fixé. Si l'écrit est requis, au-delà d'une certaine somme, parce qu'il importe que les parties mesurent la portée de leurs engagements, il est difficile d'étendre l'exigence de manière rétroactive en intégrant des intérêts qu'il est par hypothèse impossible de chiffrer lors de la conclusion de l'acte. Le raisonnement vaut également pour une dernière précision qu'apporte le Code Napoléon. Il s'agit de l'article 1345, qui raisonne encore sur la base du montant des demandes plutôt que sur celui de l'acte lui-même en disposant que «si, dans la même instance, une partie fait plusieurs demandes, dont il n'y ait point de titre

---

[304] Art. 14 COCC : « Il doit être passé acte devant notaire ou sous signatures privées de toute convention dont l'objet excède 20.000 francs ».

[305] Ce taux est de vingt-mille francs CFA au Sénégal (article 14 du code des obligations civiles et commerciales), sept-mille cinq cents francs guinéens pour la Guinée (article 804 du code civil) cinquante mille francs CFA au Mali (article 267 du régime général des obligations).

par écrit, et que, jointes ensemble, elles excèdent la somme prévue à l'article 1341, la preuve par témoins n'en peut être admise, encore que la partie allègue que ces créances proviennent de différentes causes, et qu'elles se soient formées en différents temps, si ce n'était que ces droits procédassent par succession, donation ou autrement, de personnes différentes».

256. Une deuxième série d'exceptions réside, aux termes de l'article 1360, *in fine*, dans l'aveu judiciaire, le serment décisoire et le commencement de preuve par écrit corroboré par un autre moyen de preuve. Elles résultent actuellement des articles 1356, 1360 et 1347 du Code Napoléon. Au reste, l'article 1362 reproduit la définition du commencement de preuve par écrit indiquée à l'article 1347 du code civil en vigueur: «constitue un commencement de preuve par écrit tout écrit qui, émanant de celui qui conteste un acte ou de celui qu'il représente, rend vraisemblable le fait allégué». Ainsi d'une lettre comportant une allusion au contrat qu'il s'agit de prouver contre le scripteur[306]. L'actuel article 1347 ne précise pas que ce commencement doit être complété. C'est l'évidence, mais la jurisprudence est obligée de le rappeler fréquemment[307]. En posant explicitement que le commencement de preuve par écrit doit être «corroboré par un autre moyen de preuve», le troisième alinéa de l'article 1360 contribuera peut-être à tarir ce contentieux. Pour le reste, l'article 1362 assimile toujours au commencement de preuve par écrit « les déclarations faites par une partie lors de sa comparution personnelle, son refus de répondre ou son absence à la comparution », ce qui est déjà admis par l'article 1347 du code civil.

257. Si l'on exclut ce qui est du domaine des faits et peut dès lors être prouvé par toutes voies de droit, l'exception au principe général de la preuve par écrit qui se trouve énoncée dans l'article 1348 du Code Napoléon consiste dans l'impossibilité de prouver par écrit; celle-ci se

---

[306] Com. 10 mai 1994, no 92-16.120: Bull. civ. IV, no 172: «Attendu, en second lieu, que pour reconnaître l'existence d'un contrat de gestion de portefeuille, l'arrêt retient, sans avoir à rechercher si le gestionnaire avait été rémunéré, que les correspondances échangées entre les parties en mars 1987 constituaient un commencement de preuve par écrit de la conclusion d'un contrat de mandat, et que des compléments de preuve résultaient de l'exécution immédiate, par la société Didier Philippe, des prestations prévues, ainsi que de la lettre de M. X..., en date du 29 mai 1987».

[307] V. par exemple, Civ. 1, 5 mai 2004, n° 02-17.155: Bull. civ. I, no 125: «les éléments extrinsèques susceptibles de compléter le commencement de preuve constitué par l'acte de cautionnement irrégulier ne peuvent être puisés dans les autres énonciations de l'acte».

décompose en deux hypothèses : ou bien, dès l'origine, il n'a pas été possible de rédiger un écrit, lequel n'a donc jamais existé, ou bien un tel écrit a été rédigé mais il a été perdu. Dans un cas comme dans l'autre, celui qui peut se prévaloir de l'article 1348 du Code civil est autorisé à prouver par témoignages ou présomptions.

Section II. L'attachement à la preuve légale

258. L'admissibilité restreinte des modes de preuve est une manifestation du régime de la preuve légale. Il consiste à ne permettre la preuve de certains faits que par le moyen de modes de preuve déterminés, dont la liste est énumérée par la loi. En droit civil, ce mécanisme est hérité de l'ancien droit français[308], et son application contemporaine se limite à la preuve des actes juridiques.

259. Dans l'espace OHADA, la preuve reste globalement calquée sur le système de Code civil de 1804 qui confère à l'écrit un rôle prépondérant dans la preuve des actes juridiques (Paragraphe I). En outre, un minimum de formalisme est consacré en matière commerciale (Paragraphe II).

Paragraphe 1. La preuve par écrit des actes juridiques

260. L'article 1341 C. civ. contient deux règles distinctes. La première prévoit qu'il « doit être passé acte devant notaires ou sous signatures privées de toutes choses excédant la somme ou la valeur de cinq mille francs ». Elle impose ainsi que la preuve des actes juridiques civils soit établie par écrit. La seconde règle indique qu' « il n'est reçu aucune preuve par témoins contre et outre le contenu aux actes, ni sur ce qui serait allégué avoir été dit avant, lors ou depuis les actes, encore qu'il s'agisse d'une somme ou valeur moindre ». Elle implique qu'en présence d'un écrit constatant un acte juridique, la preuve contraire ne peut être apportée que par écrit.

[308] La preuve des actes juridiques en droit civil est héritée d'une règle énoncée dans l'ordonnance de Moulins de 1566. Son article 54 contenait déjà la substance de l'article 1341 C. civ. Il imposait la preuve des contrats dont la valeur excédait cent livres, au moyen d'un écrit notarié ou sous seing privé. Cette disposition constituait la transposition de la maxime *lettres passent témoins*, car elle excluait la preuve testimoniale pour ces contrats et interdisait qu'il fut prouvé pour témoignage contre un écrit. Cette disposition devait donc empêcher l'allégation de faits qui n'étaient pas susceptibles d'être prouvés par écrit, et dont la preuve par témoins pourrait donner lieu à des contestations nuisibles à l'efficacité de la justice.

261. Le principe de la primauté de la preuve préconstituée (A), connait des limites dans son application (B).

A. Le domaine de la preuve par écrit

262. L'article 1341 s'applique à tous les actes juridiques supérieurs à un montant fixé à 5 000 francs dans le Code Napoléon. La règle du seuil est reprise en héritage par la plupart des États membres de l'espace OHADA. Ce taux est de vingt-mille (20.000) francs CFA au Sénégal[309], cinquante mille (50.000) francs CFA au Mali[310], sept mille cinq cents (7.500) francs guinéens pour la Guinée Conakry[311]. Cette règle s'applique lorsqu'il s'agit de prouver l'existence de l'acte.

263. Il existe un consensus pour dire que l'exigence de la preuve par écrit est limitée aux actes juridiques et qu'elle ne s'applique pas aux faits juridiques[312]. En apparence[313], cette limitation semble résulter de la lettre de l'article 1341 : « Il doit être passé *acte* devant notaires ou sous signatures privées ». En réalité, le terme « acte » mentionné dans cette disposition présente une ambiguïté. Les auteurs modernes définissent l'acte juridique comme une « manifestation de volonté ayant pour but la création, la modification ou l'extinction d'un droit »[314]. Sous cette acception, l'acte comprend les conventions et les actes unilatéraux. Toutefois, la distinction des actes et des faits juridiques en matière probatoire ne découle pas du Code civil. Pour les auteurs classiques, l'« acte » de l'article 1341 désignait l'*instrumentum*, et non le *negotium*[315]. Aujourd'hui, la jurisprudence a opéré un changement de vocabulaire en distinguant les faits juridiques des actes juridiques, pour établir une frontière entre le domaine de la preuve libre et celui de l'admissibilité restreinte des modes[316].

---

[309] Article 14 du Code des obligations civiles et commerciales

[310] Article 267 de la loi portant régime général des obligations.

[311] Article 804 du Code civil guinéen

[312] Sur le consensus doctrinal, cf. J-L MOURALIS, Répertoire de droit civil, Dalloz, 2014, V° Preuve (règles de preuve), n° 197.

[313] Pour ces développements, E. VERGES G. VIAL, O. LECLERC, *Droit de la preuve*, Collection Thémis PUF, Paris, 2015, p. 336

[314] Par ex., H. L. et J. MAZEAUD, F. CHABAS, *Introduction à l'étude du droit*, 12ème éd., Montchrestien, 2000, n° 390.

[315] Au XIXème siècle, Aubry et Rau écrivaient ainsi ainsi qu'il « doit être passé acte, par devant notaire ou seing privé de tout *fait juridique* ». Voir C. AUBRY et C. RAU, *Cours de droit civil français*, 3ème éd. 1858, T. 6, Par. 762

[316] Cass. civ. 1, 29 janv. 1991, n° 87-18126

264. En 1804, les auteurs du Code civil avaient une conception large du domaine de la preuve par écrit. L'existence de l'écrit avait vocation à dominer tout le droit civil, pas simplement celui des conventions. Les exceptions à l'article 1341 étaient conçues de façon limitative. Ainsi, l'article 1348, qui excluait les quasi-contrats, délits et quasi-délits du domaine de la preuve écrite, devait s'interpréter de façon stricte. Cette conception extensive de l'exigence de l'écrit a perduré jusque dans les années 1980. La cour de cassation française jugeait alors que la prohibition de l'article 1341 s'appliquait à toutes les hypothèses qui impliquaient obligation ou libération[317].

265. Récemment en France, une évolution a été entérinée par l'ordonnance de réforme du droit des obligations, qui cantonne la règle de l'admissibilité restreinte aux actes juridiques en précisant que la preuve des faits est libre, et qui prévoit expressément que le paiement se prouve par tout moyen. Le domaine de la preuve par écrit a donc été sensiblement réduit au fil du temps. Conçue comme un principe dans le Code civil de 1804, l'admissibilité restreinte s'applique aujourd'hui uniquement aux actes juridiques dont la valeur excède 1 500 euros. En revanche, dans l'espace l'OHADA, l'évolution de la terminologie n'a pas emporté des conséquences de fond, même pas au Sénégal qui a déjà réformé le droit des obligations hérité de la colonisation (art. 13 Code des obligations civiles et commerciales).

266. Par ailleurs, la valeur de la convention donne lieu à plusieurs précisions dans le Code Napoléon. Celui dont la créance excède 5 000 francs ne peut réduire le montant de sa demande pour en établir la preuve par tous moyens. De même, si une créance supérieure à 5 000 francs a été payée partiellement, de sorte que le solde restant dû est inférieur à ce montant, la preuve de la créance doit tout de même en être rapportée par écrit. Le Code invite ainsi à ne pas s'en tenir au montant de la demande en justice, mais à la valeur de l'acte juridique. S'agissant d'une convention, c'est la valeur de l'objet qui doit être prise en compte[318]. Cette valeur doit être appréciée au jour de la naissance de

---

[317] Cela a eu des répercussions sur le régime juridique de la preuve du paiement. A la même époque, la haute juridiction française affirmait que celui qui excipe du paiement d'une somme d'argent est tenu d'en rapporter la preuve par écrit (Cass. civ. 1, 15 déc. 1982, n° 81-14.981). Cette position s'est progressivement modifiée, et il est acquis aujourd'hui que la preuve du paiement « qui est un fait » peut être rapportée par tous moyens 5 Cass. civ. 1, 6 juil. 2004, n° 01-14.618).

[318] Cass. civ. 1, 13 juillet 1966, Bull. civ., n° 429

l'obligation[319]. S'agissant des contrats à exécution successive, le seuil doit être calculé au regard du montant unitaire de chaque élément composant la demande, et non selon le montant total qui résulterait de l'addition de toutes les créances[320]. Certains contrats dérogent à la règle du seuil. La loi impose qu'ils soient établis par écrit, quel qu'en soit le montant. Il en est ainsi du contrat d'assurance. Enfin, la preuve par écrit s'impose non seulement pour établir l'existence du contrat, mais également son contenu[321].

267. En outre, le domaine de l'admissibilité restreinte des preuves est doublement limité, quant à l'objet de la preuve et quant aux personnes concernées. S'agissant de l'objet de la preuve, les actes juridiques échappent à l'exigence d'une preuve écrite dans de nombreuses matières, particulièrement en matière commerciale. Par ailleurs, quel que soit la matière, la preuve est libre à l'égard des vices de l'acte. Il en est, particulièrement, des vices du consentement (erreur, dol ou violence) ou encore de l'illicéité du contenu de l'acte. L'exigence d'un écrit est encore écartée lorsqu'il s'agit d'interpréter l'acte[322]. La liberté de la preuve concerne enfin l'exécution de l'obligation[323]. Outre la question du paiement, celle de la responsabilité contractuelle en fournit de nombreuses illustrations[324].

268. S'agissant des personnes qui se voient imposer la règle d'admissibilité restreinte des preuves, ne sont concernées que les parties à l'acte et non les tiers. En effet, une convention institue une situation de fait vis-à-vis des tiers[325]. La cour de cassation française juge que les tiers à un acte juridique peuvent en établir l'existence par tous moyens[326]. A l'inverse, une partie qui souhaite opposer l'acte juridique à un tiers doit en établir la preuve par tous moyens[327]. L'application de

---

[319] Cass. civ. 1, 17 nov. 2001 ; n° 9943.129

[320] Cass. soc. 10 mai 2001 ; n° 99-43.129

[321] La Cour de cassation française a ainsi affirmé que l'étendue de l'obligation du débiteur doit être rapportée conformément à l'article 1341 C. civ. Ainsi, l'assuré doit prouver l'existence de l'assurance et l'étendue de la garantie (Cass. civ. 2, 13 mai 2004, n° 03-10.964)

[322] Cass. civ. 1, 26 janv. 2012 ; n° 10-28.356

[323] Cass. civ. 1, 15 juill. 1975, n° 74-12.965

[324] La preuve de l'obligation de conseil du notaire peut être faite par tout moyen (Cass. civ. 1, 3 fév. 1998, n° 96-13.201). La preuve du lien de causalité peut reposer sur des présomptions graves, précises et concordantes (Cass. civ. 1, 24 janv. 2006, n° 03-20.78).

[325] Cass. civ. 1, 10 mai. 2005, n° 02-11.759

[326] Cass. civ. 1, 25 nov. 1970, n° 69-10.893

[327] Cass. civ. 1, 15 mai 1974, n° 73-12.073

l'article 1341 du Code civil n'est concevable que dans la mesure où les personnes qui doivent s'y soumettre ont réellement eu la possibilité de rédiger un écrit. On comprend dès lors que ces règles ne concernent pas les tiers car ceux-ci se sont toujours trouvés dans l'impossibilité de se procurer un écrit relatif à un *negotium* auquel ils n'ont pas participé. Il y a sur ce point unanimité[328]. Les tiers peuvent donc prouver par toutes voies de droit le contenu d'un acte et notamment d'une convention; ils peuvent, de la même manière, prouver contre ou outre ce qui est contenu dans *l'instrumentum.* Il est, à cet égard, tout à fait superflu d'invoquer l'existence d'un commencement de preuve par écrit[329].

269. En tant qu'il exige à titre de preuve un écrit préconstitué, l'article 1341 du Code civil ne distingue pas les actes authentiques et les actes sous seing privé. Il se borne, et c'est normal dans le contexte, à les énumérer. « *Les auteurs du Code civil ont substitué le mot «choses » au mot «conventions » qui se trouvait dans le texte de l'avant-projet, montrant que la première règle de l'article 1341 ne s'applique pas seulement aux contrats »* [330]. L'emploi d'un terme aussi vague que le mot « choses » a cependant donné lieu à des difficultés d'interprétation.

270. La doctrine française prenant appui sur la jurisprudence propose une formule simple : le mot « choses » employé à l'article 1341 du Code civil vise tous les actes juridiques[331], en d'autres termes toutes les manifestations de la volonté humaine visant à produire des effets de droit, c'est-à-dire à faire naître, modifier ou éteindre[332] des droits et des obligations. Il faut dès lors pouvoir se rallier à l'opinion des auteurs français : la première règle de l'article 1346 s'applique aux actes

---

[328] Cass., 3 déc. 1957, Pas., 1958, 1, p. 352; Cass., 25 mai 1992, Pas., 1992, I, p. 845; R.W., 1992-1993, p. 342; DE PAGE. III, 3ème éd., n° 858; J. LIMPENS et R. KRUITHOF, « Les obligations — Examen de jurisprudence (1964-1967)», R.C.J.B., 1969, p. 292, n° 124; P. VAN OMMESLAGHE, *op. cit.*, S.O.J.S., 1975, p. 713, n° 124; G. GOUBEAUX et P. BIHR, *Rép. dr. civ. Dalloz*, v° Preuve, n°s 182 et s.; N. VERHEYBEN-JEANMART, Droit du la preuve, *op. cit.*, n° 300. Adde Mons, 12 nov. 1986, Pas., 1987, II, p. 99, obs.: Liège, 7 déc. 1988. Pas., 1989, II, p. 140 et note J.S.; Bruxelles, 6 août 1992, Rev. prat. soc., 1992, p. 248.

[329] P. VAN OMMESLAGHE, op. cit., R.C.J.B., 1975, p. 714.

[330] H. DE PAGE, *Traité élémentaire de droit civil belge* t. III, 3ème éd., n°s 713, A, et 861

[331] Voy. G. GOUBEAUX et P. BIHR, *Rép. dr. civ. Dalloz, v° Preuve*, 11° 201 ; J. GHESTIN et G. GOUBEAUX, Droit civil, *op. cit., t.* I, n° 598; G. MARTY et P. RAYNAUD, Droit civil, *op. cit.,* t. I, n°s 262 et 265; A. WEILL et F. TERRE, *Droit civil — Introduction générale*, *op. cit.*, n° 441.

[332] La première règle de l'article 1341 s'applique aussi bien à la résiliation d'un contrat qu'à sa conclusion; ainsi, en matière de bail, Cass., 2 mars 1973, J T., 1973, p. 498; *adde* Mons, 9 nov. 1982, *Pas.*, 1983, II, p. 12 et note

juridiques et non aux faits[333]. En général, s'il s'agit de faits, il y a eu impossibilité de se procurer un écrit.

B- Les aménagements à l'admissibilité restreinte

271. Le mécanisme de l'admissibilité restreinte en droit civil fait l'objet de plusieurs aménagements. D'abord, les parties à l'acte juridique peuvent écarter l'exigence de l'écrit par convention. La convention qui dispense de la preuve écrite peut être expresse, mais elle peut également résulter de la participation sans réserve d'un plaideur à une mesure d'enquête ou d'expertise. Ensuite, les parties peuvent suppléer à l'écrit par des preuves considérées comme équivalentes. Ces preuves ne peuvent être qualifiées, mais elles en ont la fonction. Enfin, l'admissibilité restreinte reçoit exception lorsque la présentation d'un écrit se révèle impossible.

272. Il existe deux catégories de preuve qui peuvent suppléer à l'écrit. La première catégorie est constituée de l'aveu judiciaire et du serment décisoire. Ces preuves sont communément appelées « preuves parfaites », à l'instar de la preuve par écrit. En droit positif, l'aveu judiciaire fait preuve dans les cas où la preuve doit être adminstrée par écrit et même lorsqu'il s'agit de prouver contre un écrit. S'agissant du serment, le Code civil prévoit expressément qu'il peut être déféré « sur quelque espèce de contestation que ce soit »[334]. Sa force probante est telle qu'il termine le litige de façon définitive et absolue. Il est donc susceptible de remettre en cause la preuve par écrit, au point d'en détruire la force probante.

273. La seconde catégorie de preuve qui permet de suppléer à l'écrit est formée par le commencement de preuve par écrit[335]. Il ne s'agit pas d'un mot de preuve *stricto sensu*, mais d'un mécanisme juridique qui peut être sanctionné par différents modes de preuve, lesquels ne sont pas assimilables à l'écrit. Le commencement de preuve par écrit ne peut suppléer à l'écrit, ou faire preuve contre et outre un écrit, que s'il est corroboré par d'autres éléments. Le concept de commencement de preuve par écrit est entendu très largement par le Code civil, qui en donne une définition à double visage. Il s'agit, d'une

---

333 E. CAUJSIN, «La preuve et l'interprétation en droit privé», in La preuve en droit, Bruxelles, Bruxelles, 1381-, p, 220, n° 29; dans ce sens égal., N. VERHEYDEN-JEANMART, Droit de la preuve, *op. cit.*, n°242.

334 C. civ. art. 1358

335 C. civ. art. 1347

part, de « tout acte par écrit qui est émané de celui contre lequel la demande est formée, ou de celui qu'il représente, et qui rend vraisemblable le fait allégué »[336].

274. Les éléments de preuve qui entrent dans la définition du commencement de preuve par écrit sont diversifiés. On y trouve les écrits dont une condition de régularité fait défaut. Il en est ainsi d'une reconnaissance de dette qui ne comporte pas la mention en lettre de la somme prêtée. Ce défaut conduit à convertir l'écrit irrégulier en commencement de preuve par écrit[337]. Il en est de même du courrier électronique qui ne comporte pas de signature électronique certifiée et n'a donc pas la valeur d'un écrit électronique[338]. Dans son format papier, l'écrit non signé ou dont la signature a fait l'objet d'une rature – doit également être regardé comme un commencement de preuve par écrit[339].

275. Constituent également des commencements de preuve, les écrits qui sont formellement réguliers, mais dont on ne peut déduire l'existence d'un acte de façon certaine. Il en est ainsi des chèques qui, bien que régulièrement émis, ont été rejetés pour défaut de provision. Ces effets rendent simplement vraisemblable la créance à l'encontre du tireur[340]. La solution est la même s'agissant des virements bancaires mentionnant le motif de paiement[341], ou encore s'agissant de photocopies de contrats dont l'original existant n'a pas été présenté[342]. Enfin, une lettre missive qui ne reconnait pas l'acte invoqué, mais qui le rend vraisemblable, présente les caractères du commencement de preuve par écrit[343].

276. Le commencement de preuve par écrit peut également prendre une forme orale. Le Code civil mentionne à cet égard la déclaration d'une partie lors de sa comparution personnelle, son refus de répondre et également son refus de comparaitre. Toutefois, toute déclaration orale, même consignée dans un acte de procédure, ne constitue pas nécessairement un commencement de preuve par écrit.

[336] C. civ. 1347 al. 2 et 3
[337] Pour un contrat de cautionnement, Cass. com. 13 mai 2003, n° 99-16.686
[338] Cass. civ. 1, 20 mai 2010, n° 09-65.854
[339] Cass. civ. 1, 16 juin 1993, n° 91-20.105
[340] Cass. com. 5 févr. 1991, n° 89-16.333
[341] Cass. com. 25 juin 2008, n° 07-12.545
[342] Cass. civ. 3, 6 mars 2002, n° 01-12.751
[343] Cass. civ. 1, 19 nov. 2002, n° 01-10.169

Par exemple, cette qualification est refusée aux réponses consignées par un huissier dans une sommation interpellative[344].

277. Par ailleurs, l'exigence de l'écrit disparait en cas d'impossibilité de se procurer un écrit. Cette hypothèse recouvre quatre hypothèses (C. civ. art. 1348 al. 1). En premier lieu, il peut s'agir d'une impossibilité matérielle de se procurer l'écrit. Elle est rare en pratique et n'a donné lieu qu'à une seule décision significative, dans laquelle les juges ont admis une preuve testimoniale en constatant que l'auteur de l'acte était incapable d'écrire[345]. En deuxième, l'impossibilité d'exiger de l'autre partie la rédaction d'un écrit peut être morale. Elle est fréquente dans les relations familiales. Une fille peut être autorisée à prouver par tous moyens contre sa mère pour obtenir la restitution d'objets[346]. En troisième lieu, il peut être dérogé à l'exigence de l'écrit en raison d'un usage. Cette hypothèse est issue d'une interprétation extensive de l'impossibilité morale par la jurisprudence. Elle est toutefois autonome, car l'existence et le contenu de l'usage peuvent faire l'objet d'une appréciation objective, en dehors de toutes considérations liées aux relations entre les contractants. On en trouve plusieurs illustrations dans les domaines professionnels où il est d'usage de conclure les ventes verbalement[347]. En quatrième lieu, la dispense d'écrit concerne la perte de l'*instrumentum*. Cette perte ne peut ouvrir le droit à la preuve par tous moyens que si elle est intervenue par suite d'un cas fortuit ou de force majeure, sans que la distinction entre les deux concepts soit explicite en jurisprudence. La simple allégation de la perte de l'original, sans justification des causes de cette perte, ne peut être assimilée à un cas de force majeur[348]. Les hypothèses les plus fréquentes pour justifier la dispense d'écrit sont celles qui concernent la perte attribuable à un tiers[349]. Cette perte doit présenter un caractère irrémédiable[350].

---

[344] Cass. civ. 1, 20 avril 1983, n° 82-10.150

[345] Cass. civ. 1, 13 mai 1964, *Bull. civ.*, 1964

[346] Cass. civ. 1, 6 déc. 1972, n° 71-13.427

[347] Cass. civ. 1, 15 avr. 1980, n° 79-10.328 (vente de chevreaux) ; Cass. civ. 1, 28 fév. 1995, n° 93-15.448 (vente de fumier) ; Cass. civ. 1, 22 mars 2011, n° 01-16.426 (vente d'aliment pour le bétail).

[348] Cass. civ. 3, 15 mai 1973, n° 72.11.819

[349] Il en est ainsi de la perte de l'acte par un notaire (Cass. civ. 1, 17 déc. 1991, n°90-15.642)

[350] Ainsi, la perte d'un testament par un avocat qui a changé de barreau et n'a pas emporté avec lui le dossier contenant cet acte n'est pas constitutive d'un cas de force majeure (Cass. civ. 1, 12 nov. 2009, n° 08.17.791)

278. Enfin, le principe selon lequel nul ne peut se constituer de preuve à soi-même doit se comprendre comme une règle d'exclusion des preuves auto-constituées, dont le seul régime d'admissibilité restreinte de la preuve des actes juridiques. En d'autres termes, une partie ne peut se constituer son propre écrit – ou commencement de preuve par écrit – pour établir la preuve de l'acte juridique dont elle se prévaut en justice. En revanche, dans tous les domaines, la preuve est libre et une preuve à soi-même est un indice qui doit être admis librement et que le juge peut apprécier souverainement.

279. Outre le rôle prépondérant de l'écrit dans la preuve des actes juridiques, un minimum de formalisme est consacré en matière commerciale.

Paragraphe 2. Le formalisme en matière commerciale

280. Le professeur Michel Grimaldi a écrit : « *Le formalisme est le principe suivant lequel la validité d'une convention est soumise à telle ou telle condition de forme. Cette formalité peut consister dans la remise de la chose qui forme l'objet de la convention, et l'on parle de contrats réels... Le plus souvent, la formalité consiste dans la rédaction d'un écrit, et l'on parle alors de contrats solennels* »[351].

281. Dans le droit OHADA, l'inclination libérale des normes probatoires n'est pas totale. En effet, l'Acte uniforme sur le droit des sociétés commerciales et le groupement d'intérêt économique (AUSCGIE) et l'Acte Uniforme sur les suretés (AUS) montrent un attachement particulier au formalisme.

282. L'écrit continue d'être une exigence de preuve pour certains contrats civils prévus dans les Actes uniformes (A), tout comme il continue de jouer un rôle prépondérant même dans les contrats commerciaux qui admettent la liberté probatoire (B).

A. L'écrit, un mode de preuve obligatoire

283. Le législateur OHADA subordonne dans l'AUSCGIE la validité de certains contrats et leur existence même à la rédaction d'un écrit, par acte sous seing privé ou par acte authentique. Ainsi, le contrat

---

[351] M. GRIMALDI, « Consensualisme et formalisme », communication au Colloque de Paris sur le droit de la preuve dans l'espace OHADA, in *Revue de Droit Uniforme Africain N°1*, p. 20

de société[352], la cession de parts sociales[353], la souscription d'action[354], la convention portant création d'un groupement d'intérêt économique[355] doivent être constatés par écrit. Ces conditions sont le plus souvent requises *ad validitatem* qu'à titre probatoire, mais ils permettent de montrer que l'écrit reste obligatoire dans de nombreux cas.

284. A la différence du formalisme classique de l'AUSCGIE, la nécessité de la forme scripturale posée par l'AUS est particulière car ce texte s'applique tant aux actes civils qu'aux actes commerciaux. Le cautionnement[356], le gage[357], le nantissement[358] et l'hypothèque conventionnelle[359] doivent être constatés par écrit à peine de nullité. Les exigences formelles de l'AUS ne se limitent pas à l'écrit, d'autres moyens comme les témoins certificateurs ou la mention manuscrite sont prévus. Cette dernière présentée comme une spécificité du droit OHADA[360] a reçu les faveurs du législateur français[361]. Quant aux témoins certificateurs prévus en cas d'analphabétisme de la caution[362], leur consécration répond à une réalité sociale profonde des États de l'OHADA[363] déjà prise en compte par le droit sénégalais[364].

B- L'écrit, un rôle important de précision

285. Tout en libéralisant la preuve, le législateur OHADA reconnait implicitement que l'écrit l'emporte en précision sur tout autre mode d'expression, soit parce qu'il s'avère utile en générale que les obligations des parties soient exactement précisées, soit parce qu'il est utile que l'écrit attire l'attention des tiers à qui le contrat est susceptible d'être opposé. Même s'agissant des contrats commerciaux qui

---

[352] Art. 10 de l'AUSCGIE

[353] Art. 275 pour la SNC, 297 pour la SCS, 317 pour la SARL de l'AUSCGIE

[354] Art. 390, 601 de l'AUSCGIE

[355] Art. 876 de l'AUSCGIE

[356] Art. 4 de l'AUS

[357] Art. 49 de l'AUS

[358] Art. 65 de l'AUS

[359] Art. 128 de l'AUS

[360] Y. R. KALIEU ELONGO, « La mention manuscrite dans le cautionnement OHADA », Ohadata D-03-02

[361] Articles L. 341-2 et 341-3 du Code de la consommation

[362] Art. 4 alinéa 3 de l'AUS

[363] F. ONANA ETOUNDI, « Les principes d'Unidroit et la sécurité juridique des transactions commerciales dans l'avant-projet d'Acte uniforme sur le droit des contrats », RDU 2005, 683.

[364] Art. 20 du Code des obligations civiles et commerciales.

admettent une sorte de liberté probatoire dans les Actes uniformes, le recours à la preuve orale ou à la preuve testimoniale est visé « *à défaut ou en absence d'un écrit* »[365].

286. Qu'il s'agisse des créances civiles ou commerciales, l'écrit reste le mode idéal de précision de la créance. C'est ainsi qu'on dira que la créance émanant d'un titre exécutoire résulte d'un mode de preuve par excellence, le titre exécutoire établissant d'office la preuve de la certitude de la créance, de sa liquidité et de son exigibilité (article 33 de l'Acte uniforme portant organisation des procédures simplifiées de recouvrement et voies d'exécution).

287. Au seuil de la conclusion d'un contrat, les parties s'interrogent sur la nécessité ou non de dresser un écrit, elles doivent se demander, non pas seulement si le contrat serait ou non valable sans écrit, mais encore si, en cas de contestation, un écrit serait ou non nécessaire pour prouver son existence, sa date et son contenu. L'écrit peut s'imposer, non pas seulement comme élément de la formation du contrat, mais aussi comme preuve préconstituée.

288. Dans un système qui consacre le formalisme, et donc qui exige un écrit à peine de validité de la convention, la question de la preuve se trouve *ipso facto* réglée, puisque pour prouver l'existence du contrat, il faut établir l'exitence d'un écrit. Autrement dit, un système formaliste aboutit à un système de preuve écrite. Le formalisme *ad probationem* (requis pour la preuve du contrat) et le *formalisme ad validitatem* (pour la validité du contrat) recourent aux mêmes instruments que sont l'acte sous seing privé et l'acte authentique.

[365] Article 176 concernant la preuve du mandat des intermédiaires de commerce ; article 65 concernant la preuve des actes de commerce impliquant l'entreprenant ; article 240 s'agissant de la vente commerciale de l'AUDCG.

CONCLUSION DU TITRE PREMIER

289. Un état des lieux des législations applicables à la preuve dans les États membres de l'OHADA appelle à un besoin d'harmonisation. En dehors de la dispersion des règles classiques, il a fallu rechercher les particularismes de chaque système probatoire national, et démêler l'écheveau des normes communautaires applicables à la preuve. En raison de la dissémination des règles de preuve dans de multiples textes, le droit de la preuve n'apparait pas comme un ensemble ordonné de règles cohérentes. Un cadre normatif complexe et un système probatoire mixte permettent de rendre compte de la pluralité des normes probatoires.

290. La complexité du cadre normatif provient de la multiplicité et de la concurrence des sources de preuve, qui a été étudié dans le premier chapitre. Les États membres de l'OHADA conservent des règles de preuve toujours héritées du colonisateur et éparpillé dans des sources diverses, de droit substantiel et de droit processuel. Aux normes internes, se superposent des normes communautaires, en droit des affaires certes, mais aussi en droit économique d'une manière générale. En droit OHADA par exemple, des règles particulières de preuve sont établies dans les Actes uniformes; mais les dispositions générales sont encore fixées par les droits nationaux des États, lesquels demeurent éclatées et dispersées même si, dans l'ensemble, ils sont le produit du moule colonial européen.

291. Dans le deuxième chapitre, il a été montré que le système probatoire est partagé entre l'admission de la preuve libre et l'attachement à la preuve légale. Les textes actuels ne sont pas clairs puisqu'ils mélangent confusément la question de l'admissibilité de la preuve en matière civile et commerciale. La liberté de la preuve est largement admise, mais l'inclination libérale des normes probatoires n'est pas totale. Le système probatoire africain est donc mixte à l'instar du droit français d'avant la réforme du Code civil intervenue en 2016. En réalité, il s'agit d'un hybridisme imparfait.

292. Au-delà de la pluralité des normes probatoires, le besoin d'harmonisation du droit de la preuve dans l'espace OHADA est accru par une inadaptation de leur contenu en raison de l'évolution importante de la preuve et des spécificités du contexte africain.

TITRE SECOND :
L'INADAPTATION DES NORMES PROBATOIRES

293. Alors que le droit commun de la preuve du Code civil des Français issu de la loi du 30 ventôse an XII, devenu par la suite Code Napoléon puis Code civil, a au cours des dernières années, fait l'objet d'adaptation et de modernisation[366], il n'a pas été modifié en Afrique depuis plus d'un demi-siècle, à l'exception de quelques textes nationaux sur la réforme du droit des obligations (Sénégal, Mali, Guinée). Les règles classiques ont certes été depuis complétées par une jurisprudence abondante, « *mais cette dernière est par essence fluctuante, voire incertaine, et peut être ressentie par les acteurs économiques comme difficilement accessible et complexe dans son appréhension* »[367]. La seule lecture du Code civil ne permet plus dans ces conditions de donner une vision claire et précise de l'état du droit de la preuve qui, devenu en grande partie prétorien, a changé depuis 1804, la jurisprudence ayant tenu compte de l'évolution des mœurs, des technologies et des pratiques.

294. Dans les États membres de l'espace OHADA la modernisation a, de longues dates, déserté le forum des droits probatoires nationaux ayant conservé à ce jour des règles pour la plupart obsolètes. A l'époque actuelle, les modes de preuve se sont considérablement développés et modernisés, les règles de preuve ont connu une croissance exponentielle, des grands principes ont structuré progressivement la matière. Or, si l'on entre dans le détail des instruments juridiques africains, on s'aperçoit que les standards communs aux grandes réformes du Code civil y sont absents. A l'instar

---

[366] - Loi n° 80-525 du 12 juillet 1980 relative à la preuve des actes juridiques;

- Loi n° 2000-230 du 13 mars 2000 portant adaptation du droit de la preuve aux technologies de l'information et relative à la signature électronique.

- Ordonnance n° 2016-131 du 10 février 2016 portant réforme du droit des contrats, du régime général et de la preuve des obligations.

[367] Rapport au Président de la République relatif à l'ordonnance n° 2016-131 du 10 février 2016 portant réforme du droit des contrats, du régime général et de la preuve des obligations, p. 2. Publié au JORF du 11 février 2016.

de la responsabilité civile, le droit de la preuve est aujourd'hui largement dominé par des principes jurisprudentiels, qui devraient trouver leur place dans le Code civil. Toutefois, ces principes sont omis dans le Code civil actuel. Enfin, de nombreuses règles de preuve reposent sur des formulations datant de 1804 et qui sont aujourd'hui désuètes. La valeur de ces preuves doit être repensée dans le contexte de la justice rationnelle contemporaine.

295. Par ailleurs, les normes probatoires ne sont pas toujours adaptées aux réalités sociales, culturelles et économiques africaines, en raison de l'insuffisante prise en compte de ces réalités par les législateurs. En dépit des efforts louables dans certains textes, le traitement de la preuve dans l'espace OHADA comporte plusieurs omissions et imperfections. De fait, la preuve nécessite des aménagements pour tenir compte des spécificités du contexte africain qui est empreint d'un réel particularisme oscillant autour de l'oralité et de l'informel dans les différents États de l'OHADA.

296. En conséquence, l'harmonisation du droit de la preuve est nécessaire en raison de l'inadaptation liée à l'évolution de la preuve, d'une part (***Chapitre premier***), et de l'inadaptation liée aux spécificités du contexte africain, d'autre part (***Chapitre second***).

CHAPITRE PREMIER.

UNE INADAPTATION LIEE A L'EVOLUTION DE LA PREUVE

297. Plus que bicentenaire, la théorie de la preuve est ancrée dans la doctrine civiliste française et reste immuable dans l'espace OHADA. « *Il en est d'autant plus ainsi que, contrairement au Sénégal, au Mali et à la Guinée, la plupart des pays concernés n'ont pas revu leur droit des obligations depuis maintenant plus de quarante-sept ans, la plupart des indépendances africaines datant, on se rappelle de l'année 1960 pour les colonies d'Afrique française* », affirme le Professeur Dorothé Sossa[368]. Pour cet auteur, la preuve est un exemple de la nécessité d'une révision du droit des obligations contractuelles.

298. En vérité, « *il est devenu classique, ces dernières années, de constater que la preuve évolue* »[369]. Dans la réforme du Code civil intervenue en France, le titre relatif à la preuve des obligations est assez largement modifié : il n'a ni le même intitulé, ni le même plan, ni tout à fait le même contenu que le chapitre VI du titre III du livre III du code actuel. Au lieu d'un chapitre consacré « à la preuve des obligations et à celle du paiement », voici un titre traitant « De la preuve des obligations ». Ensuite, le plan qu'adopte la réforme témoigne d'un changement de perspective. Non pas seulement parce que le « titre » du droit de la preuve se trouve divisé en « sections » et non en « chapitres ». Mais surtout parce qu'une première section fixe les « dispositions générales »; une deuxième traite de «l'admissibilité des modes de preuve»; et une troisième reprend les «différents modes de preuve». Enfin, si la réforme n'a sûrement pas entendu bouleverser le

---

[368] D. SOSSA, « Le champ d'application de l'avant-projet d'Acte uniforme OHADA sur le droit des contrats : contrats en général / contrats commerciaux / contrats de consommation », *op. cit.* p. 339.

[369] F. FERRAND, *Répertoire de procédure civile*, Dalloz, n° 18

contenu du droit de la preuve[370], il en modifie pourtant certaines données importantes tantôt par voie d'adjonction[371], tantôt par voie de suppression[372].

299. En procédure civile, la tradition a longtemps été celle de la neutralité du juge, que le Code de procédure de 1806 avait incarnée. Tout au long du XXème siècle, cette neutralité a été remise en cause, tant par la doctrine que par les réformes du Code[373]. Le nouveau Code de procédure civile a modifié la mission du juge de façon substantielle, notamment dans le domaine probatoire. Les principes directeurs du procès ont consacré l'immixtion du juge dans la recherche des preuves, soit à la demande des parties, soit de sa propre initiative. En conséquence, le procès civil est aujourd'hui décrit comme « *un point d'équilibre entre juge et partie* »[374]. Cette tendance n'est pas spécifiquement française[375].

300. Dans l'espace OHADA, les normes probatoires sont inadaptées en raison de l'évolution importante de la preuve. Ainsi, des insuffisances affectent les règles substantielles de preuve (*Section I*) et les règles procédurales de preuve (*Section II*).

Section I. Les insuffisances des règles substantielles de preuve

301. L'appréhension de la nature substantielle des règles de preuve impose, d'emblée, une remarque d'ordre terminologique. En

---

370 Pour une critique de la réforme, G. LARDEUX, Commentaire du titre IV bis nouveau du livre III du code civil intitulé « De la preuve des obligations » ou l'art de ne pas réformer, *Recueil Dalloz 2016* p. 850.

371 La principale adjonction réside dans l'admission des «contrats sur la preuve». A côté de l'admission de ces contrats sur la preuve, le texte ajoute encore aux dispositions actuelles en prévoyant à l'article 1355, alinéa 2, une classification des présomptions selon leur force probante.

372 La première suppression concerne la définition même de la présomption. Même à s'en tenir aux présomptions légales, que la réforme a seules intégrées parmi «les dispositions générales», aucun article ne reprend l'énumération non limitative qu'en donne, pour le moment, l'article 1350 du code civil.

373 R. LEGEAIS, *Les règles de preuve en droit civil. Permanences et transformations*. Paris, LGDJ, 1955, p. 205 cité par E. VERGES, G. VIAL, O. LECLERC, *Droit de la preuve*, op. cit. , p. 295.

374 E. VERGES, G. VIAL, O. LECLERC, *ibid*

375 En exemple, la réforme allemande de la procédure civile du 27 juill. 2001 entrée en vigueur le 1er janvier 2002, ainsi que le rôle actif (*case management*) que consacrent non seulement les nouvelles Civil Procedure Rules (CPR) anglaises depuis 1999 mais également les Principes ALI/UNIDROIT de procédure civile transnationale. A ce sujet, S. GUINCHARD et alii, *Droit processuel*, 7e éd., Dalloz, 2013, n° 6 s.

effet, en droit civil le terme de « substance » désigne généralement le fond du droit; il s'oppose de la sorte à la procédure. Ainsi, tant au regard des règles relatives à l'admission des moyens de preuve que des principes gouvernant la charge de la preuve, les règles de preuve se trouvent intimement liés au fond du droit. En droit comparé, cette répartition n'est pas d'une grande rigueur[376].

302. Le chapitre VI du Titre III (Des contrats ou des obligations conventionnelles en générale) du Livre III du Code civil de 1958 comporte un article introductif relatif à la charge de la preuve, suivi de 5 sections traitant des modes de preuve. Mais l'ordre dans lequel les questions sont traitées est peu cohérent. Ainsi, les dispositions fondamentales sur la preuve des actes juridiques figurent non dans la section consacrée à la preuve littérale, mais dans celle relative au témoignage.

303. Les règles substantielles de preuve souffrent d'anachronisme dans les États de l'espace OHADA. Dès lors, la charge de la preuve est en quête de cohérence (*Paragraphe I*) alors que les modes de preuve sont perfectibles (*Paragraphe II*).

Paragraphe I. La charge de la preuve en quête de cohérence

304. Lorsque les preuves apportées ne sont pas suffisantes et comme le juge doit néanmoins trancher le litige, il convient de déterminer la partie qui devra succomber dans ses prétentions. Il s'agira de celle qui, selon une expression classique, supporte la charge ou le fardeau de la preuve[377].

305. Les règles relatives à la charge de la preuve paraissent claires et bien établies dans l'espace OHADA. La CCJA a ainsi affirmé,

---

[376] Dans la mesure où la preuve juridique est essentiellement une preuve judiciaire, il peut sembler logique, comme le font un certain nombre de pays (et notamment l'Allemagne, qui a placé les règles probatoires dans son code de procédure civile, *Zivilprozessordnung*, ZPO), de considérer que les règles probatoires relèvent de la procédure et de les intégrer dans le code de procédure civile. Le droit français s'est toutefois prononcé pour une solution différente que l'on pourrait qualifier de « mixte » (*comp.* MALAURIE et MORVAN, *Introduction au droit*, 4e éd., 2012, Defrénois, n° 165 : « la preuve est à la croisée de la procédure et du fond du droit. Ses règles, qui régissent tant l'activité du juge que le droit substantiel, s'avèrent ainsi complexes, voire antinomiques »).

[377] Comme l'observe le professeur Lagarde, « *si la référence à cette notion est inutile lorsque le juge tranche sans difficulté une question de preuve, on se convaincra assez facilement de ce que cette notion n'a de réelle pertinence qu'en cas d'impossibilité d'établir une proposition de preuve ». X. LAGARDE, Réflexion critique sur le droit de la preuve, op. cit., p. 206.*

en matière de preuve, *«qu'il est de règle que celui qui réclame l'exécution d'une obligation doit la prouver » et que «réciproquement, celui qui se prétend libéré, doit justifier le paiement ou le fait qui a produit l'extension de son obligation »*[378]. La charge de la preuve est définie à l'article 1315 du Code civil, et celle-ci pourrait être modifiée par des présomptions. Cette simplicité apparente dissimule une grande complexité et un certain nombre de confusions.

306. A la lumière du droit comparé, il échet d'appréhender dans un premier temps les confusions quant à la charge initiale de la preuve (*A*), avant de s'intéresser à l'ambiguïté de la catégorie des présomptions (*B*).

A. Les confusions de la charge initiale de la preuve

307. Les confusions quant à la charge initiale de la preuve proviennent de la différence des principes issus de la matière civile (1), et de leur concurrence dans la jurisprudence civile (2).

1) La différence textuelle des principes

308. Le Code civil est cité par la doctrine comme la principale source de répartition de la charge de la preuve. L'article 1315, construit en deux alinéas, semble répartir la charge de la preuve selon les prescriptions des adages latins : *actori incumbit probation* et *reus in excipiendo fit actor*. Le premier alinéa dispose que *« celui qui réclame l'exécution d'une obligation doit la prouver »* et le second que *« celui qui se prétend libéré doit justifier le paiement ou le fait qui a produit l'extinction »*. Cet article est placé dans un chapitre du Code civil intitulé : « de la preuve des obligations ». On aurait pu imaginer qu'il ne s'applique qu'au domaine des obligations, mais il a pourtant été érigé en principe, tant en doctrine qu'en jurisprudence. Il rayonne également sur les autres branches. Pourtant, nombre de questions juridiques n'ont pas trait à l'existence d'une obligation ou d'un paiement. Par son antériorité, l'article 1315 du Code civil, s'est imposé comme le texte fondateur d'un principe général du droit de la preuve.

309. En revanche, le Code de procédure civile rattache la charge de la preuve à l'allégation. Son article 9 dispose : *« il incombe à chaque partie de prouver conformément à la loi les faits nécessaires au succès de sa prétention »*. Pour garantir le succès de sa prétention, chaque partie allègue des moyens de faits et de droit. En alléguant des

---

[378] CCJA, arrêt n° 13, 18 mars 2004, Fotoh, www.ohada.com, ohadata J, o8-68.

moyens de faits, une partie définit elle-même l'étendue de la charge de la preuve qui lui incombe. Chaque fait allégué devra être prouvé, que cette partie soit demanderesse ou défenderesse. Le point d'ancrage de la charge de la preuve se situe donc dans l'allégation d'un fait. La règle peut être exprimée autrement : chaque fait allégué doit être prouvé par celui qui est à l'origine de l'allégation. Cette règle est d'ailleurs beaucoup plus proche d'un autre adage, plus rarement cité par la doctrine française : *onus probandi incumbit ei qui dicit*[379].

2) La concurrence prétorienne des principes

310. Cette dualité des sources textuelles et la diversité des interprétations doctrinales conduisent la jurisprudence à répartir, alternativement, la charge de la preuve sur celui qui invoque l'existence de l'obligation ou son extinction (art. 1315 C. civ.) ou sur celui qui est à l'origine d'une allégation (art. 9 C. pr. civ.). La présence de deux règles différentes ouvre ainsi la voie à une situation de concurrence. La préférence pour la solution de l'article 1315 C. civ. se retrouve assez logiquement en droit des obligations même si cela n'est pas systématique. Par exemple, la Cour de cassation française juge que le sous-traitant qui réclame un paiement direct au maitre de l'ouvrage doit prouver la réalisation des conditions qui lui confère le droit à ce paiement[380]. Ou encore lorsqu'un acheteur agit en résolution judiciaire de la vente, c'est le vendeur qui est tenu d'établir qu'il a rempli son obligation de délivrance de la chose vendue et de ses accessoires[381]. Parfois, la Cour de cassation est placée face à des situations ambiguës. Ainsi, lorsqu'un locataire demande la restitution du dépôt de garantie, le bailleur doit restituer ce dépôt dans la limite des dégradations commises. Il est bien délicat de savoir sur qui pèse la charge de la preuve de l'existence ou de l'absence de dégradations. La Cour de cassation tranche en affirmant qu'il incombe au bailleur, qui réclame l'exécution d'une obligation, de justifier des sommes qu'il entend retenir sur le dépôt de garantie[382]. C'est donc ce dernier qui supporte la charge de la preuve de l'existence des dégradations.

---

[379] La charge de la preuve incombe à celui qui allègue.

[380] Cass. Com., 6 mai 1980, n° 78-16.261

[381] Cass. com., 11 déc. 2001, CCC, 2002, comm. 58, obs. L. Leveneur. Le commencement de l'arrêt affirme que la Cour de cassation inverse la charge de la preuve. Pourtant, la haute juridiction applique strictement l'article 1315 C. civ.

[382] Cass. civ. 3, 1ère févr. 2011, n° 10-11.603

311. Toutefois, dans certains arrêts, la Cour de cassation rattache explicitement, la charge de la preuve à l'allégation. Par exemple, elle juge qu'il appartient à l'acheteur « arguant de son erreur », d'établir le caractère substantiel des qualités qu'il n'a pas trouvé dans le bien acheté[383]. Les illustrations les plus marquantes se trouvent dans le domaine de la responsabilité contractuelle. Lorsqu'une victime invoque l'inexécution préjudiciable au contrat, la mécanique de l'article 1315 devrait faire reposer sur la victime la seule preuve de l'existence du contrat, créateur de l'obligation. Le débiteur devrait, quant à lui, établir qu'il a bien exécuté son obligation en démontrant que les conditions de la responsabilité ne sont pas remplies. Pourtant, c'est la solution inverse qui est retenue en jurisprudence, et cette solution suit implicitement la règle dictée par l'article 9 CPC. Ainsi, la Cour de cassation française censure une décision d'appel qui a fait peser sur le débiteur d'une obligation de diligence, la charge de la preuve de l'exécution de son obligation[384]. La preuve de la faute incombe donc au créancier et non au débiteur. C'est également le cas à propos de l'action en garantie des vices cachés. Alors même que la garantie est due par le vendeur, et que cette obligation existe du seul fait de l'existence du contrat de vente, la Cour de cassation juge que c'est à l'acquéreur qu'il appartient de rapporter la preuve de l'existence et de la cause des vies qu'il allègue[385]. On retrouve encore cette solution à propos de l'exception d'inexécution. Il appartient au créancier qui la soulève « d'établir cette inexécution »[386]. La solution est en contradiction avec l'article 1315 al. 2 C. civ., alors même que la Cour de cassation vise cette disposition. En réalité, la solution ne se comprend qu'à la lumière de l'article 9 CPC. Le créancier allègue une inexécution de la part de son débiteur et cette allégation permet de définir la charge de la preuve. En définitive, de nombreuses questions liées à la preuve de l'exécution du contrat sont appréhendées sous l'angle de l'allégation (art. 9 CPC) et non sous celui de la libération du débiteur (art. 1315 C. civ.).

312. Dans toutes ces illustrations, la charge de la preuve est rattachée à l'allégation. Cette allégation n'est pas nécessairement celle du demandeur. C'est pour cette raison qu'il est impossible de rattacher la charge de la preuve au statut de demandeur. De façon plus générale,

---

[383] Cass. civ. 2, 26 janv. 1972, Bull. n° 32 ; D. 1972, 517

[384] Cass. com. 22 mars 1977, Bull. n° 92

[385] Cass . civ. 1, 12 juillet 2007, n° 05-10.435

[386] Cass. civ. 1, 18 déc. 1990, 89-14.975, Bull. n° 296

l'étude de la jurisprudence montre la grande variabilité des solutions. Même lorsqu'elle vise l'article 1315 C. civ., la Cour de cassation applique parfois implicitement la règle de l'article 9 CPC. La variation des situations et des solutions retenues par les juridictions est si importante, qu'il faut reconnaitre l'impossibilité de dégager un principe directeur qui dominerait toute la matière. En présence de deux principes concurrents, le pouvoir du juge pour répartir la charge de la preuve entre les parties est très important.

B. L'ambiguïté de la catégorie des présomptions

313. Dans le Code civil, les présomptions se divisent sommairement en présomptions légales et présomptions du fait de l'homme. Elles sont traitées à la fois comme des dispenses de preuve et des modes de preuve. La réforme française opérée par l'ordonnance n° 2016-131 du 10 février 2016 a scindé ces deux catégories. Ainsi l'article 1354, relatif aux présomptions légales, qui synthétise les actuels articles 1350 et 1352 en deux alinéas, trouve sa place dans les dispositions générales dans la mesure où ces dernières allègent la charge de la preuve, contrairement aux présomptions judiciaires qui constituent un mode de preuve particulier. Ces présomptions légales ont toutes pour effet de dispenser de preuve, mais non de « toute preuve », car elles peuvent n'avoir comme effet que de déplacer l'objet de la preuve, et non d'en dispenser totalement le demandeur. Les présomptions légales sont rattachées à la charge de la preuve, alors que les présomptions du fait de l'homme sont considérées comme des modes de preuve. L'unité des présomptions est ainsi rompue en droit français. Cette rupture est déjà réalisée au Sénégal[387], mais il est nécessaire d'aller plus loin dans l'espace OHADA. D'une part, la catégorie des présomptions légales doit être modernisée. L'effet de ces présomptions ne peut être réduit à une « dispense de preuve » comme le prévoit le Code civil en vigueur[388]. Ainsi, une présomption qui déplace l'objet de la preuve ne constitue pas une dispense de preuve. Par exemple, celui qui prouve qu'il est inscrit au registre du commerce et des sociétés est présumé avoir la qualité de commerçant. Il n'est pas dispensé de preuve, mais la preuve qui lui incombe n'a pas le même objet que son allégation. D'autre part, la notion de présomption légale est réductrice. En effet, la

---

[387] Cf. Art.10 COCC « *Celui qui établit les actes ou faits auxquels la loi a attaché une présomption bénéficie pour le surplus d'une dispense de preuve* » trouve sa place dans une section première 1ère intitulée : La charge de la preuve.

[388] Sur cette diversité, E. Vergès, *op. cit.*, spéc. p. 669 s

jurisprudence crée régulièrement de nouvelles présomptions qui s'appliquent avec la même généralité que les présomptions légales[389]. Ces présomptions jurisprudentielles s'étendent aux domaines les plus divers[390]. Elles illustrent la très grande latitude d'action dont le juge dispose pour répartir la charge de la preuve. Il conviendrait de viser dans le Code civil, non pas les « présomptions légales », mais les « présomptions de droit ».

314. La notion de présomption irréfragable mériterait également d'être précisée. Dans l'espace OHADA, le Code civil actuel établit que la présomption irréfragable peut être renversée par l'aveu ou le serment. Il s'agit du régime des présomptions légales du code de 1804. Mais, depuis, le concept a évolué. En France, la Cour de cassation et le législateur ont reconnu comme irréfragables certaines présomptions qui n'admettent aucune preuve contraire. Il en est ainsi de la libération du débiteur par la remise volontaire d'un titre original[391], de la désignation du bénéficiaire de l'aval d'une lettre de change[392], de la présomption de représentativité de certains syndicats[393] ou encore de certaines clauses « regardées, de manière irréfragable, comme abusives »[394]. Il est ainsi nécessaire de reconnaître l'existence d'une autre catégorie de présomptions qui ne sont pas susceptibles d'être combattues[395].

315. L'article 551 de l'ordonnance française propose une définition de la présomption légale en s'inspirant de l'actuel article 1317 du Code civil : « *La présomption légale qu'une loi spéciale attache à certains actes ou à certains faits dispense de preuve celui au profit duquel elle existe* ». Cette formule établit un lien entre « charge de la preuve » et présomption. La présomption légale ne serait pas un mode de preuve mais agirait sur la répartition de la charge probatoire[396].

---

389 A la différence des présomptions du fait de l'homme, qui reposent sur l'accumulation d'indices, et sont propres à chaque espèce.

390 Par ex., Civ. 2e, 9 nov. 2006, n° 06-11.399, D. 2006. 2948 : la mention du ministère public sur le procès-verbal « emporte présomption » que ce dernier a été entendu.

391 Civ. 1re, 6 janv. 2004, n° 01-11.384, D. 2004. 325 ; RTD civ. 2004. 93, obs. J. Mestre et B. Fages.

392 Com. 30 juin 1998, n° 96-15.825, D. 1998. 219 ; RTD com. 1998. 896, obs. M. Cabrillac.

393 Soc. 23 juin 1983, n° 83-60.146

394 Art. L. 132-1 c. consom. français

395 Ces présomptions ont été qualifiées en doctrine d'« absolument irréfragables », X. LAGARDE, *Réflexion critique sur le droit de la preuve*, *op. cit.* n° 224.

396 En ce sens not. A. AYNES et X. VUITON, *Droit de la preuve. Principes et mise en oeuvre processuelle*, précité, 2013, n° 81, p. 47.

Cependant, les présomptions n'opèrent pas toujours une dispense de preuve mais un simple déplacement de l'objet de la preuve[397]. Aubry et Rau écrivaient en ce sens : « *Celui qui invoque une présomption légale est, en principe, tenu d'établir l'existence des faits qui lui servent de base*»[398]. Les auteurs ajoutaient que : « *La présomption légale facilite l'administration de la preuve par celui qui en a la charge mais elle ne le dispense pas de la preuve des faits qui déclenchent la présomption* ».

316. Si la charge de la preuve est en quête de cohérence, les modes de preuve restent perfectibles.

Paragraphe II. Les moyens de preuve perfectibles

317. Les différents modes de preuve sont aux termes de l'article 1316 du Code civil : « la preuve littérale, la preuve testimoniale, les présomptions, l'aveu de la partie et le serment ». Plusieurs distinctions enchevêtrées ont compliqué la compréhension des solutions du droit positif. Par exemple, le régime de chaque preuve et son admissibilité se trouvent entremêlés. Quant au fond, les textes actuels sont peu novateurs.

318. Le droit de la preuve n'ayant jamais fait l'objet de réformes globales, les archaïsmes subsistent, affectant la preuve littérale (A) et la preuve non littérale (B).

A- Les imperfections de la preuve littérale

319. La preuve littérale est celle qui résulte d'écrits produits en justice, afin d'établir l'existence d'un acte ou d'un fait juridique. Elle se trouve définie à l'article 1316 du Code civil comme « *une suite de lettres, de caractères, de chiffres ou de tous autres signes ou symboles dotés d'une signification intelligible, quels que soient leur support et leurs modalités de transmission* ». Cette définition a été formulée par la loi française du 13 mars 2000. En 1804, une telle définition n'était pas apparue nécessaire; il semblait évident que l'écrit était synonyme de papier. Tel n'est plus le cas aujourd'hui. La preuve littérale peut avoir un autre support que le papier et se transmettre autrement que par un déplacement physique.

---

[397] V. Fr. Ferrand, *V°* Preuve, précité, n° 49.

[398] C. Aubry et C. Rau, *Cours de droit civil français*, t. XII, 5e éd., par E. Bartin, § 749. 62 *Ibid.*

320. A la lumière du droit français, l'analyse portera sur les imperfections liées aux deux sortes de preuve littérale : l'écrit sur support papier (1) et l'écrit sous forme électronique (2).

1. L'écrit sur support papier

321. Dans la conception classique, les actes rédigés pour faire preuve se subdivisent en actes authentiques et actes sous seing privé. On observe des insuffisances au regard de l'évolution du régime juridique des actes authentiques *(a)* et des actes sous seing privé *(b).*

a) L'acte authentique

322. *L'acte authentique* est celui qui est reçu par un *officier public* ayant le droit d'instrumenter tant en considération du lieu que de la nature de l'acte, et suivant les formalités requises (art. 1317, al. 1er). En France, une réforme est intervenue le 13 mars 2000 pour ajouter un second alinéa à cet article : « *Il peut être dressé sur support électronique s'il est établi et conservé dans des conditions fixées par décret en Conseil d'Etat* ».

323. S'agissant des actes authentiques, leur force probante pourrait être renforcée. Qu'il suffise de comparer l'article 1319 du code civil à l'article 1371 qui, selon l'ordonnance, est appelé à le remplacer. Le premier dispose que « *l'acte authentique fait pleine foi de la convention qu'il renferme entre les parties contractantes et leurs héritiers ou ayants cause. Néanmoins, en cas de plainte en faux principal, l'exécution de l'acte argué de faux sera suspendue par la mise en accusation; et, en cas d'inscription de faux faite incidemment, les tribunaux pourront, suivant les circonstances, suspendre provisoirement l'exécution de l'acte*». Le second prévoit quant à lui: « *L'acte authentique fait foi jusqu'à inscription de faux de ce que l'officier public dit avoir personnellement accompli ou constaté. En cas de demande de faux, le juge peut suspendre l'exécution de l'acte* ». La différence est claire. Aujourd'hui, l'exécution d'un acte authentique querellé pour faux est automatiquement suspendue par la mise en accusation, et le juge dispose de la possibilité de prononcer la suspension lorsque l'inscription de faux est faite incidemment.

324. Pour le reste, l'article 1371 circonscrit bien plus justement la force probante d'un acte authentique en disposant que celui-ci « *fait foi jusqu'à inscription de faux de ce que l'officier public dit avoir personnellement accompli ou constaté* ». La formule est bien moins trompeuse que celle de l'actuel article 1319, alinéa 2, du Code civil, dont il suit que « *l'acte authentique fait pleine foi de la convention qu'il renferme entre les parties contractantes* ». Formule malheureuse non seulement parce que la force authentique vaut aussi à l'égard des tiers, mais surtout parce qu'elle ne couvre pas les mentions de l'acte qui relatent ce que les parties ont déclaré à l'officier public. Ces mentions ne font foi que jusqu'à preuve contraire, sans qu'une procédure d'inscription de faux soit nécessaire[399].

325. Le texte modifie substantiellement les dispositions de l'article 1336 ancien (al. 3e). Ce dernier prévoyait que la transcription d'un acte authentique sur un registre public valait commencement de preuve par écrit, à condition que la perte de la minute soit survenue dans certaines circonstances et que le registre du notaire établisse l'existence de l'acte. Désormais, la mention d'un écrit authentique ou sous signature privée sur un registre public vaut commencement de preuve par écrit. Le texte généralise le champ des actes concernés. Le texte élargit notablement la notion de commencement de preuve par écrit, alors détachée de tout aveu ou commencement d'aveu. Cette mention sur un registre public n'émane pas de celui contre lequel il s'agit de prouver. La mention des circonstances de la disparition de la minute a disparu du texte (art. 1336 1° et 2° anc.). Ce silence n'est pas sans susciter une interrogation : si la minute n'a pas disparu, on ne voit pas quel est l'intérêt pratique du texte puisque la preuve résultera de sa présentation, laquelle peut toujours être exigée (art. 1379, al. 3e). Cela veut donc dire que la disparition de la minute est requise et que le texte est encore relatif à la question de la copie de l'acte authentique (art. 1379).

326. D'autres changements revêtent une dimension substantielle. Le premier concerne le commencement de preuve par écrit. La notion, déjà étendue aux « *déclarations faites par une partie lors de sa comparution personnelle, son refus de répondre ou son absence à la comparution*», gagne encore du terrain. De l'article 1362, alinéa 3, il ressort que « la mention d'un écrit authentique ou sous signature privé sur un registre public » peut également en tenir lieu. La formulation n'est plus restrictive comme celle qui prévaut actuellement à l'article 1336 (C. civ., art. 1336, al. 1er : « *La transcription d'un acte*

[399] Civ. 3e, 27 févr. 2008, no 07-10.222: Bull. civ. III, no 35; D. 2008. AJ 783, décidant que la quittance d'une somme payée en dehors de la comptabilité du notaire ne fait foi que jusqu'à preuve contraire, laquelle ne peut être rapportée que dans les conditions prévues par les articles 1341 et suivants du code civil. V. aussi Civ. 1re, 17 janv. 1961: Bull. civ. I, no 41.

sur les registres publics ne pourra servir que de commencement de preuve par écrit »). Elle élude au surplus les restrictions que celui-ci imposait (C. civ., art. 1336: «*il faudra même pour cela: 1°) Qu'il soit constant que toutes les minutes du notaire, de l'année dans laquelle l'acte paraît avoir été fait, soient perdues, ou que l'on prouve que la perte de la minute de cet acte a été faite par un accident particulier; 2°) Qu'il existe un répertoire en règle du notaire, qui constate que l'acte a été fait à la même date*», l'article ajoutant encore que «*lorsqu'au moyen du concours de ces deux circonstances la preuve par témoins sera admise, il sera nécessaire que ceux qui ont été témoins de l'acte, s'ils existent encore, soient entendus*»).

327. L'article 1316-4 du Code civil français, issu de la loi du 13 mars 2000, dispose, dans son alinéa 2 : « *Lorsqu'elle est électronique, elle (la signature) consiste en l'usage d'un procédé fiable d'identification garantissant son lien avec l'acte auquel elle s'attache. La fiabilité de ce procédé est présumée, jusqu'à preuve contraire, lorsque la signature électronique est créée, l'identité du signataire assurée et l'intégrité de l'acte garantie* », dans les conditions fixées par le décret n° 2001-272 du 30 mars 2001[400]. Ce texte a été repris par le Règlement N° 15/2002/CM/UEMOA relatif aux systèmes de paiement dans les États membres de l'UEMOA, qui a admis la signature électronique au même titre que la signature manuscrite. En droit OHADA, le principe posé ne limite pas le procédé d'une signature électronique qualifiée dont l'usage reste possible en vertu de l'article 82 alinéa 1er de l'AUDCG. Toutefois, tenant compte de la diversité de la réglementation des États parties, il est fait renvoi à ces sources pour les questions relatives aux contraintes techniques appliquées aux composantes de la signature électronique pour que celle-ci soit réputée qualifiée. De la sorte, les critères de définition risquent de varier d'un Etat partie à un autre.

b) L'acte sous seing privé

328. C'est sans doute au nom de l'accessibilité, voire de la simplification, du droit que la notion d'acte sous « seing privé » s'offre une cure de jouvence pour devenir l'acte «sous signature privée». Au

[400] *JO* 31 mars 2001, BRDA 7/01, n° 19, *JCP* 2001, éd. G, Act. 1601; Isabelle LAMBERTRERIE et J.-F. BLANCHETTE, Le décret du 30 mars 2001 relatif à la signature électronique : lecture critique, technique et juridique, *JCP* 2001, éd. E, 1269; Y. BRULARD et P. FERNANDEZ, Signature électronique : la réforme aura-t-elle accouché d'une « souris » ?, Petites *Affiches*, *25* oct. 2001, p. 8 s., 26 oct. 2001, p. 4 s.

cas où certains ne seraient pas capables de faire le lien entre le « seing » et la signature.

329. Sur le fond, plusieurs changements ont déjà été enregistrés. Le premier porte sur la formalité du double. L'article 1375, alinéa 1er, permet en effet aux parties de s'y soustraire en convenant de remettre à un tiers l'unique exemplaire dressé. Solution justifiée : si le fondement de l'exigence d'un double ou triple exemplaire réside dans le principe d'égalité des armes qu'il convient de respecter à l'égard de chacune des parties (CEDH, art. 6), l'intervention d'un professionnel à qui chacune des parties pourra au besoin demander une copie de l'acte s'avère tout aussi protectrice. Pourront être ainsi évitées de fastidieuses séances de signature, quand les parties sont nombreuses et les actes volumineux. Le second concerne la mention manuscrite. L'article 1376 prend soin de lier cette exigence à la preuve de l'acte: celui-ci, au sens d'*instrumentum*, dès lors qu'il contient l'engagement d'une seule partie à payer ou à livrer un bien fongible, «ne fait preuve» que s'il comporte la signature et la mention manuscrite du débiteur. L'article 1326 du code civil est beaucoup plus sibyllin, disposant qu'un tel acte juridique «*doit être constaté dans un titre qui comporte la signature de celui qui souscrit cet engagement ainsi que la mention, écrite par lui-même, de la somme ou de la quantité en toutes lettres et en chiffres*». Sans doute le texte fait-il partie d'un chapitre sur «la preuve des obligations et du paiement ». Il reste que sa formulation ouvrait une brèche à tous ceux qui souhaitaient faire de cette fameuse mention manuscrite une condition de validité même de l'acte.

330. Un autre changement mérite cependant encore d'être mentionné. Il tient à l'article 1374 qui entend introniser l'acte sous signature privée contresigné par avocat dans le Code civil. Précisément sur le plan probatoire, l'acte contresigné par avocat a une moindre portée que l'acte authentique : il atteste de l'origine de l'acte, écriture et signature des parties, mais non point de son contenu, au rebours de l'acte authentique (C. civ., art. 1319). Quant à la procédure de faux mentionnée en termes très généraux à l'article 1374, alinéa 2, on peut supposer qu'il s'agit de celle qui est réservée aux actes sous signature privée. L'acte contresigné par avocat se situe donc derrière l'acte authentique qui relève de la procédure d'inscription de faux. On ne peut donc dire de l'acte d'avocat qu'il entre en concurrence avec l'acte authentique, ce qui continuera à rassurer les notaires africains. N'empêche, comme l'écrivait Josserand, au rebours des actes sous seings privés, les actes contresignés portent en eux-mêmes, du fait du contreseing, « leur propre introduction »[401], ce qui devrait concrètement rendre très rares les contestations d'écriture et de signature. N'empêche que l'acte d'avocat constitue également un substitut du formalisme informatif, ce dont atteste l'article 1374, alinéa 3. La dispense «*de toute mention manuscrite exigée par la loi* » a sa logique : dès l'instant que les consommateurs (car il s'agit d'eux) ont été utilement conseillés par un avocat, il devient inutile d'exiger d'eux des lignes d'écriture supplémentaires qui ont pour objectif de leur faire prendre conscience de la gravité de leur engagement. L'acte d'avocat reste un acte sous seing privé, comme l'atteste la localisation du texte, mais doté de certains attributs empruntés à l'acte authentique. Reste que tous ces avantages n'auront d'effets que lorsque les avocats se décideront à contresigner les actes qu'ils imaginent et conçoivent pour leurs clients. Pour l'instant, cette pratique ne semble pas encore entrée dans leurs mœurs professionnelles en Afrique.

331. L'article 1334 actuel du Code civil refuse toute force probante autonome aux copies en précisant que « *la représentation [du titre] peut toujours être exigée* ». Partant, si la personne qui se prévaut d'une copie ne peut produire l'original à la demande de la partie adverse, la copie est purement et simplement écartée des débats : n'ayant aucune force probante, elle est également irrecevable. Cette règle date de 1804, à une époque où les copies étant manuscrites, leur fiabilité était fortement sujette à caution. En conséquence, si leur conformité à l'original ne pouvait être vérifiée alors qu'elle était contestée, la copie était présumée non fidèle. Aujourd'hui que les copies sont devenues photocopies ou fichiers électroniques, une telle règle est évidemment dépassée. C'est ce dont la Cour de cassation française a tenu compte en permettant aux juges du fond de qualifier les photocopies de copies fidèles et durables au sens de l'article 1348, alinéa 2, du Code civil. Pour cela, ils doivent vérifier l'intégrité et l'imputabilité du document, ce qu'ils font en recourant à une expertise. En d'autres termes, l'admissibilité de la photocopie est soumise à la vérification préalable de sa force probante, à l'instar de ce que l'article 1316-1 prévoit pour les écrits électroniques. La différence qui demeure néanmoins entre les deux est que si, dans cette hypothèse, la photocopie est une preuve

[401] L. JOSSERAND, Cours de droit civil positif français: Sirey, t. 2, 2e éd., 1933, no 183

complète, elle n'est toujours pas une preuve parfaite et peut dès lors être contestée par tous moyens.

332. C'est sur ce point que l'ordonnance française innove, le nouvel article 1379 précisant que « *la copie fiable a la même force probante que l'original* ». Force probante autonome, égale au titre, la copie fiable devient donc une preuve parfaite et ne pourra plus être contestée que par une autre preuve parfaite. Il est à ce sujet notable que ce soit désormais le même adjectif « fiable » qui soit utilisé pour désigner les copies et la signature électronique apposée sur l'original (art. 1367, al. 2).

333. Comme pour les originaux électroniques, la fiabilité de la copie est laissée à l'appréciation des juges du fond, étant précisé qu'elle est présumée « jusqu'à preuve contraire » si a été utilisé « un procédé conforme à des conditions fixées par décret en Conseil d'État » (art. 1379, al. 2). Par ailleurs, « la copie exécutoire ou authentique d'un écrit authentique » est présumée irréfragablement fiable, cette seule précision remplaçant le long article 1335 du Code civil, manifestement vieilli. Ce nouveau régime probatoire des copies fiables explique que l'alinéa 3 de l'article 1379, selon lequel « *si l'original subsiste, sa présentation peut toujours être exigée* », ne soit pas une reprise de l'actuel article 1334, contrairement à ce que la grande similitude des termes aurait pu laisser penser.

334. La force probante des copies est expédiée en un seul article, là où le code en prévoit actuellement trois. L'un d'entre eux ne concerne pourtant pas directement les copies. Il s'agit de l'article 1336 érigeant, à certaines conditions, la transcription d'un acte sur un registre public en commencement de preuve par écrit. C'est donc fort logiquement qu'on ne le retrouve pas ici, mais, moins restrictif d'ailleurs, à l'article 1362, alinéa 3, sur les commencements de preuve par écrit. Deux articles, actuellement, pour une distinction : ou bien l'original subsiste, ou bien non. Dans le premier cas, l'article 1334 dispose que les copies ne font foi que de ce qui est contenu au titre, dont la représentation peut toujours être exigée. Dans le second, l'article 1335 prévoit que les copies font foi d'après les distinctions suivantes: *«1° les grosses ou premières expéditions font la même foi que l'original; il en est de même des copies qui ont été tirées par l'autorité du magistrat, parties présentes ou dûment appelées, ou de celles qui ont été tirées en présence des parties et de leur consentement réciproque; 2° les copies qui, sans l'autorité du magistrat, ou sans le consentement* *des parties, et depuis la délivrance des grosses ou premières expéditions, auront été tirées sur la minute de l'acte par le notaire qui l'a reçu, ou par l'un de ses successeurs, ou par des officiers publics qui, en cette qualité, sont dépositaires des minutes, peuvent, au cas de perte de l'original, faire foi quand elles sont anciennes», étant encore précisé qu'«elles sont considérées comme anciennes quand elles ont plus de trente ans» et que «si elles ont moins de trente ans, elles ne peuvent servir que de commencement de preuve par écrit»; 3° lorsque les copies tirées sur la minute d'un acte ne l'auront pas été par le notaire qui l'a reçu, ou par l'un de ses successeurs, ou par des officiers publics qui, en cette qualité, sont dépositaires des minutes, elles ne pourront servir, quelle que soit leur ancienneté, que de commencement de preuve par écrit; 4° les copies de copies pourront, suivant les circonstances, être considérées comme simples renseignements ».* Ce système complexe est balayé par l'article 1379, beaucoup plus efficace et général: tout tourne autour de la durabilité et de la fiabilité de la copie, la reproduction étant réputée dès lors que la reproduction indélébile de l'original entraîne une modification irréversible du support d'une part; la fiabilité étant, elle, laissée à l'appréciation du juge, sauf à tenir compte de la présomption simple édictée à la fin du texte: «est réputée fiable la copie exécutoire authentique d'un écrit authentique». Pour le reste, la subsistance de l'original permet seulement d'en exiger la présentation (art. 1379, *in fine*). Les longs développements de l'article 1335 du Code civil relatifs aux copies d'actes authentiques sont d'un autre âge, celui de la plume d'oie[402]. Les procédés modernes permettent de reconnaitre même force probante aux copies revêtues de la signature de l'officier public, sauf à lui imputer un faux en écriture.

335. D'autres changements sont à noter à l'exemple de l'abrogation de l'article 1333 du Code civil. Ce texte était déjà jugé « singulier » au XIXe siècle; il est devenu proprement mystérieux au XXIe. Qu'on en juge: «*Les tailles corrélatives à leurs échantillons font foi entre les personnes qui sont dans l'usage de constater ainsi les fournitures qu'elles font ou reçoivent en détail*». Bucolique, l'article 1333 relève presque de la poésie, celle qui naît toujours de l'évocation d'un monde disparu, ici le monde rural de 1804. Au demeurant, les tailles étaient une forme d'écriture rudimentaire à l'usage des illettrés,

---

[402] Cf. F. TERRE (dir.), *Pour une réforme des obligations*, Dalloz, p. 150

chaque coche représentant une unité de fourniture. Elles relèvent donc de la définition de l'écrit fixée à l'article 1365, dans la mesure, précisément, où un usage les dote d'une signification intelligible. Que cette définition ait été conçue pour ces écrits modernes que développe l'électronique ne l'empêche pas d'englober des pratiques beaucoup plus anciennes. L'article 1333 qui régit ce procédé, aujourd'hui en désuétude, est devenu sans objet et demeure un article inefficace en mémoire de ce que furent les preuves écrites, dans une société agricole et peu alphabétisée. Dépourvues de toute actualité, les tailles ne sont pourtant pas abrogées dans le Code civil actuel.

336. Le deuxième changement a trait à la force probante de ces «autres écrits» traitée dans ce quatrième paragraphe de la section relative à la preuve littérale. Elle a la même valeur qu'un acte sous signature privée. En réalité, l'article 1378-3 le rappelle : si « *les registres des commerçants, les documents domestiques et les mentions libératoires font preuve seuls; toutefois, la preuve contraire par tous moyens est admise*». L'article 1360, alinéa 2, est ici écarté: contrairement à ce qu'il prévoit, il peut être prouvé outre ou contre un écrit, par autre chose qu'un écrit sous signature privée ou authentique. La solution s'impose: ces écrits ne sont pas des actes instrumentaires et l'article 1360 n'est donc pas fait pour eux. Au reste, la force probante qui leur est reconnue découle de ce qu'ils témoignent d'une espèce d'aveu extrajudiciaire. Or la force probante d'un tel aveu est laissée à l'appréciation du juge. La solution, qui ne figure pas expressément dans le code civil actuel, mérite cependant d'être faite. Certaines décisions ont en effet déjà refusé à une partie de prouver par témoins l'inexistence d'une vente mentionnée dans sa comptabilité (Com. 14 juin 1957: Bull. civ. III, no 187).

337. Les deux derniers articles de la rubrique traitant dans le Code civil de l'acte authentique – 1321 et 1321-1 – sont relatifs à la simulation. A l'évidence, telle n'était pas leur bonne place. Elles sont étrangères à la problématique de la preuve. La réforme française du droit de la preuve traite logiquement de cette question dans la partie « Contrat ». Elle montre la voie au législateur africain.

2. L'écrit sur support électronique

338. Les progrès techniques et scientifiques réalisés en la matière ont rendu nécessaire une réforme de la preuve dans l'espace

OHADA, à l'exemple du droit français[403]. Cette réforme aurait pu être de grande ampleur d'autant plus que le système retenu en 1804 avait sa cohérence en ce qu'il était ordonné autour de l'écrit sur papier.

339. Il conviendra d'observer que le droit communautaire et différentes législations nationales ont admis l'écrit électronique (a), mais qu'en définitive l'écrit électronique pourra n'être qu'une preuve imparfaite à force probante relative (b).

a. Une admission juridique incontestable

340. La nouveauté a consisté à reconnaître l'écrit électronique comme une des formes de l'écrit littéral et non comme un succédané de celui-ci. La consécration de l'écrit électronique est consécutive à la recommandation faite par la CNUDCI à l'adresse des États aux fins de mettre en œuvre le principe de la *neutralité technologique*[404]. Pour faire entrer la preuve électronique dans le droit, le législateur africain a suivi deux étapes. La première consiste à redéfinir la preuve littérale, ou preuve par écrit, de manière large afin

---

[403] Diverses exigences communautaires imposaient une réforme du droit français, plus spécialement du fait de deux directives : celle du 13 décembre 1999 « sur un cadre communautaire pour les signatures électroniques » ; celle du 8 juin 2000 « relative à certains aspects juridiques des services de la société de l'information, et notamment du commerce électronique dans le marché intérieur » (directive sur le commerce électronique).
Trois interventions ont eu pour principal objet d'adapter la législation française aux innovations de la technologie en matière probatoire, celle-ci étant largement entendue. La première est celle de la loi du 13 mars 2000 « *portant adaptation du droit de la preuve aux technologies de l'information et relative à la signature électronique* ». À la suite d'analyses et de rapports fructueux, jalonnée au cours de son élaboration par de précieuses réflexions, cette loi était parcellaire et prudente, mais, si elle ne prétendait qu'à une adaptation, elle portait en germe des développements importants.
La deuxième intervention législative est celle opérée par la loi du 21 juin 2004 « *pour la confiance dans l'économie numérique* ». Comme son titre l'indique elle était inspirée par le désir de renforcer le développement de l'économie numérique et se conformait, d'ailleurs tardivement, à la directive du 8 juin 2000, ce qui devait être combiné avec d'autres directives communautaires. Plusieurs axes de réforme ont été retenus par la loi de 2004 : cadre de la liberté de la communication en ligne, commerce électronique, publicité, sécurité, développement des technologies... On envisagera de manière plus précise les dispositions relatives aux contrats sous forme électronique.
La troisième intervention est celle de l'ordonnance n° 2005-674 du 16 juin 2005 « *relative à l'accomplissement de certaines formalités contractuelles par voie électronique*»[403]. Le terme de *formalités,* sans autre précision, n'a pas facilité l'acclimatation des nouvelles règles, sans doute parce que la préoccupation en cause relevait ici non d'un formalisme de validité ou d'un formalisme probatoire, mais d'un formalisme d'information, d'esprit consumériste.

[404] Principe en vertu duquel un écrit ou une signature ne sauraient être discriminées au seul motif qu'ils sont établis sous la forme électronique.

d'y inclure l'écrit sous forme électronique. La seconde vise à exiger des conditions spécifiques, voire exceptionnelle à l'écrit électronique.

341. Issu de la loi du 13 mars 2000, l'article 1316 du Code civil français dispose que « *la preuve littérale, ou preuve par écrit, résulte d'une suite de lettres, de caractères, de chiffres ou de tous autres signes ou symboles dotés d'une signification intelligible, quels que soient leur support et leurs modalités de transmission* ». Cette définition a été intégralement reprise par les articles 18 du Règlement de l'UEMOA de 2002, 27 de la loi sénégalaise de 2008, 17 de la loi burkinabè de 2009. Cette définition légale des instruments ouest africains a aboli la hiérarchie des supports, en assimilant toute forme électronique à l'écrit. Ainsi, serait un écrit, aussi bien un document sur support papier que les données échangées par l'informatique.

342. En matière électronique, il existe une double obligation : l'obligation de conservation et celle de fiabilité. L'article 6 de la loi type de la CNUDCI relatif à l'écrit électronique intègre l'idée d'accessibilité ultérieure de l'écrit électronique. Le législateur burkinabè y fait directement référence à l'article 17[405]. L'article 19 du Règlement de l'UEMOA prescrit une trace identifiable de la personne dont l'acte émane, impose également que l'acte soit conservé dans des conditions qui garantissent son intégrité. Le législateur sénégalais, aux termes de l'article 37-2, a fixé le délai de conservation à dix ans. A cet égard, l'instauration des prestataires de services d'archivage permettrait de garantir la conservation de l'intégrité de l'écrit électronique.

343. L'intervention du standard de fiabilité se remarque dans les dispositions concernant la signature électronique résultant des travaux de la CNUDCI, notamment la loi type sur le commerce électronique. Les éléments transmis, quel qu'en soit le support, doivent être « dotés d'une signification intelligible »[406], et l'équivalence avec l'écrit classique n'est admise pour l'écrit sous forme électronique, que *« sous réserve que puisse être dûment identifiée la personne dont il émane et qu'il soit établi et conservé dans des conditions de nature à en garantir l'intégrité »*[407]. Il aurait été bien préférable de prévoir la garantie de la fiabilité, plutôt que de l'intégrité de l'écrit qui n'en est

---

[405] « L'exigence d'un écrit est satisfaite par une suite de lettres, de caractères, de chiffres ou de tous autres signes ou symboles dotés d'une signification intelligible et accessible pour être consultés ultérieurement, quels que soient leur support et leurs modalités de transmission »

[406] Art. 18 du Règlement de l'UEMOA, 27 de la loi sénégalaise et 17 de la loi burkinabè.

[407] Art. 19 du Règlement de l'UEMOA, 37 de la loi sénégalaise et 34 de la loi burkinabè.

qu'une des composantes, avec l'identification de la personne et la validité de la signature.

344. L'OHADA consacre l'équivalence fonctionnelle de l'écrit électronique en disposant que : « *Les documents sous forme électronique peuvent se substituer aux documents sur support papier et sont reconnus comme équivalents lorsqu'ils sont établis et maintenus selon un procédé technique fiable, qui garantit, à tout moment sous forme électronique et son intégrité au cours des traitements et des transmissions électroniques* »[408]. Cette formulation adopte une flexibilité accrue sur les notions comme l'écrit, la signature, ou l'original en mettant l'accent non sur le support en soi, mais plutôt sur ses fonctions.

345. En la transposant dans la sphère technologique, l'on admet que le formalisme classiquement exigé aussi bien pour la validité du contrat que pour sa preuve soit pratiquement neutralisée par la fonction d'équivalence juridiquement reconnues aux supports papier et celles portées par les supports électroniques. C'est sur ce fondement que, pour la validité des documents et des signatures électroniques, l'écrit et la signature sont reconnus et produisent les mêmes effets que les documents papier et la signature manuscrite.

b. Une force probante relative[409]

346. En dépit des réformes opérées dans l'espace OHADA, la valeur probatoire de l'écrit électronique demeure relativement limitée. Celui-ci ne peut que s'incruster dans les exceptions et interstices laissés par l'exigence générale de l'écrit sur support papier. Certes, en matière commerciale, en vertu de l'article 5 de l'AUDCG, l'on peut valablement apporter la preuve par tous moyens, y compris par l'écrit électronique, mais cette règle ne vaut qu'à l'égard des commerçants s'agissant des actes de commerce accomplis dans l'exercice de leur profession. Il est vrai qu'en matière civile, l'écrit électronique pouvait être admis à titre d'indice ou de présomption. Certes, il peut compléter la démonstration de l'existence d'un acte juridique en présence d'un commencement de preuve par écrit, voire être admis à prouver un acte juridique en cas

[408] Art. 82 (2) de l'AUDCG. Voir également le livre V : Informatisation du registre du commerce et du crédit mobilier, du fichier national et du fichier régional, articles 79-100.
[409] V. déjà M. Adamou, « La valeur de l'écrit électronique dans l'espace UEMOA », PENANT n° 877 Octobre/Décembre 2011, page 502 et svt. Également J. Diffo Tchunkam, *Droit des activités économiques et du commerce électronique*, Harmattan, 2012, p. 66 et svt.

d'impossibilité d'établir ou de produire un écrit. Le principe cependant reste que, dans les rapports entre particuliers, au-dessus du seuil fixé par l'article 1341 du code civil, la preuve devait être rapportée par un acte sous seing privé ou par un acte authentique. Cette exigence ayant été posée dans un contexte d'exclusivisme de l'écrit sur support papier, l'on ne peut raisonnablement l'étendre aux écrits électroniques car ces derniers ne répondaient pas parfaitement aux conditions d'établissement des actes sous seing privé, encore moins celles des actes authentiques.

347. Dans un tel contexte, l'écrit électronique n'est considéré ni comme une modalité de la preuve littérale, ni comme un mode de preuve à part entière. Cela rend extrêmement malaisé la preuve des transactions électroniques qui sont pourtant de plus en plus pratiquées. Pour pallier cette inefficacité de la preuve par l'écrit électronique, les parties pourraient conclure des conventions séparées sur la preuve. Mais ici comme ailleurs, la force obligatoire de ces conventions est soumise au contrôle rigoureux du juge, au motif qu'elles aboutissent généralement à des déséquilibres entre les droits et les obligations des parties, toutes n'ayant pas toujours la même maitrise de l'instrument technologique utilisé.

348. La théorie de l'équivalence fonctionnelle voit sa portée relativement restreinte dans le domaine des actes électroniques pouvant servir de preuve. Le législateur africain ne semble pas être allé au bout de la logique de la neutralité technologique en excluant l'établissement des actes authentiques électroniques. En effet, les textes africains semblent exclure expressément les actes notariés qui constituent l'archétype des actes authentiques. Aucune des conditions de sa validité n'est évoquée, ni même éventuellement les modalités techniques de son élaboration. Or, l'acte authentique n'est en aucune manière comparable à l'acte sous seing privé. Il doit, aux termes de l'article 1317 du code civil, être « *reçu par un officier public ayant le droit d'instrumenter dans le lieu où l'acte a été reçu et avec les solennités requises* ».

349. Ainsi compris, l'officier public doit avoir une présence effective, mais surtout active lors de l'établissement de l'acte authentique. Ceci est un réel défi dans la mesure où la consécration de l'acte authentique électronique suppose que l'infrastructure technique dont dispose les officiers publics soit à même de permettre non seulement l'identification des parties prenantes à l'acte, mieux encore, d'établir une rencontre virtuelle entre tous les protagonistes. L'officier public doit pouvoir également conseiller utilement les parties et s'assurer que leur consentement a été régulièrement donné. Il apparait que l'exclusion tacite par le législateur africain de l'établissement par voie électronique des actes authentiques procède d'un choix tenant surtout à la faisabilité technique de tels instruments.

350. En France, les particularités de l'acte électronique sont prises en considération au sujet de l'acte authentique[410]. Un décret n° 2005-973 du 10 août 2005 a apporté, en application de l'article 1317, alinéa *2,* du Code civil, des modifications au décret du 26 novembre 1971 « relatif aux actes établis par les notaires ». De l'article 17 modifié de ce décret, il résulte que l'acte établi sur support électronique « *doit être signé par le notaire au moyen d'un procédé de signature électronique sécurisée* » (al. 1er). « *Pour leur signature, les parties et les témoins doivent utiliser un procédé permettant l'apposition sur l'acte notarié, visible à l'écran, de l'image de leur signature manuscrite* » (al. 3). « *Lorsque l'acte doit contenir une mention manuscrite émanant d'une personne qui y concourt, le notaire énonce que la mention a été apposée dans le respect des conditions prévues au second alinéa de l'article 1108-1 du Code civil* » (al. 4).

351. Au total, le législateur africain se prononce pour l'admissibilité de l'écrit électronique à titre de preuve, mais n'arrive pas à supprimer la discrimination entre les preuves littérales.

B. Les imperfections de la preuve non littérale

352. Les preuves non littérales se situent à un tout autre niveau que celui de la preuve littérale. Les imperfections de ces moyens de preuve sont très marquées tant sur le plan de l'admissibilité que celui de la force probante.

353. On distingue selon les preuves de nature objective (1) et les preuves de nature subjective (2).

1. Les preuves de nature objective

354. Le témoignage (a) et les présomptions (b) présentent des imperfections.

---

410 V. M. GRIMALDI, « L'acte authentique électronique », Defrénois 2003, p. 1023 s. Les actes authentiques électroniques, dir. Isabelle de LAMBERTERIE, La Documentation française 2003. V. aussi X. LINANT DE BEUEFONDS, « Notaires et huissiers face à l'acte authentique électronique », JCP 2003, éd. N, 1196 s.

a. La preuve testimoniale

355. Le témoignage ou preuve testimoniale n'a été défini par aucun texte. La doctrine s'accorde cependant pour admettre qu'il s'agit de la preuve résultant des déclarations de personnes qui relatent ce qu'elles ont vu ou entendu, soit par hasard, soit sur l'invitation de l'une des parties[411]. Ainsi, Bentham disait des témoins qu'ils sont « *les yeux et les oreilles de la justice* »[412].

356. Le Code civil a admis la preuve testimoniale pour remédier à l'impossibilité de la preuve par écrit, ou encore pour compléter un commencement de preuve par écrit. D'après la loi, l'impossibilité de la preuve par écrit peut résulter de l'impossibilité matérielle ou psychologique d'établir un écrit. Comme exemple d'impossibilité matérielle, il y a les cas énumérés par l'article 1348 C. civ. En outre, les faits juridiques sont prouvés librement par témoins contrairement aux actes juridiques. Comme impossibilité morale, le législateur indique les dépôts faits par les voyageurs qui logent dans les hôtels. L'impossibilité de la preuve par écrit peut également résulter de l'impossibilité de produire en justice un écrit qui avait été établi. Le législateur prévoit le cas où le créancier a perdu l'écrit qui servait de preuve par suite d'un cas fortuit.

357. Le Code civil traite exclusivement, en réalité, de la preuve par écrit, qui ne laisse place au témoignage que comme preuve subsidiaire ou complémentaire. Il s'agit en outre de l'admissibilité et non de l'essence du témoignage.

358. En revanche, le droit français a facilité les témoignages, en assimilant aux dépositions orales, recueillies dans le cadre d'une enquête, les attestations écrites[413]. Cette assimilation est explicite dans

---

[411] V. not. : F. GORPHE, *La critique du témoignage,* thèse, Paris, 1924 ; G. DESMOTTES, *L'enquête en matière civile : la fidélité du témoignage,* thèse, Caen, 1942 ; J.-P. GRIDEL, «La valeur du témoignage en droit civil ». *RIDC* 1994, 437 et s. ; J. BOULAY, *La preuve par témoins devant le juge administratif,* préf. J. Rouvière. 2001, Tecl Doc; M. Redon, Enquête, témoins, attestations (déclarations des tiers). *Répertoire Dalloz Procédure civile,* 2010; M. OUDIN, Contrats et obligations. Preuve testimoniale. Généralités, *JCl. Civil Code,* art. 1341 à 1348, Fasc. 10, 2006 : X. Marchand, Déclarations des tiers. *JCl. Procédure civile,* fasc. 640 et 641, 2014.

[412] J. Bentham, *Traité des preuves judiciaires,* par Et. Dumont, Ed. Bossange, *2* éd., 1830, t. I, n° 93.

[413] Civ. 3e, 11 janv. 1978, Bull. civ. III, n° 30, RTD civ. 1978, 925, obs. R. PERROT; R. BERAUD, « Du témoignage-Charybde à l'attestation écrite-Scylia », *Gaz. Pal.* 1975, 2, doctr. 567; J.-P. GRIDEL, » La valeur du témoignage en droit civil », *RDC* 1994, 437 s.

le Code de procédure civile français (art. 199 s.). Dans l'hypothèse de l'attestation écrite, la preuve de l'identité du témoin doit alors être fournie et mention doit être faite sur l'attestation de la connaissance par son auteur des poursuites pénales possibles en cas d'attestation mensongère. Le juge peut d'ailleurs toujours décider d'entendre l'auteur d'une attestation (art. 203 CPC), ce qui montre que le témoignage oral reste le principe, même s'il a cessé d'être le mode le plus courant.

359. L'ancienne règle *testis unis testis nullus,* qui refusait toute force probante à un témoignage isolé, n'a pas été maintenue : un témoin unique n'est pas récusable pour ce seul fait; il appartient simplement au juge d'être particulièrement prudent dans l'appréciation d'un tel témoignage. Cela rapproche la force probante du témoignage de celle attachée à la présomption, puisque la jurisprudence a admis que le juge pouvait former sa conviction sur une présomption unique.

360. Dans la réforme française, l'article 1381 porte sur la force probante des témoignages, régulièrement recueillis dans les conditions du code de procédure civile, qui est laissée à l'appréciation du juge. Il s'agit de la consécration d'une jurisprudence bien établie. Il ne faut cependant pas déduire du texte que seraient dénués de toute force probante les témoignages recueillis dans des conditions ne respectant pas les prescriptions du code de procédure civile, qui conservent une force probante, mais nécessairement moindre. La preuve par témoin peut compléter un commencement de preuve par écrit, pour suppléer à l'exigence d'une preuve écrite.

b. Les présomptions

361. Sous cet intitulé, le Code civil applicable dans l'espace OHADA traite à la fois des présomptions légales, qui ne sont pas des modes de preuve, mais des dispenses de preuve et, parfois, des renversements de la charge de la preuve, et des présomptions de l'homme (ou de fait), qui seules sont des modes de preuve.

362. La réforme probatoire en France a repensé la définition des présomptions. L'ordonnance a fait le choix de ne pas reprendre la définition de la présomption figurant actuellement à l'article 1349 du Code civil : « *les présomptions sont des conséquences que la loi ou le magistrat tire d'un fait connu à un fait inconnu* ». L'abandon de cette définition peut être approuvé car elle ne rend pas compte de l'ensemble des mécanismes rattachés en droit positif à la catégorie des présomptions. Certaines présomptions ne partent pas d'un fait connu pour déterminer un fait inconnu. Elles manifestent une préférence légale qui s'impose au juge. La bonne foi est présumée selon l'article 2272 du Code civil. Un bien acquis pendant le mariage est présumé commun jusqu'à preuve contraire (C. civ., art. 1402)[414]. Dans le même esprit, une série de textes détermine parfois directement qui devra supporter les conséquences d'un doute persistant. La présomption d'innocence de l'article 9 de la Déclaration des droits de l'homme et de l'article 9-1 du Code civil constitue, en ce sens, moins une présomption qu'un principe général guidant le juge répressif. « Ces présomptions » ne constituent-elles pas plutôt des règles substantielles ? Ces présomptions seraient alors mal nommées, car elles relèveraient davantage de la « *présomption postulat* » que de la « *présomption preuve* »[415]; présomption postulat qui constituerait un présupposé légal.

363. L'ordonnance ajoute encore aux dispositions actuelles en prévoyant à l'article 1355, alinéa 2, une classification des présomptions selon leur force probante. Certes, l'idée n'est pas nouvelle. Pour l'instant, elle ne fait toutefois pas l'objet d'une présentation synthétique et résulte de dispositions dispersées. Or la différence est importante en pratique: certaines présomptions, dites «irréfragables», ne souffrent pas la contradiction, sauf aveu ou serment décisoire (C. civ., actuel art. 1352); d'autres, dites «simples», peuvent être renversées par une preuve contraire; d'autres, enfin, sont qualifiées de mixtes dans la mesure où s'il est possible de les combattre, c'est uniquement par certains moyens de preuve permis par la loi ou sur le seul objet visé par elle (par ex. C. civ., art. 1402). Il n'est donc pas inutile d'intégrer cette trilogie dans le code.

364. La disposition consacrée à la preuve par présomption judiciaire, est composée de l'article 1382, qui modernise la formulation de l'actuel article 1353. L'expression «appréciation du juge», qui n'en devra pas moins être éclairée et prudente, remplace «les lumières et la prudence» du magistrat auxquelles était «abandonnée» l'appréciation de la présomption non établie par la loi. Le texte encadre la possibilité de prouver par présomptions judiciaires: le juge ne peut les admettre

[414] On peut ajouter les articles 312, 804, 1187, 1731, 1349 et 1350 du Code civil.

[415] A.-B. CAIRE, Relecture du droit des présomptions à la lumière du droit européen des droits de l'homme, A. Pédone, 2012, spécialement p. 35 et s.

que si elles sont graves, précises et concordantes, et seulement lorsque la preuve peut être rapportée par tout moyen.

365. Les présomptions légales, on l'a vu, sont présentées à l'article 1355 : elles dispensent de preuve celui au profit duquel elles existent. Voici néanmoins une autre catégorie: les présomptions auxquelles le juge recourt. Ce sont des indices. L'article 1353 du Code civil témoigne de la conception ambivalente que les rédacteurs du code civil se faisaient du juge: s'il évoque «la prudence» et les «lumières du magistrat», il restreint son pouvoir d'appréciation en lui enjoignant de n'admettre «que des présomptions graves, précises et concordantes, et dans les cas seulement où la loi admet les preuves testimoniales, à moins que l'acte ne soit attaqué pour cause de fraude ou de dol». D'un côté, c'est la révérence à l'égard d'une jurisprudence appelée, selon le mot de Portalis, à «diriger l'application» des lois[416]. De l'autre, c'est la méfiance à l'encontre des anciens parlements, dont l'équité est un risque dont il faut se garder. L'article 1382 issu de la réforme abandonne toute référence à la «prudence» et aux «lumières du magistrat». En revanche, il maintient l'exigence de présomptions «graves, précises et concordantes». Tout un symbole? De prime abord, il pourrait même être relevé qu'en supprimant l'exception tenant à la fraude et au dol, la réforme semble encore restreindre le champ des présomptions du fait de l'homme. En réalité, il faut relativiser car cette suppression n'a pas grande portée. La fraude et le dol sont des délits civils; ils sont donc des faits juridiques, dont la preuve est libre et peut ainsi naturellement, sans qu'un texte soit nécessaire, être rapportée par tous moyens (V. art. 1359). Dans ces conditions, il faut peut-être surtout regretter que l'article 1382, à l'instar de l'actuel article 1353, roule sur un malheureux pluriel. Pourquoi évoquer « les présomptions » ? Pourquoi continuer à exiger qu'elles soient «concordantes» ? La tournure semble imposer une pluralité de présomptions. Il est pourtant constant que la jurisprudence décide que la règle «ne s'oppose pas à ce que les juges forment leur conviction sur un fait unique, si celui-ci leur paraît de nature à établir la preuve nécessaire » (Civ. 1re, 18 mars 1997: no 94-21.396).

366. L'ordonnance française a déplacé les dispositions relatives aux présomptions légales pour les intégrer dans la section relative aux dispositions générales. Elles ne sont plus noyées au milieu des autres dispositions relatives aux modes de preuve. Ce déplacement

[416] Portalis, Discours préliminaire: cité par J. Foyer, Loi et jurisprudence: in *Le discours et le code, Portalis, deux siècles après le code Napoléon*, Litec, 2004, p. 21 s., spéc. p. 23.

est appréciable. Au sein du Code civil actuel, les présomptions établies par la loi figurent au sein d'une section 3 « *Des présomptions* » et sont précédées d'une section 2 sur « *La preuve testimoniale* » et succédées d'une section 4 sur « *L'aveu de la partie* ». Cette section 3 est composée d'un premier paragraphe consacré aux « *présomptions établies par la loi* » et d'un second paragraphe sur les « *présomptions qui ne sont point établies par la loi* ». La confusion est entière. En effet, la place de cette section et sa composition laissent entendre que les présomptions légales sont des modes de preuve.

367. L'avant-projet « Terré » de réforme du droit des contrats est également en ce sens, en intégrant les présomptions dans une section 6 entre la preuve testimoniale et « l'aveu et le serment », et en renvoyant aux articles 1349 à 1353 du Code civil actuel. Quant à l'avant-projet « Catala », il a fait le choix d'une section 4 intitulée « *Règles particulières aux présomptions, à l'aveu et au serment* » (Projet, art. 1314 à 1326-2). Cette confusion existe également au sein du Code civil québécois, qui intègre la présomption à un chapitre troisième qui fait partie d'un titre deuxième consacré aux « *moyens de preuve* ». Cette présentation est maladroite. Les présomptions légales déplacent à la fois l'objet et la charge de la preuve mais ne relèvent pas à proprement parler des modes de preuve. En introduisant l'article 1355 au sein d'une section relative aux dispositions générales, le droit de la preuve gagne en cohérence. Enfin, l'article 1355 de l'ordonnance modifie quelque peu le contenu des articles 1350 et 1352 du Code civil actuel. En réunifiant en son sein le contenu des articles 1350 et 1352, l'ordonnance française offre une présentation plus rigoureuse des textes. Ce qui n'est pas le cas du Code civil en vigueur dans l'espace OHADA.

2) Les preuves de nature subjective

368. L'aveu (a) et le serment (b) présentent également des imperfections.

a. L'aveu

369. Selon l'excellente définition d'Aubry et Rau souvent reproduite[417], l'aveu est la déclaration par laquelle une personne reconnait pour vrai et comme devant être tenu pour avéré à son égard un fait de nature à produire contre elle des conséquences juridiques.

---

[417] AUBRY et RAU, t. XII, par BARTH, *op. cit.* § 751, p. 107; BEUDANT et LEREBOURS-PIGEONNIERE, t. IX, par R. PERROT, *op. cit.* n° 1304.

370. L'article 1383 de l'ordonnance française propose dans son premier alinéa une définition de l'aveu, aujourd'hui absente du Code civil. La définition retenue par l'ordonnance est une définition doctrinale consacrée par la jurisprudence de la Cour de cassation. Ensuite, le texte annonce la nature des différents aveux, judiciaire ou extrajudiciaire, objets des articles suivants. L'article 1383-1 élabore le régime juridique de l'aveu extrajudiciaire en s'inspirant de l'actuel article 1355 du Code civil et en y ajoutant un second alinéa consacrant la jurisprudence en la matière, qui laisse sa valeur probatoire à l'approbation du juge. L'article 1383-2 porte quant à lui sur l'aveu judiciaire. Il reprend l'actuel article 1356 dont il allège et simplifie la formulation.

371. L'aveu judiciaire, celui qui est fait devant les juges au cours de l'instance dans le cadre de laquelle le fait est débattu, « ne peut être divisé contre son auteur » (art. 1356, al. 3, repris à l'art. 1383-2, al. 3). Or ce point du régime de l'aveu soulève des difficultés lorsque l'aveu est composé de deux assertions dont la seconde est favorable à la personne qui « avoue ». L'exemple type est celui de la reconnaissance d'une dette accompagnée de l'affirmation qu'elle a été payée. Or, au nom de l'indivisibilité de l'aveu, ces deux assertions connexes ne peuvent être traitées séparément et la seconde bénéficie de la force probante de la première, de celle d'une preuve parfaite contestable uniquement par une autre preuve parfaite ; en d'autres termes, un écrit original qui, par hypothèse, n'existe pas puisque, dans le cas contraire, il aurait été présenté aux débats et le recours à l'aveu n'aurait pas été nécessaire. D'où l'on voit que la règle de l'indivisibilité de l'aveu peut faire obstacle à la découverte de la vérité et livrer sans défense une partie à la mauvaise foi de l'autre. C'est pour cette raison que la jurisprudence a depuis longtemps infléchi ce principe, en admettant que la preuve contraire puisse être rapportée par tous moyens dans les hypothèses où la seconde assertion est invraisemblable ou inexacte, ce que l'adversaire doit prouver. L'entorse est déjà importante au caractère de preuve parfaite de l'aveu qui, à ce titre, ne devrait pouvoir être contesté que par une autre preuve parfaite. L'indivisibilité de l'aveu ne fonde alors plus qu'une présomption simple de vérité de la seconde assertion.

372. Mais l'on pourrait aller plus loin en se fondant sur la définition de l'aveu qui est « la reconnaissance par un plaideur de l'exactitude d'un fait allégué contre lui ». Un aveu n'en est un que s'il est défavorable à la personne qui le fait. Or l'aveu complexe réputé indivisible aboutit à l'inverse à un résultat favorable à celui qui le formule : il lui permet de se libérer à bon compte d'une dette dont, en définitive, il n'est pas prouvé qu'il l'ait honorée. Or, en 1804, une telle indivisibilité était admise parce que la vérité pouvait encore trouver un soutien dans la crainte religieuse du parjure. Tel n'étant plus le cas à l'évidence aujourd'hui, elle a pu se mettre au service de stratégies judiciaires, peu compatibles avec la morale. Ne pourrait-on pas alors aujourd'hui reconnaître qu'un aveu complexe n'est tout simplement pas un aveu ?

373. On doit alors noter que l'ordonnance française introduit dans le Code civil une définition de l'aveu qui manquait jusque-là. L'article 1383 nouveau précise ainsi que « *l'aveu est la déclaration par laquelle une personne reconnaît pour vrai un fait de nature à produire contre elle des conséquences juridiques* ». Si cette définition ne modifie pas le droit positif, le fait de l'énoncer expressément pouvait laisser espérer qu'elle permît d'en écarter les aveux complexes, même si la reprise de la règle de l'indivisibilité suscitait des doutes légitimes. Ceux-ci sont malheureusement confirmés par le rapport selon lequel l'introduction de la définition de l'aveu ne doit rien changer à son régime. En réalité, à lire les commentaires très succincts consacrés à l'aveu judiciaire, on comprend que le « législateur » n'était pas conscient de la difficulté, ce que confirme l'affirmation selon laquelle l'aveu est « un type particulier de témoignage ». Or une telle assimilation est doublement fausse : d'une part, parce qu'un témoignage ne peut émaner que d'un tiers, alors que l'aveu est formulé par une partie à l'instance, d'autre part, parce que la force probante de l'aveu judiciaire, preuve parfaite, s'impose au juge contrairement au témoignage. Mais cette référence maladroite à ce mode de preuve imparfait aurait pu au moins avoir un avantage : remettre en cause la force probante absolue de l'aveu judiciaire, car on voit mal ce qu'il conserve aujourd'hui de « particulier » dans une société majoritairement non religieuse. Soumettre alors sa force probante à la libre appréciation des juges aurait résolu les difficultés nées de son indivisibilité. Malheureusement, telle n'est pas la conclusion qu'en a tirée le législateur, manquant l'objectif de modernisation du droit probatoire.

b) Le serment

374. Originairement, le serment impliquait une invocation de la divinité[418]. La réforme française a repris le serment, bien que celui-ci demeure rarement usité. L'ordonnance retient le même plan que celui du Code civil actuel. L'article 1384 commence par distinguer le serment décisoire, déféré par une partie à l'autre, du serment déféré d'office par le juge à l'une des parties. Il sert également d'annonce aux deux paragraphes composant la section, respectivement consacrés au serment décisoire, et au serment déféré d'office. Il s'agit d'une reprise de l'article 1357 actuel, dont la formulation a été simplifiée.

375. Les articles 1384 à 1386-1 n'accusent pas de grands changements par rapport aux articles 1357 à 1369 du code civil en vigueur dans l'espace OHADA dont ils ne font, pour l'essentiel, que réagencer la présentation. Ainsi l'article 1384 introduit les deux types de serment, décisoire et supplétoire. Point de définition donc, même si celle-ci est connue: le serment est l'affirmation solennelle, par une partie, d'un fait qui lui est favorable. Mais une distinction, selon la personne qui sollicite la déclaration de cette partie: le serment décisoire est déféré par une partie à l'autre pour en faire dépendre le jugement de la cause; le serment supplétoire est déféré par le juge à l'une des parties. Telle est la structure de la sous-section 5, identique en cela à la section 5 (« Du serment ») du chapitre actuellement en vigueur que le code réserve à la preuve des obligations et du paiement. C'est celui qui s'impose. A vrai dire, une seule modification peut être repérée: elle ne concerne pas le serment décisoire, mais le serment supplétoire.

376. Le serment décisoire est le plus improbable, le plus étrange. Qu'une partie s'en remette à la probité de l'autre pour en faire dépendre la solution du litige, il faut être bien téméraire, crédule ou maladroit pour s'y risquer. Tel est pourtant le mécanisme. De deux choses l'une. Ou bien celui à qui le serment est déféré le refuse ou ne veut pas le référer à l'autre partie, auquel cas il succombe dans sa prétention. Le résultat est le même pour celui à qui le serment a été référé qui le refuse. L'article 1385-2 reprend ici l'article 1361 du Code

---

[418] Tout comme l'ordalie, il s'agissait d'une sorte de provocation à Dieu, d'intervenir dans un litige humain. Dans le droit post-révolutionnaire, la conception du serment est ensuite devenue ambiguë. Cambacérès avait souhaité que le terme de serment disparaisse au profit de celui d'« affirmation judiciaire ». Il avait supprimé le terme dans les trois projets de Code civil dont il avait eu la charge. Le projet du Code civil avait initialement retenu cette proposition, puis sous l'insistance de Bonaparte, il réintégra le vocable traditionnel.

civil. Ou bien le serment déféré ou référé a été fait, et la partie adverse ne peut alors en prouver la fausseté, de sorte qu'elle perd le procès. L'article 1385-3, alinéa 2, le prévoit dans le sillage de l'article 1363 du code civil[419]. Malgré les dangers qu'il présente, le serment décisoire trouve un vaste champ d'application. Il peut en effet être déféré «sur quelque espèce de contestation que ce soit et en tout état de cause», l'article 1385 condensant ici en une phrase ce que le code civil précise actuellement en deux articles (C. civ., art. 1358: «sur quelque cause que ce soit», et 1360: «en tout état de cause»). La jurisprudence admet même qu'il puisse être déféré à une personne morale, par l'intermédiaire de son représentant légal en exercice[420]. Une limite toutefois: le serment ne peut être déféré que sur un fait personnel à la partie en laquelle on le défère (art. 1385-1, al. 1er). Et s'il peut être référé par celle-ci, c'est uniquement si le fait qui en est l'objet ne lui est pas «purement personnel» (art. 1385-1, al. 2). Ce que disposent déjà les articles 1359 et 1362 du Code civil. On rappellera tout de même néanmoins que «si le serment décisoire peut être déféré sur quelque contestation que ce soit, il appartient aux juges du fond, à la seule condition de motiver leur décision sur ce point, d'apprécier si cette mesure est ou non nécessaire»[421]. La force qui s'attache au serment est toujours aussi énergique. Outre l'impossibilité d'établir la fausseté du serment, l'article 1385-3 rappelle ainsi, à l'instar de l'article 1364 du Code civil, que la partie qui a déféré ou référé le serment ne peut plus se rétracter lorsque l'autre partie a déclaré qu'elle est prête à faire ce serment. Il lie d'ailleurs le juge (Civ. 3e, 22 févr. 1978: Bull. civ. III, no 100). En revanche, le serment ne fait preuve qu'au profit de celui qui l'a déféré et de ses héritiers et ayants cause. Et l'article 1385-4 qui le rappelle ajoute les mêmes précisions que l'actuel article 1365 du code civil: le serment déféré par l'un des créanciers solidaires au débiteur ne libère celui-ci que pour la part de ce créancier; le serment déféré au débiteur principal

[419] V. par ex. Civ. 2 e, 6 mai 1997: no 95-12.903: «Mais attendu que l'arrêt, après avoir relevé, abstraction faite d'une erreur matérielle de prénom, que le serment décisoire avait été déféré par M. Pierre X... à son frère Jean-Philippe X... qui ne l'a pas référé, retient, hors de toute dénaturation des termes du serment, qu'à la question clairement posée, il avait été répondu négativement et énonce ensuite que le serment décisoire ayant été accepté et prêté, a pour effet de terminer le litige de façon définitive et absolue».

[420] Com. 20 oct. 2009: no 06-16.852: « le serment décisoire, qui peut être déféré à une personne morale, ne peut être prêté que par son représentant légal en exercice». V. déjà Civ. 2 e, 6 mai 1999, no 97-16.761: Bull. civ. II, no 87.

[421] Civ. 3e, 10 mars 1999, no 97-15.474: Bull. civ. III, no 63.

libère également les cautions; celui déféré à l'un des débiteurs solidaires profite aux codébiteurs; et celui déféré à la caution profite au débiteur principal. Étant encore précisé que dans ces deux derniers cas, le serment du codébiteur solidaire ou de la caution ne profite aux autres codébiteurs ou au débiteur principal que lorsqu'il a été déféré sur la dette, et non sur le fait de la solidarité ou du cautionnement.

377. Le serment supplétoire fait l'objet des articles 1386 et 1386-1. Le premier de ces textes pose que le juge peut d'office le déférer à l'une des parties. L'article 1366 du code civil ajoute qu'il peut le faire «ou pour en faire dépendre la décision de la cause, ou seulement pour déterminer le montant de la condamnation». En ne faisant pas la moindre référence à cette distinction, l'article 1386 issu du projet de réforme laisse toute latitude au juge. Naturellement, ce serment ne peut être référé à l'autre partie: le juge veut entendre telle partie ! L'article 1386, alinéa 2, reprend l'article 1368 du code civil. C'est d'ailleurs au juge qu'il reviendra d'apprécier la valeur probante du serment: celui-ci ne le lie pas comme le serment décisoire. Le code civil ne le précise pas, mais l'article 1386, alinéa 3, n'exprime ici qu'une solution jurisprudentielle constante (V. par ex. Com. 4 oct. 1988: no 86- 13.156).

378. Le juge n'en est pas moins lié par certaines conditions. Le recours au serment doit non seulement être utile, mais encore ne pas constituer un simple exutoire: il ne saurait suffire en lui-même. Comme s'il devait être nécessaire, mais non suffisant. C'est ce qui résulte de l'article 1386-1: «le juge ne peut déférer d'office le serment, soit sur la demande, soit sur l'exception qui y est opposée, que si elle n'est pas pleinement justifiée ou totalement dénuée de preuves». L'article 1367 du code civil précise que dans le premier cas, le juge doit adjuger la demande; dans le second, la rejeter purement et simplement. La précision va toutefois sans le dire. Si la demande est «pleinement justifiée», pas besoin de serment pour en accréditer le bien-fondé, il faut y accéder. Si elle est «totalement dénuée de preuves», il faut la rejeter: *Idem est non esse aut non probari*. En somme, et contrairement au serment décisoire, le serment supplétoire n'intervient que pour compléter des preuves.

379. L'article 1369 du Code civil, c'est le seul changement, ne s'y trouve plus. Plus de serment estimatoire ! La modification semble pourtant seulement formelle. De quoi s'agit-il en effet ? Voici une partie dont la demande est bien fondée. Un seul point reste douteux: son quantum. Dans ce cas, l'article 1369 dispose que le serment «ne peut être déféré par le juge au demandeur que lorsqu'il est d'ailleurs impossible de constater autrement cette valeur», étant précisé que «le juge doit même, en ce cas, déterminer la somme jusqu'à concurrence de laquelle le demandeur en sera cru sur son serment». En réalité, il s'agit d'un avatar du serment supplétoire, et le juge est libre d'y recourir dans ce cas.

Section II. Les insuffisances des règles procédurales de preuve

380. Regroupant l'ensemble des formalités qui doivent être suivies pour soumettre une prétention à un juge, la procédure n'est pas indifférente au droit de la preuve. Elle est, selon l'expression de Bentham, « *l'art d'administrer les preuves* ». Si un consensus se dessine autour de la nature procédurale des règles d'administration[422], le contenu est moins évident. Le Code de procédure civile y range la production des pièces, les mesures d'instruction, les contestations relatives à la preuve littérale et le serment judiciaire. La doctrine y ajoute les principes de recevabilité de la preuve en justice[423].

381. En procédure civile, la tradition a longtemps été celle de la neutralité du juge, que le Code de procédure de 1806 avait incarnée. Tout au long du XXème siècle, cette neutralité a été remise en cause, tant par la doctrine que par les réformes du Code[424]. Le nouveau Code de procédure civile a modifié la mission du juge de façon substantielle, notamment dans le domaine probatoire. Les principes directeurs du procès ont consacré l'immixtion du juge dans la recherche des preuves, soit à la demande des parties, soit de sa propre initiative.

382. En considérant l'espace OHADA, il existe trois générations de codes de procédure civile. Cette typologie initialement dégagée par le professeur Joseph Djogbenou[425] servira de grille d'analyse pour relever les particularismes des règles procédurales de preuve en vigueur dans les États parties.

383. Après avoir consacré un premier développement à la disparité de l'office du juge dans les procédures de pièces (*Paragraphe I*),

---

[422] L. CADIET et E. JEULAND, *Droit judiciaire privé*, Litec, 6e éd. 2009, n° 578.
[423] E. JEULAND, art. préc. n° 15 : « L'administration de la preuve doit être loyale, tenir compte de certains secrets professionnels et respecter les droits fondamentaux des parties tels que l'intimité de la vie privée et l'inviolabilité du corps humain».
[424] R. LEGEAIS, *Les règles de preuve en droit civil. Permanences et transformations*. Paris, LGDJ, 1955, p. 205 cité par E. VERGES, G. VIAL, O. LECLERC, *Droit de la preuve*, op. cit. , p. 295.
[425] V *infra*, note n° 76.

on sera conduit à exposer la disparité des pouvoirs du juge dans les mesures d'instruction (*Paragraphe II*).

Paragraphe I. La disparité de l'office du juge dans les procédures de pièces[426]

384. Selon que les législateurs africains ont reproduit ou non les dispositions du Code français de procédure civile, l'office du juge varie dans la production des pièces (*A*), et dans les contestations relatives à la preuve littérale (*B*).

A. La production des pièces

385. La production des preuves prend deux formes différentes. Les preuves peuvent être produites volontairement par les parties (1). Lorsque les parties ne détiennent pas les preuves utiles à leur défense, elles peuvent chercher à en obtenir la production forcée (2).

1. La production volontaire des pièces

386. Le Code français de procédure civile consacre ses articles 132 à 137 à la communication des pièces. Le principe est que la communication des pièces doit être spontanée, toute partie qui utilise une pièce ayant l'obligation de la communiquer aux autres parties (art. 132, al. 1 et 2, CPC, v. aussi art. 15)[427], même si cette pièce émane de la partie à laquelle elle est opposée[428]. Si la communication n'est pas faite spontanément, il est demandé au juge, sans respecter un formalisme imposé d'enjoindre à l'adversaire de l'effectuer (art. 133). Le juge peut alors ordonner, à peine d'astreinte, la communication (astreinte qu'il

[426] Les analyses ne sont pas valables pour le Cameroun Anglophone. Au lieu des juges, c'est aux avocats dans les systèmes de *common law,* qu'appartiennent la recherche et la production des preuves. Le procès dans de nombreux pays de droit écrit s'articule autour d'une série de brèves audiences qui sont dédiées à l'admission de la preuve, laquelle est consignée dans un procès-verbal pour la phase finale ultérieure d'analyse et de décision. En revanche, le procès de common *law* s'ouvre par une phase préliminaire *(pretrial),* articulée en une ou parfois plusieurs audiences préliminaires, suivie d'une audience plénière dans laquelle toutes les preuves sont administrées les unes après les autres. Pour un exemple d'ouvrage mixte, J.-Cl Royer et S. LEVALLEE, *La preuve civile*, Cowansville, éd. Y. BLAIS, 4ème éd., 2008.

[427] Les pièces communiquées en première instance et versées aux débats ne donnent pas lieu en appel à une nouvelle communication, sauf si une partie le demande spécialement (art. 132, al. 3, CPC), auquel cas la Cour ne peut la refuser, Civ. 2e, 13 jcmv. 1993, D. 1993. Somm. 187, obs. Julien. Civ. 1re, 30 oct. 2006, *Procédures,* févr. 2007, n° 30, obs. Perret. Cette disposition est applicable devant la Cour de renvoi après cassation, Com. 7 juill. 1987, Gaz. *Pal.* 1988. Somm. 253, obs. Guinchard et Moussa.

[428] Civ. 2e, 10 oct. 1990, *Gaz. Pal.* 1991. Somm. 356, obs. Croze et Morel.

pourra liquider lui-même, art. 137) en fixant un délai et, éventuellement, les modalités de la communication (art. 134). La restitution de la pièce communiquée peut aussi être ordonnée sous astreinte (art. 136). Si une pièce n'est pas communiquée en temps utile par une partie, le juge peut refuser d'en tenir compte et l'écarter (art. 135). C'est ce régime qui est consacré par les textes sur la mise en état (art. 783, CPC).

387. Dans l'espace OHADA, les dispositions françaises ont inspiré certains législateurs avec des nuances littérales[429], mais les codes de procédure de la première génération n'ont pas encore connu cette évolution du régime général de production des preuves. Dans ces législations, il est de tradition que c'est en principe aux parties, non au juge, de réunir les éléments de fait et d'apporter les preuves. Le juge décide sur les preuves fournies par les parties. Dans certains pays s'appliquent encore un ensemble de textes précoloniaux que l'on peut retrouver dans le Recueil Annoté des textes de procédure civile et commerciale applicables en Afrique Occidentale Française de Gaston Jean Bouvenet. On peut y relever une indication générale selon laquelle le juge doit entendre les parties contradictoirement, et il peut ordonner le dépôt des pièces sur son bureau. En revanche, rien n'est précisé sur l'échange des pièces.

2. La production forcée des pièces

388. Il convient d'envisager deux éventualités bien distinctes pour des pièces qui n'ont pas été présentés par les parties et dont la connaissance par le juge peut exercer une influence considérable sur l'issue du débat judiciaire. Le Code français pour éviter toute confusion parle de production des pièces détenues par une partie (art. 142) et d'obtention des pièces détenues par un tiers (art. 138 à 141). Il a été repris par les Codes béninois (art. 209 à 214 et 215 à 223 CPCCSA) et malien (art.129 à 132 et 129 à 130 CPCCS).

---

[429] *Comp.* art. 209 à 214 et 215 à 223 CPCCSA du Bénin, art.123 à 129 CPCCS du Mali. L'article 7 du decret n° 99-204/P-RM portant Code de procédure civile, commerciale et sociale au Mali est une copie intégrale de l'article 7 du Code de procédure civile français. L'article 23 du Code de procédure civile burkinabé et l'article 16 du Code procédure civile du Gabon posent la règle sous la forme négative en interdisant au juge de prendre en considération des faits qui ne sont pas les débats. Les articles 41 du Code de procédure civile du Togo et 142 du Code de procédure civile, commerciale, administrative et financière du Congo se singularisent en disposant que « le juge peut prendre en considération même les faits que les parties n'auraient pas spécialement invoquée au soutien de leur prétentions ».

389. L'article 11, alinéa 2 CPC[430] prévoit que « *si une partie détient un élément de preuve, le juge peut, à la requête de l'autre partie, lui enjoindre de la produire, au besoin à peine d'astreinte*». C'est la solution qui est reprise par l'article 142. Les demandes de production des éléments de preuves détenues par les parties sont faites, et leur production a lieu, conformément aux dispositions des articles 138 et 139[431]. En vertu de ces textes, une demande sans forme peut être adressée au juge (art. 139, al. 1er). On s'est demandé si certains textes n'autorisaient pas le juge à ordonner d'office la production de pièces détenues par une partie, la controverse doctrinale restant sans écho en jurisprudence, puisque la Cour de cassation ne s'est prononcée (dans le sens d'un refus de ce pouvoir au juge) que pour les pièces détenues par un tiers[432].

390. Si le juge estime la demande fondée, il « *ordonne la délivrance ou la production de l'acte ou de la pièce, en original, en copie ou en extrait selon le cas* » (art. 139, al. 2). Il disposait d'un pouvoir discrétionnaire d'appréciation du bien-fondé de la demande, jusqu'à un revirement de la deuxième chambre civile de la Cour de cassation, sur le fondement de l'article 10, C. civ.[433] Le juge pourra assortir son injonction d'une astreinte. Il fixera non seulement les conditions de la production, mais les garanties qui lui paraîtraient nécessaires (par exemple pour la production de l'original d'un acte).

391. *Quid* si la partie refusait de produire la pièce réclamée ? Il semble douteux que l'on puisse solliciter l'article 11, alinéa 1er, CPC, qui autorise le juge à « tirer toute conséquence d'une abstention ou d'un refus » lorsqu'une partie n'apporte pas correctement son concours à une mesure d'instruction. On ne peut assimiler, en effet, le fait d'ordonner à une partie de produire une pièce à une mesure d'instruction, telle que celles qui font l'objet des articles 143 à 284, CPC. Le problème se pose dans des termes un peu différents dans le cas où la pièce intéressant le procès se trouve entre les mains d'un tiers; il s'agit d'un acte authentique ou privé auquel le plaideur n'a pas été partie ou d'un document détenu par un tiers. Le juge saisi de l'affaire peut, à la requête de l'une des parties,

---

430 *Comp.* art. 12 CPCCSA du Bénin, art. 11 CPCCS du Mali

431 *Comp.* art. 210 CPCCSA du Bénin, art. 129 CPCCS du Mali.

432 Civ, 1re, *21* oct. 1975, *Bull. civ.* I, n. 236; Com. 19 déc; 1977, *Bull civ.* IV, n° 307, 4.

433 Civ. 2e, 31 mai 1995, *Bull. civ.* II, n° 167 ; *Justices* 1996/3. 362, obs. Héron.

« *ordonner la délivrance d'une expédition ou la production de l'acte ou de la pièce* » (art. 138, CPC).

392. Plusieurs conditions doivent être réunies pour qu'un plaideur puisse obtenir qu'un tiers communique une pièce ou un document qu'il obtient. Il doit s'agir tout d'abord, pour un acte authentique ou privé, d'un acte auquel le plaideur « n'a pas été partie » (art, 138). Mais il se peut qu'il s'agisse d'un document détenu par un tiers qui n'ait pas ce caractère d'acte public ou privé, auquel cas la jurisprudence offre de nombreuses illustrations de ce pouvoir d'injonction[434].

393. La demande est faite sans forme (art. 139, al. 1er) et le juge ne peut pas prendre d'office cette décision (art. 11, CPC). Le juge[435], s'il estime la requête fondée, ordonne la délivrance ou la production de l'acte ou de la pièce, en original, en copie ou en extrait selon le cas. Il s'agit d'une simple faculté, la Cour de cassation ayant longtemps considéré que le juge avait un pouvoir discrétionnaire, avant de juger, sur le fondement de l'article 10, C. civil, que ce pouvoir était soumis à son contrôle. Il précise les conditions de cette production et les garanties éventuelles de restitution (art. 139, al. 2).

394. Connue dans nombre de législations[436], la production forcée des pièces était, sauf exception, rejetée en droit français[437]. Une telle procédure sert la vérité tout en facilitant l'administration de la preuve au demandeur. Son utilité n'est donc pas contestable. Le législateur, toutefois, a fait preuve d'un grand sens de la mesure qui apparaît dans les limites qu'il a tracées à cette procédure. Elle n'institue pas, tout d'abord, un droit de perquisition au profit du juge. Car, s'il est vrai qu'il peut « ordonner d'office les mesures d'instructions légalement admissibles » (art. 10 CPC), l'article 11 prend soin de préciser que la production ne peut être ordonnée qu'à la requête de l'une des parties. Le juge ne pourrait donc l'ordonner d'office.

---

[434] Sur le pouvoir du juge civil d'ordonner, à des fins judiciaires, la communication des archives audiovisuelles de la justice entre les mains du ministère de la culture, Civ. 2e, 17 mars 2005, *Gaz. Pal 7* janv. 2006, note Cuerder

[435] Il peut s'agir de la Cour de cassation : Civ. 1re, 4 févr. 1986, *Gaz. Pal.* 1986. Somm. 416, obs. Guinchard et Moussa.

[436] En droit belge (art. 877 c. jud.) ; allemand (Par. 272 b, al. ZPO) ; anglais (« discovery of dpcuments ») ; italien (art. 210 c. proc. civ.)

[437] On cite traditionnellement un arrêt de la cour de cassation qui révèle les conséquences néfastes d'un tel état de droit : Civ. 1, 25 mai 1954, Bull. I, p. 146

395. Une telle procédure – que le juge est d'ailleurs libre d'ordonner ou de refuser – ne se conçoit, en effet, que si la partie qui demande sa mise en œuvre en établit la nécessité ou en délimite clairement le champ d'application. Tel n'est pas le cas si la preuve peut être autrement établie ou lorsque la demande porte sur un ensemble indifférencié de documents. On retrouve assez naturellement l'idée énoncée dans l'article 146 CPC à propos des mesures d'instruction, selon laquelle le juge ne doit pas intervenir à seule fin de « suppléer la carence de la partie dans l'administration de la preuve ».

396. On se heurte à des limites particulières lorsque la pièce ou le document dont la production est ordonnée se trouve entre les mains d'un tiers. Dans ce cas, l'article 11 CPC réserve l'hypothèse où la mesure sollicitée se heurterait à un empêchement légitime : l'exemple type parait en être le secret professionnel. Le juge est maitre de la production des pièces mais ne peut l'ordonner d'office et le tiers à qui on les réclame peut en refuser la communication pour un motif légitime notamment le secret professionnel.

397. On retrouve d'ailleurs la même opposition entre la situation d'une partie et celle d'un tiers lorsqu'il s'agit de prévoir une sanction du refus de production. Dans les deux cas, la réticence du détenteur de la pièce ou du document peut être vaincue au moyen de l'astreinte. Mais c'est seulement si le refus de produire émane d'une partie que l'on discutera le point de savoir si le juge peut ou non « tirer toutes conséquences d'une abstention ou d'un refus ».

398. Les dispositions du code français relatives à la production forcée des pièces ont été reprises par les législateurs béninois (art. 209 à 223 du CPCCSAC), malien (129 à 133 CPCCS) et burkinabé (art. 150 à 155). En revanche, les codes africains de la première génération ne sont pas enrichis des réformes françaises. Il existe des règles beaucoup plus générales sur les pouvoirs du juge, telles que celles permettant d'assurer la police de l'audience. Par exemple au Tchad, l'article 78 du Code de procédure civile prévoit que les parties exposent leurs prétentions et défenses respectives, étant précisé que les parties peuvent demander le renvoi de l'affaire pour sa mise en état, laquelle sera faite par voie de conclusion et communication de pièces. Le juge n'a donc pas pour mission d'assurer le respect du contradictoire.

B. Les contestations de la preuve littérale

399. Le Code français de procédure civile a repris entièrement la matière dans les articles 285 à 317, CPC[438]. Le jeu des procédures mis à la disposition des plaideurs est plus riche et plus complet qu'auparavant : la procédure de faux a été réglementée pour les actes sous seing privé, l'inscription de faux traditionnelle a été simplifiée dans sa mise en œuvre et peut être exercée soit à titre principal, soit à titre incident. Le nouveau régime est techniquement supérieur à l'ancien, et s'inspire du Code de procédure civile allemand.

400. Si l'on suit l'ordre des dispositions du Code français de procédure civile, on est amené à étudier successivement les contestations relatives aux actes sous seing privé (A), puis les contestations concernant les actes authentiques (B).

1- La contestation relative aux actes sous seing privé

401. Dans les Codes africains de la première génération encore en vigueur dans certains pays de l'espace OHADA, les actes sous seing privé qui sont contestés peuvent être soumis à une procédure soit préventive soit incidente de *vérification d'écriture*. Ce régime a été simplifié et mieux articulé par les articles 287 à 302, CPC. Par ailleurs, le texte organise avec précision une procédure principale ou incidente relative au cas où un acte privé serait argué de *faux* (art. 299 à 302 CPC)[439].

402. Il y a désormais deux procédures distinctes, relatives aux actes sous seing privé, même si elles ont des similitudes quant au déroulement formel, chacune pouvant être exercée à titre préventif ou seulement dans le cadre d'une instance déjà ouverte.

a) La vérification d'écriture

403. II faut supposer que l'une des parties produise en justice, pour faire la preuve de son droit, un acte sous seing privé émanant de son adversaire. Celui-ci peut avouer ou désavouer son écriture ou sa signature; si même on oppose cet acte à ses héritiers, ceux-ci peuvent se contenter de déclarer qu'ils ne connaissent point l'écriture ou la

---

[438] *Comp.* art. 353 à 384 CPCCSA du Bénin, art. 298 à 328 CPCCS du Mali, art. 156 à 185 du CPC du Burkina. La matière est traitée dans les articles 130 à 131 CPC du Code sénégalais, les articles 94 à 98 du code togolais.

[439] *Comp.* art. 354 à 362 du Code béninois.

signature de leur auteur (art. 1323, C. civ.). Dans tous les cas de désaveu ou de méconnaissance de l'écriture, la partie qui oppose l'acte est obligée de jouer le rôle de demandeur et de faire procéder à une vérification d'écritures pour rendre à son titre toute sa force probante : un acte sous seing privé ne fait foi, en effet, que s'il est reconnu volontairement ou judiciairement (art. 1322, C. civ.).

404. Si le juge peut isoler le chef de demande mettant en cause l'écrit contesté, il peut statuer sur les autres demandes (art. 287, CPC). Il le fera s'il y a urgence et si la solution des autres demandes est vraiment tout à fait indépendante de l'écrit en question. Il se peut aussi que le juge puisse prendre sa décision sans avoir à s'appuyer sur l'écrit contesté (art. 287, CPC)[440]. Il n'y a pas d'intérêt alors à vérifier l'écriture et le juge s'en dispensera. Il arrivera aussi que la conviction du juge soit telle qu'il statue sur-le-champ, retenant l'écrit ou l'écartant, parce qu'il a le sentiment très ferme qu'il n'a aucune espèce de valeur.

405. Dans tous les cas, si la dénégation ou le refus de reconnaissance porte sur un écrit ou une signature électronique, le juge doit vérifier si les conditions de validité de cet écrit ou de cette signature (art. 1316-1 à 1316-4, C. civ.) sont satisfaites (art, 287, al. 2). En revanche, les Codes africains de procédure civile sont restés muets sur cette question. Pour le commentateur du Code béninois[441], l'ouverture acquise de la preuve littérale aux écrits sous forme électronique laisse penser qu'aucun écrit apporté aux débats judiciaire ne peut échapper au contrôle judiciaire lorsque sa crédibilité est discutée.

406. En France, si le juge n'a pas les éléments pour statuer sur-le-champ, il va engager la procédure contenue dans les articles 288 à 298 CPC. Le juge va, le plus souvent, s'appuyer sur des éléments de comparaison ; il provoquera leur dépôt ou leur confection, faisant appel aux parties ou aux tiers pour s'éclairer, entendant des témoins, recourant à un technicien. Le système est très souple et laisse toute l'initiative au juge saisi.

---

[440] *Comp.* art. 354 du Code béninois de procédure, art. 300 du Code malien de procédure, art. 158 du Code burkinabé de procédure.

[441] V. le code annoté, ss. art. 353, in J. DJOGBENOU (Dir.), *Code de procédure civile, commerciale, sociale, administrative, et des comptes : commenté et annoté*, CREDIJ, Cotonou, 2014, pp. 122-123

407. En revanche, dans les Codes africains de la première génération, le juge n'a pas le pouvoir de vérifier par lui-même l'écriture contestée sans obligatoirement faire recours à un expert (art. 196 ancien Code de proc. civ.).

b) Le faux

408. Les Codes africains de procédure civile de la première génération n'ont envisagé une procédure de faux pour les actes et écrits que comme un incident du procès principal. Le mérite de la réforme française a été de permettre d'agir en faux à titre principal sur le plan civil, de même que la poursuite en faux devant les juridictions pénales peut s'exercer à titre principal, d'avoir allégé la procédure et de prendre partie avec netteté sur l'ouverture possible d'une procédure de faux contre un acte privé.

409. Au départ, la jurisprudence française, en s'appuyant sur l'article 214, ancien Code de procédure civile, avait accepté d'ouvrir, dans certains cas, la voie à l'inscription de faux; elle invoquait le fait que les vérifications opérées par la justice n'avaient pas toujours le caractère d'exactitude que procurait la procédure d'inscription de faux. Cette raison n'est plus valable, car les diverses procédures de vérification des écrits ont été rapprochées par le nouveau Code. Il semble raisonnable d'admettre que la procédure de faux pourra être mise en œuvre contre un acte vérifié dans deux éventualités. La procédure de faux a été conçue, soit à titre incident, soit à titre principal. On observe les mêmes règles de compétence que pour la vérification d'écriture, bien que l'article 285 du nouveau Code soit muet sur ce point. Mais c'est seulement pour « l'inscription de faux contre un acte authentique » que des règles distinctes sont édictées (art. 286 CPC).

410. Si au cours d'une instance, l'écrit sous seing privé produit par un plaideur est argué de faux matériel par son adversaire, le juge procédera à un examen en suivant les règles de la vérification d'écriture incidente (art. 299, CPC renvoyant aux art. 287 à 295)[442]. Si c'est à titre principal que le faux matériel est soulevé[443], l'assignation qui invite la partie à constituer avocat doit contenir deux sortes de mentions (art. 300,

[442] Civ. 3e, 25 mai 1982, D. 1983. IR. 156, obs. Julien ; Civ. 1re, 9 juill. 1985, *Gaz. Pal* 18 févr. 1986, Somm. ann., obs. Croze et Morel

[443] Civ. 2e, 10 juill. 1996, D. 1996. Somm. 349, obs. Julien ; RTD civ. 1996. 984, obs. Perrot.

CPC)[444]. Elle doit indiquer les moyens *de faux* qui sont avancés, et doit faire sommation au défendeur de déclarer s'il entend ou non faire usage de l'acte que l'on prétend être faux ou avoir été falsifié.

2. La contestation des actes authentiques

411. Depuis le nouveau Code, la procédure de l'inscription de faux ne vise (art. 303, CPC) que les *actes authentiques* émanant des officiers publics. Elle ne peut plus s'appliquer à des actes sous seing privé, comme naguère, dès l'instant que l'on a aménagé une procédure de faux qui leur est spécialement consacrée. Elle pourra sans doute, comme auparavant, être employée aussi à l'encontre de certaines décisions de justice ayant le caractère d'actes *administratifs judiciaires.* Elle le sera d'abord quand il n'y aura pas d'autres moyens d'attaquer l'acte du juge; elle le sera également, dans certains cas, pour éviter un recours, en réparant le vice qui le motiverait[445].

412. Nous étudierons l'inscription de faux incidente (a) puis l'inscription de faux principale (b).

a. L'inscription de faux incident

413. En France, une situation nouvelle a été prévue par les articles 286 et 313, CPC. Si l'incident surgit devant la cour d'appel, saisie au second degré par effet dévolutif ou par l'évocation, celle-ci pourra conserver l'incident devant elle et le régler, sans renvoyer, comme naguère, les parties à se pourvoir devant le tribunal de grande instance. Il n'y a pas lieu de distinguer selon que le jugement frappé d'appel aura été rendu par un tribunal de grande instance ou par une juridiction d'exception. La plénitude de juridiction de la cour d'appel lui permettra de régler sans perdre de temps l'incident. Elle suivra les règles inscrites dans les articles 314 à 316, CPC.

414. Comme auparavant, l'inscription de faux est formée par un acte qui est remis en double exemplaire au greffe par la partie en personne ou par son mandataire muni d'une procuration spéciale (art. 306, al. 1er, CPC). L'un de ces actes est versé au dossier, tandis que l'autre, après avoir été daté et visé par le greffier, est restitué au

---

[444] *Comp.* art. 367 du Code béninois de procédure civile, art. 313 du Code malien de procédure civile, art. 170 du Code burkinabé de procédure civile.

[445] Angers, 14 févr. 1951, D. 1951. 243; Soc. 20 avr. 1950, S, 1951. I. 93, RTD civ. 1951.429, obs. Raynaud ; Paris, 8 janv. 1970, JCP 1970. II. 16400, D. 1970. Somm. 101; Civ. 2e, 16 févr. 1972, D 1972. 477 (sentence arbitrale), *Rev. arb.* 1972. 125, note Rubellin-Devichi.

demandeur afin qu'il puisse effectuer la dénonciation à celui qui est le défendeur sur le faux.

415. Le juge s'efforcera tout d'abord de bien circonscrire l'incident. Il se peut qu'il puisse examiner le fond sans se servir de la pièce arguée de faux (art. 307, al. 1er nouv. C.). Il arrivera aussi qu'il puisse statuer sur certains chefs de demande, lorsque l'écrit argué de faux ne concerne qu'un chef de demande indépendant, qui peut être détaché et réservé. Ainsi le règlement de l'incident ne retardera pas la marche générale du procès (art. 307, al. 2, nouv. C). Si le juge doit se livrer à une vérification, il procédera comme en matière de vérification d'écriture (art 303, al. 2, CPC.). En un mot, il ordonnera toutes mesures d'instruction qui lui paraîtraient nécessaires. Il ne sera pas enfermé dans le cadre des moyens de faux articulés par le demandeur. L'article 309, CPC, pose en effet qu'il « statue au vu des moyens articulés par les parties ou de ceux qu'il relèverait d'office ».

416. Le jugement, s'il déclare le faux, va ordonner que l'acte authentique soit rectifié. Mais on attendra pour ce faire que la décision ait été passée en force de chose jugée ou que la partie condamnée ait renoncé aux voies de recours par un acquiescement (art. 310, al. 3, CPC). Le pourvoi en cassation n'a plus, comme naguère, un effet suspensif. Une mention en marge sera portée sur l'acte attaqué et reconnu faux. Le juge précisera aussi dans quelles conditions des minutes qui auraient été retirées du dépôt où elles étaient placées, seront rétablies ou conservées au greffe (art. 310, al. 2, CPC).

417. Au Mali[446] comme au Bénin[447], cette procédure est admise. En revanche, dans les Codes de procédure de la première génération, le législateur devra y mettre plus d'ordre et de précision en prenant soin de classer les procédures.

b. L'inscription de faux principal

418. L'institution d'une procédure de faux engagée à titre principal constitue une innovation remarquable du décret français du 17 décembre 1973 qu'il faut accueillir favorablement et que le nouveau Code a consacrée. Elle aura un caractère préventif et sera éventuellement suspendue par une poursuite pénale. Une seule

---

[446] Art. 319 à 325 du Code de procédure civile, commerciale et sociale

[447] Aucun acte authentique ne peut être réfuté si ce n'est par la seule voie de l'inscription de faux : (Cotonou, Arrêt n° 84/99 du 27 mai 1999, *La voix judiciaire n° 007 novembre 1999*, p.140)

juridiction est alors compétente : le tribunal de grande instance (art. 286, al. 2, CPC). La demande est précédée d'une inscription au greffe (art. 314, CPC) en double exemplaire. Une copie est jointe à l'assignation signifiée au défendeur. Celui-ci reçoit sommation de déclarer s'il entend ou non faire usage de l'acte que le demandeur soutient être faux ou avoir été falsifié (art. 314, al. 2, CPC). Sous peine de caducité, cette assignation doit intervenir dans le délai d'un mois à partir de la formalité d'inscription au greffe (art. 314, al. 3, CPC).

419. Il se peut que le défendeur déclare ne pas vouloir se servir de la pièce arguée de faux. Tout est alors terminé; le juge donne acte au demandeur de cette déclaration et celui-ci sait qu'il n'a plus à redouter de se voir opposer le document contesté dans le cadre d'une éventuelle instance, ou même en dehors de tout procès. Si le défendeur déclare vouloir se servir de la pièce litigieuse ou s'il ne comparaît pas, qu'il ait été assigné ou non à la personne, le juge procède à la vérification de l'authenticité du document. Il possède les pouvoirs qui sont décrits et procédera suivant les règles exposées à l'occasion de la vérification d'écriture et auxquelles renvoie l'article 316 du nouveau Code.

420. Dans les Codes africains de la troisième génération, les nouvelles dispositions fixent, de manière plus détaillée, la procédure de vérification d'écriture et de faux enclenchée au principal ou formée incidemment pour les actes sous seing privé et pour les actes authentiques. La modernisation de la méthodologie de présentation donne à la règle une transparence qui manque aux Codes africains de la première génération en vigueur au Tchad, en République Centrafricaine, etc.

421. A la disparité de l'office du juge dans les procédures de pièces, s'ajoute la disparité des pouvoirs du juge dans les mesures d'instruction.

Paragraphe II. La disparité de l'office du juge dans les mesures d'instruction

422. Le Code de procédure civile de 1806 permettait au juge d'ordonner d'office nombre de mesures d'instruction : enquête (art. 254), expertise (art. 319), comparution des parties (art. 119). En dehors de ce legs colonial, tous les législateurs africains n'ont pas intégré la profonde réforme qui a renouvelé tout le droit judiciaire privé français et l'a doté d'un nouveau code de procédure civile en 1971. Jusqu'à la réforme, les règles procédurales qui régissaient les mesures d'instruction en faisaient un procès dans le procès; il en résultait une inévitable lourdeur qui pouvait entraver le juge. La mesure était ordonnée par jugement susceptible de recours. S'ensuivait une suspension de l'instance principale qui ne reprenait – à l'initiative des parties – qu'une fois la mesure accomplie[448].

423. Il ne sera pas possible, dans le cadre de cette étude, de dresser un tableau complet des assouplissements qu'ont apportés les nouveaux textes. On se bornera à faire état de ceux qui paraissent les plus marquants, qu'il s'agisse des règles générales (A) ou de celles qui sont propres à chaque mesure d'instruction (B).

A. Le régime général des mesures d'instruction

424. Le Code de procédure civile consacre un chapitre entier (art. 143 à 178) aux dispositions générales gouvernant les mesures d'instructions. Les innovations les plus marquantes paraissent bien concerner la décision qui ordonne une telle mesure. Alors qu'autrefois, elle créait une sorte de procès incident, le souci est clairement marqué d'éliminer les risques de déviation. La décision est, le plus souvent, assimilée à une mesure d'administration judiciaire qui prend la forme d'une simple mention au dossier (art. 151 CPC).

425. Des règles générales s'appliquent aux décisions ordonnant les mesures d'instruction (1) et à l'exécution (2).

1. La décision ordonnant les mesures d'instruction

426. Les mesures d'instruction sont essentiellement destinées à porter à la connaissance du juge, d'une manière contradictoire, les éléments de fait du procès (art. 10, CPC)[449]. Cela est précisé, à nouveau, par l'article 143, CPC, qui pose que «les faits dont dépend la solution du litige peuvent être l'objet de toute mesure d'instruction légalement admissible ».

427. Toutefois, une disposition d'une plus grande portée figure dans l'article 145, CPC, permet d'obtenir en dehors de tout procès, que soient ordonnées des mesures d'instruction. Il s'agira, le plus

---

[448] Sur les grandes lignes de la procédure incidente d'instruction, on se reportera à l'ouvrage de MM. G. CORNU et J. FOYER, *Procédure civile*, PUF, 1958, p. 497 et s.

[449] *Comp.* art. 224 du Code béninois de procédure civile, art. 165 du Code malien de procédure civile, art. 192 du Code burkinabé de procédure civile

souvent, d'une enquête ou d'une expertise à futur[450]. Les législateurs béninois (art. 226 CPCCAC), malien (art. 167 CPC) et burkinabè (art. 194 CPC) ont capté cette innovation française.

428. En revanche, l'ancien code de procédure civile de 1806, encore applicable dans certains États de l'espace OHADA, prohibent le recours à des mesures d'instruction à futur, en raison des abus auxquels cette pratique avait donné lieu dans l'ancien droit. La seule exception jurisprudentielle était la nomination d'un expert en référé, en cas d'urgence.

2- Le contrôle de la mesure d'instruction

429. Les mesures d'instruction sont mises à exécution à l'initiative du juge ou de l'une des parties, selon les règles propres à chaque matière, au vu d'un extrait ou d'une copie certifiée conforme au jugement (art. 154, CPC)[451].

430. Le juge qui a ordonné la mesure peut y procéder lui-même, lorsque la nature de cette mesure s'y prête (enquête, comparution personnelle, vérifications personnelles du magistrat). Cette mesure demeure sous son contrôle, qu'il y procède lui-même ou qu'il doive recourir à un tiers, par exemple à un technicien expert, sous réserve de ce qui sera dit des mesures confiées à un technicien ou des mesures ordonnées par une formation collégiale. C'est lui qui décidera du moment où l'opération aura lieu, cette exécution pouvant « être exécutée sur-le-champ » (art. 159, CPC). On tient même tellement à ce cumul des attributions entre les mains du même magistrat que selon l'article 156 « Le juge peut se déplacer hors de son ressort pour procéder à une mesure d'instruction ou pour en contrôler l'exécution ».

431. Lorsqu'une mesure d'instruction est ordonnée par un juge unique, c'est normalement lui qui procède ou fait procéder à son exécution. Dans la mesure où c'est devant une juridiction que la mesure doit être diligentée, on se référera aux règles applicables au fond du débat pour savoir si elle aura lieu à l'audience publique ou en chambre

---

[450] H. JEANTIN, « Les mesures d'instruction in *futurum* », D. 1980. Chron. 205 ; Peyre, « Le référé probatoire de l'art, 14, nouv. C. », *JCP* 1984. I. 3158 ; Théry, *Rev.* jur. Centre-Ouest- 1988, n° 2, 218 s.

[450] *Comp.* art. 235 du Code béninois de procédure civile, art. 177 du Code malien de procédure civile, art. 202 du Code burkinabé de procédure civile.

[451] *Comp.* art. 235 du Code béninois de procédure civile, art. 177 du Code malien de procédure civile, art. 202 du Code burkinabé de procédure civile.

du conseil (art. 164, CPC). Le greffier de la juridiction assiste normalement le juge. Celui-ci a cependant la faculté, quand il procède à une mesure d'instruction ou assiste à son exécution, de se déplacer sans être assisté par un secrétaire (art. 165, CPC). Le ministère public, même lorsqu'il n'est pas partie principale, a toujours la possibilité d'être présent lors de l'exécution d'une mesure d'instruction (art. 163, CPC). Le juge pouvait rectifier, rétracter une mesure ordonnée, poursuivre simultanément plusieurs procédures d'instruction. Il peut aussi, s'il se rend compte au cours de l'exécution d'une mesure, qu'une autre serait opportune, la prescrire sur-le-champ (art. 166). Il peut faire établir un enregistrement sonore des opérations auxquelles il procède (art. 174).

B. Le régime spécifique des mesures d'instruction

432. On examinera successivement les règles relatives aux vérifications personnelles du juge, à la comparution personnelle des parties, aux déclarations des tiers (1), et les règles relatives aux mesures exécutées par un technicien (2).

1. L'exécution par le juge, les parties et les tiers

433. Il s'agit ici de faire une analyse comparative des règles relatives aux vérifications personnelles du juge, à la comparution personnelle des parties, et aux déclarations des tiers.

a. Les vérifications personnelles du juge

434. L'ancien Code de procédure français, encore applicable dans certains pays de l'espace OHADA, connaissait une mesure d'instruction fréquemment pratiquée, avant l'ordonnance de 1667, parce qu'elle était l'occasion de belles épices. C'était la descente sur les lieux. Elle consistait dans le transport d'un magistrat, assisté de son greffier, sur les lieux litigieux, ce qui supposait un procès relatif à des droits immobiliers, tel que des procès de servitude ou de mitoyenneté. Après cette ordonnance, on préférait trop souvent, se contenter d'une expertise, ainsi que le recommandaient des textes (art. 1678, C. civ., pour le cas de vente lésionnaire). Certes, la descente sur les lieux constituera toujours le moyen d'entraîner la conviction du juge, car elle lui fournira une connaissance personnelle des faits litigieux, mais le décret du 17 décembre 1973 et le nouveau Code ont voulu élargir la perspective. Le Code français consacre cinq articles (art. 179 à 183)[452] à ce qu'il appelle les vérifications personnelles du juge.

435. Le juge peut décider à tout moment de se livrer à une vérification personnelle. S'il agit de façon immédiate et spontanée, il faudra que les parties soient présentes. S'il décide qu'il effectuera des investigations personnelles en dehors du tribunal, il devra appeler les parties et fixer les lieux, jour et heure de sa vérification. S'il ne peut se déplacer, il désignera pour procéder à la vérification, un membre de la formation de jugement, à l'exclusion de tout autre juge (art. 180 CPC). II ne pourrait donc donner commission rogatoire à un autre juge de son tribunal ou à un magistrat d'une autre juridiction. On serait contraint alors de recourir à l'expertise. On veut en effet que ce soit un juge appelé à juger le fond, en qualité de juge unique ou comme membre d'un collège, qui procède à ces vérifications personnelles. Mais, comme l'exécution d'une mesure d'instruction par un magistrat sur commission rogatoire peut rendre nécessaires des vérifications personnelles, l'article 183 du Code français pose que même s'il n'appartient pas à la formation de jugement, le juge qui exécute une autre mesure d'instruction peut toujours « procéder aux vérifications personnelles que rendrait opportunes l'exécution de cette mesure ». Il serait regrettable que, dans un cas où le juge peut apprendre directement certaines choses, il soit empêché de les connaître légalement ou de les enregistrer pour une simple raison de compétence. Ainsi est-il juste que l'article 183, CPC, ait apporté un assouplissement à l'article 180. A l'exception du Code malien de procédure civile (art. 202), les Codes africains ne connaissent pas cet assouplissement.

b. La comparution personnelle des parties

436. L'ancien Code français de procédure, toujours applicable dans l'espace OHADA, avait prévu deux moyens d'obtenir en justice l'aveu des parties : l'interrogatoire sur faits et articles (art. 324 et 336) et la comparution personnelle (art. 119 et 428). L'interrogatoire sur faits et articles, inspiré de l'ancien droit était minutieusement réglementé; il ne pouvait être prononcé qu'à la demande d'une partie; le plaideur interrogé comparaissait devant un juge-commissaire, hors la présence de son adversaire; il était interrogé sur des questions précises, signifiées

---

[452] *Comp.* art. 256 à 259 du Code béninois de procédure civile (quatre articles), art. 198 à 202 du Code malien de procédure civile (cinq articles), art. 230 à 233 du Code burkinabé de procédure civile (quatre articles).

à l'avance; comme en matière d'enquête ordinaire, le tribunal ne connaissait le résultat de l'interrogatoire que par un procès-verbal. Aussi la pratique recourait-elle plus volontiers à la comparution personnelle qui pouvait être ordonnée d'office et qui, ayant lieu à la barre du tribunal, permettait à celui-ci de confronter les parties, de diriger l'interrogatoire. Cette procédure n'était malheureusement pas réglementée par le Code qui n'y faisait que de brèves allusions. On demandait depuis longtemps que la loi reconnût cette évolution, en faisant disparaître l'interrogatoire et en organisant d'une manière complète la comparution personnelle. Cette réforme fut réalisée en France par une loi n° 555 du 23 mai 1942 inspirée directement des travaux de la commission de révision du Code de procédure de 1934. Le décret français du 17 décembre 1973, tout en demeurant dans la même ligne, a abrogé les textes de 1944 et les a remplacés par des textes à la fois plus complets et plus souples (art. 184 à 198, CPC). En revanche, la situation n'a pas encore changé dans les codes de procédure de la première génération en vigueur dans l'espace OHADA.

437. La comparution personnelle peut être ordonnée pour une seule des parties ou pour toutes les parties (art. 184, CPC). Le juge peut faire comparaître personnellement un incapable, la personne qui le représente ou qui l'assiste (art. 197, CPC), une personne morale, par l'intermédiaire de son représentant légal (art. 197, al. 2, CPC). Mais le juge peut en outre faire comparaître tout membre ou agent de cette personne morale pour être interrogé tant sur les faits qui lui sont personnels que sur ceux qu'il a connus en raison de sa qualité (art. 197, al. 3, CPC).

438. Les conditions de la comparution sont identiques à celles en vigueur au Bénin, au Mali et au Burkina Faso.

c. Les déclarations des tiers.

439. Suivant la tradition, le recours à des tiers pour conforter la thèse de l'un des plaideurs a toujours été pratiqué. On utilisait à cette fin l'enquête. Celle-ci a été l'objet de longs développements dans la réforme française du 17 décembre 1973 ; mais dans un dessein de simplification on a prévu que les tiers pouvaient faire connaître par écrit ce qu'ils savaient des faits. Il faut naturellement se trouver dans une éventualité où la preuve testimoniale est autorisée par la nature ou l'importance de l'affaire.

Ce procédé de preuve joue dans la pratique, avec l'expertise, un rôle de premier plan.

440. L'article 199 CPC[453], pose que le juge peut recevoir des tiers les déclarations qui seraient de nature à l'éclairer sur les faits litigieux dont ils ont eu une connaissance personnelle. Rappelons que l'article 10 du Code civil oblige chacun à apporter son concours à la manifestation de la vérité[454]. Dans les deux cas, la Cour de cassation considère, qu'en raison de l'article 10 du Code civil, un tiers au procès peut être contraint de fournir des renseignements.

441. Selon qu'elles sont écrites ou orales, ces déclarations sont l'objet d'une attestation écrite ou sont recueillies oralement par voie d'enquête. A la différence du témoignage fourni dans le cadre de l'enquête, l'attestation est un écrit par lequel un tiers au procès fait savoir ce qu'il sait. Une attestation peut être produite spontanément par un plaideur ou être rédigée à la demande du juge (art. 200, al. 1er, CPC). Naturellement ces attestations peuvent être contradictoirement débattues et le juge communiquera aux parties, les attestations qui lui auraient été directement adressées (art. 200, al. 2, CPC).

442. Non seulement le juge a tout pouvoir pour ordonner, permettre ou refuser d'accueillir des attestations, mais quand il s'estimera insuffisamment informé ou qu'il aura conçu des doutes sur la crédibilité de l'attestation; il pourra toujours procéder par voie d'enquête à l'audition-personnelle de l'auteur d'une attestation (art. 203, CPC); mais il a un pouvoir souverain pour accepter ou refuser d'entendre comme témoins ceux qui ont fourni des attestations, fussent-elles contradictoires.

443. Le Code français contient trois groupes de textes : après avoir présenté les dispositions à caractère général (art. 204 à 221)[455], relatif à la personnalité et à l'audition des témoins, il

---

[453] *Comp.* art. 213 du Code malien de procédure civile, art. 234 du Code burkinabé de procédure civile. Le Code béninois ne distingue pas attestations et l'enquête (art. 275 à 300).

[454] Sur la valeur du témoignage, V, Gridel, RID *comp.* 1994/2. 437.

[455] *Comp.* art. 275 à 291 du Code béninois de procédure civile, art. 218 à 234 du Code malien de procédure civile.

traite (art. 222 à 230)[456] de l'enquête ordinaire qui constitue le cas normal, mais consacre un article (231)[457] pour indiquer que le juge garde la possibilité à tout moment, à l'audience, en son cabinet, en tout lieu où se poursuit l'exécution d'une mesure d'instruction, d'entendre sur-le-champ toute personne dont l'audition lui paraîtrait utile à la manifestation de la vérité.

444. Dans les Codes africains de la première génération, l'enquête est la procédure au moyen de laquelle s'administre la preuve testimoniale orale. Sa réglementation, qui n'a pas été retouchée depuis le Code français de procédure jusqu'en 1958, est très archaïque. Dans le Code français, en revanche, les pouvoirs du juge ont été sensiblement accrus en même temps que l'on atténue, dans toute la mesure du possible le formalisme.

2. L'exécution par un technicien

445. Le législateur français a réformé l'ancien Code de procédure civile qui est toujours en vigueur dans certains pays de l'espace OHADA. Les traits saillants de la réforme sont l'accroissement des pouvoirs du juge, l'extension du recours à un technicien et la gamme des dispositifs[458] mis à la disposition des juges. En effet, l'un des moyens d'éviter les pertes de temps et les frais inutiles, a consisté à remplacer l'expertise civile

---

456 *Comp.* art. 292 à 300 du Code béninois de procédure civile, art. 235 à 243 du Code malien de procédure civile.

457 *Comp.* art. 301 du Code béninois de procédure civile, art. 244 du Code malien de procédure civile.

458 Pour mémoire :

a) Les constatations. Dans les cas les plus simples, il se peut que le juge ne puisse pas se contenter d'un simple constat fait par un non-spécialiste, tel qu'un huissier de justice. Il estime avoir besoin de recourir à un technicien. Mais celui-ci se bornera, dans le cadre de son art, à procéder à des constatations techniques qui, en raison de son expérience et de sa compétence, ne lui prendront qu'un temps limité (art. 249, CPC).

b) La consultation. Dans d'autres éventualités, le juge ne pourra pas se contenter de simples constatations élémentaires. Il souhaitera recevoir un avis sur une question purement technique qui n'exige pas que le spécialiste se livre à des investigations complexes (art. 256, CPC}. Cette consultation pourra être donnée par écrit ou même être présentée verbalement à la barre du tribunal.

c) L'expertise. L'expression est réservée à des interventions plus complexes que ne permettrait pas d'effectuer une simple constatation ou une rapide consultation. Mais le juge ne jouit pas d'une liberté totale pour ordonner une véritable expertise qui sera nécessairement coûteuse et risque de ralentir le cours du procès. Il ne peut y recourir que dans les cas où il ne pourrait être éclairé suffisamment ni par des constatations techniques ni par une consultation (art. 263, CPC).

traditionnelle par trois mesures techniques, d'ampleur et de complexité progressive. Grâce à elles, le juge aura les moyens d'obtenir, de la part d'un tiers qualifié, le renseignement technique nécessaire, sans mettre toujours en œuvre un mécanisme lent et lourd, qui sera réservé aux hypothèses où le technicien doit se livrer à des recherches ou à des analyses plus complexes.

446. A la lumière du droit français, il sera examiné les dispositions communes (a) et les dispositions spécifiques (b) aux mesures d'instructions exécutées par un technicien.

a. Les dispositions communes

447. Les dispositions communes sont inscrites dans les articles 232 à 248, CPC[459] repris par les législateurs béninois, malien et burkinabé. Elles ont un caractère de généralité et s'appliquent à tous ceux qui sont sollicités d'effectuer des constatations, de fournir une consultation ou de procéder à une véritable expertise. On peut classer ces dispositions en deux catégories selon que la mesure d'instruction est envisagée du côté du magistrat qui l'ordonne ou du côté du technicien qui l'exécute.

448. Bien que des textes récents aient réglementé, dans certaines branches, la profession d'expert, la liberté du juge reste en principe entière : «le juge peut commettre toute personne de son choix » (art. 232, CPC), même, au besoin, une personne dont la profession est étrangère à l'objet du litige, s'il estime qu'elle a une compétence spéciale à son égard.

449. C'est le juge qui ordonne la mesure, qui en détermine les caractères et l'étendue. Il peut assister aux opérations, provoquer les explications du spécialiste, lui impartir des délais (art. 241, al. 1er, CPC). Dans certains cas, le juge du contrôle ne sera pas le même que celui qui a ordonné la mesure et un partage d'attribution sera peut-être délicat. Il rentre dans les pouvoirs de ces deux magistrats de modifier la mesure, d'accroître ou de restreindre la mission du technicien (art. 236, CPC). Mais c'est le juge investi du contrôle qui peut assister aux opérations du technicien, provoquer ses explications, lui impartir des délais pour son intervention (art. 241, al. 1 et 2, CPC).

---

[459] *Comp.* art. 302 à 318 du Code béninois de procédure civile, art. 245 à 261 du Code malien de procédure civile, art. 262 à 280 du Code burkinabé de procédure civile.

450. Le technicien doit exécuter personnellement la mission qui lui est confiée (art. 233, CPC)[460]. Néanmoins, l'article 233, alinéa 2, CPC, permet de désigner pour l'exécution de la mesure d'instruction une personne morale. Mais, pour ne pas devenir infidèle à l'esprit de l'institution, le texte ajoute que la personne morale doit soumettre à l'agrément du juge le nom de la ou des personnes physiques qui effectueront les observations et investigations techniques.

451. Le technicien désigné par le juge peut être récusé pour les mêmes causes que les juges (art. 234, CPC)[461] étant précisé que les causes de récusation de l'article 341 n'épuisent pas nécessairement l'exigence d'impartialité requise de tout technicien. Quand une partie veut récuser un technicien, elle doit saisir le juge qui l'a commis ou celui qui exerce le contrôle, et cela avant le début des opérations, ou bien dès qu'elle a la révélation de la cause de la récusation (art. 234, al. 2, CPC)[462] ; l'expert ne peut former, ni un pourvoi en cassation, ni tierce opposition à l'encontre de la décision de récusation[463].

452. Si le juge commet une personne (art. 232, CPC), c'est pour être éclairé « sur une *question de fait* qui requiert les lumières d'un technicien ». Celui-ci ne doit donner un avis que sur les points pour l'examen desquels il a été commis (art. 238, al. 1er, CPC). Il faudrait qu'il y ait eu un accord entre les parties pour qu'il accepte d'étendre sa mission à d'autres questions que celles dont il avait été saisi (art. 238, al. 2, CPC). Afin qu'il n'existe aucune équivoque à cet égard, l'article 238, alinéa *3,* CPC, insiste sur le rôle purement technique du spécialiste en ajoutant « qu'il ne doit jamais porter *d'appréciation d'ordre juridique»*[464]. Mais selon la Cour de cassation aucune disposition ne sanctionne par la nullité l'inobservation des obligations imposées par l'article 238[465]. Telle est,

---

[460] Civ. 2e-, 10 juin 2004, n° 02-15,129, Procédures août-sept. 2004, n° 178, obs. Perrot.
[461] A. JACQUIN, « L'impartialité objective de l'expert judiciaire et sa récusation », Gaz. Pal: 1er févr. 2003. L'existence d'un procès entre un expert et l'une des parties constitue une cause péremptoire de récusation, Civ, 2e, 13 oct. 2005, n° 04-10.834, D. 2006. 550, obs. Julien et Fricero.
[462] Civ, 2e, 5 déc. 2002, n° 01-00.224, D. 2003. 2260, note Penneau.
[463] Civ. 2e, 24 juin 2004, n° 02-10.817 (pour le pourvoi) et n° 02-10.200 (pour la tierce opposition), JCP 2004. II. 10141, note Croze ; D. 2005. 336, obs. Julien et Fricero, sans doute parce que l'expert n'est ni une partie, ni un tiers, niais un organe de la procédure (sur cette notion, Croze, Mélanges R. Perrot, Dalloz, 1996, p. 49).
[464] H. MARGANNE, « L'expert judiciaire et le droit - A propos de l'art. 238 », *JCP* 2007. I. 103. B. de Belval et B, Rolland, « L'expert dit-il le droit ? », *Droit de l'environnement,* oct. 2006, p. 294.
[465] Civ. 2e, 16 déc, 1985, *D.* 1986. 419, note Moussa, IR. 228, obs. Julien.

sans doute, la raison pour laquelle, à la différence du régime antérieur, le technicien ne peut recevoir du juge la mission de concilier les parties (art. 240, CPC).

453. Les textes analysés témoignent de la volonté de favoriser une étroite collaboration entre le juge qui a ordonné la mesure ou celui qui la contrôle et le technicien. C'est ainsi que le juge qui peut assister aux opérations du technicien (art. 241, al. 1er, CPC) peut, à tout moment, accroître ou restreindre la mission qui lui est confiée (art. 236, CPC), provoquer ses explications, lui impartir de nouveaux délais (art. 241, al. *2,* CPC), l'inviter à compléter, préciser ou expliciter ses constatations ou ses conclusions, soit par un rapport écrit, soit même en se rendant à l'audience (art. 245, al. 1er, CPC).

b. Les dispositions spécifiques de l'expertise

454. En dehors des textes généraux posés dans les articles 143 à 178, CPC, et au début du chapitre V relatifs aux mesures d'instruction exécutées par un technicien (art. 232 à 248, CPC), les auteurs de la réforme française ont pensé qu'il était indispensable de consacrer des développements importants à la mesure d'instruction qui constituera l'hypothèse la plus fréquente et la plus délicate, *l'expertise* entendue désormais dans un sens plus étroit qu'auparavant[466].

455. Pour essayer d'éviter comme naguère un recours systématique à l'expert, les textes nouveaux posent que l'expertise suppose des investigations complexes (art. 256, CPC), en sorte que le juge ne pourrait être suffisamment éclairé par les constatations d'un technicien ou par une simple consultation que celui-ci donnerait (art. 263, CPC). Le juge devra justifier son choix et les raisons par lesquelles il a été conduit à ordonner une véritable expertise (art. 265, al. 2, CPC). En principe, l'expertise est facultative; elle peut être ordonnée d'office ou demandée par les parties et les juges font, ou non, droit à leur demande en vertu d'un pouvoir souverain d'appréciation.

456. L'expert doit veiller spécialement à ce que soit respecté le caractère contradictoire de l'expertise[467] en invitant les parties et leurs

---

[466] Soc. 29 oct 2002, *Bull. civ.* V, n° 326 ; RIO civ. 2003. 141, obs. Perrot.

[467] S. GUINCHARD, *Rapport au* XXe *colloque des IEJ*, Angers, 1994, Dalloz, 1995, p. 69. F. Ferrand, « Le principe du contradictoire et l'expertise en droit comparé européen », *RTD comp.* 2000. 345. P. Julien, « Principe de la contradiction et expertise », *Mélanges J. Buffet,* Petites affiches/LGDJ, 2004, p. 293. L. Séné, «L'exécution de l'expertise judiciaire en matière civile », *Gaz. Pal.* 1er sept. 2007, Doctr.

conseils à assister aux opérations entreprises (art. 160 et 161, CPC). Et si l'une des parties convoquée régulièrement est écartée des lieux de la mesure d'instruction par l'autre partie, cette mesure est nulle, à moins que le juge n'ordonne à l'expert de reprendre la partie non contradictoire de ses opérations[468]. Au cours de l'expertise, elles peuvent formuler tels dires et réquisitions qu'elles jugeront convenables ; il en sera fait mention dans le rapport. On admet que l'expert puisse procéder à des investigations techniques hors la présence des parties, à condition de les informer de leurs résultats avant le dépôt du rapport[469].

457. Le caractère contradictoire de l'expertise fait partie des garanties d'un procès équitable[470]. Lorsque plusieurs experts ont été désignés, ils doivent toujours opérer conjointement. L'expert investi de sa mission doit opérer dans le délai fixé (art. 239, CPC), délai qui est susceptible d'être prorogé (art. 279, CPC.). Il est demandé à l'expert de solliciter une prolongation de quelques jours avant l'arrivée de la date qui lui a été impartie afin qu'aucune perte de temps ne soit provoquée par cette prorogation.

458. L'expertise pourra être annulée pour insuffisance caractérisée des investigations de l'expert. S'il estime avoir besoin des lumières d'un autre technicien, il peut prendre l'initiative de recueillir son avis, mais à la condition qu'il exerce une spécialité distincte de la sienne (art. 278, CPC). En France, le décret du 28 décembre 2005 a assoupli ce système en permettant à l'expert de se faire assister dans l'accomplissement de sa mission par la personne de son choix qui intervient sous son contrôle et sa responsabilité (art. 278-1).

459. Les dernières décennies ont vu s'accroitre considérablement le rôle du juge en droit français. Les Codes africains de la première génération échappent encore au mouvement et sont en retard d'une réforme.

---

[468] Civ. 2e, 24 juin 2004, n° 02-14959, *Procédures* août-sept 2004, n° 178, obs. Perrot ; Gaz. *Pal* 14 avr. 2005, note Olivier (à propos d'un sapiteur).

[469] Civ. 2e, 3 nov. 2005, n° 03-18.705, *Procédures* janv. 2006, n° 3, obs, Perrot

[470] CEDH 18 mars 1998, *Mantavcmelli y France* (en matière adm.), *D.* 1997. Somm. comm. 361, obs, Ferez ; *AJDA* 1997. 987, obs. Hauss ; *RTD civ. 1997.* 1007, obs. Marguenaud et Raynard ; RGPP 1998. 238, obs. Flauss ; *JCP* 1998. I. 107, n" 24, obs. Sudre ; *JDI* 1998. 184, obs, Tavernier.

CHAPITRE SECOND.

UNE INADAPTATION LIEE AU CONTEXTE AFRICAIN[471]

460. Alors que des auteurs positivistes comme Solus[472] affirment qu'il n'existe pas de droit originellement africain, d'autres auteurs tels que Kéba Mbaye[473], Pierre-François Gonidec[474] reconnaissent que les droits africains sont aussi juridiques que les autres systèmes de droit. En vérité, le « *droit africain traditionnel n'est en réalité ni le droit canon, ni le droit musulman, ni le droit européen. Il est un droit à base coutumière baignant dans les vieilles traditions et déformé par endroits par les apports des civilisations extérieures* »[475]. C'est le « droit réel »[476], selon l'expression des professeurs Dorothé Sossa et Joseph Djogbenou.

461. Le droit est le produit de la culture, et les normes doivent être élaborées en tenant compte des usages, des mœurs, des pratiques et mentalités caractérisant chaque pays. En « *Afrique plus qu'ailleurs le droit ne peut pas être isolé, sinon artificiellement et arbitrairement, des autres phénomènes* »[477]. Selon le socio-anthropologue africain Guy Adjete Kouassigan[478], l'objet d'une loi applicable en Afrique devait osciller entre résistance à la modernité et applicabilité des règles

---

[471] Pour ces développements, voir Karel DOGUE, *thèse précitée*, p. 191 et s.

[472] SOLUS, « L'ordre public en Afrique », dans *Encyclopédie Dalloz. Traité de la condition des indigènes,* Paris, 1927, cité par M. NKOUENDJIN, « Le rôle de la jurisprudence dans les nouveaux États d'Afrique francophone », Penant, 1973, p. 11, spéc. p. 13, note 6.

[473] K. MBAYE, « L'unification du droit en Afrique », *Rev. sen. Droit.*, Déc. 1971, n° 10, spéc. p. 67 cité par K. DOGUE, *thèse précitée.*

[474] P. F. GONIDEC, *Les droits africains. Évolutions et sources,* L.G.D.J., tome 2, 1976, p. 67 et s. cité par K. DOGUE, *thèse précitée*

[475] K. MBAYE, « Le droit africain, ses voies et ses vertus », *Revue sénégalaise de droit*, Mars 1970, p. 23 cité par K. DOGUE, *thèse précitée.*

[476] D. SOSSA et J. DJOGBENOU, *Introduction à l'étude du droit. Perspectives africaines*, op. cit,, p. 151.

[477] P.-F. GONIDEC, « Les droits africains : évolutions et sources », L.G.D.J., Paris, 1976, p. 2.

[478] G. A. KOUASSIGAN, *Quelle est ma loi, Tradition et modernisme dans le droit de la famille en Afrique noire francophone,* A. Pedone, Paris, 1974.

coutumières. D'un côté, des traditions fortes que la colonisation n'a pas réussi à effacer, et de l'autre, un droit moderne qui ne touche qu'une minorité[479]. L'essence du droit africain est constituée par ce que Marcel Fontaine a qualifié de « spécificités africaines »[480].

462. En partant de ce postulat, il s'agira d'identifier les spécificités africaines qui se démarquent en matière probatoire (*Section 1*), et de montrer que ces spécificités ne sont pas suffisamment prises en compte dans le droit de la preuve *(Section 2)*.

Section I. L'identification des spécificités africaines

463. Un principe de base devant gouverner l'élaboration du droit de la preuve serait la prise en compte des spécificités justifiant un aménagement des normes probatoires dans le contexte des Etats membres de l'OHADA. Pourtant, il est difficile de cerner le concept de spécificités africaines[481] dont on peut dire vaguement qu'il touche de près les mœurs, les croyances, le genre de vie.

464. A l'examen, deux réalités complémentaires sont en présence : les données sociologiques (*Paragraphe 1*) et les considérations juridiques (*Paragraphe 2*).

Paragraphe I. Les données sociologiques

465. En Afrique, il existe des données sociologiques qui influencent la preuve des transactions commerciales en général et des contrats en particulier. Les données sociologiques sont nécessairement présentes dans toute réalité juridique, et doivent être prises en compte dans le droit de la preuve.

466. Pour les besoins de l'analyse, les données sociologiques retenues comme spécificités africaines seront scindées en deux catégories, à savoir l'analphabétisme (A) et l'informel (B).

---

[479] S. BISSALOUE, La rénégociation contrcatuelle, thèse Aix Marseille, 2017, p. 39

[480] Voir M. FONTAINE, *Note explicative de l'Avant-projet du droit des contrats dans l'espace OHADA*

[481] Le professeur Emmanuel S. DARANKOUM retient justement que « cette notion de *spécificités africaines* n'est pas coulée dans du marbre [...] Surtout, elle doit être assez résiliente pour se mouler dans les exigences de la mondialisation. Parce qu'il s'agit d'un concept rétif à toute saisie définitive [...] », cité par K. DOGUE, *thèse préc* , p. 136.

A. L'analphabétisme

467. Dans le contexte africain, ce sont les pratiques coutumières ancestrales qui ont façonné les échanges contractuels, et non le droit tel qu'on le conçoit aujourd'hui. De tout temps, l'oralité a été une caractéristique sociale ayant façonné les rapports économiques en Afrique. À l'oralité s'ajoute l'analphabétisme comme trait essentiel contribuant à modeler l'essence même du droit africain des contrats.

468. Aussi, l'auteur de l'Avant-projet du droit des contrats a-t-il identifié deux caractéristiques essentielles pertinentes dans les États de l'OHADA : l'analphabétisme et la faiblesse généralisée de culture juridique. Pourtant, il écarte l'option d'un droit simplifié et de compréhension aisée qui découlerait de telles caractéristiques, et préconise au contraire un « *droit harmonisé des contrats qui contienne des règles sophistiquées quant au processus de formation, aux sanctions de l'inexécution, à la transmission de ces obligations* »[482].

469. Karel Doguè a montré dans sa thèse[483] que l'acculturation juridique est une conséquence directe de l'illettrisme ambiant en Afrique, mais qu'on peut la faire remonter plus loin. En effet, elle conduit sur des sentiers plus denses et plus obscurs que ceux de l'illettrisme. Elle fait appel à l'histoire du droit dans une de ses spécificités qu'est l'ethnologie juridique en Afrique[484]. Sans s'y étendre de façon générale, l'auteur en prendra une des manifestations qu'est l'analphabétisme et l'illettrisme.

470. L'illettrisme est une donnée structurelle qu'on ne peut ignorer dans l'élaboration d'un texte sur le droit de la preuve en Afrique : son effectivité en dépend d'ailleurs. En réalité, l'illettrisme empêche près de 80% des femmes d'affaires africaines d'avoir accès au droit OHADA ou même se conformer aux règles nouvelles censées régir leurs activités économiques[485]. La plupart des actes juridiques à effectuer sous le couvert des Actes uniformes exigent des personnes

---

[482] *M. FONTAINE, Note explicative de l'Avant-projet*

[483] K. DOGUE, *ibidem*

[484] V. Étienne Le ROY, « Michel Alliot et la recherche au Laboratoire d'Anthropologie Juridique de Paris », dans *Un passeur entre les mondes. Le livre des Anthropologues du Droit disciples et amis du Recteur Michel Alliot*, Paris, Publications de la Sorbonne 2000, pp. 12 - 13 et s.

[485] I. DESCHAMPS, *Commercial Law Reform in Africa: A Means of Socio-economic Development, But for Whom? Perspective of Women Entrepreneurs in Benin*, Thèse de Maîtrise, Université McGill, Montréal, Canada, 2011, cité par K. DOGUE, *ibidem*

contractantes qu'elles parlent et écrivent le français, l'anglais, l'espagnol ou le portugais[486], alors que la proportion de la population africaine qui parle même une seule de ces langues est infiniment négligeable.

471. La jurisprudence également n'est pas restée en marge de la considération du statut d'illettré, et des mentions de protection édictées à peine de nullité par le législateur sont déjà consacrées dans des décisions[487]. La question de la compréhension des écrits constituant le contrat est cruciale, et a été par le passé en droit africain un motif de refus de couverture d'une caution illettrée ou de responsabilité d'un garant[488].

472. En plus de la jurisprudence, des exemples tirés du droit OHADA témoignent de l'importance de cette spécificité pour l'effectivité des dispositions devant régir la preuve des contrats. En droit commercial et des sociétés, le législateur a codifié aux articles 10, 18 al. 17 et 72 de l'Acte Uniforme relatif au droit des sociétés coopératives que la personne illettrée puisse remplacer une signature manuscrite par une empreinte digitale. Cette disposition constitue une avancée mais n'est pas aussi adaptée que celle régie en matière de cautionnement par les articles 14, 21 et suivants de l'Acte Uniforme portant organisation des sûretés[489]. En effet, comme l'explique M. Dogue, il est toujours possible en contractant avec un lettré qu'une personne illettrée en position économique inférieure, accepte simplement de poser son empreinte digitale alors qu'elle n'a pas compris ce à quoi elle s'engage effectivement. En fonction du contexte, du rang social, du sexe, de l'âge, des personnes présentes ou autres, ce « complexe de l'illettré » suffit à le conduire à apposer son empreinte

[486] Suivant l'article 42 le français est la langue officielle de travail de l'OHADA qui reconnaît tout de même que trois autres langues forment avec le français les quatre langues de l'OHADA en considération des langues officielles des pays membres.

[487] V. Cour suprême de Côte d'Ivoire, chambre judiciaire, arrêt n° 137/2001 du 15 mars 2001, SOCGIEX-CI et PREMOTO c/ BICICI, www.ohada.com, Référence J-04-67; Trib. de Grande Instance de Mfoundi, jugement n° 404/CIV du 28 mars 2005, www.ohada.com, Référence Ohadata J-08-112.

[488] V. High Court of Ghana: 1965 ALR Comm. 100, *Union Trading Co. Ltd.* v. *Tetteh, Quaynor and Taylor*. Comments by J. KORATENG-ADDOW cité par Alan MILNER (Ed.), *Op. Cit.*, p. 132. Voir aussi cité par le même auteur, *Atta Kwamin v. Kufuor*, 1914, 2 Renner 808 ; 1874-1928) P.C. 28 ou *Waya v. Byrouthy*, 1958, 3 W.A.L.R. 413.

[489] L'article 14 à son alinéa 2 prévoit la formation d'un cautionnement par une personne illettrée grâce à l'assistance de deux témoins certificateurs. Les articles 21 et suivants prévoient le régime applicable à ces témoins certificateurs.

sur tout document proposé plutôt que de demander des clarifications qui prouveront qu'il n'a rien compris en réalité.

473. Il est possible de mentionner la nouvelle catégorie d'entreprenant[490] créé par l'Acte uniforme sur la vente commerciale et qui malheureusement ne remplit pas tout l'espoir placé en lui. L'objectif du législateur était d'aller chercher ces entrepreneurs de l'informel pour leur faciliter les diverses obligations et écueils rencontrés au regard des réalités africaines. Malheureusement, au-delà des allégements de coûts et de certaines formalités qui s'appliquent à tous même les lettrés, on aurait pu simplifier les exigences formelles regrette M. Dogue. Le législateur aurait pu instituer une procédure de reconnaissance de constitution d'entreprises des personnes illettrées, qui pourrait être validées devant un officier d'état civil par un acte unique ne nécessitant pas des connaissances étendues du français ou du droit des sociétés mais juste le sens des affaires.

474. Isabelle Deschamps[491] dans ses travaux de recherche portant sur les femmes entrepreneures au Bénin, dépeignait cette réalité en relevant que les dispositions de l'Acte uniforme sur les sociétés coopératives exigent explicitement ou implicitement la capacité à lire et écrire. Des documents multiples doivent être remplis et signés par les membres de sociétés coopératives. L'Acte uniforme exige toujours que l'entreprenant s'enregistre par écrit, garde les grands livres et autres documents financiers et comptables obligatoires. La dichotomie est évidente puisque la plupart des commerçants de l'informel sont illettrés et tiennent une comptabilité embryonnaire. Dans de telles circonstances, il est prévisible que ces petits entrepreneurs ne chercheront pas à intégrer officiellement le droit OHADA, car il n'est pas adapté à leurs réalités locales de terrain. Le législateur aura donc échoué du fait de la non prise en compte effective de l'analphabétisme comme spécificité africaine.

---

[490] Déduite des articles 2 et 3 du nouvel AUDCG liant commerçant et profession habituelle, cette catégorie est définie par l'article 30 de l'AUDCG. Elle est une extension de la réalité des professionnels de l'espace OHADA qui sont bien souvent des commerçants car effectuant des actes de commerce. V. S. S. KUATE TAMEGHE, « Entreprenant », dans Paul-Gérard POUGOUÉ (Dir.), *Encyclopédie du droit OHADA*, Lamy, Déc. 2011, spéc., p. 774 et s. Vr. K. DOGUE, *Ibid.*

[491] I. DESCHAMPS cité par K. DOGUE, *ibidem*

B. L'informel

475. La notion de pratiques contractuelles regroupe les usages, coutumes et autres actions contractuelles qui n'ont pas fait l'objet d'une législation en Afrique mais qui font partie du vécu contractuel quotidien. L'importance de ces pratiques a pu être retenue comme éléments de stabilité des transactions en Afrique[492].

476. On ne peut éluder au nombre de ces pratiques, la réalité de l'informel en Afrique[493]. Il est donc important de cerner cette réalité de façon générale afin de mieux identifier les éléments pertinents dans le contexte de cette étude. Les premières réflexions sur le commerce

---

[492] Par exemple au niveau de la Cour suprême du Cameroun, cette stabilité est renforcée par l'exigence faite en application du Décret n° 71-DF-544 du 19 déc. 1969 (organisant les juridictions traditionnelles au Cameroun oriental qui donne compétence au juge de droit traditionnel d'intervenir dans le contentieux du droit des contrats), que tous les citoyens étant justiciables de leurs coutumes respectives dans les différends qui peuvent les opposer en matière contractuelle, ils ne peuvent se faire appliquer le droit écrit à propos d'un acte juridique déterminé qu'en faisant clairement l'option de juridiction (Arrêt n° 19 du 26 mars 1968, Bull. CS-COR n° 22, 2159 et Arrêt n° 29 du 16 janvier 1979, Bull CS n° 38, 2286).

[493] Le secteur informel constitue une part inestimable des échanges commerciaux en Afrique. En témoignent les statistiques ci-après tirées de l'article de Jacques CHARMES, « Les origines du concept de secteur informel et la récente définition de l'emploi informel », cité par K. DOGUE, *ibidem*. Part en pourcentage du secteur informel dans le PIB total de divers pays dits en développement : Algérie (1997) 24,2 ; Tunisie (1995) 20,3 ; Maroc(1986) 24,9 ; Bénin (1993) 27,3 ; Burkina Faso (1992) 24,5 ; Burundi (1996) 25,7 ; Cameroun (1995-96) 33,6 ; Côte d'Ivoire (1995) 22,4 ; Ghana (1988) 31,4 ; Guinée Bissau (1995) 16,0 ; Kenya (1999) 18,4 ; Mali (1989) 23,0 ; Mauritanie (1989) 10,2 ; Mozambique (1994) 38,9 ; Niger (1995) 37,6 ; Sénégal (1991) 33,0 ; Tanzanie (1991) 21,5 ; Tchad (1993) 31,0 ; Togo (1995) 35,8 ; Zambie (1998) 14,7 ou encore plus probant, le taux d'emploi informel dans la population active en 1990 : Algérie 25 ,4 ; Maroc 56,9 ; Tunisie 39,3 ; Égypte 65,3 ; Bénin 92,8; Burkina Faso 77,0 ; Guinée 71,9 ; Kenya 71,6 ; Mali 78,6 ; Mauritanie 75,3 ; Mozambique 73,5 ; Niger 62,9 ; Sénégal 76,0 ; Tchad 74,2 ; Zaïre 59,6 ; Zambie 58,3.

[493] En 1999-2000, la Banque mondiale estimait que le secteur informel représentait en Afrique au Sud du Sahara entre 40% et 60% de l'économie locale et employait entre 51% et 93% de travailleurs non agriculteurs. Tiré de *Women and Men in the Informal Economy: A Statistical Picture* 19 (2002), cité par Claire MOORE DICKERSON, *Op. cit.*, p. 113, note 33.

informel[494] datent des années 1970[495] et ont été reprises par Hart Keith en 1973[496] ainsi que les économistes du Bureau International du Travail[497] à qui on attribue en général la paternité du terme[498]. Ce type de commerce provient du secteur du même nom, le secteur informel qui est encore difficile à définir[499].

477. Au-delà du débat théorique sur le concept[500], on pourrait attirer l'attention sur les composantes qui matérialisent son existence en droit. Le commerce informel en Afrique[501] est le résultat du cumul de plusieurs facteurs dont l'analphabétisme, l'acculturation juridique, le difficile accès au crédit, la corruption, les plans d'ajustement structurels[502] pensés pour l'Afrique par les bailleurs de fonds

---

[494] Voir K. DOGUE citant B. LAUTIER, « L'économie informelle : solution du problème », I, *Cahiers des Sciences,* n° 50, 1995, p. 25 à 47. V. aussi M. E. KOUMBA., « Les enjeux de l'extension de l'Acte uniforme relatif aux procédures collectives d'apurement du passif aux entreprises informelles africaines : enjeux juridiques et économiques », *Revue de l'ERSUMA : Droit des affaires - Pratique Professionnelle*, N° 1 - Juin 2012, *Doctrine*, p. 160. Disponible en ligne au : http://revue.ersuma.org/no-1-juin-2012/doctrine-12/article/les-enjeux-de-l-extension-de-l.

[495] J. O. IGUÉ et B. G. SOULÉ, *L'État-entrepôt au Bénin. Commerce informel ou solution à la crise ?,* Éd. Karthala, Avant-propos de John IGUÉ, p. 13 cité par K. DOGUE, *ibidem.*

[496] H. KEITH, *Informal Income Opportunities and Urban Employment in Ghana*, Journal of Modern African Studies, Vol. 11, 1973, n° 1, p. 61-89 cité par K. DOGUE, *ibidem.*

[497] Pour la première fois, le BIT aurait utilisé le concept dans son fameux « Rapport Kenya » en 1972, International Labour Organization, 1972, *Employment, Incomes and Equality. A Strategy for Increasing Productive Employment in Kenya*, Geneva cité par K. DOGUE, *ibidem.*

[498] J. CHARMES, « Débat actuel sur le secteur informel », Revue Tiers-Monde, tome XXIII, n° 111, oct. 1987, pp. 855-875.

[499] C. M. DICKERSON, *Ibid.*, en donne une définition assez pertinente en ces termes : "... includes own-account workers and that relates to income not officially counted understands the informal sector to be the locale where formal law does not penetrate, or does so only unpredictably, and generally weakly. By any reasonable understanding street endors, hawkers, and market women will typically satisfy the ILO, GDP, and law definitions simultaneously, and these workers thus are part of the informal sector. » cité par K. DOGUE, *ibidem.*

[500] L. FONTAINE et F. WEBER, *Les paradoxes de l'économie informelle. À qui profitent les règles?*, Karthala, Coll. « Les terrains du siècle », 2010, 276 pp. Ces auteurs abordent la question sous l'angle économique.

[501] Subdivisé en secteur informel de services (petits métiers) et secteur informel d'échanges (économie souterraine; échanges parallèles; contrebande). V. J. O. IGUÉ et Bio G. SOULÉ, *id.* citant A. MEERTJE et Ph. BARTHELEMY, *L'économie souterraine,* Économica, Paris, 1984;

[502] Il s'agit d'un programme de réformes économiques que le Fonds monétaire international (FMI) ou la Banque mondiale mettent en place pour permettre aux pays touchés par de grandes difficultés économiques de sortir de leur crise économique. C'est un ensemble de dispositions dont certaines agissent sur la conjoncture et d'autres sur les structures et qui

principaux dans la décennie quatre-vingt (80). On ne peut ignorer ces facteurs dans un futur texte sur le droit de la preuve.

478. Il convient d'adopter un critère de définition du secteur informel dans la mesure où ce dernier a régulièrement été au carrefour des divergences entre chercheurs en sciences économiques et sociales[503]. D'une part, l'informel est caractérisé par une intention frauduleuse qu'on range globalement sous le vocable « d'économie dissimulée » ou « irrégulière » ou encore « économie souterraine ». D'autre part, l'informel est animé plus par une intention de survie qu'une volonté dissimulatrice et qu'on classe souvent sous l'expression « d'économie de la débrouille ou de survie » ou tout simplement « d'économie non déclarée ». Et enfin l'informel matérialisé par un caractère illicite qu'on nomme par l'expression « d'économie criminelle ». Cette dernière est constituée pour l'essentiel des activités interdites ou qui portent atteinte à l'ordre public ce qui justifie son qualificatif d'économie « noire ».

479. Selon l'Organisation Internationale du Travail, « *on estime que, au cours des dix dernières années, 90 pour cent des nouveaux emplois en Afrique* ont *été créés dans l'économie informelle* »[504]. Le commerce informel est un des modes effectifs de matérialisation des activités économiques en Afrique. La réelle question est qu'il s'agit d'activités non officielles, mais cependant susceptibles de réglementation et surtout d'encadrement juridique. Le droit des contrats régit les activités économiques en général et on peut considérer le commerce informel comme une « spécificité africaine » qui doit influencer la preuve des contrats.

480. Au bénéfice des acteurs informels et dans le but de réduire progressivement l'intérêt pour l'informel, le législateur de l'OHADA pourrait mettre sur pied quelques incitatifs légaux. Sous une

---

résultent d'une négociation entre un pays endetté et le Fonds monétaire international (FMI) pour modifier le fonctionnement économique du pays (le FMI conditionnant son aide à la mise en place de réformes qu'il considère pérennes). Ces crédits sont dénommés entre autres prêts d'ajustement structurel ou des prêts d'ajustement sectoriel. Les PAS ont démontré de nombreuses lacunes tant sur le fond que dans la forme de leur exécution. Source en ligne : www.wikipedia.org cité par K. DOGUE, *ibidem*

[503] T. N. KANCHOP, *Le secteur informel à l'épreuve du droit des affaires OHADA*, Mémoire du Diplôme d'Études Approfondies (D.E.A.) en Droit Communautaire et Comparé CEMAC, Novembre 2008, p. 3 cité par K. DOGUE, *ibidem.*

[504] *Rapport VI: Travail décent et économie informelle*, Conférence internationale du Travail, 90ème session, juin 2002. Bureau international du Travail, Genève.

condition de vérification ultérieure diligente, les livres et documents comptables et financiers exigés à l'article 13 de l'AUDCG peuvent être admissibles comme moyens de preuve entre commerçants et acteurs informels, et entre entreprenants du secteur informel et non commerçants[505]. L'entreprenant informel devrait pouvoir exercer une action judiciaire en lien avec ses activités de commerce informel. Cette dernière possibilité peut être conditionnée par une immatriculation *a posteriori* qui ouvrirait droit entre autres à une procédure judiciaire.

481. De telles dispositions pourraient apparaitre inappropriées dans le cadre d'un texte uniforme sur le droit de la preuve. M. Dogue rappelle cependant que ce fut à l'occasion de l'Acte uniforme sur le droit de l'arbitrage OHADA que le législateur a étendu au commerçant informel la possibilité d'invoquer l'application d'une clause compromissoire à l'égard d'un commerçant, alors que ce privilège lui était dénié par le droit commun préexistant qui distinguait entre arbitrage civil et arbitrage commercial ou mixte[506]. Il existe par conséquent des améliorations ponctuelles à entreprendre incluant l'élaboration d'un droit de la preuve avec des règles permettant l'appréhension de cette réalité africaine.

482. Le droit de la preuve est donc applicable au commerce informel qui constitue une des spécificités africaines à prendre en compte à côté d'autres. Comme le démontrent les travaux de Stewart Macaulay[507], intégrer les pratiques informelles constitue un facteur rendant efficace et effective une réforme.

483. Dans l'identification des spécificités africaines, les considérations juridiques constituent la deuxième réalité complémentaire à prendre en compte.

Paragraphe II. Les considérations juridiques

484. Le droit traditionnel de la preuve existant avant la colonisation, et qui connait encore des vestiges d'application à travers la pratique et les usages, peut conserver une certaine actualité dans l'élaboration du futur droit de la preuve.

---

[505] L'article 5 de l'AUDCG admet les livres comptables et autres documents énumérés par l'article 13 AUDCG comme moyens de preuve de l'entreprenant à l'égard du non commerçant mais pas au bénéfice de l'entreprenant informel.

[506] Art. 1er de l'AUDA précité qui ne fait aucune distinction entre les deux types d'arbitrage.

[507] Stewart Macaulay, "Non-Contractual Relations in Business: A Preliminary Study", 1963, 28 American Sociological Review, 1 cité par K. DOGUE, *ibidem*

485. En effet, il existait en Afrique précoloniale, un corpus cohérent et complet de règles coutumières qui régissaient les rapports sociaux et était adapté aux sociétés africaines concernées. Le droit actuel est le résultat d'un long processus influencé par divers facteurs mais dont le substrat reste le même à la base : les coutumes d'antan, la culture juridique africaine. A tort, on sous-estime le rôle de régulateur social du droit pendant qu'on surestime son rôle prédictif. Le droit régit les faits en société autant qu'il peut concourir à faire avancer la société mais toujours en connexion avec les réalités sociales locales. Les deux doivent aller de pair. Le second (rôle prédictif et directif) sans le premier (rôle de régulation sociale) ne peut conduire qu'à une ineffectivité des prédictions ainsi véhiculées par le texte déconnecté en raison des greffes juridiques. Le premier (rôle de régulation sociale) sans le second (rôle prédictif et directif) pourrait faire stagner la société autour de vieilles pratiques codifiées.

486. Sous cet éclairage, la formation à l'oral du contrat (A) et la preuve libre du contrat (B) constituent deux aspects spécifiques qui retiennent l'attention.

A- La formation à l'oral du contrat

487. Le professeur Allot[508] comme d'autres[509] après lui, avancent que l'une des influences communes et majeures des droits coutumiers africains est le caractère oral c'est-à-dire non écrit du système. Etienne Le Roy faisait ainsi une distinction entre le verbal entendu au sens du langage usuel, et l'oralité juridique relevant de la parole convenue et réservée[510].

488. Le législateur aurait tout intérêt à faire une place plus importante à l'oralité dans l'espace OHADA. L'oralité du contrat[511] est

---

[508] A. ALLOT, *African Law*, dans DERETT J. D. M. (Eds.) *Introduction to legal systems*, London, Sweet & Maxwell, 1968, p. 131, cité par K. DOGUE, *thèse précitée*, p. 218.

[509] R. VERDIER, « Une esquisse anthropologique des droits de tradition orale d'Afrique noire », *Revue de Synthèse*, 1985, p. 118 et s. 301 et s. ; E. LE ROY, « Justice africaine et oralité juridique. Une réinterprétation de l'organisation judiciaire traditionnelle à la lumière d'une théorie général du droit oral d'Afrique noire », *Bull. de l'Institut français d'Afrique noire*, XXXVI, série B, 1974, p. 559-5591, cité par Rodolfo SACCO, *Le droit africain. Anthropologie et droit positif*, Dalloz, 2009, p. 85, note 31.

[510] E. Le Roy, *Les africains et l'institution de la justice*, op. cit., p. 33.

[511] L'oralité dans l'acte est d'une importance indéniable dans les échanges micro économiques, selon M. DOGUE. Au centre du conflit pour le créer ou le résoudre, elle est à la fois facteur d'ordre et de désordre, sa manipulation hasardeuse peut causer de tels torts que son usage sous certaines coutures fait l'objet d'interdits ou d'utilisations réservées

une caractéristique qui doit donc être prise en compte dans la réforme du droit de la preuve. Le contrat en droit traditionnel africain était essentiellement oral pour des raisons majeures. En effet, le niveau d'avancement des échanges à l'époque permet de croire qu'une préférence était donnée aux contrats réels nécessitant un simple transfert de la chose pour matérialiser l'entente et la volonté contractuelle de se lier. Le troc, les échanges, les compensations pour services, l'inexistence de monnaie unique étaient autant de facteurs qui militaient en faveur de la prédilection des africains pour les contrats réels permettant oralement la formation du contrat. L'oralité était ainsi facilement consacrée comme mode efficace de formation et d'exécution du contrat à l'époque.

489. Mais les réalités à ce propos ont peu évolué depuis le temps, parce que l'oralité des contrats est une réalité contemporaine avec le commerce informel [512]. Le concept d'équivalence des prestations est un facteur de relativisation de la prise en compte de cette oralité. Il n'avait pas la même signification en Afrique comme dans les traditions romano-germaniques de droit écrit[513]. L'autre conséquence fondamentale de cette caractéristique est que les droits africains ne se trouvant pas dans les ouvrages, la production du droit est plus décentralisée et devrait inclure plus de citoyens en même temps qu'elle rapproche plus les parties au contrat qui doivent échanger pour mieux circonscrire les clauses de leur entente.

490. Il faut observer qu'avec l'évolution contemporaine, cette donnée essentielle n'a pas beaucoup influencé le droit positif. L'impact est mineur et même si le principe de l'équivalence des

---

uniquement aux initiés : Amadou Hampaté Bâ, Amkoullel, *L'enfant peulh,* Mémoires I, Arles, Actes Sud, 1991; Guy Menga, *La marmite de Koka Mbala, pièce de théâtre*, Ed. Regain, 1966. v. Elias, *The Nature of Customary law, ou sa traduction française : La nature du droit coutumier africain,* Paris, Présence africaine, 1960, p.141

[512] Au Bénin par exemple, il y a plus de la moitié de la fourniture des produits pétroliers qui se fait par la commercialisation dans le secteur informel du pétrole et de l'essence frelatée par des personnes non lettrées qui font toutes leurs transactions de gré à gré sans écrit et à l'oral. Cette activité soutient économiquement une frange très importante de la société béninoise et fonctionne entièrement avec des ententes orales. v. K. DOGUE, *thèse précitée*

[513] R. SACCO, *Ibid.*, qui mentionne qu'il y a par exemple parfaite équivalence entre les promesses des dieux et les hommes, les défunts et les vivants, la terre et les agriculteurs. Il y a échange entre la soumission de l'étranger et la protection qu'il reçoit du groupe. Il y a équivalence entre le paiement de la taxe d'impôt et l'attribution de la terre par le Chef traditionnel. Egalement, le principe tel que conçu en Afrique est très relatif puisque même à travers un don on doit percevoir une équivalence puisque le don appelle traditionnellement un contre don. v. K. DOGUE, *thèse précitée*

prestations est de mise et que l'autonomie contractuelle est applicable, la formation du contrat pourra difficilement se passer de l'écrit pour certains types de contrats. Par contre, les contrats seront toujours consensuels et il existera toujours des contrats réels et d'autres types de contrat n'exigeant aucun écrit514. La différence fondamentale se verra plus au niveau des modes de preuve de l'existence et de la validité de ces contrats.

B. La liberté de la preuve du contrat

491. Comme l'explique Karel Dogue dans sa thèse[515], l'Afrique a depuis la nuit des temps connu un système ultra-libre de production de la preuve. Aussi, l'OHADA à travers la CCJA[516] a depuis toujours affirmé le principe de la liberté de preuve. Cet état actuel et antérieur provient du fait que contrairement aux sociétés occidentales, estimant leurs droits plus rationnels, en Afrique, l'agent pénal n'est pas forcément celui qui lève le bras, mais la force qui le pousse à agir. Or cette force n'est jamais neutre, jamais issue du hasard[517]. De la simple parole du notable, sage ou chef traditionnel aux pratiques ordaliques ou

---

[514] Dans le droit OHADA, l'exemple du contrat de transport de marchandises par route dont l'existence est clairement admise même en l'absence d'écrit l'attestant. Art. 3, 4 al. 4 et s. AUCTMR.

[515] K. DOGUE, *thèse précitée*, p. 220 et s. C'est le lieu de rappeler l'usage des ordalies et autres pratiques occultes ou magiques. Jean POIRIER en parlait comme de « droit secret » à côté du « droit coutumier officiel » et du « droit parallèle ». Le droit secret était selon lui « un droit ésotérique, qui demeure tout imprégné de magie et de religion ». Le droit parallèle est juridique et concerne la filiation, le mariage, le régime de la propriété foncière, etc.... Il met en relation les hommes par opposition au droit secret qui fait référence à une tierce partie invisible (dieu, esprit, génie...). Le droit coutumier officiel est l'ensemble des textes pris dans la frénésie de la codification post-indépendance dans différents domaines et qui fit souvent cohabiter droit écrit et coutume local. V. Jean POIRIER, « L'analyse des Espèces juridiques et l'étude des droits coutumiers africains », dans Max GLUCKMAN (Ed.), *Ideas and Procedures in African Customary Law,* Oxford University Press, 1969, p. 97 et s, spéc. p. 101.

[516] Arrêt CCJA n° 053/2005 du 15 décembre 2005, Société Côte d'Ivoire céréales c. Société Shang Consulting ; OHADATA J 02-72, CCJA Arrêt n° 010/2002 du 21 mars 2012, Société Négoce Ivoire c. Société GNAB; Commentaire Le *Juris OHADA*, n° 4/2002, p. 33, note M. E. BEIRA, Recueil de jurisprudence CCJA, n° spécial, janvier 2003, p. 23 tirés de Paul-Gérard POUGOUÉ, Sylvain Sorel KUATE TAMEGHE (Dir.), *Les grandes décisions de la Cour commune de justice et d'arbitrage de* l'OHADA, Études africaines, p. 70 à 77 et spéc. p. 72.

[517] Samba TRAORÉ, « Le Voleur, le Pilon, le Marabout et le Commandant de cercle : la cohabitation de logiques contraires dans la recherche de preuves », dans *Un passeur entre les mondes. Le livre des Anthropologues du Droit disciples et amis du Recteur Michel ALLIOT*, Textes réunis par Étienne et Jacqueline Le ROY, Publications de la Sorbonne, 2000, p. 175. V. K. DOGUE, *thèse précitée*

religieuses occultes ou simples prestidigitations, tout était bien simple et structuré pour assurer l'établissement de la vérité dans la préservation du tissu social comme finalité du processus de la preuve. La preuve du contrat par écrit est « naturelle chez toutes les nations policées »[518]. Le droit de la preuve « correspond à la culture dans laquelle il s'insère et façonne sans doute à son tour la culture »[519]. Et le moins qu'on puisse dire c'est que la culture africaine de la preuve est singulière[520].

492. Sur le continent africain, il existe presque autant de coutumes que d'ethnies et les règles régissant les rapports sociaux varient d'une entité culturelle à l'autre. C'est à cause de cette disparité qu'on ne peut pas sortir des généralités, encore que les règles dont il est question soient toujours demeurées non écrites. Les modes de preuves les plus usités et qu'on pourrait qualifier de transafricaines reposent sur le sens de l'honneur, de la dignité, mais aussi de la superstition. On peut noter les moyens de preuve suivants : la parole d'honneur[521], le témoignage[522], le serment[523], les méthodes magiques[524].

493. L'administration de la preuve devant les juridictions coutumières obéissait à des règles comparables aux ordalies telles qu'elles existaient en France médiévale. L'instance est introduite par celui qui accuse et il est soumis au même titre que l'accusé à l'épreuve ordalique. L'écrivain Paul Hazoume a décrit dans son roman

---

[518] J.E.M. PORTALIS, *Discours et rapports sur le Code civil*, Centre de philosophie politique et juridique de Caen, 1992, p. 48.

[519] Emanuel JEULAND, « Modèle et preuve de l'acte juridique », dans Thierry REVET (Dir.), *Code civil et modèles. Des modèles du Code au Code comme modèle*, Paris, L.G.D.J., tome 6, 2005, p. 209, spéc. note 2.

[520] Pour des détails, V. les développements autour de la preuve judiciaire dans les sociétés animistes et Etats d'Afrique noire, *Revue juridique et politique indépendance et coopération*, N° 1 et 2, Janvier Mars 1985.

[521] Elle repose sur l'honneur et la dignité dont le sens reste encore élevé au sein de certaines couches sociales, notamment dans les campagnes. La parole donnée constitue une sérieuse garantie de l'engagement qu'elle concerne. Dans les grands centres urbains, cette notion est aujourd'hui inconnue.

[522] Il y est fait recours pour authentifier un engagement d'une particulière importance ou une décharge. Il s'agit d'un moyen généralement fiable pour les raisons ci-dessus évoquées.

[523] Il est généralement déféré pour tenir lieu de décharge. Il supplée à la parole d'honneur et au défaut de témoin. C'est un procédé assez efficace compte tenu de ce que les populations sont très religieuses. Par exemple, le serment sur le fétiche, sur l'enclume, serment de la noix de kola, serment de la navette du tisserand, etc.

[524] Elles constituent un recours extrême et, de ce fait, ne sont sollicitées que lorsque les trois premiers moyens se révèlent inopérant. Il existe une multitude de méthode de cette nature. On citer, par exemple, l'appel de la foudre, les potions de vérité et les diverses formes de référence aux ancêtres.

ethnologique *Doguicimi*[525] une épreuve ordalique au royaume du Danhomey. Cependant, si l'ordalie était déterminante en matière criminelle, il en était autrement en matière civile (dettes, litiges de terres, etc.). C'est là qu'intervenait le témoignage.

494. Le Doyen Stanislas Melone[526] cité par Karel Dogue, relevait que si l'on ne peut pas conclure à l'existence d'une théorie générale traditionnelle des obligations, des recherches en jurisprudence locale ont révélé qu'un droit traditionnel des contrats a existé avant l'époque coloniale et continue, malgré la présence du Code civil importé de la France, à exercer une certaine influence en Afrique grâce à des règles originales relatives à la formation et à la preuve du contrat. On peut citer parmi celles-ci quelques-unes qui ont gardé toute leur originalité dans la pratique contractuelle et résisté au code civil : le caractère solennel du contrat et la preuve testimoniale.

495. Le contrat est solennel en droit traditionnel en ce qu'il ne se forme pas seulement par un simple échange de consentement. Sa validité est en plus subordonnée à la présence d'un témoin lors de sa formation, lequel pourra en rapporter la preuve. Comme le suggère Doyen Melone, il serait approprié de reprendre la théorie de la volonté déclarée du droit traditionnel qui assure une plus grande sécurité juridique que le concept de volonté réelle ou psychologique du code civil. Pour ce qui est de la preuve, le système traditionnel voit dans le témoignage — et non pas dans l'écrit — le mode privilégié, et est donc moins formaliste que le code civil. Ces conceptions du droit traditionnel devront être suffisamment prises en compte dans le futur droit de la preuve dans l'espace OHADA.

496. Actuellement, le droit de la preuve continue donc d'être régi par le système du code civil qui donne à l'écrit une place prépondérante. Étant donné que l'AUDCG affirme déjà le principe de la liberté de la forme du contrat, il serait logique d'admettre la preuve testimoniale ou la preuve orale dans le nouveau droit de la preuve. M. Onana Etoundi [527] préconise justement de reprendre la solution consacrée à l'article 1.2 des Principes d'UNIDROIT qui dispose que

---

[525] Paul HAZOUME, *Doguicimi*, 2ème édition, GP Maisonneuve et Larose, 1978, Paris. Lire Chapitre VIII, pp. 301 suiv.

[526] S. MELONE, « Les résistances du droit traditionnel au droit moderne des obligations », Actes du colloque de Dakar 5-9 juillet 1977, Revue sénégalaise de droit (1977), 47.

[527] F. ONANA ETOUNDI, « Formalisme et preuve des obligations contractuelles dans l'avant projet d'Acte uniforme OHADA sur le droit des contrats», RDU 2008-1/2, p.356.

(...) « *le contrat peut être prouvé par tous moyens, y compris par témoins* » et qui constituerait un facteur d'équilibre entre le droit moderne et le droit traditionnel des contrats.

Section II. L'insuffisante prise en compte des spécificités africaines

497. On pourrait rejeter la problématique des spécificités africaines sous le prétexte que l'objectif n'est pas de codifier des pratiques anciennes dans un monde moderne mais plutôt d'offrir un modèle probatoire uniforme pour l'espace OHADA. Il y a cependant une raison fondamentale de douter de la véracité de ce postulat : les réformes légales ne sont pas à même d'entraîner le progrès sans une intégration et une appropriation des spécificités les plus influentes.

498. De ce point de vue, si l'inspiration africaine des normes probatoires est certaine (Paragraphe 1), on observe néanmoins que cette inspiration africaine demeure limitée (Paragraphe 2).

Paragraphe I. Une inspiration africaine certaine

499. Dans le souci de garantir la sécurité des relations juridiques, le législateur africain a institué un système dans lequel la prépondérance est accordée à la preuve écrite. Ce système n'est pas sans inconvénient, car la préconstitution d'un écrit n'étant pas encore entrée dans les mœurs, une bonne partie de la population ne pourrait prouver l'existence de ses droits et en obtenir la consécration juridique. Conscient de ce danger, le législateur dans le souci de venir en aide aux plaideurs qui n'ont pu se préconstituer un écrit, a reconnu au juge des pouvoirs inquisitoriaux assez étendus dans la recherche des éléments de preuve.

500. L'inspiration africaine s'observe à travers l'intégration des réalités africaines (A), et l'administration judiciaire de la preuve (B).

1. L'intégration des réalités africaines

501. A *priori*, il apparait que les spécificités africaines ne sont pas totalement absentes des législations en vigueur dans l'espace OHADA. Quelques exemples peuvent être donnés à titre illustratif. Il faut souligner l'initiative du Sénégal qui prévoit la faculté pour les illettrés de faire des actes écrits avec l'assistance de témoins certificateurs (art. 20 COCC) : « *La partie illettrée doit se faire assister* *de deux témoins lettrés qui certifient dans l'écrit son identité et sa présence : ils attestent en outre que la nature et les effets de l'acte lui ont été précisés* ».

502. En outre, l'inspiration africaine des normes probatoires est perceptible à travers des dispositions spécifiques de certains Actes uniformes. Prenant en compte l'illettrisme persistant sur le continent africain, le législateur OHADA a adapté certaines institutions mises sur pied. C'est en ce sens que des règles particulières de preuve s'appliquent à la caution analphabète en droit OHADA. Il en est ainsi de l'exigence formelle de la présence des témoins en cas de cautionnement impliquant des personnes illettrées lorsque celles-ci interviennent dans l'acte en qualité de cautions. De l'obligation d'une preuve formelle holographique (preuve par écrit mais de la main de l'auteur), on est passé à une preuve testimoniale assouplie[528]. Des adaptations probatoires ont été faites en matière de vente commerciale[529] et de contrat d'intermédiaire de commerce[530].

503. L'Acte uniforme relatif aux contrats de transport de marchandises par route a marqué clairement cette option, avec l'écrit qui devient « *une suite de lettres, de caractères, de chiffres ou de tous autres signes ou symboles dotés d'une signification intelligible* »[531]. Il y a là un souci de simplification que l'on explique par « la volonté de rendre accessible l'instrument juridique aux protagonistes du transport routier qui, dans la plupart des pays concernés, ne peuvent faire de la langue française qu'un usage approximatif » ainsi que le souligne le commentateur du texte[532].

504. Ainsi, le principe retenu est celui de la liberté probatoire[533] et il est d'une grande pertinence au regard du contexte africain qui est empreint d'un réel particularisme oscillant autour de l'analphabétisme, de l'informel et s'opposant en conséquence au formalisme à moins qu'il vise une protection de la partie faible[534].

---

[528] Art. 14 AUS.

[529] Art. 208 AUDCG

[530] Art. 144 al. 2 AUDCG

[531] Art. 2 c) AUTCMR

[532] D. C. SOSSA, « Commentaire de l'Acte uniforme relatif aux contrats de transport de marchandises par route », article 2, p. 10 in *OHADA, Traité et Actes uniformes commentés et annotés*, Juriscope, 4ème édition, 2012

[533] Art. 5 AUDCG.

[534] Les exigences de mentions obligatoires formalistes, certaines mentions manuscrites pour des contrats particuliers, certaines formalités telles l'enregistrement, des formes de publicité

Aucune preuve et aucun formalisme particulier ne devront être requis pour la formation du contrat[535]. Au soutien de cette consécration, on pourrait mentionner les législations[536] où le principe de la liberté probatoire est retenu et associé au commerce. Mais il y a aussi de nombreux auteurs dont le Doyen Melone qui l'ont énoncé bien avant l'heure : « ... *dans la perspective d'une modernisation du droit des contrats en Afrique, l'on puisse repenser le système de preuve en enlevant à l'écrit le rôle prépondérant qu'il joue dans la preuve des obligations. Insistant notamment sur l'importance donnée à la parole et au geste dans la formation du contrat au sein d'une société caractérisée par l'analphabétisme, l'universitaire concluait à une nécessaire régression du formalisme dans la preuve des obligations contractuelles en Afrique.* »[537].

505. En dehors du droit OHADA[538], cette inspiration africaine se retrouve dans des matières spécifiques. Sous l'administration française, les actes sous seing privé étaient soumis à une réglementation qui, sans être rigide, avaient le mérite de remédier à toute contestation possible et de conférer aux conventions une certaine force probante et une garantie de leur contenu. Est demeurée en vigueur dans certains États cette procédure d'affirmation instituée en 1920[539] par l'administration française en vue de garantir la sincérité, la publicité et la date certaine des conventions conclues entre indigènes. Le décret dispose en son article 5 que l'acte revêtu de la formule d'affirmation a la même valeur que l'acte sous seing privé reconnu ou légalement tenu pour reconnu du code civil et acquiert, en outre, date certaine du jour de l'inscription de la formule. Les conventions entre indigènes

---

sont souvent édictées pour protéger la partie faible au contrat. Elles réduisent cependant la teneur du principe du consensualisme.

535 F. ONANA ÉTOUNDI, « La preuve de la créance », Colloque sur le droit de la preuve dans l'espace OHADA, RDAI/IBLJ, N° 3, 2011, p. 283.

536 La plupart des législations modernes retiennent ce principe : en France, l'article 109 du C. com; au Québec, l'article 2831 et 2836 C.c.Q.

537 Stanislas MELONE cité par ONANA ÉTOUNDI, *Ibid.*, p. 283.

538 Art. 72 AUDCG pour la libre preuve du contrat de bail commercial à durée indéterminée. Art. 144 AUDCG pour la libre preuve du contrat de mandat. Art. 208 AUDCG qui pose la règle de la liberté de preuve par tous moyens y compris par témoins en l'absence d'un écrit dans le cadre de la vente commerciale. Art. 3 de l'AUDA pour la preuve par tous moyens de la convention d'arbitrage. Art. 3 de l'AUCTMR qui dans son libellé sous-entend que l'accord quelle que soit sa forme, donne naissance au contrat de transport de marchandises par route dont l'existence se prouverait par tous moyens (Art. 4.4 du même AUCTMR).

539 Décret du 29 septembre 1920 instituant un mode de contestation écrite des conventions passées ente indigène en AOF.

présentées à l'affirmation sont transcrites *in extenso* sur un registre spécial tenu à cet effet.

506. Récemment au Bénin, le législateur du Code Foncier et Domanial (CFD) a légiféré dans le sens d'un assouplissement de la preuve dans le contentieux foncier[540]. Sous l'ancien régime foncier, la preuve des droits réels obéissait à des règles empruntées tantôt à la coutume, tantôt au droit civil. Sans abolir l'ambivalence du régime foncier, le Code Foncier et Domanial y introduit une plus grande homogénéité pour mieux atteindre l'idéal de sécurité juridique. C'est ainsi que le Certificat de Propriété est consacré comme l'unique mode de preuve des droits fonciers confirmés. A l'égard des autres droits réels, notamment de tenure coutumière, le principe de la liberté de la preuve est affirmé. Aux termes des dispositions de l'article 379 du CFD : « Le juge peut exceptionnellement recourir au témoignage. Il en apprécie souverainement la force probante. Il peut également établir le droit de propriété à partir de présomption résultant de l'inoccupation paisible de longue durée, la première occupation, le partage des produits agricoles ou de chasse, la culture d'essences pérennes ou tous indices matérialisant l'emprise de l'une des parties sur l'immeuble querellé. Toutefois, lorsque les essences pérennes ou indices ci-dessus visés résultent d'une convention, de la simple tolérance ou de l'hospitalité ; ils ne peuvent pas constituer un mode de preuve du droit de propriété »

B- Les pouvoirs accrus du juge

507. Le Code de procédure civile a institué un système de preuve réglementé qui, dans un souci de sécurité juridique, accorde une force probante à l'écrit. L'exigence de l'écrit ferait qu'une bonne partie de la population, du fait qu'elle est analphabète, ne pourrait prouver l'existence de ses droits et en obtenir la consécration juridique. En effet, en milieu rural, les contrats sont verbaux.

508. Certains législateurs, conscients du fait que les mœurs ne peuvent se transformer que graduellement, ont doté le Code de procédure de dispositions permettant au juge de venir au secours des justiciables qui n'ont pu se procurer un écrit qui pourrait servir de preuve en cas de litige. Rompant, en effet, avec le principe de la neutralité absolue du juge dans le procès civil, la loi autorise celui-ci à

[540] Loi n° 2013-01 portant Code foncier et domanial en République du Bénin (CFD, Titre VII, art. 374 à 383). Pour des détails, J. DJOGBENOU (dir.), *Code foncier et domanial commenté et annoté*, Les Editions du CREDIJ, 2016, p. 275 et suiv.

apprécier la valeur des preuves qui sont soumises par les parties et à rechercher les éléments nécessaires à la manifestation de la vérité.

509. Les pouvoirs d'appréciation et d'investigation reconnus par la loi au juge africain font que l'absence de rédaction d'un écrit au moment de la formation d'un acte juridique est, moins encore qu'on ne l'aurait pensé, un obstacle insurmontable à la preuve de celui-ci. La Cour Suprême du Bénin rappelle ainsi dans un arrêt de 1997 le régime de la preuve en matière traditionnelle. Il en résulte que *« la preuve de l'héritage personnel peut être apportée par témoins »*[541]. Elle doit être établie par celui qui invoque[542].

510. Il faut remarquer que le système de preuve légale ne peut fonctionner que grâce, d'une part, à une généralisation, une solide organisation et la discipline du notariat, d'autre part, à l'instauration d'une pratique de règles fermes – le minimum d'exigences formelles pour les actes sous seing privé – pour la rédaction et la consécration d'actes. Ce système est d'une prise difficile dans des pays à civilisation orale où la préconstitution d'écrit dans les relations juridiques n'est pas encore entrée dans les mœurs. Cette spécificité de la société africaine a conduit le juge africain à assouplir la règle établissant l'obligation juridique de produire un écrit qui, appliquée dans toute sa rigueur, devrait être fatale à une importante fraction de plaideurs, surtout en zone rurale où l'écrit est rarement établi pour constater un accord de volonté.

511. Le secours aux plaideurs qui n'ont pu se préconstituer une preuve écrite d'actes qu'ils ont passés a été trouvé dans le recours aux techniques déjà élaborés dans le droit français et qui prennent, ici, une grande importance. Ces techniques sont :

a. le commencement de preuve par écrit qui peut être constitué, soit par un écrit qui émane de celui contre lequel la demande est formée ou de celui qu'il représente, et qui rend vraisemblablement le fait allégué, soit des résultats d'une comparution personnelle des parties.

---

[541] Cour spr. Ch. Civ. Trad., 27 juin 1997, n°7, n°008/CJ-CT, Affountountoun t. et G. et G. c/ Affountountoun P. et Ahouangan T., in *Recueil des arrêts chambre judiciaire et chambre administrative*, DDE 1997, p.22 : la question était en effet de savoir si celui qui à la suite d'un partage, hérite d'un immeuble, pouvait valablement le céder aux tiers. Ce à quoi la Cour répond par l'affirmatif.

[542] Cour Suprême. Ch. Civ. Trad., 27 juin 1997, n°7, n°008/CJ-CT, op. Cit.

b. le juge peut, en effet, en toute matière, ordonner cette comparution, soit d'office, soit sur la demande de l'une des parties. Le juge pourra relever l'aveu de l'autre partie, ou faire état de son refus de répondre pour admettre la preuve par présomption. Le juge n'ordonnera cette mesure que si son intime conviction est formée, ou du moins en voie de se former, en faveur du plaideur démuni. Toutefois, on admet que cet écrit produira des effets, même si celui contre lequel il est invoqué n'en est pas matériellement l'auteur; il suffit qu'il en soit l'auteur intellectuel, c'est-à-dire qu'il l'ait dicté ou bien encore qu'il s'en soit expressément ou tacitement approprié le contenu.

c. l'impossibilité morale appréciée par le juge de dresser un écrit qui sera déduite des habitudes locales ou régionales de ne pas procéder à la préconstituion d'une preuve écrite des droits par celui qui en réclame la reconnaissance ou la conception. C'est lorsque le juge pressent l'exactitude des faits contestés qu'il se montre plus ou moins enclin à reconnaitre qu'il a été impossible au demandeur de se procurer un écrit. Dans cette hypothèse, la preuve se fait par tout moyen.

d. l'utilisation des lettres missives comme moyen de preuve. Celles-ci sont assimilées à des actes sous seing privé malgré l'absence de la régularité formelle qui les caractérise. Le juge autorisera la production de cette lettre, sous astreinte, en se fondant sur le code de procédure civile.

512. Malgré le caractère théoriquement accusatoire de la procédure civile, les codes de procédure de la troisième génération dotent le juge d'un certain nombre de pouvoirs de nature à lui permettre de parfaire sa conviction là où l'activité des parties ne lui procurerait qu'une lumière insuffisante sur les faits litigieux. Des pouvoirs d'initiative effectifs dans la recherche de la vérité sont reconnus au juge.

513. Le code de procédure ne prescrit pas la règle de portée générale selon laquelle c'est sur les parties que repose au premier chef la charge de la preuve. Mais, lorsque les preuves produites sont insuffisantes pour emporter la conviction du juge, le code de procédure permet à ce dernier de poursuivre de son propre mouvement l'instruction du litige et le dote à cette fin des pouvoirs d'investigation les plus larges.

514. Au Gabon par exemple, l'obligation juridique de s'éclairer personnellement qui est faite au juge résulte des articles 17 et 180 du Code de procédure civile. D'une part, « le juge a le pouvoir d'ordonner d'office toutes les mesures d'instructions légalement admissibles » et d'autre part « Les faits dont dépend la solution du litige peuvent en tout état de cause, à la demande des parties ou d'office, être l'objet de toute mesure d'instruction légalement admissible, dès lors que le juge ne dispose pas d'éléments suffisants pour statuer ».

515. C'est ainsi qu'il peut ordonner la comparution personnelle des parties (art. 207 CPC), une enquête (art. 255), une descente sur les lieux, le serment supplétoire (art. 176 CPC).

516. Ces articles doivent être complétés par l'article 19 du Code de procédure civile qui permet au juge, à la requête de l'une des parties, d'enjoindre à l'autre partie ou à un tiers de produire, à peine d'astreinte, tous documents nécessaires à la manifestation de la vérité. Le législateur, par l'article suscité, affirme la primauté du devoir d'information de la justice. Dans la pratique, le juge conseillera à la partie de faire une requête dans ce sens et qui sera favorablement accueillie par lui. C'est le juge qui, indirectement, prendra l'initiative de la mesure.

517. Le Code de procédure, sans donner au juge l'initiative de rechercher la vérité, lui permet de compléter et de contrôler les preuves produites par les parties, d'écarter les contradictions, les lacunes, les obscurités et les incohérences, afin de pouvoir juger en toute sécurité. Le juge est tenu de limiter ses investigations aux seules allégations des parties et aux seules mesures d'instruction prévues par la loi, ce qui exclut les preuves dites irrationnelles, comme les ordalies.

518. Cependant, l'inspiration africaine des normes probatoires demeure limitée.

Paragraphe II. Une inspiration africaine limitée

519. En dépit des efforts pour prendre en compte les spécificités africaines, on note que l'inspiration est encore limitée aussi bien pour les données sociologiques (A) que pour les considérations juridiques (B).

A- Les limites relatives aux données sociologiques

520. Si l'admission de la coutume *contra legem* devant une loi impérative semble être difficilement acceptable[543], il en va autrement lorsqu'elle est en concurrence avec une loi interprétative ou supplétive de volonté[544]. Aussi dans le droit de la preuve, il ne souffre d'aucune difficulté de voir le formalisme probatoire – règle supplétive – être écarté par une coutume *contra legem*[545]. Il reste à démontrer l'existence d'une coutume *contra legem* dans la preuve des actes juridiques, et qui prendrait appui sur l'impossibilité morale.

521. Dans une telle perspective[546], il conviendra au préalable de préciser la nature ou les caractères de cette coutume *contra legem* qui environne le système de la preuve préconstituée en Afrique. Cette coutume *contra legem* se manifeste à travers la marginalisation de l'écrit comme support principal de réalisation des actes juridiques. En termes autres, le contrat source principale des actes juridiques en Afrique, quant à son existence, s'établit à travers des procédés souvent oraux, et par voie de conséquence, dépourvus de socles scripturaires. Cette généralisation du « non-écrit » serait, à cet effet, constitutive d'une coutume *contra legem* dans le droit de la preuve africain.

522. Loin d'ancrer l'Afrique dans une civilisation absente d'écritures[547], c'est la relation que l'*homo africanus* entretient avec l'écrit qui est génératrice d'une coutume *contra legem*. La maigreur des actes instrumentaires dans les rapports juridiques en Afrique s'abreuverait dans la morale des mœurs qui voit dans l'écrit une source de méfiance ou même de suspicion. Sous ce prisme, la validation du « non-écrit » comme une coutume *contra legem* passe par la

---

543 F. TERRE, *Introduction générale au droit*, op. cit., p. 239-240

544 P. DEUMIER, *Le droit spontané*, op. cit, p. 409-437.

545 P. MALINVAUD, « L'impossibilité de la preuve écrite », *op. cit.*, n° 29 : « Or, ce que deux volontés conjuguées peuvent faire, la volonté collective et générale représentée par l'usage peut *a fortiori* le réaliser. Aussi est-il admis qu'un usage peut s'établir *contra legem* lorsque la loi contredite n'est que supplétive. Cette idée explique en même temps qu'elle légitime la jurisprudence relative à l'impossibilité morale ».

546 Pour ces développements, A. A. DIOUF, « Etude critique de l'impossibilité morale dans la preuve des actes juridiques en Afrique noire francophone », in *Revue de droit sénégalais*, n° 11-2013, p. 155

547 S. BATTESTINI, *Ecriture et texte. Contribution africaine*, éd. Les Presses de l'Université Laval Présence africaine, 1997, p. 63-105. Dans ce pénétrant ouvrage, ce linguiste et sémioticien remet en cause l'idée selon laquelle l'Afrique serait une civilisation exclusivement orale et dépourvue de toute écriture. Dans une telle perspective, il invite à repenser les notions de texte et d'écriture.

démonstration de sa généralité, sa permanence ainsi que sa force obligatoire ou plutôt psychologique[548].

523. S'agissant de la généralité des rapports juridiques en dehors de tout support écrit, une présentation des taux d'alphabétisation[549] dans les États africains peut servir de caution à ce premier critère de la coutume *contra legem* : « le non-écrit ». Estimé à 59,7 %, le taux d'alphabétisation en Afrique subsaharienne se lit, toutefois, avec quelques reliefs. En effet, cette proportion « encourageante » du niveau d'alphabétisation est acquise, en partie, grâce aux États africains d'expression anglophone ou lusophone[550]. Ce faisant, une lecture nuancée des statistiques relatives à l'alphabétisation en Afrique subsaharienne autorise à comprendre qu'en Afrique noire francophone l'analphabétisme voire même l'illettrisme demeure la règle.

524. Fort de ces observations arithmétiques, l'on peut s'accorder pour constater qu'en Afrique noire francophone, l'écrit comme fondement des actes juridiques n'est pas principiel du fait de sa non-maîtrise par les segments les plus élaborés parmi les sujets de droit. Critère objectif pour l'établissement d'une coutume[551], la généralité du caractère marginal de l'écrit, par voie de conséquence, s'observe aussi dans la preuve des actes juridiques, même si nombre de législations en Afrique noire francophone invitent les analphabètes, aux fins de

---

548 Généralité, permanence et force obligatoire ou psychologique sont souvent présentées comme les trois critères qu'une pratique populaire se doit de remplir pour accéder au rang de coutume donc de règle juridique.

549 Le taux d'alphabétisation au Burkina-Faso est de 12,8 % chez les adultes et 21 % chez les jeunes, au Niger 14,4 % chez les adultes et 22 % chez les jeunes, au Mali 19 % chez les adultes et 25 % chez les jeunes, au Tchad 25,5 % chez les adultes et 40 % chez les jeunes, au Bénin 33,6 % chez les adultes et 45 % chez les jeunes, au Sénégal 39,3 % chez les adultes et 52 % chez les jeunes, en Côte d'Ivoire 48,1 % chez les adultes et 63 % chez les jeunes, en Centrafrique 49 % chez les adultes et 61 % chez les jeunes… Source : UNESCO, Rapport mondial de suivi sur l'EPT (Education Pour Tous), L'alphabétisation, un enjeu vital, 2006, p. 177.

550 Le taux d'alphabétisation en Afrique du Sud est de 82,4 % chez les adultes, au Botswana 78,9 % chez les adultes, au Nigeria 66, 8 % chez les adultes, au Zimbabwe 90 % chez les adultes, au Cap-Vert 75,7 % chez les adultes, en Angola 66,8 % chez les adultes, en Guinée équatoriale 84,2 % chez les adultes… Source : UNESCO, *Rapport préc.*, p 6.

551 P. DEUMIER, *Le droit spontané*, ouvr. préc., p. 139-140.

préconstitution de la preuve, à se faire assister par quelques personnes lettrées[552].

525. Un arrêt de la Cour de cassation du Sénégal en date du 20 février 2002[553] conforte cette protection des illettrés dans la preuve des actes juridiques. Dans cette espèce, la juridiction suprême casse un jugement du tribunal régional de Dakar en date du 16 octobre 1996, en ce que la présence de témoins lettrés dans un acte notarié à elle seule ne garantit pas la sincérité de l'engagement de l'analphabète; mais faudrait-il encore que ces témoins lettrés « *attestent que la nature et les effets de l'engagement de se porter caution soient précisés à la partie illettrée par eux-mêmes ou par un tiers* (…)».

526. Règle générale, le « non-écrit » est également une réalité permanente en Afrique. En effet, plus d'un demi-siècle après l'accession à la souveraineté internationale par nombre d'États africains[554], la « coutume africaine » que les législateurs entendaient remplacer par un « droit écrit » demeure toujours vivace[555]. Elle semble traverser les âges sans beaucoup vieillir, sans beaucoup prendre de rides. En atteste la négation de l'écrit comme outil probatoire dans les rapports juridiques qui, à cet effet, semble être ontologique en Afrique subsaharienne.

527. Règle générale et permanente, le caractère marginal de l'écrit en Afrique noire s'accompagne aussi d'une force psychologique. Troisième et dernier critère pour la formation d'une coutume ou d'un usage, l'*opinio necessitatis* en vérité, peut se fondre dans le critère de la généralité[556]. C'est parce qu'une règle est générale qu'elle profite d'une dose de contrainte dans le groupe social. Il en va de même pour l'acte instrumentaire en Afrique, son insuccès dans les rapports

---

[552] L'article 274 du régime général des obligations du Mali dispose que : « la partie illettrée doit se faire assister de deux témoins lettrées qui certifient dans l'écrit son identité et sa présence ; ils attestent en outre que la nature et les effets de l'acte lui ont été précisés ». V. aussi : art. 20 du code des obligations civiles et commerciales du Sénégal ; art. 811 du code civil guinéen…

[553] C. cass., 20 février 2002, Khady Dia Diallo c/ La Société sénégalaise de l'amiante Olment dite Senac – Falou Dieng, *Bulletin des arrêts de la Cour de cassation*, n° 36, p. 66.

[554] En Afrique, l'année 1960 est symbolique, en ce que, c'est à cette date que nombre d'Etats ont accédé à la souveraineté internationale.

[555] P. LAMPUE, *L'influence du droit français et du droit coutumier sur les lois civiles africaines, op. cit.*, p. 14 et s. ; M. ALLIOT, « Un droit nouveau est-il en train de naître en Afrique », *op. cit.*, p. 467 et s.

[556] J. CARBONNIER, *Flexible droit*, ouvr. préc., p. 107 et s.

juridiques fait que sa sollicitation comme mode de preuve est malséante. Et c'est cette idée de malséance de l'*instrumentum* qui promeut le « non-écrit » comme une règle obligatoire, pourvue d'une force psychologique.

528. C'est dans cet ordre d'idées qu'en France, la jurisprudence ayant constaté l'existence de quelques usages *contra legem* en matière professionnelle, par le secours de l'article 1348 du code civil, a contourné le formalisme probatoire[557]. Si en France le « non-écrit » ne peut emporter qu'une valeur d'usage *contra legem* du fait de sa présence dans quelques secteurs professionnels, en Afrique il s'agit d'une véritable coutume du fait de sa généralisation et de sa permanence dans toutes les sphères sociales. Et cette coutume *contra legem* puisant ses fondements dans l'impossibilité morale, a pour conséquence, de convertir le « dogme de l'écrit » dans la preuve des actes juridiques en une simple pétition de principe.

B- Les limites relatives aux considérations juridiques

529. Le droit traditionnel des contrats existant avant la colonisation, et qui connaît encore des vestiges d'application à travers la pratique contractuelle et les usages, pourrait influencer l'élaboration d'un texte uniforme modernisant le droit de la preuve en Afrique. Le Professeur Blanc-Jouvan relevait déjà que « *les pratiques et croyances ne peuvent pas se transformer subitement, sous l'action d'un législateur moderne (...), et qu'il est illusoire de penser que le droit peut changer plus vite, au risque même de détruire l'harmonie d'ensemble* »[558].

530. Le droit des contrats jusque-là applicable dans la plupart des pays de l'OHADA demeure partagé entre le système du code civil hérité du droit français et le droit traditionnel des obligations. Ainsi d'un côté, le formalisme inspiré du droit français représente l'exception, le principe qui domine toute la formation du contrat étant le consensualisme en vertu duquel les parties sont obligées et le contrat formé par cela seul qu'elles l'ont voulu et de quelque manière que leur volonté se soit exprimée. De l'autre côté, un droit traditionnel des contrats a existé avant l'époque coloniale et continue, malgré

[557] Cass. com., 22 mars 2011, pourvoi n° 9-72426, *BICC* n° 746 du 15 juillet 2011 ; Cass. civ., 28 février 1995, *Répertoire Défrenois* 1995, 1043, note MAZEAUD ; Pau, 12 novembre 1998, *JCP*, 1999, IV, 1638 ; Paris, 18 décembre 1998, *D.* 1999, IR, 48 ; Cass. civ., 18 juin 1963, *Bull. civ.*, I, n° 324, p. 274.
[558] X. BLANC-JOUVAN, « La résistance du droit africain à la modernisation», Actes du Colloque de Dakar 5-9 juillet 1977, Revue sénégalaise de droit, 1977.

l'influence du code civil hérité du législateur français, à connaitre des vestiges d'application grâce à des règles originales relatives à la formation et à la preuve du contrat[559].

531. Par ailleurs, si l'on exclut ce qui est du domaine des faits et peut dès lors être prouvé par toutes voies de droit, l'exception au principe général de la preuve par écrit qui se trouve énoncée dans l'article 1348 du Code civil consiste dans l'impossibilité de prouver par écrit; celle-ci se décompose en deux hypothèses : ou bien, dès l'origine, il n'a pas été possible de rédiger un écrit, lequel n'a donc jamais existé, ou bien un tel écrit a été rédigé mais il a été perdu.

532. Dans un cas comme dans l'autre, celui qui peut se prévaloir de l'article 1348 du Code civil est autorisé à prouver par témoignages ou présomptions. Celui qui entend bénéficier des facilités de l'article 1348 du Code civil doit d'abord prouver qu'il se trouve dans une des deux hypothèses visées par cet article : l'impossibilité dans laquelle il s'est trouvé d'établir un écrit ou bien la perte du titre qui avait été rédigé.

533. Comme il s'agit d'un fait, la preuve peut en être rapportée par toutes voies de droit. En prenant appui sur la jurisprudence, les auteurs distinguent trois types d'impossibilité : l'impossibilité matérielle, l'impossibilité morale et celle qui découle d'un usage. L'impossibilité dont il est question dans l'article 1348 du Code civil est une impossibilité relative par opposition à l'impossibilité absolue, laquelle se situe hors du champ d'application de l'article 1341 du même Code.

534. La question de savoir si les usages peuvent être invoqués comme cause de dérogation à l'article 1341 du Code civil, a été vivement controversée au siècle dernier. La querelle est apaisée, surtout depuis que l'on a mis en lumière que les dispositions de l'article 1341 ne sont pas d'ordre public. Dans sa thèse consacrée à la renégotiation contractuelle, Sylvie Bissaloue explique que la preuve conditionne la prise en compte de l'usage dans la renégotiation[560]. L'usage est souvent établi par la production d'attestations

---

[559] S. MELONE, « Les résistances du droit traditionnel au droit moderne des obligations », Actes du Colloque de Dakar, 5-9 juillet 1877, *Revue Sénégalaise de Droit* (1977), 47 cité par E. ETOUNDI, « Formalisme et preuve des obligations contractuelles dans l'avant-projet d'Acte uniforme OHADA sur le droit des candidats.

[560] Sur la preuve de l'usage, voir la thèse de Sylvie BISSALOUE, *La renégotiation contractuelle*, Université dAix Marseilles.

d'organisations professionnelles, dite preuve par parère[561]. Pour qu'il y ait dispense d'écrit, il faut cependant que l'usage soit constant, certain et unanimement suivi. Le droit sénégalais s'écarte toutefois de ce principe[562], et les tribunaux omettent souvent de le préciser[563].

535. En droit français, l'article 1348 a connu une interprétation extensive. La perte d'un titre par suite d'un cas fortuit ou d'une force majeure semble faire l'objet d'une stricte appréciation de la part des juges du fond[564], l'interprétation extensive de l'article 1348 du Code civil se manifeste essentiellement à l'égard des deux autres exceptions que le texte, indépendamment de la preuve des faits juridiques, apporte aux règles établies par les articles 1341 et suivants du même code ; il s'agit de l'impossibilité de se procurer un écrit d'une part et, d'autre part, de la présentation d'une copie fidèle et durable de l'écrit.

536. L'impossibilité de se procurer un écrit n'appellerait pas d'observations particulières si, comme en matière de commencement de preuve par écrit, la jurisprudence n'avait interprété les dispositions de l'article 1348 d'une façon tellement extensive qu'elle devrait entraîner une nouvelle rédaction du texte par la loi française n° 80-525 du 12 juillet 1980[565].

537. Avant cette date, l'article 1348, après avoir posé le principe de la liberté de la preuve en cas d'*impossibilité de se procurer* un écrit, énumérait un certain nombre d'exemples. Estimant cette liste non limitative alors pourtant que l'article 1348 était un texte d'exception, les cours et tribunaux élargirent considérablement la notion d'impossibilité, étendant par la même occasion le domaine de la

---

[561] V. Com. 9 janv. 2001, no 97-22.668 , JCP E 2001. 1337, note Leveneur ; JCP 2001. IV. 1384 ; CCC 2001, no 70. Pour la dérogation à cette règle en matière d'arbitrage, Paris, 24 oct. 1980, Rev. Arb. 1982. 54, note Fouchard. Pour l'impossibilité d'appliquer d'office un usage de notoriété publique, V. Com. 17 mai 1988, Bull. civ. IV, no 167) cité par S. BISSALOUE, *op cit.* p.546.

[562] Conformément à l'article 259 al. 2 du COCC du Sénégal, intitulé *« valeur et preuve des usages », «en cas de contestation, l'usage est prouvé par tous moyens et, en matière commerciale, au moyen d'attestations écrites établies par les chambres de commerces d'agriculture et d'industrie ».*

[563] De tels usages existent incontestablement en ce qui concerne les relations des avocats et des médecins avec leur clientèle (DE PAGE, t. III, 3e éd., n° 905, c; voy. pour les avocats, Liège, 2 févr. 2000, *R.G.D.G.,* 2001, p. 405).

[564]. V. par exemple Cass. 3e civ., 15 mai 1973 : Bull. civ. III, n° 346.

[565] Philippe MALINVAUD, « L'impossibilité de la preuve écrite » JCP 1972, éd. G, I, 2468.

preuve morale[566]. En effet, si la plupart des exemples correspondaient à des cas d'impossibilité matérielle, les rédacteurs de l'ancien texte avaient inclus dans la liste les dépôts faits par les voyageurs dans les hôtelleries. Considérant qu'il n'était pas matériellement impossible aux clients d'exiger un écrit de l'hôtelier[567], mais qu'il était seulement impossible moralement de la demander, la jurisprudence dégagea la notion d'impossibilité morale, qu'elle étendit largement[568].

538. Cette solution, codifiée sous l'article 1348 dans la rédaction qui résulte de la loi française du 12 juillet 1980 qui vise expressément l'impossibilité morale de se procurer une preuve littérale, a complètement transformé le système légal de recevabilité des procédés de preuve[569]. Ainsi que l'a fait remarquer M. François Chabas, "*grâce à la comparution personnelle qui permet de remplacer le recommencement de preuve par écrit, et grâce à l'interprétation libérale de l'article 1348, les tribunaux se rapprochent du système de la preuve morale*[570]". De fait, "*la notion d'impossibilité est un instrument d'une souplesse remarquable qui permet au juge, selon les suggestions de sa conscience, d'admettre à la preuve les plaideurs démunis de preuve préconstituée et qui lui semblent pourtant dignes d'intérêt*"[571]. Largement interprétée, l'impossibilité morale contribue ainsi à étendre l'emprise de la liberté de la preuve au sein des actes juridiques[572], au détriment du régime de la légalité.

---

[566] Philippe MALINVAUD, op. cit., n° 7.

[567] Sur cette question, voir Philippe MALINVAUD, op. cit., n° 17.

[568] Cass. 1re civ., 7 mai 1962 : Bull. civ. I, n° 229 – Cass. 1re civ., 17 novembre 1971 : Bull. civ. I, n° 291 – Cass. 1re civ., 6 décembre 1972 : Bull. civ. I, n° 279 – Cass. 1re civ., 17 mars 1958 : Bull. civ. I, n° 153 – Cass. 1re civ., 16 février 1983 : Bull. civ. I, n° 68 – Cass. 1re civ., 25 mars 1969 : Bull. civ. I, n° 124 – Cass. 3e civ., 7 janvier 1972 : Bull. civ. III, n° 20 – Cass. 3e civ., 7 janvier 1981 : Bull. civ. III, n° 7 – Cass. Soc., 7 juin 1963 : Bull. civ. IV, n° 480 – Cass. Soc., 28 avril 1955 : Bull. civ, IV, n° 345.

[569] J. GHESTIN, G.. GOUBEAUX, Muriel FABRE-MAGAN, op. cit., p. 571, n° 606.

[570] H. et L. MAZEAUD, J. MAZEAUD, F. CHABAS, op. cit., p. 548, n° 399.

[571] R. LEGEAIS, *op. cit.*, p. 122.

[572] F. TERRE, *Introduction générale au droit*, 5e éd., Précis Dalloz, p. 564, n° 555.

CONCLUSION DU SECOND TITRE

539. Au cours de ce titre, il a été question de montrer l'inadaptation des normes probatoires dans l'espace OHADA, à la lumière de l'évolution du droit de la preuve et des spécificités du contexte africain.

540. La seule lecture du Code civil ne permet plus de donner une vision claire et précise de l'état du droit de la preuve qui, devenu en grande partie prétorien, a changé depuis 1804, la jurisprudence ayant tenu compte de l'évolution des mœurs, des technologies et des pratiques. En comparaison avec le droit français, les règles substantielles de preuve souffrent d'anachronisme dans la plupart des États membres de l'espace OHADA, et des lacunes affectent la charge de la preuve et les moyens de preuve. Au plan processuel, les dernières décennies ont vu s'accroitre considérablement le rôle du juge dans la recherche et la production de la preuve. Il eût été surprenant que le droit judiciaire africain échappât à ce mouvement, mais l'on note des ilôts de résistance dans certains États de l'espace OHADA. Dans certains pays s'appliquent encore un ensemble de textes précoloniaux que l'on peut retrouver dans le Recueil Annoté des textes de procédure civile et commerciale applicables en Afrique Occidentale Française de Gaston Jean Bouvenet. L'administration judiciaire de la preuve donne lieu à des procédures de pièces qui méritent discussion pour leur archaïsme dans certaines législations africaines. Il en est de même des mesures d'instruction qui permettent au juge de former sa conviction.

541. L'étude a également relevé que les normes probatoires ne sont pas toujours adaptées aux réalités sociales, culturelles et économiques africaines, en raison de l'insuffisante prise en compte de ces réalités par les législateurs. En dépit des efforts observés, le traitement de la preuve dans l'espace OHADA comporte plusieurs omissions et imperfections qui ont été soulignées. De fait, la preuve nécessite des aménagements pour tenir compte des spécificités du contexte africain qui est empreint d'un réel particularisme oscillant autour de l'oralité et de l'informel dans les différents États de l'OHADA.

CONCLUSION DE LA PREMIERE PARTIE

542. Cette première partie nous a donné l'occasion d'analyser les normes probatoires applicables dans l'espace OHADA. A ce niveau, l'étude a relevé qu'une double insuffisance caractérise le droit de la preuve dans les pays du champ.

543. La première insuffisance abordée dans le premier titre, concerne la pluralité des nomes probatoires aux sources diverses voire concurrentes, et la mixité du système probatoire partagé entre l'admission de la preuve libre et l'attachement à la preuve légale. La complexité du cadre normatif induite de la disparité, de l'éparpillement et de l'hétérogénéité des règles de preuve est telle que la matière est inaccessible et difficilement appréhendable dans sa globalité. Une harmonisation s'impose pour satisfaire les intérêts des acteurs économiques, que peut gêner l'éclectisme des législations en vigueur dans les États membres de l'OHADA.

544. La seconde insuffisance a fait l'objet du deuxième titre et concerne l'inadaptation des normes probatoires. D'abord la théorie de la preuve résulte, non pas du Code civil, mais de l'accumulation des travaux doctrinaux depuis deux siècles. Pourtant, le résultat de cet effort théorique et conceptuel ne se retrouve pas dans l'espace OHADA. Ensuite, depuis 1804, la jurisprudence a considérablement fait évoluer les structures générales du droit de la preuve. Qu'il s'agisse de la modernisation de l'office du juge en matière de preuve[573], de la création de principes probatoires contemporains par la jurisprudence, l'évolution du droit de la preuve devrait conduire à réviser la théorie de la preuve en tenant compte de l'apparition de ces nouvelles règles. L'étude a également relevé que les normes probatoires ne sont pas toujours adaptées aux réalités sociales, culturelles et économiques africaines, en raison de l'insuffisante prise en compte de ces réalités par les législateurs. De fait, la preuve nécessite des aménagements pour tenir compte des spécificités du contexte africain qui est empreint d'un réel particularisme oscillant autour de l'oralité et de l'informel dans les différents États de l'OHADA.

545. L'adaptabilité des lois est un impératif de sécurité et d'attractivité de la norme juridique qui s'impose à tout système juridique. La sécurité juridique est l'objectif poursuivi par l'étude, qui

[573] Cette modernisation a profondément transformé le rôle du juge dans la production, la recherche des preuves et l'appréciation des preuves.

vise tout d'abord à rendre plus lisible et plus accessible le droit de la preuve. En effet, en la matière, le code civil, quasiment inchangé depuis 1804, ne reflète plus, dans sa lettre, l'état du droit. La sécurité juridique impose également la prise en considération de la jurisprudence développée depuis deux cents ans. Force est de constater que les textes actuels ne permettent pas d'appréhender le droit positif, tant la jurisprudence a dû les interpréter, par analogie, *a contrario*, voire *contra legem*. La compréhension de nombreuses dispositions passe ainsi nécessairement par la consultation de la jurisprudence, voire par l'interprétation qu'en fait la doctrine. Or, la jurisprudence est par essence fluctuante, et ne permet pas d'assurer la sécurité juridique que seul peut offrir un droit écrit.

DEUXIÈME PARTIE
UNE HARMONISATION SPECIFIQUE DU DROIT DE LA PREUVE

546. Après avoir montré le besoin d'harmonisation, il faut maintenant pouvoir réaliser cette harmonisation compte tenu des limites et des possibilités. « *Ne légiférer qu'en tremblant* », prêchait le doyen Carbonnier[574]. « *Il ne s'agit pas de légiférer pour légiférer* », renchérissait le professeur Issa-Sayegh[575]. D'où l'invitation à la précaution dans toute œuvre législative en général, et intégrative en particulier.

547. Discutant de la méthode d'extension du champ matériel de l'OHADA, les professeurs Pougoué et Kalieu Elongo cités par M. Dogue affirment qu'on ne saurait « *aborder le problème de [l'] harmonisation de la même manière pour les matières de la première génération que pour celles de la seconde* »[576]. Enumérant le droit de la preuve au nombre de ces matières de seconde génération, ils ont avancé des raisons justifiant l'harmonisation des premières et pas des secondes. *A contrario*[577], leur argumentaire conforte aussi le besoin d'uniformiser le droit de la preuve. En effet, pour contester la légitimité de l'uniformisation identique des matières dites de « seconde génération » avec celles de « première génération », ils ont énuméré des caractéristiques communes à chaque catégorie. Au niveau des matières réglementées à l'origine, ce sont des « *matières anciennement régies par des codes* », ce qui incontestablement est aussi le cas du droit de la preuve (Code civil) comme du droit des sûretés (Code civil) ou du droit commercial général (Code de commerce). Ensuite, pour les auteurs, ces matières sont « *marquées par la tradition civiliste et [...] la source législative est prédominante* » : c'est sans doute le cas du droit de la preuve dans les États membres de l'OHADA ayant conservé le Code civil aux lendemains de leurs indépendances. Ces Codes proviennent tous de la loi telle que conçue dans les systèmes civilistes

---

[574] J. CARBONNIER : *Scolie sur le non-droit, in Flexible droit, pour une sociologie du droit sans rigueur*, L.G.D.J., 2001, p.50 cité par M. NGOM, *op. cit.* p. 8

[575] J. ISSA-SAYEGH : « L'extension du champ de l'OHADA », Communication au colloque ARPEJE/IDEF, Porto Novo, 3-5 mai 2004, page 4, disponible sur http://www.ohada.com/doctrine/ohadata/D-04-03

[576] P. G. POUGOUÉ et Y. KALIEU *ELONGO, op. cit.* p. 80 s. cité par K. DOGUE, *thèse précitée.* Les matières de première génération sont celles réglementées à l'origine c'est-à-dire ayant fait l'objet de la première vague des Actes uniformes. Les secondes sont celles issues de l'extension par le Conseil des Ministres et dont l'œuvre d'harmonisation est récente ou en cours. Les professeurs Pougoué et Kalieu Elongo énumèrent au nombre de cette deuxième vague le droit des contrats, le droit de la preuve, le droit bancaire, le droit de la concurrence, le droit des sociétés civiles.

[577] Pour ces développements, K. DOGUE, *thèse citée*, p. 22. L'étude reprend ici les arguments de l'auteur mais en l'appliquant au droit de la preuve.

d'inspiration romano-germanique. Enfin, les auteurs mentionnent une dernière caractéristique, « *l'une des plus importantes [...] pour toutes ces matières* » de la première génération qui est « *la vétusté et l'inadaptation des dispositions existantes, héritage colonial sauf quelques exceptions* ». On l'a déjà démontré, le droit commun de la preuve des États membres de l'OHADA n'a pas fait peau neuve depuis les indépendances, à quelques rares exceptions près[578].

548. Par ailleurs, la procédure est une porte d'entrée du droit de la preuve dans l'ordre communautaire. Certes, la plupart des efforts en matière d'harmonisation et de rapprochement ont été accomplis en droit matériel, en particulier dans le domaine du droit qui régit les relations commerciales. L'harmonisation de la procédure civile a progressé de façon beaucoup plus lente. Elle a été d'abord empêchée par le postulat selon lequel les systèmes judiciaires nationaux diffèrent trop les uns des autres et sont trop profondément ancrés dans les particularismes historiques et culturels nationaux pour les rendre compatibles ou permettre de réduire leurs différences. Cette question a souvent donné lieu à des réponses négatives fondées notamment sur la nature des règles de procédure qui seraient d'ordre public[579] et sur la souveraineté de l'État dans l'organisation du procès, organisation qui relèverait systématiquement ou presque de la *lex fori*[580]. Et pourtant, des tentatives ont été amorcées, d'abord sur le plan européen, afin de rechercher une base possible d'harmonisation partielle des règles de preuve[581]. Les travaux du Professeur Marcel Storme, véritable pionnier en la matière, ont démontré la possibilité d'une harmonisation du droit de la preuve dans un Code judiciaire européen. Mais également sur le plan mondial[582], la preuve a attiré l'intérêt des juristes désireux de

[578] Les États ayant réformé le droit commun de la preuve dans le temps sont au nombre de trois. La Guinée avec l'ordonnance n° 119 du 17 mai 1985 suivi de l'arrêté n° 5745 du 13 juin 1985. Le Mali avec la Loi n° 86/13 du 21 mars 1986. Le Sénégal par le biais de la Loi n° 85/40 du 29 juillet 1985.

[579] Pour une opinion contraire, L. CADIET, in Ph. FOUCHARD (sous la dir.), *Vers un procès civil universel ? Les règles transnationales de procédure civile de l'American Law Institute*, Paris, éd. Panthéon-Assas 2001, p. 124, n° 158.

[580] En ce sens : Ph. FOUCHARD, Une procédure civile transnationale : quelle fin et quels moyens ?, Rev. dr. unif. 2001-4, p. 781 (« matière éminemment territoriale, relevant exclusivement de la loi du for, elle se trouve normalement soumise à la compétence de l'Etat»).

[581] V. les travaux de la Commission Storme et notamment *Étude sur le rapprochement des lois et des règles des États membres concernant divers aspects de la procédure civile*, Éditions Marcel Storme, 1994.

[582] V. Ph. FOUCHARD, *op. cit.* p. 779.

garantir un « fonds commun procédural » permettant de rassurer le plaideur qui sera amené à plaider en demande ou en défense devant une juridiction d'un État étranger.

549. En considérant l'espace OHADA, les propos sibyllins du Pr Joseph Djogbenou laisse croire qu'il n'est pas chimérique de l'envisager : « *Les actes uniformes à caractère processuel tel que l'AUVE, l'AUPC, le règlement de procédure devant la CCJA ont posé de véritables bases d'un droit commun communautaire du droit processuel. Il en est de même des règles de procédure devant les Cours de justice de l'UEMOA et de la CEDEAO. Les principes directeurs du procès puisent leurs sources en partie importante dans ces textes. Au demeurant, les législateurs nationaux sont tenus de mettre en conformité les règles de procédure contenues dans les actes uniformes* »[583]. L'on ne peut nier qu'il existe déjà un certain niveau d'uniformité dans le droit de la procédure des États-membres, et que le droit processuel se communautarise. Il est clair dès le départ que l'étude laisserait de côté les règles relatives à l'organisation judiciaire et à la compétence.

550. Que le droit de la preuve civile soit réformé, nul n'en doute. Ses principales dispositions datent de 1804 tandis que les projets de réformes qui ont déjà été initiées pour l'adapter aux évolutions contemporaines, n'ont pas abouti. *Primo*, l'Avant-Projet d'Acte uniforme sur le droit des contrats rédigé par le Pr Marcel Fontaine sur la base des Principes Unidroit et rejeté par les commissions nationales OHADA, ne s'est pas initialement prononcé sur la question de la preuve. L'article 1/3.2 de ce texte dispose en effet que « les questions de preuve sont régies par les dispositions qui les concernent ». *Secundo*, le Projet d'Acte uniforme relatif au droit des contrats et de la preuve est un projet mort-né. Partant, archaïsmes et lacunes de la loi en étaient devenus le lot commun tandis que, corollairement, il est devenu un droit de plus en plus prétorien.

551. L'Avant-projet de texte uniforme relatif au droit général des obligations rédigé par trois experts africains désignés par la Fondation du droit continental, inclut un droit de la preuve dans la tradition de 1804. Si beaucoup était espéré de la nouvelle réforme, la déception semble malheureusement à la mesure de ces attentes. Eludant

---

[583] J. DJOGBENOU (Dir.), *Code de procédure civile, commerciale, sociale, administrative, et des comptes annoté et commenté*, CREDIJ, Cotonou, 2012, Présentation générale, p. 21.

apparemment les difficultés à résoudre, les auteurs se sont contentés, à de rares exceptions près, d'un toilettage purement formel. En conséquence, lorsque l'on est amené à dresser un bilan des nouvelles dispositions probatoires, on ne peut que constater qu'il paraît bien maigre.

552. Le droit de la preuve est le parent pauvre du projet de réforme du droit des obligations dans l'espace OHADA. Au sein du projet de texte, manifestement, il est plus question de clarification et de réorganisation que d'une véritable innovation. En revanche, la présente étude dresse un état des grandes questions qui devraient être abordées par la réforme du droit de la preuve, des choix de politique législative et de technique juridique qui devraient être opérés, et des principes qui devraient être consacrés. Elle appelle à une vraie réforme du droit de la preuve civile et non à un simple toilettage.

553. En cette ère de mondialisation, le droit comparé apparait comme étant le meilleur instrument d'élaboration du droit de la preuve. Toutefois, le recours au comparatisme ne doit pas se faire en accordant la primeur à des considérations politiques au détriment de la technique juridique. « *Sont notamment à reléguer au deuxième plan certaines velléités institutionnelles et politiques à tendance nationaliste, des considérations d'anciennes allégeances coloniales, des prises de positions protectrices du droit français au détriment du droit pluriel africain et des intérêts évidents de l'Afrique réunie sous un même ensemble juridique efficient* »[584].

554. La question de l'harmonisation éventuelle du droit de la preuve présente deux versants ou aspects **:** d'abord celui de la méthode d'une telle harmonisation, ensuite celui de son contenu. Il semble qu'une attitude assez libérale sur ces deux points puisse être adoptée. Une fois que les questions de méthode du processus d'élaboration seront clarifiées (**Titre premier**), il faudra déterminer ce qui constituera le socle de ce futur droit de la preuve (**Titre second**).

---

[584] F. ONANA ETOUNDI, « Les linéaments d'une théorie générale des obligations nées des contrats commerciaux du droit OHADA », in *L'Obligation. Etudes offertes au Professeur Paul Gérard Pougoué*. Editions Harmattan Cameroun, 2015, p. 773 cité par K. DOGUE, *thèse précitée*.

TITRE PREMIER :

LES ORIENTATIONS METHODOLOGIQUES POUR UN DROIT OHADA DE LA PREUVE

555. Il n'y a pas lieu d'éterniser les débats sur l'opportunité d'une harmonisation du droit de la preuve, mais plutôt sur *comment procéder* à une telle harmonisation afin de servir les objectifs de l'OHADA. Lorsqu'on exclut donc la question de l'opportunité de l'harmonisation, on se rend compte que les principaux enjeux préalables gravitent autour des modalités du processus d'élaboration. De l'avis du professeur Adolphe Minkoa She[585], « *la mise en œuvre d'un processus d'harmonisation juridique ne soulève pas seulement des problèmes d'ordre technique ou conceptuel. Elle soulève aussi un certain nombre de questions de politique juridique, auxquelles il convient d'apporter de bonnes réponses, si on veut donner une réelle chance de réussite au processus* ».

556. Les auteurs du Projet OHADA portant droit général des obligations ont également soulevé la question de la méthode idoine : « *Enfin, il fallait définir le procédé à retenir pour donner corps au projet. Les rédacteurs ont travaillé dans la logique d'un texte uniforme, avec une hésitation sur le procédé final. En effet, le projet débordant très largement le domaine strict du droit des affaires pour cerner la vie juridique quotidienne, il y aurait alors quasiment un abandon général de souveraineté. Si le procédé de l'acte uniforme est délicat, le projet peut prendre la forme d'une loi-type à proposer aux États de l'OHADA ou aux organismes régionaux d'intégration économique comme l'UEMOA et la CEMAC qui pourraient, à leur convenance, s'en inspirer à des degrés divers pour moderniser leur législation interne ou pour élaborer des règlements régionaux* »[586].

---

[585] A. MINKOA SHE, « Les référents juridiques pour l'harmonisation du droit des contrats dans l'espace OHADA », in Les Pratiques contractuelles et les processus d'harmonisation dans les espaces régionaux, Actes du Colloque International de Libreville, juin 2012

[586] P-G POUGOUE, M. SAWADOGO, I. SAYEGH, « Rapport de présentation du Projet de texte uniforme portant droit général des obligations dans l'espace OHADA » p.7. Disponible sur www.fondation-droitcontinental.org

557. Le droit de la preuve a subi des transformations depuis fort longtemps. Il continue d'ailleurs toujours de se transformer et présente de nouvelles tendances qu'essaient d'appréhender de nombreux auteurs dans l'espace OHADA[587]. Des règles particulières de preuve se développent sans pouvoir constituer un ensemble théorique systématisé qui pourrait remplacer le droit commun qui s'atrophie. Il faut donc aller dans le sens d'une redéfinition du droit de la preuve qui prenne mieux en compte le droit vécu de nos jours dans l'espace OHADA. On se retrouve en face d'une question de choix entre tentative de systématisation des droits spéciaux qui se créent au détriment de la théorie générale de la preuve ou adaptation de cette dernière[588]. Quelle que soit la position à privilégier, c'est à travers la clarification du champ réel d'application de cette harmonisation qu'on arrivera à l'affirmer.

558. Face à la difficulté sur les limites exactes de l'intégration en matière de droit de la preuve, seule une méthode adaptée, prenant en compte tous les outils modernes d'intervention du juriste, permettra de doter un jour l'espace OHADA d'un droit intégré de la preuve. Il s'agira d'analyser les diverses techniques d'intégration proprement dites et qui consisterait à choisir entre uniformisation/harmonisation; sans oublier que l'OHADA a déjà posé d'autorité le choix de l'uniformisation aux articles 5 alinéa 1, et 10 du traité fondateur.

559. Pour déterminer les référents formels d'harmonisation, la démarche adéquate passe par la définition du domaine d'harmonisation (**Chapitre premier**), et l'option d'une technique d'harmonisation (**Chapitre second**).

[587] Actes du colloque international de Paris sur le droit de la preuve dans l'espace OHADA, *Revue de Droit Uniforme Africain*, N° 5 Juin 2010. De nombreuses contributions se retrouvent dans le numéro de cette revue et rendent comptent de la tentative de compréhension des métamorphoses du droit de la preuve que l'on voudrait bien cerner avec précision dans l'espace OHADA.

[588] V. Karel DOGUE (*thèse citée*) qui aboutit à la même conclusion s'agissant de l'harmonisation du droit des contrats.

CHAPITRE PREMIER :
LA DEFINITION DU DOMAINE D'HARMONISATION

560. Quelle sera l'étendue de l'uniformisation ? L'intégration du droit de la preuve suscite d'emblée la question des frontières d'un droit probatoire OHADA. Tout d'abord, on s'avise que le périmètre exact de ce qui peut faire l'objet d'un tel processus d'uniformisation apparaît incertain. La décision de l'OHADA est centrée sur le droit des contrats et elle récapitule, d'ailleurs, ce qui fait l'acquis communautaire en la matière : les contrats civils, les contrats commerciaux, les contrats d'affaires, etc. Il faut rappeler que si le principe même de l'extension du droit des affaires OHADA à la matière des contrats a pu être discuté[589], le débat s'est vite circonscrit à la question de savoir s'il convenait d'unifier le droit commun des contrats ou de s'en tenir à une réglementation commune de certains contrats spéciaux[590].

561. D'un autre côté, cependant, on voit soutenue la thèse que l'uniformisation devrait s'étendre corrélativement à l'ensemble du droit des obligations - y compris celui de la responsabilité. Le « Projet de texte uniforme portant droit général des obligations dans l'espace OHADA » incarne cette tendance fort audacieuse dans son champ matériel. Dans leur rapport de présentation, les rédacteurs affirment : « *Le présent projet couvre tout le droit des obligations (contrats, actes unilatéraux, actes collectifs, délits et quasi-délits, quasi-contrats), de la preuve et de la prescription extinctive en résonance avec l'orientation donnée par le Conseil des ministres de l'OHADA. Il concerne aussi bien les obligations civiles que commerciales. Il contient également des dispositions sur le conflit des lois en matière d'obligations* »[591].

---

[589] V Actes du Colloque de Ouagadougou sur l'harmonisation du droit OHADA des contrats, publié à la *Revue de droit uniforme / Uniform Law Review*, numéro spécial, 2008-1/2, vol. 13, p. 455 et s.

[590] D. C. SOSSA, *« Action du mois », La Semaine Juridique, Edition Générale N° 4 du 25 janvier 2016, JCP G 2016, doctr. 101, p. 188*

[591] P.G. POUGOUE, F. M. SAWADOGO, J. ISSA-SAYEGH, Note explicative à l'avant-projet, *Rap. préc.*, p. 6

562. Qu'il s'agisse d'unifier le droit commun des contrats ou de s'en tenir à une réglementation commune de certains contrats spéciaux, la preuve est en tout cas prégnante dans l'encadrement juridique des activités économiques. La question qui semble s'imposer, sur ce point, est de savoir si le processus devrait être limité au droit des obligations contractuelles ou s'étendre au droit de la preuve autonome. Des solutions innovantes, même hardies, seront retenues. Les précautions méthodologiques prises dès l'entame de cette contribution permettent de signaler que toutes les options sont à envisager.

563. Des lors, le législateur a le choix entre l'harmonisation distincte du droit de la preuve (*Section I*), et l'harmonisation conjointe du droit de la preuve (*Section II*).

Section I. L'harmonisation distincte du droit de la preuve

564. L'objectif est d'harmoniser le droit de la preuve comme une branche du droit à part entière. Il existe des arguments en faveur de l'harmonisation d'un droit de la preuve autonome *(Paragraphe 1*), alors que les objections à une harmonisation du droit général de la preuve ne résistent pas l'analyse (*Paragraphe 2*).

Paragraphe I. Les justifications d'un droit de la preuve autonome

565. Dès l'abord, il importe de rappeler qu'il y a bientôt deux décennies[592], c'est le législateur OHADA lui-même qui soulignait la nécessité d'un droit de la preuve autonome en décidant : « Sont incluses dans le domaine du droit des affaires, les matières ci-après énumérées : le droit de la concurrence, le droit bancaire, le droit de la propriété intellectuelle, le droit des sociétés coopératives et mutualistes, le droit des contrats, le droit de la preuve » [nous avons souligné].

566. Cela étant, l'idée d'un droit autonome de la preuve ne manque pas d'arguments en doctrine (A) et en droit comparé (B).

A- En doctrine

567. Dans leur ouvrage emblématique[593], les professeurs Vergès, Vials et Leclerc ont affirmé que le lien établi entre la preuve et la réalisation des droits subjectifs n'a pas favorisé l'émergence d'une

[592] Décision n° 002/2001/CM du 3 mars 2001 relative au programme d'harmonisation du droit des affaires en Afrique.

[593] E. VERGES, G. VIAL, O. LECLERC, *op. cit*, n° 158

théorie générale de la preuve autonome par rapport à la théorie du procès. Cependant, d'après les auteurs, un certain nombre de travaux doctrinaux s'efforcent d'organiser les règles de preuve en système et de proposer une lecture englobante de la matière. Au-delà de quelques précédents[594], les travaux en ce sens prennent aujourd'hui de l'ampleur en France[595]. C'est d'abord dans le domaine de la preuve civile que ce mouvement se fait sentir, à l'initiative de spécialistes du droit civil et de la procédure civile. Une chronique régulière[596] est ainsi proposée sur les aspects probatoires en matière civile[597]. De même, un important fascicule[598] et un premier ouvrage[599] ont été consacrés à la preuve civile. D'autres travaux analysent les règles de preuve dans un domaine donné du droit et mettent ces règles de preuve en rapport avec ce qui serait un droit commun de la preuve : droit de la famille[600], droit pénal[601], droit du travail[602], droit international privé[603], droit fiscal[604],

---

[594] R. LEGEAIS, *Les règles de preuve en droit civil - permanences et transformations*, thèse, Poitiers, LGDJ, 1955 ; Ch. PERELMAN et P. FORIERS (dir.), *La preuve en droit*, Bruxelles, Bruylant, coll. « Travaux du Centre national de recherches de logique », 1981; X. LAGARDE, *Réflexion critique sur le droit de la preuve*, LGDJ, 1994 ; Dossier « La preuve », Droits n° 23, 1996.

[595] E. VERGES, « Eléments pour un renouvellement de la théorie de la preuve en droit privé », *in* Mélanges J.-H. Robert, LexisNexis, 2012 p. 853; F. GIRARD, *Essai sur la preuve dans son environnement culturel*, Aix-en-Provence, PUAM, 2013; E. VERGES, « La réforme du droit de la preuve civile : enjeux et écueils d'une occasion à ne pas manquer », Recueil Dalloz 2014, Chroniques p. 617; M. MEKKI, « Charge de la preuve et présomptions légales. L'art de clarifier sans innover », *Droit et Patrimoine*, Septembre 2015, n° 250, p. 36 et s.; G. LARDEUX, Commentaire du titre IV bis nouveau du livre III du Code civil intitulé « De la preuve des obligations » ou l'art de ne pas réformer, Recueil Dalloz 2016 p. 850.

[596] R. LEGEAIS, *Les règles de preuve en droit civil - permanences et transformations*, thèse, Poitiers, LGDJ, 1955 ; Ch. PERELMAN et P. FORIERS (dir.), *La preuve en droit*, Bruxelles, Bruylant, coll. « Travaux du Centre national de recherches de logique », 1981; X. LAGARDE, *Réflexion critique sur le droit de la preuve*, LGDJ, 1994 ; Dossier « La preuve », Droits n° 23, 1996.

[597] (Panorama « Droit de la preuve » au Recueil Dalloz, par Ph. DELEBEQUE J-D. BRETZNER, Th. VASSEUR, I. GELBARD-LE DAUPHIN, I. DARRET-COURGEON, A. AYNES)

[598] F. FERRAND, V° « Preuve » Rep. Proc. civ. Dalloz);

[599] A. AYNES, X. VUITTON, *Droit de la preuve. Principes et mise en œuvre processuelle*, Paris, Lexis-Nexis, 2013

[600] G. VIALS, La preuve en droit extrapatrimonial de la famille, *op. cit.*

[601] M. DELMAS-MARTY, « La preuve pénale », *Droits n° 23*, 1996, p. 53-65

[602602] J-Y. FROUIN, « La preuve en droit du travail », *Sem. Soc. Lamy*, n° 1262, 2006, p. 6

[603] Th. H. GROUD, *La preuve en droit international privé*, PUAM, Aix-en-Provence, 2000

[604] Ch. De la MARDERE, La preuve en droit fiscal, LexisNexis, Paris, 2009

droit administatif[605]. Enfin, certains travaux envisagent la preuve dans son ensemble, quel que soit le contentieux dans lequel elle prend place.

568. *Prima facie*, l'ambiguïté de la nature juridique des règles de preuve semble être un obstacle à la conception unitaire du droit de la preuve. Une réflexion sur la nature juridique de la preuve pose tout de suite le problème de savoir s'il s'agit d'une figure de droit matériel, intimement liée à la texture du droit par le biais des faits, d'une figure de droit procédurale, intéressant uniquement le juge et n'ayant aucune valeur autonome en dehors du procès, ou enfin, d'une figure charnière située entre le droit matériel et le droit de la procédure. Dans le premier cas, les règles de preuve relèveront du droit civil, tandis que, dans le deuxième, elles seront toutes logiquement placées parmi les règles de la procédure civile.

569. La réponse à cette question n'est pas unique dans la doctrine civiliste[606]. Pour M. Vergès[607], la difficulté n'existe que si l'on regarde la matière sous le prisme des branches du droit. De l'avis de l'auteur, la question de l'existence du droit de la preuve et celle de la nature juridique des règles de preuve peuvent être distinguées. L'unité du concept de preuve, la finalité de la recherche de la vérité judiciaire et de la conviction des juges, l'utilité pratique du regroupement des règles de preuve, concourent à identifier le droit de la preuve comme

---

[605] P. PACTET, *Essai d'une théorie de la preuve devant les juridictions administratives*, Pedone, Paris, 1957

[606] Bonnier considérait que les règles de preuves étaient de pures règles de procédure. Accusant les rédacteurs du Code civil d'avoir aveuglément imité Pothier, il écrivait que « la place naturelle des preuves était au Code de procédures » et remarquait qu'en matière criminelle, les règles de preuve étaient rangées dans le Code d'instruction criminelle (E. BONNIER, *op. cit.* p.3). Cette position est plutôt isolée et la doctrine civiliste trouve les arguments les plus divers pour justifier la place des règles dans le Code civil. Un auteur estime ainsi que « le législateur qui, en matière civile, définit des droits doit logiquement (...) envisager leur preuve, et s'il le fait dans les mêmes textes, c'est qu'il a conscience de la dépendance essentielle qui existe entre droit et preuve » (R. LEGEAIS, *op. cit.*, p. 34). Un autre affirme que « la règle et le fond se trouvent étroitement unis. La règle de preuve est le plus souvent motivée par une règle de fond » (L. MAZEAUD, *La preuve intrinsèque*, Thèse Lyon, 1921, p. 34). Un troisième courant doctrinal penche pour la mixité des règles de preuve. Dans le *Traité de droit civil* de Planiol, on peut lire tout à la fois que « la théorie des preuves confine, d'un côté au droit civil, de l'autre, à la procédure » (M. PLANIOL par G. RIPERT et L. BOULANGER, op. cit., n° 713). Cette position est partagée par J. GHESTIN et G. GOUBEAUX, *Traité de droit civil, introduction générale*, LGDJ, 3ème éd. 1990, n° 564.

[607] E. VERGES, « Eléments pour un renouvellement de la théorie de la preuve en droit privé », in *Mélanges J-H Robert*, Lexisnexis 2012, p. 853.

une discipline scientifique du droit. Avant tout, une discipline juridique est une construction doctrinale. L'unité conceptuelle, la finalité, l'utilité pratique sont autant de motifs pour identifier une discipline juridique à part entière. Cette conception s'intègre dans un mouvement plus vaste, qui consiste à bâtir l'organisation des règles de droit autour d'objets, comme en témoigne le mouvement contemporain de codification ou encore l'émergence de disciplines juridiques nouvelles. Par exemple, le droit de l'internet, le droit de l'environnement, le droit de la consommation, etc.

570. L'harmonisation unitaire du droit de la preuve permet de le détacher du droit des contrats, dans lequel sont formellement enfermées les dispositions relatives à la preuve dans le Code civil actuel, alors qu'une doctrine émergente[608] appelant de ses vœux l'élaboration d'un droit général de la preuve, s'accordent pour faire application de ces règles à toute preuve civile, et pas seulement à la preuve des obligations nées d'un contrat. Que l'on songe au Code civil québécois qui consacre son Livre septième entièrement au droit de la preuve (C. civ. québécois, art. 2803 à 2874). En France, le projet « Terré » avait cette ambition puisqu'il proposait d'extraire le droit de la preuve du seul droit des obligations : « *Au sujet de la preuve, le maintien de son régime au sein des questions contractuelles est apparu restrictif et il est proposé de l'extraire du titre relatif aux obligations. Non sans en avoir longuement débattu, le groupe propose toutefois une solution moins radicale que la généralité de la matière ne l'exigerait, consistant à inscrire les dispositions s'y rapportant dans un titre préliminaire du Code civil* »[609].

571. Le droit de la preuve civile se situe, depuis l'origine du Code civil, dans un chapitre VI placé en toute fin du titre relatif aux contrats et aux obligations conventionnelles. Pourtant, la doctrine s'accorde à dire que les règles contenues dans ce chapitre ne sont pas réservées à la preuve des obligations, mais décrivent plus généralement

---

[608] La doctrine du droit de la preuve est émergente : une chronique régulière (Panorama « Droit de la preuve » au Recueil Dalloz, par Ph. DELEBEQUE J-D. BRETZNER, Th. VASSEUR, I. GELBARD-LE DAUPHIN, I. DARRET-COURGEON, A. AYNES), un important fascicule (F. FERRAND, V° « Preuve » Rep. Proc. civ. Dalloz) et deux ouvrages (A. AYNES, X. VUITTON, *Droit de la preuve. Principes et mise en œuvre processuelle*, Paris, Lexis-Nexis, 2013 ; E. VERGES, G. VIAL, O. LECLERC, *Droit de la preuve*, Collection Thémis PUF, Paris, 2015).

[609] V. MAGNIER, La preuve, *in* Fr. TERRE (dir.), Pour une réforme du droit des contrats, précité, p. 316 et s., spécialement p. 316.

le droit civil de la preuve. « *Le Code civil n'a pas consacré de développements autonomes à la preuve. Par une méthode défectueuse et critiquée, les règles relatives à la matière, prévues aux articles 1315 à 1369, sont insérées dans la partie du Code relative au droit des obligations, alors même que, par nature, les règles probatoires ont un caractère général. C'est pourquoi le droit positif, notamment la jurisprudence, redressant l'erreur méthodologique du codificateur, accorde une portée générale à ces textes qui sont, en apparence, spéciaux. Ce travail d'interprétation, qui a permis de dégager des règles générales, explique le fait que le législateur n'ait pas, malgré l'erreur initiale, procédé à une refonte d'ensemble de ces textes. (...) On trouve donc dans le Code civil les règles qui permettent d'organiser l'objet, la charge et les modes de preuve. Des règles spéciales sont en outre prévues pour aménager les règles générales, par exemple en matière de mariage (art. 194 s., C. civ.). Enfin, les règles relatives à l'administration de la preuve figurent, par une césure assez artificielle, dans le nouveau Code de procédure civile, notamment dans les articles 9 à 11 et 132 à 338. Cette répartition n'est d'ailleurs guère rigoureuse. Elle révèle l'unité fondamentale de la matière, puisque, par exemple, les règles d'administration de la preuve qui régissent le serment sont placées dans le Code civil* ». Voilà ce qu'on peut lire dans un ouvrage de référence en droit privé[610]. On trouve l'explication de cette situation chez plusieurs auteurs, qui décrivent comment le Code civil a reproduit un plan imaginé par Pothier : « *Si les preuves se trouvent en grande partie traitées dans le Code civil, qui devrait être une loi toute substantive, toute de fond, cela ne tient pas à un système bien arrêté de la part du législateur, mais à une imitation aveugle de Pothier, qui, traitant spécialement des obligations, avait dû examiner en terminant comment on les constate* »[611]. Certains ont vu dans cette organisation un « *vice de méthode* » et n'ont pas hésité à parler, à propos des règles du Code civil, d'une « théorie des preuves » qui domine l'ensemble du droit privé : « *La théorie des preuves se trouve, de la sorte, dominer l'ensemble du droit privé. Le Code n'a cependant formulé de principes généraux que pour la preuve des obligations. En pure logique, il y a là un vice de méthode évident, dont la responsabilité doit être imputée à Pothier* »[612], et « *qui doit être enseignée dans les ouvrages et cours*

[610] F. TERRE, *Introduction générale au droit*, 9ème éd., DALLOZ, Paris, 2009, p. 466.
[611] E. BONNIER, *Traité théorique et pratique des preuves en droit civil et en droit criminel*, 2e éd., Auguste Durand, 1852, p. 3-4
[612] M. PLANIOL par G. RIPERT et J. BOULANGER, *Traité de droit civil*, t. 1, LGDJ, 1956,

d'introduction au droit »[613]. A n'en point douter, le droit de la preuve est d'abord une théorie générale qui gouverne l'ensemble du droit privé.

572. De ce point de vue, la dernière réforme du droit de la preuve intervenue en France a soulevé l'ire d'une partie de la doctrine. Le chapitre VI sur la preuve des obligations et celle du paiement (art. 1315 anc. à 1369-11 anc.) est remplacé par un titre IV *bis* sur la preuve (art. 1353 à 1386-1). Le champ d'application formel des articles 1315 et suivants anciens était trop restreint puisque limité aux obligations conventionnelles. On s'accordait cependant à considérer que les textes anciens s'appliquaient à la preuve civile en général et pas seulement à la preuve des obligations. Les textes nouveaux ont le champ d'application le plus large compte tenu de leur position dans le plan. Il demeure néanmoins encore insuffisamment large[614]. Les règles de preuve sont placées dans le livre III du Code civil comme si la preuve ne concernait que les obligations. Le titre IV *bis* est intitulé « De la preuve des obligations ». Malheureusement, la loi d'habilitation ne permettait pas d'aller plus loin en France[615]. « *Au regard de ce qui précède, l'idéal serait de placer les règles de preuve au seuil du Code civil parce qu'elles concernent toutes les matières sans exception. La référence faite à l'acte et au fait juridiques le démontre suffisamment (art. 1358, 1359). A minima, sans reconstruire un droit de la preuve qui relève de chaque procédure (civile, pénale, administrative), il aurait été envisageable d'intégrer des dispositions générales au sein de l'actuel*

---

n° 710.

613 G. MARTY et P. RAYNAUD, *Introduction générale à l'étude du droit*, t. 1, 2ème éd., 1972, n° 207.

614 Pour une critique de ce nouveau plan qui était déjà celui du projet, N. DISSAU et C. JAMIN, *Projet de réforme du droit des contrats, du régime général et de la preuve des obligations*, Dalloz, 2015, p. 233

615 La présente ordonnance est prise en application de l'article 8 de la loi n° 2015-177 du 16 février 2015 relative à la modernisation et à la simplification du droit et des procédures dans les domaines de la justice et des affaires intérieures. A ce titre, afin de moderniser, de simplifier, d'améliorer la lisibilité, de renforcer l'accessibilité du droit commun des contrats, du régime des obligations et du droit de la preuve, de garantir la sécurité juridique et l'efficacité de la norme, le Gouvernement est autorisé, selon les termes de l'habilitation, à prendre par voie d'ordonnance les mesures relevant du domaine de la loi. À noter que le rapport remis au Président de la République relatif à l'Ord. n° 2016-131, 10 févr. 2016 portant réforme du droit des contrats, du régime général et de la preuve des obligations (ci-après « le rapport ») ne contient aucune explication.

Titre préliminaire du Code civil »[616].–Telle est la conclusion du professeur Moustapha Mekki.

573. Pour Mme la professeure Gwendoline Larrieux, aucune vision d'ensemble n'a dominé l'adoption des nouvelles règles probatoires en France[617]. « *Il s'agit donc non d'une réforme, mais principalement d'une refonte des dispositions probatoires civiles. Preuve en est également et surtout, qu'intégrées dans un texte portant sur l'ensemble du droit des obligations, elles portent toujours sur la seule preuve de celles-ci alors que cette question concerne tous les droits subjectifs et pas uniquement les droits personnels. Ces dispositions auraient donc eu leur place dans le titre préliminaire du code civil et l'on sait que, si elles n'y ont jamais figuré, c'est parce que les rédacteurs du code se sont appuyés sur le Traité des obligations de Pothier pour élaborer les règles probatoires; elles ont donc été intégrées dans le dernier chapitre du titre III du livre III. Or cette approche restrictive de la question, loin d'être redressée par la « réforme », a été reprise par le « législateur » contemporain. Ainsi, le code civil ne contient toujours pas de dispositions générales relatives à la preuve des droits réels tandis que le rôle probatoire de la possession continue à être relégué dans le titre XXI relatif à la prescription acquisitive* ».

B- En droit comparé

574. Selon les pays, les règles relatives à la preuve se présentent de manière plus ou moins autonome par rapport aux règles de procédure. Dans la plupart des pays de tradition romano-germanique, les règles de preuve ne figurent pas dans des textes autonomes, portant spécifiquement sur la preuve. Elles s'intègrent dans des codes (ou lois) consacrés à la procédure[618]. Plus rarement, certaines règles de preuve ne sont pas codifiées dans les Codes de procédure, comme l'illustre le droit français, qui comporte aussi des règles de preuve dans le Code civil. Le droit de la preuve se partage ainsi entre la loi civile et la loi de procédure civile et ce, de par la distinction opérée

---

[616] M. MEKKI, « Charge de la preuve et présomptions légales. L'art de clarifier sans innover », *Droit et Patrimoine*, Septembre 2015, n° 250, p. 3

[617] G. LARDEUX, Commentaire du titre IV bis nouveau du livre III du code civil intitulé « De la preuve des obligations » ou l'art de ne pas réformer, Recueil Dalloz 2016, p. 850.

[618] En France : Code de procédure civile (CPC), art. 132-322. En Allemagne : Zivilprozessordnung (ZPO), art. 284-494a. En Italie : Codice di procedura civile. En Espagne : Ley de enjuiciamiento civil (LEC).

entre un droit matériel de la preuve (elle-même une figure de droit matériel) et un droit formel de la preuve (concernant son administration dans la procédure). En revanche, dans les systèmes d'inspiration germanique de même que dans les droits de *common law*, toute – ou presque toute - règle de preuve est une règle de procédure. Contrairement à la France et aux autres pays du continent, l'Angleterre n'a ni codifié ses règles, ni distingué le droit de la preuve dans les matières pénale, administrative, commerciale et civile. Le régime de preuve est unique, bien qu'il existe des dérogations spécifiques à certains secteurs du droit et que l'application des règles soit parfois différente selon qu'il s'agit d'un procès civil ou criminel. Cette unicité du droit de la preuve caractérise les systèmes de *common law* et existe même déjà dans l'espace OHADA, à travers *l'Evidence Ordinance, Cap-62 of the Laws of Nigeria 1958* qui est en vigueur au Cameroun Anglophone. On devrait envisager l'expansion de l'OHADA aux systèmes africains de *common law* en raison de la vocation panafricaine de l'Organisation[619], et anticiper sur les particularismes anglo saxonnes qui s'imposent.

575. En faisant un parallèle avec les droits étrangers, il ressort que l'avantage de développer un droit de la preuve autonome est de plus en plus souligné. Dans l'Union européenne[620], la volonté de rapprochement, voire d'unification des procédures civiles au sein de l'Europe est expressément formulée à l'article 65 sous c du Traité de l'Union européenne, introduit par le Traité d'Amsterdam entré en vigueur le 1er mai 1999. Déjà en 1990, la Commission des Communautés européenne a chargé un groupe d'experts, réunis dès 1987 par le Pr Marcel Storme, de rédiger un Code judiciaire européen. Le rapport du *Working Group for the approximation of the civil procedural law in Europe*, connu sous le nom de la *Storme Commission*, paru en 1994, est essentiel dans le débat sur l'unification du droit de la preuve. Le rapport Storme souligne la nécessité d'un rapprochement

[619] L'article 53 alinéa premier du Traité constitutif de l'OHADA énonce « L'OHADA est ouvert à l'adhésion de tout Etat membre de l'OUA et non signataire du traité. Il est également ouvert à l'adhésion de tout autre Etat non membre de l'OUA… » Si cette adhésion ne pose pas de sérieux problèmes aux Etats de tradition civiliste, il en est autrement pour les pays du common law. L'adhésion de plusieurs Etats de système common law à l'OHADA lui donnerait le statut d'organisation pluri juridique.

[620] Voir M. STORME (éd), *Rapprochement du droit judiciaire de l'Union européenne – Approxiamation of Judiciary Law in the European Union*, Dordrecht, Martinus Nijhoff, 1994.

des droits procéduraux, afin de favoriser le libre fonctionnement du marché intérieur, mais en même temps les difficultés et les limites de l'exercice. Le procédé juridique préconisé est celui de la directive.

576. Alors que le rapprochement des règles de preuve est en cours d'élaboration en Europe, il est déjà une réalité en Amérique du Nord. Aux États Unis, les solutions dégagées par les tribunaux ont été codifiées. Après plusieurs tentatives, qui ont connu un succès mitigé (The Model Code of Evidence, 1942; The uniform Rules of Evidence, 1953), les *Federal Rules of Evidence* ont été adoptées en 1975. Ces règles sont applicables devant les juridictions fédérales. Elles ont été en partie reprises par les différents États pour leurs juridictions. Au Canada[621], un projet de loi uniforme sur la preuve a été élaboré en août 1995 par la Conférence pour l'Harmonisation des Lois au Canada. Cette formule a été adoptée à l'effet d'éviter une disparité de solutions au sein de la fédération, en offrant un moule juridique commun pour la résolution de tous litiges concernant ce type de preuve. En effet, malgré l'existence de la loi du Canada sur la preuve de 1986, les États fédérés disposaient de textes spécifiques régissant la matière, ce qui révélait des résultats souvent différents au sein de la même entité étatique. La loi uniforme sur la preuve électronique a été finalement adoptée en 1997, et se compose de neuf articles. En Amérique latine[622], un code modèle fut instauré sous le nom de *Codigo tipo ibero-americano* (1988). Bien qu'il ait été dépourvu de force obligatoire, le texte sert de modèle pour les réformes du droit de la procédure en Amérique latine.

577. En droit international, des efforts sont faits pour faciliter la preuve dans les litiges internationaux. Il a ainsi été adopté la Convention de La Haye sur la preuve, du 18 mars 1970, visant l'obtention des preuves à l'étranger en matière civile ou commerciale[623]. Est instituée dans chaque État signataire une autorité centrale chargée de la réception des commissions rogatoires émanant des autres États parties à la Convention; la transmission se fait en général par voie diplomatique ou consulaire. Dans le champ d'intégration économique et juridique régionale que constitue l'Union européenne, il convient de

[621] Voir à ce propos, A. OUATTARA, *La preuve électronique,* op. cit. p. 194 s.

[622] Voir à ce propos, E. VESCOVI, *El codigo procesal civil modelo para Iberoamerica. Historia, antecedentes, exposicion de motivos, texto del Anteproyecto*, Ed. Preparanda, Montevideo, 1988.

[623] Voir à ce propos : B. ANCEL, « Le transfert international des informations nécessaires à l'administration du droit privé », in *L'internationalisation du droit, Mélanges Yvon Loussouarn*, 1993, Dalloz, p. 1.

mentionner le Règlement CE n° 1206/2001 du 28 mai 2001 en matière d'obtention de preuve dans l'Union européenne.

578. Au plan international également, des règles émanent d'organes de réflexion académiques ou professionnels. Elles sont proposées aux États comme des « code-modèles » qu'ils peuvent adopter. Les règles de preuve proposées concilient, de manière plus ou moins équilibrée, le droit de la preuve des systèmes romano-germaniques et de common law. C'est le cas des Principes ALI-Unidroit de procédure civile transnationale (2004)[624]. Ces Principes, de nature incitative ou *soft law*, sont laissés à la libre adoption des États qui peuvent également, s'ils le souhaitent, transposer en droit interne les Rules (règles) plus détaillées que l'American Law Institute a également adoptées. Des États souhaitant adopter ou réformer leur code de procédure civile se sont montrés intéressés par ces Principes qui cherchent à trouver des solutions de compromis entre traditions de droit civil et Common Law. C'est aussi le cas des Règles de preuves pour l'arbitrage commercial international adoptées par *l'International Bar Association* (1999)[625].

579. En définitive, l'OHADA devrait s'inspirer en partie du projet Storme susmentionné, du projet de *I'American Law Institute et l'Unidroit* sur la procédure civile transnationale, et de l'effort réalisé il y a 50 ans aux États-Unis, pour fondre de nombreux systèmes juridiques hétérogènes en un seul système de règles de preuve, par I'adoption des *Règles fédérales de preuve* des États-Unis *(Federal Rules of Evidence).* Les *Federal Rules* établissent des règles uniques qui doivent être suivies par les tribunaux siégeant dans quarante-huit États semi-souverains différents, même si chacun d'entre eux a son propre droit de procédure, sa propre culture judiciaire et son propre barreau. De cette façon, les *Federal Rules* ont accompli ce que plusieurs observateurs prudents considéraient comme impossible : un système unifié de preuve pour plusieurs dizaines de communautés juridiques différentes. Une expérience comme celle des *Federal Rules* prouve qu'il a été possible d'établir des règles de procédure communes à la Louisiane (un système

---

[624] Voir à ce propos : F. FERRAND, *Les principes ALI-Unidroit de procédure civile transnationale : vers une harmonisation mondiale de la procédure civile*, Gaz. Pal. 27-28 mai 2005, p. 9.

[625] Voir à ce propos : S. H. ELSING and J. M. TOWNSEND, « Bridging the Common Law – Civil Law Divide in Arbitration », Arbitration International, vol. 18, n° 1, 2002, p. 59-65

de droit écrit), à la Virginie (qui suit les règles de *common law pleading* depuis 1938) et à la Californie (qui suit le *code pleading).*

580. Il va falloir, à présent, vérifier si les objections contre un droit général de la preuve résistent à l'analyse.

Paragraphe 2. Les objections contre un droit général de la preuve

581. L'idée d'une théorie générale de la preuve dans l'espace OHADA est battue en brèche par une doctrine majoritaire. Le professeur Philippe Tiger affirmait notamment que « *si l'Organisation s'avisait de légiférer en matière de droit général de la preuve, elle ne pourrait le faire que de façon irrégulière…* »[626]. Plusieurs arguments ont été évoqués à l'appui d'une hostilité de principe à un droit général de la preuve dans l'espace OHADA. Ces arguments majeurs tout en étant justifiables ne résistent pas entièrement à la critique[627].

582. Il s'agit principalement de la perméabilité du champ matériel du droit OHADA (A), et l'abandon de la distinction droit commercial/droit civil avec l'essor du droit des affaires OHADA (B).

A- La perméabilité du champ matériel du droit OHADA

583. Les partisans du rejet du droit de la preuve dans l'espace OHADA argumentent que le champ matériel de compétence de l'OHADA doit rester confiné au droit des affaires dans sa conception stricte[628]. Or en l'état actuel du droit OHADA, la conception du droit des affaires retenue par le Traité fondateur est celle d'un droit des affaires large au contenu extensible[629]. La lettre et l'esprit de l'article 2

---

[626] Ph. TIGER, « *Introduction au droit de la preuve dans l'espace OHADA* », OHADATA D-11-09 disponible en ligne sur www.ohada.com. Dernière consultation le 06 octobre 2015.

[627] Pour la défense d'un droit général des contrats, K. DOGUE, *thèse précitée*, p. 101 et sv. Les contre arguments sont empruntés à l'auteur.

[628] V. J-P ARCHAMBAULT, *Droit des affaires,* 5ième éd., Beauchemin, 2011, p. 5, spéc. n° 1.1.4.; C. CHAMPAUD, *Le droit des affaires*, Coll. Que sais-je?, Paris, 1981; Yves GUYON, *Droit des affaires,* tome 1 et 2, Éd. Économica, Paris, 1994; G. RIPERT, R. ROBLOT, M. GERMAIN et L. VOGEL, *Traité de droit commercial,* L.G.D.J., Paris, 1998 qui retiennent un droit des commerçants (conception subjective) opposée à un droit des actes de commerce (conception objective). En réalité, le droit des affaires se trouve à cheval entre les deux conceptions.

[629] En effet, suivant l'article 2 du Traité, les matières faisant partie du droit des affaires OHADA peuvent être étendues à « toute autre matière que le Conseil des Ministres déciderait, à l'unanimité, d'y inclure, conformément à l'objet du présent Traité ».

du Traité OHADA constituent les premiers facteurs de perméabilité du droit des affaires OHADA. Cette texture ouverte de l'article permet qu'on puisse y retenir autant de matières qu'on le désire en lien avec le droit des activités économiques.

584. Pour les opposants à un droit général de la preuve, l'OHADA n'est pas une institution d'intégration économique[630]. Pour autant, ils ne contestent qu'elle harmonise le droit des activités économiques, à l'instar du professeur Jean Paillusseau qui n'y voit rien d'autre qu'un « *droit des activités économiques* »[631]. Alors comme arguments juridiques, les tenants d'une harmonisation stricte du droit des affaires – excluant le droit de la preuve - invoquent un risque de démesure qui entraînera des conflits avec les institutions d'intégration économique et un engloutissement du droit interne[632].

585. En ce qui concerne les risques de conflits liés à cette perméabilité, Karel Dogue[633] mentionne la solution qui passe. Pour lui, ce n'est pas l'adoption d'une conception large du droit des affaires qui crée les conflits. Ces derniers existaient déjà entre les différentes institutions économiques à vocation régionale et sous-régionale en Afrique : CEDEAO, UEMOA, OAPI, CIMA, CIPRES. L'adoption d'un Acte uniforme sur le droit comptable[634] a été le lieu de tester l'efficacité de la méthode de concertation qui peut être globalement appliquée, et ainsi renvoyer aux calendes grecques cet argument de

630 P. G. POUGOUE (« Doctrine OHADA et théorie juridique », *Revue de l'ERSUMA : Droit des affaires - Pratique Professionnelle*, Numéro Spécial - Novembre/Décembre 2011, *Doctrine*) affirme sans ambages : « *L'OHADA n'est pas une communauté politique ou économique, mais une organisation interétatique conçue exclusivement comme un outil technique* » citée par K. DOGUE, *thèse précitée*

631 J. PAILLUSSEAU, « L'influence de la mondialisation sur le droit des activités économiques », Conférence du 04 février 2008 en la Grand'Chambre de la Cour de cassation française, disponible sur www.ohada.com, référence D-08-07. Du même auteur, « L'Acte uniforme sur le droit des sociétés », *Communication à la Journée de l'Association Henri Capitant du 22 novembre 2002, Paris, in Petites Affiches, Le Quotidien Juridique, n° 205, p. 19.*

632 P. G. POUGOUÉ et Y. R. KALIEU ELONGO, *Introduction critique à l'Organisation pour l'Harmonisation en Afrique du Droit des Affaires*, Presses Universitaires d'Afrique, Yaoundé, Cameroun, 2008, p. 72 - 74.

633 K. DOGUE, *thèse précitée*, p. 101 et sv.

634 Voir R. NEMEDEU, « Une présentation critique de l'Acte uniforme Ohada du 24 mars 2000 portant organisation et harmonisation des comptabilités des entreprises par rapport au plan comptable OCAM-CEMAC », *Juris Périodique, n° 58, avril-juin 2004, p. 94.*

risque de conflits entre institutions africaines d'intégration juridique et économique.

586. S'agissant des risques d'engloutissement du droit interne au complet, l'argument ne paraît pas dirimant parce que des pans entiers de droit interne demeurent non harmonisables. Si d'abord, le droit public est logiquement exclu et que l'on considère uniquement le droit privé, on peut énumérer le droit foncier, le droit des personnes et de la famille, le droit pénal dans l'édiction de la sanction pénale[635]; autant de domaines échappant à l'article 2 du Traité qui définit les champs devant faire l'objet d'une harmonisation à l'échelle de l'OHADA. Face aux critiques de l'Association Africaine des Hautes Juridictions Francophones[636], il faut préciser que cette perméabilité ne vise pas à porter ombrage ou faire disparaître les cours de cassation et cours suprêmes nationales dont l'utilité demeurera toujours.

587. La réfutation des arguments permet de retenir en premier lieu, que même si une conception extensive du droit des affaires est celle retenue par l'OHADA, cette dernière rencontre des impondérables qui limitent l'œuvre d'uniformisation et permettent de ne pas craindre de dérives législatives. En aucun cas, il n'y a de risque que tout le droit soit harmonisé comme certains auteurs ont pu conclure. Aussi doit-on retenir en second lieu, que c'est le droit des activités économiques qui fait partie du champ d'application de l'OHADA et que le droit de la preuve devrait être harmonisé. Il faudra donc élaborer un droit commun de la preuve tant civile que commerciale qui sonnerait le glas de cette opposition dépassée entre droit civil et droit commercial.

B- L'abandon de la distinction droit commercial/droit civil

588. La distinction droit commercial/droit civil[637] utile dans le passé est actuellement galvaudée et justifie la conception extensive

[635] Il faut rappeler que l'OHADA a défini les incriminations pénales non suivies d'harmonisation des sanctions qui sont laissées au soin des législateurs internes. Lire, R. ADAMOU, « Le droit pénal des sociétés commerciales. Droit pénal des affaires du Niger : une construction duale entre droit pénal uniforme et législation nationale », disponible sur www.ohada.com, référence D-05-30.

[636] Voir les critiques de l'AAHJF qui ont fait l'objet d'une excellente mise en contexte par le Pr SOSSA Dorothé : « Le champ d'application de l'avant-projet d'Acte uniforme OHADA sur le droit des contrats : contrats en général / contrats commerciaux / contrats de consommation », *op. cit.* p. 348.

[637] L'utilité de cette distinction allait de paire avec la *summa divisio* notamment la distinction droit public/droit privé qui est remise en cause de nos jours. V. Horatia MUIR-WATT,

du droit des affaires préconisée par l'OHADA. Pour certains auteurs[638], cette réalité découlerait du fait que le droit commercial est utilement et fonctionnellement sorti de son domaine d'exception pour empiéter sur des espaces réservés jusque-là au droit civil. « *Il est permis de penser que le droit commercial se meurt, sinon qu'il est mort ou qu'il doit fatalement mourir …* »[639]. Pour Michel Cabrillac, le droit commercial, combiné à certains aspects du droit civil, n'a fait que se muer en droit des affaires ou en droit de l'entreprise selon les circonstances et les domaines concernés. Sur ce point, les professeurs Pougoué et Kalieu Elongo admettent bien volontiers l'abandon progressif de la distinction classique droit civil/droit commercial dans le droit OHADA[640].

589. Les finalités différentes relevées entre ces deux domaines du droit ne sont plus d'actualité. On ne s'en rend pas toujours compte parce que l'être humain est par essence conservateur et le juriste n'accepte de modifier ses modes opératoires que par nécessité[641]. On retenait par le passé des exigences de simplicité et de rapidité s'appliquant au droit commercial et non au droit civil. *« Il subsiste des différences remarquables entre le droit civil et le droit des affaires; en particulier les règles du droit commercial répondent à des besoins de rapidité, de crédit et de sécurité propres au commerce, ainsi qu'à des considérations particulièrement importantes de confiance et de bonne foi »*[642].

590. M. Karel Dogue montre comment l'abandon de cette distinction se constate dans le processus d'uniformisation de l'OHADA et s'explique par un certain nombre de raisons spécifiques. Il reprendra à contre-courant certains arguments de M. Étoundi tout en tirant

---

« Droit public et droit privé dans les rapports internationaux (vers la publicisation des conflits de lois), A.P.D., n° 41, 1997, p. 207.

[638] J. DIFFO TCHUNKAM, « La distinction droit civil - droit commercial à l'épreuve de l'OHADA : une prospective de droit matériel uniforme », Revue de droit uniforme, numéro spécial, vol. XIV, 2009, p. 57 et s. Disponible sur www.ohada.com, référence Ohadata D-10-25.

[639] Michel CABRILLAC, « Vers la disparition du droit commercial? », dans *Jean Foyer, auteur et législateur. Leges tulit, jura docuit,* Écrits en hommage à Jean Foyer, PUF, 1997, p. 329.

[640] P. G. POUGOUÉ, *Encyclopédie du droit OHADA,* p. 1210 à 1214; P.G. POUGOUÉ et Y.-R. KALIEU ELONGO, *Op. cit.*

[641] Norbert ROULAND, *L'anthropologie juridique,* Que sais-je?, Paris, 1996, p. 68 – 93 citée par K. DOGUE, *thèse précitée.*

[642] F. ONANA ÉTOUNDI, « Les Principes d'UNIDROIT et la sécurité juridique des transactions commerciales dans l'Avant-projet d'Acte uniforme OHADA sur le droit des contrats », Rev. dr. unif./Unif. Law Rev. 2005, n° 4, p. 683 et s., spéc. p. 711.

exemple des domaines transversaux[643] du droit des affaires que l'OHADA a codifiés sans ambages ni difficultés majeures.

591. Le premier exemple de ce dépassement se retrouve en droit OHADA des sûretés. Lorsqu'on suit l'évolution de la distinction en droit français, on se rend compte qu'elle a conduit à distinguer entre sûretés de droit civil (cautionnements civils) et sûretés de droit commercial (cautionnements commerciaux), toutes les deux restant régies par des règles du Code civil français[644]. Par contre en droit OHADA, le législateur a retenu une seule définition du cautionnement à l'article 3 de l'Acte uniforme portant organisation des sûretés. Il y a donc de la part du législateur africain une ignorance délibérée des implications d'une distinction encore chère au droit français des sûretés. Au-delà de la définition du cautionnement, cette ignorance délibérée s'étend aussi aux modalités de certaines sûretés personnelles en droit OHADA. C'est le cas de la présomption de solidarité jusque-là limitée à la caution de type commercial et qui concerne aussi la caution de type civil : le cautionnement est réputé solidaire pour toutes les parties sauf mention contraire expresse par la loi de l'État partie[645]. Yvette Kalieu Elongo donnera l'exemple des règles relatives à la mention manuscrite, construites pour protéger les cautions de type civil mais qui se distinguent à la fois des règles de preuve civiles et des règles de liberté de preuve en matière commerciale. Si la distinction droit civil/ droit commercial est bien ignorée en matière de sûretés personnelles, le constat est quasiment le même en matière de sûretés réelles puisqu'en droit OHADA - contrairement au droit français[646] - le gage est également unique dans sa définition et dans ses modalités d'application[647].

---

[643] Ces exemples en substance sont tirés de l'ouvrage de Paul-Gérard POUGOUÉ et Yvette-Rachel KALIEU ELONGO, *ibid.*, p. 135 - 140.

[644] Pour une comparaison du droit français des sûretés et de l'AUPOS, V. M. GRIMALDI, « L'Acte uniforme portant organisation des sûretés », *LPA*, Numéro spécial du 13 oct. 2004, n° 205, p. 30.

[645] Art. 10 AUS.

[646] V. J-C. JAMES, « L'OHADA et la construction d'un espace juridique francophone », dans Xavier HENRY (Dir.), *Des contrats civils et commerciaux aux contrats de consommation. Mélanges en l'honneur du Doyen Bernard GROSS*, p. 555 et s., spéc. p. 565 - 567 et 568.

[647] Article 93 AUS pour une définition du gage qui ne distingue pas entre gage civil et gage commercial. Article 94 et s. AUS pour les modalités du gage.

592. Le deuxième exemple du dépassement de la distinction entre droit civil et droit commercial est tiré de l'harmonisation du droit de l'arbitrage dans l'espace OHADA. En effet, l'arbitrage OHADA couvre tous types d'arbitrages sans considération de leur caractère civil ou commercial. Le seul critère considéré par l'article 1er de l'Acte uniforme relatif au droit de l'arbitrage est le lieu de situation du siège du tribunal qui doit être dans l'un des États parties. Cette disposition ôte toute prétention à une quelconque considération de cette distinction dans l'espace OHADA en matière d'arbitrage.

593. Un troisième exemple vient de l'élargissement législatif des fonctions du Registre du Commerce et du Crédit Mobilier de l'OHADA (RCCM[648]). Il y a plus de cinquante ans, les commercialistes considéraient en France le registre du commerce comme un attribut caractéristique de la profession commerciale sans que les membres de professions libérales, les agriculteurs, etc. ne puissent s'y immatriculer. La distinction d'antan se trouve battue en brèche par le fait que de nos jours, l'inscription d'un acteur ou d'une opération économique au registre du commerce ne permet pas de préjuger de la qualité de commerçant ou de la commercialité de l'acte. Le RCCM de l'OHADA est désacralisé et devient ainsi un instrument institutionnel caractéristique de l'abandon de la distinction autrefois chère au droit. Ainsi, le RCCM est actuellement un registre des opérateurs et des opérations économiques sans considération de l'appartenance à une profession commerciale, libérale ou autres[649].

594. Enfin, un quatrième et dernier exemple peut être perçu à travers la nouvelle conception du « bail à usage professionnel »[650] retenue par l'OHADA. Pour prétendre être bénéficiaire d'un bail commercial, le contractant ne doit plus seulement avoir la qualité de commerçant; il peut simplement être un industriel, un artisan, un membre d'une profession libérale ou n'importe quel professionnel. L'extension vise ainsi à inclure dans cette catégorie de bénéficiaires, les personnes civiles qui exercent une profession à la condition qu'elles

---

[648] C'est l'article 35 de l'AUDCG révisé qui prévoit l'objet du RCCM. De façon générale, le RCCM est régi par les articles 34 à 43 de l'AUDCG. Les articles 79 et s. traitent de son informatisation.

[649] Mamadou KONÉ, *Le nouveau droit commercial des pays de la zone OHADA*, Bibliothèque de droit privé, t. 406, L.G.D.J. 2003, n° 353 et s. cité par P-G POUGOUÉ et Y-R. KALIEU ELONGO, *ibid.*, p. 139.

[650] C'est la dénomination retenue actuellement par le nouvel Acte uniforme sur le droit commercial général. V. Livre 6, Titre 1, Art. 101.

remplissent les autres exigences de formation du bail à usage professionnel[651].

595. Au Sénégal, depuis la réforme du Code des obligations civiles et commerciales, la question fut abordée de savoir s'il fallait distinguer les contrats civils de ceux commerciaux. La solution fut plutôt simple à trouver en droit sénégalais[652]. En effet, les règles de procédure civile et commerciale n'avaient jamais distingué entre celles applicables aux contrats civils et celles applicables aux prestations commerciales. A l'origine, cette dichotomie provient en France du besoin d'édicter des règles différentes et spéciales en fonction de classes sociales distinguant entre les marchands fortunés et lettrés et le peuple illettré et plébéien. Aussi, la séparation des tribunaux en juridictions civiles et juridictions commerciales - en vigueur en France à l'époque - n'avait jamais été mise en œuvre au Sénégal. Sur un plan plus substantiel de droit sénégalais, tous ces acteurs de droit civil ou de droit commercial concourent à une même économie de marché - essentiellement agricole et semi-industrielle - et la distinction n'apportait rien de fondamentalement important à retenir.

596. En conclusion, on n'assiste plus à un simple dépassement de la distinction droit civil/droit commercial mais à son abandon[653] pur et simple en droit OHADA. Ceci conforte l'idée selon laquelle il est non seulement nécessaire d'harmoniser le droit de la preuve mais surtout d'ériger un droit commun de la preuve qui prévoit des règles à la fois pour les contrats civils et commerciaux. Étendre le droit de la preuve aux contrats civils et commerciaux s'impose au regard de l'évolution du droit OHADA.

---

[651] Art. 103 et s. AUDCG

[652] Le droit sénégalais a réglé la question en retenant à l'article 2 du Code des obligations civiles et commerciales que : « Sauf disposition contraire, la partie générale du présent Code s'applique sans distinction aux obligations civiles et commerciales. Les diverses catégories de contrats sont soumises de plus aux règles particulières du titre consacré aux contrats spéciaux. […] ».

[653] P-G POUGOUÉ et Y-R KALIEU ELONGO, *id.*, retiennent un abandon progressif de la distinction suivi de l'émergence d'une nouvelle distinction entre droit des professionnels et droit des non-professionnels. V. K. DOGUE, *thèse précitée*

Section II. L'harmonisation conjointe du droit de la preuve

597. On pourrait comprendre la réticence à harmoniser séparément le droit de la preuve autonome, en rappelant que le droit de la preuve est déterminé par son histoire et en remplaçant les règles dans leur contexte.

598. Dès lors, on est amené à rechercher une harmonisation conjointe avec le droit des contrats (A), avant de s'interroger sur une harmonisation dans le cadre du droit des obligations (B).

Paragraphe 1. L'harmonisation avec le droit des contrats

599. C'est l'OHADA[654] qui a retenu le principe même de l'harmonisation conjointe du droit des contrats et de la preuve ; mais on se retrouve en face d'une question de choix entre un droit commun des contrats (A) ou une réglementation commune de certains contrats spéciaux (B).

A- Le droit commun des contrats

600. L'avant-projet d'Acte uniforme sur le droit des contrats rédigé par Marcel Fontaine sur la base des Principes d'Unidroit relatifs aux contrats du commerce international, n'a pas réglé la question de la preuve. Le paragraphe second de l'article 1/3 renvoie aux textes en vigueur dans ce domaine dans les États concernés dans l'attente des dispositions projetées sur le droit de la preuve, à cause de la décision prise par le Conseil des ministres réuni à Niamey en 2007 de fusionner le Projet d'Acte uniforme sur le droit des contrats et le Projet d'Acte uniforme relatif au droit de la preuve qui avait été initialement envisagé comme distinct.

601. Le Professeur Pougoue[655] estime inapproprié de vouloir harmoniser le droit des contrats en s'inspirant des PU à cause de leur vocation internationale et leur neutralité culturelle juridiquement

[654] A sa réunion tenue à Niamey au Niger les 26 et 27 juillet 2007, le Conseil des Ministres de l'OHADA a décidé que le droit de la preuve soit uniformisé avec le droit des contrats, fusionnant ainsi les Projets d'Actes uniformes relatifs au droit des contrats et au droit de la preuve.

[655] P. G. POUGOUE, « L'Avant-projet d'Acte uniforme OHADA sur le droit des contrats : les tribulations d'un universitaire », spécifiquement p. 6 et 7, disponible sur www.ohada.com, référence D-07-41

parlant. En effet, l'Avant-projet Fontaine ne couvre pas toutes les matières relevant de la théorie générale des contrats à cause de la restriction du domaine de l'Acte uniforme aux seules obligations contractuelles et à quelques matières de la théorie générale des obligations. Pour un Acte uniforme qui se veut à vocation générale, il aurait été logique d'étendre la réforme à la théorie générale des obligations.

602. La critique[656] va plus loin encore pour soutenir que, même si l'on devait se cantonner aux contrats, l'avant-projet serait tout aussi irrecevable. A cet égard, plusieurs raisons ont été articulées. D'abord, il a été soutenu que dans le système de l'OHADA, on doit s'en tenir à une conception stricte du droit des affaires. Ensuite, une théorie générale des contrats commerciaux n'a aucun sens parce qu'il s'agit de recenser des actes économiques spécifiques dont le régime juridique sera uniformisé.

603. Pour comprendre cette réfraction du droit des contrats à l'uniformisation, il est important de se rappeler que tout projet d'intégration est d'abord une entreprise incertaine. Déjà avant l'adoption du Code civil de 1804, Portalis le soulignait en ces termes : « *Comment donner les mêmes lois à des hommes qui, quoique soumis au même gouvernement, ne vivaient pas sous le même climat, et avaient des habitudes si différentes ? Comment extirper des coutumes auxquelles on était attaché comme à des privilèges ?* »[657]. En outre, le domaine à intégrer est trop empreint de tradition comme le droit des contrats. La cause fondamentale de la difficulté est que les initiateurs sont enclins à traiter indistinctement les deux catégories de contrats : contrats d'affaires et contrats de droit commun. Or, si l'intégration des premiers se défendait aisément, il n'en va pas de même pour les seconds, le droit commun des contrats se prêtant plus difficilement à l'uniformisation. En effet, l'uniformisation[658] impose que le futur Acte

---

[656] F. ONANA ÉTOUNDI, « Les principes d'UNIDROIT et la sécurité juridique des transactions commerciales dans l'avant-projet d'Acte uniforme OHADA sur le droit des contrats », Unif. L. Rev. / Rev. dr. unif. 2005, n° 4, p. 692 et s. Egalement M. NGOM, « Propos impertinents sur l'unification du droit général des contrats », Janvier 2011, disponible sur www.acicol.com, dernière consultation le 15 août 2012.

[657] Portalis, *Discours préliminaire du premier projet de Code civil*, Page 14.

[658] Lire R. NEMEDEU, « OHADA : de l'harmonisation à l'unification du droit des affaires en Afrique »,
Intervention au CRDP (faculté de droit de Nancy), 19 janvier 2005.

uniforme une fois adopté devienne le droit commun national des contrats, qu'il s'agisse de contrats civils ou des contrats commerciaux.

604. Par ailleurs, l'avant-projet est assez éloigné du domaine général d'uniformisation du Traité de l'OHADA. Il va de soi que l'arbitrage, les sûretés, le recouvrement des créances et les voies d'exécution ne relevant pas directement du droit des affaires, les articles 1er et 2 du Traité postulent que l'uniformisation de telles matières soit limitée aux stricts besoins d'un environnement juridique suffisamment fiable pour les entreprises. C'est pourquoi une incursion dans le droit civil doit être faite avec plus de circonspection que pour le droit des affaires proprement dit. Ainsi, les procédures de recouvrement ont été limitées aux injonctions de payer ou de délivrer une chose, les sûretés ont été revalorisées comme garanties de paiement pour encourager le crédit dans l'activité commerciale. Or le contrat civil, acte juridique le plus répandu, n'implique pas une relation directe ou immédiate avec ce droit des activités économiques de l'OHADA.

605. « *L'OHADA n'a de sens que si l'on a une conception stricte du droit des affaires* »[659]. Assurément, l'objectif recherché par les pères fondateurs de l'OHADA n'était pas un abandon général de la souveraineté législative et judiciaire des États parties. De ce point de vue, l'uniformisation des matières relevant du droit économique et l'abandon de la souveraineté législative et judiciaire devraient inviter à une interprétation prudente et mesurée du domaine du droit des affaires défini par le Traité OHADA.

606. Au-delà des critiques articulées contre le contenu de l'avant-projet, les questions relatives aux questions de compétence juridictionnelle et au sort de l'héritage civiliste ont tôt fait de paralyser l'avant-projet Fontaine.

B- Le droit des contrats spéciaux

607. Les contrats spéciaux du droit OHADA sont les différents contrats faisant déjà partie de l'ordonnancement juridique OHADA. Pour la plupart, ils ont fait l'objet d'une harmonisation partielle à l'occasion de l'élaboration d'un des neuf (09) Actes uniformes actuellement en vigueur. Il s'agit du contrat de vente commerciale, du contrat de location gérance du fonds de commerce, du contrat de cession du fonds de commerce, du contrat de bail commercial

---

[659] P. G. POUGOUE, *art. préc.*, p. 7

ou à usage professionnel, du contrat de société commerciale, du contrat de société coopérative, du contrat de transport de marchandises par route, du contrat d'intermédiaire de commerce, et du contrat de sureté conventionnelle.

608. « *Le droit spécial des contrats a simplement le vent en poupe puisque en priorité, la théorie générale des obligations a été rejetée de facto des axes à harmoniser* »[660]. Diverses pistes ont été alors proposées pour relancer le projet d'uniformisation du droit des contrats[661]. Dans un cas, la réflexion avait porté sur l'élaboration d'un droit des contrats spéciaux. Dans l'autre, l'accent a été mis sur la construction d'un droit commun des contrats d'affaires. La difficulté réelle demeurant la délimitation du contenu d'un Acte uniforme sur le droit des contrats.

609. A la faveur d'un colloque consacré à l'harmonisation du droit des contrats en Afrique, certains auteurs ont, par une démarche inductive et à partir des Actes uniformes existants, proposé la trame d'un droit commun de la preuve qui n'aurait pas à chercher sa source d'inspiration ailleurs que dans l'arsenal normatif existant de l'OHADA. Le doyen Modi Koko Bebey a demandé de poursuivre une voie originale, en tentant d'esquisser ce qui pourrait être un droit commun des contrats et de la preuve à partir des actes uniformes[662]. Pour en traiter, le professeur Pierre Emmanuel Audit, distingue quatre questions : celle de la charge de la preuve, celle de l'admissibilité de la preuve, celle des modes de preuves et enfin celle des conventions sur la preuve. On trouve dans les Actes uniformes plusieurs dispositions intéressant le thème de la preuve; mais il y a également des lacunes à combler.

610. Pour sa part, le Conseil des Ministres de l'OHADA au cours de sa réunion tenue à Cotonou en juin 2012 a décidé d'abandonner l'idée d'une théorie générale des contrats en droit OHADA, au profit de l'harmonisation des contrats spéciaux que sont

---

[660] F. ONANA ETOUNDI, « Les linéaments d'une théorie générale des obligations nées des contrats commerciaux du droit OHADA », in *L'Obligation. Etudes offertes au Professeur Paul Gérard Pougoué*, Editions Harmattan Cameroun, 2015, p. 768.

[661] Des colloques ont été organisés notamment à Libreville en 2011 par l'ERSUMA, et à l'Université de Dschang en juin 2015 par le Diplôme Inter Universitaire (DIU) Juriste OHADA Paris 2 - Paris 13.

[662] Pour les Actes du Colloque, *Petites Affiches N° 192 du 25 septembre 2015.* Voir notamment la communication du professeur Pierre Emmanuel Audit.

l'affacturage, le crédit-bail, la franchise, la sous-traitance et les contrats de partenariat public-privé, etc. qui font actuellement l'objet d'étude[663].

611. Le professeur Éric Savaux affirmait que « *le progrès ne peut venir d'un éclatement du droit des contrats* »[664]. Un droit commun des contrats semble donc plus qu'opportun et pertinent pour l'harmonisation du droit de la preuve. A la lumière de la thèse de M. Karel Dogue[665], la démonstration de cette nécessité commencera par des développements sur l'inexistence d'une théorie générale des contrats commerciaux. Elle finira sur les risques énormes encourus en suivant l'idée d'une harmonisation des contrats spéciaux dans l'espace OHADA.

612. Il convient d'abord de rappeller qu'il n'existe qu'une seule théorie générale des contrats partout au monde; que quinze (15) des dix-sept (17) pays membres actuels de l'OHADA ont tous un Code civil régissant tant les contrats civils que ceux commerciaux; que les deux autres États membres (Sénégal et Mali) ayant réformé leur droit des obligations, ont codifié un droit des obligations tant civiles que commerciales. On rappellera ensuite que dans la loi chinoise sur les contrats[666], dans le code civil néerlandais[667] et dans le Code civil du Québec[668], la distinction entre actes commerciaux et actes civils n'est pas retenue ; or il s'agit des codifications mondiales les plus récentes en matière de droit des contrats.

613. En réalité, une réglementation des contrats spéciaux aura en Afrique de nombreux effets pervers[669]. Alors que l'on déplore la

---

663. V. pour des détails, http://www.ohada.com/content/newsletters/1770/termes-de-references.pdf

664 É. SAVAUX, *La théorie générale du contrat, mythe ou réalité?* Préf., J-L AUBERT, L.G.D.J., Paris, 1997, n° 139, p. 97

665 K. DOGUE, *thèse précitée*

666 Cette loi fut adoptée le 15 mars 1999 et prévoit une partie générale du droit des contrats ou droit commun chinois des contrats.

667 Le droit commun des contrats néerlandais est codifié dans le Livre VI du Code civil néerlandais entré en vigueur le 1er janvier 1992.

668 Voir l'article 1525 C.c.Q. alinéa 2 par exemple qui qualifie d'exploitation d'entreprise, l'exercice d'une activité économique qu'elle soit ou non à caractère commercial. « Constitue l'exploitation d'une entreprise, l'exercice par une ou plusieurs personnes, d'une activité économique organisée, qu'elle soit ou non à caractère commercial, [...] ».

669 Ph. MALAURIE, « L'effet pervers des lois », dans *Droit civil, procédure, légistique juridique », Écrits en l'honneur de Gérard CORNU,* PUF, Paris, 1994, p. 309 et s. cité par K. DOGUE, *thèse précitée*

vétusté du corpus contractuel des États de l'OHADA, il semble mal pensé de moderniser un pan spécial de ce droit contractuel, qui continuerait à cohabiter avec des règles générales lesquelles resteraient incorporées dans les vieux codes civils de ces États. La question connexe du partage des compétences avec la CCJA s'en trouverait du coup encore plus complexifiée; et démêler ces compétences partagées serait un casse-tête juridique parce que les conflits de juridictions seraient exacerbés. Même si théoriquement on arrivait à clarifier les différentes compétences, sur un plan pratique, les juges nationaux comme communautaires et encore plus les justiciables seraient indubitablement perdus dans l'*imbroglio juridique* qui serait ainsi créé.

614. L'existence de plus de trois droits des contrats dans l'espace OHADA serait justement la source d'un embrouillamini, selon M. Dogue, ce qui conduira à long terme à une perte de cohérence du corpus juridique contractuel de l'OHADA. On aurait en même temps dans l'espace OHADA : à travers les vétustes codes civils nationaux, une théorie générale des obligations ou droit commun des contrats civils avec quelques règles spéciales sur certains types de contrats commerciaux ; dans l'AUDC, un droit commun des contrats et un droit spécial des contrats commerciaux. À ces quatre sous-catégories juridiques s'ajouteraient le droit de la consommation avec son lot de distinction[670] oscillant notamment entre contrats de consommation et contrats mixtes. Une épineuse question hormis celle des conflits de textes et de compétence serait alors celle des modes de preuves admissibles légalement.

615. Un droit commun général contribue non seulement à un toilettage complet de la codification civile des États membres de l'OHADA, mais il clarifie et simplifie aussi cette dernière au regard des options offertes. Un droit des contrats trop technique ne pourra que créer une ineffectivité sur le terrain ou une applicabilité réduite aux élites commerçantes au détriment de la majorité qui opèrent dans le commerce informel. Un droit technique des contrats viendrait donc en rupture avec le mouvement harmonieux vers un abandon de la distinction droit civil/droit commercial pour une réglementation du

[670] V. Th. BOURGOIGNIE, Note explicative sur le texte de l'Avant-projet d'Acte uniforme OHADA sur le contrat de consommation, *Journal africain de droit des affaires*, n° spécial 2013, « L'arbitre, l'avocat et les entreprises face au droit OHADA » citée par K. DOGUE, *thèse précitée*.

droit des activités économiques[671]. La théorie générale est toujours aussi indispensable. Certes avec l'évolution de la codification[672], il est permis d'affirmer que le droit commun perd de sa vitalité, de sa force persuasive et contraignante. Cette altération de la théorie générale décrite par la doctrine[673], n'en signifie pas pour autant sa disparition.

616. Eviter « *les approches trop globalisantes qui participent à la fois de la théorie générale et du droit spécial de type droit des contrats ou droit de la preuve* » ! C'est en ces termes que la réunion de forces vives de l'OHADA tenu à Douala en 2007 a sonné le glas du projet Fontaine. A la suite de cette réunion des forces vives de l'OHADA, le Conseil des ministres subséquent et celui tenu à Bissau en juin 2011 ont officiellement demandé au Secrétaire Permanent de faire entreprendre des études en vue de l'harmonisation des contrats spécifiques d'affaires[674]. A la base de cette vindicte juridique, les Cours suprêmes nationales qui voyaient dans le caractère transversal du droit des contrats une perte majeure de compétence. De la conclusion de M. Dogue[675], c'est donc sur l'autel *à minima* de considérations d'organisations judiciaires, et *à maxima* de querelles politiques, que la question technique de l'harmonisation du droit des contrats et de la preuve a été sacrifiée.

617. L'imbroglio juridique instauré dans l'espace européen par la multiplication et la diversité des directives régissant des contrats particuliers (Directives sur les contrats de vente à distance ; Directives sur le contrat de voyage…etc.) est tel qu'il ne peut qu'être recommandé la prudence afin que l'OHADA ne s'engouffre point dans un tel sens. L'acquis communautaire est venu pour essayer de donner un sens à tout

---

[671] J. DIFFO TCHUNKAM, « La distinction droit civil - droit commercial à l'épreuve de l'OHADA : une prospective de droit matériel uniforme », Revue de droit uniforme, Vol. XIV/2009, p. 57 et s.La même auteure affirme que « le maintien de cette distinction du droit civil et du droit commercial paraît difficilement conciliable avec les orientations de politique législative de l'OHADA ».

[672] R. CABRILLAC, *Les codifications*, Paris, PUF, 2002, 310 p.; B. BEIGNIER (Dir.), *La* codification, Paris, Dalloz, 1995, « Avant-propos », p. 3 ou encore La *codification : hier et aujourd'hui.* 1ère édition des journées Maximilien Caron, Université de Montréal, 1990, 38 p.

[673] E. GAUDEMET, *Théorie générale des obligations, op. cit.*, 1965, p. 10 et s. ; L. CADIET, « Interrogations sur le droit contemporain des contrats, *art. préc.*, n° 29, p. 27.;,

[674] Le crédit-bail, l'affacturage, la sous-traitance, la concession commerciale, la franchise, la distribution, le leasing, les contrats de public des affaires ou droit public économique tels que le Built, Operate and Transfer (BOT), les Partenariats Publics Privés, etc.

[675] K. DOGUE, *thèse précitée*,

ce méli-mélo juridique de contrats spécifiques objets de réglementations éparses difficiles à démêler et synonyme d'insécurité juridique.

618. Il semble par ailleurs intéressant de s'interroger sur une harmonisation dans le cadre du droit des obligations.

Paragraphe 2. L'harmonisation avec le droit des obligations

619. Dans une récente publication, le Professeur Dorothé Sossa[676] affirmait que « *d'un point de vue méthodologique, l'unification du droit de certains contrats spéciaux serait sans doute plus achevée si elle était assise sur un droit général des obligations contractuelles lui-même harmonisé* ». Le Secrétaire Permanent de l'OHADA défend ici une harmonisation préalable du droit des obligations contractuelles avant l'harmonisation des contrats spéciaux.

620. L'analyse suggère d'investir la réflexion sur le droit de la preuve à la lumière de la réforme du droit des obligations en France (B), et le projet de réforme du droit des obligations dans l'espace OHADA (A).

A – Le projet de réforme du droit des obligations dans l'espace OHADA

621. Pour revenir à l'objet de l'étude, l'harmonisation du droit de la preuve apparait nécessaire comme faisant partie du droit général des obligations. C'est finalement le choix du Conseil des Ministres, en sa position institutionnelle de législateur, qui envisagea dans un premier temps un projet de droit de la preuve, puis demanda un projet de droit des contrats et de la preuve, pour évoluer ensuite vers un projet de droit des obligations[677].

622. La Fondation pour le droit continental, avec l'assentiment du secrétariat permanent de l'Organisation pour l'harmonisation en Afrique du droit des affaires (OHADA), a confié à trois professeurs (J. Issa-Sayegh, P. G. Pougoue et F. M. Sawadogo) la mission de concevoir un projet de texte en matière d'obligations, de preuve et de prescription, laquelle a abouti par la remise d'un « projet

[676] D .C. SOSSA, V. *JCP G 2016, doctr. 101, Action du mois.*
[677] *Rap. préc,* p. 4

de texte uniforme portant droit général des obligations dans l'espace OHADA » en novembre 2015.

623. C'est initialement dans le cadre de l'OHADA que la réflexion a été menée. Le rapport de présentation du projet renvoie à la session de Niamey du conseil des ministres de l'OHADA (2007) qui avait relancé la réflexion sur l'élaboration d'un texte relatif au droit du contrat et de la preuve, en raison de l'absence de suites données à l'avant-projet d'acte uniforme sur le droit des contrats de M. Fontaine en 2006. D'ailleurs, le projet a été élaboré avec « l'assentiment » du secrétariat permanent et il a vocation à s'appliquer dans « l'espace OHADA ».

624. Le projet de texte uniforme aborde le droit des obligations au sens le plus large qui soit. Il traite d'abord des sources de l'obligation (titre II) : contrats, quasi-contrats, délits et quasi-délits. Il envisage ensuite le régime de l'obligation (titre III) : les modalités de l'obligation, la cession des obligations, le droit à exécution, l'extinction des obligations, la prescription et la preuve des obligations. Il comprend, enfin, des dispositions relatives aux conflits de lois en matière d'obligations (titre IV).

625. Ainsi, les questions abordées par le projet de texte uniforme dépassent largement le domaine du droit des affaires[678]. Les rédacteurs en ont eu conscience : « *le projet débordant très largement le domaine strict du droit des affaires pour cerner la vie juridique quotidienne, il y aurait alors quasiment un abandon général de souveraineté législative et judiciaire sur tout le droit des obligations, de la preuve et de la prescription, difficilement acceptable par tous les États membres de l'OHADA* »[679]. Autrement dit, ce projet n'est pas, à strictement parler, du droit OHADA. Il reste à savoir ce qu'il deviendra.

626. Le juriste français pur laine ne sera pas dépaysé par ce droit des contrats, qui présente de grandes similitudes avec celui retenu par la très récente ordonnance n° 2016-131 du 10 février 2016 portant réforme du droit des contrats, du régime général et de la preuve des obligations. C'est ainsi que l'on retrouve dans le projet de texte uniforme des notions qui leur sont familières : la promesse unilatérale, le pacte

---

[678] Par exemple, l'art. 288 relatif aux responsabilités des parents du fait de leurs enfants.

[679] P-G POUGOUE, M. SAWADOGO, I. SAYEGH, « Rapport de présentation du Projet de texte uniforme portant droit général des obligations dans l'espace OHADA » p.7. Disponible sur www.fondation-droitcontinental.org

de préférence, la violence économique, l'exécution en nature, l'anéantissement ou la révision pour imprévision, la sanction des clauses abusives, etc. On y croise même l'« objet » et la « cause », pour les nostalgiques.

627. Le Projet OHADA portant droit général des obligations opère une réforme importante de la preuve des obligations. On notera dès l'abord que la preuve du paiement est traitée à part. Le chapitre VI du titre III issu du projet ne fait plus référence à la preuve du paiement. Cela est justifié par le double choix de consacrer un texte spécifique à cette question (art. 450 à 452 du projet) et de l'insérer dans la section relative au paiement. Sans prendre parti sur la qualification du paiement, le projet fait le choix de la liberté de preuve pour le paiement. Cette solution est satisfaisante : elle permet de prendre en considération la pratique très répandue du virement, dans laquelle aucun écrit n'émane du créancier. Cette liberté de preuve a d'ailleurs été affirmée par la réforme française du droit de la preuve. En revanche, c'est dans un même chapitre qu'est traitée la preuve de l'existence et de l'extinction des obligations « *afin d'éviter l'inconvénient du Code civil (peu gênant sur le plan pratique mais certainement sur le plan de la présentation) de renvoyer aux dispositions de la preuve de l'existence des obligations pour faire celle de leur extinction* », selon les rédacteurs[680]. Toutefois, les conditions de validité, les effets et les conditions de recevabilité des instruments probatoires ne sont toujours pas clairement distingués. Les renvois au Code de procédure civile sont inexistants. L'aveu et le serment ont fait l'objet d'un traitement apparemment brouillon. Par endroits, les auteurs discutent du 21ème en empruntant le langage du 19ème siècle[681].

628. S'il faut oser une comparaison, le projet de texte africain est moins audacieux que le texte français. Dans la réforme française, un nouveau titre IV *bis* est composé de trois chapitres consacrés aux dispositions générales en la matière, à l'admissibilité des modes de preuve, et aux différents modes de preuve. Le plan adopté est foncièrement différent de celui suivi par le Code civil. Le plan de ce nouveau titre reflète exactement les termes de l'habilitation donnée, et propose une présentation claire des grandes questions relatives à la preuve, en s'attachant d'abord à poser des dispositions générales constituant une théorie générale du droit de la preuve, avant de

---

680 *Rap. préc.* p. 23

681 « Acte sous seing privé » au lieu de « Acte sous signature privée »

présenter ensuite les conditions d'admissibilité des modes de preuve, et de détailler enfin ces différents modes de preuve.

B – Le projet de réforme du droit des obligations en France

629. S'agissant des objectifs de la réforme française, le rapport de présentation du Premier ministre M. Valls et du Garde des sceaux Mme Taubira est édifiant :

> « *Le style du code civil, dont l'élégance n'est pas contestable, n'est toutefois plus facilement compréhensible pour l'ensemble des citoyens, et certaines formulations sont aujourd'hui désuètes. L'ordonnance rend ces dispositions plus accessibles, par l'usage d'un vocabulaire contemporain, et des formulations plus simples, plus explicites, tout en conservant la concision et la précision qui caractérisent le code civil. Ensuite, l'ordonnance propose de simplifier le plan du livre III du code civil en adoptant un plan plus pédagogique. Le plan actuel, qui repose notamment sur des distinctions depuis discutées, doit être entièrement repensé et restructuré aux fins de conférer à chaque texte un champ d'application bien déterminé et d'en renforcer la clarté. L'ordonnance fait ainsi le choix de modifier les titres III à IV bis du livre III, pour les consacrer respectivement aux différentes sources d'obligations, au régime général des obligations, et à la preuve des obligations. Chacun de ces titres est également restructuré, l'exposé du droit commun des contrats suivant par exemple un plan chronologique, de la formation du contrat jusqu'à sa fin* »[682].

630. De façon spécifique, la réforme française circonscrit mieux que par le passé le champ des règles sur la preuve. Plusieurs ensembles de dispositions sans rapport direct avec la preuve ont été déplacés[683]. Il faut approuver ces mouvements car les dispositions en question n'étaient pas des règles de preuve mais des règles de forme au sens large. Ces déplacements sont également pleinement justifiés. Les articles 1339 et 1340 anciens sont fusionnés et déplacés à l'article 931-1 (art. 5 5°, ord. n° 2016-131). L'article 931-1 reprend les dispositions

---

682 Rap. préc., p. 2

683 Les articles 1321 et 1321-1 anciens relatifs à la simulation sont modifiés et déplacés aux articles 1201 et 1202. L'article 1338 ancien relatif à la confirmation est modifié et déplacé à l'article 1182.

des articles 1339 et 1340 anciens, en modernisant la rédaction mais sans changement de fond. Les rédacteurs procèdent utilement à un toilettage formel des textes et à une remise en ordre des différents modes de preuve.

631. Aussi, peut-on souligner l'effort concernant le plan dans la réforme française. Alors que, dans l'actuel code civil, le chapitre consacré à la preuve égrène différentes sections toutes consacrées à un mode de preuve particulier, à la suite de l'ordonnance, le plan fait précéder le chapitre sur les « modes de preuve » par deux chapitres consacrés respectivement aux «dispositions générales» et à «l'admissibilité des modes de preuve» qui n'apparaissent pas formellement dans le code civil actuel. De même, le chapitre III est introduit par des dispositions générales où sont reprises les règles communes aux deux preuves littérales, l'acte authentique et l'acte sous seing privé. Un peu d'ordre en résulte.

632. Par ailleurs, certains textes qui s'étaient avérés inutiles ont disparu[684], d'autres, incontestablement hors sujet, ont été déplacés[685], d'autres encore ont bénéficié d'une modernisation de leur rédaction, comme l'article 1354 sur les présomptions légales : le texte gagne en cohérence puisqu'il ne fait plus référence qu'à ces seules présomptions alors que l'actuel article 1349 confond celles-ci avec les indices de l'actuel article 1353 ; par ailleurs, la célèbre référence aux faits connus et inconnus disparaît, laissant place à une définition plus claire, inspirée de l'actuel article 1352, alinéa 1er : « la présomption que la loi attache à certains actes ou certains faits en les tenant pour certains dispense celui au profit duquel elle existe d'en rapporter la preuve ». Suit l'énoncé des trois catégories de présomptions légales - simples, mixtes et irréfragables. Si la forme est améliorée, le fond n'en est toutefois pas modifié[686].

---

[684] Il s'agit des art. 1320, 1329, 1333, 1335, 1342, 1350 ou 1352, al. 2.

[685] Il s'agit des textes sur la simulation - art. 1321 et 1321-1, devenus art. 1201 et 1202 - et de celui sur les actes confirmatifs - art. 1338, devenu art. 1182.

[686] Cette réécriture sans changement au fond concerne également l'art. 1359 qui reprend la substance des art. 1341, al. 1er, 1343 et 1344 actuels (V. infra, II), l'art. 1362, dernier al. qui reprend, très simplifiée, la règle énoncée à l'art. 1336, l'art. 1382 qui remplace l'art. 1353 sur les présomptions du fait de l'homme, nommées « présomptions judiciaires » et l'art. 1372 qui abandonne l'affirmation erronée de l'actuel art. 1322 selon laquelle l'acte sous seing privé aurait la même force probante que l'acte authentique, ces deux écrits pouvant être contestés selon des modalités très différentes.

633. Enfin, certains articles sont apparus, reprenant des règles déjà connues mais qui n'étaient pas jusque-là expressément formulées dans le Code civil. Ainsi, l'article 1357 nouveau précise-t-il que « *l'administration judiciaire de la preuve et les contestations qui s'y rapportent sont régies par le code de procédure civile* ». À sa suite, l'article 1381 fait référence aux témoignages réalisés *« dans les conditions du code de procédure civile* ». La dualité de codifications, si spécifique au droit probatoire français, est ainsi expressément rappelée même si, encore une fois, cela ne change rien au droit positif : la répartition des règles probatoires entre le code civil et le code de procédure civile n'est pas modifiée, en effet, alors même qu'elle n'est pas d'une grande rigueur. Au titre des précisions purement formelles, on doit également signaler l'article 1358 nouveau qui indique que, « hors les cas où la loi en dispose autrement, la preuve peut être apportée par tout moyen ». Le système de preuve libre comme principe en droit civil donc. Tel est le cas depuis fort longtemps, seule la preuve civile des actes juridiques étant soumise à des règles légales d'admissibilité et de force probante, ce qui est repris par l'ordonnance (art. 1341 actuel et 1359 nouv. c. civ.). L'avoir expressément indiqué n'apporte donc rien de nouveau. Tout comme la mention faite désormais à l'article 1360, selon laquelle la preuve par écrit reçoit exception « s'il est d'usage de ne pas établir un écrit », qui reprend une solution jurisprudentielle[687].

634. Au sein du Code civil de 1804, le droit de la preuve est relégué à la fin du titre relatif aux contrats et aux obligations conventionnelles au sein d'un chapitre VI[688]. La réforme française a fait le choix de cantonner la réforme du droit de la preuve au seul droit des obligations[689]. Le titre IV *bis* est en effet intitulé « *De la preuve des obligations* ». Certes, l'article 1358 du projet renvoie l'administration judiciaire de la preuve et les contestations qui s'y rapportent au Code de procédure civile, mais il aurait été bienvenu que le législateur envisage une réforme de plus grande ampleur[690]. La preuve est le

[687] Civ. 1re, 28 févr. 1995, n° 93-15.448, inédit, RTD civ. 1996. 170, obs. J. Mestre; Com. 22 mars 2011, n° 09-72.426, Bull. civ. IV, n° 50 ; D. 2011. 1076, obs. X. Delpech, 2687, chron. F. Arbellot, et 2891, obs. P. Delebecque ; RTD civ. 2011. 491, obs. P. Deumier.
[688] Cette organisation serait inspirée de Pothier, v. en ce sens, E. Bonnier, *Traité théorique et pratique des preuves en droit civil et en droit criminel*, Auguste Durand, 2e éd., 1852, p. 3.
[689] Comp. avec l'avant-projet « Terré » qui propose un nouveau titre consacré à « *La preuve* », art. 140 et s. (Fr. Terré [dir.], Pour une réforme du droit des contrats, Dalloz, coll. Thèmes & commentaires, p. 316 et s.).
[690] Même renvoi appréciable dans l'article 1290 de l'avant-projet « Catala ».

dénominateur commun à l'ensemble des branches du droit. La preuve est l'épine dorsale des droits subjectifs. Son intérêt pratique est connu de tous : « *Idem est non esse et non probari* »[691], ne pas prouver et ne pas exister, c'est la même chose. «*Sans preuve, le droit est comme désarmé* »[692]. Certes, ce titre IV *bis* débute par une section 1 intitulée « *Dispositions générales* », qui héberge en quelque sorte les principes généraux du droit de la preuve appliqués au droit des obligations. Cela reste cependant insuffisant.

635. Moustafa Mekky dénonce « *l'art de clarifier sans innover* »[693]. Pour cet auteur, sans reconstruire un droit de la preuve qui relève de chaque procédure (civile, pénale, administrative), il aurait été envisageable d'intégrer des dispositions générales au sein de l'actuel Titre préliminaire du Code civil. Ces dispositions auraient côtoyé l'article 10 qui dispose que : « *Chacun est tenu d'apporter son concours à la justice en vue de la manifestation de la vérité* (al. 1er) »[694]. On aurait ainsi répondu de manière positive à la demande de ces auteurs qui, dès le milieu du XXe siècle, souhaitaient rectifier un « *vice de méthode* »[695]. C'est dans cet esprit que les rédacteurs de l'avant-projet « P. Catala » avaient affirmé que : « *La théorie générale des preuves gouverne l'ensemble du droit privé. Elle aurait sa place naturelle dans le Titre préliminaire du Code civil, solution actuellement hors de portée* ». Sans autre explication, ils ajoutent que : « *Le titre* "Des obligations" *mérite d'en accueillir une bonne partie, d'abord en raison de la généralité inhérente à la matière (sous laquelle se profile le droit commun de l'acte juridique et du fait juridique) et aussi pour ne pas bouleverser le travail des praticiens, préoccupation essentielle. Au demeurant, beaucoup de règles particulières de preuve sont énoncées dans le code avec la matière qu'elles concernent (filiation, régime matrimoniaux, possession, etc.). Le mieux, en l'état, serait l'ennemi du bien. Un esprit pragmatique domine toute la matière* »[696]. Par

---

691 Roland et L. Boyer, Adages du droit français, Litec, n° 152.

692 J.-B. CESARO, « Vérité et renouement », *in* La preuve, Rapp. C. cass. 2012, Doc. fr., 2013, Avant-propos.

693 M. MEKKI, « Charge de la preuve et présomptions légales. L'art de clarifier sans innover », *Droit et Patrimoine*, Septembre 2015, n° 250, p. 36 et s.

694 En faveur d'une refonte totale, v. également E. Vergès, La réforme du droit de la preuve civile : enjeux et écueils d'une occasion à ne pas manquer, précité.

695 M. PLANIOL, *Traité de droit civil*, t. I, par G. Ripert et J. Boulanger, LGDJ, 1956, n° 710

696 V. Avant-projet Catala, p. 124

conséquent, l'avant-projet « P. Catala » propose plus modestement une section sur les « *Dispositions générales* » (art. 1283 à 1290).

636. Pour améliorer le projet de texte portant droit des obligations dans l'espace OHADA, le législateur communautaire pourrait prendre modèle sur le texte français, à tout le moins en réservant un titre autonome à la preuve (Titre VI). Pour s'inspirer d'une législation nationale déjà éprouvée et appartenant à la même famille juridique, le législateur de l'OHADA pourrait légiférer sur la preuve à l'instar du législateur sénégalais qui l'a intégré dans un titre préliminaire du Code des obligations civiles et commerciales (Titre Préliminaire, Chapitre 2).

CHAPITRE SECOND :

L'OPTION D'UNE TECHNIQUE HARMONISATION

637. L'harmonisation des lois est un phénomène d'intégration juridique qui implique le transfert des compétences étatiques de deux ou plusieurs États à une organisation internationale dotée de pouvoirs de décision et de compétences supranationales. Son objectif est de réaliser un ensemble juridique unique et cohérent dans lequel les législations s'insèrent pour atteindre les objectifs économiques et sociaux que les États membres se sont assignés[697].

638. Techniquement, les États disposent de plusieurs moyens pour harmoniser leurs législations. Avant donc de choisir la technique juridique appropriée pour l'harmonisation du droit de la preuve, il sera exposé en tentant de les distinguer, les méthodes pertinentes et le modèle de référence.

639. L'exposé des référents d'harmonisation (*Section I*) précédera alors les modalités d'harmonisation (*Section II*).

Section I. Les référents d'harmonisation

640. La mise en œuvre d'un processus d'harmonisation juridique ne soulève pas seulement des problèmes d'ordre technique, méthodologique ou conceptuel. Elle soulève aussi des questions de politique juridique, auxquelles il convient d'apporter de bonnes réponses, si on veut donner au processus une réelle chance de réussite.

641. Parmi ces questions liées à la démarche d'harmonisation, il convient de relever celles des moyens techniques (A) et du modèle de référence (B).

---

697 V. F. ONANA ETOUNDI, « Les expériences d'harmonisation des lois en Afrique », *Revue de l'ERSUMA : Droit des affaires - Pratique Professionnelle*, N° 1 - Juin 2012, *Doctrine*, p. 8 cité par K. DOGUE, *thèse précitée*.

Paragraphe I. Les moyens techniques

Une vue d'ensemble sur les méthodes existantes (A) précèdera les implications de la méthode choisie (B).

A- Le panorama des méthodes existantes[698]

642. Quel type d'instrument choisir pour qu'il puisse véritablement porter des fruits ? Les instruments sont classés en méthodes de droit matériel, et en méthodes conflictuelles à côté desquelles existe une troisième catégorie mixte. Pour la première catégorie on retiendra l'harmonisation, l'uniformisation, l'unification, la coordination, le rapprochement des législations ou la convergence législative. Pour la seconde catégorie, il s'agira essentiellement de l'harmonisation des règles de conflit et de l'adoption de directives communautaires. La troisième catégorie comprend la technique de la convention législative et les accords d'association qui empruntent à l'une comme à l'autre des deux premières catégories.

643. A l'origine, l'harmonisation est une création des rédacteurs du Traité de Rome[699]. Elle est connue de nos jours et consiste « *en la réalisation, dans le respect de la pluralité des droits étatiques, d'une équivalence des règles nationales ou, plus précisément, d'une équivalence des coûts et des avantages socio-économiques ou des situations juridiques* »[700]. Elle se caractérise par « *l'instauration dans chaque État membre de règles distinctes, mais équivalentes* »[701]. Elle renvoie à une simple mise en compatibilité des règles juridiques et pas à une conformité absolue[702].

644. La doctrine associe harmonisation et coordination même si on peut noter une légère différence de degré entre les deux concepts. En effet, coordonner c'est : « *agencer les parties d'un tout selon un plan logique pour une fin déterminée, donc, en matière juridique, régler les rapports entre des systèmes juridiques ou des institutions différentes*

---

[698] Pour ces développements, K. DOGUE, *thèse précitée*, pp. 143 et s.

[699] Th. HATZIGAYOS, « Un Code européen des contrats. Mythe ou réalité? », dans X. HENRY (Dir.), *Des contrats civils et commerciaux aux contrats de consommation. Mélanges en l'honneur du Doyen Bernard GROSS*, p. 77 et s.

[700] A. JEAMMAUD, « Unification, uniformisation, harmonisation : de quoi s'agit-il ? », dans Filali OSMAN (Dir.), *Vers un Code européen de la consommation*, Bruylant, 1998, p. 43 et 45.

[701] Thomas HATZIGAYOS, *Ibid.*, p. 90.

[702] M. DELMAS-MARTY, « L'espace judiciaire européen, laboratoire de la mondialisation », Dalloz, 2000, chron. p. 424

dans la mesure nécessaire à l'ordre que l'on veut établir dans ces rapports, sans changer substantiellement le contenu des normes, des systèmes ou des institutions eux-mêmes »[703]. La principale différence entre coordonner et harmoniser se situe dans le fait que la coordination laisse souvent subsister des différences alors que l'harmonisation tend à vraiment ramener au même niveau et rend en principe équivalent.

645. L'unification[704] s'éloigne des deux premières techniques en ce sens qu'elle fusionne sous une seule, la législation de plusieurs États et requiert l'adoption d'une norme unique généralement contraignante. Selon le professeur Jeammaud[705], elle entraîne « *la substitution à des droits nationaux formellement distincts [...], d'un droit unique ou d'un corps unique de dispositions* ». L'uniformisation[706] forme l'entre-deux des notions d'unification et d'harmonisation. Elle se matérialise par « *l'insertion dans les droits nationaux, qui demeurent distincts sur la matière concernée et dont la compétence ne subit aucun retranchement, de règles identiques et non uniques puisqu'elles sont incorporées à chacun de ses droits* »[707].

646. Quant au rapprochement des législations[708], il est à tort assimilé à l'harmonisation et à la coordination dans le Traité UE[709] parce que la seule assimilation possible est celle de la coordination et de la convergence législative. Au demeurant, le rapprochement des législations n'est plus une méthode en soi mais elle se dilue dans toutes les méthodes existantes.

---

[703] R. Van Der ELST, « Les notions de coordination, d'harmonisation, de rapprochement et d'unification du droit dans le cadre juridique de la CEE », dans *Les instruments de rapprochements des législations dans la CEE*, U.L.B., Institut d'Études Européennes, 1976,, p. 1 et s., spéc. p. 7. On consultera aussi avec intérêt l'article 46 al. 2 et 47 al. 3 et 4 du Traité qui, sans procéder à une définition du terme « coordination » permet de le cerner puisqu'ils visent la coordination des dispositions législatives des États membres en la matière concernée, cité par Karel DOGUE, *Id.*

[704] G. CORNU, dans le *Vocabulaire juridique* de l'Association Henri Capitant, Quadrige, PUF, 7ième édition, 2005 retient du terme unifier *l'action d'établir l'unité de législation dans un pays donné..*

[705] A. JEAMMAUD, *Ibid.*, p. 39 et s.

[706] Uniformisation ou « règles identiques incorporées à des droits nationaux distincts », Mireille DELMAS-MARTY, *op. cit.*, p. 28.

[707] A. JEAMMAUD, *Ibid.*, p. 41 et s.

[708] Utilisé à l'article 100 devenu 94 du Traité UE et 100 A du Traité CE.

[709] Article 100 A devenu 95, $ 1 et 4 du Traité CE et article 54, devenu 44, $ 2, litt. g du Traité UE.

647. La méthode souple des directives communautaires est la principale voie choisie par l'Union européenne. Elles ne lient les États membres de l'Union européenne que quant au résultat à atteindre[710], tout en laissant aux instances nationales la compétence quant à la forme et aux moyens[711]. Elles ne sont pas compatibles avec le contexte africain car elles ne sont pas d'application directe dans les droits internes des États parties auxquels elles laissent le choix complet des moyens.

648. L'OHADA a adopté un système d'applicabilité directe des Actes uniformes, qui laissent très peu de choix aux législateurs nationaux des États membres. L'expérience a prouvé que dans les rares domaines[712] une marge de manœuvre a été laissée à ces législateurs, c'est une inaction préjudiciable ou une uniformisation incomplète qui a été constatée[713]. C'est le cas des mesures nationales nécessaires pour une mise en conformité des Actes Uniformes OHADA avec les législations internes des États membres resté au *statu quo*[714].

649. La convention législative[715] s'apparente à un Code universel de commerce dans sa finalité mais en plus elle a « *le mérite d'offrir une chance à tous les États de participer à l'élaboration des normes intégrées du commerce international* »[716] sans considération de l'État en position économique forte. À la différence du Code universel de commerce, la convention législative ne couvre que certains types de transactions entre commerçants[717]. Tout en étant une option à considérer grâce au système d'*opting out* qu'elle offre, la convention

---

[710] Article 189 devenu 249 Traité CE

[711] Article 288 du Traité UE.

[712] En matière pénale, non seulement les États n'ont pris aucune mesure quant à la mise à jour des sanctions des incriminations faites par l'OHADA alors que l'option leur était laissée mais en plus c'est à des paradis pénaux qu'on assistera à ce niveau si des sanctions des même incriminations étaient très différentes d'un pays à un autre de l'espace. En ce sens, É. KANGAMBEGA, « Observations sur les aspects pénaux de l'OHADA », Recueil Penant, 2000, p. 304, n° 834, cité par Karel DOGUE, *Id.*

[713] M. MAHOUVE, « Le système pénal OHADA ou l'uniformisation à mi-chemin », *Recueil Penant*, 2004, n° 846, p. 87 et s.

[714] J. ISSA SAYEGH, « Réflexions et suggestions sur la mise en conformité du droit interne des États parties avec les Actes uniformes de l'OHADA et réciproquement », *Recueil Penant*, 2005, n° 850, p. 6 et s.

[715] I. FETZE KAMDEM, *Adaptabilité des instruments juridiques internationaux relatifs au commerce : pour une convention législative*, Thèse de doctorat, Université Laval, Québec, 2003, p. 285 et s.

[716] I. FETZE KAMDEM, *Op. Cit*, p. 287.

[717] I. FETZE KAMDEM, *Op. Cit.*, p. 288.

législative souffre d'un manque de pragmatisme et sera difficile à mettre en œuvre[718].

650. Le dernier moyen d'harmonisation est celui des accords d'association[719]. Revêtant la nature juridique de traités internationaux bilatéraux conclus entre une organisation internationale et des pays tiers, il a le mérite de s'imposer dans les ordres juridiques nationaux en vertu du principe de la primauté des traités en vigueur dans la plupart des États de tradition moniste. Cependant, ce moyen a démontré de nombreuses limites dans le cadre de son application dans les partenariats avec l'Union européenne[720]. D'où l'hésitation d'affirmer qu'il s'agit de la méthode adéquate qui pourrait avoir un impact significatif sur le processus d'harmonisation du droit de la preuve en étude.

B- Les implications de la méthode choisie

651. A priori, l'uniformisation sert plus directement les objectifs de l'OHADA[721]. Mais l'harmonisation est une technique « *plus souple et plus respectueuse des identités* »[722] et elle a le mérite de mieux réussir la nécessaire cohabitation systémique. En effet, elle s'adapterait mieux au contexte sociopolitique des États africains qui ne sont pas encore prêts à suivre une complète unification économique. Il est clair que politiquement, l'harmonisation est préférable à

---

[718] Selon K. DOGUE (*thèse précitée)*, elle ne correspond pas encore à la réalité de l'OHADA et des États africains qui même s'ils ont accepté d'aliéner leur souveraineté par un processus similaire de l'OHADA, ne peuvent accepter qu'on leur crie haut et fort qu'ils n'ont plus du tout leur mot à dire. C'est une critique diffuse mais qui sur le terrain se vérifie bien. Recevoir carte blanche mais en donnant l'impression à l'État qu'il est toujours maître de sa souveraineté. La convention législative opère l'effet opposé en mettant les États face à la réalité.

[719] N. FERCHICHE, « La contribution des accords d'association à la méditerranisation du droit des affaires », dans F. OSMAN (Dir.), *Vers une lex mercatoria mediterranea. Harmonisation, unification, codification du droit dans l'union pour la méditerranée*, Bruylant, Bruxelles, 2011, p. 173 et s.

[720] Notamment son absence de déficit démocratique, l'absence d'effet direct de principe des accords. V. N. FERCHICHE, *Op. Cit.*, p. 191 et s. spéc., para 52 - 56.

[721] J. ISSA SAYEGH, J. LOHOUES OBLE, *OHADA ; Harmonisation du droit des affaires,* Bruylant, Bruxelles, 2002, Collection droit uniforme africain, p. 63, n° 137.

[722] M. Ferdinand AHO, ''*Quelques aspects actuels et futurs de la diffusion du droit OHADA dans une perspective bijuridique*'' p. 7. Comunication au séminaire « La diffusion du droit uniforme de l'OHADA dans une perspective bijuridique » organisé par l'Agence Intergouvernementale de la Francophonie avec la collaboration de la Faculté de droit de l'Université d'Ottawa au Canada.

l'unification ou l'uniformisation mais juridiquement l'uniformisation ou l'unification est meilleure[723].

652. Selon H. P Glenn[724], les efforts formels d'uniformisation et d'unification du droit par la doctrine ont porté peu de fruits. La raison en est que l'unification comme l'uniformisation tendent à imposer le droit de la nation la plus forte en ce sens que toutes deux exigent la possibilité de trouver une synthèse des droits visés; synthèse difficilement atteignable à moins de privilégier l'un sur l'autre. L'OHADA ne peut risquer de poursuivre une visée unificatrice surtout avec les idées de supériorité d'un droit sur un autre qui sont toujours dans l'aire du temps[725].

653. Pour É. Charpentier[726], il y a de sérieux dangers qui découleraient de l'instrumentalisation de l'unification comme moyen à retenir, tandis que beaucoup d'auteurs la trouve simplement impossible[727]. Pour toutes ces raisons, cette voie devrait donc être écartée. Le législateur OHADA la retient théoriquement mais dans la pratique, il se laisse tout de même une porte de sortie résidant dans l'usage du concept d'harmonisation plus souvent dans les Actes uniformes.

654. S'agissant de l'harmonisation des règles de conflits de lois, le professeur Glenn présente bien un tour d'horizon des difficultés qui rendent impossible une telle action : « *Nous connaissons aujourd'hui le phénomène des conflits entre les règles de conflits de lois (pour ne rien dire des conflits entre les conventions régissant les conflits de lois et ayant comme objet l'unification des règles de conflits de lois). Il ne serait donc pas possible d'atteindre un résultat*

---

[723] Les États sont souvent réticents à perdre des domaines de souveraineté nationale au profit d'une organisation supranationale comme l'OHADA, ce qui explique leur préférence pour l'harmonisation. Les juristes quant à eux ont plus de facilité à créer une norme unique qu'à trouver le dénominateur commun entre dix-sept droits nationaux ou plus. Voir K. DOGUE (*thèse précitée)*.

[724] H. P. GLENN, « Le ciel tout bleu du droit uniforme », dans Generosa Bran MIRANDA et Bénoît MOORE (Dir.), Mélanges Adrian POPOVICI. *Les couleurs du droit*, Montréal, Les Éditions Thémis, p. 441 et s., spéc. p. 443. Voir K. DOGUE (*thèse précitée)*.

[725] V. Rapports *Doing business* de la Banque Mondiale (www.doingbusiness.org) et ayant engendré des réactions négatives en France (www.fondation-droitcontinental.org).

[726] É. CHARPENTIER, « Les fins et les moyens de l'unification du droit du commerce international », N. VÉZINA (Dir.), *Le droit uniforme : limites et possibilités*, Cowansville, Yvon Blais, 2009, p. 7 et s. citée par K. DOGUE (*thèse précitée*

[727] A. GRENON, « Unification of Laws in Federal Systems : The Canadian Model », dans Nathalie VÉZINA (Dir.), *Id.*, p. 33 et s.

harmonieux pour tous les États par l'entremise du droit international privé. […] Il existe donc une présomption de conflits […]. Ainsi, la nature même du droit international privé alimente la cause de l'unification du droit matériel, puisqu'elle entraîne la surestimation du nombre de conflits » [728].

655. À ce sujet, Valentine Espinassous[729] a démontré que l'uniformisation du droit substantiel ne supprime pas les conflits de lois étatiques. Il subsiste des conflits formels de lois étatiques et des conflits matériels émanant principalement des divergences d'interprétation. Ces dernières ont toujours été la principale menace des œuvres d'uniformisation[730]. Madame Espinassous en déduit que ces conflits demeurent parce qu'il n'existe pas *a priori* de système de précédent en matière de droit uniforme et *a fortiori* à cause de l'inexistence d'une juridiction suprême unique en charge d'assurer l'interprétation uniforme. Or dans le système OHADA disposant de la CCJA qui assure une uniforme interprétation de tous les Actes uniformes élaborée, la dernière lacune y est inexistante tandis que les considérations inter-systèmes qui soutiennent la première lacune sont fausses selon M. Dogue[731].

656. En définitive, la voie de l'harmonisation s'impose logiquement à l'OHADA et même au plan international quant à l'objectif de suppression des conflits de conventions. Politiquement plus acceptable[732], elle a aussi le mérite de soulever moins de craintes que l'unification et moins d'incertitudes que le rapprochement des

---

[728] H. P. GLENN, *Id.*, p. 444.

[729] V. ESPINASSOUS, *L'uniformisation du droit substantiel et le conflit de lois*, L.G.D.J., Bibliothèque de droit privé, tome 526, 2010 citée par K. DOGUE (*thèse précitée).*

[730] La thèse prend les exemples de la Convention de 1924 sur le connaissement en matière maritime; la Convention de Genève sur le contrat de transport international de marchandises par route du 19 mai 1956; la Convention de Vienne sur la vente internationale de marchandises; la Convention d'Ottawa sur le crédit-bail; la Convention sur les transports de marchandises et de voyageurs par chemin de fer; la Convention de Montréal du 28 mi 1999 pour l'unification de certaines règles relatives au transport aérien international et enfin le projet UNIDROIT de convention sur les garanties internationales sur les équipements mobiles, Valentine ESPINASSOUS, *Id.*, p. 11-17. Dans les exemples choisis par l'auteure, ces divergences auraient pu être amoindries si les directives d'interprétation intrinsèques et extrinsèques du texte conventionnel étaient suivies.

[731] K. DOGUE, *thèse précitée.*

[732] Car elle heurte moins la souveraineté des États et établit juste des seuils minimaux communs souvent compatibles avec les attentes diverses des États. Sa logique ambivalente (*fuzzy logic*) opposée à la logique aristotélicienne (obligation d'identité) y contribue. Voir K. DOGUE (*thèse précitée).*

législations par les Traités, les directives ou les conventions législatives. Juridiquement plus complexe, la formule de l'harmonisation fait appel à celle de l'uniformisation. La solution passe par une combinaison savante des deux modes : harmonisation et unification se complètent inévitablement en fonction des objectifs et des matières, la finalité étant l'unification.

657. A côté des moyens techniques, une bonne démarche d'harmonisation implique de connaitre le modèle de référence.

Paragraphe 2. Le modèle de référence

658. Le professeur Adolphe Minkoa She[733] explique que dans un processus d'harmonisation, les États craignent souvent de faire les frais d'une expansion hégémonique de l'une des traditions juridiques en présence. Pour conduire un processus d'harmonisation on doit, par conséquent, avoir à cœur de ne pas heurter les susceptibilités culturelles, politiques ou sociologiques des différents États, qui considèrent généralement que l'adhésion à un processus d'harmonisation n'implique pas nécessairement un renoncement à son identité. Le respect des équilibres entre les différentes traditions juridiques en présence est, par conséquent, une des exigences de base dans la conduite de tout processus d'harmonisation. On doit dégager clairement la philosophie qui va innerver le nouveau droit, afin que celui-ci soit doté, outre d'une légitimité économique, mais aussi d'une légitimité politique, sociale et culturelle.

659. Dès lors, il apparaît que la poursuite efficace du résultat escompté par le processus d'harmonisation du droit de la preuve appelle des réponses claires à deux questions relatives respectivement au choix (A) et au poids (B) des référents juridiques.

a. Le choix des référents juridiques

660. Le choix du réfèrent juridique doit se faire en ayant constamment présent à l'esprit les objectifs que poursuit le processus d'harmonisation concerné. A cet égard, on sait que le traité OHADA poursuit un triple objectif : *« mettre un terme à la diversité et à l'obsolescence des textes, dont la plupart sont hérités de la période coloniale, par un droit des affaires harmonisé; ainsi faciliter les investissements et les échanges entre les différents pays de la zone*

[733] A. MINKOA SHE, *op. cit*, p. 290 et sv.

franc, en vue de constituer un marché unique régional à l'issue de l'unification monétaire, financière et juridique au sein de la région »[734].

661. La pertinence du choix du référent va ainsi s'apprécier à l'aulne des critères d'examen d'opportunité, susceptibles de permettre la vérification de la congruence entre les objectifs poursuivis et le ou les choix opérés. Certains de ces critères sont substantiels (1) et d'autres formels (2).

1) Les qualités substantielles des référents

662. Parce que la réussite de l'harmonisation implique qu'on n'impose ou ne privilégie pas une des traditions juridiques en présence, on s'accorde pour dire que la première des qualités essentielles du référent juridique d'harmonisation réside, d'une part, dans son aptitude à transcender les différences juridiques et les nationalismes juridiques et, d'autre part, sa vocation universelle. On a le choix entre deux formules possibles : soit on élabore une synthèse des droits nationaux existants, soit on élabore un droit nouveau inspiré d'un modèle extérieur adapté au contexte international, et ayant, à tout le moins, une vocation à l'universalité.

663. Dans le cadre africain, cette préoccupation de transcendance des droits nationaux dans la perspective de l'harmonisation du droit des contrats en Afrique noire francophone, avait déjà été exprimée avec force en 1977, à l'occasion d'un colloque portant sur le thème: «*La résistance du droit africain à la modernisation*». Un des intervenants, le professeur Xavier Blanc-Jouvan, relevait fort à propos qu'il était «*de l'intérêt général d'élaborer un sorte de droit commun des contrats pour éviter les difficultés pratiques nées de la diversité des législations en même temps que de permettre l'émergence d'une véritable science juridique* ». Le même auteur reconnaissait, néanmoins, qu'une telle œuvre « *est difficile et ne peut être réalisée que sur la base d'un compromis, grâce à des concessions réciproques. Ce droit uniforme que l'on entend établir ne peut donc être aucun des droits actuellement existants: ce doit être obligatoirement un droit nouveau et original, si possible élaboré en commun* ». Cette analyse de l'éminent africaniste est valable pour la preuve des contrats.

---

[734] A. MINKOA SHE, *op. cit.*, p. 291

664. Un autre critère substantiel de jugement d'opportunité de choix du modèle d'harmonisation du droit de la preuve réside dans sa souplesse, qui doit faciliter l'adaptation de la preuve aux nouveaux schémas contractuels de plus en plus complexes échafaudés par la pratique contemporaine comme aux nouvelles réalités économiques. De nombreux pays ont adopté de nouvelles lois sur les contrats électroniques, qui appellent une nouvelle lecture des formules classiques de preuve, etc.

665. L'harmonisation du droit dans le cadre de l'OHADA intervient dans un contexte international marqué par le phénomène de la mondialisation, ce qui renforce la nécessité de se référer à un modèle pouvant satisfaire à l'exigence d'universalité. « *En complément au droit positif harmonisé, il apparaît de plus en plus des normes de droit mou dont le but est de permettre aux opérateurs du commerce international de pouvoir choisir des règles anationales non rattachables à un système particulier* » note Achille Ngwanza dans sa thèse[735]. Cette circonstance pourrait militer en faveur du choix des *Principes et règles de preuve* élaborés par l'American Law Institute et Unidroit en 2004, comme référent principal pour l'harmonisation du droit de la preuve. On pourrait défendre ce choix en soulignant qu'ALI et UNIDROIT ont des références particulièrement solides à faire valoir. En effet, ces institutions ont à leur actif, l'élaboration des « *Principes et règles relatifs à la procédure civile transnationale applicables aux litiges du commerce international* ». On sait que les Principes et Règles *ALI/UNIDROIT* ont pour objectif d'établir un ensemble de règles spécialement adaptées aux litiges du commerce international, et destinées à être utilisées dans le monde entier, quelles que soient les traditions juridiques et les conditions économiques et politiques des pays d'application.

666. Dans *l'Introduction* explicative qui accompagne le projet ALI/UNIDROIT de principes et règles relatifs à la procédure civile transnationale[736], les auteurs de ce texte résument avec force

---

[735] A. NGWANZA, *La favor contractus dans les Principes Unidroit et l'avant projet d'Acte uniforme sur le droit des contrats en OHADA*, thèse de doctorat, Université Paris sud 11, 2011, p. 4

[736] Le document reproduit la publication (en langue anglaise) de l'American Law Institute *ALI/UNIDROIT Principles and Rules of Transnational Civil Procedure, Discussion Draft No. 3, April 8, 2002,* et la publication d'UNIDROIT (en version anglaise) : *UNIDROIT 2002, Etude LXXVI - Doc. 7.* 6 Uniform Law Review / Revue de Droit Uniforme, 2001, 1105 et sv. Le document est accessible sur le site internet d'UNIDROIT à:

arguments les avantages du choix des Principes et Règles ALI/UNIDROIT comme modèle ou référent d'harmonisation.

> *« Les Principes reflètent des concepts fondamentaux d'équité dans la solution des principaux litiges des systèmes juridiques modernes. La plupart de ces systèmes pourraient adopter les Principes en apportant des changements relativement modestes à leurs propres codes de procédure civile. De plus amples modifications seraient nécessaires dans les pays qui ne reconnaissent pas généralement la possibilité pour une partie d'obtenir les éléments de preuve qui lui sont favorables et dont leur adversaire dispose. Les Règles sont proposées comme un complément des Principes, plus détailles et illustrant une concrète réalisation des Principes. Les Principes comme les Règles cherchent à combiner les meilleurs éléments de la procédure accusatoire dans la tradition de la common law, avec les meilleurs éléments de la procédure fondée sur le rôle central du juge, dans la tradition de droit écrit. Les dispositions sont formulées dans des termes et à travers des concepts pouvant être acceptés par toutes les traditions juridiques. Les Principes et les Règles pourraient être appliquées par ailleurs dans la procédure arbitrale »*[737].

667. En s'inspirant des Principes et Règles ALI/UNIDROIT, le futur droit de la preuve aura pour base des textes modernes sur le plan de la technique juridique, élaborés par des juristes relevant des différents systèmes juridiques et connaissant déjà une remarquable consécration internationale. Le futur droit de la preuve marquera une ouverture vers un droit plus universel dans un contexte de mondialisation. Enfin, les Principes et règles ALI/UNIDROIT conciliant[738] le droit de la preuve des systèmes romano-germaniques et

---

http://www.unidroit.org/english/publications/review/articles/2001-6.pdf La traduction française a été effectuée par M. G. MECARELLI, Université Paris II (Panthéon Assas), et revue par la Pr. Frédérique Ferrand (Université Jean Moulin, Lyon), membre du Comité d'étude ALI/UNIDROIT.

[737] *Introduction* (de l'American Law Institute), *op. cit*, p. 1114

[738] Par exemple, la « production forcée des pièces » et le « *discovery* ». La règle en matière de *pleading* qui exige une allégation précise des faits, réduit la portée de la procédure de *discovery,* car elle exige que les demandes et les défenses soient bien formulées dès le début de la procédure. De plus, cette règle prévoit qu'une partie ayant allégué certains faits devra, dans une phase ultérieure du procès, révéler avec précision les éléments de preuve sur lesquels elle fondera ses prétentions, y compris les documents, des résumés des témoignages attendus et les rapports des experts. Les *Principes et Règles* prévoient qu'une telle *disclosure*

de common law, il y a là une possibilité de surmonter dans les Etats africains, les frontières juridiques issues de la colonisation.

668. Est-ce à dire qu'il faille adopter les principes et règles d'ALI/UNIDROIT sans inventaire pour l'harmonisation du droit de la preuve ? Rien n'est moins sûr. Car, il est clair que la réflexion sur le choix du réfèrent doit accorder une place de choix à un certain nombre de questionnements relatifs à la référence, pour éviter le sort de l'avant-projet d'Acte uniforme relatif au droit des contrats. Le « Projet Marcel Fontaine » inspiré des *Principes* d'UNIDROIT relatifs aux contrats du commerce international, qui possédait par ailleurs d'indéniables qualités en raison de l'autorité de son auteur, avait en effet suscité d'importantes réserves quant à l'abandon de la tradition juridique française, que la plupart des États membres de l'OHADA ont en commun. Il n'est pas certain que les principes et règles d'ALI/UNIDROIT proposent des solutions idoines à tous ces questionnements.

2) Les qualités formelles des référents

669. Les référents formels *sont « ceux appliqués à la structure générale du texte, au style de rédaction, au domaine couvert, à la présentation, etc. On convient en effet que c'est la forme qui guide*

---

doit avoir lieu avant l'audience plénière. L'idée de base est donc qu'une personne pourra s'engager dans une procédure seulement si la demande est fondée sur des éléments probatoires, et non dans l'espoir ou l'attente de découvrir de tels éléments, grâce à la procédure de *discovery* à l'encontre de la partie adverse.

Les dispositions très strictes en matière de *pleading* associées à l'obligation de révéler les éléments de preuve réduisent la nécessité de procéder à un ultérieur échange des éléments de preuve. Une partie doit d'abord "montrer son jeu" avant de parler, avant de chercher à voir celui de son adversaire. Dans ce même esprit, les *Règles* essaient de définir un droit limité à accéder aux pièces et aux dépositions des témoins de la partie adverse. La plupart des pays de droit civil considèreraient inopportun un accès large. Toutefois, dans les systèmes judiciaires modernes, dans une approche responsable de la justice, il existe une nécessité pratique croissante de permettre une certaine mesure de *discovery,* et dans certains cas du moins, la déposition des témoins.

Dans la plupart des juridictions de *common law,* les dépositions dans la phase préliminaire du procès *(pretrial)* sont très rares, et sont utilisés dans certains pays seulement si le témoin ne peut être présent lors de l'audience. Des documents sont soumis à la *discovery* uniquement lorsqu'ils sont pertinents pour le procès, au regard des actes introductifs d'instance et, comme on l'a vu plus haut, compte tenu de l'obligation que les demandes et les réponses soient formulées de façon absolument claire. En revanche, une très large *discovery* est communément admise dans les procès qui ont lieu aujourd'hui aux Etats-Unis, en particulier dans les affaires aux enjeux importants.

le fond, que la structuration choisie par le législateur n'est point neutre, c'est-à-dire sans effet sur ses objectifs »[739].

670. Sur le plan formel, on dira que le critère majeur du jugement d'opportunité réside dans la praticabilité, la simplicité et l'accès relativement aisé au texte. En effet, il ne faut pas perdre de vue que les difficultés d'application et d'interprétation, que les juges et autres praticiens du droit pourraient éprouver face à la nouvelle législation harmonisée, sont susceptibles d'entraîner des coûts de transaction de nature à remettre en cause la pertinence même de l'option d'harmonisation. En effet, les règles harmonisées ne peuvent contribuer à asseoir la prévisibilité, qui est une qualité première de tout système juridique que si l'interprétation du droit est uniforme dans les différents État membres. Mais, lorsque les notions juridiques sont vagues, les coûts de transaction auront plutôt tendance à augmenter.

671. Certes, la Cour Commune de Justice et d'Arbitrage est compétente pour garantir une interprétation uniforme du droit uniforme. Mais, l'interprétation est d'abord pratiquée jour après jour par les tribunaux des États parties. Par conséquent, le choix à opérer doit également tenir compte des coûts élevés que pourraient entraîner une nouvelle législation trop complexe, en termes de formation, par exemple. A cet égard, on s'accorde également pour dire que les Principes ALI/UNIDROIT sont rédigés dans un style accessible, débarrassé du jargon inutile, et sont relativement précis.

672. Par ailleurs, il sera aisé d'établir les versions anglaise, espagnole et portugaise du futur droit de la preuve, en prenant pour base les textes déjà disponibles dans ces langues. Et, un tel choix aura aussi comme autre avantage de faire bénéficier d'emblée les pays de l'OHADA de la doctrine et de la jurisprudence développés sur ces Principes et Règles.

673. En tout état de cause, une réponse pertinente sur la question du choix des référents juridiques n'est qu'un préalable, qui devrait être complété par une réponse également pertinente quant à la question du poids à donner aux référents retenus.

---

739 J. DJOGBENOU, « La réforme de la procédure civile, commerciale, administrative, sociale et des comptes du Bénin : une légistique impossible ? », *op. cit.*, p. 250

B- Le poids des référents juridiques

674. L'identité probatoire africaine, qui devrait résulter du processus d'harmonisation ne peut être que métissée. Elle va résulter de compromis et de transactions entre les avancées actuelles du droit comparé, l'héritage colonial et les exigences qu'imposent les réalités sociales africaines, qui invitent à envisager également la part des droits africains précoloniaux dans la démarche globale. On peut, certes, raisonnablement admettre que dans le souci de mettre en place un nouveau droit de la preuve adapté au contexte de la mondialisation, il faille adopter un référent principal à vocation universelle. Mais la mobilisation d'un tel réfèrent ne devrait pas être de nature hégémonique; au contraire, elle devrait permettre d'aboutir à un droit uniforme de la preuve qui soit moins un droit de rupture qu'un droit uniforme d'ajustement, un droit uniforme qui ne se heurte pas à des difficultés importantes de réception et, donc, d'application.

675. La première question qui se pose alors est celle de savoir comment procéder au dosage des différents référents en présence (1). Une autre question, connexe, est celle de la mise en cohérence du nouveau droit avec les normes préexistantes (2).

1) Le dosage entre les différents systèmes juridiques

676. En tant qu'il sera porté par un texte uniforme, le nouveau droit de la preuve aura pour chaque Etat valeur de législation nationale, appelé d'abord à régir les relations probatoires internes. Une telle circonstance invite à souligner que, si le souci de modernisation justifie le recours comme référent principal à un modèle extérieur qui paraît adapté au contexte de la mondialisation, ce recours doit se limiter à ce qui est strictement nécessaire de ce point de vue, pour laisser la place également à l'adoption de règles permettant d'adresser les réalités nationales ; on sait en effet que la valeur d'une règle de droit se mesure moins à sa perfection formelle qu'à ses possibilités effectives d'application.

677. Dans cette perspective, on devrait aménager une place, pas nécessairement résiduelle, au droit traditionnel. Une telle solution appelle du législateur qu'il fasse l'effort d'identifier, sans préjugés, les règles de ce droit qui sont susceptibles de compléter utilement le modèle de base, pour parfaire l'adaptation du nouveau droit et le rendre véritablement porteur de cette identité probatoire africaine recherchée.

De ce point de vue, le recours à l'anthropologie juridique parait incontournable, pour affiner la formulation du référent.

678. Une telle recherche est d'autant plus importante que dans certains Etats, le droit traditionnel est la source du droit applicable devant les juridictions dites de droit local tant que le législateur postcolonial n'est pas encore intervenu. En revanche, si une loi est adoptée dans un domaine considéré, celle-ci s'applique non seulement devant les juridictions de droit écrit, mais également devant les juridictions de droit local, comme nouvelle formulation de la coutume.

679. En Afrique, la preuve est le moyen principal pour prouver l'existence d'un lien contractuel[740]. La plupart des traditions juridiques africaines exigent l'existence de deux témoins[741]; mais ce principe peut trouver des modifications dues à des facteurs religieux ou traditionnels. A défaut de témoignage, le serment seul est admis d'une des parties[742] ; en cas de population musulmane le serment doit être prêté sur le Coran[743] ou autre objets sacrés[744]. L'aveu admis à la fin de la preuve d'un lien contractuel[745], doit être reçu devant deux témoins[746], ou être complétées par la preuve testimoniale[747]. La preuve testimoniale, le serment et l'aveu sont les seules preuves admises pour les traditions juridiques africaines. Et le professeur Salvatore Mancuso de conclure : « *Cela implique logiquement que sur le plan de la preuve, on admette la liberté de preuve (orale ou testimoniale) comme principe*

---

740 Voir par exemple, Jean SOHIER, *Répertoire général de la jurisprudence et de la doctrine coutumière du Congo et du Ruanda-Urundi* (jusqu'au 31 décembre 1953), (1957) Bruxelles, Larcier, voix « échange », maxime n. 4 ; voix « prêt », maxime n. 35 ; voix « preuve », maxime n. 101, 103, 104, 107, et 109 ; et voix « sureté », maxime n. 15 avec référence au gage.

741 Art. 290 Coutumier du Dahomey (Circulaire AP 128 du 19 mars 1931). Les règles énoncées par le coutumier ne sont pas des articles de code.

742 R. VERDIER, « Signes de vérité et d'innocence, gages de certitude et de conviction : les rituels probatoires dans les traditions orales », in *Revue française de théorie, de philosophie et de culture juridiques* (1996), p. 91-98.

743 M. CAMPISTRON, *Coutume Ouolof*, cité par S. MANCUSO, « L'OHADA vers sa population. Y a-t-il une place pour les droits originellement africains dans le processus d'harmonisation du droit des contrats», in Les Pratiques contractuelles et les processus d'harmonisation dans les espaces régionaux, Actes du Colloque International de Libreville, juin 2012, p. 325

744 M. DULPHY, *Coutumes des Sérères de la petite côte*, cité par S. MANCUSO, *ibid.*

745 Jean SOHIER, Répertoire cité, voix « preuve », maximes n. 60 et 61

746 M. CAMPISTRON, *Coutume Ouolof*, cité par S. MANCUSO, *ibid.*

747 M. DULPHY, Coutumes des Sérères de la petite côte, S. MANCUSO, *ibid.*

général en droit des contrats, même pour sauvegarder le recours à l'aveu ou au serment propres du droit traditionnel »[748].

680. Faut-il le rappeler, le Doyen Stanislas Melone[749] relevait également que si l'on ne peut pas conclure à l'existence d'une théorie générale traditionnelle des obligations, des recherches en jurisprudence locale ont révélé qu'un droit traditionnel des contrats a existé avant l'époque coloniale et continue, malgré la présence du Code civil importé de la France, à exercer une certaine influence en Afrique grâce à des règles originales relatives à la formation et à la preuve du contrat. On peut citer parmi celles-ci quelques-unes qui ont gardé toute leur originalité dans la pratique contractuelle et résisté au Code civil : le caractère solennel du contrat et la preuve testimoniale.

681. Le contrat est solennel en droit traditionnel en ce qu'il ne se forme pas seulement par un simple échange de consentement. Sa validité est en plus subordonnée à la présence d'un témoin lors de sa formation, lequel pourra en rapporter la preuve. Pour ce qui est de la preuve, le système traditionnel voit dans le témoignage — et non pas dans l'écrit — le mode privilégié, et est donc moins formaliste que le Code civil. Ces conceptions du droit traditionnel devront être prises en compte dans le futur droit de la preuve dans l'espace OHADA.

2) La cohérence avec le droit préexistant

682. Il s'agit de veiller à assurer une cohérence à la fois externe et interne. L'exigence de cohérence externe vise à s'assurer de ce que le droit nouveau s'intègre harmonieusement dans le système juridique global et ne jure pas avec la philosophie qui innerve ce dernier, étant rappelé que dans l'espace OHADA, cohabitent des droits d'inspiration civiliste et des droits d'inspiration « common law » (Cameroun par exemple). Même si on admet que la prédominance est civiliste, il faut rechercher les facteurs de rapprochement des deux traditions juridiques, et montrer en quoi la convergence des traditions civiliste et de *common law* est possible dans l'espace OHADA et ne peut être occultée.

683. Les différences entre systèmes de *common law* et systèmes de droit écrit sont importantes mais ne sont pas insurmontables. *Primo*, c'est au juge dans les systèmes de droit écrit, et

[748] S. MANCUSO, *op. cit.* p. 325

[749] S. MELONE, « Les résistances du droit traditionnel au droit moderne des obligations », Actes du colloque de Dakar 5-9 juillet 1977, *Revue sénégalaise de droit (1977)*, p. 47.

aux avocats dans les systèmes de common *law,* qu'appartient la recherche de la preuve et la formulation des concepts juridiques sur lesquels sera fondée la décision. *Secundo*, le procès dans de nombreux pays de droit écrit s'articule autour d'une série de brèves audiences qui sont dédiées à l'admission de la preuve, laquelle est consignée dans un procès-verbal pour la phase finale ultérieure d'analyse et de décision. En revanche, le procès de common *law* s'ouvre par une phase préliminaire *(pretrial),* articulé en une ou parfois plusieurs audiences préliminaires, suivie d'une audience plénière dans laquelle toutes les preuves sont administrés les unes après les autres. *Tertio*, dans les pays de droit écrit, les jugements des tribunaux de première instance sont généralement soumis à un examen plus approfondi par la cour d'appel, ce qui n'est pas le cas dans les pays de *common law.* Le contrôle en appel dans les pays de droit écrit s'étend aussi bien aux faits qu'au droit. Par contre, ces différences ne doivent pas faire oublier qu'il existe un mouvement de rapprochement entre ces systèmes, sous l'influence de la CEDH et de l'élaboration des règles de procédures transnationales.

684. En qui concerne les institutions juridiques emblématiques du droit de la preuve, le *discovery*[750] et l'*estoppel*[751] sont souvent mis en avant pour stigmatiser les différences entre les deux systèmes. Il s'agit d'une répulsion instinctive envers des notions étrangères au droit français. A l'examen, ces caractères mis en avant pour distinguer les systèmes de preuve continentaux et de common law doivent être fortement relativisés. De très nombreux contre-exemples existent. Ainsi, la suggestion a été faite « d'importer » en droit français la *cross examination* de *Common law*[752].

---

[750] Le *discovery* s'apparente aux procédés de production forcée des preuves. Pour détails, G. MECARELLI, « Quelques réflexions en matière de discovery », Rev. dt. unif, n° 6, 2001, p. 901-914.

[751] Suivant le dictionnaire juridique de l'Association Henri Capitant, l'estoppel, « interdiction de se contredire au détriment d'autrui » est un terme anglais pouvant être compris comme l'équivalent d'une fin de non recevoir. On le considère comme une « notion empruntée au droit anglo-saxon, souvent analysée comme une exception procédurale, destinée à sanctionner au nom de la bonne foi, les contradictions dans les comportements d'un Etat, celui-ci étant considéré comme lié par son comportement antérieur, et dès lors, *estopped* à faire valoir une prétention nouvelle ». V. G. CORNU (Association Henri Capitant), Vocabulaire Juridique, 7ème édition, Paris, PUF, 2005, V° estopel, cité par D. SOSSA, « La question de l'introduction du principe de l'estoppel en droit communautaire OHADA », *OHADATA D-10-41*, p. 1, n° 1

[752] J. ROUSSEL, « Pour une cross-examination à la française », *Les Petites Affiches* n° 32, 2006, p. 4

685. Il est clair que le *discovery* n'est pas inconciliable avec le fond latin du droit OHADA. Toutes les règles concernant la production des documents dans les pays de common *law,* dérivent des *Judicature Acts* anglais de 1873 et 1875. En 1888, la portée de la *discovery a été* fixée dans la jurisprudence *Peruvian Guano,* comme visant « *tout document ayant trait aux matières faisant l'objet du litige, et qui non seulement constituerait une preuve pour l'un des points litigieux, mais aussi qui pourrait être raisonnablement considéré comme contenant des informations pouvant - quoique ne devant pas nécessairement - permettre à une partie directement ou indirectement de faire avancer sa prétention ou de nuire à celle de son adversaire on peut considérer qu'un document contient des informations pouvant permettre à la partie qui demande un affidavit soit défaire avancer sa prétention soit de nuire à celle de son adversaire, s'il s'agit d'un document qui peut équitablement l'amener à poursuivre son enquête, ou qui peut avoir I'une ou l'autre de ces conséquences* »[753].

686. Dans les systèmes de droit écrit, il n'y a pas de procédure de *discovery* en tant que telle. Une partie a seulement le droit de demander au tribunal d'interroger un témoin, ou de demander à la partie adverse de produire un document. Cette règle est le corollaire du principe général dans les pays de droit écrit, selon lequel c'est le tribunal (plus que les parties) qui est responsable de I'administration de la preuve. De plus, dans certains pays de droit écrit, une partie ne peut être forcée à produire un document qui établira sa responsabilité (une sorte d'équivalent en droit civil du principe selon lequel la partie a le droit de ne pas s'auto incriminer).

687. Toutefois, dans de nombreux systèmes de droit écrit, une partie peut être contrainte à produire un document si le juge estime que le document constitue la seule preuve concernant le point litigieux. Ce même résultat peut être atteint en faisant reposer la charge de la preuve sur la partie qui détient ce document. En tout état de cause, le critère pour la production d'un document selon les systèmes de droit écrit est toujours celui de la "pertinence", au sens strict du terme. Aussi, le rapport du Groupe de travail sur le rapprochement du droit de la

---

[753] *Compagnie financière et commerciale du Pacifique v. Peruvian Guano* Co. 11 *Queen's Bench Division (United Kingdom)* 55, 63 (1882), concernant *Order XXXI,* règle 12 des *Règles de la Cour Supreme* de 1875, exigeant la production des documents *ayant trait à toute question en cause dans l'action ('relating* to *any matters in question in the action'.) V.* 6 Uniform Law Review / Revue de Droit Uniforme, 2001, 1112

procédure civile en Europe, a proposé de mettre en place une procédure de *discovery* au sein des pays de l'Union européenne (*Rap. préc. art. 4.1.1*).

688. L'*estoppel* également est conciliable avec le système civiliste. Dans une mise en contexte remarquable, le professeur Dorothé Sossa a démontré que le mécanisme de l'*estoppel* existe déjà dans l'espace OHADA. Pour cet auteur, la question de l'introduction du principe de l'estoppel en droit communautaire OHADA est sans objet. *« A notre avis, il n'est ni nécéssaire ni même utile pour les États membres de l'OHADA d'importer le principe de l'estoppel dans leur droit commmunautaire. L'exigence de la bonne foi dans les relations contractuelles, dont l'utilisation est réelle et bien éprouvée, pourvoit amplement aux différentes solutions que pourraient apporter l'institution de l'estoppel… »*[754].

689. Quant à la nécessité de veiller à la cohérence interne, elle convoque la problématique de l'articulation droit commun/droit spécial. Elle résulte principalement de ce que le législateur OHADA n'a pas fait le choix méthodologique le plus judicieux, en légiférant sur le droit spécial, avant de procéder à une harmonisation du droit commun. Cette option pourrait être à l'origine d'un hiatus qu'il va falloir corriger, quand on sait que l'inspiration des premiers actes uniformes est principalement civiliste, alors que la démarche actuelle d'harmonisation opte pour la transcendance des systèmes juridiques particuliers. En somme, il convient de porter une attention particulière aux forces centripètes divergentes du droit des affaires, qui ne manquent pas de menacer le rôle de droit commun dévolu à la théorie générale.

690. La question est d'autant plus importante que si un acte uniforme relatif au droit de la preuve est adopté, ce dernier va être intégré dans les droits nationaux comme formulation actualisée du droit commun. Cela dit, reconnaitre au texte uniforme sur la preuve le statut de siège du droit commun de la preuve amène à se demander dans quelle mesure, *in fine*, l'OHADA est compétent en la matière, quand on sait que la théorie générale de la preuve relève du droit civil, qui n'entre pas dans le champ de compétence matérielle de l'OHADA. Sur ce plan, il semble difficile de faire l'économie d'une réforme du traité fondateur de l'OHADA, en vue d'étendre son champ d'intervention.

---

[754] D. SOSSA, *op cit*, p. 42

691. Au total, il apparait que les réponses aux interrogations que suscite la problématique des référents juridiques sont non seulement déterminantes dans la définition d'une identité probatoire africaine, mais aussi, sont susceptibles de fournir des éléments d'appréciation de l'opportunité même de l'adoption d'un texte uniforme sur le droit de la preuve.

Section II. Les modalités d'harmonisation

692. Si l'harmonisation du droit de la preuve est nécessaire, les modalités envisageables peuvent présenter quelques difficultés. On pourrait envisager, non sans quelques hésitations, une harmonisation au moyen d'un acte uniforme. On pourrait également choisir d'y procéder, de manière implicite, au moyen d'une loi type.

693. La voie de l'harmonisation directe aboutit à des hésitations (Paragraphe 1) alors que la voie de l'harmonisation indirecte a toutes les faveurs (*Paragraphe 2*).

Paragraphe 1. L'hésitation quant à l'harmonisation directe

694. L'admission du droit de la preuve pourrait être effectuée au moyen de l'adoption de règles communes dérivées du traité que sont les actes uniformes. Tant il est vrai que le traité de l'OHADA a bien visé *« l'harmonisation du droit des affaires dans les États Parties par l'élaboration et l'adoption de règles communes, simples, modernes et adaptées à la situation de leurs économies… »*[755]. On aurait alors recours au procédé prévu aux articles 5 et suivants du traité. L'article 5 al. 1er dispose en effet que « *Les actes pris pour l'adoption des règles communes prévues à l'article premier du présent Traité sont qualifiés ''Actes uniformes''* ». Mais contre cette approche, deux objections justifient l'hésitation : le risque de démesure (A) et l'intégration d'une institution isolée (B).

A- Le risque de démesure matérielle

695. La première objection tient en ce que les professeurs Pougoue et Kalieu Elongo ont, avec raison, qualifié de « risque de démesure »[756], consistant en une excroissance pathologique des objectifs de l'OHADA. Ce risque pourrait prendre la forme, selon les

---

[755] Traité de l'OHADA, art. 1er

[756] POUGOUE (P. G.), KALIEU ELONGO (Y. R.), op. cit., p. 67

mêmes auteurs, d'une « démesure matérielle »[757] lorsque l'excroissance est substantielle. Ce risque de démesure n'est pas absent en ce qui concerne la réception du droit de la preuve. Ce n'est point en raison de ce que la matière ne ferait pas partie du droit des affaires tel qu'il est compris en droit OHADA. On sait bien que le législateur OHADA confère au droit des affaires un domaine extensible qui, en théorie, n'a d'autres limites que la volonté politique décisoire du Conseil des ministres[758].

696. En effet, suivant les termes de l'article 2 du traité : « *...entrent dans le domaine du droit des affaires l'ensemble des règles relatives au droit des sociétés et au statut juridique des commerçants, au recouvrement des créances, aux sûretés et aux voies d'exécution, au régime du redressement des entreprises et de la liquidation judiciaire, au droit de l'arbitrage, au droit du travail, au droit comptable, au droit de la vente et du transport, et toute autre matière le Conseil des Ministres déciderait, à l'unanimité, d'y inclure, conformément à l'objet du présent Traité...* ». Bien que le législateur n'ait pas expressément intégré le droit général de la preuve dans le bloc matériel établi, en raison de ce qu'il n'est qu'énonciatif et non exhaustif, le Conseil des ministres est apte à l'« inclure » dans le domaine du droit des affaires. Au demeurant, le droit de la preuve a un caractère commercial évident, intervenant dans la réalisation des droits entre les professionnels des affaires. Néanmoins au seul motif d'un intérêt évident ou d'une utilité manifeste, on ne saurait l'admettre en droit OHADA au moyen d'un acte uniforme. Il est à craindre en effet, à ce rythme, une inflation des actes uniformes constitutive d'un « flou du droit »[759] ou d'un « plein du droit »[760]. Qu'il soit « flou » ou « plein », il devient inaccessible et non effectif. Force est de constater que « *L'OHADA n'a de sens et ne présente une cohérence que si l'on a une conception stricte des matières*

[757] Ibid., p. 68 n° 53 et s.

[758] Le Conseil des ministres, selon l'art. 27, est composé des ministres chargés de la Justice et des Finances des Etats.

[759] M. DELMAS-MARTY, *Le flou du droit*, PUF, Paris, 2004, citée par J. DJOGBENOU, La réception de l'affacturage en droit OHADA des contrats, in «Les pratiques contractuelles d'affaires et les processus d'harmonisation dans les espaces régionaux », Actes du Colloque de Libreville organisé par l'ERSUMA du 26 au 28 Octobre 2011, Publication de l'ERSUMA, p. 110.

[760] Ph. MALAURIE, *La pensée juridique de Jean CARBONNIER*, in, *Hommage à Jean CARBONNIER*, Dalloz, Paris, 2007, p. 55 J. DJOGBENOU, *ibid*

à uniformiser... Finalement, la recherche systématique du droit des affaires uniformisable doit se faire avec circonspection... »[761].

B- L'intégration d'une institution isolée

697. La seconde objection tient, en effet, en ce que, l'admission par voie législative directe au moyen des « Actes uniformes » saisit plutôt, non une institution isolée, mais une branche déterminée du droit des affaires, qui a atteint un degré d'autonomie suffisante dans son régime et en ce qui concerne son domaine, compatible avec les objectifs du processus d'harmonisation. « *C'est en cela même qu'en dépit de ce que le législateur OHADA a distinctement visé la vente dans le domaine de l'harmonisation, son admission fut prise en compte dans l'Acte uniforme relatif au droit commercial général. Or, la preuve, comme la vente commerciale, est si spéciale que l'admettre au moyen d'un acte uniforme distinct romprait la démarche classique* »[762].

698. L'harmonisation directe se présente comme une méthode plus radicale de l'intégration du droit de la preuve puisqu'elle consiste à effacer les différences entre les législations nationales en leur substituant un texte unique, rédigé en des termes identiques pour tous les États concernés.

699. L'uniformisation qui s'emploie à instaurer une réglementation unique en matière de preuve, impose que, une fois adopté, le futur Acte uniforme devienne le droit commun national de la preuve, qu'il s'agisse de la preuve des contrats civils ou des contrats commerciaux. En procédant ainsi, l'OHADA dénierait aux États membres le droit à un minimum de particularismes nationaux. Et c'est en cela qu'est mise en cause la méthode d'intégration utilisée qui vise une intégration maximale du droit de la preuve sans laisser subsister des divergences entre les États membres. La crainte d'une intégration hégémonique fonde la résistance à instaurer une véritable uniformisation de tout le droit de la preuve.

700. La dimension culturelle du processus, tout d'abord, doit être clairement perçue. L'OHADA, telle que ses fondateurs l'ont conçue et telle que ses plus ardents défenseurs la perçoivent, est une confédération de pays qui diffèrent par leur tradition, leur histoire, leur langue. Leur diversité a toujours été affirmée et respectée. La diversité

---

[761] POUGOUE (P-G), KALIEU ELONGO (Y. R), *op. cit.*, p. 78.

[762] J. DJOGBENOU, *ibid*

culturelle en est un autre aspect, non moins important. Or le droit est une des composantes de la culture propre à chaque Etat africain : il convient d'en assurer le respect dans toute la mesure possible et, donc, de choisir des solutions qui ménagent le plus possible la diversité des traditions juridiques de chacun. Or, qui ne perçoit qu'imposer aux États membres de l'OHADA d'adopter cet « esperanto » juridique que serait le droit civil uniformisé revient à demander à chaque citoyen d'abandonner le droit qui est le sien au profit d'un droit qui n'est celui de personne. Il y a là, en perspective, une perte d'identité, une perte de substance, considérable.

701. Doit-on adopter une nouvelle législation complète au niveau communautaire, c'est-à-dire mettre en place un Acte Uniforme portant sur la preuve qui serait obligatoire, auquel cas il remplacerait le droit national existant ? A ce jour, et à raison des contraintes exposées plus haut, la réponse est résolument mitigée. L'histoire rappelle que la création d'une législation civile unifiée, rationnelle et efficace a toujours été, dans tous les pays qui en ont fait l'expérience, le résultat d'une longue vie commune et d'une volonté politique portée par l'avènement, réel et supposé, de temps nouveaux. Aucune législation d'ensemble n'a été durablement implantée par la seule décision politique.

702. Cette réponse négative ne doit néanmoins pas être comprise comme une fin de non-recevoir définitive. Simplement, pareille démarche est, en l'état et dans le contexte actuel, tout à fait prématurée. Suivant la superbe formule de Portalis, souvent reprise par les auteurs qui s'expriment sur le sujet, « *Les codes des peuples se font avec le temps ; mais à proprement parler, on ne les fait pas* ». Quel peuple ? Il faudra de longues décennies avant de pouvoir dire s'il y aura un jour un peuple africain ? Quel temps ? La préparation du BGB (Code civil allemand) nécessita plus de vingt ans, celle du nouveau code civil néerlandais près de cinquante ans. On peut s'attendre à ce que ce travail nécessite au moins un demi-siècle.

703. Et c'est en cela qu'est mise en cause la méthode d'intégration utilisée qui vise une intégration maximale du droit de la preuve sans laisser subsister des divergences entre les États membres. La crainte d'une intégration hégémonique fonde la résistance à instaurer une véritable uniformisation de tout le droit de la preuve. Cette observation qui portait sur les institutions n'épargne pas le droit matériel de l'OHADA et corroborait l'idée du doyen Jean Carbonnier qui écrivait « *[qu'] il pourrait sembler expédient de se demander s'il* *n'existerait pas des terrains qui, par nature, serait interdits au droit communautaire* »[763]. Le droit de la preuve, à défaut d'être un terrain interdit à la communautarisation, se prêterait difficilement à l'uniformisation.

704. Pour Mireille Delmas Marty, l'intégration de droits hétérogènes doit obéir à un équilibre nécessaire entre cet objectif d'intégration et la préservation de l'identité des communautés dont les droits sont intégrés. Car, « *le curseur définissant le degré de dissolution du droit national dans un droit hybride ne doit en aucun cas dépasser le point de rupture au-delà duquel l'objectif à atteindre par la norme commune substituée à la norme nationale n'est plus réalisable par l'un des États participant à l'œuvre d'uniformisation* »[764].

705. Le moins qu'on puisse dire, c'est qu'au stade actuel, l'intégration du droit de la preuve demeure encore possible. Mais pour y arriver, il conviendrait d'adopter une démarche plus raisonnable.

Paragraphe 2. La faveur de l'harmonisation indirecte

706. Ne point entreprendre d'uniformisation en droit général sauf à y voir une loi modèle que les États peuvent adopter comme loi nationale, est une précaution déjà suggérée[765]. Cette mise en garde est valable pour le droit de la preuve (B), mais en tirant leçon de l'expérience européenne en matière d'harmonisation indirecte (A).

A- Les critiques contre l'harmonisation indirecte

707. L'Union européenne propose actuellement la loi-type et du coup, l'OHADA peut être tenté de préférer cette option à l'unification opérée jusqu'à présent. Mais ce choix remettra en cause la philosophie des pères fondateurs de l'OHADA. Le fondement même du droit OHADA est l'uniformisation qu'elle opère et l'applicabilité directe qu'elle promeut dans les États-membres. Le modèle de Loi-type aboutirait à autant de législations nationales que d'États-membres de

---

[763] J. CARBONNIER, *Droit et passion du droit sous la Vème République*, Flammarion forum, 1996, p. 52

[764] M. DELMAS MARTY) (dir.), *Critique de l'intégration normative*, PUF, Coll. Les voies du droit, 2004, p.191.

[765] J. ISSA SAYEGH, P. G. POUGOUE (P.-G.) : « L'OHADA, défis, problèmes et tentatives de solutions », communication au colloque de Ouagadougou, portant sur l'harmonisation du droit OHADA des contrats, 15-17 novembre 2007, in Actes du colloque « Harmonisation du droit OHADA des contrats», Ouagadougou 15-17 novembre 2007, disponible sur http://www.ohada.com/doctrine/ohadata/D-09-26 cité par K. DOGUE (*thèse précitée).*

l'OHADA. On accepterait d'uniformiser tout le droit commun mais on ferait un retour en arrière en adoptant une harmonisation minimale telle que procède actuellement l'Union européenne. Le principe de la loi modèle signifie qu'un accord soit acquis sur le domaine de l'uniformisation.

708. Depuis longtemps, l'Europe connaît et expérimente l'harmonisation *a minima* contrairement à l'OHADA qui a choisi la voie de l'uniformisation voire l'unification. Karel Dogue[766] explique que les avantages à cette option pourraient être double, mais ils se positionneraient dans la durée. Les premiers seraient dans une optique d'extension du champ matériel[767] couvert par l'OHADA. En effet, certaines matières[768] se prêtent moins à l'unification ou l'uniformisation et nécessitent qu'une harmonisation plus souple soit adoptée. Pour ces matières, l'OHADA pourrait proceder par voie de lois-modèles ou lois-types. Les seconds s'inscriraient dans une perspective d'ouverture de l'OHADA aux autres pays africains membres ou non de l'OUA[769] de tradition juridique différente.

709. Toutefois, l'auteur observe que la portée de l'unification du droit risque de se trouver fortement limitée par l'adoption de ce mode d'harmonisation : les États peuvent l'adopter ou non ; s'ils l'adoptent, ils peuvent le faire en des termes très différents ; ils peuvent la modifier ou l'abroger sans se concerter entre eux ; enfin, les juges

---

[766] K. DOGUE (*thèse précitée*

[767] J. ISSA-SAYEGH, « L'extension du champ de l'Ohada », Communication du Professeur Joseph ISSA-SAYEGH, au colloque ARPEJE/IDEF, Porto Novo, 3-5 mai 2004, Disponible en ligne à l'adresse www.ohada.com sous la référence D-04-03; U. BABONGENO, « OHADA : projet d'harmonisation du droit des affaires en Afrique à l'épreuve de la consolidation et de l'élargissement », Disponible en ligne à l'adresse www.ohada.com sous la référence D-05-25.

[768] On peut penser à la réglementation des PPP ainsi que certains contrats de BOT. Avec l'extension du champ matériel de l'OHADA, il peut s'avérer utile de définir certaines règles de procédure civile censées régir toutes les activités procédurales au sein de l'espace couvert. Ces règles pourraient aussi intégrer les principes fondamentaux des droits humains en matière de procédure tel le principe du contradictoire, le droit à un procès équitable qui ainsi se verraient reconnaître par l'OHADA. En ce sens, un projet futuriste de Loi-modèle uniforme sur les procédures OHADA pourrait être envisagé avec l'option d'un loi-type ou loi-modèle. La matière de la gouvernance également est un complément utile de l'armature juridique de l'OHADA et pourrait faire l'objet d'une Loi-type OHADA sur la gouvernance d'entreprises. La corruption étant le mal endémique des pays africains, une loi-type OHADA de lutte contre la corruption pourrait être envisagée. Autant de domaines qui ne ressortent pas directement du noyau dur du droit des affaires OHADA mais qui sont utiles pour l'atteinte des objectifs de l'Organisation selon K. DOGUE (*thèse précitée).*

[769] Art. 53 du Traité de l'OHADA.

nationaux, en raison de leur pouvoir souverain d'interprétation, peuvent aboutir à des applications divergentes d'un pays à un autre, bien qu'il s'agisse de la même loi.

710. Une loi-type peut être définie comme un texte législatif recommandé par une instance communautaire à plusieurs États ou organisations membres. Elle s'assimile à la Loi-cadre ou Loi-modèle. Son avantage réside dans la souplesse qu'elle offre à ses usagers qui peuvent modifier ou même exclure carrément certaines de ses dispositions. Cependant, elle n'atteint cet avantage que si les États-membres apportent peu de modifications et se conforment le plus strictement possible au cadre des principes de référence établis par cette loi-type. Elle ne présente pas d'autres avantages en général et encore moins dans le contexte africain de l'OHADA. La loi-modèle entraînerait simplement une dés-harmonisation du droit des affaires OHADA.

711. Par la technique de la Loi-modèle, l'effet direct n'est plus possible mais les législations nationales seront différentes les unes des autres quant aux matières spécifiques uniformisées en plus des droits communs nationaux disparates. Au niveau de l'information des lois applicables par pays, cette disparité entrainera une impossibilité de bénéficier de l'économie d'échelle. Il faudra étudier chaque corpus national pour savoir quel droit commun ou spécial s'applique, et le cas échéant si le droit national choisi ou applicable selon les règles de droit international privé est compatible avec les mentions et la volonté des parties.

712. M. Dogue souscrit à l'idée que l'unification permettrait de moderniser la codification civile, mais en observant que rien n'empêche le Conseil des ministres de l'OHADA d'inclure ultérieurement certains aspects du droit civil dans le domaine du droit des affaires, si cela s'avère opportun par rapport aux objectifs du Traité. De même, la modernisation de la codification civile peut se faire à l'intérieur de chaque Etat membre, et non pas nécessairement dans le cadre d'un processus d'harmonisation du droit. Les États membres de l'OHADA demeurent donc libres chacun en ce qui le concerne, d'étendre la nouvelle législation aux contrats civils. Il pourrait s'agir là d'une technique de modernisation de la codification civile qui s'offre à chaque État partie.

B- Les arguments pour l'harmonisation indirecte

713. L'idée d'une harmonisation indirecte ne manque pas d'arguments. Elle est une opération consistant à mettre en accord des dispositions d'origine différente, plus spécialement à modifier des dispositions probatoires existantes afin de les mettre en cohérence entre elles. Tout en respectant le particularisme des législations nationales, l'harmonisation indirecte du droit de la preuve consiste à réduire les différences et les divergences entre elles en comblant les lacunes des unes et en gommant les aspérités des autres. Un tel résultat s'obtiendra au moyen de techniques juridiques douces telles que la loi-type ou loi-modèle. Cette technique d'intégration juridique respecte la souveraineté législative et réglementaire nationale, hormis qu'un résultat est imposée.

714. La loi-modèle est une formule plus souple d'harmonisation ou d'uniformisation du droit. Elle peut être rédigée dans un délai plus court que celui requis pour une convention. Faut-il le rappeler, les États ne sont pas obligés d'en accepter tous les termes et peuvent ne retenir que ceux qui leur conviennent ; elle peut facilement concilier des États de cultures juridiques différentes ; elle peut être introduite plus rapidement en droit interne, après son vote par le pouvoir législatif national.

715. Lorsque l'on observe la méfiance, voire l'hostilité, que suscitent – à tort ou à raison - les projets et les réalisations européennes en matière d'harmonisation du droit privé, on peut craindre qu'il en aille de même pour la loi-type sur le droit de la preuve dans l'espace OHADA. Mais est-il bien sûr qu'en arrêtant le train, le droit de la preuve, laissée aux mains des seuls États, de leurs particularismes et des habitudes corporatistes de chaque pays, remplira les objectifs de l'OHADA ? Si l'harmonisation suscite trop souvent le repli, la justice des États n'a pas bien meilleure presse.

716. Il faut la mise au point de principes communs du droit de la preuve pour renforcer la convergence des droits nationaux. Cette option paraît tout à fait acceptable dans la mesure où elle ne se heurte à aucune des contraintes dégagées plus haut par M. Dogue. Elle présenterait notamment l'intérêt d'offrir des principes de base à tous les pays qui entendent réformer leur droit de la preuve. L'avantage de la formule est qu'elle n'aboutit pas à une modification du droit interne des États concernés, ce qui permet notamment de respecter la variété des traditions juridiques des uns et des autres, et cela tout en satisfaisant les intérêts des entreprises soucieuses d'une meilleure lisibilité du droit.

717. De telles considérations militent, à l'évidence, en faveur des solutions où l'uniformisation juridique est la moins radicale, et notamment celle consistant à proposer aux agents économiques de se référer à un corps de règles admises au niveau communautaire pour des transactions trans-OHADA. Et ce serait, au demeurant, un moyen de tester la qualité des règles uniformes élaborées par les auteurs savants qui ont consacré, et consacrent, une part de leur énergie à les concevoir et les mettre en forme. Leur succès en pratique, attesté par l'usage qu'en feraient les acteurs économiques, serait un véritable plébiscite, qui permettrait peut-être d'envisager alors d'aller plus avant dans le processus. Tant qu'ils n'en ressentiront pas le besoin, les principes OHADA du droit de la preuve joueraient le rôle de *restatements*[770]; le jour où ils voudront évoluer vers plus d'unification, il leur appartiendra de les développer et d'en faire un Acte uniforme.

718. Ainsi, les États pourront librement décider, face à un instrument qui se présente sous la même forme non contraignante que les principes du droit de la preuve, de n'adopter que les principes ou de compléter ces principes par l'introduction des règles. L'idée est avant tout de tenir compte de la situation juridique de certains États qui ne sont pas encore très versés dans l'application de droits fondamentaux de procédure. Ainsi, les règles seraient une forme de « modèle clé en main » de transposition des principes en droit interne si l'État concerné le décide. On pourrait proposer à l'adoption des États, selon le libre choix de ces derniers, ou bien le droit des contrats et de la preuve, ou bien le droit de la preuve autonome (expurgé de tout ce qui est inutile ou fâcheux) qui, lui, n'aurait aucune valeur contraignante mais servirait seulement de modèle. II appartiendrait dès lors aux États eux-mêmes, s'ils le souhaitent, de leur donner une force contraignante en les intégrant dans leur ordre juridique national.

719. Ainsi, une solution de compromis serait trouvée également sur le plan de la tradition juridique, entre pays de droit continental, favorables à la rédaction de principes abstraits directeurs considérés comme largement suffisants, et pays de droit anglo-saxon plus accoutumés à des *règles* précises et détaillées. Le projet futuriste de *Principes et Règles relatifs à la preuve* s'intégrerait ainsi plus

---

[770] Principes généraux

harmonieusement dans l'ordre juridique des États intéressés, et prendrait en compte les diversités culturelles à son ouverture aux pays de common law. Aucun modèle n'emporterait nettement et l'objectif d'un procès universel respectant les garanties fondamentales de procédure pourrait être atteint. L'esprit serait ainsi préservé, qui doit l'emporter sur la forme, sur le moule, le creuset qui contiendra le ferment précieux d'un procès équitable universel.

CONCLUSION DU PREMIER TITRE

720. La question de la compétence du législateur OHADA à traiter du droit de la preuve se pose puisque la matière est considérée comme n'ayant rien de commun avec le droit des affaires que l'OHADA uniformise. La participation du droit général dans la preuve devrait interdire à l'OHADA de s'y immiscer pour l'uniformiser. Si l'admission est nécessaire, les modalités peuvent présenter quelques difficultés ou suggérer quelque hésitation. A cet égard, si l'harmonisation du droit de la preuve est un impératif, il est tout aussi impérieux d'en cerner les contours méthodologiques.

721. A cet égard, le premier chapitre a proposé une définition du domaine d'harmonisation qui pourrait être une harmonisation du droit de la preuve autonome. L'harmonisation distincte du droit de la preuve permet de le détacher du droit des obligations, dans lequel sont formellement enfermées les dispositions relatives à la preuve dans le Code civil actuel, alors que la doctrine et la jurisprudence, appelant de leurs vœux l'élaboration d'un droit général de la preuve, s'accordent pour faire application de ces règles à toute preuve civile, et pas seulement à la preuve des obligations nées d'un contrat.

722. Par ailleurs, il a été spécifié les conditions d'une harmonisation conjointe du droit de la preuve, en prenant comme champ d'application le droit des obligations. Le « Projet de texte uniforme relatif au droit des obligations dans l'espace OHADA », a fait le choix de cantonner la preuve au seul droit des obligations. De fait, le traitement de la preuve comporte plusieurs omissions et imperfections de taille qui méritent d'être corrigées; et cela nécessite une réforme de grande ampleur. Pour « désenclaver » la matière, le projet de réforme pourrait prendre modèle sur d'autres systèmes juridiques appartenant à la même famille juridique. Il serait plus opportun de lui consacrer un Titre autonome comme en France, ou de l'intégrer à un titre préliminaire comme au Sénégal.

723. Dans le second chapitre, il a été proposé l'option d'une technique d'harmonisation sous la forme de procédés plus souples d'intégration juridique. Cette option paraît tout à fait acceptable dans la mesure où elle ne se heurte à aucune des contraintes dégagées plus haut. Elle présenterait notamment l'intérêt d'offrir des principes de base à tous les pays qui souhaitent *a minina* réformer leur droit des obligations contractuelles, *a maxima* élaborer un droit de la preuve autonome.

Quant aux autres organisations communautaires, il est permis de penser qu'un jour viendra où on entreprendra une réforme transversale à la matière; alors, les principes probatoires communs pourront être une source d'inspiration. Toutefois, pour faire l'économie d'une réforme du traité fondateur de l'OHADA, l'instrument de l'Acte uniforme s'impose mais sous des conditions qui ont été spécifiées.

TITRE SECOND.

LES ORIENTATIONS FONDAMENTALES POUR UN DROIT OHADA DE LA PREUVE

724. Le « Projet de texte uniforme portant droit général des obligations dans l'espace OHADA » opère une réforme importante du droit de la preuve à travers les articles 526 à 565 formant le chapitre VI du titre III sur le régime général des obligations. La structure classique de présentation des dispositions a notablement changé. Le chapitre VI du Code civil de 1958 regroupait cinq sections consacrées respectivement à la preuve littérale, testimoniale, par présomptions, à l'aveu et au serment. En revanche, le chapitre VI du titre III du Projet OHADA comprend deux sections : un premier chapitre sur les dispositions générales, et un deuxième sur les divers modes de preuve.

725. Pour apprécier au mieux les propositions faites par les rédacteurs du projet, il semble opportun de procéder en deux temps. Le premier temps de la réflexion, plus rétrospectif, doit servir à exposer et à expliquer les dispositions figurant au sein du projet de texte. Le second temps de la réflexion, plus prospectif, doit permettre de proposer des rectifications ou compléments. En d'autres termes, il convient d'analyser ce qui est dit en passant par les textes du projet de réforme et de formaliser ce qui pourrait être dit, en allant au-delà des textes du projet. « *Par le texte mais au-delà du texte* », comme dirait Gény[771].

726. On observera, en définitive, que les textes relatifs à la preuve proposés par le projet de réforme ne semblent pas consolider les acquis jurisprudentiels, comme l'affirment pourtant les auteurs dans leur rapport de présentation, et n'innovent pas sur certains principes qui auraient permis au futur droit de la preuve d'être réellement un modèle pour les systèmes nationaux. S'il fallait, dans une démarche prospective, aller au-delà des textes du projet de réforme, que pourrait-on suggérer ?

727. Une architecture du droit de la preuve peut alors être construite sous la forme de deux ensembles : la théorie générale de la preuve, d'une part, et le droit des preuves spéciales, d'autre part. Cette division était déjà en germe dans le *Traité élémentaire de droit civil* de

[771] F. GENY, *Méthodes d'interprétation et sources du droit privé*, vol. II, n° 35, 55, et 57.

Planiol de 1923; elle a été récemment affinée par Etienne Vergès[772], avant d'être systématisée en doctrine[773].

728. Une théorie générale est une construction doctrinale ayant pour finalité de décrire les règles du droit positif. Elle se compose d'« *un ensemble de définitions et de principes ordonnés autour d'un certain objet dans le dessein d'expliquer de manière cohérente les solutions positives et de guider les solutions futures* »[774]. Conçue comme une organisation intellectuelle des règles de droit, la vocation de la théorie générale est tout à la fois d'établir la cohérence du système juridique observé, et d'en faire une présentation pédagogique à destination des utilisateurs de la règle de droit. En droit de la preuve, la nécessité d'élaborer une théorie générale s'impose d'autant plus de force que les règles de droit sont dispersées et que la cohérence n'apparait pas avec évidence dans le Projet de texte OHADA.

729. « *La théorie générale de la preuve peut être construite sur le modèle de la théorie générale du contrat : c'est-à-dire en distinguant les règles générales applicables à tous les contrats et les règles particulières applicables à chaque contrat spécial. En droit de la preuve, il existe également des règles applicables à l'ensemble des preuves (charge de la preuve, licéité des preuves, etc.) et des règles spécifiques pour chaque mode de preuve. Par conséquent, en prenant le modèle des « contrats spéciaux », chaque mode de preuve apparait comme une « preuve spéciale », qui possède un régime juridique propre* » expliquent les professeurs Vergès, Vials et Leclerc dans une justification théorique[775].

730. Pour ces auteurs, la distinction entre preuves nommées et innomées éclaire la décomposition du droit de la preuve en théorie générale, d'un côté, et un droit des preuves spéciales, de l'autre. Cette architecture permet de réunir la totalité des règles de preuve dans un même ensemble – le droit de la preuve – scindé en deux sous-ensembles. Elle

---

[772] L'auteur propose de reconstruire un droit de la preuve qui relève de chaque procédure (civile, pénale, administrative), E. VERGES, « Eléments pour un renouvèlement de la théorie de la preuve en droit privé », *op. cit.* En faveur d'une refonte totale, v. également E. VERGES, « La réforme du droit de la preuve civile : enjeux et écueils d'une occasion à ne pas manquer », *op. cit.*

[773] E. VERGES, G. VIAL, O. LECLERC, *Droit de la preuve*, Collection Thémis PUF, Paris, 2015.

[774] Ph. JESTAZ et Ch. JAMIN, *La doctrine*, Paris, Dalloz, 2004, p. 230 et s.

[775] E. VERGES, G. VIAL, O. LECLERC, *op. cit.*, n° 41

permet encore de dépasser le clivage entre règles de fond et règles de procédure. Enfin, elle transcende les branches du droit.

731. Un dernier point est essentiel pour comprendre le rôle que joue la théorie de la preuve au sein du droit de la preuve. Il réside dans la distinction entre la théorie générale et le droit commun de la preuve. Ces deux concepts, bien que proches, ne se confondent pas. « *La théorie générale se compose de principes généraux, mais ceux-ci ne sont pas nécessairement communs à toutes les preuves; alors que le droit commun s'applique de façon uniforme, la théorie générale s'applique à l'ensemble des preuves, tout en intégrant des éléments de variabilité. Par exemple, la théorie générale des preuves traite distinctement le régime de la preuve légale et celui de la preuve libre, et elle définit un domaine d'application pour chacun de ces régimes. La théorie générale permet donc de traiter, dans un ensemble cohérent, des règles contradictoires ou simplement différentes* »[776].

732. En définitive, la théorie générale de la preuve a pour objectif d'identifier les principales questions relatives à la preuve en justice, de définir les concepts du droit de la preuve, de rassembler les règles transversales qui permettent de répondre à ces questions et d'ordonner ces règles dans un esprit de cohérence et de pédagogie. La théorie générale de la preuve appréhende ainsi les règles communes à toutes les preuves, en tenant compte de leur variabilité. Elle se distingue du droit des preuves spéciales, dont la fonction est d'étudier le régime propre à chaque mode de preuve.

733. Le **premier chapitre** est consacré à la théorie générale de la preuve. Elle regroupe l'étude des questions qui se posent dans tous les contentieux et des principes généraux qui permettent de les résoudre. La théorie générale de la preuve est organisée en quatre thèmes : l'objet de la preuve, la charge de la preuve, la constitution du dossier probatoire et l'appréciation des preuves.

734. Le **second chapitre** s'attache à une présentation des modes de preuve, et propose un régime juridique propre à chaque mode de preuve, qu'il s'agisse de preuve nommées ou innomées, dans le contentieux civil. Cette présentation parait plus satisfaisante que celle du Code civil en vigueur et du projet OHADA existant, où le régime de chaque preuve et son admissibilité se trouvent entremêlés. Quant au fond, les textes ne sont pas d'une parfaite modernité.

---

[776] E. VERGES, G. VIAL, O. LECLERC, *op. cit.*, n° 43

<u>CHAPITRE PREMIER</u> :
LE RENOUVELLEMENT DE LA THEORIE DE LA PREUVE

735. Le « Projet de texte uniforme du droit des obligations, de la preuve et de la prescription extinctive dans l'espace OHADA » est manifestement construit à partir de l'approche classique de la preuve. La preuve civile y est abordée de façon marginale et sans réelle innovation. L'apport de la doctrine depuis deux siècles est absent du projet de réforme, ainsi que les évolutions jurisprudentielles qui dessinent aujourd'hui un droit de la preuve bien plus vaste que celui du Code civil. Les rédacteurs du projet de réforme ne paraissent pas avoir manifesté beaucoup d'intérêt pour cette partie du code. Ils ont procédé au mieux à un toilettage en supprimant les dispositions archaïques, désuètes, inutiles voire pernicieuses. Ainsi les modifications proposées portent-elles davantage sur la structure de la matière et sur une rédaction plus claire des textes que sur le fond. Il serait pourtant regrettable que, dans le cadre d'un renouvellement profond du droit des obligations, l'occasion ne soit pas saisie de renouveler la théorie générale de la preuve.

736. La théorie générale de la preuve est une construction intellectuelle, dont la finalité est de rassembler les règles transversales du droit de la preuve et de les ordonner pour en faciliter la compréhension et la mise en œuvre pratique. Elle permet d'identifier les grandes questions qui se posent dans chaque procès, d'analyser les règles qui permettent de répondre à ces questions et de décrire la manière dont ces règles s'agencent dans les grandes étapes du processus probatoire. Cette vue d'ensemble sur les principes du droit de la preuve et sur leur mise en œuvre technique révèle l'unité de la matière, au-delà des spécificités liées à chaque contentieux et à chaque mode de preuve.

737. La théorie générale de la preuve pourrait s'organiser en quatre ensembles : l'objet de la preuve permet d'analyser les caractéristiques du fait à prouver; la charge de la preuve consiste à déterminer quelle partie doit supporter l'effort probatoire et dans quelle mesure cet effort peut être atténué, voire déplacé ; la constitution du dossier probatoire regroupe les règles qui visent, d'une part, à réunir les preuves susceptibles d'influencer la décision, et d'autre part à déterminer parmi ces preuves, celles qui pourront être prises en compte par le juge et celles qui devront être exclues ; enfin l'appréciation des preuves est la phase ultime qui permet au juge de former sa conviction. Cette appréciation s'élabore en tenant compte des règles qui déterminent le degré de contrainte ou de liberté dont le juge dispose pour prendre sa décision, mais également au regard d'un processus intellectuel qui constitue le raisonnement probatoire.

738. Comme toute grande réforme, celle du droit de la preuve doit s'appuyer sur des fondements théoriques (*Section I*) et proposer des principes nouveaux, issus de l'évolution du droit positif et adaptés à une conception moderne de la justice (*Section II*).

Section I. Les fondements théoriques

739. Le droit de la preuve, en raison de sa dispersion, doit reposer sur des fondements théoriques solides, que l'on peut trouver dans la *summa divisio* entre la théorie générale de la preuve et le droit des preuves spéciales (*Paragraphe I*). Au-delà de cette construction, il est nécessaire de tenir compte de certains éléments clés qui donnent à une réforme son ampleur et sa modernité (Paragraphe II).

Paragraphe I. La *summa divisio*

740. En partant des insuffisances de la réforme française et du projet de réforme OHADA, il sied d'exposer, tout d'abord, la *summa divisio* (A) et, ensuite, son intérêt pratique (B).

A. L'exposé de la summa divisio

741. Le chapitre VI (La preuve des obligations et de leur exécution) du Titre III du « Projet OHADA portant droit général des obligations » scinde les règles de preuve en deux sections : I. Les dispositions générales, II. Les modes de preuve. L'ordre dans lequel les questions sont traitées parait peu cohérent. La première section peut être rattachée à la théorie générale, mais elle comporte de nombreuses lacunes. Par exemple, on n'y trouve pas un principe aussi général que l'interdiction de se constituer une preuve à soi-même[777]. On peut aussi regretter que ne figure pas, dans les dispositions générales, un texte relatif à la loyauté de la preuve[778]. Seul l'article 1357 légalisant « les conventions sur la preuve»[779] tient vraiment sa place au rang des «dispositions générales». En revanche, dans la deuxième section, les principes généraux sur l'appréciation de la preuve sont éparpillés en autant de règles spéciales que de modes de preuve, sans esprit de système. Cet éparpillement emporte des confusions qui conduisent les juges à appliquer le principe de légalité de la preuve, dans les domaines où la preuve est libre. Il existe ainsi, dans le droit positif, une confusion entre les règles générales et les règles propres à chaque mode de preuve. Cette confusion pourrait être éliminée en clarifiant les relations entre le Code civil et le Code de procédure civile. Finalement, occultant la dynamique du procès et le renvoi au Code de

---

[777] Il aurait été souhaitable également de clarifier ce « principe » selon lequel nul ne peut se constituer de titre à soi-même dont use, et parfois abuse, la jurisprudence. Question à mi-chemin entre la charge de la preuve et le mode de preuve, la réforme française en a proposé une consécration (art. 1363). Il est de bon sens qu'une personne ne puisse se prévaloir d'un écrit qu'elle a elle-même établi. Cette règle, apparemment applicable lorsqu'il s'agit de se constituer un titre juridique (Cass. 1re civ., 23 juin 1998, n° 96-11.486, Bull. civ. I, n° 220), est sans effet lorsqu'il s'agit de prouver des faits juridiques (Cass. 3e civ., 3 mars 2010, n° 09-13.723, Bull. civ. III, n° 52.), même si la jurisprudence n'est pas toujours aussi claire (Sur ces hésitations, v. A. AYNES et X. VUITTON, *Droit de la preuve. Principes et mise en oeuvre processuelle*, LexisNexis, 2013, n°s 178 et s., p. 102 et s.)

[778] Malgré son émergence certaine en droit (V. Cass., ass. plén. 7 janv. 2011, nos 09-14.316 et 09-14.667: Bull. ass. plén., no 1; D. 2011. 562, obs. E. Chevrier, note F. Fourment ; D. 2011. 618, obs. D. Vigneau ; RTD civ. 2011. 127, obs. B. Fages), le projet de réforme n'en dit rien. Pourquoi ? On objectera qu'il relève de la procédure civile; qu'il n'appartient pas au code civil de l'accueillir. Mais l'argument serait un peu court: la règle charpente la matière et contribue à policer les rapports entre particuliers. Elle participe naturellement du droit civil. L'occasion était belle de le reconnaître; elle est manquée. Il faudra donc continuer à se fier à la jurisprudence, laquelle écarte par exemple les enregistrements clandestins (Civ. 2e, 7 oct. 2004: D. 2005. 122, note S. Bonfils), ou encore les correspondances couvertes par le secret professionnel (Civ. 1re, 11 juin 2009: Bull. civ. I, no 128:

[779] Aucune disposition du Code civil ne consacre un principe de validité des conventions relatives à la preuve. L'article 1357 du projet constitue en ce sens une innovation majeure. Une telle consécration est défendue par l'ordonnance française, qui préfère utiliser le terme de « *contrat* » (art. 1289). Cet article 1357 répond donc favorablement à une partie de la doctrine qui s'était déclarée plutôt favorable à un tel principe, à condition que les parties aient la libre disposition de leurs droits, analysant le plus souvent cette convention comme une renonciation à un droit (En ce sens, Fr. TERRE, *Introduction générale au droit*, précité, n° 602. V. déjà, G. RIPERT et M. PLANIOL, *Traité pratique de droit civil français*, t. VII, 2e éd., par A. Esmein, nos 1428 et s.). L'article, qui ne se limite pas uniquement à la charge de la preuve, ne fait que consacrer un courant jurisprudentiel bien établi. Les conventions portant directement sur la preuve sont, en effet, par principe valables, y compris celles qui sont relatives à la charge probatoire (Cass. 1re civ., 28 janv. 2003, n° 00-17.553, Bull. civ. I, n° 26, p. 21 ; Cass. com., 19 juill. 1965, Bull. civ. III, n° 456).

procédure civile, les dispositions du Projet OHADA montreront très vite leurs limites.

742. A l'instar du Code civil de 1804, la réforme française réserve un corpus entier à la preuve des obligations. La structure n'en est pas la même, mais ce nouveau titre reprend plusieurs règles essentielles du chapitre actuellement en vigueur. Le titre IV *bis* de l'ordonnance portant réforme du droit des contrats, du régime général et de la preuve des obligations en France est divisé en trois sections : la première est consacrée aux dispositions générales, la deuxième à l'admissibilité des modes de preuve et la troisième aux différents modes de preuve. Ce plan est beaucoup plus clair que celui de l'actuel chapitre VI du Code civil. Dans la réforme française, le chapitre 1er intitulé « Dispositions générales » posent les principes généraux du droit de la preuve mais il paraît fourre-tout. On y trouve la règle fondamentale sur le fardeau probatoire ou le renvoi au code de procédure civile pour l'administration judiciaire de la preuve. Par contre, les articles 1355 et 1356 n'ont rien à y faire ! Évoquant maladroitement la définition des présomptions et l'autorité de la chose jugée, ils auraient dû rejoindre la sous-section 3 de la section III, qui, plutôt que d'être limitée à « la preuve par présomption judiciaire », aurait dû englober toutes les espèces de présomptions. Seul l'article 1357 légalisant « les contrats sur la preuve » tient vraiment sa place au rang des « dispositions générales ». Quant à la distinction entre les deux derniers chapitres, elle n'est pas très nette : envisager l'admissibilité des modes de preuve, c'est déjà aborder leur diversité.

743. En réalité, le droit de la preuve trouve sa structure fondamentale dans une *summa divisio* entre la théorie générale de la preuve et le droit des preuves spéciales. Les modes de preuve sont des preuves spéciales, dont le régime juridique est défini par un texte. On peut les comparer à des contrats nommés et les désigner par l'expression « preuves nommées ». Au-delà de ce droit spécial, il existe une théorie générale qui domine l'ensemble des preuves, nommées et innomées[780]. Cette théorie est composée de règles transversales, organisées en quatre grands ensembles thématiques : l'objet de la preuve, la charge de la preuve, la constitution de la preuve, et l'appréciation de la preuve.

---

[780] Les preuves innomées sont celles dont le régime juridique n'est défini par aucun texte, mais qui peuvent être produites en justice chaque fois que la preuve est libre.

B. L'intérêt pratique de la *summa divisio*

744. C'est beaucoup plus utilement que l'article 1358 issu de l'ordonnance française opère un renvoi au Code de procédure civile, en disposant que « l'administration judiciaire de la preuve et les contestations qui s'y rapportent sont régies par le code de procédure civile». Sans doute ce texte de renvoi n'a-t-il pas davantage de valeur normative que l'actuel article 1315-1. Mais jamais le Code civil n'a suffi à épuiser les questions probatoires et les praticiens n'ont de cesse que d'utiliser le Code de procédure civile, qu'il s'agisse des principes directeurs exprimés aux articles 9 à 11[781] ou des règles inscrites au titre VII du livre I de ce code *(«Dispositions communes à toutes les juridictions*»), expressément intitulé «L'administration judiciaire de la preuve». Symboliquement, l'article 1358 n'en présente pas moins un double avantage : explicitement, il souligne la complémentarité du Code civil et du Code de procédure civile en matière probatoire, du fond et de la forme; implicitement, il rappelle la différence entre vie juridique et vie judiciaire, les questions de preuve ne se posant pas seulement à l'occasion d'un procès.

745. S'agissant de la preuve, cette distinction pèche par manque de fondement théorique, car il n'existe pas de frontière entre ces catégories. Ainsi, les principes relatifs à la charge de la preuve figurent dans les deux codes[782], sans que l'on puisse dire que la charge de la preuve est une règle de fond ou de procédure. Dans le même esprit, le principe de licéité des preuves est exprimé à l'article 9 du Code de procédure civile, alors que la réforme OHADA prévoit de créer une section relative à l'admissibilité des modes de preuve[783]. Or ces deux questions sont intimement liées, puisque les preuves illicites sont écartées des débats. Elles ne sont donc pas admissibles. Plus précisément encore, les règles relatives au désaveu d'écriture figurent à la fois dans le Code civil et dans le Code de procédure civile[784], et la réforme OHADA reprend cette

---

[781] C. pr. civ., art. 9: «*Il incombe à chaque partie de prouver conformément à la loi les faits nécessaires au succès de sa prétention*». – C. pr. civ., Art. 10: «*Le juge a le pouvoir d'ordonner d'office toutes les mesures d'instruction légalement admissibles*». – C. pr. civ., Art. 11: «*Les parties sont tenues d'apporter leurs concours aux mesures d'instruction sauf au juge à tirer toutes les conséquences d'une abstention ou d'un fait. Si une partie détient un élément de preuve, le juge peut, à la requête de l'autre partie, lui enjoindre de le produire, au besoin à peine d'astreinte. Il peut, à la requête de l'une des parties, demander ou ordonner, au besoin sous la même peine, la production de tous documents détenus par des tiers s'il n'existe pas d'empêchement légitime*».

[782] Art. 1315 c. civ. ; art. 9 c. pr. civ.

[783] Sect. 2, art. 530 s. du projet de réforme.

[784] Art. 1323 et 1324 c. civ. ; art. 287 s. c. pr. civ.

organisation[785]. Dès lors, il est bien délicat de trancher la question de savoir si le régime du désaveu d'écriture est composé de règles de fond ou de forme.

746. Une autre organisation des règles de preuve est pourtant possible. Elle prendrait appui sur la *summa divisio* entre la théorie générale de la preuve et le droit des preuves spéciales. Le Code civil pourrait regrouper l'ensemble des principes qui composent la théorie générale de la preuve. Le Code de procédure civile contiendrait les modes de preuve et les procédures afférentes à ces preuves spéciales. L'écrit, l'aveu, le serment, trouveraient ainsi leur place naturelle dans le Code de procédure civile, à côté des mesures d'instruction, de la comparution des parties ou des déclarations des tiers.

747. Les règles de la preuve civile ne sont pas liées uniquement au droit des obligations. Elles devraient trouver leur place dans un titre autonome du Code civil. Les principes relatifs à la charge de la preuve, à la liberté de la preuve ou au droit à la preuve concernent toutes les branches du droit civil. Cette idée est exprimée dans certains projets doctrinaux, sans jamais être concrétisée. Créer un titre dédié aux règles de preuve ne présente pourtant aucune difficulté technique. En revanche, cela donnerait une cohérence et une accessibilité à la matière. Un titre du Code civil intitulé « La preuve » pourrait ainsi regrouper l'ensemble des règles relatives à la théorie de la preuve. La portée générale de ces règles en serait confortée.

748. Il faudra également tenir compte des enjeux de la réforme du droit de la preuve.

Paragraphe II. Les enjeux de la réforme

749. L'intégration des évolutions du droit (*A*) et l'instauration d'un esprit de système (*B*) constituent les clés de la réforme du droit de la preuve.

A- L'intégration des évolutions du droit

Il convient de tenir compte de la jurisprudence et de la doctrine.

1. Transposer les évolutions jurisprudentielles

785 Art. 543 du projet de réforme

750. Comme d'autres branches du droit civil, le droit de la preuve est marqué par une évolution jurisprudentielle de grande ampleur. A cet égard, dans le projet OHADA portant réforme du droit des obligations, la principale adjonction réside dans l'admission des « conventions sur la preuve ». Bien qu'une telle possibilité ait longtemps suscité la méfiance au motif que la preuve relevait de l'ordre public[786], un consensus émerge depuis plusieurs années parce qu'ils sont très usités en matière bancaire ou de télécommunications. Encouragée par la doctrine, la jurisprudence a suivi le mouvement[787]. Au demeurant, cette disposition est un *copié-collé* de la section III du Code des obligations civiles et commerciales du Sénégal qui consacre, en l'encadrant, la liberté contractuelle en matière de preuve.

751. En dehors de l'admission des contrats sur la preuve, le projet OHADA ignore la plupart des décisions qui ont marqué cette évolution jurisprudentielle. Par exemple, l'arrêt rendu le 5 avril 2012 par la première chambre civile consacre le principe du droit à la preuve[788], que la doctrine avait dégagé depuis la fin des années 70. Parallèlement, dans un esprit d'équilibre, la Cour de cassation française a développé les applications du principe de licéité des preuves, comme l'illustre la montée en puissance du droit au respect de la vie privée depuis l'arrêt *Nikon*[789]. Au fil de ces décisions, la Cour de cassation a construit un raisonnement fondé sur le rapport de proportionnalité qui permet de concilier le droit à la preuve et le principe de licéité de la preuve. Ce raisonnement mérite d'être consacré dans un texte. La Cour de cassation a également apporté des innovations sur la question de la force probante de certains modes de preuve. Ainsi, l'expertise privée produite par une partie a-t-elle désormais

---

[786] R. LEGEAIS, *Les règles de preuve en droit civil*: op. cit., spéc. p. 134 s.

[787] Ainsi la Cour de cassation a-t-elle validé des clauses portant sur les modes de preuve admissibles (Soc. 24 mars 1964: JCP 1964. II. 14415, note C. Lapp: clause autorisant la preuve par témoins ou par tous moyens en dérogation à l'article 1341 du code civil), des clauses portant sur l'objet de la preuve (Civ. 1re, 24 févr. 2004: no 02-14.005: clause de valeur agréée dans un contrat d'assurance maritime), ou encore des clauses répartissant la charge de la preuve (Com. 8 nov. 1989: D. 1990. 369, note C. Gavalda). De manière générale, la Cour de cassation l'avait d'ailleurs affirmé nettement: «pour les droits dont elles ont la libre disposition, ces conventions relatives à la preuve sont licites» (Civ. 1re, 8 nov. 1989, deux arrêts: D. 1990. 369, obs. C. Gavalda).

[788] Civ. 1re, 5 avr. 2012, n° 11-14.177, D. 2012. 1596, note G. Lardeux, 2826, obs. J.-D. Bretzner , 2013. 269, obs. N. Fricero, et 457, obs. E. Dreyer ; RTD civ. 2012. 506, obs. J. Hauser.

[789] Soc. 2 oct. 2001, n° 99-42.942, D. 2001. 3148 , note P.-Y. Gautier , 3286, entretien P. Langlois, et 2002. 2296, obs. C. Caron ; Dr. soc. 2001. 915, note J.-E. Ray, et 2002. 84, étude A. Mole

valeur de demi-preuve, au sens où le juge ne peut se fonder sur ce mode de preuve que s'il est corroboré par d'autres éléments[790].

752. La liste des innovations jurisprudentielles est longue et l'une des clés de la réforme OHADA consisterait à intégrer ces évolutions dans le droit écrit.

2) Trancher les controverses doctrinales

753. La réforme devrait également permettre de trancher les grandes controverses du droit de la preuve. Certaines d'entre elles animent les débats doctrinaux depuis plusieurs décennies, sans avoir reçu de réponse jurisprudentielle claire. Il en est ainsi de la distinction entre charge de la preuve et risque de la preuve[791]. La théorie du risque de la preuve connaît un fort succès en doctrine, mais elle est ignorée par la Cour de cassation française et ne se retrouve que de façon sporadique dans les pourvois contre certains arrêts d'appel. La question se pose, dès lors, de savoir si le risque de la preuve traduit une règle de droit positif ou une description scientifique de l'état du droit. Dans le premier cas, la règle devrait figurer dans un code. Dans le second, elle devrait rester dans le champ doctrinal. Cette controverse mérite d'être tranchée dans l'espace OHADA.

B. L'instauration d'un esprit de système

754. Le Code civil donne le sentiment que le droit civil est dominé par le système des preuves légales. En réalité, il n'en est rien. La doctrine et la jurisprudence énoncent de concert que la preuve des faits juridiques est libre[792]. La preuve légale se réduit aux actes juridiques et la réforme française a d'ailleurs consacré ce principe. Mais cette consécration conserve toute son ambiguïté dans le projet de texte africain[793]. Il s'agit uniquement de reconnaître la liberté de produire et non celle d'apprécier les preuves. Le système des preuves libres comprend pourtant ces deux règles complémentaires.

---

[790] Cass., ch. mixte, 28 sept. 2012, n° 11-18.710, D. 2012. 2317, 2013. 269, obs. N. Fricero, et 2802, obs. J.-D. Bretzner ; RTD civ. 2012. 769, obs. R. Perrot

[791] M. MEKKI, Le risque de la preuve, *in* D. Cohen (dir.), *Droit et économie du procès civil*, LGDJ, 2010, p. 195. *Adde*, du même auteur, Regard substantiel sur le « risque de la preuve ». Essai sur la notion de charge probatoire, *in* M. MEKKI, L. CADIET et C. GRIMALDI (dir.), *La preuve : regards croisés*, Dalloz, coll. Thèmes & commentaires, 2015, p. 7 et s.

[792] V. à propos de la question de la preuve du paiement, Civ. 1re, 16 sept. 2010, n° 09-13.947, D. 2010. 2156, obs. X. Delpech, 2671, obs. P. Delebecque, 2011. 472, obs. B. Fauvarque-Cosson, et 622, chron. C. Creton ; RTD com. 2010. 765, obs. D. Legeais.

[793] Art. 528 du projet.

755. Dans le Code civil, l'esprit de système fait défaut. La lecture des travaux préparatoires montre que les rédacteurs ont réglementé chaque mode de preuve, sans rechercher la logique des systèmes de preuve. Ils ont ainsi marqué leur confiance dans l'écrit et leur défiance dans le témoignage[794]. L'aveu et le serment y ont pris une place de choix, sans explication particulière. L'esprit du système des preuves légales est apparu plus tard, dans les travaux de Bentham sur la preuve préconstituée[795]. L'auteur montre que les preuves préconstituées présentent un double intérêt. D'une part, elles ont un effet préventif en établissant à l'égard des parties la preuve des droits; de sorte que la contestation de leur existence devient difficile. D'autre part, en établissant un fait de façon incontestable, elles apportent de la « sûreté » au juge. Le système des preuves légales est imprégné par cette théorie de la préconstitution. Le Code civil restreint l'admissibilité de certains modes de preuve à des fins de sécurisation des situations juridiques. Le contrat constitue ainsi le terrain d'élection de la preuve légale. Mais la sécurité est aussi une forme d'entrave à la recherche de la vérité. Par exemple, donner pleine foi à une quittance de paiement inscrite dans un acte notarié permet d'anticiper tout litige sur l'existence d'un paiement, mais cela n'apporte aucune certitude sur l'existence réelle du paiement. Lorsque l'impératif de sécurité n'existe pas, le droit s'ouvre à la liberté de la preuve, car cette liberté multiplie les chances de s'approcher de la réalité. La preuve par tous moyens, et son corollaire la liberté d'apprécier les preuves, sont les deux principes qui permettent au juge de se forger une conviction, en accumulant les preuves sans limite légale.

756. Ces deux systèmes de preuve sont dominés par un esprit radicalement différent : sécurité d'un côté, vérité de l'autre. Aussi, toutes les fois que la sécurité n'impose pas la légalité des preuves, la liberté doit dominer : celle de produire des preuves et celle de les apprécier. Dès lors, on comprend mal que le Code civil puisse lier le juge par certains modes de preuve dans des domaines où la preuve est libre. Par exemple, on peut s'interroger sur l'intérêt qu'il y a à conférer une force probante décisive à l'aveu judiciaire[796]. Cette preuve sacralisée n'est pas plus fiable qu'un témoignage. La force probante de l'aveu judiciaire est une survivance d'un

---

[794] P.-A. Fenet, Recueil complet des travaux préparatoires du code civil, t. 13, Videcoq, 1836, p. 440 s. « La preuve la plus sûre de toutes est celle littérale » (p. 440) ; « Lorsque les écrits manquent ou sont insuffisants, on pourrait recourir à la preuve testimoniale : mais, comme elle a ses dangers, la loi ne doit l'admettre qu'avec une extrême réserve » (p. 445).

[795] J. BENTHAM, *Traité des preuves judiciaires*, Bossange, 1823, t. 1, p. 251 s.

[796] Art. 1356, al. 2

rapport ancestral et irrationnel à la preuve[797]. On peut encore se demander pourquoi l'aveu a une valeur probante spécifique en matière civile, alors qu'il en est dénué en matière pénale. Dans ces deux domaines, la recherche de la vérité constitue pourtant un objectif d'égale valeur. Cette asymétrie de force probante se retrouve si l'on compare des modes de preuve, sinon similaires, tout au moins comparables, tels que le constat d'huissier et l'expertise judiciaire. Le premier fait foi jusqu'à preuve contraire, alors que l'expertise n'est dotée d'aucune force particulière. Pourtant, les garanties de compétence et d'indépendance de l'expert et les règles permettant de contrôler l'exercice de sa mission confèrent une fiabilité à l'expertise, qui n'a rien à envier au constat d'huissier[798]. Une dernière illustration d'incohérence peut être relevée en droit positif. La preuve du paiement, qui est un fait juridique, est libre[799]. Mais la preuve du non-paiement est soumise à la preuve légale. Ainsi, le créancier qui a délivré une quittance à la suite d'une erreur informatique ne peut plus prouver par tout moyen le non-paiement. La preuve contre la quittance doit se faire par écrit, alors que le non-paiement est un fait juridique[800].

757. Le droit civil de la preuve n'est pas guidé par un esprit de système. Chaque mode de preuve possède sa propre force probante. Cette force ne dépend pas de l'objet de la preuve (acte ou fait juridique). La liberté de la preuve concerne la production, mais pas l'appréciation des preuves. Cette solution n'est ni cohérente, ni souhaitable. Certes, il existe des domaines dans lesquels la preuve doit être préconstituée et d'autres dans lesquels les situations juridiques doivent être sécurisée. Lorsqu'un impératif impose de limiter l'admissibilité des preuves, alors la légalité de la preuve trouve sa justification. Dans tous les autres domaines, seule la liberté permet de s'approcher des faits et donc de l'objectif de recherche de la vérité. Dès lors, il n'existe aucun intérêt à lier le juge par certains modes de preuve. La cohérence d'une réforme réside dans sa capacité à mettre fin à des règles ancestrales, dont la survie ne tient qu'à la force de la tradition et de l'inertie. Cette cohérence peut être trouvée dans l'organisation du droit de la preuve autour de principes généraux.

---

[797] Voir F. GIRARD, *Essai sur la preuve dans son environnement culturel*, PUAM, 2013, n° 334.

[798] Certaines garanties sont d'ailleurs plus fortes pour l'expertise : par ex., l'application du contradictoire à l'expertise judiciaire intervient plus tôt dans la procédure et de façon plus intense.

[799] Civ. 1re, 16 sept. 2010, n° 09-13.947

[800] Civ. 1re, 4 nov. 2011, n° 10-27.035, D. 2012. 63 , note J. François , et 2826, obs. I. Darret-Courgeon ; RTD civ. 2012. 118, obs. B. Fages ; RTD com. 2012. 169, obs. D. Legeais.

Section II. Les principes généraux

758. Le contenu de la réforme doit prendre appui sur la théorie générale de la preuve. Cette méthode est au cœur des mécanismes de construction du droit français. Le Code civil doit aux théoriciens une partie de sa longévité. De même, le Code de procédure civile est une construction qui prend appui directement sur la pensée d'Henri Motulsky. Le droit de la preuve n'a, quant à lui, pas trouvé sa structure théorique.

759. Cette structure pourrait consister à intégrer dans le Code civil les principes généraux du droit de la preuve. Ces principes ne dessinent pas un droit commun, mais une théorie générale qui se compose de règles transversales applicables à toutes les preuves. En regroupant ces principes, il est possible de proposer une réforme de la théorie de la preuve construite en quatre pans : l'objet de la preuve, la charge de la preuve, la constitution du dossier probatoire, et l'appréciation des preuves.

760. En ce sens, la théorie générale de la preuve devrait reposer sur une recomposition des dispositions générales (*Paragraphe 1*) et une reconstruction de l'administration de la preuve (*Paragraphe 2*).

Paragraphe 1- Reconstruire les règles générales

761. Il s'agit de se prononcer sur la possibilité de discuter les preuves au fond. Dans l'espace OHADA, cet examen préalable permettrait de vérifier la recevabilité des preuves avancées (A). Il permettrait également d'exclure certaines preuves afin de préserver les intérêts d'une des parties que le droit protège (B).

a. L'objet de la preuve

762. L'objet de la preuve est totalement oublié dans le Code civil, le projet OHADA portant droit général des obligations, et même dans la réforme française. Pourtant, les auteurs ne manquent pas d'évoquer ce thème essentiel du droit de la preuve[801]. Il est utile de rappeler à grands traits les principes qui régissent les questions généralement rattachées à l'objet de la preuve telles que la règle du fait pertinent (1) et la théorie du fait constant (2).

1) Le fait pertinent.

---

[801] C. AUBRY et C. RAU, *Cours de droit civil français*, 5e éd., par E. Bartin, Marchal & Billard, § 749, p. 62 s. ; J. GHESTIN et G.GOUBEAUX, *Traité de droit civil, introduction générale*, LGDJ, 2e éd., n° 570 ; F. Ferrand, Rép. pr. civ., *v°* Preuve, 2010, n° 80-111.

763. Il existe, en droit français, une grande ambiguïté sur la règle du fait pertinent[802]. Cette règle peut être définie de la façon suivante : sont seules admissibles les preuves qui tendent à établir l'existence d'un fait pertinent pour la résolution du litige[803]. Les définitions du « fait pertinent » varient. Certains auteurs évoquent un fait qui « fait avancer le débat », qui « présente un lien logique avec le litige »[804] ou qui est susceptible d'influencer la décision[805]. La règle selon laquelle la preuve des faits non pertinents doit être écartée des débats repose sur plusieurs fondements. Il s'agit d'abord d'éviter que le dossier probatoire gonfle artificiellement et que le travail du juge en soit alourdi. Il s'agit ensuite d'empêcher que le débat soit obscurci par un nuage de faits périphériques au litige. Il s'agit enfin d'éviter qu'une partie tente de déplacer le débat vers des faits qui lui sont favorables, mais qui ne portent pas directement sur l'objet du litige.

764. La question se pose donc de savoir s'il faut admettre toutes les offres de preuve, même celles qui s'éloignent des faits pertinents, ou s'il est nécessaire d'opérer un tri. Dans certains systèmes juridiques, la règle de la pertinence figure parmi les principes essentiels du droit de la preuve. Tel est le cas dans les systèmes de *common law.* Aux États-Unis, les *Federal Rules of Evidence* contiennent un chapitre intitulé « *relevance and its limits* »[806]. La règle est encore exprimée dans le Code civil québécois[807]. On la retrouve dans les procédures mixtes, telles que la

---

[802] Définition variable selon les auteurs, v. J. GHESTIN et G. GOUBEAUX, *Introduction générale*, LGDJ, 2e éd., n° 576. Pour une étude d'ensemble, Fr. FERRAND, *V°* Preuve, précité, nos 150 et s., spécialement n° 150 : « *Une partie ne doit rapporter la preuve d'un fait que si la démonstration de son existence est utile au règlement du litige. Il n'y a aucune raison de produire des preuves lorsqu'elles ne sont pas susceptibles d'exercer la moindre influence sur la décision* ».

[803] Ce qui exclut les faits normaux, habituels ou apparents. Cette condition du fait pertinent existe dans d'autres systèmes juridiques. V. par exemple C. civ. québécois, art. 2857 : « *La preuve de tout fait pertinent au litige est recevable* ». V. en Espagne, Ley de Enjuiciamiento Civil, art. 281 et s ; F. Gascon Inchausti, Le droit de la preuve en Espagne, au carrefour entre *civil law* et *common law*, précité, spéc. p. 231 et s.

[804] C. MARSEILLE, *La règle de la pertinence en droit civil*, Y. Blais, 2004 ; égal. J.-C.ROYER et S. LAVALLEE, *La preuve civile*, Y. Blais, 4e éd., 2008, nos 964 s.

[805] J. GHESTIN et G. GOUBEAUX, *op. cit.*, n° 576. G. PORRE, Le fait pertinent, thèse, Aix-Marseille, 1937, p. 83 : « un fait est pertinent lorsqu'on pourra en induire de façon plus ou moins décisive, la cause de la demande, c'est-à-dire, suivant la définition classique, le fait juridique qui constitue le fondement immédiat et direct du droit invoqué ».

[806] *Rules* 401 à 415.

[807] Art. 2857 c. civ. Québec : « la preuve de tout fait pertinent au litige est recevable ».

procédure espagnole[808]. En droit français, la règle de la pertinence est marquée par une ambivalence. Certains auteurs n'hésitent pas à affirmer qu'une offre de preuve qui ne porte pas sur un fait pertinent doit être « repoussée »[809]. De son côté, la Cour de cassation française est loin d'être aussi radicale et il faut distinguer, à cet égard, l'offre et la demande de preuve. S'agissant de l'offre de preuve, la Cour de cassation semble laisser la question de la pertinence à l'appréciation souveraine des juges du fond, mais les arrêts en la matière sont loin d'être clairs, car la haute juridiction ne dit rien sur la recevabilité des preuves non pertinentes[810]. S'agissant de la demande de preuve, la situation est différente, car le plaideur ne dispose pas de la preuve et il demande au juge de l'aider à l'obtenir. Il doit donc démontrer que le fait à prouver est pertinent pour que le juge fasse droit à une demande d'enquête ou de mesure d'instruction[811].

765. Le futur droit de la preuve devrait clarifier la règle de la pertinence de la preuve en répondant aux questions suivantes : cette règle doit-elle être consacrée en droit OHADA ? Doit-elle conduire à écarter des débats la preuve portant sur un fait non pertinent ? Doit-elle concerner uniquement la demande de preuve ou s'étendre à l'offre de preuve ?

2) Le fait constant.

766. La théorie du fait constant[812] est également évoquée sous la formule de la nécessité de prouver uniquement les « faits contestés »[813]. Les faits allégués, qui ne sont pas contestés par l'adversaire, devraient ainsi s'imposer au juge comme des faits constants et donc établis. Cette solution ancienne ne correspond plus à l'état du droit positif. La Cour de cassation a adopté une jurisprudence stable selon laquelle les juges du fond ne sont pas tenus de considérer que les faits allégués par une partie

---

[808] Art. 281 à 283 *Ley de Enjuiciamiento Civil* (c. pr. civ.). V. égal., F. Gascon Inchausti, Le droit de la preuve en Espagne, au carrefour entre *civil law* et *common law*, *in* M. Mekki, C. Grimaldi et L. Cadiet (dir.), La preuve : regards croisés, Dalloz, 2015.

[809] J. GHESTIN et G. GOUBEAUX, *op. cit.*, n° 576. En réalité, la plupart des études sur le fait pertinent sont anciennes et la question préoccupe peu la doctrine civiliste contemporaine, G. PORRE, *op. cit.* ; J. CHEVALIER, Le contrôle de la Cour de cassation sur la pertinence de l'offre de preuve, D. 1956. Chron. 37.

[810] Dans des arrêts déjà anciens, elle affirme que « les juges du fond ont, en principe, un pouvoir souverain d'appréciation, quant à la pertinence des faits offerts en preuve » mais qu'il en est autrement « quand les faits invoqués (...) justifieraient les prétentions de la partie qui les articule ». Civ. 2e, 29 juin 1967, Bull. civ. II, n° 237.

[811] Pour une vue d'ensemble, A. BERGEAUD, *Le droit à la preuve*, préc., nos 371 s. ; plus spéc., G. VIAL, *La preuve en droit extrapatrimonial de la famille*, Dalloz, 2008, nos 108 s.

[812] T. LE BARS, « La théorie du fait constant », JCP 1999. I. 178.

[813] F. TERRE, *Introduction générale au droit*, op. cit., n° 573.

sont constants, au seul motif qu'ils n'ont pas été contestés[814]. Toutefois, comme le rappellent certains hauts magistrats, « s'ils ne sont pas contestés, les faits même non prouvés peuvent aussi être tenus pour acquis »[815]. Cette situation est énoncée telle une évidence et elle est d'ailleurs soutenue par certains raisonnements doctrinaux[816]. Mais la faculté, pour le juge, de retenir dans sa décision un fait constant qui n'a pas été prouvé n'est exprimée par aucune règle de droit écrit.

767. Une clarification est donc nécessaire sur ce point. Un article devrait être intégré dans le futur droit de la preuve, autorisant le juge à considérer comme « constant » ou «prouvé» un fait, au seul motif qu'il n'a pas été contesté par une autre partie au procès, après avoir provoqué les explications des parties.

B- La charge de la preuve

768. Le projet OHADA portant droit général des obligations fait figurer la charge de la preuve dont traite un seul article (Projet OHADA art. 526)[817] en tête de la section relative aux dispositions générales qui constitue une sorte de fourre-tout. Les présomptions légales (Projet OHADA art. 551 sv.) n'y figurent pas.

769. La charge est un thème central du droit de la preuve. Rencontrant les droits fondamentaux, la charge de la preuve apparaît au cœur d'un débat sur l'égalité des justiciables et sur la protection de la partie dite « faible » dans le procès. L'adage *actori incumbit probatio* induit en erreur, laissant à penser que la charge de la preuve incombe au demandeur. Cette position classique ne reflète pas la réalité du droit définie par le Code civil et le Code de procédure civile. L'attribution de la charge ne peut se réduire aux seules règles posées par l'article 1315 du code civil, et l'article 9 du code de procédure civile (1).

770. A l'instar de la réforme française, le législateur communautaire devrait procéder à une réécriture des dispositions sur la

---

[814] Civ. 1re, 3 janv. 1980, n° 78-11.616 ; Com. 20 mai 1997, n° 95-13.169.

[815] F. KAMARA, La preuve en procédure civile, Procédures 2012. Dossier 5.

[816] Le professeur Le Bars estime que la faculté pour le juge de tenir le fait pour constant relève du mécanisme des présomptions du fait de l'homme

[817] L'article 526 du projet, qui constitue un *copié-collé* de l'art. 9 du Code sénégalais des obligations, dispose que «celui qui réclame l'exécution d'une obligation doit en prouver l'existence (al. 1). Celui qui se prétend libéré doit prouver que l'obligation est exécutée, inexistante ou éteinte (al. 2) ».

charge de preuve et les rattacher aux présomptions légales dans une section consacrée aux dispositions générales (2).

1. Réécrire le texte relatif à la charge de la preuve

771. La charge de la preuve fait l'objet de deux règles écrites : l'article 1315 du Code civil et l'article 9 du code de procédure civile. La doctrine a coutume de dire que ces deux articles énoncent la même règle et qu'il n'existe pas de raison de changer cet état de fait[818]. En réalité, les deux textes ne sont similaires qu'en apparence. L'article 1315 fait reposer la charge de la preuve alternativement sur celui qui demande l'exécution d'une obligation et sur celui qui se prétend libéré. En revanche, l'article 9 du Code de procédure civile lie la charge de la preuve à l'allégation. Le critère de rattachement est donc différent. Par exemple, dans un litige sur la responsabilité contractuelle, l'article 1315 du Code de civil prévoit que la victime qui invoque l'inexécution de l'obligation contractuelle doit simplement démontrer l'existence du contrat. Il reviendra alors au débiteur de prouver qu'il a exécuté le contrat et donc, qu'il n'a pas commis de faute. Si l'on applique littéralement l'article 1315, la faute contractuelle est présumée dès que l'existence du contrat est prouvée. A l'inverse, l'article 9 du Code de procédure civile implique que la victime supporte la charge de la preuve de la faute qu'elle allègue. A partir de cet exemple, on s'aperçoit que les deux articles énoncent parfois des règles opposées. L'harmonie n'existe donc pas entre ces deux dispositions. L'article 1315 du Code civil n'a pu survivre à cette contradiction qu'à l'aide d'une jurisprudence qui l'applique avec une infinie souplesse. Cette disposition devrait être réécrite pour rattacher la charge de la preuve à l'allégation. L'article 1315 pourrait s'inspirer des termes de l'article 9 du Code de procédure civile et se substituer à lui : « *Il incombe à chaque partie de prouver conformément à la loi les faits nécessaires au succès de sa prétention* ». L'article 9 du code de procédure civile n'aurait alors plus de raison d'être et pourrait être supprimé.

772. Alternativement, on pourrait faire l'option de garder les deux textes relatifs à la charge de la preuve, mais en réécrivant l'actuel article 1315 du Code civil. Ce choix est d'ailleurs en harmonie avec les avant-projets doctrinaux[819] et la réforme française. A cet égard, l'article

---

[818] Avant-projet Catala, comm. ss art. 1283 : « L'harmonie entre le code civil et le code de procédure civile (art. 9) ne nuit pas ».

[819] L'avant-projet « Catala » adhérait à ce maintien de l'intégrité de l'article 1315 (Avant-projet Catala, art. 1315) en motivant de la manière suivante : « *Il est prudent de ne pas toucher à ce texte. L'harmonie entre le Code civil et le Code de procédure civile (art. 9) ne*

1358 de l'ordonnance n° 2016-131 du 10 février 2016 portant réforme du droit des contrats, du régime général et de la preuve des obligations, qui rappelle que « l'administration judiciaire de la preuve est régie par le Code de procédure civile », est nécessaire car il permet précisément de faire le lien avec l'article 9 de ce Code. La dualité de codifications, si spécifique au droit probatoire français, est ainsi expressément rappelée même si, encore une fois, elle est critiquable : la répartition des règles probatoires entre le Code civil et le Code de procédure civile n'est pas modifiée, en effet, alors même qu'elle n'est pas d'une grande rigueur.

773. Substantiellement, l'article 1354 n'est pas tout à fait satisfaisant. La référence au paiement ou au fait qui a produit l'extinction de l'obligation se justifie mal, en effet, dès lors que le paiement se prouve comme les faits. Pour cette raison, la formulation pourrait être revue et simplifiée dans l'esprit de l'article 526 du Projet OHADA portant droit général des obligations : « *Celui qui réclame l'exécution d'une obligation doit en prouver l'existence. Celui qui se prétend libéré doit prouver que l'obligation est exécutée, inexistante ou éteinte* ».

2) Rattacher les présomptions légales à la charge de la preuve

774. L'innovation consistera dans le rattachement à la charge de la preuve, pourtant logique, des dispositions relatives aux présomptions légales qui l'affectent et qui se trouveront ainsi dissociées de celles traitant des présomptions de l'homme, qui constituent un mode de preuve. Même si l'on peut, comme le fait l'article 1349 du Code civil *(comp.* art. 550 Projet OHADA), les inscrire dans une définition unique, il reste que les présomptions que la loi elle-même instaure et celles que le juge « tire d'un fait connu à un fait inconnu » sont de nature et de fonction très différentes. Sera supprimée l'énumération quelque peu hétéroclite des présomptions légales de l'article 1350 : nullité, autorité de la chose jugée, aveu et serment, etc.

775. Pour la distinction des différentes présomptions légales, le législateur communautaire pourrait s'inspirer des articles 10 et 11 du Code sénégalais des obligations civiles et commerciales, mais dans une nouvelle rédaction claire quant à la distinction des présomptions simples, mixtes et irréfragables. Il est proposé de rattacher une définition de la

---

nuit pas ». Quant à l'avant-projet « Terré », il maintient la règle mais reformule à la marge le principe dans un article 156 : « *Celui qui réclame l'exécution d'une obligation doit la prouver. Réciproquement, celui qui invoque sa libération doit en justifier* ».

présomption légale à la charge de la preuve, en la précisant de manière à faire ressortir la logique de la dispense de preuve qui en découle. Elle permet d'indiquer clairement les différentes natures possibles des présomptions légales et la force probante de chacune d'elles.

776. Les articles 551 à 553 (Projet OHADA), relatifs aux présomptions légales, qui synthétisent les actuels articles 1350 et 1352 du Code civil en deux alinéas, trouvent leur place dans les dispositions générales dans la mesure où ces dernières allègent la charge de la preuve, contrairement aux présomptions judiciaires qui constituent un mode de preuve particulier. Ces présomptions légales ont toutes pour effet de dispenser de preuve, mais non de «toute preuve», car elles peuvent n'avoir comme effet que de déplacer l'objet de la preuve, et non d'en dispenser totalement le demandeur. Le second alinéa définit les différentes présomptions, qui sont établies spécialement par le législateur, selon leur force probante: présomptions simples, mixtes, irréfragables. Le projet de réforme OHADA ne reprend pas l'actuel article 1351 du Code civil qui consacre une présomption légale essentielle : l'autorité de la chose jugée, attribut des jugements bénéficiant d'une présomption irréfragable de vérité. Le maintien du texte relatif à l'autorité de la chose jugée est discutable dans la réforme française[820]. La suppression pure et simple du texte dans le Code civil est suggérée par les propositions Terré, car la question relève du Code de procédure civile. Il convient donc que la solution ne soit pas retenue dans le Projet OHADA, et que la disposition correspondante soit inscrite dans le Code de procédure civile.

777. Pour le traitement des présomptions légales, l'article 1354 de la réforme française[821] ne devrait pas être une source d'inspiration. Le style paraît lourd (répétition par trois fois du mot « certain ») et le fond obscur. Le texte semble comporter plusieurs défauts. D'abord, la définition n'en est pas une puisqu'elle ne relie pas la présomption au genre auquel elle appartient et ne mentionne pas sa différence spécifique.

---

[820] Article 1355 Ordonnance l'ordonnance n° 2016-131 du 10 février 2016 portant réforme du droit des contrats, du régime général et de la preuve des obligations en France.

[821] « *Art. 1354.* – La présomption que la loi attache à certains actes ou à certains faits en les tenant pour certains dispense celui au profit duquel elle existe d'en rapporter la preuve.
«Elle est dite simple, lorsque la loi réserve la preuve contraire, et peut alors être renversée par tout moyen de preuve; elle est dite mixte, lorsque la loi limite les moyens par lesquels elle peut être renversée ou l'objet sur lequel elle peut être renversée; elle est dite irréfragable lorsqu'elle ne peut être renversée ».

L'article 551 du projet de texte OHADA est préférable[822]. La présomption est essentiellement une preuve indirecte basée sur un raisonnement inductif. Elle repose sur l'existence probable d'une relation causale entre deux faits, le *factum probans* (fait à prouver) et le *factum probandum* (fait induit). En prouvant le premier, le demandeur prouve le second. Ces deux faits n'apparaissent pas dans la définition française. Pire, le texte considère que le fait à prouver est d'emblée certain. Non seulement il est à prouver, mais encore il demeurera seulement probable après l'avoir été. Il aurait été finalement préférable de s'en remettre à la définition classique de l'article 1349 ancien. Ensuite, la présomption est réduite à une dispense de preuve. C'est imprécis. Elle opère en principe déplacement de l'objet de la preuve (par ex. : art. 1342-9) et parfois renversement de sa charge (par ex. : art. 1302, al. 1er, 1re phrase). La présomption suppose toujours qu'une preuve soit faite, ce en quoi elle n'est pas une dispense de preuve pure et simple. La critique est valable pour l'article 10 du Code sénégalais des obligations civiles et commerciales[823].

778. Il faut distinguer deux divisions des présomptions fondées sur des critères d'ordre distinct. Au regard des sources, la loi connaît deux espèces de présomption : les présomptions légales et les présomptions judiciaires. La séparation entre l'article 1354 et l'article 1382 donne faussement à penser qu'elles sont aussi distinctes par leur nature. Les présomptions légales et judiciaires ont la même nature. Les premières reposent sur un raisonnement généralisé, tandis que les secondes reposent sur un raisonnement particulier. Au regard des effets, le texte distingue trois catégories de présomption (al. 2e) : la présomption simple, mixte et irréfragable selon que la preuve contraire (1re et 2e catégories) est possible ou ne l'est pas (3e catégorie). Il semble résulter du texte que les règles posant des présomptions déterminent au cas par cas, pour la preuve contraire, les modes admis, lorsque la présomption est simple ou mixte. En réalité, il est souvent nécessaire de s'en remettre aux règles ordinaires de preuve pour déterminer si la preuve contraire est libre ou littérale. Le texte ne contient plus la précision admise par le passé d'une preuve contraire par aveu ou serment (art. 1352, al. 2e ancien). Cette omission ne devrait rien changer. Le texte énonce que la présomption est dite irréfragable lorsque la preuve contraire n'est pas possible. Lorsque la

---

[822] Article 551 : « La présomption légale est la disposition par laquelle la loi tient pour vrai un fait inconnu qu'elle déduit d'un autre fait connu. Celui qui établit l'acte ou le fait auquel la loi attache une présomption est dispensé de preuve pour le surplus »

[823] Celui qui établit les actes ou faits auxquels la loi a attaché une présomption bénéficie pour le surplus d'une dispense de preuve.

preuve contraire n'est jamais possible, la loi pose une règle de fond sous couvert de présomption et non une règle de preuve.

779. En droit espagnol[824], l'article 217.7 de la *Ley de Enjuiciamiento Civil* (le code espagnol de procédure civile) prévoit, dans cet esprit, un certain nombre de « critères » pour assouplir l'attribution de la charge probatoire : la proximité et la facilité probatoire qui renvoient *mutatis mutandis* à l'aptitude à la preuve. Pour l'application des principes relatifs à la charge de la preuve, le juge doit prendre en compte la disponibilité et la facilité de chaque partie à rapporter la preuve. Une référence à ces indices[825] et à ce mode de raisonnement aurait été bienvenue au sein du projet OHADA.

780. Le renouvellement de la théorie générale de la preuve exige de recontruire l'administration de la preuve.

Paragraphe 2 : Reconstruire l'administration de la preuve

781. Parmi les concepts mal définis du droit de la preuve, se trouve celui *d'« administration de la preuve »*[826]. Bien qu'elle soit reconnue par l'ensemble de la doctrine, bien que le Code de procédure civile consacre l'expression, la notion d'administration de la preuve ne

---

[824] F. GASCON INCHAUSTI, Le droit de la preuve en Espagne, au carrefour entre *civil law* et *common law*, *in* M. MEKKI, C. GRIMALDI et L. CADIET (dir.), *La preuve : regards croisés*, précité, p. 225 et s., spécialement p. 236.

[825] Ces lignes directrices ne sont pas des règles de droit, mais elles décrivent les tendances de la jurisprudence. On peut les rassembler en deux grandes catégories : la probabilité et l'aptitude à la preuve.

Le critère de la probalité a été visé par la doctrine sous des appelations différentes : la vraissemblance, l'apparence ou encore le cours normal des choses. Il consiste à faire reposer la charge de la preuve sur la partie qui allègue la situation la moins probable. Le critère de l'aptitude à la preuve consiste à faire reposer la charge de la preuve sur la partie qui a déjà l'élément de preuve en sa possession ou, plus généralement, qui a la plus grande aptitude à produire la preuve en justice. On trouve plusieurs références à ce critère chez les auteurs français. Il introduit une dimension d'équité dans un mécanisme qui est surtout dominé par une idée logique et neutre. Raymond Legeais écrivait ainsi que *« le droit devrait tenir compte des inégalités de puissance qui existent le plus souvent entre les plaideurs* » et il ajoutait « *si le procès dans une société civilisée ne doit pas être un combat judiciaire, mais une occasion de définir ce qui est juste, il n'y a aucune bonne raison à faire peser systématiquement toutes les obligations de preuve sur le demandeur qui [...] n'aura pas les moyens suffisants pour les remplir* » in R. LEGAIS, Les règles de preuve en droit civil, *thèse précitée*.

[826] E. VERGES, « Eléments pour un renouvellement de la théorie de la preuve en droit privé », *in* Mélanges J.-H Robert, Lexisnexis 2012, p. 853. Pour un auteur (E. JEULAND *Preuve judiciaire et culture française : Droit et Culture* 2005, p. 1), il s'agit « de savoir comment mettre en œuvre les moyens de preuve ». Pour d'autres (PLANIOL par G. RIPERT et J. BOULANGER, *Traité de droit civil*, *op. cit.*, n° 713), l'administration correspond à « la forme dans laquelle elles doivent être fournies

décrit pas son contenu. On comprend qu'il s'agit de règles de procédure; que ces règles concernent la recherche et la production des preuves en justice, et que la doctrine y ajoute les règles de recevabilité des preuves. Or, le terme « administration » ne décrit pas l'action de recherche des preuves ou la décision juridictionnelle visant à la production forcée d'une preuve. Il ne s'agit donc pas d'un travail d'administration de la preuve, mais de *constitution du dossier probatoire*[827]. Dans la perspective d'un renouvellement de la théorie de la preuve, la notion mérite d'être remplacée.

782. La constitution du dossier probatoire est le volet le plus complexe de la théorie générale de la preuve. La recherche et la production des preuves constituent deux étapes essentielles dans la constitution du dossier probatoire. Mais il faut ajouter une autre étape : celle de l'exclusion des preuves. Cette étape consiste, pour le juge, à opérer un tri parmi les preuves produites ou sollicitées. Il écartera ainsi les preuves qui ne sont pas admissibles ou celles qui sont illicites (A).

783. L'appréciation des preuves apparait comme la phase ultime du traitement judiciaire des éléments de preuve. Les preuves réunies sont présentées à la juridiction. Celle-ci est chargée de les apprécier, c'est-à-dire déterminer dans quelle mesure chacune d'entre elles est de nature à emporter, ou non, la conviction des juges, quant à l'exactitude des faits allégués par les parties. Par principe, le juge apprécie librement la valeur des éléments de preuve. Il en est autrement lorsqu'un texte spécial détermine la force probante d'un mode de preuve. Hors les cas où la loi en dispose autrement, le juge apprécie librement la valeur des preuves qui lui sont soumises (B).

A- La constitution du dossier probatoire

784. La question du dossier probatoire est généralement renvoyée au Code de procédure civile qui traite de l'administration de la preuve. Encore une fois, cette vision est réductrice. Le concept de « constitution du dossier probatoire » est plus large et il permet de décrire un double mouvement de réunion (1) et d'exclusion (2) des preuves. Ce double mouvement est dominé par de nombreux principes qui devraient être rassemblés dans une théorie générale de la preuve.

1. Principes relatifs à la réunion des preuves

---

[827] A propos de cette distinction pointilleuse, E. VERGES, « Eléments pour un renouvellement de la théorie de la preuve en droit privé », op. cit.

785. La réunion consiste dans la recherche et la production des preuves. Elle est dominée par deux principes : la liberté de la preuve et le droit à la preuve. Le premier de ces principes a longtemps été considéré comme une exception par la doctrine, qui se livrait à une analyse exégétique du Code civil[828]. L'évolution de la jurisprudence a conduit à inverser cette situation. Le second a fait l'objet d'une reconnaissance récente en droit positif, mais il avait été identifié par des auteurs depuis plusieurs décennies comme un principe sous jascent.

a - La liberté de la preuve

786. La liberté de la preuve s'entend de la liberté dans la recherche et la production des preuves. Ce principe s'exprime également à travers d'autres formules : la preuve « par tous moyens » ou encore la possibilité d'établir un fait par « tout mode de preuve ». Le régime de liberté de la preuve s'oppose à celui de la preuve légale. La liberté de la preuve rayonne en droit civil sous l'effet combiné de la jurisprudence et des textes[829].

787. S'agissant de la réunion des preuves, la liberté de la preuve est de principe. Cette affirmation peut sembler contredire la tradition du droit civil de la preuve, mais il n'en est rien. La légalité de la preuve ne représente qu'un îlot, dans un océan de liberté. La liberté concerne tous les faits juridiques, elle s'impose aux contrats commerciaux et au contrat de travail. Elle domine évidemment la matière pénale, mais également la matière civile. Pour justifier la portée générale du principe de légalité en droit civil, les auteurs ont pu écrire : « *En pratique, il faut reconnaître que c'est le plus souvent pour les obligations que se pose un problème de preuve* »[830]. Il n'est pas besoin de réaliser une étude statistique pour déceler dans cette affirmation une erreur d'appréciation. La lecture des chroniques du droit de la preuve[831] permet de constater que la légalité de la preuve représente un contentieux faible en volume. Il est ainsi possible

---

[828] La raison de la marginalisation de la liberté de la preuve par la doctrine tient à la structure des règles de preuve dans le Code civil. L'article 1341 conçu comme la pierre angulaire du régime des preuves légales, est énoncé comme un principe, qui serait accompagné d'exceptions. C'est ainsi que l'article 1348, qui porte en lui la liberté de la preuve des faits juridiques en matière civile, débute par la formule : « les règles ci-dessus reçoivent encore exception ». Dès lors, la liberté de la preuve est conçue, dans le Code civil de 1804, comme une exception au principe de la légalité.

[829] Cf. *supra* 1ère Partie, Titre 1, Chapitre 2, Section 1, Paragraphe 2

[830] PLANIOL par G. RIPERT et J. BOULANGER, *Traité de droit civil*, *op. cit.*, n° 710.

[831] Ph. DELEBECQUE, J.-D. BRETZNER et Th. VASSEUR, *Droit de la preuve*, chron. annuelle publiée au *Recueil Dalloz*.

de concevoir la liberté de la preuve comme le principe général relatif à la réunion des preuves, tout en reconnaissant à la légalité la valeur d'un principe particulier d'exclusion des preuves cantonné dans un domaine[832].

788. L'article 528 du projet OHADA de réforme en droit des obligations a introduit le principe de la liberté de la preuve des faits juridiques et, de façon corrélative, le principe de légalité de la preuve des actes juridiques[833]. Cette inscription de la liberté de la preuve dans le projet de texte uniforme est bienvenue[834], mais elle bute sur l'absence de généralité du concept de « fait juridique »[835]. Par exemple, il est difficile de parler de fait juridique lorsque la preuve porte sur le nom d'une personne ou sur la qualité d'auteur d'un artiste. La catégorie des faits juridiques est vaine. A cet égard, la formulation de la réforme française est pertinente et pourrait être retenue dans l'espace OHADA. L'article 1358 de l'ordonnance n° 2016-131 du 10 février 2016 a défini un principe général de liberté de la preuve applicable « *hors les cas où la loi en dispose autrement* ». Le principe est désormais posé, et concerne autant les faits juridiques que les actes juridiques, en dehors des exceptions légales. Elle concerne non seulement la preuve des actes portant sur un montant inférieur à celui fixé par le législateur mais aussi la preuve de la propriété par exemple. Par conséquent, la preuve légale serait logiquement conçue

[832] O. LECLERC, *La distinction entre la « preuve en droit » et la « preuve en science » est-elle pertinente ?*, pour lequel « les dispositions de l'article 1341 du Code civil s'analysent comme des règles spéciales instituant une exception », *in* E. TRUILHE-MARENGO (ss. dir.), *Preuve scientifique, preuve juridique,* Larcier, 2011, p. 55.

[833] Une telle règle renvoie alors à la distinction, cardinale en droit probatoire, entre acte juridique et fait juridique. Or ces notions n'avaient jamais été définies dans le code civil. La notion d'acte juridique, directement inspirée du concept allemand de Rechtsgeschäft, est apparue très tardivement dans le code civil, à la suite de L. n° 80-525, 12 juill. 1980, à l'art. 1326. Ce texte, qui devient l'art. 1376 c. civ., ne fait logiquement plus référence qu'à « l'acte sous signature privée », la force probante des actes authentiques obéissant à des règles différentes.

[834] Elle ne poserait aucun problème de coordination ou d'articulation avec les dispositions des Actes uniformes existants ayant déja consacré des solutions très libérales s'agissant de la preuve de certains contrats dans l'espace OHADA. En jurisprudence, la CCJA a depuis toujours affirmé le principe de la liberté de preuve : Arrêt CCJA n° 053/2005 du 15 décembre 2005, Société Côte d'Ivoire céréales c. Société Shang consulting ; OHADATA J 02-72, CCJA Arrêt n° 010/2002 du 21 mars 2012, Société Négoce ivoire c. Société GNAB ; Commentaire Le *Juris OHADA*, n° 4/2002, p. 33, note M. E. BEIRA, Recueil de jurisprudence CCJA, n° spécial, janvier 2003, p. 23 tirés de Paul-Gérard POUGOUÉ, Sylvain Sorel KUATE TAMEGHE (Dir.), *Les grandes décisions de la Cour commune de justice et d'arbitrage de* l'OHADA, Études africaines, p. 70 à 77 et spéc. p. 72.

[835] Article 5 Projet OHADA : « Les faits juridiques sont des agissements intentionnels ou non de l'homme ou des évènements quelconques auxquels la loi attache une conséquence juridique ».

comme une exception au principe de liberté de la preuve qui domine le droit privé. « *Ce principe de la liberté de preuve, se veut être le succédané du caractère oral du contrat en droit africain* »[836]. Elle est aussi d'une importante justesse au regard du contexte africain empreint d'analphabétisme et d'informel.

b- Le droit à la preuve

789. Le droit à la preuve est un principe complémentaire de la liberté de la liberté. Son émergence est plus tardive[837] et très progressive[838]. Il se manifeste implicitement en droit positif à partir des années 1970[839] et sa reconnaissance explicite en droit interne date d'un arrêt de la première chambre civile rendu en 2012[840]. Le droit à la preuve prend deux formes distinctes. Il s'agit, tout d'abord, du droit d'apporter une preuve que l'on détient et, ensuite, du droit d'obtenir une preuve que l'on ne détient pas.

790. Un autre phénomène mérite d'être mis en avant. A partir des années 1980, la progression du droit au procès équitable a eu un

---

[836] K. DOGUE, *thèse préc.*, p. 218

[837] L'émergence du droit à la preuve dans le courant du XXe siècle résulte d'une construction de la doctrine civiliste. Il semble que le premier à évoquer ce principe soit François GENY dans son ouvrage consacré aux lettres missives (*Des droits sur les lettres missives*, Tome II, Sirey, Paris, 1911, p. 106 cité par A. BERGEAUD, Le droit à la preuve, Paris, LGDJ, 2010, n° 5).

[838] Pour comprendre la lente évolution du droit de la preuve, R. PERROT, « Le droit à la preuve (rapp. synth.) », in W. J. HABSCHEID (dir.), *Effectiveness of judicial protection and constitutional order*, Congrès international de droit procesuel, 1983, p. 95

[839] On le doit à deux auteurs qui développent une approche globale du principe (G. MARTY, P. RAYNAUD, *Droit civil, Introduction générale à l'étude du droit*, Paris, Sirey, 2ème édition, 1972,, n° 217 et s.). Le droit à la preuve prend réellement corps à partir de la publication en 1981 d'un article de Gilles GOUBEAUX qui va avoir un grand retentissement (G. GOUBEAUX, « Le droit à la preuve », in Ch. Perelman et P. FORIERS (dir.), La preuve en droit, Bruylant, Bruxelles, 1981, p. 277

[840] Civ. 1re, 5 avr. 2012, n° 11-14.177, D. 2012. 1596 , note G. Lardeux , 2826, obs. J.-D. Bretzner, 2013. 269, obs. N. Fricero. Dans cet arrêt de principe rendu en 2012, la première chambre civile a rompu avec une reconnaissance en demi-teinte. L'affaire portait sur la production par un héritier de lettres écrites par le *de cujus*, afin d'établir l'existence d'une donation rapportable à la succession. La pièce fut retirée des débats par la cour d'appel, car elle portait atteinte à l'intimité de la vie privée et au secret des correspondances. L'arrêt fut cassé au motif « qu'en statuant ainsi, sans rechercher si la production litigieuse n'était pas indispensable à l'exercice de son droit à la preuve, et proportionnée aux intérêts antinomiques en présence, la cour d'appel n'a pas donné de base légale à sa décision ». Qualifiée de grand arrêt, cette décision constitue un pas décisif dans la reconnaissance du principe. La Cour de cassation vise l'article 6 Conv. EDH comme le fondement du droit à la preuve. Elle marque ainsi le ralliement de sa position à la jurisprudence européenne.

impact important sur les droits des parties. Ainsi, en 1993, dans son arrêt *Dombo Beheer c/ Pays Bas*, la CEDH a affirmé que « *l'égalité des armes implique l'obligation d'offrir à chaque partie une possibilité raisonnable de présenter sa cause – y compris ses preuves – dans des conditions qui ne la placent pas dans une situation de net désavantage par rapport à son adversaire* »[841]. Cet arrêt a formulé de façon implicite le droit à la preuve en droit positif et a suscité de nouveaux développements en doctrine[842]. La consécration formelle du droit à la preuve résulte de deux arrêts rendus par la CEDH : *L. L. c. France*[843] et *N. N. et T. A. c. Belgique*[844]. La Cour européenne a alors rattaché explicitement le droit à la preuve au droit à un procès équitable. Elle a reconnu que ce droit était susceptible d'entrer en conflit avec le droit à la vie privée de l'autre partie au procès, et elle a tranché ce conflit au regard des critères de nécessité et de proportionnalité[845].

791. Le droit de la preuve se compose de deux volets qui ont en commun de se déployer dans un contexte où se prévalent des intérêts antagoniques juridiquement protégés, qu'il importe de concilier. Lorsqu'il est sollicité, le droit à la preuve s'oppose ainsi au droit d'une autre personne ou, plus généralement, à un intérêt juridiquement protégé (un secret par exemple). En revanche, les conditions de mise en œuvre du droit varient sensiblement selon que l'on se trouve en présence d'une offre de preuve (la preuve est détenue) ou d'une demande de preuve (la preuve est recherchée). En particulier, celui qui formule une demande de preuve sollicite l'aide du juge. Il doit alors montrer que la preuve est utile à la solution. Cette condition d'utilité – parfois dénommée pertinence – n'existe pas si le plaideur souhaite simplement produire une preuve qu'il détient.

792. Cette étape est gouvernée par le principe doctrinal du droit à la preuve, qui recouvre le droit de produire en justice les preuves que l'on détient, et d'obtenir celles que l'on ne détient pas[846]. Parfois invoquée devant la Cour de cassation française, l'expression « droit à la preuve »

---

[841] CEDH, 27 oct. 1993, *Dombo Beheer c/ Pays Bas, Req. n° 14448/88, Par. 33*

[842] A. BERGEAUD, *Le droit à la preuve*, Paris, LGDJ, 2010

[843] CEDH, 10 oct. 2006, *L. L. c. France, Req. n° 7508/02, Par. 40*

[844] CEDH, N. N. et T. A *c.Belgique, 13 mai 2008, Requête n° 65017/01, Par. 43*

[845] J. VAN COMPERNOLLE, « Les exigences du procès équitable et l'administration des preuves dans le procès civil », RTDH, 2012, p. 747

[846] G. GOUBEAUX, *Le droit à la preuve*, in *La preuve en droit*, Travaux du CNRL, Bruxelles, 1981, p. 277. – A. BERGEAUD, *Le droit à la preuve*, LGDJ, coll. « Bibl. de droit privé », t. 525.

n'a pas été retenue par la Haute juridiction[847]. Certaines cours d'appel l'utilisent, notamment pour régler un conflit de droit. C'est ainsi qu'une juridiction du fond a pu juger que « le droit à la preuve doit l'emporter sur la protection de la vie privée et que l'atteinte à l'intimité est rendue licite par l'autorisation du juge »[848]. Le droit à la preuve est donc une construction doctrinale qui trouve sa source dans de nombreuses dispositions des Codes de procédures civile et pénale[849]. Le droit à la preuve est surtout un principe structurant, car il permet d'établir une opposition entre ses démembrements (droit de produire, droit d'obtenir) et les obstacles qui en limitent l'exercice (preuve mise à l'écart, empêchement de prouver). Qu'il s'agisse du droit au respect de la vie privée, au secret des correspondances ou du secret professionnel, les juges doivent trancher entre deux intérêts juridiquement protégés. D'un côté, la production d'une preuve en vue de garantir l'effectivité d'un droit substantiel, de l'autre l'irrecevabilité de la preuve afin de protéger un droit adverse. Pour arbitrer ce conflit, la Cour de cassation semble imposer aux juges du fond des critères de nécessité et de proportionnalité.

793. A côté de la liberté, le Code civil devrait reconnaître le « droit à la preuve », qui a été consacré récemment par la Cour de cassation[850], mais qui existait déjà de façon latente. Pour éviter les difficultés d'application, le droit à la preuve devrait être limité à l'offre de preuve et ne pas concerner la demande de preuve. En effet, il est nécessaire de reconnaître à tout plaideur le droit de produire en justice les preuves utiles au succès de sa prétention. Cette règle semble aller de soi, mais son affirmation garantit un équilibre avec le principe de licéité des preuves.

794. Dans le projet de texte OHADA, parce que les rédacteurs s'en sont tenus à la seule preuve des obligations, deux principes fondamentaux, à la portée générale, brillent par leur absence : le droit à la preuve et le principe de loyauté probatoire. Créations prétoriennes récentes aux contours et ramifications encore flous, elles innervent

---

[847] La recherche experte sur le site <u>*www.legifrance.fr*</u> permet de constater que l'expression n'est employée que dans les moyens des pourvois.

[848] À propos de l'autorisation par le juge du constat d'adultère, CA Aix-en-Provence, 21 nov. 2007 : *JurisData* n° 2007-357843

[849] Droit de solliciter des mesures d'instruction en matière civile et pénale, droit d'obtenir la production forcée d'une pièce par l'adversaire ou par un tiers, etc.

[850] Civ. 1re, 5 avr. 2012, n° 11-14.177, D. 2012. 1596 note G. Lardeux , 2826, obs. J.-D. Bretzner , 2013. 269, obs. N. Fricero , et 457, obs. E. Dreyer ; RTD civ. 2012. 506, obs. J. Hauser.

aujourd'hui tout le droit probatoire et auraient donc mérité, dans le cadre d'une vraie réforme, d'être inscrites dans les dispositions générales qui sont édictées dans la section 1ère du chapitre VI, titre III. Une réflexion d'ensemble aurait alors dû conduire à les reprendre en même temps qu'à réfléchir, non seulement aux conditions d'application de chacun de ces principes, mais également à leur indispensable conciliation, tant il est vrai qu'ils tirent le droit probatoire en sens contraire. Alors que le droit à la preuve favorise la recherche de la vérité, le principe de loyauté probatoire y fait obstacle. Or le premier étant fondé sur la Convention européenne des droits de l'homme (art. 6) à l'inverse de l'autre qui a pour seul soutien la seule jurisprudence française en l'absence de tout texte, tandis que le premier a été reconnu peu de temps après que la Cour de cassation eut malheureusement imprimé au second un caractère absolu, une réflexion d'ensemble était indispensable pour savoir dans quel rapport il fallait les situer. On espère alors que le caractère absolu accordé à la loyauté probatoire aurait été abandonné ; celle-ci aurait certes sans doute été érigée en principe face à un droit à la preuve qui aurait pu néanmoins s'imposer à la double condition posée par la haute juridiction plutôt que d'être, comme actuellement, systématiquement sacrifié sur l'autel de la loyauté.

2) Principes relatifs à l'exclusion des preuves.

795. L'exclusion de la preuve se manifeste de deux façons distinctes. D'une part, elle consiste, pour le juge, à écarter des débats une offre de preuve formulée par la partie qui la détient. D'autre part, elle consiste pour le juge à refuser d'ordonner la recherche ou la production d'une preuve demandée par une partie. Dans ces deux situations, la preuve n'intégrera pas le dossier probatoire et la juridiction de jugement ne pourra l'utiliser pour fonder sa conviction. La procédure d'exclusion peut intervenir durant toutes les étapes de la procédure : avant le procès si le juge refuse une mesure d'instruction *in futurum*, durant la mise en état, au cours de l'audience sur le fond, ou dans la décision de justice.

796. Ainsi, l'exclusion des preuves est un mécanisme qui conduit le juge à ne pas tenir compte de preuves qui pourraient se révéler utiles à la solution du litige. Le mécanisme de l'exclusion possède plusieurs déclinaisons. De façon particulière, l'exclusion peut prendre la forme d'une règle qui définit de façon limitative les éléments admis à faire la preuve d'un fait. On parle alors d'admissibilité restreinte des modes de preuve (a). De façon plus générale, l'exclusion peut découler du fait qu'une preuve est recherchée ou produite en violation du principe de licéité de la preuve (b).

i. L'exclusion fondée sur l'admissibilité restreinte des modes de preuve

797. L'admissibilité restreinte des modes de preuve est une manifestation du régime de la preuve légale. Il consiste à ne permettre la preuve de certains faits que par le moyen de modes de preuve déterminés, dont la liste est déterminée par la loi. En d'autres termes, il s'agit d'un mécanisme d'exclusion qui repose sur un *numerus clausus*[851] des modes de preuves admis par la loi. Ce mécanisme est hérité de l'ancien droit, et son application contemporaine se limite à la preuve des actes juridiques.

798. En droit civil, l'admissibilité restreinte des modes de preuves est une application moderne de l'adage *lettres passent témoins.* Elle se traduit par la restriction aux écrits de la preuve des actes juridiques. Inscrite dans le Code civil de 1804, cette règle a dominé la preuve en droit civil au XIXème siècle, pour s'estomper au XXème siècle. Elle a pour conséquence d'interdire aux plaideurs de se constituer eux-mêmes la preuve d'un acte juridique. Tous ces procédés, s'ils sont prévus par des textes éclatés, constituent des exclusions fondées sur le mode de preuve. L'exclusion peut provenir d'une interdiction ou d'une admissibilité réduite.

799. L'article 531 du Projet de texte uniforme portant droit général des obligations dans l'espace OHADA[852] prévoit qu'il « *doit être passé un acte écrit, notarié ou sous seings privés, de toute convention dont l'intérêt en cause excède cinq cent mille (500 000) francs CFA*». La disparition des mots « de toutes choses » du texte (C. civ. art. 1341) est sans conséquence sur son champ d'application. Tout acte est visé, en toutes matières. *Ubi lex non distinguit*… Elle impose ainsi que la preuve des actes juridiques civils soit établie par écrit. L'article 1359 de l'Ordonnance n° 2016-131 du 10 février 2016 portant réforme du droit des contrats, du régime général et de la preuve des obligations énonce dans une formulation nouvelle : *« L'acte juridique portant sur une somme ou une valeur excédant un montant fixé par décret doit être prouvé par écrit sous signature privée ou authentique* ». Il implique que doivent nécessairement être prouvés par un écrit les actes juridiques portant sur

[851] Ph. MALAURIE, P. MORGAN, *Introduction au droit*, Paris, Defrenois, 4è éd., n° 190
[852] *Comp.* Article 1341 C. civ.

une valeur ou une somme excédant un montant fixé par décret, actuellement de 1 500 €.

800. Il existe un consensus pour dire que l'exigence de la preuve par écrit est limitée aux actes juridiques et qu'elle ne s'applique pas aux faits juridiques[853]. Le domaine de la règle de l'admissibilité restreinte des preuves est doublement limité, quant à l'objet de la preuve et quant aux personnes concernées. S'agissant de l'objet de la preuve, les actes juridiques échappent à l'exigence d'une preuve écrite en matière commerciale mais le projet OHADA de réforme ne l'a pas clairement signifié[854] contrairement au Code sénégalais[855]. S'agissant des personnes qui se voient imposer la règle d'admissibilité restreinte des preuves, ne sont concernées que les parties à l'acte et non les tiers. La Cour de cassation française juge que les tiers à un acte juridique peuvent en établir l'existence par tous moyens[856].

801. Le mécanisme d'admissibilité restreinte en droit civil fait l'objet de plusieurs aménagements. D'abord, les parties à l'acte juridique peuvent écarter l'exigence de l'écrit par convention. Ensuite, les parties peuvent suppléer à l'écrit par des preuves considérées comme équivalentes[857]. Ces preuves ne peuvent être qualifiées d'écrits, mais elles en ont la fonction. En outre, l'admissibilité restreinte reçoit exception lorsque la présentation d'un écrit se révèle impossible. Par ailleurs, le principe selon lequel nul ne peut se constituer de preuve à soi-même est

---

[853] Sur le consensus doctrinal, J-L MOURALIS, *Répertoire de droit civil*, Dalloz, 2014, V° Preuve (règles de preuve) n° 197

[854] Aucun article du projet ne réserve «ce qui est prescrit dans les lois relatives au commerce», comme le fait le second alinéa de l'actuel article 1341 du code civil. On pourrait reprendre l'article 13, alinéa 2 du COCC sénégalais ou se contenter de l'article 528 qui assure la liberté probatoire dans les termes suivants: «Tous les moyens de preuve retenus par la loi peuvent être utilisés pour la preuve (…) des obligations commerciales». Pourquoi ne pas avoir repris cette exception ? Par souci d'économie ? Un peu de didactisme ne semblait pourtant pas superflu. D'autant que la théorie des actes mixtes fait la charnière entre le droit commercial et le droit civil. La preuve d'un acte de commerce n'est en effet libre qu'«à l'égard des commerçants». Ce dont il résulte que le contrat conclu entre un commerçant et un particulier ne relève du principe de liberté probatoire qu'au profit de celui-ci. Qu'un commerçant souhaite prouver l'existence d'un contrat à l'égard d'un particulier, il devra rapporter un écrit, conformément au principe de l'article 1360. Le particulier peut prouver par tous moyens, pas le commerçant. (V. par ex. Com. 17 févr. 1976: Bull. civ. IV, no 58).

[855] COCC Art. 13 al. 2 : « La preuve est libre en matière commerciale pour les actes juridiques ».

[856] Cass. civ. 1, 10 mai 2005, n° 96-13-201

[857] Il existe deux catégories de preuve qui peuvent suppléer à l'écrit. La première catégorie est constitué de l'aveu judiciaire et du serment décisoire. La seconde catégorie de preuve qui permet de suppléer à l'écrit est formée par le commencement de preuve par écrit.

une règle d'exclusion des preuves auto-constituées, que le législateur devrait consacrer dans l'espace OHADA. En revanche, dans tous les autres domaines, la preuve est libre.

802. L'exclusion d'une preuve concerne le principe de légalité de la preuve. Depuis le Code civil, la légalité de la preuve s'impose aux actes juridiques, et le projet de réforme OHADA propose d'ajouter qu'il peut être dérogé à ce principe par convention[858]. Mais le projet de réforme omet les éléments essentiels du système des preuves légales. Par exemple, rien n'est dit sur le principe selon lequel « nul ne peut se constituer de preuve à soi-même » appliqué avec constance par la Cour de cassation française à la preuve des actes juridiques[859]. Plus regrettable encore, la définition de la preuve écrite laisse planer un doute sur la nature juridique de nombreux documents qui ne présentent pas les garanties de l'acte sous seing privé papier ou électronique. Il en est ainsi du courriel[860], du document PDF sur lequel a été apposée une signature scannée, de la télécopie[861], de la quittance non signée émise par informatique, etc. En d'autres termes, les ambiguïtés du code civil ne sont pas levées par le projet de texte OHADA, ce qui est préjudiciable à la sécurité des transactions qui se multiplient sous ces formes écrites contemporaines.

b- L'exclusion fondée sur l'illicéité de la preuve

803. Le principe de licéité s'impose à toutes les preuves, qu'elles soient produites sous un régime d'admissibilité restreinte (preuve légale) ou dans un régime de liberté de la preuve. Contrairement aux pays de *common law*, dans lesquels les preuves illicites font l'objet d'une réglementation qui définit les conditions de leur exclusion des débats, dans notre système juridique, le concept de licéité de la preuve évoque des règles dispersées et dont la sanction varie.

804. Le principe de licéité de la preuve n'est cité explicitement par aucun texte. Il est néanmoins possible de le rattacher à l'article 9 du Code de procédure civile, qui attribue au succès de sa prétention

---

[858] Il aurait été utile de préciser que ces conventions n'ont de valeur que pour la preuve des actes juridiques pour respecter l'esprit de système. V. *supra.*

[859] Civ. 3e, 3 mars 2010, n° 08-21.056, D. 2010. 1019 , et 2671, obs. J.-D. Bretzner ; AJDI 2010. 909, obs. M. Thioye.

[860] Auquel la Cour de cassation semble dénier la valeur d'un écrit, Civ. 1re, 30 sept. 2010, n° 09-68.555, D. 2010. 2362 ; AJDI 2011. 73, obs. F. de La Vaissière ; RTD civ. 2010. 785, obs. B. Fages.

[861] Que la jurisprudence semble avoir assimilée à un écrit, Com. 2 déc. 1997, n° 95-14.251, D. 1998. 192 , note D. R. Martin ; RTD com. 1998. 187, obs. M. Cabrillac.

« conformément à la loi ». En pratique, la Cour de cassation française utilise cette disposition pour exclure les preuves des débats. Toutefois, l'expression « conformément à la loi » ne reflète que partiellement le principe de licéité de la preuve. Elle enferme la licéité dans la notion de légalité et néglige ses autres dimensions.

805. Le principe de licéité de la preuve implique que chaque élément de preuve soit produit ou recherché conformément aux règles de droit. Cette conformité au droit se décompose en deux blocs. Le premier bloc de licéité est composé des preuves nommées, dont les Codes de procédure définissent un régime juridique propre (expertises, modalités de recueil des témoignages). La preuve peut être ainsi déclarée illicite car elle viole une règle spéciale. Le second bloc de licéité correspond aux principes généraux du droit de la preuve. Toute preuve, nommée ou inommée, doit être recherchée et produite en conformité avec ses principes. Certains sont issus du droit substantiel, comme le respect de la vie privée[862] ou les secrets juridiquement protégés[863]. D'autres se rattachent au droit processuel, comme le principe des droits de la défense[864]. D'autres encore, sont des principes transversaux, dont les applications irriguent toutes les branches du droit, tel le principe de

[862] Les premières expressions du droit au respect de la vie privée en droit de la preuve sont contemporaines de l'introduction du principe dans le Code civil. Influencés par la montée en puissance du droit au respect de la vie privée dans la jurisprudence de la CEDH, les plaideurs ont commencé à invoquer l'article 9 C. civ. et l'article 8 de la Conv. EDH dans un nombre croissant de procès. Quelques arrêts retentissants ont consacré l'emprise de la vie privée sur les procédés de preuve. Dans le contentieux civil, il s'agit de l'arrêt *Nikon* rendu par la chambre sociale de la Cour de cassation en 2001 (Cass. soc. 2 oct. 2001, n° 99-42.942)

[863] La protection juridique d'un secret a un impact sur le mécanisme d'exclusion des preuves. Une preuve peut être écartée des débats, car sa production viole un secret. Un témoin peut encore refuser de déposer en rattachant derrière le secret. Il est possible de dégager un cadre juridique commun à tous les secrets professionnels. Toutefois, leur protection est parfois renforcée, comme pour le secret médical ou atténuée, s'agissant du secret des affaires. Depuis un arrêt rendu en 1999, la Cour de cassation affirme avec constance que le secret des affaires ne constitue pas un obstacle à l'application de l'article CPC, dès lors que le juge constate que les mesures qu'il ordonne procèdent d'un motif légitime et sont nécessaires à la protection des droits de la partie qui les a sollicité.

[864] Le principe des droits de la défense, dont les applications procédurales sont très nombreuses, joue un rôle ambivalent en droit de la preuve. D'un côté, les droits de la défense ont une influence sur l'administration des preuves. Ainsi, le droit à la preuve est rattachable aux droits de la défense. Les parties au procès peuvent donc se prévaloir des droits de la défense pour produire une preuve ne justice et exiger du juge qu'il tienne compte de cette preuve. A l'inverse, le principe des droits de la défense joue un rôle inhibiteur dans la recherche de la vérité. Il est alors utilisé comme un mécanisme d'exclusion d'une preuve lorsque celle-ci a été recherchée, produite ou appréciée en violation des droits de la défense.

loyauté[865]. Enfin, certains principes résultent de la mise en œuvre des droits fondamentaux dans le domaine probatoire (procès équitable, dignité[866]).

806. C'est ici qu'entre en jeu le principe général de licéité de la preuve, qui suppose que chaque preuve soit produite ou recherchée conformément aux règles de droit. Cette illicéité peut se déduire de la non-conformité de la preuve à un principe général du droit de la preuve. Le recensement de ces principes généraux est difficile à réaliser. Certains ont une origine purement jurisprudentielle, d'autres se trouvent dans les codes de procédure, d'autres encore se déduisent de règles de droit substantiel. La liste proposée ci-dessous paraît exhaustive. Elle conjugue les sources du droit positif et exclut les principes simplement formulés par la doctrine. Constituent ainsi des filtres à la recevabilité des preuves : la loyauté de la preuve, le droit au respect de la vie privée, l'existence d'un secret protégé (médical, professionnel, bancaire, des affaires, de la défense nationale, des sources journalistiques, etc.), l'égalité des armes, les droits de la défense, le droit de ne pas s'auto-incriminer (en matière pénale seulement), la dignité de la personne, l'interdiction de se constituer une preuve à soi-même (dans le système des preuves légales seulement), le principe du contradictoire, l'encadrement des mesures probatoires de contrainte (droit à la liberté et à la sûreté).

807. L'illicéité de la preuve peut également se traduire par le défaut de conformité de la preuve à une règle technique. Cette situation se présente uniquement pour les preuves spéciales (ou nommées). Ces preuves sont soumises à un régime juridique spécifique, qui s'adjoint au droit commun constitué par les principes généraux décrits ci-dessus. Les régimes de la perquisition, de l'expertise, de l'interrogatoire, des attestations, de l'audition des témoins, etc., contiennent ainsi de nombreuses dispositions techniques qui définissent des procédures contraignantes dans la recherche de la preuve. Le non-respect de ces dispositions conduit à une situation d'illicéité de la preuve. L'acte qui

---

[865] Le principe de loyauté de la preuve a fait une apparition très progressive en jurisprudence. On peut en identifier les premières manifestations dans un arrêt de référence (affaire *Wilson*, Cass. ch. réun., 31 janv. 1888, S. 1889, 1, p. 241). On recense deux formes de preuves déloyales. D'une part, sont déloyales les preuves recueillies à l'insu de la personne contre laquelle elles sont produites. D'autre part, sont déloyales les preuves qui sont obtenues au moyen d'un stratagème.

[866] Le droit au respect de la dignité en matière probatoire est rattaché à l'article 3 de la CEDH ; « nul ne peut être soumis à la torture ni à des peines ou traitements inhumains ou dégradants ».

constitue le support de la preuve pourra être annulé (procès-verbal de perquisition) ou écarté (attestation). Cette illicéité est de la même nature que celle décrite précédemment à propos de la violation d'un principe général. Quelle que soit la sanction encourue, elle se traduit par une exclusion de la preuve illicite. La différence tient au fait que les preuves nommées sont soumises à la fois au droit commun et aux règles d'exclusion de leur régime particulier. À l'inverse, les preuves innomées ne peuvent être exclues que si elles violent un principe général.

808. En définitive, la constitution du dossier probatoire est le volet de la théorie générale de la preuve qui présente la plus grande complexité. Il est nécessaire de combiner les règles du système des preuves légales et celui des preuves libres. Il faut également combiner les principes généraux et les règles spéciales; identifier des situations dérogatoires. Il convient enfin d'appréhender de façon globale des sanctions qui apparaissent dispersées (irrecevabilité, mise à l'écart, nullité, refus d'ordonner la production ou la mesure d'instruction). Au-delà de la complexité et de l'éparpillement, l'étude a tenté de proposer une organisation cohérente des règles de constitution du dossier probatoire. C'est sur ce dossier que le juge pourra porter une appréciation.

B. L'appréciation des preuves

809. L'appréciation de la preuve se divise naturellement en deux situations opposées. Soit la force probante de la preuve est déterminée par la loi, soit elle est laissée à la libre appréciation du juge. Cette distinction ne suit pas nécessairement la dichotomie traditionnelle des systèmes de preuve.

810. La détermination légale de la force probante des modes de preuve comporte deux conséquences. D'une part, le juge est lié par la preuve dotée d'une force probante légale. Il perd son pouvoir souverain d'appréciation. D'autre part, il existe différents degrés de force probante introduisant une hiérarchie entre les preuves. Le principe de la liberté d'appréciation des preuves par le juge s'impose largement dans tous les domaines du droit. Cette liberté d'appréciation est guidée par l'intime conviction. D'où l'importance de libérer l'appréciation de la preuve (1) et de définir le principe de l'intime conviction (2).

1) Libérer l'appréciation de la preuve.

811. Lorsque la loi définit la force probante d'une preuve présente dans le dossier, le juge est, par principe, lié par cette preuve. En réalité, la force probante génère deux règles distinctes.

812. La force probante exprime une première règle. Si la preuve n'est pas combattue selon les formes prévues par la loi, elle s'impose au juge. Cette situation se retrouve en premier dans le système des preuves légales, qui concerne les actes juridiques en droit civil et les contraventions en droit pénal. Il en est ainsi de la force probante de l'acte authentique, et de celle, plus faible, de l'acte sous seing privé.

813. La force probante exprime une seconde règle, qui s'adresse, non au juge, mais à l'adversaire. Elle définit la manière de détruire ou de combattre la preuve à laquelle est attachée une certaine force. Il peut s'agir d'une inscription de faux ou d'un simple désaveu. Ainsi, lorsqu'une partie désavoue son écriture ou sa signature, la force de l'acte sous seing privé est anéantie[867]. Si la vérification d'écriture ne permet pas de démontrer la sincérité de l'acte, celui qui fonde sa prétention sur l'acte doit être débouté[868]. Le juge ne retrouve pas sa liberté d'appréciation. À l'inverse, la force probante peut être, non pas détruite, mais combattue. L'acte sous seing privé peut ainsi être contesté par une autre preuve littérale. La manière de combattre la preuve est donc une nouvelle fois encadrée par la loi. Mais, dans l'hypothèse d'un conflit de preuves légales, le juge retrouve sa liberté. L'article 1316-2 du Code civil prévoit ainsi que « le juge règle les conflits de preuve littérale en déterminant par tous moyens le titre le plus vraisemblable, quel qu'en soit le support ». Ainsi, même dans un système de preuve légale, la liberté d'appréciation du juge peut trouver à s'appliquer. Or, le projet de texte OHADA a passé sous silence le règlement des conflits de preuve par le juge.

814. Il est communément admis que la preuve des faits juridiques est libre. Cette règle s'applique à l'admissibilité des preuves, mais pas toujours à leur force probante. Ainsi, le Code civil définit la force probante de certains modes de preuve de façon générale, sans distinction entre les faits et les actes juridiques, entre les obligations et les autres objets de preuve. Tel est le cas de l'aveu judiciaire, dont l'article 1356 du Code civil indique qu'il « fait pleine foi contre celui qui l'a fait ». La force probante de l'aveu est ainsi définie par la loi, mais elle s'applique

[867] C. civ., art. 1324; *Comp.* Art. 543 Projet OHADA.
[868] Cass. 1ère civ., 13 oct. 1992 : *Bull. civ.* 1992, n° 253.

indifféremment dans le domaine des actes juridiques[869] et dans celui des faits juridiques[870]. La preuve légale s'immisce dans un domaine habituellement dominé par la liberté. Cette force probante peut induire une forme de hiérarchie dans la preuve des faits. Ainsi, lorsqu'un conflit de preuves s'élève à propos de la date de délivrance d'un congé par un bailleur, la preuve de cette date établie par un constat d'huissier ne peut être combattue par témoin, car la « date de signification d'un acte par un huissier de justice fait foi jusqu'à inscription de faux »[871]. Ici, la force probante établit une hiérarchie entre les preuves proposées par les parties. Cette solution est d'autant plus surprenante, s'agissant de la preuve d'un fait juridique.

815. L'étude de la force probante est enfin l'occasion d'évoquer une nouvelle fois les présomptions. Les présomptions qui possèdent une force probante particulière sont habituellement appelées « irréfragables ». En réalité, il en existe plusieurs catégories. L'article 1352 du Code civil[872] énonce une règle complexe selon laquelle « nulle preuve n'est admise contre la présomption de la loi, lorsque, sur le fondement de cette présomption, elle annule certains actes ou dénie l'action en justice, à moins qu'elle n'ait réservé la preuve contraire et sauf ce qui sera dit sur le serment et l'aveu judiciaires ». Cette disposition ne prévoit pas moins de trois catégories de présomptions : celles qui se combattent par la preuve contraire, celles qui résistent jusqu'au serment et à l'aveu, et enfin, celles qui n'admettent aucune preuve contraire.

816. L'étude de la force probante aménagée par la loi permet de mesurer l'enchevêtrement des systèmes de preuve, mais également la diversité des questions liées à l'appréciation de la preuve. On en dénombre quatre : le juge est-il lié par la preuve ? Comment la preuve peut-elle être détruite ? Comment la preuve peut-elle être combattue ? Comment résoudre un conflit entre plusieurs preuves ? La situation paraît

---

[869] Cass. 1re civ., 28 janv. 1981 : *Bull. civ.* 1981, n° 33. L'aveu fait pleine foi contre son auteur même lorsque la preuve doit être apportée par écrit.

[870] Cass. soc., 22 mars 2011, n° 09-72.323, à propos d'un aveu judiciaire concernant les faits de chantage et de pressions justifiant un licenciement.

[871] 183 Cass. 3e civ., 22 févr. 2006 : *Procédures* mai 2006, n° 5, comm. 109.

[872] La référence à l'article 1352 du Code civil est discutable s'agissant des présomptions irréfragables. Cet article, qui s'appuie sur l'article 1350, traite des présomptions légales. Toutes les présomptions légales ne sont pourtant pas irréfragables. Par ailleurs, certaines présomptions irréfragables existent en dehors de l'article 1350. La problématique des présomptions irréfragables est l'une des plus délicates du droit de la preuve et ne peut être traitée de façon satisfaisante dans le Projet OHADA. Cf. not. R. DECOTTIGNIES, *Les présomptions en droit privé*, LGDJ, 1950, p. 87 et s.

plus simple lorsque la force probante est laissée à la libre appréciation du juge.

817. La difficulté tient au fait que les règles définissant la force probante des modes de preuve sont d'application générale. Elles s'imposent à la preuve des actes, comme à celle des faits. Or la preuve des faits étant libre, le juge devrait pouvoir apprécier librement la force probante de chaque mode de preuve. Telle n'est pas la solution retenue en jurisprudence.[873] La force probante contredit la vérité et remet en cause la fonction même des règles de preuve. Dans l'espace OHADA, il est donc essentiel de libérer l'appréciation des preuves hors du domaine des actes juridiques ou des cas limités prévus par la loi.

2) Définir le principe de l'intime conviction.

818. La libre appréciation par le juge de la force probante des éléments qui lui sont soumis s'exprime en deux règles : d'une part, le juge n'est lié par aucune preuve présente dans le dossier ; d'autre part, aucune hiérarchie ne peut s'établir entre les différentes preuves. C'est la signification de l'intime conviction. Elle est retenue tant en matière pénale qu'en matière civile. Le juge dispose ainsi d'un pouvoir souverain pour apprécier la valeur probante des éléments qui lui sont soumis et il lui appartient d'« écarter des débats »[874] un constat d'huissier en cas de doute sur l'impartialité de ce dernier[875]. Le principe de l'intime conviction s'oppose au doute et le principe impose une « certitude intérieure » pour le juge[876]. En cela, il se distingue des standards de preuve[877].

---

[873] Civ. 3e, 22 févr. 2006, n° 05-12.521, D. 2006. 675 ; RTD civ. 2006. 767, obs. J. Mestre et B. Fages. Dans un exemple topique, la Cour de cassation française a traité d'un conflit de preuves portant sur la date de délivrance d'un congé par un bailleur. Le congé avait été signifié en mairie par un huissier dans les délais imposés par la loi. Pourtant, l'employée de mairie attestait que le congé avait été délivré à une autre date. La preuve portait donc sur un fait juridique : la date de délivrance du congé. La Cour de cassation a considéré que la date de signification d'un acte par un huissier de justice faisait foi jusqu'à inscription de faux et que cette preuve ne pouvait pas être contredite par un témoignage. Pourtant, dans cette affaire, la fiabilité du témoignage était corroborée par d'autres éléments qui rendaient les constatations de l'huissier hautement improbables. Ainsi, le constat d'huissier liait le juge, mais sa fiabilité était contestable. Dans un tel contexte, on comprend mal l'intérêt de lier le juge par une preuve que l'on sait inexacte.

[874] L'expression est ici malvenue. Elle signifie que le juge peut refuser de tenir compte de l'élément de preuve dans sa décision.

[875] Cass. 2e civ., 19 janv. 1966 : *Bull. civ.* 1966, II, n° 78.

[876] J.-D. BREDIN, *Le doute et l'intime conviction : Droits* 1996, *n°* 23, p. 21. – Cf. plus généralement. C. TOURNIER, *L'intime conviction du juge*, PUAM, 2003.

[877] Cf. F. FERRAND, *Rép. civ.* Dalloz, préc., n° 480.

819. La liberté d'appréciation laissée au juge est un principe probatoire qui s'articule avec un autre principe de procédure. Celui de la motivation[878]. Si l'intime conviction confère une liberté au juge, « *la motivation est l'instrument de sa soumission* »[879]. Principe de pure procédure, la motivation des décisions de justice a ainsi une incidence sur la preuve. Il commande au juge d'indiquer les éléments sur lesquels il s'est fondé[880]. En définitive, la simplicité apparente de l'intime conviction laisse toute de même apparaître plusieurs questions distinctes : le juge est-il lié par les preuves produites ? Le juge doit-il établir une hiérarchie ? Le juge doit-il atteindre une certitude ou une simple probabilité ? Le juge doit-il s'expliquer sur la manière dont il a apprécié les preuves ?

820. Le projet de réforme, à l'instar du code civil, aménage individuellement la force probante de chaque mode de preuve : l'acte authentique, l'acte sous signature privée, les registres professionnels, les copies, etc. En revanche, il définit les modes de résolution des conflits de preuves. Il en est ainsi des conflits entre deux écrits ou entre un écrit et un témoignage. Cet ensemble de règles emporte deux effets généraux. D'une part, il existe une hiérarchie légale entre les modes de preuve. D'autre part, le juge est lié par la force probante définie par la loi. Ces deux caractéristiques entrent en contradiction avec le principe de liberté de la preuve en dehors du champ des actes juridiques.

821. La signification de l'intime conviction est discutée[881]. Deux courants de pensée s'affrontent. Selon le premier, l'intime conviction impose une certitude au juge[882]. Cela signifie que la partie sur laquelle repose la charge de la preuve doit prouver le fait allégué jusqu'à le rendre certain ; et le juge ne peut fonder sa décision que sur des faits avérés. Cette conception de l'intime conviction repose notamment sur la règle selon laquelle le doute est préjudiciable à la partie à qui incombe la charge de la preuve[883], et sur l'interdiction pour le juge de se fonder sur

---

[878] Cf. F. FERRAND, *Rép. civ.* Dalloz, préc., n° 465. – Cf. égal. É. VERGES, *Les principes directeurs du procès judiciaire, étude d'une catégorie,* thèse Aix-en-Provence, 2000, n° 318. *http://www.facdroit-grenoble.org/crj/images/documents/these-verges.pdf.*

[879] G. GIUDICELLI-DELAGE, *La motivation des décisions de justice,* thèse Poitiers, 1979, p. 655.

[880] Cf. F. FERRAND, *préc.*, nos 466 et 467, qui évoque l'obligation de répondre aux conclusions des parties et l'interdiction de dénaturation des preuves.

[881] Sur les justifications théoriques de l'intime conviction du juge, G. TADEWA TAGNE, *L'intime conviction,* thèse de doctorat, Université d'Abomey Calavi, 2016 dir. Professeur J. DJOGBENOU.

[882] J.-D. Bredin, Le doute et l'intime conviction, Droits 1996, n° 23, p. 21.

[883] Par ex., Civ. 2e, 4 juill. 2007, n° 05-11.569.

des motifs dubitatifs ou hypothétiques[884]. Certains arrêts retiennent d'ailleurs explicitement le critère de la certitude[885]. Un autre courant doctrinal affirme que l'intime conviction ne se confond pas avec la certitude et que le juge peut fonder sa décision sur une forte probabilité[886]. Cette thèse repose sur une conception pragmatique du syllogisme juridictionnel, en adéquation avec la pratique. Elle est corroborée par un courant jurisprudentiel qui rejette l'exigence d'une « preuve scientifique »[887] et qui admet qu'en situation d'incertitude, la preuve puisse reposer sur un faisceau d'indices constituant des présomptions du fait de l'homme[888].

822. Le principe de l'intime conviction est si fondamental en droit français que sa signification ne devrait pas donner lieu à controverse. A titre de comparaison, en Allemagne, la Cour fédérale de justice a apporté une réponse claire sur le degré de conviction que doit atteindre le juge. Dès 1970, elle a affirmé que le juge devait atteindre une « conviction personnelle à partir d'une probabilité à la frontière de la certitude »[889]. Dans cet esprit, le projet Catala proposait d'adopter une conception souple de l'intime conviction. Suggérant que le juge apprécie la valeur des preuves « en conscience », le projet ajoutait que « dans le doute, le juge s'en tient à la plus forte vraisemblance ». La formule est maladroite, car elle renvoie au standard de preuve bien connu en *common law* : celui de la preuve prépondérante[890]. Ce standard repose sur une probabilité de plus de 50 % et il s'éloigne donc de l'intime conviction. La position du droit allemand est plus proche de la culture française. Un article pourrait ainsi être inséré dans le Projet OHADA pour préciser que, dans les domaines où la preuve est libre, toutes les preuves produites en justice sont appréciées par le juge « en conscience », ce dernier pouvant fonder sa décision « sur une probabilité proche de la certitude ».

---

[884] Art. 455 c. pr. civ. et ses applications jurisprudentielles

[885] Civ. 1re, 20 mai 1981, n° 79-17.171

[886] C. Aubry et C. Rau, Cours de droit civil français, t. 12, 6e éd., par A. Esmein, 1958, p. 58. Une conception proche, C. Tournier, L'intime conviction du juge, PUAM, 2003, nos 135 s.

[887] Civ. 3e, 18 mai 2011, n° 10-17.645, D. 2011. 1483, obs. I. Gallmeister , 2089, note M. Boutonnet , 2679, chron. A.-C. Monge , 2694, obs. F. G. Trébulle , 2891, obs. J.-D. Bretzner , et 2012. 47, obs. P. Brun ; RTD civ. 2011. 540, obs. P. Jourdain.

[888] Civ. 1re, 22 mai 2008, n° 06-10.967, n° 05-10.593, n° 06-18.848 et n° 06-14.952, D. 2008. 1544 , obs. I. Gallmeister , et 2894, obs. P. Jourdain ; RDSS 2008. 578, obs. J. Peigné ; RTD civ. 2008. 492, obs. P. Jourdain ; RTD com. 2009. 200, obs. B. Bouloc ; JCP 2008. II. 10131, note J.-L. Grynbaum.

[889] F. Ferrand, préc., n° 483.

[890] « *Preponderance of evidence* ».

CHAPITRE SECOND.

LE RENOUVELLEMENT DES MODES DE PREUVE

823. Les modes de preuve n'ont pas tous le même statut. Certains sont nommés, ce qui signifie qu'un texte aménage leur régime juridique. D'autres sont innommés, car ils n'existent que dans la pratique. Bien qu'aucun texte ne les prévoie, ces preuves innommées sont produites par les parties et elles sont retenues par le juge pour forger sa conviction. Toutes ces preuves - qu'elles soient nommées ou innommées - sont autant de preuves spéciales. Pour les désigner, on utilise fréquemment l'expression « mode de preuve ». On parle encore de « techniques probatoires » ou de « procédés de preuve ». Les règles relatives aux preuves spéciales sont donc celles qui définissent les modalités de recueil, de production et d'appréciation des modes de preuve utilisés quotidiennement en justice.

824. « *La distinction entre théorie générale de la preuve et droit des preuves spéciales est une application en droit de la preuve d'une division doctrinale classique. Il existe ainsi une théorie générale des contrats et un droit des contrats spéciaux. Le droit des preuves spéciales se compose, en premier lieu, des règles particulières définies par les textes et applicables aux preuves nommées. Ces règles se conjuguent avec celles qui émanent de la théorie générale de la preuve. Ainsi le droit spécial décline les principes de la théorie générale ; il les complète et y déroge parfois. S'agissant des preuves innommées, aucun texte ne les prévoit, mais leur mise en œuvre devant les juridictions fait naître un régime juridique d'origine jurisprudentielle, qui associe, lui aussi, principes généraux, règles d'application et parfois règles dérogatoires* »[891].

825. Le droit positif ne donne pas d'indication sur la manière de classer les modes de preuves. Les preuves nommées font généralement l'objet de simple énumération dans le Code civil. Renouvelant l'approche classique, le classement retenu par les

---

[891] E. VERGES, G. VIAL, O. LECLERC, *Droit de la preuve*, *op. cit*,. n° 442

professeurs Vergès, Vial et Leclerc repose sur un critère matériel qui envisage les preuves spéciales selon la forme qu'elles empruntent. Sont ainsi distinguées quatre catégories : la preuve par écrit, la preuve par déclaration, la preuve par enregistrement, et la preuve par expertise.

826. Ce chapitre traite des différents modes de preuve, dont il établit le régime juridique en tirant le meilleur parti d'une confrontation de la construction doctrinale avec la réforme du droit des obligations en France et du projet de réforme du droit des obligations dans l'espace OHADA. Il propose de renouveler les règles particulières qui s'appliquent à chaque mode de preuve dans l'espace OHADA, en distinguant les preuves préconstituées d'une part (Section 1) et les preuves postconstituées d'autre part (Section 2).

Section I. Les preuves préconstituées

827. Ce sont des preuves établies d'avance, au moment où les parties créent le droit, pour le cas où un litige surviendrait ensuite. Leur domaine propre est donc le contrat, mais on en rencontre parfois l'équivalent pour des faits juridiques. La préconstitution peut s'entendre de deux façons. D'abord, la preuve préconstituée est celle réalisée au moment même de l'existence du *negocium* dont il est question d'établir l'existence. Ensuite, la preuve préconstituée est celle réalisée à des fins probatoires. La préconstitution est présentée comme une faculté. Elle est en réalité un devoir ou une incombance.

828. Les preuves préconstituées se déclinent en preuve par écrit (*Paragraphe 1*) et en preuve par enregistrement (*Paragraphe 2*).

Paragraphe 1. La preuve par écrit

829. Le Code civil et l'ancien droit accordaient un rôle privilégié à la preuve par écrit, qu'il faudra repenser en Afrique[892]. Aujourd'hui encore, en raison des avantages qu'ils présentent, certains écrits se voient reconnaître une supériorité sur d'autres modes de preuve

[892] Le Doyen MELONE suggérait déja que « … *dans la perspective d'une modernisation du droit des contrats en Afrique, l'on puisse repenser le système de preuve en enlevant à l'écrit le rôle prépondérant qu'il joue dans la preuve des obligations. Insistant notamment sur l'importance donnée à la parole et au geste dans la formation du contrat au sein d'une société caractérisée par l'analphabétisme, l'Universitaire concluait à une nécessaire régression du formalisme dans la preuve des obligations contractuelles en Afrique* » cité par ONANA ÉTOUNDI, *Ibid.*, p. 283.

: ils constituent les seuls écrits autorisés dans le système d'admissibilité restreinte de la preuve légale.

830. Ces écrits particuliers sont réglementés par le Code civil. Toutefois, la preuve littérale ne se limite pas à ces écrits (A). D'autres peuvent être utilisés en tant que preuve dans le système de la preuve libre. Ceux-là ne sont pas réglementés par le Code civil (B).

1. Les écrits prévus par le Code civil

831. Le Code civil réglemente certains écrits. Il leur attribue deux caractéristiques : ils sont seuls recevables dans le système d'admissibilité restreinte des preuves établi par l'article 1341 du Code civil et ils sont dotés d'une force probante particulière. Si ces écrits jouent un rôle particulier dans le système de la preuve légale, ils ne sont cependant pas cantonnés dans ce système. Ils peuvent également être produits dans le système de la preuve libre. Leur force probante est alors laissée à la libre appréciation du juge.

832. Il conviendra ainsi d'étudier, pour chacun de ces écrits, la place qu'il occupe dans le système probatoire et la force probante qui lui est spécialement conférée.

1) L'écrit authentique

833. Les dispositions prises à l'égard de l'acte authentique sont, pour l'essentiel, celles que l'on trouve dans le Code civil en vigueur. Ainsi l'article 536 du Projet OHADA le définit-il de la même manière que l'actuel article 1317 et le dispense des mentions manuscrites exigées par la loi (comme la mention manuscrite de l'actuel art. 1326 C. civ.). De même, l'article 536 al. 2, prévoyant la conversion d'un acte prétendument authentique en acte sous seing privé lorsque le défaut d'authenticité procède de l'incompétence ou de l'incapacité de l'officier, ou encore d'un défaut de forme, n'est qu'une translation de l'actuel article 1318 C. civ.

834. Pour le reste, deux changements formels méritent d'être salués alors même qu'ils n'emportent aucun changement substantiel. Le projet expédie d'abord logiquement les textes relatifs à la simulation, c'est-à-dire les articles 1321 C. civ., parmi les règles qui concernent les effets du contrat à l'égard des tiers. Il était incohérent de les mêler aux actes authentiques, une contre-lettre n'étant pas forcément passée par devant notaire, non plus que l'acte apparent qu'elle a pour objet de démentir. Il supprime ensuite l'article 1320 du Code civil aux termes duquel *« l'acte, soit authentique, soit sous seing privé, fait foi entre les parties, même de ce qui n'y est exprimé qu'en termes énonciatifs, pourvu que l'énonciation ait un rapport direct à la disposition. Les énonciations étrangères à la disposition ne peuvent servir que d'un commencement de preuve»*. Là encore, ce texte est actuellement mal placé. Énoncé dans le paragraphe sur les actes authentiques, il s'applique en effet expressément à tous types d'actes, eussent-ils été conclus sous seings privés. Il est au demeurant parfaitement inutile : l'article 546 du Projet OHADA qui définit le commencement de preuve par écrit suffit.

835. La possibilité de dresser un acte authentique sur support électronique n'apparait pas dans le Projet OHADA. En France, l'écrit électronique peut également prendre la forme d'un écrit *authentique*[893]. L'article 1317 dispose, en ce sens, que l'acte authentique « peut être dressé sur support électronique s'il est établi et conservé dans des conditions fixées par décret en Conseil d'État ». Deux décrets sont venus préciser ces conditions : le décret n° 2005-973 du 10 août 2005 relatif aux actes établis par les notaires et le décret n° 2005-972 du 10 août 2005 concernant les actes d'huissiers. Selon ces textes, le notaire ou l'huissier doit utiliser un système de traitement et de transmission de l'information agréé par le Conseil supérieur du notariat ou la Chambre nationale des huissiers. Ce système doit assurer l'intégrité et la confidentialité du contenu de l'écrit. L'écrit doit être signé par l'officier public au moyen d'un procédé de signature électronique sécurisée conforme aux exigences de l'article 1316-4 du Code civil. Les parties et les témoins doivent utiliser un procédé permettant l'apposition sur l'acte, visible à l'écran, de l'image de leur signature manuscrite. Enfin, l'écrit authentique électronique doit être enregistré dans un minutier central accessible seulement à l'officier public; ce minutier étant établi et contrôlé par le Conseil supérieur du notariat ou la Chambre nationale des huissiers, selon le cas. Sa fiabilité doit être certifiée par la Direction centrale de la sécurité des systèmes d'information, sous l'autorité du ministère de la Défense nationale, dans des conditions fixées par décret[894]. L'écrit authentique électronique peut, par ailleurs, être dressé

---

[893] Voir not. : J. MUET, « L'acte authentique électronique, petit mode d'emploi », D. 2005, p. 2903 et s. - M. GRIMALDI et B. REYNIS, « L'acte authentique électronique », *Defrénois* 2003, art. 37798, n° 6. - X. LINANT DE BELLEFONDS, « Notaires et huissiers face à l'acte authentique électronique », JCP N, 2003, p. 1196.

[894] D. n° 2002-535 du 18 avril 2002.

à distance[895]. Les parties ne se trouvant pas en présence du notaire instrumentaire peuvent livrer leur consentement ou leur déclaration à un autre notaire participant à l'acte. Enfin, les copies authentiques peuvent elles aussi être établies de manière électronique[896].

836. L'article 536-3 du Projet OHADA[897] est relatif à la fois à l'objet de la preuve et aux effets probatoires. Il modifie assez profondément les dispositions de l'article 1319, alinéa 1er C. civ. en consacrant la jurisprudence antérieure. Le texte considère que l'acte prouve avec une force particulière ce que l'officier public dit avoir personnellement accompli ou constaté. Le texte est confus et incomplet. Il faudrait distinguer la validité de l'acte, l'objet de la preuve et son effet. La mention de la procédure de faux est relative à la validité de l'acte. Le texte fait de la validité une limite (« jusqu'à inscription de faux ») à l'effet probatoire (« fait foi »). Il aurait été préférable de traiter de cette validité et de l'hypothèse du faux une fois pour toute et de ne plus y revenir (art. 536). Un acte est susceptible de prouver d'abord l'écriture, *lato sensu*, et son origine, ensuite la réalité du fait ou du *negocium* relaté dans l'acte et enfin la vérité ou sincérité du fait ou du *negocium* relaté dans l'acte. L'acte authentique prouve ces trois objets mais avec une force différente. Aucune preuve contraire ne peut être rapportée contre ce qui est personnellement accompli ou constaté par l'officier public. Seule la validité de l'acte est contestable par la procédure de faux mais aucunement ses effets. De ce point de vue, le texte semble mal rédigé car il amalgame la contestation de la validité et celle des effets. Ce qui n'est pas personnellement accompli ou constaté par l'officier public a la même force probatoire qu'un acte sous signature privée. La règle était justement énoncée par l'article 1320 ancien qui n'a pas été repris. La preuve contraire est possible par un autre acte instrumentaire sous signature privée ou authentique (art. 531). Il n'est plus fait mention dans le texte de ce que l'acte fait foi seulement à l'égard des parties, de leurs héritiers ou ayants cause (*comp.*

---

[895] D. n° 71-941 du 26 nov. 1971, art. 20, modifié par D. n° 2005-973 du 10 août 2005:

[896] Les copies authentiques peuvent être établies sur support papier ou électronique quel que soit le support initial de l'acte (D. n° 71-941 du 26 nov. 1971, art. 33). Le notaire peut délivrer une copie sur un support électronique d'un acte papier dés lors que la numérisation se réalise «dans des conditions garantissant sa reproduction à l'identique » (D. préc., art. 37, al. 1er). La copie électronique authentiqué comporte en outre l'image du sceau et la mention de sa conformité à l'original (D. préc., art. 37, al. 2).

[897] Comp. Ord. préc., art. 1369.

art. 542). La précision était considérée comme erronée : l'acte fait foi à l'égard des parties et des tiers.

2) L'écrit sous signature privée

837. L'article 541 du Projet OHADA définit la force probante de l'acte sous signature privée qui fait foi de son existence jusqu'à preuve contraire. Il reprend ainsi la règle exprimée à l'article 1322 du Code civil, expurgée toutefois de la maladresse de celui-ci, assimilant faussement la force probante de l'acte sous seing privé à celle de l'acte authentique[898]

838. En revanche, la manière de contester son écriture ou sa signature n'est plus guère mentionnée. L'article 1323 du Code civil passe à la trappe[899]. Même chose pour l'article 1324, prévoyant que « *dans le cas où la partie désavoue son écriture ou sa signature, et dans le cas où ses héritiers ou ayants cause déclarent ne les point connaître, la vérification en est ordonnée en justice* ». Les deux textes ont manifestement été jugés redondants avec ceux du code de procédure civile (C. pr. civ., art. 287 s.).

839. La formalité du double est pleinement conservée à l'article 539 du Projet OHADA qui, sauf à relever deux petits changements, reprend la disposition de l'actuel article 1325 du Code civil applicable. Celle de la mention manuscrite l'est également. L'article 540 l'exprime plus clairement que l'actuel article 1326 du Code civil, mais l'idée est la même : l'acte par lequel une seule partie s'engage à payer à l'autre une somme d'argent ou à lui livrer un bien fongible ne fait preuve que s'il comporte la signature du débiteur et la mention, écrite par lui-même, de la somme ou de la quantité en toutes lettres et en chiffres, étant précisé qu'en cas de différence, l'acte sous signature privée vaut pour la somme écrite en toutes lettres. Enfin, s'agissant de la date de l'acte, l'article 542 simplifie la rédaction de l'article 1328 du Code civil dont il est cependant le double : « *l'acte sous signature privée ne fait foi de sa date à l'égard des tiers que du jour où il a été enregistré,*

---

[898] C. civ., art. 1322 : « *L'acte sous seing privé, reconnu par celui auquel on l'oppose, ou légalement tenu pour reconnu, a, entre ceux qui l'ont souscrit et entre leurs héritiers et ayants cause, la même foi que l'acte authentique* ».

[899] C. civ., art. 1323: «*Celui auquel on oppose un acte sous seing privé est obligé d'avouer ou de désavouer formellement son écriture ou sa signature. Ses héritiers ou ayants cause peuvent se contenter de déclarer qu'ils ne connaissent point l'écriture ou la signature de leur auteur*».

du jour de la mort d'un signataire, ou du jour où sa substance est constatée dans un acte authentique ».

840. A comparer les textes que le Code civil en vigueur ménage à propos des actes sous seings privés et ceux que retient le projet de réforme, la disparition de quatre articles mérite encore d'être signalée. Nul drame pourtant ! Les articles 1329 à 1332 concernent les « registres des marchands » (C. civ., art. 1329 et 1330), les « registres et papiers domestiques » (C. civ., art. 1331), ou encore la mention portée, par le créancier, en marge ou au dos d'un titre, afin de libérer le débiteur. Toutes règles qui se retrouvent ailleurs, dans un paragraphe 4 évasivement intitulé : « Autres écrits » (V. art. 1378 s.). En revanche, aux termes des dispositions de l'article 544 du Projet de texte OHADA « la lettre missive fait foi des engagements qu'elle contient contre celui qui l'a signée ».

841. L'article 537 du projet de texte OHADA définit l'acte sous signature privée, à la différence du texte français[900]. Il précise ses conditions de validité et mentionne seulement l'une des procédures par laquelle son existence ou sa validité est contestée. La condition de validité la plus évidente est la signature. Il est utile que le projet OHADA le précise. Les textes ont tendance à considérer que l'intégrité de l'acte est une autre condition de validité de celui-ci. La condition est explicite s'agissant de l'écrit électronique (art. 534) mais implicite s'agissant de l'écrit papier (art. 540). Bizarrement, l'article 543 ne mentionne que la procédure de vérification d'écriture et pas celle de faux matériel. Il aurait été souhaitable que ce point soit clarifié (*comp.* art. 543).

842. En France, le texte évoque à peine l'effet probatoire de l'acte (« fait foi »). Il fait preuve de la sincérité du fait ou du *negocium* qu'il relate et de la sincérité de son contenu jusqu'à la preuve contraire résultant d'un autre acte sous signature privée ou authentique (art. 1359, al. 2e). Selon le texte, l'acte fait foi entre les parties, leurs héritiers et ayants cause. *A contrario*, on serait tenté de considérer que l'acte n'a aucune valeur probatoire à l'égard des tiers. La précision contenue dans le texte est de nature à tromper. D'abord, les parties doivent prouver l'acte par les modes de preuve de droit commun et donc par écrit lorsque la valeur de ses effets dépasse une certaine somme (art. 1359, al. 1er).

---

900 *Comp.* Ord. préc., art. 1372.

Ensuite, comme le *negocium*, l'acte instrumentaire est opposable aux tiers. La seule exception est relative à sa date (art. 1377).

843. L'article 539 reprend avec quelques modifications les dispositions de l'article 1325 C. civ. Le texte requiert l'existence de plusieurs originaux et fait ainsi exception à la liberté de la forme. Est visé l'acte relatant un contrat synallagmatique. Compte tenu du contenu de la catégorie et de la référence à l'intérêt, il aurait été préférable de viser les contrats à titre onéreux qui sont intéressés de part et d'autre. La sanction apparaissait plus nettement dans l'article 1325 C. civ. que dans le projet de texte. On peut néanmoins considérer qu'elle demeure la nullité relative de l'acte instrumentaire. Les parties peuvent convenir de remettre l'acte original unique à un dépositaire (al. 2). Chaque original de l'acte doit mentionner le nombre des originaux établis (al. 1). Celui qui a exécuté le contrat ne peut opposer la nullité tirée de l'insuffisance du nombre des originaux ou de l'absence de mention y relative (al. 2). L'acte sous signature privée ne peut valoir comme commencement de preuve par écrit (art. 546). Lorsque l'écrit est établi sur support électronique, l'exigence d'une pluralité d'exemplaires est satisfaite lorsque l'acte est établi et conservé conformément aux articles 534 et 535, et que chaque partie dispose d'un exemplaire ou y a accès.

844. L'article 542 du projet de texte[901] reprend les dispositions de l'article 1328 ancien. Il ne concerne que la date de l'acte à l'égard des tiers. Entre les parties, elle ne fait foi que jusqu'à preuve contraire, laquelle doit être rapportée par écrit (art. 531). S'il y a fraude, cette preuve peut être rapportée par tout moyen (art. 528). À l'égard des tiers, la preuve de la date résulte de l'enregistrement de l'acte, de la mort de l'une des parties ou du report de la substance de l'acte dans un acte authentique ayant date certaine. L'énonciation demeure limitative. La règle prouve que l'acte instrumentaire est opposable aux tiers (v. art. 542).

845. Les supports de l'écrit ont évolué. De nouveaux modes de preuve ont vu le jour (l'écrit électronique, la télécopie, la photocopie...), tandis que d'autres sont tombés dans l'oubli. Tel est le cas des *tailles*[902]. Si cet écrit d'une autre époque figure toujours dans le

---

[901] *Comp.* Ordonnance française, Art. 1377.

[902] Ce procédé était autrefois utilisé pour constater des fournitures faites à un consommateur. Un morceau de bois était coupé en deux parties égales dont les bords s'ajustaient l'un avec l'autre. L'une d'elles - la « taille » - était conservée par le fournisseur, l'autre - « l'échantillon » - par le client. À chaque livraison, la taille et l'échantillon étaient rapprochés et une entaille

Code civil (CC, art. 1333), il a toutefois vocation à en être retiré[903]. Ignorant délibérément les « tailles » visées à l'article 1333 du Code civil qui paraissent dépourvues de toute actualité, l'article 545 traite de la valeur des copies, auxquels le Code civil consacre trois articles, dont deux sont longs et complexes.

3) L'écrit sous signature privée contresigné par avocat

846. Instauré par la loi du 28 mars 2011 en France[904], l'écrit sous signature privée contresigné par avocat se trouve aujourd'hui régi par trois articles de l'ordonnance portant réforme du droit de la preuve[905].

847. Il a été repris par le projet de réforme du droit des obligations dans l'espace OHADA. Aux termes de l'article 544, l'acte contresigné par avocat fait une entrée remarquée dans l'espace OHADA. Le premier de ces textes concerne l'engagement de l'avocat dans l'acte, et précise qu'«*en contresignant un acte sous seing privé, l'avocat atteste avoir éclairé pleinement la ou les parties qu'il conseille sur les conséquences juridiques de cet acte* ». Ce texte rappelle ainsi que l'avocat est susceptible d'engager sa responsabilité civile dans l'exercice de son obligation de conseil et de rédacteur d'acte. De cette obligation de conseil résulte, en outre, la possibilité, prévue au texte de dispenser cet écrit des mentions manuscrites requises pour certains actes sous seing privé. Le conseil de l'avocat rend, en effet, inutile l'exigence de formalités d'écritures supplémentaires, ayant pour objectif de faire comprendre aux parties la gravité de leur engagement.

848. La force probante de l'écrit contresigné par avocat est précisée par l'article 544, en ces termes : « *L'acte sous signature privée contresigné par avocat fait foi de l'écriture et de la signature des parties tant à leur égard qu'à celui de leurs héritiers et ayants droit (..). L'acte d'avocat est soumis à la procédure du faux* ». À la différence de l'officier public qui atteste des énonciations de l'acte authentique qu'il a pu personnellement vérifier, l'avocat n'atteste pas du contenu de l'acte. Il se

---

transversale - « la coche » était portée sur les deux pièces de bois. Le nombre de coches correspondantes sur la taille et sur l'échantillon faisait preuve du nombre des fournitures. En cas de discordance entre le nombre de coches portées sur les deux morceaux, les livraisons n'étaient prouvées que jusqu'à concurrence du plus petit nombre de coches, sauf preuve de fraude ou d'erreur.

[903] En France, l'ordonnance portant réforme du droit de la preuve a procédé à sa suppression.

[904] Loi n° 2011-331 du 28 mars 2011 de modernisation des professions judiciaires ou juridiques et certaines professions réglementées.

[905] *comp.* Ord. préc., art. 1375.

contente de certifier l'identité de la partie dont il est le conseil, la véracité de son écriture et celle de sa signature. Seules ces dernières ont pu être vérifiées par l'avocat lorsqu'il appose son contreseing. Dès lors, la force probante de cet écrit varie selon la nature de ses énonciations : le contenu de l'écrit fait seulement foi jusqu'à preuve contraire ; cette preuve devant être rapportée selon les modalités prévues par l'article 1341 en matière civile ou par tous moyens en matière commerciale. La force probante de l'acte contresigné est, sur ce point, identique à celle de l'acte sous seing privé.

849. En revanche, la situation est plus confuse concernant l'écriture et la signature des parties. L'article 544 indique qu'elles font « foi », tout en précisant qu'elles peuvent être contestées par la procédure de faux en écriture privée. Ce texte suscite deux remarques. La première concerne la formule « foi ». Celle-ci est également utilisée par le Projet de texte à l'article 536-3 qui prévoit que l'acte authentique fait foi à l'égard des parties. Or, le législateur n'a nullement assimilé la force probante de l'acte d'avocat à celle de l'acte authentique[906]. La foi dans la signature se comprend parfaitement, à condition que l'avocat vérifie préalablement l'identité des parties. Mais la foi dans l'écriture est sans objet puisque, d'une part, les actes sont en général dactylographiés et, d'autre part, toute mention manuscrite est exclue en fait. La seconde remarque porte sur la méthode adoptée pour contester l'écrit. L'écriture et la signature ne peuvent être contestées par un simple désaveu, comme peut l'être un acte sous seing privé ordinaire; le législateur impose ici le recours à la procédure de faux en écriture privée. Cependant, lorsqu'un écrit est argué de faux, il est renvoyé à la vérification d'écriture, qui est également ordonnée en cas de désaveu d'un écrit sous seing privé. La différence entre la contestation d'un acte contresigné et celle d'un acte sous seing privé ordinaire est donc très mince : la première nécessite d'arguer le faux, la seconde suppose un simple désaveu, mais les deux aboutissent à la vérification d'écriture. La situation est pour le moins paradoxale : l'acte contresigné fait « foi », tout en pouvant être contesté de la même manière qu'un écrit sous seing privé. L'effet du contreseing sur la force probante de l'acte contresigné par avocat apparaît finalement

[906] En France, le rapport Darrois proposait de rapprocher ces deux actes en prévoyant expressément que l'acte sous seing privé contresigné doit être légalement tenu, pour reconnu au sens de l'article 1322 du Code civil ; l'article 1322 conférant à un acte sous seing privé reconnu la force probante de l'acte authentique. Cette proposition a cependant été rejetée.

très faible. Dans la pratique, le contreseing de l'avocat devrait cependant rendre plus rares les contestations d'écriture et de signature, celles-ci ayant été personnellement vérifiées par l'avocat.

850. Reste que tous ces avantages n'auront d'effets dans l'espace OHADA que lorsque les avocats se décideront à contresigner les actes qu'ils imaginent et conçoivent pour leurs clients. Pour l'instant, cette pratique ne semble pas encore entrée dans leurs mœurs professionnelles. L'admission de l'acte d'avocat dans un texte de loi pourrait peut-être les y inciter.

4) L'écrit électronique

851. « *L'innovation importante pour les pays de l'espace OHADA est l'introduction de la preuve électronique comme preuve écrite. Encore faut-il tempérer cette affirmation. En effet, les Règlements de l'UEMOA et de la CEMAC relatifs aux systèmes et instruments de paiement l'avaient déjà consacrée depuis quelques années si bien que les nouvelles dispositions sur la preuve électronique dans le droit des obligations doivent être combinées et complétées avec les dispositions communautaires* » notent les rédacteurs du Projet OHADA[907].

852. En tant que mode de preuve, l'écrit électronique équivaut désormais à l'écrit papier. L'assimilation de l'écrit électronique à l'écrit papier résulte de l'article 530 du Projet OHADA reprenant sensiblement les mêmes termes que ceux inscrits dans le Code civil par la réforme française[908]. Lorsque l'article 530 définit la preuve littérale comme résultant « *d'une suite de lettres, de caractères, de chiffres ou de tous autres signes ou symboles dotés d'une signification intelligible* », il précise que cela vaut « quels que soient leur support et leurs modalités de transmission ». C'est ainsi que l'écrit, requis par l'article 531 du Projet OHADA pour établir la preuve de toutes choses excédant la somme de 500 000 francs CFA, peut avoir un support soit papier, soit électronique et se trouve soumis, dans les deux cas aux mêmes règles. Ces dernières sont, en revanche, écartées lorsque l'écrit électronique est destiné à rapporter la preuve d'un fait juridique, dont l'existence peut être établie par tous

---

[907] *Rapport préc.* p. 23.
[908] Ord. préc., art. 1365.

moyens, lesquels étant soumis à l'appréciation souveraine des juges[909].

853. Comme l'écrit papier, l'écrit électronique peut être rédigé sous signature privée ou en la forme authentique. Lorsque l'écrit électronique est réalisé *sous signature privée*, il se trouve soumis aux mêmes exigences que l'écrit papier traditionnel. Il est notamment soumis aux formalités particulières dites du «double» et de la mention manuscrite, énoncées respectivement aux articles 1325 et 1326 du Code civil, dont la rédaction a été spécialement revue par la loi française du 13 mars 2000[910] pour tenir compte de l'éventuel caractère électronique de l'écrit. L'article 1375 de l'ordonnance française du Code civil français comporte ainsi un alinéa 5 qui dispose que la formalité du «double» est satisfaite lorsque, l'écrit électronique répond aux exigences techniques des articles 1316-1 et 1316-4 du Code civil et qu'il est disponible sur un support pour chaque partie ou bien encore que chacune peut y accéder; c'est-à-dire qu'un lieu de stockage unique est accessible à toutes les parties. L'article 1326 précise, quant à lui, que la mention de la somme ou de la quantité pour laquelle la partie s'est engagée n'a plus à être écrite « de la main » du débiteur, mais seulement « par lui-même ».

854. Dans le Projet OHADA, l'équivalence de l'écrit électronique et de l'écrit papier est soumise aux conditions posées par l'article 534[911], en vue de garantir une certaine fiabilité de l'écrit électronique. La première condition est celle de l'intégrité de l'écrit. Le document doit avoir été créé et être conservé, dans des conditions qui garantissent son intégrité; ces conditions pouvant être assurées par différents procédés de cryptologie et de certification[912]. Le texte est

---

[909] Cass. civ 2, 13 févr. 2014, n° 12-16.839. - Cass. soc., 25 sept. 2013, n° 11-25.884.

[910] Loi n° 2000-230 du 13 mars 2000 portant adaptation du droit de la preuve aux technologies de l'information et relative à la signature électronique. Cette définition a été intégralement reprise par les articles 18 du Règlement de l'UEMOA de 2002, 27 de la loi sénégalaise de 2008, 17 de la loi burkinabè de 2009. Pour l'équivalence fonctionnelle, Art. 82 (2) de l'AUDCG. Voir également le livre V : Informatisation du registre du commerce et du crédit mobilier, du fichier national et du fichier régional, articles 79-100

[911] Projet OHADA sur le droit des obligations art. 534 : « L'écrit sous forme électronique est admis comme preuve au même titre que l'écrit sur support papier à condition que :
- son auteur puisse être identifié ;
- il soit établi et conservé dans des conditions de nature à garantir son intégrité.».

[912] Voir not. : R. CATALA, « Écriture électronique et actes juridiques ». précit., p. 99. - M. Espagnon, « L'introduction de la preuve électronique dans le code civil[1]», *JCP G,*

légèrement imprécis dans l'expression de la première condition. Il confond l'acte instrumentaire et le *negocium* lorsqu'il requiert que la personne dont il émane puisse être identifiée. Il aurait été préférable de considérer que doit être identifiée la personne qui est l'auteur de la volonté qu'il relate.

855. La seconde condition est relative à l'imputabilité de l'écrit. L'auteur de l'écrit doit pouvoir être identifié de manière certaine et doit, comme pour l'écrit papier, avoir apposé sa signature. La signature électronique est définie à l'article 535 du Projet OHADA : « *elle consiste en l'usage d'un procédé fiable d'identification garantissant son lien avec l'acte auquel elle s'attache* ». Elle remplit donc, comme la signature traditionnelle, les fonctions d'identification de son auteur et d'adhésion de ce dernier au contenu de l'acte. Le texte poursuit en précisant que « *La fiabilité d'un procédé de signature électronique est présumée jusqu'à preuve contraire lorsque cette signature est créée, l'identité du signataire assurée et l'intégrité de l'acte garantie dans les conditions fixées par la réglementation en vigueur* ». En France, ces conditions ont notamment été fixées par un décret du 30 mars 2001[913] qui énonce, en son article 2, que la signature électronique sécurisée doit être propre au signataire et créée par des moyens que le signataire puisse garder sous son contrôle exclusif, garantir avec récrit auquel elle s'attache un lien tel que toute modification ultérieure de l'écrit soit détectable[914] et reposer sur un dispositif sécurisé de signature électronique[915]. Si ces conditions ne sont pas remplies, le juge appréciera la validité de la signature - alors dite *simple* - et il appartiendra à celui qui l'invoque de démontrer sa fiabilité. À l'inverse, si ces conditions sont satisfaites, la signature - dite *sécurisée* - bénéficie d'une présomption de fiabilité : celui qui s'en prévaut n'a pas à apporter la preuve de sa fiabilité. Cette signature a donc une valeur plus forte que la signature manuscrite.

856. S'il ne remplit pas ces conditions d'intégrité et d'imputabilité, le *courrier électronique* ne peut être qualifié d'écrit

---

1999, I, 182, p. 2071. - A. Penneau, « La certification des produits et systèmes permettant la réalisation des actes et signatures électroniques », *D.* 2002, p. 2065.

[913] Déc. n° 2001-272 du 30 mars 2001, pris pour l'application de l'article 1316-4 du Code civil et relatif à la signature électronique.

[914] Une signature scannérisée ne garantit pas un tel lien : Cass, civ. 2, 30 avril 2003, n° 00-46.467.

[915] L'article 6 du décret expose les différentes conditions nécessaires à la qualification de ce certificat électronique.

électronique, dès lors que celui à qui il est imputé nie son engagement[916]. Il peut éventuellement valoir commencement de preuve par écrit[917], s'il émane de la partie à laquelle il est opposé et rend vraisemblable le fait allégué. Il s'agira alors, pour la personne qui s'en prévaut, d'apporter par tous moyens un complément de preuve.

857. L'assimilation de l'écrit électronique à l'écrit papier produit deux effets. Le premier effet concerne la *force probante* de l'écrit électronique. L'écrit électronique possède une valeur *égale à celle de l'écrit papier*. Cette équivalence résulte à la fois de l'article 1316-3 du Code civil, aux termes duquel « l'écrit sur support électronique a la même force probante que l'écrit sur support papier » et de l'article 1316-1 précisant que « l'écrit électronique est admis au même titre que l'écrit papier ».

858. Le second effet découle du premier. En cas de conflit entre plusieurs preuves littérales, l'article 1316-2 du- Code civil dispose que « lorsque la loi n'a pas fixé d'autres principes, et à défaut de convention valable entre les parties, le juge règle le conflit en déterminant par tous moyens le titre le plus vraisemblable, quel qu'en soit support ». Toute hiérarchie entre preuves littérales est ainsi écartée. Il n'existe aucune primauté de l'une sur l'autre.

5) La copie

859. Le projet de texte OHADA modifie substantiellement les règles qui s'appliquent à la copie. L'article 545 distingue en fonction de la nature de l'acte. Son alinéa 1 dispose que la copie, photocopie ou toute autre reproduction d'actes authentiques a la même force probante que l'acte original lui-même lorsqu'elle est certifiée conforme par un officier public ou toute personne habilitée par la loi à procéder à cette certification, dans la limite de ses attributions. L'alinéa 2 dispose que la copie, photocopie ou toute autre reproduction d'actes sous seings privés à la même force probante que l'acte original lui-même lorsqu'elle est certifiée conforme par leurs auteurs eux-mêmes.

860. En revanche, le texte français pose une règle générale qu'il applique à l'acte authentique et à l'acte sous signature privée (art. 1335 1° anc.). La copie fiable produit les mêmes effets probatoires que l'original (al. 1er, 1re phrase). La fiabilité est laissée à l'appréciation du

---

[916] Cass. civ. l, 30 sept. 2010, n° 09-68.555.
[917] Cass. civ. 1, 20 mai 2010, n° 09-65.854.

juge (al. 1er, 2e phrase). On notera que le texte ne pose pas l'exigence propre à la copie de fidélité à l'original et la durabilité du support et qu'il remplace cette double exigence par un critère unique et subjectif, à savoir la fiabilité. Cela dit, la fiabilité dépendra certainement de la fidélité et de la durabilité ou de l'intégrité du support de la copie. Dans le détail, le texte distingue en fonction de la nature de l'écrit. La copie de l'acte authentique est réputée fiable (al. 1er, 3e phrase). Le texte pose une présomption irréfragable de fiabilité. La copie de l'acte sous signature privée est présumée fiable si les conditions posées au texte sont réunies. Il s'agit d'une présomption simple supportant la preuve contraire. Il faut qu'il y ait une reproduction de l'original à l'identique et que l'intégrité de la copie soit garantie dans le temps par un procédé conforme à des conditions posées par décret. Si l'original subsiste, sa présentation peut toujours en être exigée (al. 3e). Il appartiendra à celui alléguant la disparition de l'original de la prouver (art. 1353, al. 2e, 1360).

861. Le régime juridique de la copie se caractérise aujourd'hui par une grande complexité[918]. Pour tenter de l'appréhender, il ne suffit pas de distinguer les règles relatives à la copie d'un écrit sous signature privée, et celles relatives à la copie d'un écrit authentique. Le législateur africain doit simplifier considérablement le régime juridique de la copie en son ensemble. Il doit réunir les règles relatives aux différentes copies en un seul article – à l'instar du nouvel article 1379 du Code civil - aux termes duquel « *la copie fiable a la même force probante que l'original. La fiabilité est laissée à l'appréciation du juge. Néanmoins est réputée fiable la copie exécutoire ou authentique d'un écrit authentique. Si l'original subsiste, sa présentation peut toujours être exigée* ».

6) L'écrit récognitif

862. L'écrit récognitif[919] est celui par lequel une partie *reconnaît* la substance de l'écrit original - encore appelé « acte primordial » - ayant été antérieurement dressé. Cet écrit vise, le plus souvent, à interrompre l'écoulement d'un délai de prescription ou à se prémunir contre une éventuelle disparition de l'original.

---

[918] Voir not. : F. TERRE, *Introduction au droit*, Précis Dalloz. 9e éd., 2012, n° 655 et s. – F. FERRAND, *Répertoire. Proc, civ.*, V° Preuve. Dalloz, 2013, n° 619 et s. - A. Aynès et X. Vuitton, *Droit de la preuve*, Lexis Nexis, 2013, n° 278 et s., 350,et 465 et s.

[919] D. GUEVEL., *JCl. Civil code,* Contrats et obligations. Reproduction d'actes écrits, Copies, Actes récognitifs, fasc. unique, 2012, n° 37 et s., 68 et s. - J.-L. MOURALIS, *Rép. Civ. Dalloz*, V° Preuve, 2014, n° 459 et s.

863. S'agissant des actes récognitifs, l'article 1380 issu de la réforme française suit l'article 1337 du code civil. Il ne fait qu'exprimer au singulier (« L'acte récognitif…») la règle actuellement formulée au pluriel («Les actes récognitifs…»). Sur le fond, rien n'a toutefois changé: l'acte récognitif, celui qui contient la reconnaissance d'un titre antérieur donc, l'acte dit «primordial», peut servir de preuve littérale et ne dispense de la présentation de celui-ci que si sa teneur y est spécialement relatée. Naturellement, la force probante de l'acte récognitif est limitée: ce qu'il contient de plus ou de différent par rapport au titre original n'a pas d'effet (art. 1380, al. 2). Cela va de soi: par définition, celui qui souscrit un acte récognitif n'entend pas contracter une nouvelle obligation, il reconnaît seulement l'existence d'une ancienne, telle qu'elle résulte du titre principal. *Recognitio nihil dat novi*[920].

864. Un alinéa de l'article 1337 du code civil a toutefois sauté: le troisième, disposant que «*s'il y avait plusieurs reconnaissances conformes, soutenues de la possession, et dont l'une eut trente ans de date, le créancier pourrait être dispensé de représenter le titre primordial*». Aucune importance toutefois: cette règle a toujours été contestée dans la mesure où la reconnaissance qui figure dans un acte récognitif est un aveu et que, lorsqu'un aveu est constaté par écrit, il fait plein foi contre celui qui l'a fait[921].

865. En revanche, le projet OHADA de droit des obligations supprime les dispositions de l'article 1337 C. civ. relatives à l'acte récognitif. Cette suppression est sans aucun doute discutable. L'acte récognitif est une reproduction de l'acte non pas mécanique par un procédé moderne mais par nouvelle écriture. Il était dressé dans le but de procurer aux parties un nouveau moyen de preuve pour remplacer le titre perdu ou en prévision de sa perte. La facilité avec laquelle un acte peut être copié rend les dispositions de cet article sans grand intérêt. Le texte prévoit que la confection de l'acte récognitif ne dispense pas de la présentation du titre original sauf si sa teneur y est spécialement relatée. La règle est contestable parce qu'elle ne s'accorde nullement avec celle selon laquelle la copie a la même force probante que l'original (art. 1379, al. 1er, 1re phrase). Elle réduit à néant l'intérêt probatoire de l'acte instrumentaire récognitif. Au final, on ne voit pas vraiment ce qui a pu

[920] H. ROLAND et L. BOYER, Adages du droit français: Litec, 3e éd., 1992, no 373, p. 781

[921] B. TOULLIER, op. cit., t. V, no 312, p. 256, et nos 314-331, p. 258 s.

justifier le maintien de la règle. Toutefois, en raison de son interêt pratique (interrompre l'écoulement d'un délai de prescription ou se prémunir contre une éventuelle disparition de l'original), l'écrit recognitif ne pourrait être supprimé dans l'espace OHADA.

7) Les registres et papiers domestiques

866. A défaut d'être définis par le Code civil, les registres et papiers domestiques sont entendus, par la doctrine, de « *toutes les écritures qu'une personne fait spontanément, soit sur de simples feuilles volantes, soit sur de véritables registres afin de conserver le souvenir de certains événements ou de garder la trace des opérations juridiques qui l'intéressent* »[922]. Il peut ainsi s'agir de carnets, d'agendas, de notes, de pages d'écritures, de cahiers ou encore de livres de comptes tenus par des particuliers.

867. Le Projet OHADA du droit des obligations ne confère aucun rôle particulier aux registres et papiers domestiques. Parmi les dispositions relatives aux actes sous seings privés, figure actuellement un seul texte concernant « les lettres missives ». L'article 544, dispose que «*la lettre missive fait foi des engagements qu'elle contient contre celui qui l'a signée* ». Logique: nul ne peut se préconstituer de preuve à soi-même, au moins s'agissant d'un acte juridique[923]. En dehors de la lettre missive, les autres registres et papiers domestiques ne peuvent être produits aux débats dans les contentieux où la preuve peut être rapportée par tous moyens.

868. L'article 1378-1 du texte français pose une règle du même esprit pour tous ces écrits sans exception : d'un côté, «les registres et papiers domestiques ne font pas preuve au profit de celui qui les a écrits» (art. 1378-1, al. 1er); de l'autre, «ils font preuve contre lui: 1° dans tous les cas où ils énoncent formellement un paiement reçu; 2° lorsqu'ils contiennent la mention expresse que l'inscription a été faite pour suppléer le défaut du titre en faveur de qui ils énoncent une obligation». Sauf à relever tout de même que l'étendue de la force

---

[922] J.-L. MOURALIS, *Rép. Civ. Dalloz,* V° Preuve, 2014, n° 506. Sur ces écrits, voir aussi : F.-Terré, *Introduction au droit*, Précis Dalloz, 9e éd. 2012, n° 663. - D. Veaux et M. Oudin. *JCl. Civil code*, Art-. 1329 à 1333, fasc. unique, 2004, n° 50 et s.

[923] Civ. 2e, 6 mars 2014, no 13-14.295: JCP 2014. 679, note P. LEMAY: «le principe selon lequel nul ne peut se constituer de preuve à soi-même n'est pas applicable à la preuve d'un fait juridique». – Adde, Cl. MOULY-GUILLEMAUD, La sentence «nul ne peut se constituer de preuve à soi-même» ou le droit de la preuve à l'épreuve de l'unilatéralisme: RTD civ. 2007. 253 s.

probante reconnue à ces actes est moindre que celle des registres professionnels: elle est réduite aux deux types de mentions visés, à l'instar de ce que prévoit actuellement l'article 1331 du code civil.

869. Le législateur de l'OHADA devrait reprendre l'article 1331 C. civ., pour en moderniser les termes et ouvrir sur la possibilité de prendre en compte l'écrit électronique. Le papier ne fait pas preuve au profit de celui qui l'a écrit (al. 1er). La règle est inutile (*comp* art. 1363 Ord. préc.). Il fait preuve contre celui qui l'a écrit dans les deux hypothèses visées au texte (al. 2e). 1° L'écrit fait preuve lorsqu'il énonce un paiement reçu. Il y a aveu du créancier. Le paiement se prouvant par tout moyen, la règle est en partie inutile (art. 1342-8). 2° L'écrit fait preuve lorsqu'il contient la mention qu'il a été fait pour suppléer le défaut de titre en faveur du créancier. La règle paraît inutile puisqu'il y a là un contrat sur la preuve (art. 1356). Par le passé, il fallait que la mention soit écrite de la main de son auteur ou signée de lui pour que l'écrit produise son effet probatoire. Cette exigence doit être maintenue (« qui les a écrits »).

8) Les registres et documents professionnels

870. Parmi les dispositions relatives aux actes sous seings privés, figurent actuellement deux textes concernant les «registres» et les «livres» des «marchands». Le premier, l'article 1329, dispose que «*les registres des marchands ne font point, contre les personnes non marchandes, preuve des fournitures qui y sont portées, sauf ce qui sera dit à l'égard du serment*». Logique: nul ne peut se préconstituer de preuve à soi-même, au moins s'agissant d'un acte juridique[924]. Le second, l'article 1330, prévoit à l'inverse que «les livres des marchands font preuve contre eux; mais celui qui en veut tirer avantage ne peut les diviser en ce qu'ils contiennent de contraire à sa prétention».

871. La réforme française fond ces deux règles en un seul texte, l'article 1378, qui en modernise la formulation en substituant la notion de «professionnels» à celle, un peu vieillotte, de «marchands»: «*les registres et documents que les professionnels doivent tenir ou établir ont, contre leur auteur, la même force probante que les écrits*

[924] Civ. 2e, 6 mars 2014, no 13-14.295: JCP 2014. 679, note P. LEMAY : «le principe selon lequel nul ne peut se constituer de preuve à soi-même n'est pas applicable à la preuve d'un fait juridique». – Adde, Cl. MOULY-GUILLEMAUD, La sentence «nul ne peut se constituer de preuve à soi-même» ou le droit de la preuve à l'épreuve de l'unilatéralisme: RTD civ. 2007. 253 s.

sous signature privée; mais celui qui s'en prévaut ne peut en diviser les mentions pour n'en retenir que celles qui lui sont favorables».

872. Au lieu d'une suppression des articles 1329 et 1330 C. civ., le législateur communautaire devrait les reprendre moyennant des modifications formelles. Le champ du texte sera élargi à tous les professionnels. S'agissant des commerçants, il y a lieu de combiner le texte avec l'article 5 AUDCG de l'OHADA. Les livres de commerce régulièrement tenus peuvent donc faire preuve à l'encontre, mais également en faveur[925]du commerçant qui les rédige. Constituant une atteinte à la règle selon laquelle nul ne peut se constituer une preuve à soi-même, la force probante de ces écrits est soumise à l'appréciation souveraine des juges du fond[926].

9) Les mentions libératoires

873. L'article 1332 du Code civil confère une force probante particulière aux mentions libératoires[927] - que constituent, par exemple, les formules « réglé », « payé », « remboursé » ou encore « bon pour acquit » - apposées sur un écrit en vue d'apporter la preuve d'un paiement. Ce texte distingue selon que les mentions figurent sur le titre resté en la possession du créancier ou sur un double transmis au débiteur.

874. En France, l'ordonnance du 10 février 2016 modifie l'article 1332 ancien dans le sens d'une modernisation. L'article 1378-2 ne fait plus référence à l'écriture du créancier ni à l'absence de signature ou de date. Le champ d'application du texte et son contenu ne sont pas modifiés. Il ne pourra pas s'appliquer aux écrits électroniques (art. 1316-1). Deux cas sont distingués. Dans le premier, le créancier mentionne un paiement ou une autre cause de libération du débiteur sur un titre original dont il demeure en possession. Le texte considère que cette mention vaut présomption simple de libération (al. 1er). Dans le second, le créancier mentionne un paiement ou une cause de libération soit sur le double d'un titre, soit sur une quittance, mais à condition que le double du titre soit en la possession du débiteur. Le texte est imprécis, voire erroné. D'abord, il ne mentionne pas la quittance demeurée en la

[925] Cass com., 17 mars 1981, n° 79-14.117. - Cass. com., 2 juin 1980, n° 79-10.836 : concernant une banque et ses clients commerçants. - Cass. com., 21 nov. 2006, n° 05-15.128.
[926] Cass. com., 17 nov. 2009, n° 08-20.957.
[927] Voir not. : J.-L. MOURALIS, *Rép. Civ. Dalloz,* V° Preuve, 2014, n° 564 et s. - D. Veaux et M. Oudin, *JCl. Civil code*, Art. 1329 à 1333, fasc. Unique, 2004, n° 66 et s.

possession du débiteur mais seulement le double du titre. Ce qui vaut pour le double, vaut de la même manière pour la quittance. Ensuite, il sous-entend que le double du titre et la quittance valent présomption simple de libération. C'est contestable. Ces deux écrits comportent une mention écrite par le créancier qui rend vraisemblable la libération du débiteur. Ils constituent donc un commencement de preuve par écrit (art. 1362, al. 1er), voire un écrit sous signature privée le cas échéant (art. 1372).

875. Dans l'espace OHADA, le projet de réforme pourrait s'inscrire dans le sillage de l'actuel article 1332 du code civil. Il n'en reproduira cependant pas tout à fait les mêmes termes. L'idée est certes la même comme dans l'ordonnance française : par faveur à l'égard du débiteur, la simple mention d'une libération par le créancier sur le titre original (art. 1378-2, al. 1er), ou sur un double (art. 1378-2, al. 2), fait foi contre celui-ci. Le premier alinéa de l'article 1378-2 ne précise toutefois pas, comme le fait l'article 1332, que cette force probante est reconnue lors même que la mention du créancier n'est ni signée, ni datée par lui. Il dispose beaucoup plus généralement que «*la mention d'un paiement ou d'une autre cause de libération portée par le créancier sur un titre original qui est resté en sa possession vaut présomption simple de libération du débiteur*». Évidemment, là où la loi ne distingue pas, l'interprète ne le doit pas davantage. De sorte que le silence de l'article 1378-2 sur l'absence de signature ou de date peut ne pas tirer à conséquence. Le texte ouvre pourtant une brèche. Certains créanciers ne seront-ils pas tentés de s'y engouffrer afin de contester la «foi» attachée à l'acte ?

B. Les écrits non prévus par le Code civil[928]

876. Certains écrits, bien que non réglementés par le Code civil, peuvent se trouver produits à titre de preuve dans les contentieux gouvernés par le système de la preuve libre. À défaut d'avoir été précisées par le législateur, leur recevabilité et leur force probante ont progressivement été définies par la jurisprudence. Ceci pourrait inspirer le législateur africain. Parmi ces écrits se trouvent les différentes correspondances (1) ainsi que le journal intime (2).

---

[928] Pour ces développements, E. VERGES G. VIAL, O. LECLERC, *Droit de la preuve*, *op. cit.* p. 507 sv

1. Les correspondances

877. Les correspondances sont ici entendues des messages écrits par une personne à destination d'une autre. Ces messages peuvent aujourd'hui reposer sur différents supports : certains sont consignés sur papier, d'autres sont désormais électroniques, d'autres encore se voient téléphoniquement adressés, tandis que d'autres enfin sont publiés sur des réseaux sociaux ou forums de discussions accessibles via Internet. Seront ainsi retenus les lettres missives (i), les courriels (ii), les SMS (iii) et les messages publiés sur les réseaux sociaux (iv).

i) Les lettres missives

878. La fonction probatoire des correspondances traditionnelles ou lettres missives[929] peut être envisagée sous un double aspect. Ces lettres peuvent, d'une part, faire preuve d'un acte juridique dans le système d'admissibilité restreinte des modes de preuve. Leurs conditions de validité et leur force probante relève de l'écrit sous signature privée, à laquelle il est ici renvoyé.

879. D'autre part, les lettres missives peuvent être produites dans le système de la preuve libre. Elles sont alors protégées par le droit au secret des lettres confidentielles, permettant à une personne, dont la vie privée est évoquée dans un courrier, d'empêcher la divulgation de celui-ci[930]. Ce droit au secret va ainsi se trouver confronté au droit à la preuve. La résolution de ce conflit et, en conséquence, la licéité de la preuve proposée par un courrier, va alors dépendre de la nature du contentieux dans lequel ce dernier a été produit.

880. La question de la licéité des correspondances confidentielles produites à titre de preuve, en matière civile, a fait l'objet d'une nette évolution jurisprudentielle. De très anciennes décisions avaient affirmé que le secret des correspondances faisait obstacle à la recevabilité de toute lettre confidentielle «dans les débats d'intérêt privé»[931], à moins que le destinataire du courrier n'ait spécialement autorisé sa production en justice. Sans l'accord de ce dernier, la

---

[929] J.-I:. MOURALIS, *Rép. Civ. Dalloz,* V° Preuve, 2014, n° 477 et s. -Y. FAVIER, *Rép. Civil Dalloz.* V° Correspondance - Messages électroniques, 2012.
[930] P. KAYSER, « Les droits de la personnalité. Aspects théoriques et pratiques », *RTD civ.* 1971, 445 et s., spéc. 467.
[931] Cass. req., 21 juill. 1862, *D.* 1862. 1, p. 21

correspondance se trouvait protégée par le secret et ne pouvait être utilisée en tant que preuve.

881. Tel n'est plus le cas aujourd'hui. Le droit au secret des lettres confidentielles peut désormais céder; la correspondance peut être reçue aux débats, en dépit du désaccord de son destinataire. Cette solution a été consacrée par un arrêt du 16 octobre 2008, dans lequel la Cour de cassation française a énoncé qu'il appartient au juge de « *vérifier la nécessité de la production des correspondances quant aux besoins de la défense et sa proportionnalité au but recherché* »[932]. Elle a été confortée par un arrêt du 5 juillet 2012 au nom du droit à la preuve[933].

882. Le droit au secret des correspondances peut ainsi fléchir devant les nécessités de la preuve. Comme le droit au respect de la vie privée, le droit au secret des correspondances ne constitue plus un obstacle absolu au droit à la preuve. Il peut céder si des motifs particuliers le justifient, comme l'exercice des droits de la défense ou du droit à la preuve. Ces droits antagonistes doivent, en outre, être conciliés pour déterminer la recevabilité de la preuve proposée. Le juge doit opérer une pesée des intérêts en présence afin de décider qui, de la preuve ou de la protection du secret des correspondances, doit l'emporter. Ce conflit sera tranché, au cas par cas, par le juge, au moyen d'un jugement de proportionnalité permettant de légitimer certaines atteintes au secret, tout en les limitant à leur juste mesure.

ii) Les courriels

883. Le développement du courrier électronique[934] a rapidement posé la question de l'admissibilité d'un courriel[935] produit par une partie contre l'autre au cours d'un procès. L'hypothèse de la

---

[932] Cass. civ. 1, 16 oct. 2008, n° 07-15.778

[933] Cass. civ. 1, 5 juill. 2012. n° 11-14.177.

[934] Le courrier électronique est défini par la loi du 21 juin 2004 comme « tout message, sous forme de texte, de voix, de son ou d'image, envoyé par un réseau public de communication, stocké sur un serveur du réseau ou dans l'équipement terminal du destinataire, jusqu'à ce que ce dernier le récupère » (loi n° 2004-575 pour la confiance dans l'économie numérique, JO du 22 juin. 2004). Le message électronique n'utilise pas obligatoirement le réseau téléphonique. Ceci conduit à écarter toute assimilation de la correspondance électronique à la correspondance téléphonique. Sur le courrier électronique, voir not. : F. BILAN, J.-Ci. Communication 2011, Courrier électronique, fasc. 4740. – Y. Favier, Rép. Civil Dalloz, V° Correspondance- Messages électroniques, 2012

[935] Ce terme québécois est l'équivalent de l'anglicisme « mail » et du terme francisé « mél ». Il a été choisi par la Commission générale de terminologie et de néologie pour désigner le courrier électronique (*JO* du 20 juin 2003).

production du courriel aux fins de preuve d'un acte juridique dans le système d'admissibilité restreinte a été spécialement envisagée par le Projet OHADA du droit des obligations et présentée lors de l'étude de l'écrit électronique à laquelle il est ici renvoyé. La production du courriel dans le système de la preuve libre n'a, en revanche, pas été réglementée par ce texte[936]. Son régime juridique a été élaboré par la jurisprudence, reproduisant les règles qui gouvernent la licéité de la preuve par lettre missive.

884. La licéité du courriel suit le même régime que celle de la lettre missive. La recevabilité de ce mode de preuve provient ainsi de la conciliation du secret des correspondances avec les exigences de la preuve, appréciées à la lumière d'un jugement de proportionnalité. Dans un arrêt du 6 novembre 2012, la chambre commerciale a affirmé que les juges du fond doivent, pour rejeter la demande tendant à écarter des débats les courriels obtenus en violation du secret des correspondances, rechercher «si l'atteinte portée au secret des correspondances invoqué était nécessaire et proportionnée au but recherché »[937]. C'est dire que la production de courriels sans le consentement de la personne concernée par cet écrit n'est pas automatiquement illicite en ce qu'elle porte atteinte au secret des correspondances. L'ingérence réalisée dans le secret peut être justifiée par l'intérêt du demandeur et doit alors être proportionnée.

iii / Les SMS

885. En tant que messages téléphoniquement adressés, les SMS *(Short Message Service)* ou mini-messages constituent une forme récente de correspondances. L'hypothèse de la production de ces messages pour la preuve d'un acte juridique, dans le système de la preuve légale, n'a pas été envisagée par le Projet OHADA du droit des obligations. Il paraît cependant difficilement concevable que ce type de correspondance puisse être utilisé, ne serait-ce qu'en tant que commencement de preuve par écrit.

886. En effet, le SMS ne peut satisfaire aux exigences de l'écrit électronique. L'identité de son expéditeur et l'identité du message lui-même sont loin d'être garanties. En revanche, les SMS peuvent faire

[936] Les articles 530 et 534 issus du Projet OHADA ne sont pas applicables au courrier électronique produit pour faire la preuve d'un fait, dont l'existence peut être établie par tous moyens de preuve, lesquels sont appréciés souverainement par les juges du fond.
[937] CE, 28 déc. 2001, n° 235784

preuve dans le système de la preuve libre puisque ces exigences légales n'y sont pas requises.

887. La Cour de cassation française a admis la recevabilité de la preuve par SMS dans un arrêt du 23 mai 2007. La Cour a rappelé le principe selon lequel «l'enregistrement d'une conversation téléphonique privée, effectuée à l'insu de l'auteur des propos invoqués est un procédé déloyal rendant irrecevable en justice la preuve ainsi obtenue », puis a décidé qu'« il n'en est pas de même de l'utilisation par le destinataire des messages écrits téléphoniquement adressés, dits SMS, dont l'auteur ne peut ignorer qu'ils sont enregistrés par l'appareil récepteur »[938]. Cet arrêt s'inscrit dans la droite ligne de la jurisprudence des chambres sociales et civiles de la Cour de cassation en matière de loyauté de la preuve. Dès lors qu'elle provient d'un procédé clandestin, la preuve est illicite et, par conséquent, irrecevable. À l'inverse, l'information préalable de la personne concernée fait disparaître la déloyauté et suffit à admettre l'élément de preuve aux débats. Dans cet arrêt, les juges ont admis que l'information de la personne contre laquelle la preuve était opposée soit implicite, en ce qu'elle découle nécessairement de la technique utilisée (le SMS). L'usage d'une telle technologie implique, en effet, la conscience chez son utilisateur de l'enregistrement des messages sur le téléphone. Aucune information expresse supplémentaire n'est, par conséquent, requise.

888. La question de la recevabilité des SMS a, par ailleurs, été envisagée sous l'angle de l'atteinte au respect de la vie privée du salarié. Dans un arrêt du 10 février 2015, rendu après avis de la chambre sociale, la chambre commerciale de la Cour de cassation française a décidé que « les SMS envoyés ou reçus par le salarié au moyen du téléphone mis à sa disposition par l'employeur pour les besoins de son travail sont présumés professionnels, en sorte que l'employeur est en droit de les consulter en dehors de la présence du salarié, sauf s'ils sont identifiés comme étant personnels»[939]. Suivant la jurisprudence de la chambre sociale, la chambre commerciale a étendu aux SMS la présomption de caractère professionnel - déjà appliquée aux courriers, courriels, fichiers informatiques et connexions Internet. Les outils, quels qu'ils soient, mis à la disposition du salarié par l'employeur pour l'exécution de son travail sont désormais présumés professionnels, sauf à ce que le salarié les ait précisément identifiés comme personnels. Les SMS ne comportant pas

---

[938] Cass. Soc., 23 mai 2007, n° 06-43.209.

[939] Cass. Com., 10 févr. 2015, n° 13-14.779

d'objet, il appartient dorénavant au salarié de faire précéder son message des mots « personnel » ou « confidentiel ». Dans ce cas, l'ouverture du SMS par l'employeur est subordonnée à la présence du salarié. Seul un message stocké sur un téléphone portable personnel du salarié est aujourd'hui à l'abri de toute consultation par l'employeur.

iv) Les messages publiés sur un réseau social

889. La production en justice de messages publiés par des particuliers sur les réseaux sociaux, tels que Facebook, Twitter, WhatsApp ou LinkedIn connaît, depuis 2009, un essor considérable dans différents contentieux. Si la Cour de cassation française n'a pas encore été saisie de cette question, les arrêts de cours d'appel sont nombreux. Leur étude permet de délimiter l'objet de la preuve rapportée par ces nouveaux écrits et de préciser les critères de sa recevabilité.

890. Les messages publiés sur un réseau social (encore appelés « posts») sont produits, en grande majorité, dans le contentieux familial, pour établir la preuve de différents faits. Les publications sur les réseaux sociaux sont également produites aux débats pour caractériser l'état des ressources du créancier de la prestation compensatoire[940] ou encore celui du créancier[941] ou du débiteur d'aliments[942]. C'est ainsi, par exemple, que le montant de la pension alimentaire dont bénéficiait la mère, a été augmenté en considération des messages contenus sur le profil LinkedIn de son fils, dont il ressortait qu'il bénéficiait d'une expérience de spécialiste consultant indépendant et était propriétaire d'un appartement[943].

891. Les écrits publiés sur les réseaux sociaux sont également produits dans le contentieux social. Ils visent alors à rapporter la preuve d'une faute du salarié[944] (dénigrement de l'entreprise, détournement de clientèle, concurrence déloyale...) ou à établir l'existence d'un contrat de travail. C'est ainsi que les messages diffusés par le prétendu employeur

---

[940] CA Paris, 23 sept. 2010, *Juris-Data* n° 017594 : le mari avait déclaré ne pas travailler, tandis qu'un message publié sur sa page Facebook indiquait qu'il « partait travailler ».

[941] CA Paris, 5 mars 2015, *Juris-Data* n° 004970. - CA Reims, 9 déc. 2011. *Juris-Data* n° 033471. - CA Versailles, 5 févr. 2015, *Juris-Data* n° 001847.

[942] CA Aix-en-Provence, 15 mai 2014, *Juris-Data* n° 011068. - CA Paris, 15 mai 2014, *Juris-Data* n° 007364. - CA Aix-en-Provence, 15 janv. 2013, *Juris-Data* n° 001881. - CA Amiens, 20 oct. 2010, *Juris-Data* n° 029391.

[943] CA Aix-en-Provence,15 mai 2014, préc.

[944] CA Nîmes, 20 janv. 2015, *Juris-Data* n° 002824. -CA Paris, 18 nov. 2014, *Juris-Data* n° 028434. - CA Aix-en-Provence, 12 sept. 2014, *Juris-Data* n° 026582.

sur un réseau social désignant la demanderesse comme «sa vendeuse» ont permis de démontrer que cette dernière avait bien été recrutée par l'employeur en vertu d'un contrat de travail[945]. Les publications peuvent encore caractériser la violation de l'obligation contractuelle de loyauté du salarié envers son employeur[946].

892. Ces écrits sont aussi produits, en matière civile, à titre de preuve de la violation d'une obligation contractuelle. Ils peuvent ainsi démontrer le manquement à l'obligation de non-rétablissement du vendeur pour une durée et dans un périmètre délimités lors de la vente d'un fonds de commerce[947] ou encore le changement de destination du local objet d'un bail commercial[948].

2) Le journal intime

893. « *Lieu privilégié des confidences et de la vérité* »[949], le journal intime est un document susceptible de contenir des informations pouvant éclairer un tribunal. À la différence de la lettre missive qui est destinée à être envoyée à autrui, le journal intime est, en effet, écrit pour soi. Il reflète infiniment plus l'intimité de son auteur qu'une simple lettre, mais il peut aussi être le support de récits imaginaires, voire fantasmatiques.

894. Ces particularités ont une incidence tant sur la recevabilité que sur la force probante de ce mode de preuve. Le journal intime peut être admis à titre de preuve dans les contentieux où la preuve est libre. La recevabilité de ce mode de preuve est conditionnée par le respect du droit à la vie privée. Dans un litige opposant un employeur à sa salariée, il a ainsi été jugé que la production par celle-ci d'un extrait du journal intime de l'un des enfants de l'employeur caractérise une violation du droit au respect de la vie privée, justifiant d'écarter cet élément des débats[950].

895. Cet argument de la vie privée est néanmoins insuffisant lorsque le journal intime est produit pour démontrer la faute de l'un des

---

945 CA Poitiers, 16 janv. 2013, *Juris-Data* n° 000536.

946 CA Versailles, 22 janv. 2015, *Juris-Data* n° 001613. - CA Aix-en-Provence, 18 avril 2014, *Juris-Data* n° 014728. -CA Lyon, 22 nov. 2012, *Juris-Data* n° 027024.

947 CA Douai, 7 janv. 2015, *Juris-Data* n° 000432.

948 CA Grenoble, 26 juin 2014, *Juris-Data* n° 016844 : le bail liant les parties stipulait que les lieux loués devaient être affectés à l'usage exclusif de salle de billard. Or, il résultait des messages publiés par le locataire sur les réseaux sociaux qu'il tenait une salle de concert.

949 F. Terré, *Introduction générale au droit*, Précis Dalloz. 6e éd., 2003. n° 571.

950 CA Paris, 13 juin 2013, *Juris-Data* n° 025413.

époux dans une procédure de divorce[951]. Le respect de la vie privée est, par conséquent, insuffisant à faire échec à la production du journal intime, en dépit de son caractère personnel. En revanche, la preuve d'une obtention violente ou frauduleuse peut conduire à l'irrecevabilité du journal. Certaines juridictions du fond considèrent, en effet, que le caractère frauduleux de l'obtention de ce document est inhérent à sa nature personnelle. En d'autres termes, la production du journal intime de l'autre serait nécessairement frauduleuse[952].

896. L'appréciation de la force probante du journal intime admis aux débats est laissée aux juges du fond[953]. Ce document est cependant souvent jugé inopérant en raison de l'incertitude des faits s'y trouvant relatés[954]. Ce manque de fiabilité est également fréquemment retenu à l'encontre du journal intime, parce que cet écrit présente, pour les juges, un caractère romanesque ou relatant des événements purement imaginaires[955].

897. Il convient à présent de présenter la preuve par enregistrement qui constitue la seconde catégorie des preuves préconstituées.

Paragraphe 2. La preuve par enregistrement

898. Les enregistrements de la parole d'une part (A), et les enregistrements de l'image d'autre part (B) font partie de la preuve par enregistrement.

A- Les enregistrements de la parole

899. Des enregistrements de la parole d'autrui sont parfois produits aux débats par les parties pour rapporter la preuve de leurs prétentions. Ces enregistrements peuvent être obtenus à l'aide de différents procédés : enregistrement des propos tenus par une ou plusieurs personnes lors d'une conversation (téléphonique ou non); enregistrement

---

[951] Casa. civ. 2, 29 janv. 1997, n° 95-15.255. - Cass. civ. 2, 6 mai 1999, n° 97-12.437.

[952] V. en ce sens : CA Paris, 3 déc. 2003, *Juris-Data* n° 233854. - CA Metz, 11 mai 2004, *Juris-Data* 252919. - CA Paris, 9 sept. 1999, *Juris-Data* n° 024775. Voir à l'inverse : CA Lyon, 30 oct. 2008, *Juris-Data* n° 005468 : l'obtention n'est pas frauduleuse lorsque l'époux a découvert le journal de son épouse « dans l'un des placards du domicile conjugal auquel il pouvait légitiment accéder ».

[953] Cass. civ. 2, 6 mai 1999, préc.

[954] CA Douai, 15 janv, 2015, *Juris-Data* n° 004092. - CA Paris, 27 sept. 2006, *Juris-Data* n ° 321783.

[955] CA Paris, 9 sept. 1999, *Juris-Data* n° 024775.

d'un message vocal sur un appareil enregistreur (répondeur, dictaphone...).

900. Ces procédés d'enregistrement sont généralement utilisés par des particuliers et ne sont pas réglementés par la loi dans leur fonction probatoire. Le projet OHADA de droit des obligations y a toutefois fait allusion à travers son article 555 qui est une reprise de l'article 31 du Code sénégalais des obligations. Ces deux modes de preuve suivent un régime juridique prétorien.

1. Évolution de la jurisprudence

901. En vertu du principe de loyauté de la preuve, les enregistrements clandestins des paroles d'autrui, tenues dans un cadre privé, ne sont pas admis aux débats. Pour être recevables, la jurisprudence impose que ces enregistrements aient été réalisés à la connaissance de la personne concernée. Cette exigence de l'information préalable a été dégagée par la chambre sociale de la Cour de cassation française à l'occasion de l'affaire *Néocel.* Au visa de l'article 9 du Code de procédure civile, la Cour a alors affirmé que « si l'employeur a le droit de contrôler et de surveiller l'activité de ses salariés pendant le temps du travail, tout enregistrement, quels qu'en soient les motifs, d'images ou de paroles à leur insu, constitue un mode de preuve illicite»[956].

902. Par la suite, la chambre commerciale[957], puis la deuxième chambre civile ont, à leur tour et à plusieurs reprises, écarté des débats les enregistrements obtenus de manière déloyale : « l'enregistrement d'une conversation téléphonique privée, à l'insu de l'auteur des propos invoqués, est un procédé déloyal, rendant irrecevable en justice la preuve ainsi obtenue»[958]. Cette solution a finalement été entérinée par la Cour de cassation, statuant en Assemblée plénière, le 7 janvier 2011. Les juges ont réaffirmé qu'il résulte des articles 9 du Code de procédure civile, 6 § 1 de la Convention de sauvegarde des droits de l'homme et des libertés fondamentales, ainsi que du principe de loyauté dans l'administration de la preuve, que «l'enregistrement d'une conversation téléphonique réalisé à l'insu de l'auteur des propos tenus constitue un procédé déloyal rendant irrecevable sa production à titre de preuve»[959]. En censurant la décision

---

[956] Cass. soc., 20 nov. 1991, n° 88-43.120. - 14 mars 2000, n° 98-42.090. - 23 mai 2007, n° 06-43.209.

[957] Cass. Com., 25 févr. 2003, n° 01-02.913. -3 juin 2008, n° 07-17.147, - 24 mai 2011, n° 10-18.267.

[958] Cass. civ. 2, 7 oct. 2004, n° 03-12.653.

[959] Cass. Ass. Plén., 7 janv. 2011, n° 09-14.667 et 09-14.316.

au visa de l'article 9 du Code de procédure, la Cour a rappelé que cette solution vaut pour toute la matière civile.

903. En définitive, en matière civile, un enregistrement de paroles ne peut constituer un mode de preuve loyal et, partant, recevable que s'il a été réalisé à la connaissance de la personne concernée. Lorsqu'à l'inverse, l'enregistrement a été effectué à son insu, il doit être écarté des débats en tant qu'illicite.

2) Mise en œuvre de la solution

904. La recevabilité de l'enregistrement est conditionnée par l'information préalable de l'auteur des propos (a). Cette exigence apparaît toutefois assouplie par la possibilité d'une information implicite du procédé d'enregistrement (b).

i. L'exigence de l'information préalable

905. La recevabilité de l'enregistrement est soumise à la seule condition de l'information préalable de la personne concernée. La qualité de l'auteur de l'enregistrement est, tout d'abord, sans incidence. La chambre sociale considère que le procédé d'enregistrement clandestin doit être condamné, qu'il ait été mis en œuvre par l'employeur ou par le salarié. Elle a ainsi rejeté l'enregistrement d'une conversation téléphonique effectué par un salarié à l'insu de son correspondant au motif qu'un tel procédé est déloyal[960]. Elle a également décidé que l'employeur ne peut, à l'insu de son employé, utiliser les enregistrements réalisés par ce dernier à l'aide d'un dictaphone, aux temps et lieu de travail, dès lors que cet appareil appartient personnellement au salarié[961].

906. Semble également désormais sans incidence, le fait que les propos n'aient pas été enregistrés mais aient seulement fait l'objet d'une écoute par un tiers, rapportant ensuite les paroles entendues dans une attestation. La Cour de cassation française avait, un temps, considéré que ces attestations étaient recevables dès lorsque « le témoin [avait] lui-même entendu la conversation »[962]. La cour d'appel de Paris avait, quant à elle, estimé que ce mode de preuve pouvait être admis lorsque l'écoute par le tiers présentait un « caractère fortuit »[963]. Par la suite, la Cour de cassation a décidé que les déclarations de tiers rapportant les propos de la personne

---

[960] Cass. soc., 29 janv. 2008, n° 06-45.814.

[961] Cass. soc., 23 mai 2012, n° 10-23.521.

[962] Cass. civ. 2, 13 janv. 1993, n° 91-17.924.

[963] CA Paris, 4 juin 1991, Juris-Data n° 022417.

ne pouvaient être reçues aux débats par les juges du fond « sans préciser les conditions dans lesquelles ces tiers avaient pu avoir connaissance de ces conversations »[964]. Puis, dans un arrêt du 13 octobre 2009, la chambre commerciale a affirmé, au visa de l'article 9 du Code de procédure civile, qu'« est déloyal le fait de permettre à un tiers d'écouter une conversation téléphonique à l'insu de l'un des interlocuteurs afin de conduire ce tiers à retranscrire les termes de cette conversation dans une attestation produite à titre de preuve»[965]. L'attestation est ainsi irrecevable lorsque l'interlocuteur n'a pas été informé de l'écoute de la conversation par un tiers. Là encore, la recevabilité est conditionnée par la seule information préalable de l'auteur des paroles prononcées.

907. En revanche, « la simple vérification des relevés de la durée, du coût et des numéros des appels téléphoniques passés à partir de chaque poste édités au moyen de l'autocommutateur téléphonique de l'entreprise ne constitue pas un procédé de surveillance illicite pour n'avoir pas été préalablement porté à la connaissance du salarié»[966]. Il en va de même de la vérification par l'employeur du relevé des communications téléphoniques fourni par France Télécom[967].

b. La possibilité d'une information implicite

908. Si l'information du procédé d'enregistrement mis en œuvre est indispensable, celle-ci peut néanmoins être implicite. Tel est le cas dans deux hypothèses.

909. Le caractère implicite de l'information peut, d'une part, découler de la spécificité de l'activité de la personne dont les propos sont enregistrés. La chambre sociale a ainsi indiqué que l'information préalable n'est pas nécessaire lorsque le salarié ne pouvait, en raison de la nature de son activité, ignorer qu'il était surveillé et que ses propos étaient enregistrés. Tel est le cas notamment des conversations téléphoniques des salariés travaillant dans les salles de marché[968]. Les enregistrements de

[964] Cass. civ. 2, 24 janv. 1996, n° 93-21868.

[965] Gass. com., 13 oct. 2009, n° 08-19.525.

[966] Cass. soc., 29 janv. 2008, 2e esp., JCP S, 2008, p. 1396, note B. Bossu.

[967] Cass. soc., 11 mars 1998, n° 96-40.147 où les juges ont décidé que le relevé des communications téléphoniques fourni par la société France Télécom ne constitue pas un procédé de surveillance illicite. La preuve n'est pas obtenue à l'insu du salarié car ce dernier ne peut ignorer que le propriétaire d'une ligne téléphonique est en droit d'obtenir un relevé de ses facturations détaillées.

[968] CA Paris, 15 nov. 2002, Juris-Data n° 196043.

ces conversations ne sont pas considérés comme clandestins et sont donc admis aux débats en dépit de l'absence d'information préalable et expresse du salarié.

910. Le caractère implicite de l'information peut, d'autre part, provenir de la technique utilisée pour l'enregistrement. Tel est le cas lorsque l'auteur du message ne peut ignorer, en raison de la technique utilisée, que ses propos sont enregistrés par l'appareil récepteur. Il en va ainsi des propos volontairement déposés sur un répondeur téléphonique[969]. La même solution est applique en jurisprudence à l'égard des SMS.

911. Le projet de texte OHADA dispose que : « *Les modes de reproduction de la parole peuvent être retenus comme présomptions du fait de l'homme* » (art. 555). Cette règle explicite devrait être retenue dans le futur droit de la preuve dans l'espace OHADA.

B. Les enregistrements de l'image

912. La recevabilité des enregistrements d'une image qu'elle soit figée (photographie) ou animée (vidéo) n'est pas envisagée par la loi. Comme celle des enregistrements de la parole, elle suit des règles jurisprudentielles.

913. En matière civile, la recevabilité des enregistrements de l'image de la personne est conditionnée par le respect de la loyauté (1), d'une part, et par le respect de la vie privée (2), d'autre part.

1- Le respect de la loyauté

914. À l'instar des enregistrements de paroles, les enregistrements d'images constituent une preuve loyale et parlante, recevable, seulement si la personne représentée sur l'image avait connaissance de l'enregistrement. Cette solution initialement dégagée par la chambre sociale est aujourd'hui partagée par la première chambre civile.

915. L'exigence de l'information préalable n'est imposée à l'employeur que pour les procédés ayant pour finalité la surveillance de ses salariés. La chambre sociale a en effet précisé que « l'employeur est

---

[969] Voir not. : CA Reims, 16 juin 2010, Juris-Data n° 013795 : « l'employeur ne peut utilement soutenir que ces conversations ont été enregistrées à son insu, puisqu'il s'agit de messages laissés sur un répondeur, ce que mentionne tout téléphone portable en l'absence du correspondant contacté».

libre de mettre en place des procédés de surveillance des entrepôts ou autres locaux de rangement dans lesquels les salariés ne travaillent pas»[970]. Ainsi, l'information préalable des salariés n'est pas requise en cas de mise en place d'une caméra de vidéo surveillance, dans un lieu dans lequel les salariés ne travaillent pas, même si elle a permis d'établir la commission, d'infractions par l'un d'entre eux. La preuve résultant de tels enregistrements est donc licite.

916. La première chambre civile de la Cour de cassation française a consacré, dans un arrêt du 24 septembre 2009, la nécessité d'une information préalable de la personne qui se trouve représentée sur une image pour que cet enregistrement puisse valablement être utilisé à titre de preuve. En l'espèce, des dégradations avaient été réalisées par des squatteurs dans les parties communes d'un immeuble et un des locataires avait été déchu par le propriétaire de son droit au maintien dans les lieux et de son indemnité d'éviction en raison de son inertie devant ces nombreuses dégradations. Le propriétaire avait alors fait installer des caméras de surveillance dans le hall commun. Les vidéos révélaient que le locataire avait bien connaissance de ces actes et les laissait se perpétrer sans les dénoncer. Le locataire invoquait le principe de loyauté et prétendait que ces enregistrements devaient être écartés des débats, en raison de l'absence de consentement des personnes concernées à être filmées. Pour la Cour de cassation, la cour d'appel a cependant pu retenir que les faits reprochés avaient été établis conformément à la loi, dans la mesure où l'avertissement de l'existence des caméras figurait sur trois panneaux placés dans les lieux concernés, tant à l'intérieur qu'à l'extérieur de l'immeuble[971].

917. S'efforçant de tracer les lignes d'une conduite loyale dans la recherche des éléments de preuve, les juges civils écartent ainsi les enregistrements effectués à l'insu de la personne représentée sur l'image. À cette exigence s'ajoute celle du respect de la vie privée de la personne dont l'image a été enregistrée.

2- Le respect de la vie privée

918. Outre le principe de loyauté de la preuve, la production d'enregistrements de l'image de la personne peut encore venir heurter le respect de sa vie privée. Clandestin, l'enregistrement peut en effet être

---

[970] Cass. soc., 31 janv. 2001, prec

[971] Cass. Civ. 1, 24 sept. 2009, n° 08-19.482

intrusif pour la personne concernée. Il peut même être constitutif du délit d'atteinte à l'intimité de la vie privée, qui est une infraction pénale.

919. La recevabilité de l'enregistrement est alors déterminée par les juges en fonction de l'intensité de l'atteinte portée à la vie privée. Comme la chambre sociale, les chambres civiles de la Cour de cassation écartent la preuve obtenue par une atteinte disproportionnée au droit au respect de la vie privée. Concernant les enregistrements de l'image de la personne, l'existence d'une telle atteinte va, tout d'abord, dépendre du caractère public ou privé du lieu depuis lequel l'image a été enregistrée. Les images de la personne peuvent sans conteste être utilisées à fins de preuve devant les juridictions civiles lorsqu'elles ont été recueillies dans un lieu public. La Cour européenne a approuvé cette solution dans un arrêt du 27 mai 2014. En l'espèce, un enquêteur privé engagé par une compagnie d'assurances avait filmé l'assuré, à son insu, alors qu'il conduisait une moto sur la voie publique. Ces images avaient ensuite été produites en tant que moyens de preuve dans une instance civile. Les juges européens ont décidé que l'ingérence dans le droit à la vie privée du requérant, causée par l'enregistrement de ces images sur la voie publique, n'était pas disproportionnée à la lumière des exigences de l'article 8 de la Convention[972].

920. La solution est plus délicate lorsque l'enregistrement est effectué dans un lieu privé avec vue(s) exposant la personne au regard du public. La gravité de l'atteinte à la vie privée réalisée par l'enregistrement apparaît, dans cette hypothèse, mesurée par les juges à l'aide du critère de la non-identification de la personne. Dans un arrêt du 24 juin 1998, la deuxième chambre civile a ainsi approuvé la décision des juges du fond d'avoir admis aux débats des photographies d'une personne au motif qu'aucune atteinte au droit au respect de la vie privée ne pouvait être réalisée puisque la personne représentée n'était pas identifiable[973]. Il s'agissait, en l'espèce, de photographies réalisées à l'occasion d'une action pour trouble anormal du voisinage, plus précisément, pour nuisances causées par la présence de volatiles. Les photos avaient été prises dans un jardin privé, mais avec vue exposant la personne au regard des voisins. Pour la Cour de cassation, elles ne permettaient pas de reconnaître la personne; elles ne pouvaient donc pas porter atteinte à sa vie privée et pouvaient, par conséquent, être admises aux débats. La première chambre

---

[972] CEDH, 27 mai 2014, aff. De La Flor Cabrera c/ Espagne, req. n° 10764/09

[973] Cass. civ. 2, 24 juin 1998, n° 95-14.040

civile suit le même raisonnement dans ses arrêts du 21 mars 2006[974] du 9 avril 2014[975] et du 10 septembre 2014. Dans ce dernier, les photographies produites représentaient une personne sur le balcon de son domicile et étaient destinées à établir la preuve de l'existence d'un préjudice occulaire que cette personne avait déclaré à son assureur. La Cour de cassation a décidé qu'« aucune atteinte au droit de chacun, sur son image ne peut être retenue dès lors que la mauvaise qualité de celle-ci [...] rend impossible l'identification de la personne représentée»[976]. Les photographies ont, en-conséquence, été admises aux débats.

921. Pour donner une assise textuelle à ce régime prétorien, le législateur communautaire pourrait étendre aux enregistrements de l'image, les dispositions de l'article 555 du Projet de réforme du droit des obligations dans l'espace OHADA.

Section II. Les preuves post constituées

922. Ces preuves sont constituées après coup, lorsque le litige nait. Si le demandeur ne s'est pas réservé à l'avance une preuve écrite de son droit, il lui faut en fournir d'autres au juge lorsque le procès est introduit. Dans ce cas, c'est le juge qui ordonne ou qui contrôle la production et l'administration de ces preuves. Parmi ces preuves a *posteriori*, il y a la preuve par déclaration (A) et la preuve par expertise (B).

Paragraphe 1. La preuve par déclaration

923. Les déclarations peuvent provenir de particuliers et de professionnels spécialisés, qu'ils soient parties au litige (A) ou tiers à l'instance (B).

a. La déclaration des parties au litige

924. La déclaration des parties au litige se décline comme suit : aveu, serment, déclaration sur l'honneur, et audition des parties. L'étude retiendra essentiellement les deux formes de déclarations prévues par le projet OHADA de réforme du droit des obligations : l'aveu d'une part (A) et le serment d'autre part (B).

---

[974] Cass. civ. 1, 21 mars 2006, n° 05-16.817.

[975] Cass. civ. 1, 9 avril 2014, n° 12-29.588.

[976] Cass. civ. 1, 10 sept. 2014, n° 13-22.612.

1. L'aveu

925. Il faut rappeler que l'aveu n'est pas défini dans le Code civil, qui débute immédiatement la section qui lui est consacrée par poser la distinction entre l'aveu judiciaire et l'aveu extrajudiciaire (C. civ., art. 1354). Le projet de texte OHADA est plus méthodique en entamant le paragraphe sur l'aveu par l'article 556 qui rappelle la spécificité de ce mode de preuve : « l'aveu est la déclaration par laquelle une personne reconnaît pour vrai un fait de nature à produire des effets contre elle». Le texte définit l'aveu d'une façon classique, mais il ne précise pas sa nature juridique. Ce n'est qu'après cette définition que le même texte, dans son second alinéa, annonce que l'aveu «peut être judiciaire ou extrajudiciaire». Quelle est la ligne de partage entre ces deux types d'aveu ? Première question essentielle que le projet de réforme OHADA ne tranche pas[977]. Il sera le plus souvent tiré des écritures, maladroites, d'une partie au litige[978]. La démarche est toutefois classique, l'aveu extrajudiciaire ne peut l'être qu'*a contrario* : il s'agit logiquement de toute déclaration faite en dehors de la justice. Ainsi par exemple d'un jeu d'écritures pris à l'occasion d'un précédent litige[979], d'une déclaration faite sur sommation interpellative[980], ou encore d'une déclaration renfermée dans une lettre adressée à la partie adverse[981].

926. Quelle est la force respective des deux types d'aveu reconnus par le projet de texte OHADA ? Deux hypothèses s'ouvrent. L'aveu est-il extrajudiciaire ? « Il vaut comme présomption du fait de

[977] Le texte français tranche à moitié. Seul l'aveu judiciaire y est, en effet, déterminé comme «la déclaration que fait en justice la partie ou son représentant spécialement mandaté» (Ord. art. 1383-2).

[978] V. par ex. Civ. 1ère, 15 juin 2004, no 02-10.700: Bull. civ. I, no 170: «Mais attendu que l'arrêt attaqué constate que, dans les conclusions par eux déposées devant les premiers juges, M. et Mme Y… ont reconnu qu'ils s'étaient portés tous deux cautions solidaires de la société Constructions languedociennes; qu'il ne peut dès lors être reproché à la cour d'appel de s'être abstenue de procéder à un examen de l'écrit contesté qu'un tel aveu judiciaire, qui faisait preuve du cautionnement litigieux, rendait inutile».

[979] (Civ. 1 re, 17 juin 2010: no 09-15.906; cassant un arrêt d'appel aux motifs «qu'en se déterminant ainsi sans répondre aux conclusions de M. Y… qui faisait valoir que l'aveu dont il se prévalait en raison du contenu des écritures déposées au cours d'une précédente instance pourrait constituer un aveu extrajudiciaire s'il n'était pas tenu pour un aveu judiciaire, la cour d'appel n'a pas satisfait aux exigences» de l'art. 455 C. pr. civ.)

[980] Civ. 1re, 20 janv. 1953: Bull. civ. I, no 24.

[981] Soc. 2 janv. 1968: Bull. civ. IV, no 7.

l'homme » (art. 557, al. 2)[982]. Encore l'aveu purement verbal n'est-il reçu que dans les cas où la loi permet la preuve par tout moyen (Ordonnance française art. 1383-1, al. 1er). L'article 557 du projet de texte OHADA ne prévoit pas cette dernière restriction. L'aveu est-il judiciaire? «Il fait pleine foi contre celui qui l'a fait», «ne peut être divisé contre son auteur», et ne peut être révoqué, «sauf en cas d'erreur de fait» (art. 558). Autant de règles déjà contenues dans l'article 1356 du Code civil. Tout au plus ajoutera-t-on que la force d'un tel aveu ne cède pas seulement en cas d'erreur de fait mais encore, l'hypothèse étant néanmoins très proche, en cas d' «invraisemblance»[983]. Elle ne saurait enfin être relevée d'office par le juge, tenu de faire respecter le principe du contradictoire en vertu de l'article 16 du code de procédure civile[984].

927. Le texte définit l'aveu d'une façon classique, mais il ne précise pas sa nature juridique. L'aveu est un acte juridique unilatéral *déclaratif*. La distinction entre aveu judiciaire et extrajudiciaire est réelle mais largement exagérée. Le juge peut considérer qu'un aveu extrajudiciaire est pleinement convaincant et qu'il fait preuve contre celui qui en est à l'origine. La nature de l'aveu ne diffère pas selon qu'il est extrajudiciaire ou judiciaire. Il relève du régime de tout acte juridique d'une façon générale et de tout acte juridique unilatéral en particulier.

928. Les conditions de recevabilité de l'aveu ne sont pas précisées. L'aveu est toujours recevable lorsqu'il est judiciaire (*comp.* Ordonnance française art. 1361). Dans le détail, il faudrait distinguer entre l'aveu écrit par conclusions et l'aveu oral en cas de comparution personnelle. L'aveu écrit est toujours recevable. L'aveu oral n'est pas autonome et dépend des conditions de la comparution personnelle (*comp.* CPC, art. 184). Les conditions de recevabilité de l'aveu extrajudiciaire dépendent de sa forme écrite ou verbale. Si l'aveu résulte d'un écrit instrumentaire, il sera toujours recevable. Si l'aveu est oral, sa preuve pourra être rapportée par témoignages qui seront recevables dans les conditions du droit commun (art. 1383-1, al. 1er).

929. L'article 557 du projet de texte OHADA est ambigu dans sa formulation (« n'est pris en compte »)[985]. Il semble traiter du

---

[982] *Comp.* « Sa valeur probante est laissée à l'appréciation du juge » (Ordonnance française, art. 1383-1, al. 2).

[983] Civ. 1re, 2 avr. 2014: no 13-11.242

[984] Civ. 3e, 16 avr. 2013: no 12-14.450. – Civ. 1re, 12 mai 2011: no 09-71.816.

[985] *Comp.* Ordonnance française, art. 1383-1 (« n'est reçu »)

negocium alors qu'il est relatif à l'acte instrumentaire. Le *negocium* n'est soumis à aucune condition de forme (v. art. 556). Sa preuve ne déroge à aucune règle. En principe, elle peut être faite par tout moyen (art. 528). Par exception, une preuve littérale est requise lorsque l'aveu porte sur un acte juridique dont la valeur des effets est supérieure à 500.000 francs CFA (art. 531). Le texte ne s'applique pas à l'aveu écrit portant sur un acte soumis à l'exigence d'une preuve écrite. Il s'applique seulement à l'aveu oral portant sur un tel acte. Un tel aveu peut être prouvé par témoignages à condition qu'ils soient recevables selon le droit commun de la preuve. Ils ne le sont en principe que lorsque la preuve est libre (art. art. 528). Lorsque la preuve doit être faite par écrit (art. 531), celle de l'aveu oral pourra résulter de témoignages, s'il existe un commencement de preuve par écrit de son existence (art. 546). Le texte se prononce sur la valeur de cet aveu (al. 2e). Elle est laissée à l'appréciation du juge. La règle est incontestable mais d'une utilité toute relative puisque toute preuve est laissée à l'appréciation du juge.

930. Le texte prévoit que l'aveu peut être fait par le représentant spécialement mandaté de la partie. C'est imprécis. Il faudrait distinguer le mandat *ad agendum* et *ad litem*. Dans le premier cas, le mandataire a le pouvoir d'avouer, même sans mandat spécial, et d'engager son mandant par cet aveu si, ce faisant, il n'excède pas les limites de son pouvoir et que l'aveu porte sur ces faits qui lui sont personnels. Dans le second, l'avocat est réputé avoir reçu pouvoir spécial de faire un aveu à l'égard du juge et de la partie adverse.

931. L'aveu fait foi contre celui qui l'a fait (al. 2e). La règle est incontestable mais concerne sur le principe tout aveu et pas seulement l'aveu judiciaire (v. art. 558). Elle suppose que le *negocium* soit valable, donc que l'aveu soit libre, sincère et ne résulte pas d'une erreur. L'aveu est indivisible (al. 3e). L'opportunité de maintenir cette règle était discutable pour plusieurs raisons. D'abord, la règle ne concerne pas que l'aveu judiciaire. Elle a été transposée à raison par la jurisprudence à l'aveu extrajudiciaire. Ensuite, la règle est évidente et signifie que toute la volonté de l'avouant doit être prise en compte, et que toutes les conséquences doivent être tirées du fait ou de l'acte avoué. Enfin, la règle connaît de nombreuses exceptions qui révèlent que l'aveu n'est pas absolument mais relativement indivisible. On ne citera ici que deux exceptions considérées comme significatives. *Primo* : parmi toutes les déclarations de l'avouant, le juge doit admettre ce qui est vraisemblable et rejeter ce qui ne l'est pas. C'est clairement la validité de l'aveu qui est en cause ici : l'aveu mensonger est nul. *Secundo* : parmi toutes les déclarations de l'avouant, le juge doit admettre ce qui fait preuve contre lui et rejeter ce qui serait une preuve en sa faveur. Par où l'on voit finalement que l'indivisibilité est une règle floue qui n'a aucune signification propre. Le mieux aurait été d'en consacrer les principales applications d'une façon détaillée, plutôt que de s'en remettre à une règle sans contenu propre. L'aveu est irrévocable, sauf erreur de fait (al. 4e). Le texte confond la validité de l'aveu et son irrévocabilité, conséquence de sa force obligatoire. L'aveu relève des conditions de validité de tout acte juridique. Il est nul en cas d'erreur qu'elle soit de droit ou de fait. S'il est valable, il a force obligatoire. À ce titre, il est irrévocable, comme tout acte juridique.

932. Souvent présenté comme une institution en déclin, l'aveu continue pourtant de donner lieu à un contentieux abondant. La question de la preuve de l'aveu se pose comme à propos de tout acte juridique. Malheureusement, les dispositions du Projet de texte OHADA traitent quasi exclusivement de l'acte juridique et non de sa preuve. Alors, il conviendra d'améliorer les règles générales applicables à tout type d'aveu, puis les règles spécifiques à l'aveu judiciaire et à l'aveu extrajudiciaire dans le futur droit de la preuve.

2. Le serment

933. Le projet de texte OHADA distingue entre le serment décisoire et supplétoire (art. 560 suiv). Ces deux serments judiciaires sont réglementés par le Code de procédure civile. En raison de leur nature procédurale, leur réglementation dans le Code civil ne s'imposait nullement. Le texte français ne définit pas le serment judiciaire (art. 1357). On ne sait donc si la garantie du serment réside dans l'appel à la divinité ou dans la conscience de celui à qui le serment est déféré. Le serment décisoire et le serment supplétoire ont la même nature mais leurs conséquences juridiques sont conçues différemment.

934. Les articles 561 et 562 du Projet de texte OHADA porte sur le domaine du serment décisoire[986]. Avant de se prononcer sur cette question, il fallait déterminer sa nature juridique. Ce serment est en général analysé comme une transaction conditionnelle : le plaideur qui défère le serment à son adversaire propose de renoncer à sa prétention si celui-ci affirme l'exactitude de la sienne sous la foi du serment. Cette

---

[986] *comp.* Ord. préc. art. 1358, Code civ. art. 1360

qualification est contestable pour deux raisons. D'abord, le serment envisagé dans sa globalité n'est pas une convention mais un ensemble d'actes unilatéraux. Celui qui le défère l'impose à son adversaire sans qu'il ne puisse échapper à l'option entre le prêter, refuser de le prêter ou le référer. Ensuite, les parties ne sont pas à l'origine de concessions réciproques. Il y a, à la fin, un gagnant et un perdant. Il faut se tourner vers une autre analyse. Le serment est constitué d'un ensemble d'actes unilatéraux qui interagissent d'une manière complexe. Chaque plaideur a le pouvoir de situer la résolution du litige hors du droit. En déférant le serment à son adversaire, le plaideur le contraint à quitter le droit pour entrer dans le domaine religieux ou de la conscience en vue de résoudre le litige. Il en est exactement de même lorsque le plaideur à qui le serment est déféré le réfère. Le plaideur à qui le serment est déféré ou référé est lui-même investi du pouvoir de mettre fin au litige par sa volonté unilatérale. Le plaideur qui défère ou réfère le serment se place en situation de sujétion face à son adversaire. Il se soumet à la décision unilatérale de celui qui prêtera ou refusera de prêter serment. Au sein de tous ces actes, on peut distinguer ceux qui ne sont pas décisoires (acte par lequel le serment est déféré et référé) et ceux qui sont décisoires (prêter ou refuser de prêter serment).

935. Le serment peut être déféré sur toute contestation. Comme tout acte juridique, le serment doit être conforme aux règles d'ordre public. Il faudrait donc considérer qu'il ne peut porter que sur les prérogatives dont les plaideurs ont la libre disposition. Le serment ne peut être relatif à un acte illicite. D'un point de vue procédural, le serment peut être déféré en tout état de cause, en première instance ou en appel, y compris lorsque d'autres moyens auraient été invoqués. Le projet de texte OHADA ne se prononce pas sur les conditions de recevabilité du serment. Il n'y en a pas dans les autres textes[987]. Le serment décisoire peut être déféré en l'absence de toute preuve. On pourrait croire qu'il est irrecevable pour prouver contre l'écrit (art. 1359, al. 2e). Si l'on considère que le serment n'est pas une preuve mais un mode de résolution des litiges, le texte n'a pas vocation à s'appliquer. Le serment ne prouve pas outre ou contre l'écrit mais permet de trancher le litige.

936. Le serment ne peut être déféré que sur un fait personnel à la partie à laquelle il est déféré (art. 560; al. 1er, art. 1359 Ord. préc.). Le

[987] *comp.* Ordonnance française art. 1361; C. civ. art. 1360

serment peut être référé par cette dernière, sauf si le fait lui est purement personnel (al. 2e). Le texte est imprécis. La règle tient à la nature du serment. Le serment ne peut porter que sur des faits dont celui à qui il est déféré a une connaissance personnelle. Elle vaut donc pour tout serment. Le serment peut porter sur un fait ou un acte. La partie qui a déféré ou référé le serment ne peut plus se rétracter lorsque l'autre a déclaré qu'elle ferait le serment (Projet OHADA art. 561-2 al. 2). Bien que classique (art. 1364 C. civ.) et reprise par le texte français (Ordonnance art. 1385-2), la règle consacrée par le texte est assez inexplicable. Le serment décisoire est demandé au juge par l'une des parties. Il l'ordonne s'il considère qu'il est recevable et utile. L'autre partie n'est pas en situation d'accepter le serment. Elle doit le prêter, refuser de le prêter ou le référer. La seule acceptation de prêter serment ne forme pas un contrat judiciaire et n'empêche pas l'appel du jugement ordonnant le serment.

937. L'article 1385-4 du texte français est relatif au domaine subjectif des effets du serment. Le serment ne fait preuve qu'au profit de celui qui l'a déféré, de ses héritiers ou ayants cause ou contre eux. Le texte est très imprécis. Le serment n'est pas une preuve. C'est un mécanisme mettant fin au litige. Une fois le litige terminé, ce sont moins les effets du serment que les effets du jugement qui importent. Ce jugement produit les effets de tout jugement, à l'exception des voies de recours qui sont en principe fermées. La suite du texte français donne des solutions en cas d'obligation solidaire active (al. 2e) et passive (al. 4e, 6e) et encore de cautionnement (al. 3e, 5e, 6e). Les règles consacrées sont d'une utilité douteuse du fait de leur totale imprécision. Il faudrait distinguer deux aspects qui ne le sont nullement. La première question à se poser est celle du pouvoir de déférer ou de référer le serment. Ce pouvoir dépend de son objet. La seconde question est relative aux effets du serment. Si tel est le cas, les effets dépendront de la nature de l'acte décisoire (serment prêté ou refusé) et de l'objet du serment. Les auteurs du projet de texte OHADA ont bien fait de supprimer cette règle.

938. Le Projet de texte OHADA ne définit pas le serment supplétoire. Ce serment est déféré d'office par le juge à l'une des parties (art. 563 suiv)[988]. Il ne peut être référé par la partie à laquelle il est déféré à l'autre partie (al. 2e). La valeur probante du serment est laissée à l'appréciation du juge (al. 3e). Ces trois solutions tiennent à l'origine judiciaire de la délation du serment. Une définition du serment

[988] Comp. Ord. préc. art. 1386

supplétoire serait utile dans un futur droit de la preuve dans l'espace OHADA.

939. Telle est la question : pourquoi avoir maintenu le serment à titre de mode de preuve ? Le projet de réforme n'a-t-il pas pour ambition de moderniser le droit de la preuve ? Or le serment décisoire est aventureux; le supplétoire, rarissime. Souvent, les parties et/ou le juge préféreront recourir aux mesures d'instruction. Les cyniques s'étonneront que le projet de réforme maintienne un mode de preuve dont les relents religieux tablent sur le respect de la parole donnée. Déconsidérée en droit des contrats, elle resterait révérée en droit de la preuve. Et comment faire foi aux déclarations d'une partie alors que les mœurs athées de notre époque n'agitent plus la menace de la punition d'un parjure dans l'au-delà ? Certains y verront la marque d'une naïveté; d'autres, le signe de ce que les bonnes moeurs n'ont peut-être pas totalement disparu. Peut-être retrouvera t-il sa dénomination originelle « d'affirmation judiciaire »[989]. Dans tous les cas, il n'a pas sa place dans le Code civil mais dans le Code de procédure civile.

B. La déclaration des tiers à l'instance

940. Les déclarations peuvent provenir des témoins particuliers (1) et des professionnels spécialisés (2).

1. Le témoignage

941. Longtemps plébiscité par les juges, lorsque l'instruction et l'écriture étaient peu répandues et que la crainte d'un châtiment divin limitait les risques de parjure, le témoignage vit son utilisation se restreindre considérablement avec l'ordonnance de Moulins de 1566 (art. 5). L'adage selon lequel «témoins passent lettres » fut alors renversé pour accorder davantage de crédit à la preuve littérale. Depuis lors, le témoignage est envisagé comme un mode de preuve dont la valeur est bien inférieure à celle de l'écrit.

942. Dans le Code civil en vigueur dans l'espace OHADA, la preuve testimoniale fait l'objet de la deuxième section du chapitre consacré à la preuve des obligations et du paiement[990]. Elle n'y apparaît

[989] Cambacérès avait souhaité que le terme de serment disparaisse au profit de celui d'« affirmation judiciaire ». Il avait supprimé le terme dans les trois projets de Code civil dont il avait eu la charge. Le projet du Code civil avait initialement retenu cette proposition, puis sous l'insistance de Bonaparte, il réintégra le vocable traditionnel. Voir. P.-A. FENET, *Recueil complet des travaux préparatoires du code civil*, t. 13, Videcoq, 1836, p. 440 s.
[990] C. civ., art. 1341 à 1348

cependant qu'en creux, ladite section commençant précisément par poser le principe de l'exigence d'un écrit pour la preuve des actes juridiques. Nulle part le Code civil n'envisage positivement la force probante du témoignage. L'article 549 du Projet OHADA s'y emploie dès lors de manière inédite : « Le témoignage est laissé à la prudence du juge qui en apprécie la gravité, la précision et la concordance »[991]. La règle est toutefois très classique : jamais les juges ne se sentirent liés par quelque témoignage que ce soit. Ils en apprécient souverainement la pertinence et peuvent les retenir, mais aussi les écarter[992]. Il en va notamment ainsi lorsque les faits qu'un témoignage se propose d'établir n'ont pas la moindre incidence sur la solution du litige[993]. Conformément aux prescriptions de l'article 200 du Code de procédure civile français, «les attestations sont produites par les parties ou à la demande du juge», celui-ci devant communiquer aux parties celles qui lui sont directement adressées (C. pr. civ., art. 200). Les attestations doivent être établies par des personnes qui remplissent les conditions requises pour être entendues comme témoins (C. pr. civ., art. 201), et contenir la relation des faits auxquels son auteur a assisté ou qu'il a personnellement constatés. Celui-ci doit lui annexer, en original ou en photocopie, tout document officiel justifiant de son identité et comportant sa signature (C. pr. civ., art. 202). Ces formalités, toutefois, ne sont pas prescrites à peine de nullité; «il appartient au juge d'apprécier souverainement si l'attestation non conforme présente des garanties suffisantes pour emporter sa conviction»[994]. Le juge peut d'ailleurs toujours procéder par voie d'enquête à l'audition de l'auteur d'une attestation (C. pr. civ., art. 203). Le statut et la force de la preuve testimoniale demeurent donc constants.

943. Dans l'économie de l'article 549 du projet de texte OHADA, les effets probatoires des déclarations faites par un tiers dans les conditions du Code de procédure civile sont appréciés par les juges du fond. Précisément, ils apprécient, selon leur conviction, le degré de crédibilité des témoignages qui leur sont soumis. Cette solution est

---

[991] *Comp.* Ordonnance française art. 1381: « *la force probante des déclarations faites par un tiers dans les conditions du code de procédure civile est laissée à l'appréciation du juge*».

[992] V. par ex. Soc. 2 mai 1957: Bull. civ. IV, no 490. – Civ. 2e, 27 avr. 1974: Bull. civ. II, no 129

[993] Civ. 1re, 4 oct. 1965: Bull. civ. I, no 507

[994] Com. 23 févr. 1999: no 97-30.213

constante devant les différentes chambres de la Cour de cassation[995]. Il aurait été utile, après avoir défini le témoignage, d'énoncer ses conditions de validité. Le témoignage peut être recueilli oralement lors de l'enquête ou par écrit. Il peut également être dressé par une autorité publique et prend alors la forme d'un acte de notoriété. Il aurait été également souhaitable de réglementer les divers témoignages et notamment l'acte de notoriété.

944. Les présomptions du fait de l'homme connaissent-elles le même sort ? Les modifications du texte qui les prévoit obligent à traiter la question au titre des changements. Le projet de texte OHADA (art. 554 et 555) reprend, moyennant quelques modifications formelles, les dispositions de l'article 1353 ancien. Ces présomptions sont recevables seulement lorsque la preuve testimoniale est admise (art. 554). Il faut ajouter à cette hypothèse celle dans laquelle le demandeur justifie d'un commencement de preuve par écrit. Il peut alors le compléter par des présomptions (art. 1361, 1362). Il y a lieu de ne pas considérer que les présomptions légales et judiciaires relèvent d'une même catégorie (Ordonnance française art. 1354, al. 1er). Enfin, les « *présomptions du fait de l'homme* » pourraient devenir « *présomptions judiciaires* » dans un futur texte sur le droit de la preuve de l'espace OHADA.

945. Malgré son manque évident de fiabilité, le recours à des tiers pour conforter la thèse d'une partie demeure fréquemment utilisé en matière civile, surtout lorsqu'il s'agit de prouver l'existence d'un fait juridique pour lequel tous les modes de preuve sont admissibles, mais également, sous certaines conditions, dans le système de la preuve légale. Il serait même « le mode de preuve le plus courant lorsqu'une preuve littérale n'a pu être préconstituée »[996]. Plus simple que la preuve par écrit, le témoignage est, en effet, souvent un dernier remède, en l'absence de moyens plus certains, permettant au juge de se forger son intime conviction. Dans le futur droit de la preuve, les preuves testimoniales seront soumises à des règles générales, complétées par des règles propres aux différentes formes de témoignages.

---

[995] V. not. : Cass. civ. 1, 20 oct. 1969, *Bull civ.* I, n° 301. - Cass. civ. 2, 18 févr 1970, *Buul. Civ.* II. n° 54 et 25 nov. 1987, Bull. civ. II n° 244. - Cass. soc., 15 janv. 1959. *Bull. civ.* IV, n° 74. - Cass. com., 9 févr. 2010, n° 08-18.067.

[996] F. TERRE, *Droit civil. Introduction générale au droit,* Paris, Dalloz, « Précis », 2012, 9e éd., n° 677.

2) Les déclarations des professionnels spécialisés

946. Les déclarations des huissiers de justice, des enquêteurs privés, et des experts sollicités par les parties au procès font partie des déclarations des professionnels spécialisés.

i. Le constat d'huissier

947. Le constat est ici entendu comme la description d'une situation de fait dont un professionnel a personnellement relevé l'existence et les circonstances. Il est destiné à fixer cette situation pour en faciliter la preuve. Ce constat est, le plus souvent, dressé par un huissier de justice[997].

948. Dans les contentieux où la preuve peut être rapportée par tous moyens, le constat d'huissier est admis aux débats sous réserve du respect du contradictoire. Pour la Cour de cassation française, ce principe n'est cependant pas à être respecté au moment de la réalisation du constat. Le respect du contradictoire implique également que lorsque le constat est ordonné en cours de délibéré, le juge peut, s'il l'estime nécessaire, rouvrir les débats pour permettre aux parties de présenter leurs observations.

949. En France, l'article 249 du Code de procédure civile, précise que l'huissier ne peut que décrire ce à quoi il assiste, sans formuler aucun avis[998] ni aucune appréciation sur les conséquences de fait ou de droit qui peuvent en découler. L'huissier se doit d'être objectif et impartial. Son rôle se résume à de simples constatations matérielles[999]. Les différentes informations contenues dans le procès-verbal de constat n'ont pas toute la même force probante. Les mentions relatives à l'huissier (nom, date et lien du constat) ont la valeur d'un acte authentique et ne peuvent être contestées que par la procédure d'inscription de faux. Les constatations effectuées par l'huissier ont une valeur différente. Jusqu'à la loi du 22 décembre 2010 en France, elles étaient soumises, en tant que preuves indiciaires, à l'appréciation souveraine des juges du fond.

---

[997]V. not. - S. ABDOU et B-NICOD, *Dalloz encyclopédie* Huissier de justice, 2014. R. Genin-Méric, «Mesures d'instruction exécutées par un technicien», *JCl.* Proc. civile 2010. fasc. 662. N. Fricero J. Castelain, « À propos du constat d'huissier de justice ». Rev Huissiers 2009, p. 6.

[998] Cass. soc., 27 mars 1930, Bull. civ. III, n° 311.

[999] CE, 1er avril 1977, RDP 1978, p. 291 et 31 oct. 1986, JCP G, 1987, IV, p. 123.

950. L'huissier de justice est désormais de plus en plus souvent conduit à opérer sur Internet[1000]. Ses constatations peuvent alors porter sur le contenu d'un site Internet (texte, image, son, vidéo) ou sur l'usage d'un nom de domaine et son titulaire. Elles visent, la plupart du temps, à établir l'existence d'un plagiat, d'une diffamation, du fonctionnement ou dysfonctionnement d'un site[1001], d'une page ou d'un lien hypertexte mais aussi à caractériser une publicité mensongère ou un acte de contrefaçon. Ce constat est admis par les tribunaux à la condition de respecter un formalisme très précis, concernant notamment le mode opératoire utilisé par l'huissier. Ces précautions techniques sont destinées à garantir la fiabilité de ce constat particulier. Elles ont initialement été fixées par un jugement du TGI de Paris en date du 4 mars 2003[1002]. L'huissier doit, tout d'abord, fournir une description précise du matériel utilisé. Il doit, ensuite, préciser l'adresse IP de la connexion. Il doit également assurer une connexion sans serveur proxy. L'huissier doit, enfin, avoir supprimé tous les caches, fichiers temporaires, cookies et formulaires et avoir effacé l'historique de sa navigation, pour éviter que la constatation du site concerné ne puisse être troublée. Le non-respect de ce formalisme semble sanctionné par le défaut de force probante du constat[1003].

ii. L'expertise de partie[1004]

951. Les dispositions que la loi consacre à l'expertise concernent, pour l'essentiel, les expertises ordonnées par un juge. Mais il est possible pour les parties de commanditer une expertise de leur propre initiative et de présenter le rapport rédigé par l'expert à titre de preuve. Ce peut être le cas, par exemple, d'une expertise diligentée par une société d'assurance et opposée à l'assuré dans un litige. Cette expertise est dite « de partie», par opposition à l'expertise diligentée par

---

[1000] V. not. : A. BOBANT et E. A. CAPRIOLI, « Le constat en ligne par l'huissier de justice», D. et procédures 2007, p.192.- J. Legrain, « Le constat d'huissier sur Internet », JCP G, 2010, p.959.

[1001] CA Nancy, 3 juill. 2014. juris-Data n° 017931. - CA Bourges. 12 déc. 2013. Juris-Dola n° 031747.

[1002] TGI Paris, 4 mars 2003, Juris-Data n° 220355.- CA Paris, 30 janv.2015, n° 14/12902, inédit. Ce formalisme, décrit par le TGI de Paris, a été repris à l'identique par une norme Afnor NFZ 67-147 du 11 septembre 2010 sur le mode opératoire et les bonnes pratiques en la matière.

[1003] CA Paris, 24 janv. 2014, Juris-Data n° 016966. - T. Com., Paris, 22 juin 2012, Juris-Data n°034113. -TGI Paris. 4 mars 200.1, préc.

[1004] Voir notamment, T. MOUSSA (dir.), *Droit de l'expertise*, Paris, Dalloz, « Dalloz Action», 2011

le juge. La doctrine la qualifie aussi parfois «d'amiable», de «privée», voire, de manière plus péjorative, d'« officieuse ».

952. Lorsque ce rapport d'expertise est présenté en justice, il constitue un élément de preuve qui devra être soumis à la discussion des parties. Ainsi que l'affirmait la Cour de cassation, « tout rapport amiable peut valoir, à titre de preuve, dés lorsqu'il est soumis à la libre discussion des parties»[1005]. Le juge ne peut refuser de recevoir le rapport d'un expert mandaté par une partie dès lors qu'il a été régulièrement versé aux débats et discuté contradictoirement[1006]. Dans le futur droit OHADA de la preuve, cette expertise de partie pourrait coexister avec une expertise réalisée à la demande du juge.

iii. L'amicus curiae

953. L'*amicus curiae* (locution latine signifiant l'« ami de la cour ») désigne une personne sollicitée par une juridiction pour l'éclairer sur une question[1007]. Cette institution est restée longtemps ignorée du droit français, alors qu'elle se rencontre dans d'autres pays[1008] et au sein de certaines juridictions internationales[1009]: Cour européenne des droits de l'homme[1010], Organe de règlement des différends de l'Organisation mondiale du commerce[1011]. Le recours à l'amicus curiae est également envisagé dans les « principes et règles de procédure civile transnationale » élaborés par l'American Law Institute et UNIDROIT dans les litiges transnationaux en matière commerciale (principe 13).

1005 Cass. Com., 26 oct. 1982, Bull. civ. IV, n° 327; Cass. civ. 2, 10 févr. 1988, Bull. civ. n° 42, Cass. civ. 1, 2 mars 1999. n° 96-20.875 ; Cass. civ. 1, 24 sept. 2002, D. 2002. IR. 2777; Cass. civ. 2, 7 nov. 2002, Bull. civ. II n° 246 ; Cass. civ. 1. 11 mars 2003, D. 2005, 46, note G. Cavalier : Cass. civ. 3, 23 mars 2005, Bull.civ. III. n° 73 ; AJDI 2005. 402; Cass. civ. 2, 14 sept. 2006. Bull. civ. II, n° 225

1006 Cass. civ. 2, 18 juin 2009, n° 08-12.671.

1007 Y. LAURIN, « L'amicus curiae », JCP G, 1992, I, 3603 ; L. CADIET, « Petit glossaire de l'amitié dans le procès civil », dans La sanction du droit. Mélanges offerts à Pierre Couvrat, Paris, Puf, 2001, p. 8 ; J.-C WOOG et Y LAURIN, « Amicus curiae », Rep. Dalloz Proc. Civ. 2011.

1008 J.-C. Woog et Y LAURIN, « Amicus curiae », préc. n° 7.

1009 H. ASCENSIO, « L'amicus curiae devant les juridictions internationales », RGDIP, t. 105, n° 4, 2001, p. 897-929.

1010 Règlement de la CEDH, art. 42.

1011 R. HOWSE, « Membership and its Privileges : WTO, Civil Society, and thé Amicus Brief Controversy », European Law. Journal, vol. 9, n° 4, 2003, p. 496-510 ; M. Zambelli, « L'amicus curiae dans le règlement des différends de l'OMC : état des lieux et perspectives », RIDE, 2005, p. 197-218.

954. Ce sont d'abord les juridictions qui ont acclimaté l'institution de *l'amicus curiae* en droit français. S'estimant libre de recourir à la mesure d'instruction qui lui paraît opportune et de solliciter une ou plusieurs personnalités pour l'éclairer, la cour d'appel de Paris a pris l'initiative de désigner un *amicus curiae*[1012], en prenant soin de préciser que ce dernier n'intervient ni comme un témoin ni comme un expert. La Cour de cassation a fait de même dans une importante affaire relative à la maternité de substitution[1013].

955. Il n'est pas toujours aisé de déterminer en quoi consiste la mission de l'*amicus curiae*, et en particulier ce qui la distingue de celle confiée à un expert ou à un consultant. C'est l'étendue de la mission confiée à ce tiers qui semble donner le meilleur critère de distinction. L'expert est chargé d'éclairer le juge sur une question concrète, à partir de ses connaissances spécialisées (examen d'un immeuble donné, des comptes d'une société commerciale...). C'est aussi le cas de la consultation : le consultant éclaire par ses connaissances une question concrète que doit trancher le juge. Seul son degré de technicité se trouve moins accentué que dans l'expertise[1014]. En cela l'expert comme le consultant mettent à disposition du juge un savoir orienté vers la résolution d'un problème, déterminé. A l'inverse, *l'amicus curiae* est sollicité pour donner au juge des éléments de connaissance propres à éclairer sa réflexion, sans que ceux-ci portent directement sur la résolution du litige.

956. « *Expert de prestige*»[1015] assurément, *l'amicus curiae* prend de la hauteur par rapport au problème que doit trancher la cour. Ce faisant, rien n'exclut qu'il donne également une appréciation d'ordre juridique, ce qui est défendu aux experts judiciaires[1016]. La Commission européenne a ainsi pu être sollicitée comme *amicus curiae* notamment

[1012] CA Paris, 21 juin 1988 et CA Paris, 6 juill. 1988, D. 1989, jur., p. 341, note Y Laurin; Gaz. Pal., 1988, p. 700, note Y Laurin; RTD civ. 1989. 138, obs. R. Perrot ; CA Paris, 16 oct. 1992, D. 1993. p. 172, note Y. Lauria.

[1013] C. Cass., AP., 31 mai 1991, D. 1991, jur, p. 417, rapp. Y. Chartier, note D. Thouvenin ; JCP G, 1991, II, 21752, concl. H.-P. Dontenwille, note F. Terré. Voir également R. Encinas de Munagorri, «L'ouverture de la Cour de cassation; aux amici curiae », RTD civ. 2005, p. 88.

[1014] CPC, art. 246 à 262.

[1015] D. MAZEAUD, «L'expertise de droit à travers l'amicus curiae», dans M.-A. FRISON-ROCHE et D. MAZEAUD (dir.), *L'expertise*, Paris, Dalloz, 1995, p. 111.

[1016] CPC, art 238.

dans le domaine du droit de la concurrence[1017], tout comme l'ancien président de la Cour internationale de justice[1018], la Commission de régulation de l'énergie[1019]. Les juges excluent cependant parfois le recours à *l'amicus curiae* au motif que la Cour n'a pas besoin d'être éclairée sur le droit applicable : « la Cour est en mesure d'analyser les termes [du contrat] et les règles juridiques applicables sans avoir recours à l'éclairage d'un tiers compétent dans le domaine de l'internet »[1020].

957. Au regard de son importance, *l'amicus curias* devrait être instituée dans le futur droit de la preuve dans l'espace OHADA.

Paragraphe 2. La preuve par expertise

958. L'expertise est la mesure par laquelle une personne (le commanditaire) confie à une autre (l'expert) la mission de l'éclairer sur une question technique, afin de l'aider à prendre une décision qui lui incombe. L'expertise peut être ordonnée par un juge. On parle alors d'expertise judiciaire ou, plus largement, d'expertise juridictionnelle. Celle-ci peut être décidée dans le cours d'un procès, en première instance ou en appel, ou avant tout procès (expertise *in futurum*).

959. L'expertise judiciaire fait partie des mesures d'instruction qu'il appartient au juge d'ordonner. Elle fait l'objet d'une réglementation précise dans le procès civil. Cette réglementation a évolué au cours des dernières années, notamment sous l'influence de la jurisprudence de la Cour européenne des droits de l'homme et de la Cour de justice de l'Union européenne. En France, plusieurs rapports consacrés à l'expertise judiciaire[1021] ont aussi encouragé ces changements. Ces évolutions ont conduit à un rapprochement entre les expertises judiciaires civiles, sans qu'elles perdent toute spécificité. À ces dispositions légales et réglementaires s'ajoutent des « recommandations de bonnes pratiques » pour l'expertise judiciaire

---

[1017] Règlement (CE) n°1/2003 du Conseil, du 16 déc. 2002, relatif à la mise en œuvre des règles de concurrence prévues aux articles 81 et 82 du traité (art. 15, al. 3); Communication de la Commission sur la coopération entre la Commission et les juridictions nationales pour l'application des articles 81 et 82 du traité CE, JOCE, C 101, 27 avr. 2004 ; Cass. com., 20 janv. 2015, n° 13-16.745.

[1018] CE, Ass., 23 déc. 2011, n° 303678, RFDA 2012, p, 1., concl. J. Boucher.

[1019] CA Paris, pôle l, ch. 2, 8 juin 2011, n°11/06403.

[1020] CA Versailles, 14 mars 2001, RG 2001/1388.

[1021] Voir récemment Rapport du groupe de travail dirigé par M. CHABANOL (2007), Rapport de la commission de réflexion sur l'expertise (mars 2011) animée par Mme Bussière et M. Autin.

civile élaborées dans le cadre d'une conférence de consensus en 2007[1022]. Dans le même registre, plusieurs compagnies d'experts judiciaires ont élaboré des chartes et des codes déontologiques pour le déroulement des expertises[1023]. Enfin, prenant place dans le mouvement plus vaste de contractualisation du procès[1024], des conventions ont parfois été passées entre une juridiction, le barreau et les compagnies d'experts pour préciser le déroulement de l'expertise dans le ressort de cette juridiction[1025], dans le respect des règles légales et réglementaires.

960. Dans l'espace OHADA, le renouvellement des règles générales relatives à l'expertise judiciaire impactera la décision d'ordonner une expertise (A) et les conditions de réalisation de l'expertise (B).

A- La décision d'ordonner une expertise

961. L'expertise fait partie des mesures d'instruction exécutées par un technicien. Elle suit le régime des mesures d'instruction, et entre dans les pouvoirs du juge, qui peut la décider d'office, à la demande d'une partie ou du ministère public. C'est le juge qui apprécie l'opportunité d'ordonner une mesure d'expertise, selon qu'il estime avoir ou non besoin d'être éclairé sur une question particulière. Il peut ainsi refuser d'ordonner une expertise lorsqu'il s'estime suffisamment informé[1026], modifier les questions posées à l'expert ou choisir de ne nommer qu'un seul expert quand une partie réclame la désignation de plusieurs experts[1027]. Certains arrêts de la Cour de cassation française soulignent la nécessité pour le juge de motiver sa décision de refuser d'ordonner un complément d'expertise ou une contre-expertise, c'est-à-dire une nouvelle expertise destinée à analyser une question ayant déjà fait l'objet d'un premier rapport d'expertise[1028].

[1022] Conférence de consensus « Les bonnes pratiques juridictionnelles de l'expertise civile », Cour de cassation, 2007.

[1023] Ex. «Règles de déontologie de l'expert judiciaire » élaborées par la Fédération nationale des compagnies d'experts judiciaires.

[1024] L. CADIET, « Les jeux du contrat et du procès : esquisses », in *Philosophie du droit et droit économique. Quel dialogue ? Mélange un l'honneur de Gérard Farjat*, Éd. Frison-Roche, 1999, p. 23

[1025] Ex. Convention signée au sein du TGI de Paris concernant la conduite et la gestion des expertises civiles (mai 2006) ; Convention signée au sein de la cour d'appel de Paris concernant l'étape conclusive du rapport d'expertise en matière de procédure civile (juin 2009).

[1026] CE, 12 déc. 2007, n° 298155; CE, 23 oct. 2013, n° 360961.

[1027] Cass. civ. 2, 13 juill. 2005, D 2005, IR, p. 2340.

[1028] Cass. civ. 2, 26 juin 2008, n° 07-13.875.

962. Contrairement au droit commun des mesures d'instruction en procédure civile[1029], la décision ordonnant une expertise peut être frappée d'appel indépendamment du jugement sur le fond, sur autorisation du premier président de la cour d'appel et s'il est justifié d'un motif grave et légitime[1030]. Le premier président statue en la forme des référés. La désignation d'un expert implique de fixer la mission qui lui est confiée. C'est le juge qui détermine cette mission, selon ce qu'il estime utile d'obtenir de l'expert. Cette appréciation est soustraite au contrôle de la Cour de cassation[1031].

963. L'étendue de la mission confiée par le juge doit permettre de distinguer l'expert d'autres intervenants spécialisés. Ainsi, le Code de procédure civile impose-t-il de ne recourir à l'expertise qu'à titre subsidiaire, si une consultation ou une constatation ne peuvent être préférées[1032]. La constatation, la consultation et l'expertise présentent un degré de technicité croissant : la constatation n'implique que le relevé d'une situation, la consultation impose de faire connaître l'état des connaissances sur une question donnée, l'expertise combine l'exercice d'une compétence spécialisée et l'appréciation concrète d'une situation. Ces distinctions ne sont cependant pas faciles à faire : chacune de ces opérations combine dans une proportion variable la mise en œuvre de connaissances et la réalisation d'opérations techniques. La pratique montre que la préférence est souvent donnée à l'expertise[1033]. La difficulté est la même pour les «avis techniques» que les juges peuvent solliciter, lorsque la question ne requiert pas d'investigations complexes. Les spécialistes mobilisés ne sont pas soumis à la même réglementation que les experts. Il a ainsi été jugé que les dispositions de l'article 6 § 1 de la CEDH ne s'opposent pas à ce qu'un technicien soit désigné pour donner un avis technique dans une enquête pénale, en application de l'article 77-1 du Code de procédure pénale, et dans une instance civile concernant les mêmes faits, en qualité d'expert[1034]. Pourtant, il n'existe pas de ligne de partage indiscutable entre ces deux fonctions, tant l'appréciation du degré de technicité des opérations reste un critère fuyant.

[1029] CPC, art. 150.

[1030] CPC, art. 272.

[1031] Cass. civ. 1, 26 nov.1980, Bull. civ. I, n° 308.

[1032] CPC, art. 263.

[1033] Rapport de la commission de réflexion sur l'expertise, préc., p. 7.

[1034] Cass. civ. 2, 8 fevr. 2006, n° 04-12.864 et 04-14.455

964. La liberté du juge n'est cependant pas totale lorsqu'il fixe la mission de l'expert. En premier lieu, cette mission ne peut porter que sur des faits. En aucun cas, l'expert ne doit porter d'appréciation d'ordre juridique[1035].Cette affirmation de principe se comprend aisément si l'on se souvient que c'est au juge qu'il incombe de dire le droit[1036]. L'étude de la jurisprudence laisse cependant apparaître des décisions dans lesquelles il n'est pas facile de déterminer si la mission est ou non restée purement factuelle[1037]. En outre, l'expert aide le juge à qualifier les faits qui lui sont soumis; ce faisant, son appréciation emporte souvent une pré-qualification des situations juridiques[1038]. En second lieu dans le procès civil, l'expert ne peut recevoir la mission de concilier les parties[1039]. En revanche, il lui est permis de constater la conciliation survenue entre les parties à l'occasion de ses opérations[1040]. La distinction paraît assez artificielle.

965. À mesure de la réalisation des opérations d'expertise, le juge qui a ordonné l'expertise ou le juge chargé du contrôle des expertises peuvent faire évoluer la mission confiée à l'expert[1041]. Cela vaut également si l'expertise a été ordonnée *in futurum*[1042]. La décision de modifier cette mission produit un effet interruptif de prescription à l'égard de toutes les parties et pour tous les chefs de préjudice procédant du sinistre[1043].

B- Les conditions de réalisation de l'expertise

966. L'expertise judiciaire est destinée à éclairer une décision de justice. L'expert est donc tenu de respecter diverses exigences qui préservent le caractère équitable du procès. L'expert procède à ses opérations sous le contrôle du juge qui l'a désigné, ou d'un juge chargé du contrôle des expertises au sein de la juridiction[1044].

[1035] CPC, art. 238, al. 3 ; CPP, art. 158.

[1036] Voir supra, n° 163.

[1037] Cass. civ. 3, 27 juin 1972, Bull. civ. III, n° 427;Cass. Soc, 5 nov. 1987, Bull. civ. V, n° 615; Cass. com., 24 juin 1997, JCP G, 1997, II, 22966, note P. Mousseron , Cass. soc., 13 mars 2001. Bull, civ. V, n° 81

[1038] O. LECLERC, Le juge et l'expert, op. cit..n° 195 et s.

[1039] CPC, art. 240.

[1040] Cass. civ. 2, 21 juill. 1986, Bull. civ. II, n° 131.

[1041] CPC, art. 236; CJA, art. R. 621-8-1.

[1042] Cass- civ. 2, 18 sept. 2008, n° 07-17.640.

[1043] Cass. civ. 2, 22 oct. 2009, n⁰ 08-19.840.

[1044] CPC, art. 155-1 ; CPP, art. 156, al. 3, art. 161, 3; CJA; art. R. 621-1-1

967. L'expert doit réaliser ses opérations avec conscience, objectivité et impartialité[1045]. Un manquement exposerait l'expert à la récusation ou au remplacement, ainsi qu'à une éventuelle action en responsabilité. Pour obtenir la garantie que les experts respectent cette obligation, la loi s'en remet pour l'essentiel au serment qu'ils prêtent d'accomplir leur mission en leur honneur et conscience. En revanche, il n'est pas demandé aux experts judiciaires de signer systématiquement une déclaration d'intérêts, comme c'est le cas pour beaucoup d'experts sollicités pour éclairer une décision publique[1046]. Les recommandations de bonnes pratiques pour l'expertise civile formulées en 2007 ont formé le vœu de généraliser cette pratique et d'imposer aux experts judiciaires la signature de déclarations d'intérêts[1047].

968. Le principe de la contradiction ne s'impose pas seulement au juge. Ce dernier doit également faire observer ce principe aux experts. La question la plus délicate consiste à savoir si cette règle impose seulement que le rapport d'expertise soit versé aux débats et soumis à la discussion des parties ou s'il est nécessaire que ces dernières soient également associées aux opérations d'expertise elles-mêmes. Cette interrogation a fait naître une jurisprudence abondante, marquée par une oscillation entre une conception extensive de la contradiction dans l'expertise et une lecture plus restrictive.

969. La Cour européenne des droits de l'homme a rendu plusieurs décisions affirmant la nécessité que les parties soient mises en mesure de participer aux opérations d'expertise[1048]. Dans de telles circonstances, le requérant n'a pu faire entendre sa voix de manière effective avant le dépôt du rapport de l'expertise en cause. La possibilité indirecte de discuter le rapport d'expertise dans des mémoires ou lors d'une des audiences d'appel ne peut, en l'espèce, passer pour un équivalent valable du droit de participer à la séance d'expertise[1049]. Cette position de la CEDH traduit une progression de l'emprise du contradictoire dans la procédure d'expertise, liée à une meilleure prise

---

[1045] CPC, art. 237.

[1046] A. JACQUIN, « L'impartialité objective de l'expert judiciaire et sa récusation », Gaz. Pal., 31 janv.- 1er févr. 2003, p. 3 ; O. LECLERC, « L'indépendance de l'expert », in K. FAVRO (coord.), L'expertise : enjeux et pratiques, Paris, éd. Lavoisier/Tec & Doc, coll. « Sciences du risque et du danger », 2009, p. 167-180.

[1047] Conférence de consensus L'expertise judiciaire civile, 2007 : quest. 6°-2.

[1048] J-P. MARGUENAUD, « Le droit à "l'expertise équitable" », D. 2000, chron., P. 111

[1049] CEDH, 2 juin 2005, Cottin c. Belgique, req. 48386/99, § 32.

en compte de la contribution que l'expert apporte à la formation de la décision de justice.

970. Dans le procès civil, la jurisprudence a longtemps été solidement fixée : il ne suffit pas que les parties reçoivent communication du rapport et soient mises en état d'en débattre à l'audience[1050] ; elles doivent être associées aux opérations de l'expert et mises en mesure de discuter le rapport en cours d'élaboration, et donc avant son dépôt. Cette exigence se décline dans tous les aspects de la réalisation de l'expertise. Les parties doivent être régulièrement convoquées aux opérations d'expertise[1051], à peine pour cette dernière d'être frappée de nullité[1052]. Les avocats des parties doivent également être avisés de la tenue de ces opérations[1053]. Lorsque l'expert rédige un pré-rapport, chaque partie doit être effectivement informée de la possibilité pour elle de présenter des dires ou des observations après son établissement et avant le dépôt du rapport définitif[1054]. De même, si l'expert recourt aux services d'un autre spécialiste ou entend un tiers, il doit faire connaître son identité[1055] aux parties et leur communiquer les pièces ainsi obtenues, afin qu'elles soient à même d'en débattre contradictoirement avant le dépôt de son rapport[1056]. Il ne suffirait pas d'annexer ces pièces au rapport déposé[1057]. Les juridictions admettent cependant que l'expert puisse procéder hors la présence des parties à des opérations techniques et préalable[1058].

[1050] Cass. com., 24 oct. 1978, Bull. civ. IV, n° 238 ; Cass. civ. 3, 15 nov. 1977, D. 1977, IR, Cass. civ. 2, 13 juin 2002, n° 00-22.010 ; Cass. civ. 2, 15 mai 2003, D. 2003 IR p. 1667.

[1051] Cass. civ. 3, 7 févr. 2007, D. 2007, act., p. 806 ; Cass. civ. 2, 13 mars 2008, n° 07-13.412

[1052] Cass. civ. 1, 21 juill.,1976, Bull. civ.I, n° 278 ; Cass. civ. 2, 16 mars 1983, Bull civ II, n°79

[1053] Cass. civ. 2, 24 nov. 1999, Bull. civ. II, n° 174.

[1054] Cass. com., 4 nov. 2008, n° 07-18.147.

[1055] Cass. civ. 2, 4 juin 1993, D. 1993, IR, p. 183.

[1056] Cass. civ. 1, 19 déc. 1995, Bull. civ. I, n° 475.

[1057] Cass. civ. 3, 26 mai 2009, RTD civ., n° 3, 2009, p. 573, obs. R. Perrot .

[1058] Cass. Com, 26 nov. 1996, Bull. civ. IV, n° 293 ; Cass. civ. 2, 18 janv. 2001, Bull. civ. II, n° 11

CONCLUSION DU SECOND TITRE

971. « *La théorie des preuves ne doit pas avoir pour effet d'annihiler le droit* » prévenait Jhering[1059]. Les orientations fondamentales pour l'élaboration d'un droit de la preuve dans l'espace OHADA ont été recherchées dans le renouvellement de la théorie de la preuve et des modes de preuve. En partant d'une ébauche du droit de la preuve empruntée à la doctrine, l'étude a dégagé les grands principes contemporains et les règles techniques pertinents qui doivent former l'architecture du droit de la preuve dans l'espace OHADA. Sur le fondement d'une *summa divisio* entre la théorie générale de la preuve et les modes de preuve, il a été possible de proposer un droit de la preuve qui intègre de nouvelles règles, suggère une recomposition de ces règles et propose par la suite une substitution des règles désuètes. L'apport fondamental se situe dans la comparaison de l'ébauche avec la réforme du droit des obligations en France et le projet de réforme du droit des obligations dans l'espace OHADA, pour proposer un contenu nouveau issu des évolutions du droit positif et adapté au contexte africain.

972. Enfin de compte, l'étude suggère une refonte totale du droit de la preuve et non un simple toilettage. A cet égard, à partir des fondements théoriques et des principes généraux identifiés en doctrine, le premier chapitre a proposé un renouvellement de la théorie classique de la preuve qui domine actuellement la doctrine civiliste et a sans doute inspiré les professeurs Pougoué, Sawadogo et Sayegh dans leur rédaction du Projet OHADA du droit des obligations.

973. Dans le second chapitre, il a été proposé de renouveler les règles particulières qui définissent les modalités de recueil, de production et d'appréciation des modes de preuve. Le classement retenu repose sur un critère matériel également identifié en doctrine, qui décline quatre modes de preuve : la preuve par écrit, la preuve par déclaration, la preuve par enregistrement, et la preuve par expertise.

1059 r Nicolas HOFFSCHIR, *La charge de la preuve en droit civil*, thèse de doctorat, Paris Ouest Nanterre La Défense, Dalloz, 2016, p. 8

CONCLUSION DE LA SECONDE PARTIE

974. Cette seconde partie a donné l'occasion d'ébaucher un droit de la preuve dans l'espace OHADA. L'étude est partie de la spécificité du droit de la preuve pour lui adapter une méthode d'harmonisation. Les orientations fondamentales ont été recherchées dans le renouvellement de la théorie de la preuve et des modes de preuve, avec une comparaison de cette ébauche avec les expériences africaines et étrangères existantes. « *Il semble que ne doivent prévaloir, dans un monde qui se resserre de jour en jour, que l'avancée si positive et si utile de l'uniformisation du droit, retenue par les fondateurs de l'OHADA, et la recherche de la performance des outils de ce projet* »[1060].

975. On pourrait envisager un Acte uniforme dans le cadre de l'harmonisation conjointe du droit des contrats et de la preuve. Avec l'harmonisation unitaire du droit de la preuve autonome, une autre voie est possible, plus souple : celle de la loi-type. Le texte élaboré par l'OHADA prendrait ainsi la forme d'une législation modèle, proposée aux États désireux de s'engager vers un rapprochement communautaire des règles de preuve pour les litiges en droit des affaires; ils adopteraient alors, au besoin en les adaptant, les règles de preuves destinées à se substituer, dans les conditions qu'ils préciseraient unilatéralement, à leurs règles de droit commun. Un code-modèle aura l'avantage de laisser à chaque pays sa liberté créative. Il appartient à chaque État de décider si le modèle le convainc complètement ou en partie et s'il convient de le reprendre complètement, en partie ou d'une manière modifiée.

976. Le cadre commun de référence en droit de la preuve dans l'espace OHADA vise à établir des règles de preuve qu'un Etat pourrait adopter pour la résolution des litiges relatifs au droit des affaires. Le futur droit de la preuve devrait s'inspirer du projet Marcel Storme sur le Code judiciaire européen, du projet *ALI / UNIDROIT* sur la procédure civile transnationale, et en partie de l'effort réalisé il y a 50 ans aux États-Unis pour fondre de nombreux systèmes juridiques hétérogènes

---

[1060] D. SOSSA, « Le champ d'application de l'avant-projet d'Acte uniforme OHADA sur le droit des contrats : contrats en général / contrats commerciaux / contrats de consommation », *Actes du Colloque sur l'harmonisation du droit OHADA des contrats – Ouagadougou 2007*, p. 351.

en un seul système de règles de preuve, par l'adoption des *Federal Rules of Evidence (*Règles fédérales de preuve). Les *Federal Rules* établissent des règles uniques qui doivent être suivies dans les tribunaux siégeant dans quarante-huit États semi-souverains différents, même si chacun d'entre eux a son propre droit de procédure, sa propre culture judiciaire et son propre barreau. De cette façon, les *Federal Rules* ont accompli ce que plusieurs observateurs prudents considéraient comme impossible : un système unifié de preuve pour plusieurs dizaines de communautés juridiques différentes. Une expérience comme celle des *Federal Rules* prouve qu'il a été possible d'établir des règles de procédure communes à la Louisiane (un système de droit écrit), à la Virginie (qui suit les règles de *common law pleading* depuis 1938) et à la Californie (qui suit le *code pleading).* Au regard des leçons tirées du droit comparé, le projet d'élaborer des *principes et règles relatifs à la preuve dans l'espace OHADA* n'est pas chimérique et vaut la peine d'être tenté.

977. Le droit de la preuve ne concerne pas seulement la preuve des obligations. Il structure une grande partie de la théorie de la preuve civile. Le droit de la preuve constitue un pan autonome du droit civil. Il serait difficilement imaginable que, dans ce domaine, deux siècles de doctrine et d'évolutions jurisprudentielles soient ignorés par un projet qui se propose de réformer le Code civil en profondeur. On comprendrait mal que des principes aussi fondamentaux que le droit à la preuve, la loyauté de la preuve ou l'interdiction de se constituer une preuve ne figurent pas dans l'espace OHADA. On ne comprendrait pas plus les raisons d'ignorer les questions relatives à l'objet de la preuve ou de ne pas clarifier les relations entre les systèmes de preuve.

978. L'enjeu de la réforme du droit de la preuve est aussi considérable que celui qui préside à la réforme du droit des contrats. Certes, la doctrine du droit de la preuve est plus dispersée et moins visible en Afrique. Ses auteurs n'ont pas su se faire entendre lorsque le droit de la preuve a été inclus puis retiré du programme d'harmonisation du droit des affaires en Afrique. Pourtant, il existe des éléments de réponse pour construire un droit de la preuve tourné vers l'avenir plutôt qu'ancré dans un lointain passé, et on peut souhaiter que les instances de l'OHADA attentives à l'enjeu d'une telle réforme pourront s'en saisir.

CONCLUSION GENERALE

979. Au terme de la présente étude, on se contentera d'admettre comme Portalis, qu'il faut revenir « *aux idées d'uniformité dans la législation, parce qu'on entrevoit la possibilité de les réaliser* »[1061]. L'idée de contribuer à l'élaboration d'un droit de la preuve dans l'espace OHADA procède de l'éviction de cette matière du domaine d'harmonisation du droit des affaires en Afrique. Au début du processus, en effet, il s'agissait d'élaborer un acte uniforme relatif uniquement au droit de la preuve. Mais, au fur et à mesure de l'évolution du processus, l'OHADA a finalement abouti à un projet d'acte uniforme relatif au droit des contrats et de la preuve, avant de surseoir à tout projet d'harmonisation au profit du renforcement du *corpus juris* existant[1062].

980. La nécessité de l'harmonisation du droit de la preuve se justifie par la pluralité des nomes probatoires aux sources diverses voire concurrentes, et la mixité du système probatoire partagé entre l'admission de la preuve libre et l'attachement à la preuve légale. Les Etats membres de l'OHADA conservent des règles de preuve toujours héritées du colonisateur et éparpillées en droit substantiel et processuel. Aux normes internes, se superposent des normes communautaires, en droit des affaires certes, mais aussi en droit économique d'une manière générale. En droit OHADA, par exemple, des règles particulières de preuve sont établies dans les Actes uniformes; mais les dispositions générales sont encore fixées par les droits nationaux des Etats, lesquelles demeurent éclatées et dispersées. La complexité du cadre normatif est telle que la matière est inaccessible et difficilement appréhendable dans sa globalité.

981. A la confusion autour de la pluralité des normes probatoires s'ajoute leur inadaptation en raison de l'évolution importante du droit de la preuve. La seule lecture du Code civil ne permet plus de donner une vision claire et précise de l'état du droit de la preuve qui, devenu en grande partie prétorien, a changé depuis 1804,

---

[1061] J. E. M. PORTALIS, « *Discours préliminaire au premier projet de Code civil* », *Préface de M. MASSENET, éd. Confluence, Collection « Voix de la Cité » Paris, 2004, p. 14*

[1062] Cette « nouvelle politique d'harmonisation de domaines spécifiques au droit de l'activité économique des entreprises » s'est matérialisée à travers la *Décision n° 003/2009/CM/OHADA portant orientation stratégique quinquennale pour l'harmonisation du droit des affaires durant la période allant de l'année 2010 à 2015*, dont l'article 2 propose qu'il soit sursis à tout autre projet au profit du renforcement du *corpus juris* qui existe.

la jurisprudence ayant tenu compte de l'évolution des mœurs, des technologies et des pratiques. Plus que bicentenaire, la théorie de la preuve est ancrée dans la doctrine civiliste française et résulte de l'accumulation d'un effort théorique et conceptuel. Qu'il s'agisse de la modernisation de l'office du juge en matière de preuve, de la création des principes probatoires contemporains par une jurisprudence « *dense et féconde* »[1063], l'évolution du droit de la preuve devrait conduire à réviser la théorie de la preuve en tenant compte de l'apparition des nouvelles règles.

982. L'étude a également révélé que les normes probatoires ne sont pas toujours adaptées aux réalités sociales, culturelles et économiques africaines, en raison de l'insuffisante prise en compte de ces réalités par les législateurs. Le traitement de la preuve dans l'espace OHADA comporte plusieurs omissions et imperfections qui ont été soulignées. Or, le droit de la preuve « *correspond à la culture dans laquelle il s'insère et façonne sans doute à son tour la culture* » ainsi que le souligne Emmanuel Jeuland[1064]. De fait, la preuve nécessite des aménagements pour tenir compte des spécificités du contexte africain qui est empreint d'un réel particularisme où l'oralité et l'informel sont encore d'une pratique tenace.

983. Les obstacles ainsi identifiés ne pourraient être aplanis sans une intervention communautaire. A supposer qu'ils en ressentent le besoin, les États ne sauraient, en opérant chacun pour leur propre part, trouver les voies d'un rapprochement satisfaisant des règles et principes gouvernant leurs droits probatoires respectifs. L'entreprise est trop délicate et trop complexe pour être ainsi menée à bien. Il faut qu'un maitre d'œuvre donne l'impulsion, serve de catalyseur à une volonté politique suffisamment forte pour faire admettre la nécessité de changements, sur certains points, profonds, et indique enfin le chemin. On conviendrait qu'il y aurait quelque imprévision, de la part du législateur OHADA, à abandonner pour l'avenir, à la créativité

[1063] « Dense et féconde ! Tels sont les épithètes qui nous viennent à l'esprit pour qualifier la jurisprudence récente en matière probatoire. Le nombre et surtout l'intérêt des décisions examinées dans ce panorama confirment l'émergence d'une discipline à part entière : le droit de la preuve », in Ph. DELEBECQUE, J-D. BRETZNER et Th VASSEUR, *Droit de la preuve : D. 2008*, p. 2820.

[1064] E. JEULAND, « Modèle et preuve de l'acte juridique », in Thierry REVET (Dir.), *Code civil et modèles. Des modèles du Code au Code comme modèle*, Paris, L.G.D.J., tome 6, 2005, p. 209, note 2.

juridique de chaque État membre la détermination de son système probatoire.

984. Cependant, la question de la compétence du législateur OHADA à traiter du droit de la preuve se pose puisque la matière est considérée comme n'ayant rien de commun avec le droit des affaires[1065]. Selon une partie de la doctrine, toute tentative d'élaborer un droit uniforme de la preuve rencontre cet obstacle dirimant. A l'évidence, si l'harmonisation du droit de la preuve est un impératif, il est tout aussi impérieux d'en cerner les contours méthodologiques et d'en définir le contenu pour assurer l'effectivité des nouvelles normes.

985. Relativement à la méthode d'élaboration, la première démarche passe par la définition du domaine d'harmonisation qui pourrait être un droit de la preuve autonome. L'objectif est de reconnaitre au droit de la preuve le statut d'une discipline juridique à part entière. L'harmonisation distincte du droit de la preuve permet de le détacher du droit des obligations, dans lequel sont formellement enfermées les dispositions relatives à la preuve dans le Code civil actuel, alors que la doctrine et la jurisprudence, appelant de leurs vœux l'élaboration d'un droit général de la preuve, s'accordent pour faire application de ces règles à toute preuve civile, et pas seulement à la preuve des obligations nées d'un contrat. L'étude propose une réforme globale du droit de la preuve dépassant les frontières trop étroites du seul droit des obligations. Le législateur pourrait prendre modèle sur d'autres systèmes juridiques appartenant à la même famille juridique, à l'instar du Code civil québécois au sein duquel il existe un Livre septième entièrement consacré au droit de la preuve. En France, le projet de réforme «Terré », du nom de son vénérable auteur, avait cette ambition puisqu'il proposait d'extraire la preuve du droit des obligations[1066]. Enfin, l'unicité du droit de la preuve qui caractérise les

---

[1065] Dans cette hypothèse, des voix autorisées se prononcent en faveur de la restriction de l'activité normative du législateur OHADA au périmètre du droit des affaires : « *la recherche systémique et systématique, par le Conseil des Ministres, du droit des affaires uniformisable doit se faire autour de tous ses composantes, à savoir : les acteurs économiques; les actes économiques; les biens économiques; les procédures économiques en ayant toujours à l'esprit de respecter la spécificité du droit des affaires qui, d'une part, ne doit pas empiéter sur la théorie générale du droit ou du droit commun et, d'autre part, son utilité ou sa pertinence eu égard à l'importance de la matière à uniformiser pour faciliter les échanges* » in J. ISSA-SAYEGH, P. G. POUGOUE, « L'OHADA : défis, problèmes et tentatives de solutions », *RDU* 2008-1/2, p. 458.

[1066] F. TERRE (dir.), Pour une réforme du droit des contrats, précité, p. 316 et s., spécialement p. 316: « *Au sujet de la preuve, le maintien de son régime au sein des questions contractuelles*

systèmes de *common law* s'invite déjà dans l'espace OHADA en raison de sa vocation panafricaine, à l'exemple du Cameroun où selon M. Pougoue : « *l'evidence du common law pénètre le droit de preuve dans la partie francophone* »[1067]. En définitive, un droit de la preuve autonome ne serait pas une « hérésie juridique » dans l'espace OHADA, bien au contraire, le législateur africain construisant déjà un droit des affaires *sui generis* qui n'est pas de conception stricte. L'expérience sénégalaise de réforme du droit des obligations est suffisament topique pour illustrer la capacité à s'éloigner de la tradition civiliste française classique sans aboutir à une dénaturation systémique.

986. Alternativement, pour ne pas « agresser » l'héritage juridique civiliste et pour tenir compte d'une initiative de la Fondation du Droit Continental qui a remis à l'ordre du jour l'harmonisation du droit des contrats dans l'espace OHADA, il a été envisagé une harmonisation conjointe du droit de la preuve. Au sein du « Projet de texte uniforme relatif au droit des obligations dans l'espace OHADA », le droit de la preuve est relégué à la fin du titre relatif au régime général des obligations. Suivant une tradition classique, les professeurs Pougoue, Sawadogo et Sayegh ont fait le choix de cantonner la preuve au seul droit des obligations. Pour cette raison, le traitement de la preuve comporte plusieurs omissions et imperfections de taille qui méritent d'être corrigées; et cela nécessite une réforme de grande ampleur pour que l'œuvre des célèbres auteurs ne soit pas « *un immense gaspillage de temps et d'intelligence* »[1068]. Pour « désenclaver » la matière, le législateur pourrait s'inspirer des réformes du droit des obligations intervenues en Afrique comme à l'étranger. Il serait plus réaliste sans être ambitieux de consacrer à la preuve un Titre autonome comme en

---

est apparu restrictif et il est proposé de l'extraire du titre relatif aux obligations. Non sans en avoir longuement débattu, le groupe propose toutefois une solution moins radicale que la généralité de la matière ne l'exigerait, consistant à inscrire les dispositions s'y rapportant dans un titre préliminaire du Code civil».

1067 P. G. POUGOUE, « L'avant-projet d'acte uniforme sur le droit des contrats : les tribulations d'un universitaire », disponible sur www.ohada.com, Ohadata D-07-41 p. 10. Consulté le 03 juin 2016.

1068 « Un immense gaspillage d'intelligence et de temps » : le bilan que le doyen Carbonnier évoquait à propos de la jurisprudence en matière de responsabilité du fait des choses est resté célèbre (J. CARBONNIER, *Droit des obligations*, PUF, coll. Thémis, 1990, n° 260, p. 468) cité par N. DISSAUX « La culture du gâchis », Recueil Dalloz 2016 p. 593

France[1069], ou de l'intégrer à un Titre préliminaire comme au Sénégal[1070].

987. S'agissant de la technique d'harmonisation, il faudrait suivre une démarche prudente sous la forme de procédés d'intégration juridique plus souples que l'uniformisation législative. Cette option paraît tout à fait acceptable dans la mesure où elle ne se heurte à aucune des contraintes dégagées plus haut. Elle présenterait notamment l'intérêt d'offrir un cadre commun de référence à tous les pays du champ qui souhaitent *a minina* réformer leur droit des obligations contractuelles, *a maxima* élaborer un droit de la preuve autonome. Quant aux autres organisations communautaires, il est permis de penser qu'un jour viendra où elles entreprendront une réforme transversale à la matière; alors, les principes probatoires communs pourront être une source d'inspiration.

988. Dans cette perspective, plusieurs possibilités s'offrent pour satisfaire les intérêts des acteurs économiques méfiants envers les juridictions nationales. Une première option est d'offrir un modèle de procédure auquel ils auraient la faculté de se référer pour la résolution des litiges relatifs au droit des affaires. Telle est la logique du projet de Code judiciaire européen élaboré par un groupe d'universitaires appelé *Commission Storme*. Telle est également la solution retenue, au niveau international, avec les «*Principes et règles relatifs à la procédure civile transnationale applicables aux litiges du commerce international*» élaborés par ALI et UNIDROIT. L'avantage de la formule est qu'elle n'aboutit pas à une modification du droit interne des États concernés, ce qui permet notamment de respecter la variété des traditions judiciaires des uns et des autres, et cela tout en satisfaisant les intérêts des acteurs économiques désirant avoir un procès équitable.

989. Une deuxième possibilité est que les règles uniformes adoptées soient proposées comme modèle aux législateurs nationaux : ceux-ci seraient invités à s'aligner sur ces principes et conserveraient, en tout état de cause, toute latitude pour les adapter à leur propre système juridique. La solution est celle qui a été retenue aux États-Unis avec les *Federal Rules of Evidence* dont les différents États de l'Union ont eu la faculté de l'incorporer en tout ou partie à leur droit national (la

[1069] Ordonnance n° 2016-131 du 10 février 2016 portant réforme du droit des contrats, du régime général des obligations et de la preuve des obligations (*Titre VI bis*)

[1070] Loi n° 63-62 du 10 juillet 1963 relative à la partie générale du Code des obligations civiles et commerciales (*Titre Préliminaire, Chapitre 2*)

Louisiane, qui a une tradition de droit civil, n'en a repris qu'une petite partie), tout en conservant la liberté d'en modifier les termes. Elle présente l'avantage, là encore, d'être respectueuse des identités nationales. De cette façon, les *Federal Rules* ont accompli ce que des observateurs prudents considéraient comme impossible : un système unifié de preuve pour plusieurs dizaines de communautés juridiques différentes.

990. Une troisième solution consiste à prévoir des règles uniformes s'incorporant aux droits nationaux, mais applicables uniquement aux opérations trans-OHADA, c'est-à-dire aux opérations qu'un acteur économique conclut d'un Etat membre à un autre. Ce qui inviterait à limiter, ainsi, l'uniformisation à ce type de transactions est qu'on n'en perçoit l'intérêt que pour celles-ci. De fait, en ce qui concerne les opérations commerciales conclues à l'intérieur d'un Etat membre, il n'y a pas de nécessité d'imposer des règles probatoires communes au niveau OHADA. Ainsi coexisteraient deux sortes de droits : le droit étatique et le droit OHADA. Une telle dualité se rencontre déjà dans le commerce de biens mobiliers pour lequel chaque pays ayant adhéré à la Convention de Vienne de 1980 sur la vente internationale de marchandises dispose de deux corps de règles : le droit interne et le droit international.

991. Pour faire l'économie d'une réforme du Traité fondateur de l'OHADA, l'instrument d'un Acte uniforme s'impose. Une dernière possibilité serait alors de réaliser une uniformisation des droits internes des États membres, dans la matière considérée, afin d'éviter aux acteurs économiques d'avoir affaire à deux sortes de droits, droit interne et droit communautaire, et donc leur permettre de n'appliquer qu'un seul corps de règles. On aurait alors recours au procédé prévu à l'article 5 al. 1er du traité qui dispose : « *Les actes pris pour l'adoption des règles communes prévues à l'article premier du présent Traité sont qualifiés ''Actes uniformes''* ». Cette solution serait la plus radicale mais sans doute aussi, tout à la fois, la moins soucieuse de la « démesure matérielle », ainsi qu'on l'a constatée. Contre cette approche, des objections en doctrine justifient l'hésitation, sans pour autant constituer un obstacle de droit : la question des matières harmonisables est politique avant d'être juridique.

992. Les orientations fondamentales pour l'élaboration d'un droit de la preuve dans l'espace OHADA ont été recherchées dans le renouvellement de la théorie de la preuve. Sur le fondement d'une *summa* *divisio* entre la théorie générale de la preuve et les modes de preuve, il a été possible de proposer un droit de la preuve qui suggère une recomposition des règles classiques, et intègre les acquis jurisprudentiels de même que la dimension procédurale. A la lumière des leçons tirées du droit comparé, et sous le prisme des réalités africaines, l'étude a dégagé les grands principes contemporains et les règles techniques pertinents qui doivent former l'architecture du droit de la preuve.

993. L'étude aboutit à un résultat dont la finalité est de constituer l'ossature d'un droit de la preuve dans l'espace OHADA. En vérité, les efforts de conceptualisation d'une théorie générale de la preuve qui soit autonome par rapport à la théorie du procès et au droit civil des contrats ont été réalisés en doctrine. L'apport spécifique de l'étude se trouve dans une application au contexte de l'OHADA, pour démontrer que cette construction doctrinale permet d'harmoniser le droit de la preuve comme une discipline juridique à part entière.

994. Une préoccupation tant de politique législative que de technique juridique affleure la construction d'un texte uniforme relatif au droit de la preuve. Elle concerne le risque d'une rupture épistémologique avec d'autres actes uniformes de l'OHADA, les textes nationaux et les actes d'autres organismes régionaux africains ayant un lien avec la matière. Pour ne pas aboutir à une dénaturation systémique, l'OHADA pourrait avoir recours à la méthode de concertation préalable de tous les acteurs de l'intégration juridique et économique en Afrique d'une part; d'autre part, il conviendrait que les instances de l'OHADA ne se saisissent d'un tel projet qu'après en avoir reçu un mandat clair et qu'ait été fixé l'objectif à atteindre.

995. Unifier le droit de la preuve, un rêve impossible ? Aucune réponse fermée ne saurait être donnée à cette interrogation. Récemment encore, les instances de l'OHADA rassuraient : « *Le processus législatif a connu un coup d'arrêt, sans pour autant que l'idée d'harmoniser le droit des contrats dans l'espace OHADA ait été formellement abandonnée. Le Conseil des ministres a même réaffirmé, par décision du 15 décembre 2010, le principe de l'inclusion du droit des obligations contractuelles au programme d'harmonisation* »[1071]. Qu'il s'agisse d'unifier le droit commun des contrats ou de s'en tenir à

[1071] Voir D. C. SOSSA, *« Action du mois », La Semaine Juridique, Edition Générale N° 4 du 25 janvier 2016, JCP G 2016, doctr. 101, p. 188.*

une réglementation commune de certains contrats spéciaux, la question probatoire est prégnante et la présente étude aura contribué à poser les linéaments d'un droit de la preuve dans l'espace OHADA./.

BIBLIOGRAPHIE

1. Ouvrages

1.1. Ouvrages généraux

1. **ATIAS Christian**, *Philosophie du droit*, 3ème éd., coll. « Thémis » Droit Privé, PUF, Paris, 2012, 416 p.
2. **AUBERT Jean-Luc et SAVAUX Éric**, *Introduction au droit et thèmes fondamentaux du droit civil*, 15e éd., Sirey, 2014, 396 p.
3. **AUBRY Charles et RAU Charles**, *Cours de droit civil français*, Tome II, 7ème éd., par Paul ESMEIN, Librairie technique, Paris, 1961, 848 p.
4. **BART Jean,** *Histoire du droit privé : de la chute de l'Empire romain au XIXème siècle*, Montchrestien, Paris, 2009, 477 p.
5. **BATTFFOL Henri et LAGARDE Paul**, *Droit international privé*, tome II, 7ème éd. LGDJ, 1983, 692 p.
6. **BAUDRY-LACANTINERIE Gabriel, BARDE Louis Joseph,** *Traité théorique et pratique de droit civil. Des obligations.* Tome III, 3ème éd., Sirey, Paris, 1908, 1264 p.
7. **BERGEAL Catherine**, *Rédiger un texte normatif, Manuel de légistique*, coll. Berger Levrault, 7èd. Paris, 2012, 433p.
8. **BEUDANT Robert et LEREBOURG-PIGEONNIERE Paul**, *Cours de droit civil français. Les contrats et les obligations.* Tome IX, Rousseau, Paris, 1953, 699 p.
9. **BENABENT Alain**, *Droit civil. Les obligations*, Domat, 11ème édition, Montchrestien, 2007, 754 p.
10. **BERGEL Jean Louis,**
    - *Théorie générale du droit*, Dalloz, Méthodes du droit, 4ème éd., Paris, 2003, 368 p.
    - *Méthodologie juridique*, Paris, PUF, 2001, 408 p.
11. **BONNIER Edouard**, *Traité théorique et pratique des preuves en droit civil et en droit criminel*, II, E. PLON, 5ème éd., Paris, 1888, 590 p.
12. **CABRILLAC René, FRISON ROCHE Marie Anne (dir.),** *Libertés et droits fondamentaux*, 12ème éd., Dalloz, Paris, 2006, 601 p.
13. **CADIET Loic, JEULAND Emmanuel**, *Droit judiciaire privé*, Litec, 5ème éd., 2006, 884 p.
14. **CADIET Loic, CANIVET Guy**, *De la commémoration d'un code à l'autre : 200 ans de procédure civile en France (1806-1976-2006).* Lexis Nexis, Paris, 2006, 383 pages.
15. **CAPITANT Henri, TERRE François, et LEQUETTE Yves**, *Les grands arrêts de la jurisprudence civile (Tome 2 : obligations, contrats spéciaux, suretés)*, 12ème éd., DALLOZ, Paris, 2008, 956 p.
16. **CARBONNIER Jean,**
    - *Droit civil Introduction*, 27ème éd. refondue, coll. « Thémis » Droit Privé PUF, Paris, 2002, 391 p.

- *Droit civil, tome 2, Les biens, les obligations,* PUF, Quadrige, Paris, 2004, p. 1516-2574.
- *Essais sur les lois*, 2e éd., Defrénois, Paris, 1995, 336 p.
- *Droit et passion du droit sous la Ve République*, Flammarion 1996 (rééd. 2006), Paris, 276 p.
- *Flexible droit, Pour une sociologie du droit sans rigueur,* LGDJ, 10e éd. 2001, Paris, 498 p.

17. **CHITTY Joseph**,
    - *Chitty on Contracts, vol. I, General Principles, The Common Law library*, twenty-ninth edition, Sweet and Maxwell, 2004, 161 p.
    - *Chitty on Contracts, vol. II, Specific contracts, The Common Law library*, twenty-ninth edition, Sweet and Maxwell, 2004, 255 p.
18. **CORNU Gérard**,
    - *Droit civil : introduction au droit*, 13ème édition, Montchrestien, Paris, 2008, 277 p.
    - *Regards sur le titre III du livre III du Code civil « Des contrats ou des obligations conventionnelles en général » (Essai de lecture d'un titre du Code)*, Cours du DEA de droit privé, Les cours de droit, 1976-1977, 217 pages.
19. **CORNU Gérard, FOYER Jean**, *Procédure civile*, 3ème éd., PUF, Thémis Droit Privé, Paris, 1996, 800 p.
20. **COUCHEZ Gérard**, *Procédure civile*, 13ème éd., A. Colin, Dalloz, Paris, 2004, 503 p.
21. **CUCHE Paul et VINCENT Jean**, *Procédure civile*, 13ème éd., Précis Dalloz, Paris, 1966, 729 p.
22. **COLLART-DUTILLEUL François, DELEBECQUE Philippe**, *Contrats civils et commerciaux,* 8ème éd., DALLOZ, Paris, 2007, 1008 pages.
23. **DABIN Jean**,
    - *Théorie générale du droit*, Dalloz, Paris, 1969, 325 p.
    - *La technique de l'élaboration du droit positif, spécialement en droit privé*, Bruylant, Bruxelles, 1935, 367 p.
24. **DAVID René et JAUFFRET-SPINOSI Camille**, *Les grands systèmes de droit contemporains*, Dalloz, 11ème édition, 2002, 600 pages.
25. **DELMAS MARTY Mireille**,
    - *Le pluralisme ordonné : les forces imaginantes du droit*, Ed. Seuil, Coll. La couleur des idées, Paris, 2006, 303 pages
    - *Pour un droit commun*, Ed. Seuil, Coll. La librairie du Siècle, 1994, 305 pages.
26. **DEMOLOMBE Jean Charles**, *Cours de Code Napoléon, Traité des contrats ou des obligations conventionnelles en général*, tome XXX, Paris, A. DURAND, PEDONE LAURIEL, Hachette, 1882, 698 p.
27. **DEMOGUE René**, *Les notions fondamentales du droit privé*, Editions La Mémoire du Droit, Paris, réimpression 2001, 696 p.
28. **DJOGBENOU Joseph (dir.),**

- *Code foncier et domanial commenté et annoté. Les Editions du CREDIJ, 2016, 512 p.*
- *Code de procédure civile, commerciale, sociale, administrative et des comptes commenté et annoté.* Ed. revue et augmentée, CREDIJ, Cotonou, 2014, 274 p.

29. **DUTHEIL DE LA ROCHERE Jacqueline**, *Droit communautaire matériel*, Hachette, Paris, 2001, 159 p.
30. **ELLIOT Catherine et QUINN Frances,** *Contract Law*, fourth edition, Longman, 2003, p.305.
31. **FENEON Alain et GOMEZ Jean René**, *Droit commercial général : Commentaires*, EDICEF, 1999, 175 p.
32. **FENET Pierre Antoine**, *Recueil complet des travaux préparatoires du Code civil, t.XIII*, éd. Videcoq, Paris, 1836, 596 p.
33. **GAMBARO Antonio, SACCO Rodolfo et VOGEL Louis**, *Le droit de l'occident et d'ailleurs*, LGDJ, Paris, 2011, 455 p.
34. **FABRE-MAGNAN Muriel**, *Droit des obligations, tome 1, Contrat et engagement unilatéral*, 2ème éd. mise à jour, Thémis Droit, PUF, Paris, 2010, 720 pages.
35. **FLOUR Jacques, AUBERT Jean Luc et SAVAUX Eric,** *Droit civil. Les obligations. L'acte juridique*, Sirey Université, 13ème édition, 2008, 564 p.
36. **GAUDEMET Eugène**, *Théorie générale des obligations*, Dalloz, Paris, réimpression 2004, 508 pages.
37. **GHESTIN Jacques, GOUBEAUX Gilles et FABRE-MAGNAN Muriel**, *Traité de droit civil. Introduction générale*, 4ème éd., LGDJ, Paris, 1994, 891 p.
38. **GUINCHARD Serge et alii**, *Droit commun et droit comparé du procès équitable*, 4ème éd., Précis Dalloz, Paris, 2007, 1195 p.
39. **GUINCHARD Serge, FERRAND Frederique et CHAINAIS Cécile**, *Procédure civile, droit interne et droit communautaire*, 29ème éd., Dalloz, Paris, 2012, 1556 pages.
40. **GUINCHARD Serge (dir.)**, *Droit et pratique de la procédure civile* 2014/2015, Dalloz Action, 8ème éd., 1984 pages.
41. **Institut Suisse de Droit Comparé**, The UNIDROIT Principles 2004. Their impact on Contractual Practice, Jurisprudence and Codification, Schulthess, Zurich, Bâle, 2007, 265 pages.
42. **JAMIN Christophe, MAZEAUD Denis (dir.),**
    - *L'unilatéralisme et le droit des obligations*, Economica, Paris, 1999, 103 p.
    - *L'harmonisation du droit des contrats en Europe*, Economica, Paris, 2001, 178 p.
    - *La nouvelle crise du contrat*, Dalloz, Paris, 2003, 260 p.
43. **JEULAND Emmanuel**, *Droit processuel*, LGDJ, Paris, 2012, 648 p.
44. **LANDO Ole (dir.)**, *Principles of European Contract Law, Part I and II*, Kluwer Law International, La Haye, 2003, 352 p

45. **Lord HAILSHAM (dir.)**, *Halsbury's Laws of England*, Fourth Edition, London, Butterworths, vol. 11, 13, 16 et 17, 1994, 1207 pages.
46. **LEVY Jean Philippe et CASTALDO André,** *Histoire du droit civil*, 2ème éd. Dalloz, Paris, 2010, 1640 pages.
47. **LEVY Jean Philippe**, *Diachroniques, Essais sur les institutions judiciaires dans la perspective de leur histoire,* éd. Loysel, 1995, 239 p.
48. **LEGEAIS Raymond**, *Grands systèmes de droit contemporain. Approche comparative*, Litec, 2ème éd., Paris, 2008, 493 pages.
49. **MALAURIE Philippe et AYNES Laurent**, *Introduction au droit*, 5ème éd., LGDJ, 2014, 408 p.
50. **MALAURIE Philippe, AYNES Laurent et GAUTIER Pierre-Yves**, *Droit civil. Les contrats spéciaux*, Defrenois, 7ème édition, 2014, 712 p.
51. **MALINVAUD Philippe**, *Introduction à l'étude du droit*, Litec, 15ème éd., 2015, 519 p.
52. **MAZEAUD Henri, Léon et Jean**, *Leçons de droit civil – Tome premier, Premier volume : Introduction à l'étude du droit*, 12ème éd. par CHABAS François, Montchrestien, Paris, 2000, 650 p.
53. **MAYER Pierre et HEUZE Vincent**, *Droit international privé*, 9ème éd., LGDJ, 2014, 788 p.
54. **MARTEAU Boris et alii.,** *Le droit uniforme africain des affaires issu de l'OHADA*, Litec, Paris, 2004, 344 p.
55. **MONTESQUIEU (de) Charles**, *L'esprit des lois*, Garnier-Flammarion, Paris, 1993, 486 p.
56. **MORETEAU Olivier**, *Droit anglais des affaires*, Dalloz Sirey, Paris, 2000, 554 p.
57. **ONANA ETOUNDI Felix,**
    - *La problématique de l'unification de la jurisprudence par la Cour Commune de Justice et d'Arbitrage*, préface MBOSSO J., Droit au service du développement, 2008, Porto Novo, 400 p.
    - *Les grandes tendances jurisprudentielles de la CCJA,* ERSUMA, Porto Novo, 2011, 540 p.
58. **OST François et VAN de KERCHOVE Michel,**
    - *De la pyramide au réseau ? Pour une théorie dialectique du droit*, Publications des Facultés Universitaires de Saint Louis, Bruxelles, 2002, 587 p.
    - *Jalons pour une théorie critique du droit*, Publications des Facultés Universitaires de Saint Louis, Bruxelles, 1987, 602 p.
59. **OPPETIT Bruno**, *Philosophie du droit*, Précis Dalloz, Paris, 1999, 156 p.
60. **PLANIOL Marcel et RIPERT Georges**, *Traité pratique de droit civil français, t. VI, Les obligations*, LGDJ, 2ème éd., 1952, par ESMEIN Paul, 1047 p.
61. **PORTALIS Jean Etienne Marie**, *Discours préliminaire du premier projet du Code Civil*, (Préface de M. MASSANNET), Bordeaux, Ed. Confluences, 2004, 91 p.

62. **POTHIER Robert Joseph**, *Traité des obligations*, Dalloz, Paris, réimpression 2011, 488 p.
63. **ROCHFELD Judith**, *Les grandes notions du droit privé*, Thémis Droit, PUF, Paris, 2013, 592 p.
64. **ROLAND Henri, BOYER Laurent**, *Adages du droit français*, Litec, 4ème édition, 1999, 1021 pages.
65. **ROUBIER Paul,**
    - *Théorie générale du droit. Histoire des doctrines juridiques et philosophie des valeurs sociales*, Dalloz, réimpression 2005, 337 p.
    - *Droits subjectifs et situations juridiques,* Dalloz, Paris, 2005, 451 p.
66. **ROUHETTE Georges (dir.),** *Principes du droit européen du contrat*, Société de législation comparée, Paris, 2003, 655 p.
67. **SALEILLES Raymond,** *La théorie générale de l'obligation*, La Mémoire du Droit, Paris, réimpression 2001, 476 p.
68. **SAVIGNY Friedrich Carl Von**, *Le droit des obligations*, tomes 1 et 2, LGDJ, Paris, réimpression 2012, 397 p.
69. **SZRAMKIEWICZ Romuald,** *Histoire du droit des affaires*, LGDJ, 2ème édition, Paris, 2013, 440 p.
70. **SEROUSSI Roland,** *Introduction aux droits anglais et américain*, Dunod, 5ème éd., 2011.
71. **SIMLER Philippe et DELEBECQUE Philippe,** *Droit civil, Les sûretés, La publicité foncière*, 5ème éd., Dalloz, Paris, 2012, 830 p.
72. **SACCO Rodolfo**, *Le droit africain : anthropologie et droit positif*, Dalloz, A Droit Ouvert, Paris, 2009, 566 pages.
73. **SOSSA C. Dorothé,** *Introduction à l'étude du droit*, Editions TUNDE, Cotonou, 2007, 238 p.
74. **SOSSA Dorothé et DJOGBENOU Joseph**, *Introduction à l'étude du droit : perspectives africaines*, Éditions CREDIJ, Cotonou, 2012, 397 pages.
75. **SUDRE Frédéric**, *Droit européen et international des droits de l'homme,* P.U.F., coll. Droit fondamental, 11ème éd., 2012, 935 p.
76. **TERRE François,** *Introduction générale au droit*, 9ème éd., DALLOZ, Paris, 2012, 666 pages.
77. **TERRE François, SIMLER Philippe et LEQUETTE Yves,** *Droit civil. Les obligations*. 11ème éd., DALLOZ, Paris, 2013, 1608 p.
78. **SAVATIER René**, *Théorie des obligations,* Dalloz, 5ème éd., 1979, 424 p.
79. **WITZ Claude,** Le *Droit Allemand,* 2ème édition Dalloz, Paris, 2013, 213 p.
80. **VERGES Etienne, VIAL Géraldine et LECLERC Olivier**, *Droit de la preuve*, Collection Thémis PUF, Octobre 2015, Paris, 729 pages
81. **VOGEL Louis,**
    - *La globalisation du droit des affaires : mythe ou réalité* ?, Droit Global/Global Law, 2001, 113 pages.

- *Unifier le droit : le rêve impossible* ?, Droit Global/Global Law, 2001, 149 pages.

1.2. OUVRAGES SPECIALISES

1. **AKAM AKAM André (dir.),** *Les mutations juridiques dans le système OHADA*, L'Harmattan, Paris, 2009, 264 p.
2. **AYNES Augustin et VUITTON Xavier**, *Droit de la preuve. Principes et mise en œuvre processuelle*, LexisNexis, coll. « Droit et Professionnels », Paris, 2013, 315 pages.
3. **BENABOU Valérie-Laure et CHAGNY Muriel (dir.)**, *La confiance en droit privé des contrats*, Dalloz, Paris, 2008, 158 p.
4. **BENTHAM Jérémie**,
   - *Traité des preuves judiciaires*, Adamant Media Corporation, Tome I, 2003, 456 pages.
   - *Traité des preuves judiciaires,* Adamant Media Corporation, Tome II, 2003, 468 pages.
5. **BLANC Emmanuel**, *La preuve judiciaire : commentaire du décret du 17 décembre 1973*, Lib. Journal des notaires et des avocats, Paris, 1974, 182 p.
6. **BOURSIER Marie-Emma**, *Le principe de loyauté en droit processuel*, Dalloz, Paris, 2003, 257 p.
7. **CAPRASSE Olivier (dir.)**, *Preuve et information dans la vie des sociétés*, éditions Larcier, Bruxelles, 2010, 346 p.
8. **CARTWRIGHT John, Stephane VOGENAUER, et Simon Whittaker (dir),** *Regards comparatistes sur l'avant-projet de réforme du droit des obligations et de la prescription*, Société de législation comparée, Paris, 2010, 732 p.
9. **CATALA Pierre (dir.)**, *L'avant-projet de réforme du droit des obligations et de la prescription*, La documentation française, Paris, 2006, 208 p.
10. **CESARO Jean François,** *Le doute en droit privé*, LGDJ, Paris, 2003, 772 pages.
11. **CHAMOUX Françoise**, *La preuve dans les affaires, de l'écrit au microfilm*, Litec, Paris, 1980, 184 p.
12. **CHANTEPIE Gael, LATINA Mathias,** *La réforme du droit des obligations. Commentaire théorique et pratique dans l'ordre du Code civil*, Hors Collection Dalloz, Paris, 2016, 1104 p.
13. **CHEVALLIER Jean,** *La charge de la preuve*, Cours de droit civil approfondi, Paris, 1958-1959, 303 p.
14. **CHOO Andrew**, *Evidence*, Oxford University Press, Oxford, 2009, 470 p.
15. **COCURAL Marcelle,** Etude théorique et jurisprudentielle des conventions des parties en matière de preuve en droit civil français, Imp. De Basuyau, Toulouse, 1933, 120 pages.
16. **CONTE Philippe,** Le secret des correspondances, PUAM, Aix-Marseille, 1999, 732 pages.

17. **DAIGRE Jean Jacques**, *La production forcée des pièces dans le procès civil*, Paris, PUF, Paris, 1976, 1046 p.
18. **DE FREITAS Jose Manuel Lebre (dir.)**, *Le droit de la preuve dans l'Union Européenne*, Kluwer Law International, La Haye, 2004, 463 pages.
19. **DE LAMBERTERIE Isabelle (dir.)**, *Les actes authentiques électroniques. Réflexions juridique prospective*, La documentation française, Paris, 2002, 279 p.
20. **DE LAMARDIERE Christophe,** *La preuve en droit fiscale*, Litec, Paris, 2009, 275 p.
21. **DUPUIS Monique,** *Preuve et procédure*, éditions Yvon Blais, 2010, 427 p.
22. **FOUCHARD Philippe**, *Vers un Procès Civil Universel ? Les Règles Transnationales de Procédure Civile de I'American Law Institute,* éd. Panthéon-Assas, Paris, 2001, 313 pages.
23. **GENY François**,
    - *Des droits sur les lettres missives*, Sirey, Paris, 1911, 452 p.
    - *Méthodes d'interprétation et sources en droit privé positif : essai critique*, Tome II, LGDJ, Paris, 1919, 436 p.
24. **GIL Fernando**, *Preuves*, Editions Aubier, Paris, 1992, 230 pages.
25. **HUET André**, *Les conflits de lois en matière de preuve*, préface de Roger Perrot, Dalloz, Paris, 1965, 395 p.
26. **HUGONNET Pierre**, *La vérité judiciaire*, préf. Rozes, Litec, Paris, 1986, 156 p.
27. **HUSSLEY Phils**, Evidence: the Fundamentals, Sweet and Maxwel, London, 2008, 243 p.
28. **ISSA SAYEGH Joseph, POUGOUE Paul Gérard, SAWADOGO Filiga Michel (cord.)**, Traité et Actes uniformes commentés et annotés – Juriscorpe, Paris, 2012, 1460 pages.
29. **ISSA SAYEGH Joseph, LOHOUES OBLE Jacqueline,** OHADA *Harmonisation du droit des affaires*, Bruylant, Paris 2002, 245 pages.
30. **KALIEU Yvette Rachel,** *Les sûretés personnelles dans l'espace OHADA*, Presses Universitaires d'Afrique, 2006.
31. **KOKOTT Julianne,** *Burden of proof in comparative and international human rights law : civil law and common law approaches with special reference to the American and German legal systems*, Kluwer Law Internatiuonal, The Hagues, 1998, 291 pages
32. **KODO Jimmy Vital**, *L'application des actes uniformes de l'OHADA*, préface MERCADAL B., Academia AB, Bruylant, 2011, 358 p.
33. **KOHL Alphonse**, *Procès civil et sincérité*, préface de Albert Fettweis, Faculté de droit, Liège, 1971, 191 pages.
34. **LAGARDE Xavier**, *Réflexions critiques sur le droit de la preuve*, LGDI, Bibl. droit privé, 1998, 448 pages.
35. **LE BALLE Robert**, Des conventions sur le procédé de preuve en droit civil, Dalloz, Paris, 1923, 140 pages.

36. **LECLERC Olivier,** Le juge et l'expert : contribution à l'étude des rapports entre le droit et la science, LGDJ, Paris, 2005, 471 pages.
37. **LEMESLE Bruno,** *La preuve en justice de l'Antiquité à nos jours*, éd. PU Rennes, Octobre 2003, 271 pages.
38. **LEVY Jean-Philippe**, *La hiérarchie des preuves dans le droit savant du Moyen-âge. Depuis la renaissance du droit romain jusqu'à la fin du XIVème siècle*, Sirey, Paris, 1939, 175 p.
39. **LEVY-BRUHL Henry,** *La preuve judiciaire : étude de sociologie juridique*, Librairie Marcel Rivière, Paris, 1964, 152 p.
40. **LEVAL Georges (dir.),** *La preuve et la difficile quête de la vérité judiciaire*, Anthémis, CUP, Liège, 2011, 234 pages.
41. **MARTOR Boris, PILKINGTION N., SELLERS, THOUVENOT S.,** *Business Law in Africa. OHADA and the Harmonization Process*, Kogan Page, Londres, 2002, 356 pages.
42. **MEKKI Mustapha, CADIET Loïc, GRIMALDI Cyril**, *La preuve : regards croisés*, Editions Dalloz, Coll. Thèmes et Commentaires, Paris, 2015, 282 pages
43. **MOTULSKY Henri**,
    - *« Les Principes d'une réalisation méthodique du droit privé. La théorie des éléments générateurs des droits subjectifs,* Préface Roubier (P.), Dalloz, Paris, 2002, 183 p.
    - « Prolégomènes pour un futur Code de procédure civile », Dalloz–Sirey, 1972, Chronique XVII, p. 91-102
44. **MOUGENOT Dominique**, *La preuve : droit des obligations*, éditions De Boeck et Larcier, 2012, 421 p.
45. **ODIC Olivia**, *Les fonctions du document en droit privé*, LGDJ, Paris, 2004, 505 pages.
46. **PERELMAN Chaim, FORIERS Paul (dir.),**
    - *La preuve en droit*, Bruxelles, Bruylant, Bruxelles, 1981, 366 p.
    - *Les présomptions et les fictions en droit*, Bruylant, Bruxelles, 1977, 350 p.
47. **PIAZZON Thomas,** *La sécurité juridique*, Repertoire Defrénois, Doctorat et Notariat, t.35, Paris, 2009, 630 p.
48. **PIETTE-COUDOL Thierry**, *Échanges électroniques, certification et sécurité*, Litec, Paris, 2000, 237 p.
49. **PINCHON François,** L'expertise judiciaire en Europe : étude des systèmes allemand, anglais, espagnol, français et en matière de procédure civile, éd. de l'Organisation, Paris, 2002, 449 pages.
50. **PHIPSON Sindey Lovel, HODGE Malek,** *Phipson on evidence*, Sweet and Maxwell, London,1855 pages.
51. **POUGOUE Paul Gérard (dir.),** *Encyclopédie du droit OHADA*, Lamy Éditions, décembre 2011, 2174 p.
52. **POUGOUE Paul Gerard et KUATE TAMEGHE Sylvain Sorel,** *Les grandes décisions de la Cour Commune de Justice et d'Arbitrage de l'OHADA*, L'Harmattan, 2010, Paris, 692 pages.

53. **POUGOUE Paul Gérard et KALIEU ELONGO Yvette Rachelle**, *Introduction critique à l'OHADA*, Presses Universitaires d'Afrique, Yaoundé, 2008, 225 pages.
54. **PRIETO Cathérine (dir.)**, *Regards croisés sur les principes du droit européen du contrat et sur le droit français*, Presses Universitaires d'Aix Marseille, 2003, 583 pages.
55. **PUIGELIER Cathérine (dir.)**, *La preuve*, éd. Economica, Paris, 2004, 246 p.
56. **RODIERE René**, *Forme et preuve du contrat*, Pedone, Paris, 1979, 111 pages.
57. **ROYER Jean-Claude, LAVALLEE Sophie**, *La preuve civile*, Éditions Yvon Blais, 2008, 1820 pages.
58. **RUZ FABRI Hélène, SOREL Jean-Marc SOREL (dir.)**, *La preuve devant les juridictions internationales*, Pedone, Paris, 2007, 253 p.
59. **SCHLECHTRIEM Peter et WITZ Claude**, *Convention de Vienne sur les contrats de vente internationale de marchandises*, Dalloz, Paris, 2008, 349 p.
60. **Société Jean Bodin pour l'histoire comparative des institutions**, *La preuve*, vol. XVI à XIX, Éditions de la Librairie Encyclopédique, Bruxelles, 1963-1965, 536 p.
61. **SPENCER John**,
    - « The concept of european evidence », ERA-forum, 2003, n° 2, pp. 29-38
    - « An academic critique of the EU acquis in relation to transborder evidence-gathering », ERA-Forum, 2005, pp. 28-40
62. **STORME Marcel (dir.)**, *Rapprochement du droit judiciaire de l'Union européenne. Approximation of judiciary law in the European Union*, Dordrecht, Kluwer, 1993, 224 p.
63. **TAMFUH Y. N. Wilson**, *Comparative law of obligations in Cameroun*, Center for Law and Development, Cameroun, Buea, 240 p.
64. **TENENBAUM Aline**, *Projet de cadre commun de référence. Terminologie contractuelle commune*, Société de Législation Comparée, Paris, 2008, 538 p.
65. **TERRE François (dir.)**, *Pour une réforme du droit des contrats*, Dalloz Actes, Paris, 2008, 310 p.
66. **THEVENET Jean**, *Essai d'une théorie de la charge de la preuve en matière civile et commerciale*, Anciens Etablissements Légendre, Lyon, 1921, 285 pages.
67. **VAN DEN EYNEDE Pierre,** Authenticité et informatique. Authenticiteit en Informatica, Bruilant, Bruxelles, 2000, 496 pages.
68. **TRUDEL Patrick et alii**, *Droit du cyberespace*, Montréal, Editions Thémis, 2010, 231 p.
69. **TROUSSOV Aleksei (dir.)**, *Introduction à la théorie de la preuve judiciaire*, traduit du russe par L. Piatigorski, Moscou, Éditions en langues étrangères, 1964, 272 p.

70. **VERHEYDEN-JEANMART Nicole**, *Droit de la preuve*, Larcier, Bruxelles, 1991, 455 p.
71. **WIGMORE John Henry**, *Treatise on the System of Evidence in Trials at Common Law*, Little Brown and Co, Boston, réimpression 2012, 1036 p.

1.3. DICTIONNAIRES, LEXIQUES ET REPERTOIRES

1. **ALLAND Denis, RIALS Stephane (dir.),** *Dictionnaire de la culture juridique,* PUF, Paris, Paris, 2003, 1640 p.
2. **ARNAUD André Jean**, *Dictionnaire encyclopédique de théorie et de sociologie du droit*, 2ème éd., Paris, LGDJ, Paris, 1993, 758 pages
3. **BARAV Ami et PHILIP Christian,** Dictionnaire juridique des communautés européennes, Paris, PUF, 1993, 1150 pages.
4. **CABRILLAC Rémy (dir.)**, *Dictionnaire du vocabulaire juridique,* 2ème édition, LITEC, Paris, 2014, 368 pages
5. **CADIET Loïc (dir.)**, *Dictionnaire de la justice*, PUF, collection « Grands dictionnaires », Paris, 2004, 1362 pages.
6. **CORNU Georges**, *Vocabulaire juridique*, PUF, Paris, 2014, 1360 pages
7. Encyclopédie Dalloz, Répertoire de droit civil, 10 volumes, V° Preuve
8. **DUPICHOT Jacques**, Encl. Dalloz, Rép. dr. civ. V° Présomptions
9. **DURFORT Sylvie**, J.-Cl. Proc. Civ., *Vérification d'écritures*, fasc. 624, 1998.
10. **DU RUSQUEC Emmanuel**, J.-Cl. Proc. Civ., *Serment judiciaire*, fasc. 673, 2001.
11. **FERRAND Frédérique**, Rép. Proc. Civ. *Dalloz,* V° *Preuve,* 2014, 275 pages
12. **FIESCHI-VIVET Paul**, J.-Cl. Civ., *Contrats et obligations, Preuve par serment*, art. 1357 à 1369, fasc. 159, 1995.
13. GOUBEAUX Gilles et BIHR Philippe, Rép. Civ. *Dalloz,* V° *Preuve*, Paris, 1979.
14. **GRYNBAUM Luc,** J.-Cl. Civ., *La preuve littérale, Dispositions générales, Écrit électronique*, Art. 1316 à 1316-4, fasc. 10, 2006.
15. **GUEVEL Didier**,
    - J.-Cl. Civ., *Contrats et obligations, Preuve testimoniale, Libertés des preuves en matière commerciale,* art. 1341-1348, fasc. 40, 2002.
    - J.-Cl. Civ., *Contrats et obligations, Preuve testimoniale, Commencement des preuves par écrit,* art. 1341-1348, fasc. 50, 2005
    - J.-Cl. Civ., *Contrats et obligations, Preuve testimoniale, Délits, quasi-délits, quasi-contrats, Perte de l'écrit, impossibilité de produire un écrit, copies,* fasc. 60, 2006.
16. **HOVASSE Henri, MARTIN Didier**, Rép. Com. *Dalloz,* V° *Preuve,* 1974.
17. ***Jowitt's Dictionary of English Law***, second edition by John Burke, London, Sweet & Maxell Limited, 1997, 2 vol., 1935 p.
18. **LALANDE André**, *Vocabulaire technique et critique de la philosophie*, PUF, Paris, 2010, 1376 pages.

19. **MOURALIS Jean-Louis**, Rép. Com. *Dalloz,* V° *Preuve,* 2002.
20. **PETEL-TEYSSIE Isabelle**, J.-Cl. Civ., *Contrats et obligations, Preuve littérale, Acte authentique,* Art. 1317 à 1320, 1996.
21. **ROUSSEAU Rodolphe et LAISNEY Eugène-Ernest**, *Dictionnaire de procédure civile, commerciale, criminelle et administrative*, 2ème éd., t.7, Librairie nouvelle de droit et de jurisprudence, Paris, 1886.
22. **SAINT DAHL Henry,** *Dictionnaire Juridique Dahl, Français/Anglais*, Dalloz Sirey, 3ème éd., Paris, 2008, 685 pages.
23. **SAYEGH-ISSA Joseph,**
    - *Répertoire quinquennal* OHADA 2000-2005, UNIDA, 517 pages
    - *Répertoire quinquennal OHADA 2006-2010.* UNIDA, 805 pages

2. THESES ET MEMOIRES

1. **ADJAKA Michel**, *La preuve en matière foncière coutumière devant les juridictions béninoises*, Université d'bomey Calavi, Ecole Nationale d'Administration et de Magistrature (ENAM), Mémoire, 2005, 62 pages.
2. **ARRADON François**, *Vers un renouveau des procédés de preuve par les techniques modernes*, thèse, Rennes, 1968, 188 pages.
3. **ASSI ASSEPO Eugène**, *La preuve des contrats tacites*, thèse, Nice, 1986 (Directeur : Daniel Veaux), 184 pages.
4. **BAUDOIN Jean- Louis**, *Secret professionnel et droit au secret dans le droit de la preuve. Étude de Droit Québécois comparé au Droit français et à la Common Law*, thèse, Paris, LGDJ, 1965, 250 pages.
5. **BERGEAUD Aurelie**, *Le droit à la preuve*, LGDI, Bibl. droit privé, Paris, 2010, 581 pages.
6. **DARAGON Elise**, *Droit de la preuve et informatique*, thèse Grenoble, dir. J.-L. GOUTAL, 1996, 800 pages.
7. **DARGENT Jean,** La doctrine de l'estoppel : une théorie originale du droit anglais en matière de preuve, thèse, Grenoble, 1943, 260 pages.
8. **DESHAYES Fred,** *Contribution à une théorie de la preuve devant le droit la Cour européenne des droits de l'homme*, thèse Montpellier, 2002, 523 pages.
9. **DAURIAC Isabelle**, *La signature,* thèse ronéot. Panthéon-Assas (Paris II), 1997, 440 pages.
10. **DALBIGNAT-DEHARO Gaelle**, *Vérité scientifique et vérité judiciaire en droit privé*, préf. De L. CADIET, Bibliothèque de l'institut A. TUNC, LGDJ, Paris, 2004, 497 pages.
11. **DEVEZE Jacques**, *Contribution à l'étude de la charge de la preuve en matière civile*, thèse, Université de Toulouse, 1980, SRT 753 pages.
12. **DECOTTIGNIES René**, *Les présomptions en droit privé,* thèse, Paris, LGDJ, 1949, 328 pages.
13. **FARTUNOVA Maria**, *La preuve dans le droit de l'Union européenne*, Edition Bruylant, Bruxelles, 2013, 356 pages.
14. **FONGARO Éric**, *La loi applicable à la preuve en droit international privé*, LGDJ, Paris, 2004, 368 pages.

15. **FLOGNY Georges**, *De la preuve littérale en droit romain. De la date certaine dans les actes sous seing privé*, thèse pour le doctorat, Faculté de Droit de Paris, 1885, 698 pages.
16. **GALLI Jean-Jacques**, *Le rôle du juge civil dans la recherche de la vérité*, thèse sous la dir. De J.-L. COUPET, Aix-Marseille, 1995, 323 pages.
17. **GROUD Thomas Habu**, *La preuve en droit international privé,* PUAM, Faculté de Droit et de Sciences Politique, Paris, 2000, 463 pages.
18. **HOFFSCHIR Nicolas**, *La charge de la preuve en droit civil*, thèse de doctorat, Paris Ouest Nanterre La Défense, Dalloz, 2016, pages.
19. **HOUBRON Hélène,** *Loyauté et vérité. Etude de droit processuel*, thèse dactylographiée, Reims, 2004, 628 pages.
20. **HUET André**, *Les conflits de lois en matière de preuve*, Coll. Bibliothèque de droit international privé, Paris, Dalloz, 1965, 365 pages
21. **JOLY-PASSANT Elisabeth**, *L'écrit confronté aux nouvelles technologies*, LGDJ, Paris, 2006, 676 pages.
22. **KEUGONG WATCHO Rolande Saurelle**, *Le droit commun des contrats face à l'émergence des droits communautaires africains*, thèse Université de Dschang, 2009, 448 pages.
23. **LECLERC Olivier**, *Le juge et l'expert. Contribution à l'étude des rapports entre le droit et la science*, L.G.D.J., 2005, 471 p.
24. **LAGARDE Xavier**, *Recevabilité et fond dans la théorie du droit de la preuve*, Thèse Paris I, 1992, 448 pages.
25. **LEGEAIS Raymond**, *Les règles de preuve en droit civil, permanence et transformation, préface de René Sabatier,* LGDJ, Paris, 1955, 260 pages.
26. **LE MASSON Jean-Marc**, *La recherche de la vérité dans le procès civil* : thèse, Nantes, 1991, 546 pages.
27. **LEPAGE Agathe**, *Recherche sur la connaissance du fait en droit*, thèse ronéot. Paris XI, 1998, 830 pages.
28. **NIYUNGEKO Gérard,** *La preuve devant les juridictions internationales*, thèse, Université Libre de Bruxelles, Bruylant, Bruxelles, 2005, 480 pages
29. **NGOUMTSA ANOU Gérard**, *Droit OHADA et conflit de lois*, thèse en cotutelle, Université Jean Moulin Lyon 3 et Université Yaoundé 2, 2009, 497 pages.
30. **NGWANZA Achille**, *La favor contractus dans les Principes Unidroit et l'avant projet d'Acte uniforme sur le droit des contrats en OHADA*, thèse de doctorat, Université Paris sud 11, 2011.
31. **OUATTARA Aboudramane**, *La preuve électronique. Études de droit comparé Afrique, Europe, Canada,* Thèse de doctorat Université d'Abidjan-Cocody, Presses Universitaires d'Aix-Marseille PUAM, 2011, 222 pages.
32. **PIJOT Patricia,** *Nouvelles technologies et droit de la preuve*, thèse, Montpellier, 1995, 444 pages
33. **SINGOUIRT Laurent**, *La preuve des obligations monétaires*, LGDJ, Paris, 2010, 580 pages.
34. **TOURNIER Clara**, *L'intime conviction du juge*, PUAM, Aix-Marseille, 2003, 451 pages.

35. **YOUNES Zanes**, *L'incidence des nouvelles technologies sur le droit traditionnel des actes juridiques*, Paris I, 2002, 423 pages.
36. **WICKER Guillaume**, *Les fictions juridiques. Contribution à l'analyse de l'acte juridique*, préf. Domat (J.), Bibliothèque de droit privé, LGDJ, Paris, 1997, 441 pages.

3. ARTICLES, CHRONIQUES ET ETUDES

1. **ABARCHI D.,** « Problématique des réformes législatives en Afrique : le mimétisme juridique comme méthode de construction du droit » in Recueil Penant, 2003, pp. 88-105.
2. **ACCOMANDO Gilles et GUERY Christian**, « La sonorisation : un mode légal de preuve ? », *D. 2002, chron.,* pp. 2001-2003.
3. **ADJITA A. Shamsidine,** « Les problèmes de cohabitation entre la CCJA et les cours nationales de cassation », *Revue de droit uniforme africain*, pp. 85-92, OHADATA D-11-73
4. **AKAM AKAM (A),** « L'OHADA et l'intégration juridique en Afrique », in Akam Akam (A) (dir.), *Les mutations juridiques dans le système OHADA*, l'Harmattan, 2009, pp. 21-36.
5. **ATANGANA MALONGUE Thérèse,** « Le cautionnement réel dans l'acte uniforme OHADA », in Mestre (J) (préface), *Recueil d'Etudes sur l'OHADA et l'UEMOA*, Vol. 1, PUAM, coll. Horizons juridiques Africains, 2010, pp. 323-345.
6. **d'ALMEIDA MELE Flora**, « Tendances jurisprudentielles de la CCJA par pays de provenance du pourvoi », *RDUA 2010-3*, p.58
7. **ALPA Guido**, « Les nouvelles frontières du droit des contrats », in *Études offertes à Jacques Ghestin. Le contrat au début du XXIème siècle*, LGDJ, 2001, p.1
8. **ALTERMAN Henri**, « Les cartes bancaires et la preuve » *Petites Affiches*, 29 mai 1996, p.11 s.
9. **AMMAR Daniel**, « Preuve et vraisemblance, Contribution à l'étude de la preuve technologique » *RTD civ. 1993*, p. 499 et s.
10. **AMOUSSOU-GUENOU Roland**, « Perspectives des principes asiatiques du droit des contrats », *RDAI 2005-5*, p.573.
11. **AMORY Bernard, POULLET Yves**, « Le droit de la preuve face à l'informatique et à la télématique », *Rev. Int. dr. comp.*, 1985, p.331
12. **BAILEY David**, « Standard of proof in EC merger proceedings : a common law perspective », *CML Rev.*, 2003, pp. 845-888
13. **BARANGER Denis**, « La preuve en droit constitutionnel anglais », *Revue Droits n° 23*, p.67.
14. **BAUDOIN Louis**, « Les modèles du code civil : l'exemple québécois », in *Code civil et modèles, Des modèles du Code comme modèle*, T. Revet (dir.), LGDJ, Paris, 1994, p.9 et s.
15. **BEALEY Mark**, « The burden of proof before the European Court », *EL Rev.* n° 4, 1985, pp. 250-262

16. **BEAUCHET Ludovic**, « Du conflit des lois française et étrangère en matière de preuve testimoniale », *JDI 1891*, p.679.
17. **BEUVE-MERY Jacques**, « Le rapprochement des législations », *RTDE*, 1967, pp. 845-858
18. **BECHNI Ugo et REYNIS Bernard**, « La signature électronique transfrontalière des notaires : une réalité européenne », JCP éd. N., 2004, 1447.
19. **BEIGNIER Bernard**, « De l'évolution du serment probatoire en droit civil français », in *Le serment*, ouvrage collectif sous la direction de VERDIER, CNRS 1991, p. 419
20. **BENSOUSSAN Alain**, « Contribution théorique au droit de la preuve dans le domaine informatique : aspects juridique et solutions techniques », Gaz. Pal., 18 juillet 1991, p. 364
21. **BERAUDO Jean Paul**, *« Réflexions sur les Principes ALI/UNIDROIT à propos de la preuve »* 6 Unif. L. Rev. n.s. 925 2001 6 Unif. L. Rev. n.s. 925 2001, p. 925
22. **BERNARD de SAINT AFRIQUE Jean**, « Force probante des énonciations du rapport d'expertise », *Defrenois* 1996, art. 36392, p. 1105.
23. **BLANC-JOUVAN Xavier**,
    - « La résistance du droit africain à la modernisation », Acte du colloque de Dakar, 5-9 juillet 1977, *Revue Sénégalaise de Droit*, 1977, p.33
    - « L'influence du Code civil sur les codifications étrangères », in *Le Code civil 1804-2004, Livre du bicentenaire* (Paris), 2004, p.498.
24. **BLANCHETTE Jean-François**, « Modernité et intelligibilité du droit de la preuve », *Comm., com. électr.*, n° 3, mars 2005, 13.
25. **BOHOSSOU Denis**, « Le cadre juridique du commerce électronique dans les États de l'UEMOA », in Ecodroit n°2-3 aout-sept 2001), p. 3 et s.
26. **BOUDREAU Martine**, « La nouvelle définition de la preuve littérale, L'essentiel », Gaz. Pal., 30 déc.-2 jan. 2002, 6.
27. **BOULANGER François**, « Réflexions sur le problème de la charge de la preuve », *RTD civ. 1966*, p.736-754.
28. **BOUREL Pierre**, « A propos de l'OHADA : libres opinions sur l'harmonisation du droit des affaires en Afrique », Dalloz, 2007, n° 14, 969.
29. **BOURGOGNE LARSEN Laurence**,
    - « Prendre les droits communautaires au sérieux ou la force d'attraction de l'expérience européenne en Afrique et en Amérique latine », dans *Etudes en l'Honneur de Jean-Claude Gautron, Les dynamismes du droit européen en début de siècle*, éd. A. Pédone, 2004, p. 564
    - « Le droit communautaire dans tous ses états ou les désordres du in ou du out », in *Mélanges en hommage à Guy Isaac*, vol. 1,

Presses de l'Université des sciences sociales de Toulouse, Paris, 2004, pp. 121-136
30. **BOURETZ Pierre**, « La preuve, rationalisation et désenchantement : autour de Max Weber », *Revue Droit n° 23*, pp. 99-106.
31. **BREALEY Mark**, « The burden of proof before the European Court », EL Rev., n° 4, 1985, pp. 250-262
32. **BREDIN Jean Denis**, « Le doute et l'intime conviction », *Revue Droits n° 23*, p.21
33. **BUNEAU Chantal**, « L'obtention des preuves en matière civile et commerciale au sein de l'union européenne. Règlement CE n° 1206/2001 du Conseil du 28 mai 2001 », *JCP 2001*, éd. G, I, 349 ; I 1349, pp. 1767-1772
34. **BUFFET-DELMAS Xavier et LIARD Benoit**, « L'achèvement du cadre juridique de la signature électronique sécurisée », *JCP 2002*, éd. G, Act. 519
35. **BRULART Yves et FERNANDEZ Pascal**, « Signature électronique : la réforme aura-t-elle accouché d'une souris ? », *Petites Affiches*, 25 oct. 2001, p.8 s. 26 oct. 2001, p.4 s.
36. **CABRILLAC Rémy**,
    - «Réforme du droit des contrats : révision-modification ou révision-compilation ? » *Rev. des contrats 2005*, p. 940 et s.
    - « Monétique et droit du paiement », *Mélanges de Juglart*, 1986, p.86
37. **CADIET Loic**,
    - « Quelles preuves ? *Discovery,* témoins, experts, et le respectif des parties et du juge », *in:* Ph. Fouchard (sous la dir.), *Vers un procès civil universel ? Les règles transnationales de procédure civile de l'American Law Institute',* Editions Panthéon-Assas (Paris), 2001, p. 115
    - « Interrogations sur le droit contemporain des contrats », in *Le droit contemporain des contrats*, Economica, 1987, p.7
    - « Leçons béninoises de théorie générale du procès », *RBSJA*, n° spécial, Cotonou.
38. **CAPEL Serge**, « L'origine de l'admission de la preuve testimoniale en droit commercial », *Rev. Hist. dr. et étranger* 2000, p. 620.
39. **CAPPELLETTI Mauro**, « Fundamental guarantees of the parties in civil proceedings (General Report) », p.661-773.
40. **CAPITANT Henri**, « Étude critique des restrictions apportées par les articles 1341 du Code civil français et du Code italien à la recevabilité de la preuve testimoniale », *Bull. Soc. Et. Lég.*, 1918, p.198
41. **CAPRIOLI Eric**,
    - « Sécurité et confiance dans le commerce électronique, Signature numérique et autorité de certification », *JCP 1998*, I, 123
    - « Écrit et preuve électroniques dans la loi n° 2000-230 du mars 2000 », *JCP* 2000, éd. E, Cah. dr. entr. n°2, p.1 s.

- « La loi française sur la preuve et la signature électronique dans la perspective européenne », *JCP*, 2000, éd. G., I, 224.
- « Le juge et la preuve électronique », www.Juriscom.net
- « Traçabilité et droit de la preuve électronique », *Droit et patrimoine*, 2001, p.71

42. **CAREL Philippe**, « Les modes de preuve au 20ème siècle », *Gaz. Pal.* 1957, II, Doct., 32.
43. **CATALA Pierre et GAUTIER Pierre-Yves**, « L'audace technologique à la Cour de cassation : vers la libération de la preuve contractuelle », *JCP* 1998, Act. 905
44. **CATALA Pierre et alii**, « L'introduction de la preuve électronique dans le Code civil », *JCP 1999*, éd. G, I, 182.
45. **CATALA Pierre**,
    - « Au-delà du bicentenaire » in « Faut-il réformer le titre III du Livre III du Code civil ? », *Rev. des contrats 2006*, p.1145 et s..
    - « La genèse et le dessein du projet », *Rev. des contrats 2006*, p.17
    - « Le formalisme et les nouvelles technologies », Trav. Assoc. H. Capitant, *Le formalisme*, Journée Jacques Flour, 10 déc. 1999, Defrénois 2000, art. 37210, p. 897 s.
46. **CHABOT Gérard**, « Remarque sur la finalité probatoire de l'article 145 du nouveau Code de procédure civile » D. 2000, chron. pp. 256-260.
47. **CHAMOUX François**, « Le microfilm au regard du droit des affaires », *JCP 1975*, I, 2725.
48. **CHAINE Louis**, « L'authenticité et le notariat », *JCP 1985*, éd. N, I, 125.
49. **CHARBONNEAU Cyrille, PANSIER Frédéric Jérémie**, « Le droit de la preuve est un totem moderne (le commerce électronique) », *Gaz. Pal.* 1er avril 2000, Doctrine, p. 2.
50. **CHARFEDDINE Mohammed**, « L'écrit : une preuve à l'épreuve », *Mélanges Ghestin, 2001*, p.217 s.
51. **CHARLIN Jacques**, « L'acte notarié électronique », *Droit et patrimoine*, mai 2006, p. 217.
52. **CHAMOUX Françoise**, « La loi du 12 juillet 1980 : une ouverture sur de nouveaux moyens de preuve », *JCP*, 1981, éd. G., I, 3008.
53. **CHARTIER Yves**, « La preuve en matière commerciale après la loi du 12 juillet 1980 ou le législateur propose et la loi dispose », in *Aspects de droit privé en fin de XXème siècle, Mélanges M. DE JUGLART*, LGDJ, 2001, p. 217
54. **CHEMLA Denis, et BOURETZ Emmanuel**, « Référé probatoire et secret bancaire, État de la jurisprudence », *Rev. Droit bancaire et financier* 2004, p. 205
55. **CHEVALLIER Jacques**
    - « Observations sur la notion de signature dans les actes instrumentaires », Annales de droit de l'Université de Beyrouth, 1948, p. 47.

- « Le contrôle de la Cour de cassation sur la pertinence de l'offre de preuve », *D. 1956, chron.* 37 s.

56. **CHEVALLIER Pierre et MOUSSA Tony**, « Les réformes de procédure civile produites par le décret n° 2002-1436 du 3 décembre 2002 », *JCP 2003*, éd. G, Act. 39
57. **CHIFFLOT BOURGEOIS F., BEN KEMOUN L., THOUVENOT S.**, « Pérenniser le succès de l'OHADA : Pistes de réflexions », in Revue de droit des affaires internationales, 2006, pp. 229-240.
58. **CHILLON Sandie**, « Oscillations de la charge de la preuve, ajustement des rapports de force ? », *Revue européenne du droit de la consommation*, 2000, p.205
59. **CISSE Abdoullah**,
    - « Pour une approche plurale du droit africain », in *L'esprit du droit africain*, Mélanges en l'honneur de Paul-Gérard POUGOUE, Wolters Kluwer, Crédij, 2014 pp.1-23
    - « L'harmonisation du droit des affaires en Afrique : L'expérience de l'Ohada à l'épreuve de sa première décennie », *Revue internationale de droit économique* 2004/2 (t. XVIII, 2), p. 197-225.
    - « De l'art de réformer, ou la construction d'un nouveau droit dans la pensée de Mireille Delmas-Marty », dans *Mireille DELMAS-MARTY et les années UMR*, Société de Législation Comparée, Paris, 2005, pp. 133-143
60. **COLLINS M. Michael,** « The burden and standard of proof in competition litigation and problems of judicial evaluations », *ERA FORUM*, 2004, pp. 66-83
61. **CORNU Gérard,**
    - « La vérité et le droit » in *L'art du droit en quête de sagesse,* 1998, p. 211 s.
    - « L'évolution du droit des contrats en France », Journées de la législation de droit comparé, *RID comp. 1979, n° spécial, vol. 1*, p.447 et s.
    - « Étude législative » in *La réforme du droit des contrats : projet et perspectives*, Rev. des contrats 2006, p.19 et s.
62. **COTTA Sergio**, « La question de la vérité du jugement », in *L'avenir du droit, Mélanges en hommage à F. Terré*, PUF, DALLOZ, Paris 1999, pp.37-45
63. **COUSIN Barthélémy,**
    - « L'OHADA, un correctif au fonctionnement de la justice », *Penant* n° 865, p.511
    - « La preuve internationale », Colloque sur le droit de la preuve dans l'espace OHADA, RDAI/IBLJ, N° 3, 2011, spéc. p. 279 et 280
64. **CREPEAU Paul André**, « Pour un droit commun privé : perspectives canadiennes », dans *La pertinence renouvelée du droit des obligations :*

retour aux sources, Faculty of Law, McGill University, Faculté de droit, Université McGill, Cowansville (Qc), Yvon Blais, 2000, p. 1

65. **CROZE Hervé**, « Informatique, preuve et sécurité », D. 1987, chron. 165 s.

66. **CULLEN Peter J.**, « Dealing with European evidence : national pratice and European Union policy », *ERA-forum*, 2005, pp. 4-16

67. **DAIGRE Jean Jacques**, « La doctrine et la réforme de la procédure civile. A propos du pouvoir discrétionnaire du juge en matière de production forcée de pièces », *JCP* 1981, éd. G, I, 3020.

68. **DARGENT Laurent**, « Règlement sur la loi applicable aux obligations contractuelles », *D. 2008*, p.1815.

69. **DAUBLON Georges**, « Le formalisme. Point de vue du praticien » *Defrenois* 2000, art. 37212, p. 929.

70. **DAURIAC Isabelle**, « Forme, preuve et protection du consentement », in *Ruptures, mouvements et continuité en droit, Autour de Michelle Gobert*, Economica, 2004, p.4030 et s.

71. **DAVID René**,
    - « Droit commun et common law », in *Studi in memoria di Tullio Ascarelli, I, A. Guiffrè*, Milano, 1969, p.347 et s.
    - « Les méthodes de l'unification », in *Le droit comparé, droits d'hier, droits de demain*, Economica, Paris, 1982, 362 p.

72. **DEBBASCH Charles**, « La charge de la preuve devant le juge administratif », D. 1983, chron. p.43

73. **DECOCQ Georges**,
    - « Probatio diabolica », *Contrats Conc. Consom.*, juin 2006, Repère n°6
    - « Le désordre juridique français », in *Jean Foyer, auteur et législateur. Écrits en hommage à Jean Foyer*, PUF, Paris, 1997, p.147.et.

74. **DECOTTIGNIES René**, « La résistance du droit africain à la modernisation du droit des obligations », in *Revue sénégalaise de droit, 1977*, 61-62.

75. **DECUGIS Jean Michel**, « L'évolution des modes de preuve judiciaire en droit comparé », *Bulletin de la Société de Législation Comparé*, 1939, p.77-87

76. **DE LAMBERTERIE Isabelle**,
    - « Preuve et signature » *Lamy dr. de l'informatique et des réseaux*, 2000, n° 123.
    - « La valeur probatoire des documents informatiques dans les pays de la CEE », *RID Comp*, 1992, p. 641.
    - « Les actes authentiques électroniques », *La Documentation française*, 2003.

77. **DENIS Jean-Baptiste**, « Quelques aspects de l'évolution récente du système des preuves en droit civil », *RTD civ.*, 1977, p.671

78. **DENYS Simon**, « Y a-t-il des principes généraux de droit ommunautaire ? », Droits, 1991, pp. 73-84

79. **DELMAS MARTY Mireille**,
- « La mondialisation du droit : chances et risques » D. 1999, p. 43
- « Le pluralisme ordonné et les interactions entre ensembles juridiques », D. 2006, 951

80. **DELMOTTE Guillaume**, « La preuve des actes juridiques, Loi 80-525 du 12 juillet 1980, décret 80-533 du 15 juillet 1980 », *Journal des notaires et des avocats*, 1981, art. 55920, p. 3

81. **DESMOND Eric**, « La preuve des faits dans la philosophie moderne », *Revue Droits n° 23*, p.13

82. **DEVEZE Jean**,
- « *Perseverare diabolicum*. A propos de l'adaptation du droit de la preuve aux techniques de l'information par le décret n° 2002-1436 du 3 décembre 2002, *Comm., com. électr.* mars 2003, n° 8
- «A propos de la réforme du droit de la preuve : observations tirées du droit des instruments de paiement », *Mélanges Cabrillac*, 1999, p.449 s.

83. **DIFFO TCHUNKAM Justine**, « La distinction droit – droit commercial à l'épreuve de l'OHADA : une prospective de droit matériel uniforme », *RDU*, 2009-1, p.57

84. **DJOGBENOU Joseph,**
- « La réforme du code de procédure civile, commerciale, administrative, sociale et des comptes du Bénin : une légistique impossible ? », in *L'esprit du droit africain*, Mélanges en l'honneur de Paul Gérard POUGOUE, Wolters Kluwer & CREDIJ, pp. 245-268.
- « A la recherche des principes directeurs spécifiques au procès devant la Cour Commune de Justice et d'Arbitrage (CCJA) », *Revue Penant n° 890*, janvier-février 2015, p. 5
- « La cause dans les contrats conclus sur le fondement des Actes uniformes de l'OHADA » *Revue Penant n° 867*, avril-juin 2009, p. 133

85. **DUTOUR Benoit**, « Convention de preuve et télécopieurs », *Petites Affiches*, 23 févr. 1996, n° 24, p.16.

86. **DUPICHOT Jacques**, « L'adage Da mihi factum, dabo tibi jus », Mélanges J-L Aubert, 2005, p. 425 s.

87. **DUPICHOT Philippe**, « La problématique de la preuve en droit », Actes du colloque international sur le droit de la preuve dans l'espace OHADA, *Revue de Droit Uniforme Africain*, N° 5 Juin 2010.

88. **FALLON Marc**, « La preuve en droit international privé belge », *Revue juridique et politique indépendance et coopération*, 1985, p. 509.

89. **FAVENNEC-HERY François**, « La date certaine des actes sous seing privé », RTD civ. 1992, p. 1 et s.

90. **FAUVARQUE-COSSON Bénédicte**,

- « L'estoppel du droit anglais », in BEHAR TOUCHAIS M., (dir), *L'interdiction de se contredire au détriment d'autrui*, Economica, 2000, p.3.
- « La réforme du droit français des contrats : perspectives comparative », *RDC* 2006-1, p.152.
- « L'avant-projet français de réforme du droit des obligations et du droit de la prescription et les principes du droit européen du contrat : variations sur les champs magnétiques dans l'univers contractuels », *PA* 24 juillet 2006 n° 146, p.3.
- « Quelques observations à propos du projet de la Chancellerie de réforme du droit des contrats », RDC 2009-1, p.372

91. **FERRAND Fréderique,**
    - « Les *"Principes"* relatifs a la procedure civile transnationale sont-ils autosuffisants ? - De la nécessite ou non de les assortir de *"Règles"* dans le projet ALl Unidroit », 6 Unif. L. Rev. n.s. 995 2001
    - « Les principes ALI-Unidroit de procédure civile transnationale : vers une harmonisation mondiale de la procédure civile ? » Gazette du Palais, 28 mai 2005 n° 148, p. 9
92. **FERRIER Didier**, « La preuve et le contrat », *Mélanges M. Cabrillac*, 1999, p. 105 s.
93. **FONTAINE Michel,**
    - «Avant-projet d'acte uniforme OHADA sur le droit des contrats : vue d'ensemble », RDU 2008-1/2, p. 203.
    - «Avant-projet d'acte uniforme OHADA sur le droit des contrats. Note explicative », RDU 2008-1/2, p.561.
    - « Fertilisation croisée du droit des contrats », in *Études offertes à Jacques Ghestin. Le contrat au début du XXIème siècle*, LGDJ, 2001.
    - « La preuve des actes juridiques et des techniques nouvelles », *Actes du colloque sur la preuve*, 12 et 13 mars 1987, Université Catholique de Louvain, pp. 5 à 10.
94. **FLOUR Jacques**, « Sur une nouvelle notion de l'authenticité », *Defrenois* 1972, art. 30159.
95. **FLOUR Yvonne et GHOZI Alain**, « Les conventions sur la forme », *Defrenois* 2000, art. 37211, p.911
96. **FORIERS Paul,**
    - « Considérations sur la preuve judiciaire », in *La preuve en droit*, Études publiées par Ch. PERELMAN et P. FORIERS, Travaux du Centre National de Recherches de Logique, Bruylant, Bruxelles, 1981, p.319.
    - « Introduction au droit de la preuve », in *La preuve en droit*, Études publiées par Ch. PERELMAN et P. FORIERS, Travaux du Centre National de Recherches de Logique, Bruylant, Bruxelles, 1981, p.7-26.

- « Présomptions et fictions », in *Les présomptions et les fictions en Droit*, Études publiées par Ch. PERELMAN et P. FORIERS, Bruxelles, 1974, p. 10.

97. **FORTIN Jacques**, « La codification de la règle du ouï-dire en droit canadien » *Revue juridique et politique indépendance et coopération*, 1985, p. 290.
98. **FROGERS Didier**, « Contribution notariale à la définition de la notion d'authenticité », 100ème congrès des notaires de France, *Defrenois* 2004, Doctrine, art. 37873
99. **FOYER Jean**,
    - « Les nouveaux moyens de reproduction », *Travaux de l'Association Henri Capitant*, Tome XXXVII, 1986, rapport de synthèse, p. 17
    - « Entrée en vigueur de la Convention de Rome du 19 juin 1980 sur la loi applicable aux obligations contractuelles » *JDI* 1991, n° 54, p.619
    - « L'évolution du droit des preuves en France depuis les Codes Napoléoniens », *Recueils de la Société Jean Bodin pour l'histoire comparative des institutions*, XIX, La preuve, 4ème partie, période contemporaine, Ed. de la librairie encyclopédique, Bruxelles, 1963, p. 187.
100. **FRIGNANY Aldo,** « L'utilisation des preuves économiques dans les litiges antitrust », Foro Padano, 1986, pp. 79-90
101. **GALLANIS Thomas**, « La preuve en common law : Wigmore aujourd'hui », Revue Droits n° 23, p. 80
102. **GAMET Laurent**, « L'écrit électronique et le droit français de la preuve », RRJ 2001-2, vol. 1, 535 s.
103. **GANDOLFI Georges**, « Pour un code européen des contrats », *RTD civ.* 1992, p.707.
104. **GARON Alban**, « La communication de la preuve en matière civile devant la cour supérieure du Québec et devant la Cour fédérale du Canada », *Revue juridique et politique indépendance et coopération*, 1985, p.275
105. **GAUTIER Pierre-Yves**,
    - « Révolution Internet : le dédoublement de l'écrit électronique », *Cah. Dr. Aff.* 2000, n° 12, Actualité, p. V-VI.
    - « Le bouleversement du droit de la preuve : vers un mode alternatif de conclusion des conventions », *Petites Affiches*, 7 février 2000, p. 4 s.
106. **GBAGUIDI Ahonagnon Noël**, « Droit applicable et application du droit en République du Bénin », *Bulletin de Droit et d'Information de la Cour Suprême*, n° 001, Cotonou 1997, p. 12
107. **GLEZAKOU Kalliopi**, « La preuve des actes juridiques électroniques en droit anglais » in *La preuve des actes juridiques électroniques privés :*

mosaïque des droits européens ou trait d'union ?, Coll. Lille II, Centre Demogue, 2009, supplém. n° 52, p. 27

108. **GHOZI Alain et LEQUETTE Yves**, « La réforme du droit des contrats : brèves observations sur le projet de la Chancellerie », *D. 2008*, p.2609.

109. **GINOSSAR Samuel**, « Éléments du système anglais de la preuve judiciaire », in *La preuve en droit*, Études publiées par Ch. PERELMAN et P. FORIERS, Travaux du Centre National de Recherches de Logique, Bruylant, Bruxelles, 1981, p.99-108.

110. **GOBERT Didier et MONTERO Etienne**, « La signature dans les contrats et les paiements électroniques : l'approche fonctionnelle », DA/OR, avril 2000, n° 53, p. 17

111. **GODE Pierre**, « Le mensonge dans le procès civil (Impressions d'audience) », Mélanges Weill, 1983, p.259 s.

112. **GONZALES MONTES Jose Luis,** « La preuve illégalement obtenue en violation d'un droit constitutionnel : le droit constitutionnel à la preuve et ses restrictions », in Judicial protection of human rights at the national and international level, International congress on procedural law for the ninth centenary of Tune University of Bologna, Milano, A. Giuffrè Editore, 1991, vol. II, pp. 633-648.

113. **GOODERSON R. N.,** « Some general principles of the English law of evidence », in *La preuve*, vol. 4, Bruxelles, Société Jean Bodin, 1963, pp. 125-140

114. **GOUBEAUX Gilles,** « Le droit à la preuve », in *La preuve en droit*, sous la direction de C. PERELMAN et P. FORIERS, éd. Bruylant, 1981, p. 277-301.

115. **GRIDEL Jean-Pierre**, « La valeur du témoignage en droit civil », R.I.D.C. 1994, p. 450.

116. **GRIMALDI Michel**,
    - « L'acte authentique électronique », Défrenois 2000, art. 37210, p. 897 s.
    - « L'Acte uniforme portant organisation des suretés », *Petites Affiches*, 13 octobre 2004, n° 205, 30.
    - « Consensualisme et formalisme » Actes du colloque international sur le droit de la preuve dans l'espace OHADA, *Revue de Droit Uniforme Africain*, N° 5 Juin 2010, p. 20

117. **GRILLET-PONTON Dominique**, « L'acte notarié : un nouveau souffle consumériste et technologique », *JCP*, 2001, éd. N., 1258.

118. **GRYNBAUM Luc**,
    - « Loi du 13 mars 2000, La consécration de l'écrit et de la preuve électronique au prix de la chute de l'acte authentique », Comm., com. électr. n° 4, avril 2000, p.12
    - « La querelle des images pour la liberté de la preuve des contrats… et le renforcement du formalisme », in *Mélanges Gobert*, Economica, 2004, p. 427

- « La preuve littérale et la signature à l'heure de la communication électronique », *Comm. Com. élec.,* nov. 1999, chron. p. 2
- « Un acte authentique électronique pour les notaires », *Comm. Com. électr.* 2005 comm. 156

119. **HABU GROUD Thomas**, « Obtention des preuves en matière civile et commerciale. Coopération entre les juridictions des État membres. Règlement (CE) n° 1206/2001 du 28 mai 2001 », *J-Cl. Europe, fasc. 2800, 2004*, pp. 1-13
120. **HARANT Léon**, « La preuve en matière commerciale au regard des techniques nouvelles et notamment de l'Informatique », *Petites Affiches*, 3 juillet 1987, p. 25 et 6 juillet 1987, p. 22
121. **HARRISSOU Abdoulaye**, « La preuve notariée dans l'espace OHADA », Actes du colloque international sur le droit de la preuve dans l'espace OHADA, *Revue de Droit Uniforme Africain*, N° 5 Juin 2010.
122. **HASSLER Thomas**, « Preuve de l'existence d'un contrat et internet : brèves observations à propos d'une proposition de loi », *Petites Affiches*, 21 septembre 2001, p.4 s.
123. **HEBRAUD Paul**, « La vérité dans le procès et les pouvoirs d'office du juge » *Annales de l'université des sciences sociales de Toulouse*, t.26, 1978, p.379 et s.
124. **HEMARD Joseph**, « La preuve en Europe occidentale continentale aux XIXe et XXe siècles », *La preuve*, vol. 4, Bruxelles, Société Jean Bodin, 1963, pp. 19-48
125. **HOCQUARD Jean-Michel**, « Télécopie et preuve », *Petites Affiches* 29 mai 1996, p. 24
126. **HOUIN Roger**, « Le progrès de la science et le droit de la preuve », *RIDC 1953*, 69 s.
127. **HOUTCIEFF Dimitri**, « Les dispositions applicables au cautionnement issues de la loi pour l'initiative économique », *JCP* G 2005, I. 130.
128. **HUET Jérôme,**
    - « Aspects juridiques du télépaiement », *JCP 1991*, I, 3524
    - « La valeur juridique de la télécopie (ou fax) comparée au télex », D. 1992, chron. 33 s.
    - « Aspects juridiques de l'EDI, Échanges de données informatisées (Electronic Data Exchange) », D.1991, chron. 181 s.
    - « Vers une consécration de l'écrit et de la signature électronique », D.2000, chron. 95 et s., p.6.
    - « Formalisme et preuve en informatique et télématique, éléments de solution en matière de relations d'affaires continues ou de rapports contractuels occasionnels », *JCP E.* 1989, II, 35, n° 2.
    - « Preuve et sécurité juridique en cause dans l'immatériel », *Arch. Phil. Droit* 1999, p. 164
    - « L'acte authentique électronique, petit mode d'emploi », D. 2005, chron. p. 2903.
129. **ISSA SAYEGH Joseph,**

- « Conflit entre droits communautaires et droits régionaux de l'espace Ohada », Ohadata D-06-06, p. 6 et s.
- « Quelques aspects techniques de l'intégration juridique : l'exemple des Actes uniformes de l'OHADA », in *Revue de droit uniforme*, vol. IV, 1999-1 « L'intégration juridique des État de la zone franc », Rec. Penant, p. 5 et s.
- « Les instruments nationaux de l'intégration juridique dans les État de la zone franc » in *L'esprit du droit africain*, Mélanges en l'honneur de Paul Gérard POUGOUE, Wolters Kluwer & CREDIJ, pp. 265-283.

130. **ISSA-SAYEGH Joseph, POUGOUE Paul-Gérard**, « L'OHADA : défis, problèmes et tentatives de solutions », *RDU* 2008-1/2, p. 455.
131. **IVAINER Théodore**, « Le magnétophone, source ou preuve des rapports juridiques en droit privé », *Gaz. Pal.* 1996, 2, doctr. 91
132. **JALUZOT Béatrice**, « Transposition de la directive ''signature électronique'' : comparaison franco-allemande », D. 2004, chr, p. 2866.
133. **JAPIOT René**, « La preuve par les livres de commerce irréguliers », *Rev. trim. dr. civ.* 1923, 5.
134. **JAUFFRET-SPINOZI Camille**, « Les instruments de l'harmonisation du droit (Commission Lando et UNIDROIT) », in *Mélanges Guy Horsmans*, Bruylant, 2004, p.559.
135. **JOBIN Pierre Gabriel**, « La modernité du droit commun des contrats dans le Code civil du Quebec : quelle modernité », RIDC 2000-1, p.49
136. **JOLY-PASSANT Elisabeth**,
    - « Le décret du 30 mars 2001 pris pour l'application de l'article 1316-4 du Code civil et relatif à la signature électronique », *Revue Lamy, Droit des affaires, Chroniques*, 2519.
    - « La loi du 13 mars 2000 portant adaptation du droit de la preuve », *Cah. Lamy, Droit de l'informatique*, n° 125, mai 2000, p. 7 et s.
137. **KALIEU ELONGO Yvette Rachelle**, « La mention manuscrite dans le cautionnement OHADA », OHADA D-03-02
138. **KANGULUMBA MBANBI Vincent**, « Les droits originairement africains dans les récents mouvements de codification : le cas des pays d'Afrique francophone subsaharienne », in Cahiers de droit, 2005, pp. 315-338.
139. **KENFACK DOUAJNI Gaston,**
    - « La vente commerciale OHADA », RDU 2003-1/2, p.191
    - « L'influence de l'internationalité dans l'élaboration du droit OHADA », www.ohada.com , ohadata 07-32
    - « La coordination de l'avant-projet d'Acte uniforme sur le droit des contrats avec les autres Actes uniformes de l'OHADA », RDU 2008-1/2, p.376.

- « Les conditions de la création dans l'OHADA d'un environnement favorable au développement » Recueil Penant 1997, p. 39 et s.

140. **KENFACK Hughes**, « La limitation des textes de la CNUDCI aux relations internationales », PA 18 décembre 2003, p.75
141. **KIRSCH Martin**, « Historique de l'OHADA », Penant n° 827, Mai à Aout 1998, p. 129
142. **KOPELMANAS Lazare**, « Le rôle de l'expertise dans l'arbitrage commercial international », Revue de l'Arbitrage, 1979, p.205-216.
143. **LARDEUX Gwendoline**, « Commentaire du titre IV bis nouveau du livre III du code civil intitulé « De la preuve des obligations » ou l'art de ne pas réformer », *Recueil Dalloz 2016*, p.850
144. **LAGARDE Xavier**
    - « Vérité et légitimité dans le droit de la preuve », *Revue Droit n° 23*, p.21
    - « Observations critiques sur la renaissance du formalisme », *JCP 1999*, éd., G, I, 170
    - « Vérité et légitimité dans le droit de la preuve », Revue Droit n° 23, p.21
    - « *La preuve en droit* », *Le temps des savoirs*, 2003, p. 101.
145. **LARGUIER Jean**, « La preuve d'un fait négatif », RTD civ. 1953, 1 s.
146. **LARRIEU Jacques**, « Les nouveaux moyens de preuve : pour ou contre l'identification des documents informatiques à des écrits sous seing privé », *Cahier Dr. info., Lamy*, nov.-déc. 1988, p.8
147. **LAPEYRE André, TINGUY du POUET François, DURANTON Guy**, « Le notaire français au service de la preuve », *Revue juridique et politique indépendance et coopération*, 1985, p. 1513
148. **LAUTRETTE Laurence**, « Télex, télécopie, télégramme : valeur juridique et force probante », *Petites affiches* 10 mai 1996, p. 5.
149. **LE BARS Thierry**, « De la charge de la preuve et de l'allégation à la théorie globale des risques processuels », in *Mélanges en l'honneur de Gilles Goubeaux*, LGDJ, Paris, 2009, pp. 319-329
150. **LEBEAU Daniel, NIBOYET Marie-Laure**, « Regards croisés du processualiste et de l'internationaliste sur le règlement CE du 28 mai 2001 relatif à l'obtention des preuves civiles à l'étranger », *Gaz. pal.,* 2003, doctr., pp. 221-233
151. **LEBORGNE Anne**, « L'impact de la loyauté sur la manifestation de la vérité ou le double visage d'un grand principe », RTD civ., 1996, p. 535
152. **LE DOUARIN Nicole**, « La preuve scientifique, des empreintes digitales aux empreintes génétiques », in *La preuve*, dir. Catherine PUIGELIER, éd. Economica, 2004, p. 29 s.
153. **LEGEAIS Raymond**, « Le droit de la preuve à la Cour européenne des droits de l'homme », in *La sanction du droit. Mélanges offerts à P. Couvrat*, PUF, Paris, 2001, pp. 255-278.

154. **LEPOINTE Gabriel**, « La preuve judiciaire dans les Codes napoléoniens », in *Recueils de la Société Jean BODIN pour l'histoire comparative des institutions*, XIX, La preuve, 4ème partie, période contemporaine, Ed. de la librairie encyclopédique, Bruxelles, 1963, p.141-186.
155. **LEQUETTE Yves**, « Vers un code civil européen ? », in Le Code civil, Revue Pourvois n° 107, p. 97 et s.
156. **LEREBOURS-PIGEONNIERE Paul**, « Observations sur la force probante de l'acte écrit, spécialement en matière commerciale en vue du règlement du conflit des lois », *Mélanges Capitant*, p. 453
157. **LEVENEUR Laurent,**
    - « Vers un Code civil européen ? », *Pouvoirs 2003*, p.97 et s.
    - « 1804-2004 : le bicentenaire du Code civil, une occasion de rénover le titre '' Des contrats ou des obligations conventionnelles en générales'', *Cont. Conc. Consom. 2004*, Repères, n° 3
    - « Le Code civil et le droit communautaire », in *1804-2004, le Code civil, Un passé, un présent, un avenir*, Université Panthéon-Assas, Dalloz, 2004, p.929 et s., spéc. N° 16, p.939
158. **LE ROY Max**, « Le contrôle de l'aptitude au témoignage », D. 1969, chron. P. 175.
159. **LE TOURNEAU Philippe**, « Contre le ''bon pour'' », D. 1975, chron. 187 s.
160. **LEVY Jean Philippe**,
    - « L'apport de l'antiquité au droit de la preuve », *Revue Droits n° 23*, p.11
    - « Réflexions sur l'importance et l'intérêt des questions de preuves », in *Travaux Juridiques de l'Université de Rennes*, XIII, 1954, p. 3
    - « Coup d'œil d'ensemble sur l'histoire de la preuve littérale », in *Hommages Boulvert*, Index XV, 1987, p.473
161. **LAMBERTRERIE Isabelle et BLACHETTE Jean-François**, « Le décret du 30 mars 2001 relatif à la signature électronique : lecture critique, technique et juridique », JCP 2001, éd. E, 1269
162. **LAUTRETTE Jérémie**, « Télex, télécopie, télégramme : valeur juridique et force probante », *Petites Affiches*, 10 mai 1996, n° 57, p. 5
163. **LECLERCQ Pierre,**
    - « Le nouveau droit civil et commercial de la preuve et le rôle du juge », *Comm. Com. électr. 2000*, chron. n° 9.
    - « Faut-il réformer le droit de la preuve ? », *R.D.I.T.* 1991, p.5.
    - « Les nouveaux moyens de reproduction et le droit de la preuve », *Travaux de l'Association Capitant, journées néerlandaises, Rapport français*, T. XXXVII, 1986, p. 181 et s.
164. **LENAERT Koen**, « Réflexions sur la preuve et la procédure en droit communautaire de la concurrence », in *Liber Amicorum en l'honneur de : i honour of Bo Vesterdorf*, Bruylant, Bruxelles, 2007, pp. 475-507

165. **LEVY Jean Philippe**, « Les classifications des preuves dans l'histoire du droit », in *La preuve en droit* : Diachroniques, Essai sur les institutions judiciaires dans la perspectives de leur histoire, éd. Loysel, 1995, p. 89 et s.

166. **LEVY-BRUHL Henri**, « La preuve judiciaire chez les primitifs », in *La Preuve*, vol. 3, Bruxelles, Société Jean Bodin, 1963, pp. 5-13

167. **LINANT DE BELLEFONDS Xavier**, « L'internet et la preuve des actes juridiques » *Expertises* juin/juillet 1997, p.225.

168. **LOHOUES-OBLE Jacqueline**, « L'apparition d'un droit international des affaires en Afrique », in *Revue international de droit comparé*, n° 3, 1999, p. 543 et s.

169. **LOUIS-LUCAS Paul**, « Vérité matérielle et vérité juridique », *Mélanges Savatier*, Dalloz, 1965, p.583 et s.

170. **LUCAS DE LEYSSAC Claude**

- « Le droit fondamental de la preuve, l'informatique et la télématique », *Petites Affiches*, 29 mai 1996, p. 3
- « Les conventions sur la preuve en matière informatique », in *Informatique et droit de la preuve*, éd. des Parques, Trav. Assoc. Franç. droit de l'informatique, 1987, p. 143 s.
- « Évolution depuis 1804 des différents moyens de preuve », in *Le juriste d'entreprise face au droit de la preuve*, Droit et patrimoine, mars 2005, p. 62

171. **MACDONALD Ken**, « The reform of procedures for dealing with foreign evidence : a prationneer's agenda », ERA Forum, num. spéc., 2005, pp. 9-16

172. **MAINTOPPI Antonio**, *Les relations entre l'unification et l'harmonisation du droit et la technique de l'unification et de l'harmonisation par la voie d'accords internationaux*, UNIDROIT Annuaire, Vol. II (1967-1968), p. 44-61

173. **MALAURIE Philippe,**

- « Droit romain des obligations, droit français contemporain des contrats et l'Europe d'aujourd'hui », *JCP G 2000.* I. 246.
- « La convention européenne des droits de l'homme et le droit civil français », JCP 2002. I. 143

174. **MALINVAUD Philippe**, « L'impossibilité de la preuve par écrit », *JCP 1972*, I, 2468.

175. **MANCUSO Salvatore**, « Trends on the Harmonization of Contact Law in Africa », Golden Gate University School of Law, *Annual Survey of International and Comparative Law*, vol. XIII, 2007, pp. 157-178

176. **MANGIN Gilbert**, « Quelques réflexions sur l'évolution du droit de la preuve en droit français », *Revue juridique et politique indépendance et coopération*, 1985, p. 603.

177. **MARGUENAUD Jean Pierre**, « L'influence de la Convention européenne des droits de l'homme sur le droit français des obligations »,

in *Le renouvellement des sources du droit des obligations*, LGDJ, Paris, p.145 et s.

178. **MAYER Pierre**, « Les procédés de preuve de la loi étrangère », *Mélanges Ghestin*, 2001, p.217 s.

179. **MAZEAUD Denis,**
   - « A propos du droit virtuel des contrats – Réflexions sur les Principes d'Unidroit et de la Commission Lando », in *Mélanges Cabrillac*, Litec, 1999, p.205
   - « La politique contractuelle de la cour de cassation », in *Libres propos sur les sources du droit. Mélanges Philippe Jestaz*, Dalloz, 2006, p.371
   - « Le droit des obligations et l'efficacité économique », in Bollee S. Laithier et Peres (C.) (dir), *L'efficacité économique en droit*, Economica, 2010, p.67.
   - « L'imbrication du droit commun et des droits spéciaux », in *Forces subversives et forces créatrices en droit des obligations. Rétrospectives et perspectives à l'heure du Bicentenaire du Code civil*, G. Pignarre (dir.), Dalloz, Paris, p.73 et s.

180. **MARRAUD Cathérine**, « Le droit à la preuve, la production forcée des pièces en justice », *JCP 1973, I, 2572.*

181. **MBAYE Keba**,
   - « L'unification du droit en Afrique », *Revue Sénégalaise de Droit*, 1971, n° 10, p. 65 et s.
   - « L'expérience du droit uniforme dans les pays d'Afrique », in *Droit uniforme international dans la pratique*, New York, Oceana Publications, Rome, Unidroit, 1988, p. 48.
   - « Le destin du Code civil en Afrique », in *Le Code civil 1804-2004, Livre du bicentenaire (Paris)*, 2004, 515-537

182. **MBOSSO Jacques,** « Le rôle des juridictions nationales et le droit harmonisé », *RDAI/IBLJ*, n° 2, 2000, pp. 216-226.

183. **MEHDI Rostane**, « La preuve devant les juridictions communautaires » in Hélène RUZ FABRI (dir.), SOREL Jean-Marc (dir.), *La preuve devant les juridictions internationales*, Pedone, Paris, 2007, 253 p., pp. 165-181

184. **MELIN SOUCRAMIEN Ferdinand**, « Le règlement « Rome I » du 17 juin 2008 sur la loi applicable aux obligations contractuelles », *JCP E*, 2008, n° 30, act. 368.

185. **MERCADAL Barthélémy,**
   - « Abécédaire sur les débats du Colloque de Ouagadougou sur l'harmonisation du droit OHADA des contrats », RDU 2008-1/2, p.489
   - « Sur la réforme du droit des contrats », in *Mélanges en l'honneur de Daniel Tricot*, Litec, Dalloz, 2011, p.107

186. **MESTRE Jacques**, « Faut-il réformer le titre III du livre III du Code civil », *Rev. des contrats 2004*, p.1167 et s.

187. **MEURISSE René**, « Le déclin de la preuve par écrit », *Gaz. Pal.* 1951, II, p.51

188. **MEKKI Mustapha**,
- « Réflexions sur le risque de la preuve en droit des contrats », RDC, n° 3, 2008, p. 681.
- « Charge de la preuve et présomptions légales. L'art de clarifier sans innover », *Droit et Patrimoine*, Septembre 2015, n° 250, p. 36 et s.

189. **MELONE Stanislas**, « Les résistances du droit traditionnel au droit moderne des obligations », Actes du Colloque de Dakar 5-9 juillet 1977, Revue Sénégalaise de droit 1977, 47.

190. **MOLFESSIS Nicolas,**
- « Remarque sur la doctrine en droit des contrats », *Revue de Droit d'Assas n°3*, Février 2011, p. 51
- « Combattre l'insécurité juridique ou la lutte du système juridique contre lui-même », in *Jurisprudence et avis de 2005, Sécurité juridique et complexité du droit*, Conseil d'État, Études et documents n° 57, La Documentation française, 2006, p.231 et s.

191. **MOSTAFA-KAMEL Taimour**, « La preuve dans l'ordre légal musulman », *Revue juridique et politique : indépendance et coopération*, 1985, p.134

192. **MOTULSKY Henri,**
- « Prolégomènes pour un futur Code de procédure civile : la consécration des principes directeurs du procès civil par le décret du 9 septembre 1971 », *Recueil Dalloz*, 1972, chron. XVII., pp. 91-102
- « Le droit naturel dans la pratique jurisprudentielle : le respect des droits de la défense en procédure civile », *Mélanges Roubier,* Dalloz Ŕ Sirey, Paris, 1961, t2, p. 175 et s.
- « Le rôle respectif du juge et des parties dans l'allégation des faits », *Études de droit contemporain*, 1959, t.XV, p. 355 s.

193. **MOUGENOT Dominique**, « Faut-il insérer une définition de l'écrit dans le Code civil ?», *Revue Ubiquité*, n° 7, 2000, p.1.

194. **MOULIGNER Nadège**, « La force probante des télécopies en droit civil », *JCP* 2003, éd. N., 1097.

195. **MOULY-GUILLEMAUD Clémence**, « La sentence « nul ne peut se constituer de preuve à soi-même » ou le droit de la preuve à l'épreuve de l'unilatéralisme », *Rev. Trim. dr.* 2007, p. 253

196. **MOURALIS Jean,** « Preuve », Rép. civ., Dalloz, 2002, pp. 1-191

197. **MOURY Jacques**, « Les limites de la quête en matière de preuve : expertise et jurisdicio », RTD civ. 2009, 665.

198. **NGOM Mbissane**, « Propos impertinents sur l'unification du droit général des contrats », European Journal of Law Reform, vol. 13, 2011, pp. 441-450

199. **NAVARRO Jean-Louis**, « La preuve et l'écrit entre la tradition et la modernité », *JCP 2002, I,* 187.
200. **NGWANZA Achille,**
- « OHADA, entre adolescence et âge adulte : une crise existentielle », Ohada D-08-46, Penant n° 866, 3.
- « La preuve à l'épreuve. Notes conclusives du Colloque sur le droit de la preuve dans l'espace OHADA », RDAI 2011-3, p.289

201. **NSIE Etienne**, « La formation du contrat de vente commerciale en Afrique », *Penant 1999* n° 829, p.5
202. **NORMAND Jacques**, « Le juge du provisoire et les règles de preuve », in *Les mesures provisoires en droit belge, français et italien, étude de droit comparé* (sous la direction de van Compernolle et Tarzia), Bruylant, 1998, 175.
203. **OLIVIER Michel,** « L'expertise devant les juridictions communautaires », *Gaz. pal.* 1994, doctr., p. 291
204. **OPPETIT Bruno,**
- « Droit commun et droit européen », in *L'internationalisation du droit, mélanges en l'honneur de Yvon Loussouarn*, Dalloz, Paris, 1994.
- « Les principes généraux dans la jurisprudence de la Cour de cassation », Entretiens de Nanterre, 17 et 18 mars 1989, Cah. Dr. ent. 1989, n° 5, p.14 t s.
- « Les rôles respectifs du juge et du technicien dans l'administration de la preuve en droit privé », in *Le rôle respectif du juge et du technicien dans l'administration de la preuve*, PUF, Paris, 1976, pp. 53-81

205. **ONANA ETOUNDI Félix,**
- « Les principes d'Unidroit et la sécurité juridique des transactions commerciales dans l'avant-projet d'Acte uniforme OHADA sur le droit des contrats », RDU 2005, p.683
- « La preuve de la créance dans l'espace OHADA», RDAI 2011-3, p.289
- « Formalisme et preuve des obligations contractuelles dans l'avant projet d'Acte uniforme OHADA sur le droit des contrats», RDU 2008-1/2, p.355.
- « Les linéaments d'une théorie générale des obligations nées des contrats commerciaux du droit OHADA », in *L'Obligation. Etudes offertes au Professeur Paul Gérard Pougoué,* pp. 749-767, Editions Harmattan Cameroun, 2015, p. 749

206. **OSMAN Filali**, « Avis, directives, codes de bonne conduite, recommandations, déontologie, éthique, etc. : réflexion sur la dégradation des sources privées du droit », *RTD civ.*, 1995, p.509
207. **OUATTARA Aboudramane,**
- « Technologie et preuve : l'apport mitigé du règlement du 19 septembre 2002 relatif aux systèmes de paiement dans les États

membres de l'UEMOA », Revue Lamy droit civil 2010, n° 71 supplément 05-2010, 33.

- « Une innovation technologique dans l'espace OHADA : la lettre de voiture électronique en matière de contrats de transport de marchandises par route » in *Revue internationale de droit comparé*. Vol. 60 N°1, 2008. pp. 61-85.
- « Prolégomènes pour une épistémologie du droit en Afrique » in *Recueil d'Etudes sur l'OHADA et les normes juridiques africaines*, collection Horizons Juridiques Africains vol. VI, PUAM, pp. 27-60

208. **PENNEAU Anne,**
    - « Contrat électronique et protection du cybercontractant » *Petites Affiches,* 13 mai 2004, p. 3 s.
    - « Les nouveaux défis du droit de la preuve : contentieux contractuels et preuve de faits électroniques » in J. ROHFELD (dir.) *Les nouveaux défis du commerce électronique*, Lextenso, 2010
    - « L'expertise, l'impartialité et le conflit d'intérêts », obs. sous Cass. 27è civ. 5 déc. 2002, D. 2003, p.2060
    - « La preuve et l'évolution technologique », Actes du colloque international sur le droit de la preuve dans l'espace OHADA, *Revue de Droit Uniforme Africain*, N° 5 Juin 2010, p. 23
209. **PENNARUN Sophie**, « De Gutenberg à Bill Gates : commentaire du projet de loi relatif à l'adaptation du droit de la preuve... », Petites Affiches, 27 janv. 2000, n° 19, p. 4 s.
210. **PERDRIAU André**, « De la découverte par le juge civil du fondement juridique de la demande », *Gaz. Pal., 1999*, 1, doctr. 539.
211. **PINSOLLE Philippe**, « Distinction entre le principe de l'estoppel et le principe de bonne foi dans le droit du commerce international », *J.D.I.*, 1998, p.905-931.
212. **POINTCHEVAL Daniel**, « Prouver la sécurité », in *Dossier pour la science*, l'art du secret, juillet/octobre 2002, p.52
213. **POLLAUD-DULLIAN Frédéric**, « Du droit commun au droit spécial – et retour », in *Aspects contractuels du droit des affaires, Mélanges en l'honneur de Yves Guyon*, Dalloz, Paris, 2003 p. 925.
214. **POTTIER Isabelle**, « La preuve dans les transactions financières à distance », *Banque* mars 1996, n° 568, p.70.
215. **POUGOUE Paul-Gérard,**
    - « L'avant-projet d'acte uniforme sur le droit des contrats : les tribulations d'un universitaire », Ohadata D-07-41 www.ohada.com.
    - « Présentation générale du système OHADA », in Akam-Akam A. (dir), *Les mutations juridiques dans le système OHADA*, L'Harmattan, 2009, p.11

- « Doctrine OHADA et théorie juridique », *Revue de l'ERSUMA*, numéro spécial, novembre/décembre 2011, p. 7

216. **PRUM André**, « L'acte sous seing privé électronique : réflexions sur une démarche de reconnaissance », *Mélanges M. CABRILLAC*, 1999, Dalloz, Litec, p. 256
217. **RAISON-REBUFAT Laurence**, « Le principe de loyauté en droit de la preuve », *Gazette Palais*, 26-27 juillet 2002, 3.
218. **RANIERI Filippo et WITZ Claude (dir)**, « La réforme du droit allemand des obligations. Colloque du 31 mai 2002 et nouveaux aspects », Société de législation comparée, 2004, p.167
219. **PEYRE Jean-Claude**, « Le référé-probatoire de l'article 145 du nouveau Code procédure civile », *JCP 1984*, I, 3158 pages.
220. **REINHARD Yves**, « Un instrument de sécurité juridique », *Gaz. Pal.*, 12 au 14 oct. 2008, p.18 in *L'acte sous signature juridique.*
221. **RAYNARD Jacques**, « Pour une théorie générale des contrats spéciaux : des insuffisances respectives du droit général et du droit spécial », *Rev. des contrats 2006*, p.597 et s.
222. **RAYNOUARD Arnaud,**
    - « Sur une notion ancienne de l'authenticité : l'apport de l'électronique », *Defrenois* 2003, art. 37806
    - « Adaptation du droit de la preuve aux technologies de l'information et de la communication et à la signature électronique », *Defrenois* 2000, I, p. 593 s.
223. **REMY-CORLAY Pauline**, « Le contrat hors du Code », in ''Le droit civil hors le Code civil'', *LPA*, 7 sept. 2005, n° 178, p.4 et s.
224. **REMY Philippe**, « Réviser le titre III du livre troisième du Code civil », RDC 2004-4, p.65
225. **REVILLARD Mariel**, « La légalisation des actes », Rev. crit. DIP 2008, p.552
226. **REYNIS Bernard,**
    - « La preuve et l'acte authentique électronique » Actes du colloque international sur le droit de la preuve dans l'espace OHADA, *Revue de Droit Uniforme Africain*, N° 5 Juin 2010.
    - « Le droit à l'épreuve des nouvelles technologies », *JCP N.* 2000, 1266.
    - « Signature électronique et acte authentique, le devoir d'inventer », *JCP N*, 2001, p.494.
227. **RIHAWI Sedki**, « Le témoignage en droit musulman », Revue juridique et politique indépendance et coopération, 1985, p. 401
228. **RIVIER Raphaëlle,** « La preuve devant les juridictions interétatiques », in RUZ-FABRI Hélène (dir.), SOREL Jean Marc (dir.), *La preuve devant les juridictions internationales*, Pedone, Paris, 2007, pp. 9-54
229. **ROLLAND Louis**, « Figures contemporaines du contrat et le Code civil du Québec », *Revue de droit McGill 1999*, volume 44, p. 903

230. **ROUZET Michel**, « L'acte authentique à distance, Pour un aménagement du droit français de la preuve », in *Mélanges Valkeneer*, Bruylant 2000, p. 291 et s.
231. **RUET Laurent**, « Quelques remarques sur l'office du juge et la preuve en droit commercial », *RTD com.* 1991, 151 s.
232. **SAILLARD Jean-Pierre**, « La réforme du droit de la preuve et les nouvelles technologies. Position de la CCI de Paris », *JCP* 2000, éd. G. actualité, p.55.
233. **SACCO Rodolfo**, « Les problèmes d'unification du droit », *Droit Global/Global Law*, 2001/1, pp. 9-26
234. **SAWADOGO Michel Filiga,**
    - « La prise en compte du droit comparé dans l'œuvre d'unification d'OHADA », RDIC 2008-2/3, 307.
    - « Les actes uniformes de l'OHADA : aspects techniques généraux », *Revue burkinabé de droit*, n° 39-40, 2001, p. 37.
    - « Les conflits entre normes communautaires : aspects positifs et prospectifs », in Fau-Nougaret (M) (dir.), *La concurrence des organisations régionales en Afrique*, l'Harmattan, 2009, pp. 283-314.
235. **SAVATIER René**, « La science et le droit de la preuve », *Travaux de l'association Capitant*, 1952-1956, tome VII.
236. **SCHAEFFER Eugène**, « De la recherche et de l'obtention de preuves à l'étranger en matière de droit civil et des affaires – coopération et anti-coopération », *Revue juridique et politique indépendance et coopération*, 1985, p. 644
237. **SERIAUX Alain**, « *Vanitas vanitatum*, De l'inanité d'une refonte du titre III du livre III du code civil », *Rev. des contrats* 2004, p. 1187 et s.
238. **SIMMONDS Nigel**, « La causalité et la preuve », *Revue Droits n° 23*, p.107
239. **SIMLER Philippe,**
    - « Cautionnement et garantie autonomes », 3è éd. 2000, n° 205 et 393 s.
    - « Le juge et la caution, excès de rigueur ou excès d'indulgence ? », JCP 1986 2D. N, I, 169
240. **SOLUS Henri**, « Rôle du juge dans l'administration de la preuve », Trav. Assoc. H. Capitant, t. V, 1949, éd. 1950, p. 128 s.
241. **SOSSA Cossi Dorothé,**
    - « Le champ d'application de l'avant-projet d'Acte uniforme OHADA sur le droit des contrats : contrats en général / contrats commerciaux / contrats de consommation », OHADATA D-09-20.
    - « La question de l'introduction du principe de l'estoppel en droit communautaire OHADA », OHADATA D-10-41
    - « Les concurrences de compétence entre les hautes juridictions communautaires de l'Afrique de l'Ouest et du Centre : réalités et

approches de solutions » in *L'esprit du droit africain*, Mélanges en l'honneur de Paul Gérard POUGOUE, Wolters Kluwer & CREDIJ, pp. 685-703.

242. **SPENCER John,**
   - « The concept of « european evidence », ERA-Forum, 2003, n° 2, pp. 29-38
   - « An academic critique of the EU acquis in relation to transborder evidence-gathering », ERA-Forum, 2005, pp. 28-40

243. **TALLON Denis,**
   - « Droit communautaire et droit comparé », *Miscellenea W. J. Ganshof Van der Meersch*, tome 2, Paris, LGDJ, 1972, pp. 943-956.
   - « La rénovation du titre III, livre III du Code civil : une approche comparative », *Rev. des contrats 2004*, p. 1190 et s.
   - « D'ici, d'ailleurs : harmonisation et dynamique du droit », Société de Législation Comparée, Paris, 1999, pp. 57-62

244. **TARRADE Jean**, « La pratique notariale en France et le droit comparé », RIDC 1994-3, 803.

245. **TEPPI KOLLOKO Fidèle**, « Droit et pratique de la common law à l'épreuve du droit OHADA » in *Recueil Penant*, 2006, pp. 345-352

246. **THERY Philippe,**
   - « Les finalités du droit de la preuve en droit privé », *Rev. Droits* 1996, p. 41 s.
   - « L'administration de la preuve en droit judiciaire privé français, Évolution et tendance », *Revue juridique et politique indépendance et coopération*, 1985, p. 586

247. **TISSIER André**, « Le centenaire du Code procédure et les projets de réforme », *RTD civ.* 1906, p. 625

248. **TOURIGNY Christine**, « Les règles de preuve devant les organismes quasi judiciaires du Québec. La règle du ouï-dire et le droit au contre-interrogatoire », *Revue juridique et politique indépendance et coopération*, 1985, p. 303.

249. **TREBULLE François Guy**, « La réforme du droit de la preuve et le formalisme », *Petites Affiches*, 20 avril 2000, n° 79, p. 10 s.

250. **TCHUNKAM DIFFO Justine**, « La distinction droit civil / droit commercial à l'épreuve de l'OHADA : une prospective de droit matériel uniforme », *Revue de Droit Uniforme*, 2009, p. 57

251. **VEAUX Denis,**
   - J.-Cl. Civ., *Contrats et obligations, Preuve littérale, Ecrits non signés, Livres de commerce, Registres et papiers domestiques, Mentions libératoires,* Art. 1329 à 1333, fasc. 143, actualisation par M. OUDIN, 2004.
   - J.-Cl. Civ., *Contrats et obligations, Actes sous seing privé, règles générales de preuve,* actualisé par M. OUDIN, Art. 1322 à 1324, 2004.

- J.-Cl. Civ., *Contrats et obligations, Recevabilité des différents procédés de preuve, prohibition de la preuve testimoniale contre et outre le contenu des actes*, Art. 1341 à 1348, fasc. 30, 1998.
- J.-Cl. Civ., *Contrats et obligations, Aveu, Conditions,* Art. 1354 à 1356, fasc. 10, 1997.
- J.-Cl. Civ., *Contrats et obligations, Aveu, Effets,* Art. 1354 à 1356, fasc. 20, 1997.

252. **VERDIER Raymond**, « Signes de vérité et d'innocence, gages de certitude et de conviction : les rituels probatoires dans les sociétés de tradition orale », *Revue Droit n° 23*, pp. 91-98
253. **VERGES Etienne**, « Eléments pour un renouvellement de la théorie de la preuve en droit privé », *in* Mélanges J.-H Robert, Lexisnexis 2012, p. 853.
254. **VIVANT Michel,** « Légiférer avec modération », Recueil Dalloz, 2015, pp. 561-564
255. **VIATTE Frederic**, « La preuve des actes juridiques, Commentaire de la loi n° 80-525 du 12 juillet 1980 », *Gaz. Pal.* 1980, II, Doct., p.581
256. **VIDEAU Marion**, « Aspects techniques de la preuve littérale reposant sur l'écrit électronique » in *La preuve des actes juridiques électroniques privés : mosaïque des droits européens ou trait d'union* ?, Coll. Lille II, Centre Demogue, 2009, supplém. n° 52, p.15
257. **VIGNON Elvire,** « Peut-on qualifier le droit OHADA de droit communautaire ? », OHADATA D-10-51.
258. **VION Michel**, « Les modifications apportées au droit de la preuve par la loi du 12 juillet 1980 », Defrenois 19680, art. 32470, p.1329
259. **VIVANT Michel**, « Un projet de loi sur la preuve pour la société de l'information », *Lamy Droit de l'Informatique*, Bull. n° 117, 1999, p. 1 et s.
260. **VIVIER Jean-Louis**, « L'OHADA ou l'unification du droit des affaires africain », *Droit et patrimoine n° 72*, Juin 1999, 41
261. **VOULET Jacques**, « Le grief de dénaturation devant la Cour de Cassation », *JCP*, 1971, éd. G., I, 2410.
262. **TARZIA Giuseppe**, « Les pouvoirs du juge civil en matière de preuves », in *Mélanges Perrot*, Dalloz, 1996, 469.
263. **TIGER Philippe**, « Droit de la preuve dans l'espace OHADA : introduction générale », Ohadata D-11-09.
264. **TVERSKY Barbara**, « The problems with eyewitness, testimony talk », *Standford Journal of legal studies*, April 5, 1999.
265. **VON BAR Christian,**
    - « Le Groupe d'études sur un Code civil européen », RIDC 2001-1, p. 127.
    - « Des principes à la codification : perspectives d'avenir pour le droit privé européen », Conférence donnée à la cour de cassation le 2 avril 2002.
266. **WAGNER Wencelas**, « La preuve dans le droit des États-Unis» in *Recueil de la Société Jean BODIN pour l'histoire comparative des institutions*,

XIX, *La preuve, 4ème partie, période contemporaine*, Ed. de la librairie encyclopédique, Bruxelles, 1963.
267. **WITENBERG Joseph Carol**, « La théorie des preuves devant les juridictions internationales », R.C.A.D.I, 1936-II, p. 5-136.
268. **ZAKI Magdi Sami**, « La preuve par le journal intime », *Rev. trim. dr. civ.* 1980, p. 1.
269. **ZINZINDOHOUE Abraham**, « Les juges nationaux et la loi aux prises avec le droit hamonisé » in *RDAI* n° 2, 2000, p. 227 et s.
270. **ZHANG Yuqing, HUANG Danhan**, « The new contract law in the People's Republic of China and the Unidroit Principles of international contracts : a brief comparison », *RDU* 2000-2, p. 217.

4. RAPPORTS ET COMMUNICATIONS

1. « La science et le droit de la preuve », Rapport Général, Travaux Association Henri Capitant, t. VII, 1952, éd. 1956, p. 607 s.
2. « Théorie de la preuve », Colloque internationale de logique, *Revue internationale de philosophie*, 1854, Bruxelles, Bruylant, 186 p.
3. « Le droit des preuves au défi de la modernité », Actes du colloque du 24 mars 2000 organisé par la cour de cassation française.
4. Rapport de synthèse de la journée en hommage à Jacques Flour sur « Le formalisme », *Défrenois 2000, art. 37213*, p. 931.
5. « La preuve des actes électroniques privés : mosaïque ou trait d'union », colloque organisé par le Centre René Demogue de l'Université de Lille 2 le 15 mai 2007 sous la direction scientifique de A. Penneau, *Revue Lamy, Droit de l'immatériel, supplément n° 52*, août-septembre 2009.
6. « Rapport entre les juridictions de cassation nationales et la Cour commune de justice et d'arbitrage de l'OHADA : Bilan et perspectives d'avenir », Rapport de synthèse du colloque tenu à Lomé du 6 au 9 juin 2006.
7. Actes du colloque sur l'harmonisation du droit OHADA des contrats, Ouagadougou 2007.
8. « Le droit de la preuve dans l'espace OHADA », Actes du colloque international organisé par Cercle Horizon OHADA de l'Université Orléans, *Revue de Droit Uniforme Africain* N° 5 Juin 2010.
9. « De la concurrence à la cohabitation des droits communautaires », Actes du colloque organisé par l'ERSUMA à Cotonou du 24 au 26 janvier 2011.
10. « Les pratiques contractuelles d'affaires et les processus d'harmonisation dans les espaces régionaux », Actes du Colloque de Libreville organisé par l'ERSUMA du 26 au 28 Octobre 2011, Publication de l'ERSUMA.
11. Institut international de droit d'expression française, Colloque sur la preuve, VIIIè Congrès, Bruxelles-Luxembourg, septembre-octobre 1984, dactyl.
12. « La preuve », Actes du colloque organisé les 12 et 13 mars 1987 par le centre de recherches juridiques sous la direction de Nicole Verheyden-Jeanmart et le Centre Charles Van Repighne pour le droit judiciaire (Université Catholique de Louvain, Faculté de Droit)

13. *« Vers un procès civil universel ? Les règles transnationales de procédures civiles de l'American Law Institute », Acte du Colloque Paris II* sous la direction de Philippe FOUCHARD, Editions Panthéon-Assas, Paris, 2001.
14. « La preuve devant le juge », Actes du XVIIème Congrès de l'IDEF, *Revue juridique et politique. Indépendance et coopération*, Bruxelles – Luxembourg, 31 Septembre – 6 Octobre 1984.
15. **AIVO Joel**, « La condition du droit régional », contribution au colloque sur « *Juge, justice et l'intégration par le droit : expériences comparées Union européenne et droit africain de l'OHADA* » organisé par le CREDIJ le 20 janvier 2014 à l'Université d'Abomey Calavi, Bénin.
16. **DJOGBENOU Joseph**, « L'informel et le règlement des litiges par application du droit OHADA » Communication présentée lors du colloque organisé par l'AEDJ-IRJS sur *« Le système juridique de l'OHADA et l'attractivité économique des État parties 20 ans après : bilan et défis à relever »* Paris, Sorbonne le 20 juin 2013.
17. « Les pratiques contractuelles d'affaires et les processus d'harmonisation dans les espaces régionaux », Actes du colloque de Libreville organisé par l'ERSUMA du 26 au 28 Octobre 2011, Publication de l'ERSUMA.
18. **DIALLO Ibrahima Khalil**, « Les mécanismes d'élaboration des normes du droit communautaire : l'équation de la méthode », Séminaire sur le droit commun, Dakar, Juillet 2005
19. **HOSSEN Safai,** La valeur du témoignage en droit civil. The probative value of testimony in private law, XIVème congrès international du droit comparé Athènes, 31 juillet-6 aout 1994, Kluwer Law International, London, 231 pages
20. **PIGNARRE Geneviève (dir.),** *Forces subversives et forces créatrices en droit des obligations. Rétrospectives et perspectives à l'heure du Bicentenaire du Code civil,* Actes, Dalloz, Paris, 2005, 200 pages.
21. **SAWADOGO Filiga Michel, IBRIGA Luc Marius,** « L'application des droits communautaires UEMOA et OHADA par le juge national », Communication présentée lors du séminaire régional de sensibilisation sur la sécurité juridique et judiciaire des activités économiques au sein de l'UEMOA, de la CEDEAO et de l'OHADA, Ouagadougou du 6 au 10 octobre 2003.
22. **VON BAR Christian,** « Des principes à la codification : perspectives d'avenir pour le droit privé européen », Conférence donnée à la cour de cassation le 2 avril 2002.

5. LEGISLATION (CODES, LOIS ET PROJETS)

Textes communautaires

- Code vert, Traité et Actes Uniformes OHADA, Editions Juriscorpe 2016.
- Avant-projet de Texte uniforme OHADA sur le droit général des obligations
- Avant-projet d'Acte uniforme OHADA sur le droit des contrats

- Décision n° 003/2009/CM/OHADA portant orientation stratégique quinquennale pour l'harmonisation du droit des affaires durant la période allant de l'année 2010 à 2015

Textes internationaux et européen

- Principes et règles relatifs à la procédure civile transnationale applicables aux litiges du commerce international élaborés par l'American Law Institute et Unidroit.
- Projet de Code judiciaire européen
- Convention de La Haye du 18 Mars 1970 sur l'obtention des preuves à l'étranger en matière civile ou commerciale
- Règlement CE n° 1206/2001 du 28 mai 2001 relatif à la coopération entre les juridictions des État membres dans le domaine de l'obtention des preuves en matière civile ou commerciale

Textes nationaux

- Recueil annoté des textes de procédure civile et commerciale applicables en Afrique Occidentale de BOUVENET Gaston Jean, Éditions de l'Union Française, Paris, 1954, 158 pages.
- Code civil français, Editions Dalloz 1958.
- Code de procédure civile français, Editions Dalloz 1958.

Bénin

- Loi n°2008-07 du 28 février 2011 portant code de procédure civile, commerciale, sociale, administrative et des comptes, Editions CREDIJ 2012 (dans sa teneur modifiée en 2016).

Burkina Faso

- Loi n° 99-022/an du 18 mai 1999 portant Code de procédure civile (dans sa teneur modifiée par la Loi n° 030/2004/AN du 10 septembre 2004)

Cameroun

- Arrêté du 16 décembre 1954 portant Code de procédure civile et commerciale
- Evidence Ordinance (Cap-62 of the Laws of Nigeria 1958)

Congo

- Loi n° 51-83 du 21 avril 1983 portant Code de procédure civile, commerciale, administrative et financière.

Cote d'Ivoire

- Loi n° 72-833 du 21 avril 1972 portant code de proédure civile, commerciale et administrative (dans sa teneur modifiée en 1993, en 1996, 1997 et en 2015).

Gabon

- Ordonnance n° 1/77/PR du 2 février 1977 portant nouveau code de procédure civile gabonais.

Guinée Conakry

- Code civil de la République du Guinée
- Decret D/98/N° 100/PRG/SGG du 16 juin 1998 portant code de procédure civile, économique et administrative.

Guinée Bissau

- Decreto-Lei nº 47.344 de 25 de Novembro de 1966 – aprova o Código Civil
- Decreto-Lei nº 44.129/1961 de 28 Dezembro - aprova o Código de Processo Civil (modifiée par Decreto-Lei nº 44.129/1961 de 11 Maio)

Guinée Equatoriale

- Real Decreto de 24 julio 1889. Dispone la publicación del Código Civil
- Ley de Enjuiciamiento Civil (1888).

Mali

- Loi malienne n° 87-31/AN-RM du 29 aout 1987 fixant le régime général des obligations au Mali.
- Décret N° 99-254/P-RM du 15 septembre 1999 portant code de procédure civile, commerciale et sociale.

Niger

- Code de procédure civile adopté le 04 avril 2015

RD Congo

- Decret du 30 juillet 1888 relatif aux contrats ou obligations conventionnelles (*B.O.*, 1888, p. 109).
- Décret du 7 mars 1960 portant Code de procédure civile (dans sa teneur modifiée en 1987).

Sénégal

- Code des obligations civiles et commerciales du Sénégal.
- Décret n° 64-572 du 30 Juillet 1964 portant Code de Procédure civile (dans sa teneur modifiée en 1975, 1976, 1978, 1982, 1986, 1989 et 1992).

Tchad

- Ordonnance n° 67-018 du 28 Juillet 1967 PR/MJ portant code de procédure civile (dans sa teneur modifiée en 1967 et 1994).

Togo

- Decret n° 85-50 du 15 mars 1982 portant code de procédure civile

Union des Comores

- Ordonnance N° 01-011/CE du 19 juin 2001 portant nouveau code de procédure civile
- Code civil français de 1975 modifié des lois comoriennes (la loi du 23 septembre 1987 ayant conféré au droit musulman une compétence exclusive sur certains pans du droit civil, les articles concernés n'ont pas été repris dans le texte).

France

- Code civil français, Editions Dalloz 2016.
- Code de procédure civile français, Editions Dalloz 2016.
- Ordonnance n° 2016-131 du 10 février 2016 portant réforme du droit des contrats, du régime général et de la preuve des obligations

Autres textes

- Loi uniforme sur la preuve électronique (Canada)
- Federal Rules of Evidence (États Unis)
- Règles de preuves pour l'arbitrage commercial international

6- WEBOGRAPHIE (Documents en ligne et sites internet)

1. **ALLA Koffi Etienne,** « La preuve de la loi étrangère en droit ivoirien », Revue de l'ERSUMA / Droit des affaires – Pratique Professionnelle N° 6 – Janvier 2016. Publié en ligne le jeudi 25 février 2016 sur www.ohada.org.
2. **GAUTRAIS Vincent**, « Preuve et formalisme des contrats électroniques : l'exemple québécois », http://www.juriscom.net/université/doctrine/article3.htm
3. **SAWADOGO Michel Filiga**, « Stratégies de commerce électronique pour le développement : Promouvoir un dialogue international », Conférence régionale africaine de haut niveau, Tunis 19-21 juin 2003, http://www.r0.unctad.org/ecommerce/event_docs/tunis03/sawadogo.pdf
4. **STURNER Rolf**, « Règles transnationales de procédure civile ? Quelques remarques d'un Européen sur un nouveau projet commun de l'American Law Institute et d'Unidroit » disponible en ligne sur http://www.persee.fr/doc/ridc_0035-3337_2000_num_52_4_18632
5. « La preuve dans la jurisprudence de la Cour de cassation », Rapport annuel de la Cour de cassation 2012 disponible sur www.courdecassation.fr
6. Code IDEF annoté de l'OHADA, Disponible sur http://www.institut-idef.org/-Code-OHADA-annote-.html
7. Site officiel de l'OHADA : www.ohada.org
8. Site de l'UNIDA, partenaire de l'OHADA : www.ohada.com
9. Site de la Fondation pour le droit continental : www.fondation-droitcontinental.org
10. Site de l'IDEF : www.institut-idef.org
11. Site du JURICAF : www.juricaf.org
12. Site de JURISCOPE : www.juriscope.org
13. Moteur de recherche WIKIPEDIA : www.wikipedia.org
14. Portail PERSEE : www.persee.fr
15. Réseau de recherche numérique en sciences sociales : www.ssrn.com

INDEX CHRONOLOGIQUE DES DECISIONS CITEES DANS LA THESE

Cour Commune de Justice et d'Arbitrage de l'OHADA

CCJA, arrêt n° 053/2005, 15 déc. 2005, Société Côte d'Ivoire céréales c/ Société Shanny consulting, obs. Ndjandeu Mouthieu M. A.

CCJA, arrêt n° 024/2006, 16 nov. 2006, Samaïla Dan Moussa, Ali Maré c/ Hamidou Abdou dit « Crise », obs. Foné Mdontsa A. M.

CCJA arret n° 008/2003, 24 avril 2003, Aly Karaki c. Hani Mehzer, Rec. CCJA, n° 1, janv.-juin 2003, p. 29 et s.

CCJA, arrêt n° 003/2004, 8 janv. 2004, Soc. Innovest Industrie Congo SA c. Soc Man Faitai, Rec. CCJA, n° 3, janv-juin 2002, p. 11 et s.

CCJA, arrêt n° 010/2002, 21 mars 2002, Soc. Négoce Ivoire c. Soc. GNAB, Rec. CCJA spécial, janv. 2003, p. 23 et 24
CCJA n° 053/2005 du 15 décembre 2005
CCJA arrêt n° 053/2005 du 15 décembre 2005, Société Côte d'Ivoire céréales c. Société Shang consulting ; OHADATA J 02-72,
CCJA arrêt n° 010/2002 du 21 mars 2012, Société Négoce ivoire c. Société GNAB ; note M. E. BEIRA, Recueil de jurisprudence CCJA, n° spécial, janvier 2003, p. 23
CCJA, arrêt n° 018/2008 du 28 avril 2008, Cdrom Juriafrica. Jurisprudene CCJA et Textes OHADA annotés

Cour Européenne des Droits de l'Homme
CEDH, 10 oct. 2006, *L. L. c. France, Req. n° 7508/02, Par. 40;*
CEDH, N. N. et T. A *c.Belgique, 13 mai 2008, Requête n° 65017/01, Par. 43*
CEDH, 27 oct. 1993, *Dombo Beheer c/ Pays Bas, Req. n° 14448/88, Par. 33 773*
CEDH, 10 oct. 2006, *L. L. c. France, Req. n° 7508/02, Par. 40*
CEDH 18 mars 1998, *Mantavcmelli y France*
CEDH, 27 mai 2014, aff. De La Flor Cabrera c/ Espagne, req. n° 10764/09
CEDH, 2 juin 2005, Cottin c. Belgique, req. 48386/99, § 32

Juridictions nationales des État parties de l'OHADA
CA Douala, Arrêt n° 95 du 26 mars 2004, Ohadata J-06-181
TGI de Ouagadougou, jugement n° 424/2005 du 05 mai 2006, BALLY Baba Saïd c/. BOA ; Ohada.com/Ohada J-09-19.
CA Lomé n° 97/05 le 23 juin 2005
CA Lomé n° 44/07 du 3 juillet 2007 : Ohada.com/Ohada J-10-161
TPI de Gagnoa, jugement n° 79 du 04 juin 2003, O. c/ V., Ohada.com/Ohadata J-04-338
Cour d'Appel d'Abidjan, arrêt n° 550 du 27 mai 2005, NOVAPLAST CI c/ BIAO-CI, Ohada.com/Ohadata J-09-196.
TGI du Mfoundi, jugement n° 404/CIV du 28 mars 2005, Pitambert Ladharam Asnani Contre Mme Epane Mboumdja Julienne, Ohada.com/Ohadata J-08-112
CA Abidjan n° 222 du 28 février 2003, Ohada.com/ Ohadata J-03-243
Cour Suprême de Cote d'Ivoire, chambre judiciaire Arrêt n° 137/2001 du 15 mars 2001, SOCGIEX-CI et PREMOTO c/ BICIC Référence J-04-67
CA Cotonou Arrêt n° 84/99 du 27 mai 1999, *La voix judiciaire n° 007 novembre 1999*, p.140

Juridictions françaises
Civ. 1re, 5 avr. 2012, n° 11-14.177, D. 2012. 1596, note G. Lardeux, 2826
Soc. 2 oct. 2001, n° 99-42.942, D. 2001. 3148, note P.-Y. Gautier, 3286
Cass., ch. mixte, 28 sept. 2012, n° 11-18.710, D. 2012. 2317, 2013. 269, obs. N. Fricero
Cass. 1re civ., 20 juin 1987: Bull. civ. I, n° 210

Cass. 1re civ., 15 Novembre 1989: Bull. Civ. I, n° 348.
Cass. com., 18 mars 1969, D.1969, 514 ;
Cass. com., 27 avril 1993
Cass. req., 3 janv. 1860, S. 1860, S. 1860, 1, 380; DP 1860, 1, 22;
Cass. soc., 13 nov. 1958, Bull. civ. IV, n° 186
Cass. req., 4 mai 1873, S. 1873,1,360
Cass. civ., 23 juillet 1873, D. 1874.1.102;
Cass. req., 5 janvier 1910, DP 1910 .1.1968 ;
Cass. req., 7 novembre 1923, DP 1924.1.2;
Cass. civ., 17 mars 1938, DP 1938.1.115.
Cass. com., 25 février 2003, note M. GUILÉ
Cass. com., 12 cet. 1982, *Bull. civ.* IV, n°313;
Cass. req., 4 juillet 1935, D. 1935.490.
Cass. 3ème civ., 10 mai 1968, Bull civ. III, n° 202.
Cass. civ. 17 mars 1938, D. 1938, 1,115, note P. MIMIN
Cass. 1re civ. 11 janvier 2000 : D. 2001, p. 890, note Anne Donnier
Com. 10 mai 1994, no 92-16.120: Bull. civ. IV, no 172
Civ. 1 re, 5 mai 2004, no 02-17.155: Bull. civ. I, no 125
Cass. com., 11 déc. 2001, CCC, 2002, comm. 58, obs. L. Leveneur
Civ. 1, 18 déc. 1990, 89-14.975, Bull. n° 296
Civ. 1re, 4 févr. 1986, *Gaz. Pal.* 1986. Somm. 416, obs. Guinchard et Moussa.
Cass. soc. 2 oct. 2001, n° 99-42.942
Cass. ch. réun., affaire *Wilson*, 31 janv. 1888, S. 1889, 1, p. 241
Civ. 3e, 18 mai 2011, n° 10-17.645, D. 2011. 1483, obs. I. Gallmeister , 2089, note M. Boutonnet , 2679,
Cass com., 17 mars 1981, n° 79-14.117.
Cass. corn., 2 juin 1980, n° 79-10.836
Cass. req., 21 juill. 1862, *D.* 1862. 1, p. 21
Cass. civ. 1, 16 oct. 2008, n° 07-15.778
Cass. civ. 1, 5 juill. 2012. n° 11-14.177.
Cass. Com., 10 févr. 2015, n° 13-14.779
CA Paris, 13 juin 2013, *Juris-Data* n° 025413.
CA Paris, 21 mars 2013, *Juris-Data* n° 004985.
Cass. civ. 2, 29 janv. 1997, n° 95-15.255. –
Cass. civ. 2, 6 mai 1999, n° 97-12.437.
CA Paris, 3 oct. 2012, *Juris-Data* n° 022151. - CA Paris, 4 avril 2001, *Juris-Data* n° 14368. – CA Paris, 7 déc. 2000, *Juris-Data* n° 131864.
Cass. soc., 20 nov. 1991, n° 88-43.120. - 14 mars 2000, n° 98-42.090. - 23 mai 2007, n° 06-43.209.
Cass. Com., 25 févr. 2003, n° 01-02.913. -3 juin 2008,. n° 07-17.147, - 24 mai 2011, n° 10-18.267.
Cass. civ. 2, 7 oct. 2004, n° 03-12.653.
Cass. Ass. Plén., 7 janv. 2011, n° 09-14.667 et 09-14.316.
Cass. soc., 29 janv. 2008, n° 06-45.814.
Cass. soc., 23 mai 2012, n° 10-23.521.
Cass. civ. 2, 13 janv. 1993, n° 91-17.924

Cass. civ. 2, 24 juin 1998, n° 95-14.040
Cass. civ. 1, 21 mars 2006, n° 05-16.817.
Cass. civ. 1, 9 avril 2014, n° 12-29.588.
Cass. civ. 1, 10 sept. 2014, n° 13-22.612.

INDEX ALPHABETIQUE

(Les chiffres renvoient aux numéros des paragraphes)

Table des matières

DEUXIÈME PARTIE

UNE HARMONISATION SPECIFIQUE DU DROIT DE LA PREUVE

Structures éditoriales du groupe L'Harmattan

L'Harmattan Italie
Via degli Artisti, 15
10124 Torino
harmattan.italia@gmail.com

L'Harmattan Hongrie
Kossuth l. u. 14-16.
1053 Budapest
harmattan@harmattan.hu

L'Harmattan Sénégal
10 VDN en face Mermoz
BP 45034 Dakar-Fann
senharmattan@gmail.com

L'Harmattan Cameroun
TSINGA/FECAFOOT
BP 11486 Yaoundé
inkoukam@gmail.com

L'Harmattan Burkina Faso
Achille Somé – tengnule@hotmail.fr

L'Harmattan Guinée
Almamya, rue KA 028 OKB Agency
BP 3470 Conakry
harmattanguinee@yahoo.fr

L'Harmattan RDC
185, avenue Nyangwe
Commune de Lingwala – Kinshasa
matangilamusadila@yahoo.fr

L'Harmattan Congo
67, boulevard Denis-Sassou-N'Guesso
BP 2874 Brazzaville
harmattan.congo@yahoo.fr

L'Harmattan Mali
Sirakoro-Meguetana V31
Bamako
syllaka@yahoo.fr

L'Harmattan Togo
Djidjole – Lomé
Maison Amela
face EPP BATOME
ddamela@aol.com

L'Harmattan Côte d'Ivoire
Résidence Karl – Cité des Arts
Abidjan-Cocody
03 BP 1588 Abidjan
espace_harmattan.ci@hotmail.fr

L'Harmattan Algérie
22, rue Moulay-Mohamed
31000 Oran
info2@harmattan-algerie.com

L'Harmattan Maroc
5, rue Ferrane-Kouicha, Talaâ-Elkbira
Chrableyine, Fès-Médine
30000 Fès
harmattan.maroc@gmail.com

Nos librairies en France

Librairie internationale
16, rue des Écoles – 75005 Paris
librairie.internationale@harmattan.fr
01 40 46 79 11
www.librairieharmattan.com

Lib. sciences humaines & histoire
21, rue des Écoles – 75005 paris
librairie.sh@harmattan.fr
01 46 34 13 71
www.librairieharmattansh.com

Librairie l'Espace Harmattan
21 bis, rue des Écoles – 75005 paris
librairie.espace@harmattan.fr
01 43 29 49 42

Lib. Méditerranée & Moyen-Orient
7, rue des Carmes – 75005 Paris
librairie.mediterranee@harmattan.fr
01 43 29 71 15

Librairie Le Lucernaire
53, rue Notre-Dame-des-Champs – 75006 Paris
librairie@lucernaire.fr
01 42 22 67 13